보건교사 길라잡이

❸ 성인(1)

신희원 편저

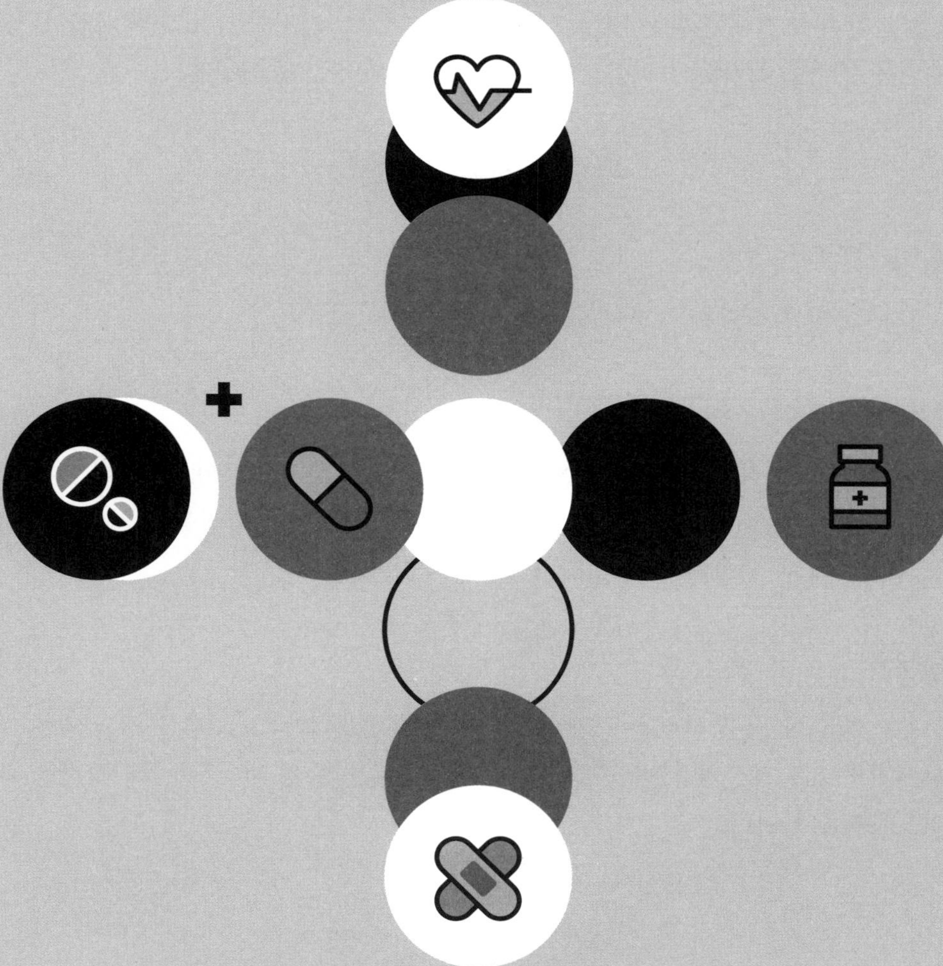

동영상강의 www.pmg.co.kr
합격기준 박문각 임용

PMG 박문각

머리말

반갑습니다. 신희원입니다.

25년 전 임용고시를 치르고 보건교사로 임용되었던 순간이 떠오르면 저는 지금도 감명 받습니다. 간호사의 생활도 좋지만, 삶의 방향을 용기 있게 턴해서 완전히 다른 방향으로 과감히 도전해 본다는 것은 자신의 삶에 참으로 진지한 태도라 여겨집니다. 그래서 임용 준비를 시작한 여러분들에게 큰 박수를 보내고 싶습니다.

시작이 반이다!

맞습니다. 그리고 어쩌면 그것이 모두일 수 있습니다.

간절함이 답이다!

보건교사 임용고시에 합격을 하려면 엄청나게 많은 노하우가 저변에 깔려 있을 것이란 의구심이 들 것입니다. 간절함을 키우십시오. 그 간절함이 떨림을 가져오고 신중해지고 되기 위해 할 일들을 하나씩 하나씩 채워나갈 것입니다.

노하우?

있습니다. 그러나 그 노하우는 공개되어진 전략일 뿐입니다. 노하우를 캐는 것에 시간을 보내기보다는 자신의 약점을 채우고 임용고시의 방향을 파악하는 데 시간을 채워나가는 것이 답입니다.

지피지기면 백전백승이다!

자기 자신을 알아야 합니다. 자신이 어떤 부분에 약체인지를 파악해 나가야 합니다. 예를 들면 암기는 잘하지만, 서술을 충분히 하지 않는 경향이 보이는 분들이 많습니다. "IN PUT"을 위한 수많은 노력을 하는 이유는 "OUT PUT"을 잘 하기 위함입니다. 애석하게도 많은 분들이 "IN PUT"에 더 무게중심을 두고 아쉬운 결과를 향해 가는 경우를 많이 보아왔습니다. 문제가 요구하는 답안의 방향을 정확히 파악하고, 키워드를 쓰고, 그 근거를 채워나가기 위해서는 내용의 숙달된 이해도가 있어야만 가능합니다.

그래서 신희원 본인이 여러분의 보건교사 임용을 도와줄 수 있는 부분은 다음과 같습니다.

- 핵심키워드, 우선순위 내용 파악을 위한 구조화 학습을 통해 여러분의 이해도를 제대로 증진시켜줄 수 있다!
- 문제를 읽어내는(파악하는) 능력을 키워줄 수 있다!
- 가장 중요한 "OUT PUT"을 잘하게 해줄 수 있다!

여러분과 이 한 해를 함께 발맞추어 나아가 꼭 합격의 라인에 같이 도달합시다.
꿈은 이루어진다! 여러분을 응원합니다.

신희원

차례

Part 1 기초간호과학

Part 2 소화기계 건강문제와 간호

Part 3 호흡기계 건강문제와 간호

출제경향 및 유형

학년도	출제경향 및 유형
1998학년도	냉요법의 효과와 적용 예
후 1999학년도	스트레스 증상 유발 기전, 염증의 원인 · 증상
2000학년도	
2001학년도	상처 발생 시 사정할 요소와 합병증
2002학년도	
2003학년도	
2004학년도	체액량 조절을 위해 분비되는 호르몬, 체액 부족 시 간호중재, 노인의 불면증 간호
2005학년도	스트레스에 대한 심리적 반응
2006학년도	
2007학년도	
2008학년도	
2009학년도	아토피성 피부염, 수분 전해질 불균형, 스트레스, 암
2010학년도	면역력의 형태, 탈수증상, 항암치료의 합병증, 저나트륨혈증
2011학년도	면역거부반응(이식거부반응), 대사성 산증
2012학년도	방사선 치료의 주의점, 아나필락틱 쇼크
2013학년도	항암요법, 대사성 산증, 면역글로불린
2014학년도	
2015학년도	상처 치유 과정
2016학년도	HIV 선별 검사, AIDS의 진단 기준
2017학년도	대사성 산증 – Kussmaul 호흡
2018학년도	예방접종의 후천성 면역 유형
2019학년도	
2020학년도	저나트륨혈증, 전신성홍반성 낭창
2021학년도	아토피(태선화)
2022학년도	고칼륨혈증(신부전)
2023학년도	AIDS 전파경로

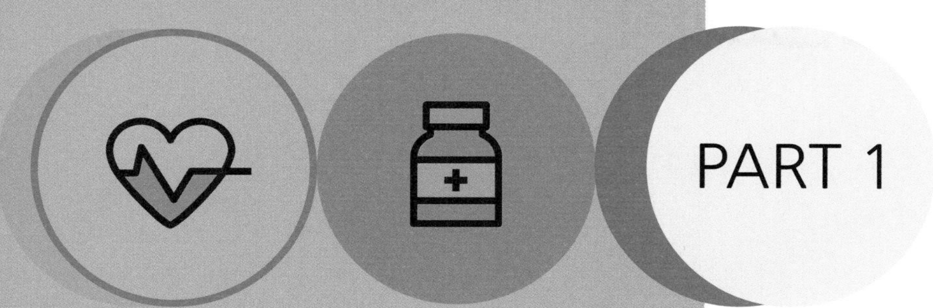

기초 간호과학

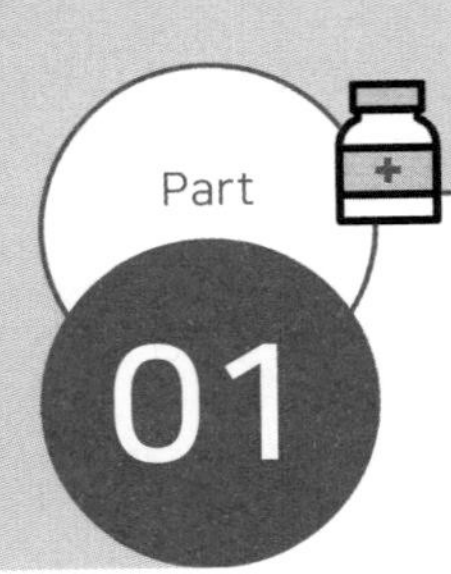

Part 01 기초간호과학

01 염증

1 염증의 개요

염증	염증이란 '손상에 대한 국소조직의 반응'으로, '손상을 입은 직후부터 완전 치유될 때까지 일어나는 모든 변화'를 의미함. 또한 염증반응은 손상 받은 주위조직에서 일어나고 주로 조직손상을 국소화하는 것을 의미함	
조직손상 원인 [1999 기출]	생물학적 원인	세균, 리케차, 바이러스, 진균 및 기생충 등이 감염을 일으킴
	물리학적 원인	열, 방사성, 한랭, 외상 등
	화학적 원인	산(acid)과 같은 단순 화학독이나 제초제(paraquat)와 같은 유기독
	면역학적 원인	• 항원 · 항체에 의한, 또는 세포매개성 면역반응 • 즉시형과민반응(아나필락시스), 자가면역
염증반응의 국소적 효과	• 손상을 주는 물질들이 이웃조직에 퍼지는 것을 방지 • 세균과 죽은 조직 제거 • 복구 촉진	

2 염증의 기전

혈관반응	• 조직손상 초기 일시적 혈관 수축 → 즉시 히스타민유리 → 혈관 확장 → 혈류량 증가 → 혈행 증가, 혈류속도 감소 → 손상 부위 피부 충혈 → 열감과 발적 발생 • 조직손상 → 화학적 매개물질(히스타민, 키닌, 세로토닌, 프로스타글란딘) → 모세혈관 투과성 증가 → 삼출액 형성
세포반응	백혈구의 변연화(leukocytic margination)와 유주(emigration)현상
식작용	호중구와 대식세포 등의 백혈구가 침입자를 삼키고 효소의 분해작용으로 파괴하는 과정
삼출액 형성	• 순환혈류에서 손상 부위로 체액과 백혈구가 이동한 것 • 삼출액의 특성과 양은 조직에 침범한 상처종류와 심각한 종류에 따라 다름

3 염증의 반응

Selye의 적응설

- 염증 과정은 언제나 어떠한 종류든지 조직손상과 관련이 있다.
- 염증 과정의 진행 현상은 비특이적이다.
- 염증 과정 중에 나타나는 반응과 역할은 모두 같다.
- 염증 과정에 관련된 주요 요소들은 혈관, 혈액, 삼출액, 포식세포 등의 방어세포들과 항체 주위의 결합조직들이다.
- 이상의 조직들과 관련하여 염증 과정이 일어나면 혈관계 반응, 세포반응, 섬유소막 반응, 체액성 반응, 그리고 호르몬 반응 등이 나타난다.

<table>
<tr><td rowspan="6">염증반응</td><td>혈관계 반응</td><td>히스타민류 물질이 혈관에서 유리, 혈관 확장</td></tr>
<tr><td>염증성 삼출액 형성</td><td>–</td></tr>
<tr><td>세포반응</td><td>변연화와 부착, 백혈구 유주, 포식작용</td></tr>
<tr><td>섬유소막 형성반응</td><td>–</td></tr>
<tr><td>체액성 반응</td><td>항원–항체 반응</td></tr>
<tr><td>호르몬 반응</td><td>코르티솔 호르몬은 항염작용</td></tr>
<tr><td>혈관계 반응</td><td colspan="2">• 조직손상: 일시적 국소 혈관수축과 확장, 세포파괴
• 혈관이완, 혈액흐름 증가 → 손상 부위 충혈, 발적, 열감
• 모세혈관투과성 증가: 화학적 매개물질(histamin류 분비)
– 혈관활성화 화학물질, serotonin, kinin류
– 단기적: 히스타민 / 장기적: 브레디키닌(염증반응 지연)
• 진행되면서 혈류속도 지연 & 혈장이 새어나가면서 적혈구 밀도↑ → 혈액 점도↑ → 세포의 산소공급 지연 → 대사성 산증 → 혈괴 생성
• 국소 혈관확장 & 모세혈관투과성 증가
→ colloid(교질물질), 물, 백혈구 등의 액체성분이 혈관 외부 조직으로 빠져나감 → 삼출물(exudate) 형성 → 부종</td></tr>
<tr><td rowspan="4">염증성 삼출액 형성</td><td>삼출액</td><td>교질물질, 이온, 방어세포의 집합체</td></tr>
<tr><td>삼출액의 종류</td><td>장액성, 섬유소성, 콧물(점막의 염증), 화농성, 출혈성</td></tr>
<tr><td>삼출액 형성 관련요소</td><td>• 조직손상 후 충혈
• 모세혈관의 투과성 증가
• 증가된 혈류량이 혈관벽을 누를 때 여과압 증가</td></tr>
<tr><td>삼출액의 이로운 역할</td><td>• 박테리아에서 유리된 독소 희석
• 조직 재생에 필요한 영양분 운반
• 방어세포들 운반(식균작용, 균사멸 작용)</td></tr>
</table>

	삼출액의 문제점	• 체액증가로 인한 부종 • 부종으로 인한 통증 • 혈류의 방해 → 말초혈관에서 심장귀환이 어려움 → 사지에 냉감, 청색증, 부종 등의 증상과 더불어 통증, 저린감, 무딘감 호소 → 이런 경우 부종부위를 심장부위보다 높게 하여 정맥귀환을 용이하게 해주면 부종, 통증 완화 예 석고붕대	
세포반응	변연화 (margination), 유착 (adhesion)	변연화	백혈구가 혈관 가장자리로 몰려 혈관 내피를 뒤덮는 현상
		유착	내피세포의 세포막에 유착분자가 나타나서 내피세포와 백혈구 유착
		역할	화학주성에 의해 옮겨온 백혈구를 손상 부위에 부착시키기 위해 혈액의 흐름을 느리게 하고 벽 쪽으로 안내 → 포상형성(혈관내피에 부착됨) → 항원확인
	유주 (emigration)	정의	백혈구가 혈관내피 세포에 일시적으로 붙어 있다가 후에 혈관벽을 뚫고 간질 내로 이행하는 것
		역할	방어세포들이 유해요인 사멸, 독소 중화/약화, 사멸된 조직이나 박테리아 제거 • 급성염증 초기 : 호중구 → 24~48시간 후 단핵구
	화학주성 (chemotaxis)	• 혈관벽을 뚫고 나온 백혈구가 손상 부위를 알고 그 부위를 향하여 끌려가는 것 • 백혈구를 염증부위로 끌어당기는 물질	
	포식작용 (phagocytosis)	• 호중구 및 대식세포에 의한 효소의 방출로 염증병소에 존재하는 세균이나 괴사물질 또는 여러 물질을 세포 속으로 섭취하는 과정 • 백혈구, 단핵구, 대식세포 및 기타 세망내피세포에서 볼 수 있음	
		과정	노출과 침입 → 이물질 유인작용 → 부착(표적세포를 감싸 식균세포부착) → 인식(세포가 표적세포에 부착하여 항원 확인) → 세포성 섭취(표적물에 액포 형성) → 포식소체형성(섭취한 표적물 파괴) → 분해
		역할	괴사조직 제거, 이물질 파괴
	백혈구 증가	염증에서 순환 혈액 중에 백혈구가 증가되는 현상	
		원인	염증 삼출액의 LPF(leukocytosis promoting factor)가 있어 백혈구 증가 • 이는 일종의 글로불린 → 골수자극 : 백혈구 생성, 유출 증가

섬유소막 형성 반응	섬유소	방어벽(그물 형성) → 다른 부위로 염증이 확대되는 것을 막음
	섬유막 형성	조직의 조직구와 림프구가 섬유모세포로 전환되어 섬유막 형성
	섬유소 형성	혈액응고요소와 섬유원이 혈액에서 이탈되어 섬유소로 전환
	섬유아세포, 피브린	• 콜라겐 synthesis 형성 • 상처에 장력발휘 · 유지
	섬유소막	섬유소막 성분에 의해 T-cell이 삼출액 내의 균이나 독소의 성질 파악하여 B-cell에 전달
체액성 반응 (항원-항체반응)	체액성 방어는 염증에서 혈청에 있는 항독소와 항체에 의한 반응 → 항체 · 항원반응, 균독소 중화	
호르몬 반응	코르티솔	염증반응 억제(호산구와 림프구 형성 억제), 림프조직 위축시켜 염증확대 방지
	알도스테론	염증반응 기전 돕고 항진시킴
	당류코르티코이드	결합조직의 증식을 억제하여 염증의 진행을 막음 → 반흔조직 줄임

4 손상에 대한 세포의 방어기능

세포 종류	기능		
세망내피 세포	• 식균작용, 상처치유 보조, 균 재침입 방어 • 혈관, 림프관, 비장, 간장, 림프절 및 골수에 많음		
	적혈구와 과립백혈구의 전구물질	정의	카멜레온처럼 여러 형태의 세포로 분화되는 기능을 함
		혈구모세포	후에 백혈구가 됨
		형질세포	림프구와 함께 면역항체 형성에 중요한 요소
		조직구	• 인체조직 전체에 엷게 분포되어 죽은 조직이나 이물질을 용해 • 섬유모세포로 변하여 염증세포가 방패막을 형성하거나 손상조직이 치유될 때 중요한 역할
	식균작용의 기능, 상처치유 보조, 균 재침입 방어	골수 속의 세망세포	• 섬세한 여과지와 같이 단백성분의 독소 같은 소립자들을 제거 • 필요시 유동적으로 변하여 식균작용이나 이물제거에 효과적으로 기능하며 항체를 생성하는 주요 요소가 됨
과립 백혈구	기능	침입균에 대한 신속한 보호 기능	
	호중구	제일 먼저 염증반응, 식균작용, 청소제, 발열의 요소(가능성)	
	호산구	약한 식균작용, 이물 단백질 해독	
	호염기구	헤파린 유리로 응고와 염증 치유에 도움	

무과립 백혈구	기능	만성염증 시의 방어작용
	림프구	감마글로불린 생산, 식균작용, 세포성 매개체 lymphokine 유리
	단핵구	균의 침입에 이차적 방어 기능, 식균작용, 식세포의 역할
혈장세포 (형질세포)	• 림프구나 세망세포에서 나오는 형질세포는 작고 모양이 불규칙적이며 결합조직과 림프절, 비장, 골수에 있음 • 역할이 모호함, 항체 형성에 적극적임 • 만성염증이나 매독에서 증가됨 • 형질세포는 항체형성의 중요한 인자가 됨	

5 염증의 증상과 징후 [1999 기출]

급성염증에 대한 국소반응과 전신반응의 병태생리적 원리와 징후를 정리하면 다음과 같다.

증상과 징후		병태적 원리
국소 반응 [1999 기출]	발적(redness)	모세혈관의 확장으로 순환혈액량이 많아서 붉게 변한 것
	열감(heating)	모세혈관의 확장으로 혈류가 증가하여 체내의 열이 체표면으로 이동
	종창(swelling)	혈관투과성의 증가로 체액이 조직 내로 삼출됨으로써 국소 손상 부위가 부어오름 • 종창은 혈관의 투과성 변동으로 액체 성분과 백혈구의 삼출에 의함
	통증	pH 변화, 말단신경에 대한 삼출물의 압박이나 유리된 화학물질의 직접 자극
	기능상실이나 수의적인 운동제한	➲ 신경지배의 방해와 통증으로 손상 부위의 운동 제한 • 혈관의 이완으로 염증부위가 충혈됨 • 모세 순환의 확장에 의해 나타남 • 부종과 손상세포로부터 분비되는 화학물질의 자극에 의하여 염증부위 말초신경이 자극됨 • 통증이나 불편감으로 손상 부위를 움직이지 못하고 손상 부위의 근육경직으로 활동이 부자연스러움
전신 증상	발열	염증 시 식작용, 내독소, 바이러스 및 진균 또는 면역복합체와 합성되면서 방출된 prostaglandin(내인성 발열인자)이 시상하부 체온조절 중추에 작용하여 set point를 상승시킴으로써 열을 발생시킴
	백혈구 증가증	• 급성염증에는 호중구가, 만성염증 또는 백일해·볼거리·풍진 등에서는 림프구가, 알레르기 및 기관지 천식에서는 호산구가 급격히 증가 • LPF의 증가에 의한다고 생각됨
	백혈구 감소증	염증의 정도가 너무 심하거나 병변이 심한 파종성 암, 심한 속립성 결핵 등에서 백혈구의 생성이 저하되며 대개 이런 경우 예후가 좋지 않음

오한과 떨림	• 혈관 수축이 심하면 발열 전 단계로 오한이 생기며 피부가 차갑게 느껴짐 • 오한과 떨림이 대사작용을 촉진시켜서 열이 남 • 오한과 떨림은 신진대사와 열 발생률을 증가시킴
발한	체온조절중추가 유발, 흔히 열 상승이 동반되며 체온이 떨어진다는 신호
식욕부진	입맛이 저하되는 이유는 정확하지는 않으나 환경적 요인과 관계있다고 봄. 즉 역겨운 냄새나 광경, 정신적 긴장 및 걱정, 기분저하 등이 식욕 결핍의 원인
체중 감소	발열, 식욕감퇴, 오심 등으로 체중이 감소됨
전신쇠약, 통증과 고통	• 몸이 아프고 피곤함에 대한 직접적인 원인은 파악되지 않았음 • 염증반응에 의한 근육의 비활동(균에 의한 손상 등)은 근위축과 허약을 초래
무기력, 우울증, 의욕상실	고열, 땀, 탈수 등으로 몸의 전신적 기능이 저하되고 무기력해지며 정서적으로 불안정 상태가 됨

6 염증의 분류 : 원인, 기간(급 · 만성), 삼출물

(1) 급 · 만성 염증반응의 특징

구분	급성	만성
기간	수일에서 수주	대개 수주 이상, 수달 지속되기도 함
구조적 변화	혈관 충혈: 염증성 임파와 방어세포의 분비	증식성 세포 증가: 주로 섬유아세포의 증식(후에 상흔), 모세혈관의 증식
손상 부위 지배세포	다형핵 백혈구인 호중구	단핵 백혈구인 임파구와 혈장세포
증상	발적, 열감, 동통, 종창 기타 일반적 전신증상	• 증상은 심각하지 않음: 왜냐하면 섬유아세포의 증식, 상흔, 기형, 유착이 영구적인 조직 손상과 함께 진행되기 때문 • 급성염증에 비해 조직의 파괴가 심함
예	–	• 결핵균 • 이물질 • 자기면역성 질환: 자가조직을 이물질로 인식, 끊임없이 파괴

(2) 염증의 형태적 분류

염증	특징	예
장액성 염증	• 혈관투과성이 증가되어 혈액 내 액체가 조직으로 빠져 나가서 생긴 것 • 모든 급성염증의 초기 단계	• 화상 시 물집이 생기는 것 • 결핵성 늑막염, 피부수포, 심낭염
점액성(카타르성) 염증	점액선을 함유하고 있는 조직에 염증이 생겼을 때 나타남	일반 감기
섬유소성 염증	• 혈관투과성 증가로 혈액 일부가 조직 내로 빠져 나온 것으로 혈장 단백(다량의 파이브리노겐) 성분이 많으므로 삼출액이 조직 내에서 고체화 됨 • 교원섬유로 이루어진 반흔이 형성되는 과정인 기질화(organization)가 진행	류머티즘열(류머티즘성 심장병)
화농성 염증	조직세포의 호중구가 파괴되어 농(pus-괴사된 조직, 찌꺼기, 죽은 세균, 백혈구 등)을 생산해 내는 염증반응	• 포도상구균, 임질균, 수막구균 등의 화농성 세균에 의함 • 급성 충수돌기염
궤양(ulcer)	기관이나 조직표면에 염증이 생겨서 손상을 입고 그 일부가 떨어져 나가는 현상	피부궤양, 위궤양 등

7 염증의 치유단계 [2001 · 2015 기출]

상처 치유단계	설명	
잠정기 (염증기)	정의	손상 후 3~5일, 염증 진행 · 이화작용이 활발하게 이루어지는 시기
	기전	• 모세혈관 투과성의 증가와 주위조직의 혈장 누출로 혈관이 확장됨 • 백혈구가 상처로 이동
	증상	국소적인 부종, 통증, 홍반, 온감 등의 증상
	합병증	부종, 발적, 출혈, 농 형성 등을 관찰
재건기, 조직 증식기 (섬유아세포 형성기)	정의	• 상처 후 4일째에서 시작하여 2~4주간 지속, 과립조직 증식 시기 • 섬유소 형성, 섬유아세포 분열, 콜라겐 자극, 반흔조직 형성, 혈관 형성, 과립조직형성, 상피조직 형성
	기전	• 섬유소는 틀을 형성하기 시작 • 유사분열한 섬유아세포는 상처 안으로 이동하여 틀 안에서 분열하고 콜라겐 분비를 자극 • 콜라겐은 위의 기초물질과 함께 상처조직에 강한 반흔조직을 만듦 • 상처 주위의 혈관이 자라기 시작하고 새로운 혈관이 생성되기 시작

		• 신생혈관과 콜라겐 침전물로 인해 상처 내에 과립조직이 형성되며 상처가 수축됨 • 상피조직이 과립조직 위에 생겨남
	증상	상처는 자줏빛, 불규칙적으로 올라온 반흔 형성, 과립조직 형성
	합병증	배농, 발적, 부종 등을 관찰
적응기 (성숙기)	정의	상흔조직이 생기며 치유 장력이 커지고, 얇게 되고, 색이 옅어짐
	기전	• 콜라겐은 재조직되어 장력이 커짐 • 상처조직은 점차적으로 얇게 되고 색깔이 옅어짐 • 흉터는 고정되고 만져보면 탄력성이 떨어짐
	증상	교원질 섬유가 손상되기 이전의 형태로 변하나, 이전만큼 강하지 않음
	합병증	괴사조직 또는 과잉조직(켈로이드)현상, 열개, 누공, 감염, 신경손상

8 치유와 회복

(1) 재생

불안정세포	• 정상 상태에서도 계속 파괴되고 증식되는 세포들로 표면상피세포와 조혈세포가 있음 • 편평상피(피부, 구강, 질, 자궁경부), 내면점막(침샘, 췌장, 담도, 위장관, 내분비선), 요로계의 이행상피 등
안정세포	정상적으로는 세포분열이 잘 안 되지만 자극을 받으면 빠르게 세포 분열하여 원래의 조직을 다시 만들어 낼 수 있음 • 간, 신장, 췌장, 뼈세포 등
고정세포	• 세포주기가 끝나 재생 불가 – 중추신경세포, 근육세포, 심장세포 • 중추신경은 일단 파괴되면 재생이 안 되며 중추신경계를 지지하는 교세포로 대치됨 • 사람의 골격근도 재생이 아주 미미함

(2) 결합조직에 의한 회복

(3) 상처 치유

1차적 유합	조직을 봉합하거나 테이프로 이어 놓으면 세균에 의한 오염도 없고 조직의 손실도 최소화되면서 치유
2차적 유합	세포와 조직의 결손이 좀 더 광범위한 경우인 경색, 염증성 궤양, 농양 형성, 결손상처가 클 때는 반드시 봉합해야 할 커다란 조직 결손이 있음
3차적 유합	• 지연된 상처 유합, 오염된 상처가 열려있거나 상처부위를 서로 밀착할 때 발생 • 1~2차 유합보다 깊은 반흔

(4) 상처치유의 합병증 [2001 기출]

<table>
<tr><td rowspan="2">일반적</td><td>육아조직 과다 형성</td></tr>
<tr><td>켈로이드 형성</td></tr>
<tr><td>병리적</td><td>세균성 감염, 감각의 손상, 근육 및 신경의 손상에 의한 기능장애, 출혈, 괴사 조직, 흉터 및 켈로이드(비후성 상흔), 경축, 상처가 유합되지 않는 열개, 누공, 기관 기능의 장애 등</td></tr>
</table>

(5) 염증회복과 관련된 요인(영향 요인)

<table>
<tr><td rowspan="11">전신</td><td colspan="3">연령, 영양 상태(고단백질 식사/비타민C), 호중성 백혈구의 결핍, 당뇨병, 코르티코스테로이드</td></tr>
<tr><td>연령</td><td colspan="2">고령일수록 치유가 늦어짐</td></tr>
<tr><td rowspan="2">영양</td><td>고단백</td><td>조직재생</td></tr>
<tr><td>비타민C</td><td>교질 결합조직 합성에 필요, 결핍되면 정상교질의 합성장애
→ 모세혈관벽 보존과 혈관 유지, 면역기능 향상, 저항력 항진</td></tr>
<tr><td>혈액학적 장애</td><td colspan="2">세균감염에 대한 감수성이 증가</td></tr>
<tr><td>당뇨병</td><td colspan="2">중성 백혈구의 화학성분과 포식능력이 감소되어 세균침입이 쉽고, 상처 치유가 늦어짐, 고혈당에 의한 삼투압 증가로 세균이나 곰팡이 성장에 좋은 환경을 제공</td></tr>
<tr><td>코르티코 스테로이드</td><td colspan="2">항염 효과가 있으나, 백혈구가 염증부위에 이용되는 것 억제</td></tr>
<tr><td>비만</td><td colspan="2">지방조직은 혈관분포가 적어 치유 지연</td></tr>
<tr><td>스트레스</td><td colspan="2">스트레스 호르몬 반응으로 혈관 수축 유발</td></tr>
<tr><td>흡연</td><td colspan="2">저산소증으로 치유 지연</td></tr>
<tr><td colspan="3" style="display:none"></td></tr>
<tr><td>국소</td><td colspan="3">감염, 손상, 이물질이나 봉합사, 손상된 부위나 조직의 특성 등</td></tr>
</table>

(6) 손상 시 간호

<table>
<tr><td>요인 제거</td><td colspan="2">–</td></tr>
<tr><td rowspan="2">환부 지지</td><td>상처청결</td><td>• 소독된 식염수로 상처부위 세척
• 변연절제술로 괴사조직 제거
• 절개와 배농으로 과잉된 삼출물 배출
• 절개 부위의 배액을 위해 배액관 삽입
• 재감염이나 더 이상의 손상이 일어나지 않도록 상처 보호</td></tr>
<tr><td>지지간호</td><td>영양상태를 유지하기 위해 적절한 수분과 단백질, 비타민 등 섭취</td></tr>
</table>

<table>
<tr><td>물리적 지지</td><td>• 고정과 휴식
• 혈액 순환의 유지</td></tr>
<tr><td>화학요법
통증관리</td><td>• 항생제 투여
• 외과적 중재</td></tr>
</table>

02 면역

1 면역의 개요

<table>
<tr><td>정의</td><td colspan="2">면역이란 외부로부터 침입한 미생물에 대해 자기(self)와 비자기(nonself)를 식별하여 비자기를 없앰으로써 개체의 항상성을 유지하려는 일련의 방어기전이라 할 수 있다.</td></tr>
<tr><td rowspan="4">기능</td><td colspan="2">미생물이나 종양 단백질과 같은 이물질로부터 인체를 보호하는 반응으로, 다음 3가지 기능으로 인체를 보호한다.</td></tr>
<tr><td>방어</td><td>외부의 이물질이 생체 내로 침입하였을 때 이물질을 공격함으로써 생체를 보호하고 감염이 진행되는 것을 막는다.</td></tr>
<tr><td>항상성</td><td>손상된 세포는 소화하거나 제거하여 다양한 세포의 고유한 형태를 유지하게 한다.</td></tr>
<tr><td>감시</td><td>생체 내에 끊임없이 발생되는 돌연변이를 이물질로 인식하여 파괴한다.</td></tr>
<tr><td rowspan="3">항원</td><td>면역원</td><td>면역반응을 유도하는 물질로, 항원 또는 면역원이다.</td></tr>
<tr><td>항원</td><td>• 항원이란 화학적 형태로서 숙주 내의 항체를 생성하는 물질이다.
• 면역원이란 숙주가 항원에 노출되었을 때 어떠한 형태로든지 면역반응을 일으키는 물질을 의미한다.</td></tr>
<tr><td>관용</td><td>자신의 구성성분에 대해서는 면역반응을 나타내지 않음을 의미한다.</td></tr>
<tr><td rowspan="3">면역의
3영역</td><td>염증</td><td>침입이나 손상에 대한 비특이적 신체방어를 의미한다.</td></tr>
<tr><td>체액성 면역</td><td>이종단백질을 중화, 제거, 파괴시키기 위한 항원－항체 상호작용을 의미한다.</td></tr>
<tr><td>세포중개성</td><td>백혈구의 활동, 반응, 상호작용 등으로 비자기로부터 자기를 식별하는 고도의 능력을 통해서 신체를 보호함을 의미한다.</td></tr>
<tr><td rowspan="2">면역에
관여하는
기관</td><td>림프절</td><td>림프액이 혈액순환으로 되돌아가기 전 여과기의 역할을 한다. 즉 림프액이 림프절을 지날 때 림프액의 먼지, 세포 파괴물, 박테리아, 미생물 등이 대식세포에 의해 탐식되는 것이다.</td></tr>
<tr><td>비장</td><td>가장 큰 림프기관으로, 대식세포가 존재하여 노쇠한 적혈구 탐식뿐 아니라 여러 종류의 이물질을 탐식한다.</td></tr>
</table>

<table>
<tr><td rowspan="2"></td><td>흉선</td><td colspan="2">흉선은 T림프구(T세포)를 성숙시키는 일을 담당하며 T세포의 생성에는 관여하지 않는다.</td></tr>
<tr><td>골수</td><td colspan="2">WBC, RBC, PLT의 생성 장소이다.</td></tr>
<tr><td rowspan="5">면역관여
세포</td><td rowspan="3">대식세포</td><td colspan="2">단핵구(monocytes)가 혈관 밖으로 나와 조직으로 이동하면 대식세포가 된다.</td></tr>
<tr><td>존재하는 곳</td><td>간장의 쿠퍼세포(Kupffer cells), 폐포의 대식세포, 비장의 대식세포, 뇌의 마이크로 글리아세포, 파골세포(뼈)에 있다.</td></tr>
<tr><td>주요기능</td><td>• 강력한 식균 작용으로 이물질을 잡아먹는다.
• 이물질의 존재를 세포 표면에 조직적합항원(HLA)을 인지하여 T림프구, B림프구에 알려주어 체액성 및 세포성 면역을 활성화시킨다.</td></tr>
<tr><td>다형 핵
중성구</td><td colspan="2">중성구(neutrophil)로 불리며 대부분의 혈액 내의 백혈구를 조성하고 혈관에 있다가 어떤 자극이 오면 혈관 밖으로 나와 조직으로 옮겨가 이물질을 탐식하여 파괴한 다음 죽는다.</td></tr>
<tr><td>림프구</td><td colspan="2">B림프구, T림프구</td></tr>
</table>

2 면역반응의 특징 [2010 · 2013 기출]

항원(면역원)	• 면역반응을 유도하는 물질을 항원 또는 면역원이라고 함 • 단백질, 박테리아, 바이러스, 기생충 등을 이물질이라고 인식함으로써 면역반응 시작
특이성	면역반응의 산물이 그 반응을 일으킨 물질과 동일하거나 또는 유사한 물질일 때만 반응을 일으키는 고도의 감별 능력
기억작용	숙주가 동일한 이물질에 재차 노출이 되었을 때 이에 관련된 세포가 분화 증식되고 이물질을 기억하여 반응을 일으키는 작용
자기관용	생체는 자기성분과는 다른 물질에 대해서만 강한 면역반응을 나타내는 능력을 갖고 있는 반면 자기의 구성성분에 대해서는 면역반응을 나타내지 않는 현상
세포 간 협동	면역반응은 여러 종류의 세포 간 상호작용에 의하여 나타남

3 면역반응의 기전

(1) 비특이성 면역반응(1차 면역반응, 선천면역)

1차 방어선	피부	약산성 유지, 살균작용, 방어벽 역할
	눈	눈을 감아 보호, 눈물 속 라이소자임 효소의 살균작용
	소화계	타액의 라이소자임 효소, 위액 중 위산, 연하 연동운동으로 미생물 제거
	호흡계	섬모는 이물을 걸러내고 콧물의 라이소자임이 살균작용
	비뇨계	점막은 두꺼운 상피세포층, 정상 상주균(정액의 스페르민 등)으로 산성 유지, 많은 점액 분비물로 미생물 침입 억제
2차 방어선	식균작용	백혈구와 식균성 조직세포
	자연살해세포	바이러스에 감염된 세포가 스스로 죽도록 만듦
	염증반응	-
항미생물성 단백질	보체	활성화되면 염증반응 유발
	인터페론	항바이러스 작용, 거식구 활성화, 자연살해세포(NK) 활성화, 항암효과

(2) 특이성 면역반응 : 체내 침입하는 미생물 종류에 따라 특정한 방어세포가 작용하여 미생물을 제거하는 반응

구분	체액성 면역	세포성 면역
면역 전달 양식	체액항체 함유 혈청에 의해	살아있는 임파계 세포나 그 세포의 산물에 의해
반응 시간	수분-수시간 내	24시간 이상의 지연형
반응 시작	항원과 항체결합에 의해	항원과 감작임파구의 작용에 의해
항체계 또는 세포계	• IgG, IgM, IgA • IgD, IgE IgG IgE IgD IgA IgM	• killer cell • helper T cell • cytotoxic T cell • suppressor T cell • lymphokine

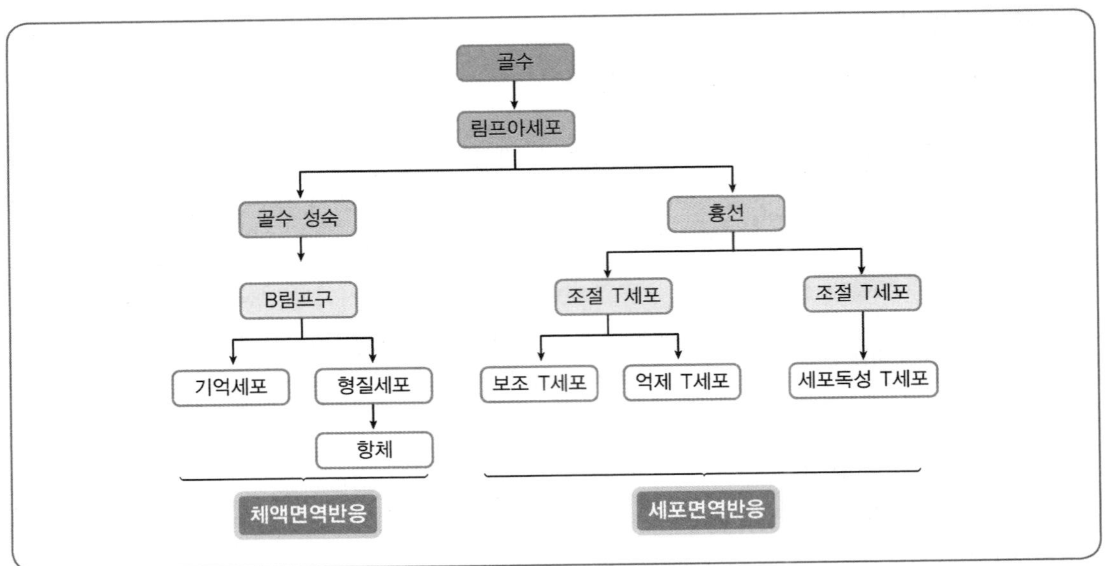

ㅣ체액성 면역과 세포 매개성 면역 비교ㅣ

종류	%	위치	특성
IgG	76	혈장, 간질액	• 세포외액 내 가장 많은 Ig • 면역반응의 후기에 생산됨(백신접종 3~4주 후에 최고수준 도달) • 2차적 체액면역의 주항체 • 태반을 통과하는 유일한 항체(면역글로불린) • 혈액과 조직에 감염이 발생될 때 주 역할을 담당하며 면역 보체계를 활성화하여 식균작용을 강하게 함
IgM	8	혈장	• 태생기와 신생아 초기에 생성(출생 시 IgM 증가는 선천성 감염 표시) • 일차 면역반응의 주 항체(면역반응 시 가장 먼저 출현, 초기 방어 후 소실) • 주로 세균성이나 바이러스 감염 시 그람음성균의 내독소와 같은 항원에 대한 항체를 형성하고 보체를 활성화 • 자가면역질환에서 중요한 면역복합체 • ABO 혈액항원에 대한 항체 형성, 보체 활성화
IgA	15	체액 (눈물, 타액, 초유, 담즙)	• 인체의 분비물에 가장 많은 Ig • 눈물, 침, 장액, 기관지액, 초유, 모유 같은 인체 분비물에 다량 존재 • 점막(호흡기, 피부, 위장관 등)에서 신체표면 보호 • 위장관의 점막표면, 기도와 비뇨기계를 보호하는 기능으로 음식에서 항원이 흡수되는 것을 예방함 • 모유를 먹는 아기들에게 전달되어 위장관에 있는 병원성 박테리아를 제거
IgD	1	혈장	임파구 표면에 존재. B림프구 분화를 도움

<table>
<tr><td>IgE</td><td>0.002</td><td>혈장,
간질액</td><td>• 정상적 혈청에 극미량존재
• 알레르기반응, 아토피반응 및 아나필락시스 반응 등에서 중요한 역할을 수행
• 비만세포와 호염구(basophil)에 부착됨
• 기생충 감염 방어를 도움</td></tr>
</table>

(3) 체액성 면역과 세포성 면역

<table>
<tr><td rowspan="5">체액성 면역
(항체매개성 면역)</td><td colspan="2">• B림프구가 생산한 항체가 면역반응의 중심이 됨
• B림프구는 병원체가 가지고 있는 특이항원을 인지한 후 여러 번 분열을 거쳐 형질세포(plasma cell)로 분화되어 많은 양의 항체를 생산함</td></tr>
<tr><td>항원－항체
상호작용</td><td>항원노출 및 침입 → 항원 인식 → 림프구 감작화 → 항체 생산 · 배출 → 항원－항체결합 → 항원－항체결합반응(식작용으로 다른 백혈구 유인, 항원을 응집, 용해, 보체고정, 침전, 비활성화, 중화, 파괴, 기억)</td></tr>
<tr><td>1차 면역반응
(지연반응)</td><td>• 처음 항원 인식반응
• 항원 침입 4~8일쯤 항체 발생(지연반응)
• 주된 역할을 하는 항체는 IgM → 이주 후 진행되면서 IgG 생산</td></tr>
<tr><td>2차 면역반응
(빠르고 강함)</td><td>• 동일항원의 재침입 시 1차 면역반응에 비하여 급속하고 강한 반응 발생
• 즉시 항체를 만들어냄
　－ 1차 반응 때보다는 항체의 수도 매우 증가됨
• IgM의 수는 1차 면역반응 때와 비슷, IgG의 수는 급격히 증가
• 1차 반응 때는 IgM이 주로 생성되지만, 2차 반응에서는 IgG가 주로 생성
• 항체반응이 빠르게 높은 농도로 오랫동안 나타나는 이유는 항원과 첫 접촉에서 생성된 기억세포가 남아있기 때문
• 예방접종은 항원을 인식시켜, 기억림프구를 생성하고, 같은 항원에 재노출 시, 기억림프구에 의해 빠르고 강력한 항체생성을 유도하여 숙주 면역력을 증강시키는 건강보호활동</td></tr>
<tr><td colspan="2"> 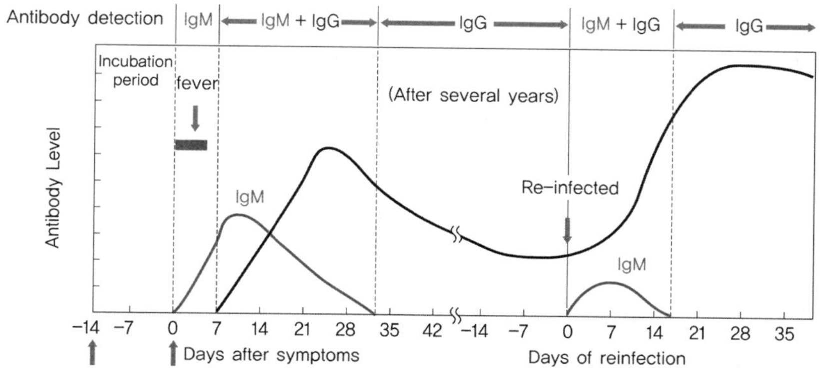Antibody detection | IgM | ← IgM + IgG → | ← IgG → | IgM + IgG | ← IgG →
Incubation period
fever
(After several years)
Antibody Level
IgM
Re-infected
IgM
−14 −7 0 7 14 21 28 35 42 −14 −7 0 7 14 21 28 35
Days after symptoms
Days of reinfection</td></tr>
</table>

<table>
<tr><td rowspan="4"></td><td rowspan="2">획득성
(항체중개성)
면역
[2010 기출]</td><td>선천면역</td><td>• 개체의 요인에 의해 결정되는 면역(종속, 인종, 개인차)
• 선천면역은 비특이적이며 염증반응이 이에 속함</td></tr>
<tr><td>후천면역</td><td>획득면역</td></tr>
<tr><td rowspan="2">후천면역</td><td>능동면역</td><td>병원체나 독소에 대해 생체 세포 스스로가 작용해서 생기는 면역 면역성이 강하고 오래 지속됨
• 자연 능동면역: 현성감염이나 불현성감염 후에 성립되는 면역
• 인공 능동면역: 인위적으로 백신이나 톡소이드로 감염을 일으켜 성립되는 면역(예방접종)</td></tr>
<tr><td>수동면역</td><td>이미 면역을 보유하고 있는 개체가 항체를 혈청이나 기타 수단으로 다른 개체에게 주는 것으로 효과는 빠르나 지속 기간이 짧음(2~4주)
• 자연 수동면역: 경태반 면역(소아마비, 홍역, 디프테리아)
• 인공 수동면역: 면역 혈청, 항독소 등을 주사해서 면역을 얻는 것</td></tr>
<tr><td rowspan="3">세포 매개성 면역</td><td colspan="3">• T림프구에 의함
• 항원판단 이후 직접 작용
• T림프구는 특정 항원을 파괴
– 바이러스, 결핵균, 나균과 같은 항상성 박테리아, 진균 및 이물질 등을 파괴함</td></tr>
<tr><td>세포독성
T림프구
(cytotoxic
T-cell)</td><td colspan="2">• 항원 파괴 독성물질을 항원의 세포 내로 직접 주입하여 항원 파괴
• 바이러스나 원생동물(원충)에 감염된 자기세포를 파괴
• 침입한 이물질의 세포막상의 항원을 공격하고 세포용해물질을 분비하여 세포를 직접 파괴
→ 항체가 결합한 세포와 조직을 공격하여 파괴시킴
• 림포카인을 통하여 다른 면역세포의 기능을 상승 혹은 억제
• 화학주성을 일으켜 대식세포, 자연살해세포 및 호중구를 그 주위로 끌어당김으로써 식작용 유도</td></tr>
<tr><td>보조 T림프구
(helper
T-cell)</td><td colspan="2">• B림프구를 활성화시켜 항체를 생성하게 자극
• 실제 항체 생산의 95%는 T림프구에 의해 조절
• 비자기(항원) 인식 → 림포카인 분비 → killer T-cell 활성화, 대식세포 활성화
• HIV는 보조 T세포를 공격하여 나타나는 면역반응장애</td></tr>
</table>

	억제 T세포 (suppressor T-cell)	• 특정 항원(비자기 세포 또는 단백질)에 B림프구가 항체를 생성하지 못하게 함으로써 체액성 면역 억제(과잉반응을 일으키지 못하도록 방지) • 정상적인 건강한 자기세포에 저항하는 자가항체를 생성하지 못하도록 예방 → 이 기능이 적절하지 못하면 자가면역장애를 초래 • 많은 자가면역질환에서 억제 T세포는 보조 T세포 수만큼 감소되어 과대 공격적인 면역반응을 일으킴
	기억 T림프구	다음에 똑같은 항원이 들어오게 되면 즉시 반응력 있는 작동세포로 전화되어 신체를 방어함

(4) 면역물질(면역반응의 매개체)

<table>
<tr><td rowspan="4">보체계</td><td>관련 항체</td><td colspan="2">➲ IgG, IgM
• 혈중에서 불활성 상태로 존재
• 혈장 단백으로 간에서 형성되며 항원이 유입되면 바로 활성화됨
• 항원에 의해 활성화되면 항체와 결합한 세포를 파괴시킴(세포 용해, 세포 살균, 면역 흡착, 모세관 삼투압 변화)</td></tr>
<tr><td rowspan="3">주요기능</td><td>화학주성</td><td>화학주성 작용으로 대식 세포, 호중구를 불러들임</td></tr>
<tr><td>옵소닌작용</td><td>보체가 세균막 표면 위에 결합하여 대식세포, 호중구가 항원을 둘러싸서 탐식작용을 용이하게 함</td></tr>
<tr><td>용해제거</td><td>항체와 결합된 세균(박테리아), 세포를 용해하여 제거</td></tr>
<tr><td rowspan="3">자연살해세포
(NK-세포)</td><td colspan="3">• 비자기세포막 항원에 대한 감작과정을 먼저 거치지 않고 바로 세포독성효과를 일으킴
• interleukin의 도움 없이 신체 내부의 항원을 찾는 능력을 가지고 있음
• 건강하지 못하거나 비정상적 자기세포(돌연변이세포)를 파괴하는 데 효과적
→ 바이러스감염세포와 암세포에 민감함
• 만성적인 스트레스 상황에서는 코르티솔 증가로 T-세포가 감소되고, 이로 인해 자연살해세포가 돌연변이세포를 찾아내어 파괴하는 기능 감소</td></tr>
<tr><td>면역감시</td><td colspan="2">악성세포변화에 면역 감시 기능을 가짐</td></tr>
<tr><td>세포막 파괴</td><td colspan="2">바이러스에 감염된 세포 및 종양 세포의 세포막 파괴(비특이적 면역)
식작용은 없음</td></tr>
<tr><td>사이토카인
(cytokines)</td><td colspan="3">• 백혈구에 의해 생산되는 작은 단백질호르몬
• 세포 중개성 면역을 유도하고 조절함
• 대식세포, 호중구, 호산구, 단핵구에서 생산되는 cytokine을 monokine이라 함
• T림프구에 의해 생산되는 cytokine을 lympokines이라 함
• 림포카인(인터루킨), 인터페론, 종양괴사 인자를 포함
• 미생물로부터의 신속한 보호 효과
• 림포카인(인터루킨)은 T림프구와 B림프구가 분열하도록 도움
• 인터페론은 바이러스 감염 시 T림프구를 생성하여 바이러스 전파를 도움</td></tr>
</table>

| 사이토카인의 종류와 기능 |

종류	주요 기능
	인터루킨
인터루킨-1	면역반응 증대, 염증 중재, B세포 성숙·증식·증대, 자연살해세포 활성화, T세포 활성화, 대식세포 활성화
인터루킨-2	T세포 증식, 분화유도, T세포·자연살해세포·대식세포 활성화, 사이토카인(알파인터페론, TNF 등) 방출자극
인터루킨-3	조혈전구세포의 조혈성장인자
인터루킨-4	B세포 성장인자, 증식과 분화촉진, T세포 증식유도, 비만세포 성장자극
인터루킨-5	B세포 성장과 분화, 호산구 분화와 성장증진
인터루킨-6	염증반응 촉진, B세포 자극, B세포 분화촉진으로 형질세포로 변환, 항체분비 촉진, 발열 생산, 인터루킨-1과 TNF와 시너지 효과
인터루킨-7	T세포와 B세포 성장촉진, 인터루킨-2와 수용체 발현 증가
인터루킨-12	인터페론-α 생산 증대, 보조 T세포 유입, 자연살해세포 활성화, T세포 활성화와 자연살해세포 증식자극
	인터페론
인터페론-알파	바이러스 복제 방해, 자연살해세포와 대식세포 활성화, 종양세포의 항증식 효과
인터페론-베타 인터페론-감마	대식세포, 호중구, 자연살해세포 활성화: B세포 분화 증대, 바이러스 복제 방해
종양괴사인자 (TNF)	대식세포와 과립구 활성화, 면역반응과 염증반응 증대, 종양세포 살해, 만성 염증과 암과 관련된 체중 감소 촉진

4 면역과정의 예

<table>
<tr><td rowspan="6">바이러스 침입 시 면역과정 사례</td><td colspan="3">바이러스가 인체에 침투 시</td></tr>
<tr><td>1차방어막</td><td colspan="2">• 피부에서 산성물질 분비하여 1차 방어막 형성
• 구강, 비강 점막에서 끈적끈적한 점액 분비</td></tr>
<tr><td>1차방어막 뚫고 감염 성립</td><td colspan="2">백혈구 속 면역세포들의 활동이 시작됨</td></tr>
<tr><td rowspan="2">1차면역반응
(선천면역)</td><td>대식세포</td><td>• 이물식작용 및 사이토카인분비 → 뇌 전달(발열과 염증반응)
• 발열에 의한 바이러스 사멸(이때 해열제 사용 시 오히려 바이러스 생존을 돕게 됨)</td></tr>
<tr><td>자연살해세포</td><td>바이러스에 감염된 세포를 스스로 죽이도록 함</td></tr>
</table>

	1차면역반응 실패 시	2차 면역반응(후천면역) 작동		
	2차면역반응	T세포	바이러스 감염세포 죽이기	
		B세포	항체 생산	바이러스 공격
				기억해두어 재침입 시 빠르게 대응
바이러스에 대한 면역반응체계	바이러스가 인체 내 침입복제하기 위해 세포 내로 침입 → 대식세포가 바이러스 표면상의 항원을 인식하며 바이러스 식작용 → 보조 T세포가 항원을 인식하고 대식세포와 결합. 이러한 결합은 사이토카인(인터루킨-1, 종양괴사인자)의 생산자극과 감마-인터페론 생산 자극 → 인터루킨-2는 또다른 보조 T세포와 세포독성 T세포를 양산, 보조 T세포는 사이토카인을 방출하여 B세포를 양산하고 항체를 생산 → 세포독성 T세포와 자연살해세포가 감염세포를 파괴함 → 항체가 바이러스와 결합하여 대식세포의 포식작용을 촉진함 → 바이러스가 일단 사라지면 활성화된 T세포와 B세포는 억제 T세포에 의해서 없어짐 동일한 바이러스가 재침입하면 신속히 반응하기 위해 기억 B세포와 기억 T세포로 남음			

03 면역과 관련된 병리적 상황

1 과민반응

(1) 과민반응의 개요

개념	과민반응은 어떤 물질(항원)과 접촉하였을 때 숙주가 비정상적인 반응을 나타내는 것으로 면역반응이 지나쳐 부적절하게 나타나 조직의 손상까지 시키는 것

유형	원인요소	병리적 과정	반응
즉시형/아나필락시스	IgE	• 비만세포의 특이적 자극 • 히스타민 등 방출	• 아나필락시스 • 아토피성 질병 • 천식, 비염
세포용해성/세포독성	• IgG • IgM • 보체	• 보체고정 • 세포용해	• ABO 부적합 • 태아적아구증
면역복합성	항원-항체 복합체	혈관과 조직의 축적 → 염증	• 전신성 홍반성낭창 • 급성 신사구체염
세포-중개성 지연형	감작된 T세포	림포카인(lymphokine) 방출	• 접촉성 피부염 • 이식거부반응

(2) 1형 즉시형 과민반응(anaphilaxis) : 즉시형, 아나필락시스형, 아토피형 [2007 · 2009 · 2011 · 2014 기출]

정의	알레르겐에 의해 비만세포와 호염기에서 화학물질 분비	
기전	T4 cell 활성화	외인성(알레르기원)자극
	B cell	IgE 생산 [2007 기출]
	감작	비만세포(mast cell)나 호염구(basophil)의 표면에 달라붙음 → 결합, 감작상태(sensitization : 반응을 일으킬 정도로 과민된 상태)
	재차 동일 항원 침입(탈과립)	항원과 IgE가 결합하여 비만세포나 호염구는 탈과립 → 매개물질(mediators of inflammation) 분비
	병태생리적 변화	혈관의 투과성 증가 → 혈관의 확장과 기관지 및 내장평활근 수축 → 국소적인 염증반응(알레르기 증상)
알레르기 증상	항원 노출 30분 이내 모세혈관투과성 증가로 발적, 팽진	
아나필락틱 반응	• 항원 노출 30분 이내 모세혈관투과성 증가로 발적, 팽진, 기도의 평활근 수축, 모세혈관으로부터 체액이 간질 공간으로 이동하여 갑작스런 혈압 저하 • 호흡기계(기관지평활근수축, 후두부종, 호흡곤란), 위장관계, 피부(발적, 팽진) + 쇼크 증상	
아토피성 알레르기	건초열, 기관지 천식, 아토피성 피부염, 음식물 알레르기, 약물 알레르기, 두드러기 등	

알레르기원
- 흡입 : 식물 꽃가루, 진균포자, 동물비듬, 집먼지, 풀, 두드러기 쑥
- 소화 : 음식, 음식첨가물, 약물
- 주사 : 벌독, 약물 조영제나 부신피질자극호르몬과 같은 생물학적 물질
- 아나필락시스 : 코나 눈의 점막에 항원이 노출되면 콧물, 재채기, 충혈, 눈물 증상을 일으키며 혈관과 기관지 평활근에 작용하여 광범위한 혈관 확장, 심박출량 감소, 그리고 심각한 기관지 협착을 일으키는 상태

| 매개물질 기능 |

히스타민 (histamine)	비만세포와 호염기구	• 기관지 평활근 수축 : 천명음, 기관지 경련, 호흡곤란 • 세정맥 확장 및 혈관 투과성 증가 : 홍반(erythema), 부종, 두드러기, 쇼크 • 기도 평활근수축 점막세포의 점액 분비 증가 : 기도저항 증가 • 신경말단 자극 : 가려움증, 피부 통증
류코트리엔	아라키돈산 대사산물	혈관 투과성 증가, 세기관지의 평활근 수축 증진
호산구	–	알레르기 반응 부위에 호산구 증가
호중구	–	알레르기 반응 부위에 호중구 증가

브라디키닌 (bradykinin)	아라키돈산 대사산물	• 평활근을 천천히 수축시킴 • 혈관 투과성 증가, 부종 형성 • 점액 분비 증가, 통증 섬유 자극
프로스타글란딘 (prostaglandin)	아라키돈산 대사산물	혈관확장 작용을 일으키고 기관지를 수축시켜 천명음, 호흡곤란, 기침 유발
세로토닌 (serotonin)	혈소판	혈소판이 응집되는 동안 방출되어 기관지 평활근의 수축을 일으킴
혈소판 활성 인자	비만세포	혈소판 분비, 응집, 기관지 수축, 혈관 확장 유도
헤파린	–	항보체 작용, 항응고 작용

(3) 2형 세포독성반응(세포용해성, cytotoxis)

정의	세포/조직표면에 존재하는 항원에 항체가 결합하여 직접 세포 파괴와 손상을 일으켜 장기 특이적 자가면역질환 발생
병리기전 (자가항체, 세포용해)	• 특정한 이종단백질이나 자기세포에 대항하는 자가항체 형성 • 자가항체는 자기세포와 결합하여 항원－항체 복합체(면역복합체) 형성 • IgG, IgM + 보체고정, 대식세포, 호중구 → 세포용해 • 자기세포는 식균작용이나 보체중개 용해작용에 의해 파괴
피부반응검사	없음
대표적 예	용혈성 빈혈, 혈소판감소성 자반증, 태아적아구증, 무과립구증, ABO 불일치, 하시모토갑상선염, 류마티스성 질환

(4) 3형 면역복합반응(아루투스형, 혈청병, immune complex)

면역복합체	• 항원(세포외부곰팡이, 바이러스, 박테리아)이 과다할 때 면역복합체 과다 형성 • 면역복합체형, 아루투스형, 혈청병
정의	혈액속으로 흐르는 면역복합체로 혈소판 응집을 일으켜 국소에 미세혈전을 생성시켜 허혈로 조직 괴사 초래
병리기전	• 면역복합체는 신장, 피부, 관절 등의 작은 혈관 벽에 침전 • 침전된 면역복합체는 보체를 활성화시켜 조직과 혈관손상을 초래 － arthus 반응 → 염증 → 장기질환 예 류머티즘성 관절염 시 관절강에 면역복합체가 만들어짐
피부반응검사	3~8시간 내 홍반과 부종
증상	발적, 부종, 혈관벽호중구 침윤, 급성염증 괴사, 피브린 침착
대표적 예	전신 홍반성 낭창(SLE), 혈관염, 급성 사구체 신염, 류머티즘성 관절염, 혈청병 등

(5) 4형 지연형(세포면역형) 과민반응

정의	• 감작된 T세포가 lymphokine을 유리시켜 항원에 대한 식균작용을 지시 • 알레르기원에 노출된 지 24~72시간 후에 발생 • 항체가 관여하지 않음
병리기전	감작된 T세포가 림포카인을 분비하여 림프구와 대식세포를 축적하고 그 부위의 부종, 허혈, 조직파괴를 초래
증상	24~48시간 발적, 경결홍반, 림프구 침윤, 대식구, 육아종 염증, 중심성 괴사 동반
피부반응검사	24~72시간 내 홍반 부종
이식편대 숙주질환	이식편의 골수세포가 숙주의 골수에서 여러 가지 항원과 반응하여 피부, 위장계, 간 등에서 다양한 반응을 일으킴
대표적 예	• 만성감염이나 접촉성 피부염, 곤충의 독에 대한 국소반응, 동종이식거부반응 • 결핵 항원 PPD 주사 후 발생(투베르쿨린반응)

| 즉각적 과민반응과 지연적 과민반응 |

특징	즉각적 과민반응	지연적 과민반응
알레르기 항원에 노출된 이후 증상이 나타나는 시간	20분 이내	1~3일 사이
면역반응의 종류	알레르기 항원에 대한 항체 • 매개성 면역반응	알레르기 항원에 대한 세포 • 매개성 반응
관계된 면역 반응자	B세포, IgE항체, 비만세포, 호염기구, 히스타민, 아나필락시스의 느린 반응 기질, 호산구 유인인자	T세포
관계된 알레르기	건초열, 천식, 두드러기, 심한 경우의 초과민반응 쇼크	옻나무, 화장품 그리고 청소용 세제에 대한 알레르기와 같은 접촉 알레르기
치료	항히스타민제(부분적으로 효과적): 히스타민제와 초과민반응의 느린 반응 효과를 감소하기 위한 아드레날린성 약물, 코르티솔 유도체와 같은 항염증성 약물	코르티솔 유도체와 같은 항염증성 약물

(6) 관리

환경조절	–
약물	• 항히스타민제제 • 비충혈 시 충혈제거제 • 항염제, 면역억제제
면역요법	• 면역요법은 제1유형 IgE – 중개형 과민반응의 치료에 이용된다. • 탈감작요법 시 주의할 점 – 주사용 항원 용약병은 냉장고에 바로 세워서 보관한다. – 항원 주사 시 아나필락시스 쇼크에 대비하여 응급처치 준비를 해야 한다. – 주사하기 직전에 항원의 양과 보관 날짜, 항원의 이름과 환자를 확인해야 한다. – 전회의 주사 시 부작용이 없었는지 확인한다. 발적이나 부종 등의 부작용은 항원이 다량 주입되었음을 의미하므로 곧 보고한다. – 환자가 정규 주사계획을 안 지킨 경우에는 전문의에게 알려서 다시 항원의 양을 희석하고 재계획을 짜도록 한다. – 상박에 주사한다. 이때 아나필락시스 쇼크에 대비하여 매 주사 시마다 부위를 변경하는 것이 바람직하다. – 항원의 용량을 정확히 측정하기 위하여 1cc 주사기를 사용한다. 주사 후 20분간 환자를 관찰하여 머리 부분의 소양감, 손바닥의 가려움증, 전신소양감, 둔해지는 감각, 인후부종, 쇼크 등의 유무를 확인하고 이런 증상들이 발생되면 곧 응급처치가 요구된다.

2 과민반응의 이해

(1) 약물알레르기 반응

	전신증상	피부증상
penicillin	아나필락시스, 혈청병 증상, 폐의 변화, 혈관염	접촉성 피부염, 두드러기
sulfonamides	간변화, 혈관염, 다발성 골절염, 신장장애, 조혈계변화	발진, 소양증, 박탈성 피부염, 다형성 홍반, 눈부심
salicylate	기관지 천식	신경혈관성 부종, 두드러기
paraminoacid salicylate	열, Loffler's 증후군(폐가 호산구로 침식), 간변화, 조혈계 변화	–
dilantin (phehytoin sodium)	호산구 증가, 림프절증	다형성 홍반
barbiturate	간변화	발진, 박탈성 피부염

(2) 과민반응 진단검사

피내반응검사 (피부테스트)	• 이미 알려진 소량의 항원을 피내에 직접 주사하여 항체반응 여부 파악 예 페니실린 피부 시험 • 적응증: 제I형 알레르기 검사 • 판정: 15분 후 – 양성: 강한 발적, 홍반, 구진, 팽진 – 음성: 항원에 대한 항체가 형성 ×, 항원을 너무 깊게 주사한 경우, 면역억제제 치료를 받거나 면역억제 질환자
긁은 자극 검사	• 알레르기원 피내반응보다 둔감하여 소아나 민감한 환자에게 실시 • 적응증: 제I형 알레르기 검사 • 방법: 피부에 피내침으로 가벼운 상처를 만들어 알레르기 항원 액체를 떨어뜨림 → 알레르기원 도포 15~20분 후 국소발적, 팽진 반응 측정 • 판정: 팽진이 5mm 이상, 발적이 15mm 이상이면 양성
RAST	피부 반응 검사의 음성에서 알레르기 원인 규명 → 혈청에서 특정 알레르기항원 IgE를 바로 측정
패치검사 (첩포시험)	• 적응증: 제IV형 알레르기 검사, 접촉피부염의 특정 알레르기원 파악 • 방법: 피부(팔 안쪽, 등)에 조사 물질을 묻힌 천을 24~48시간 붙여두고 땐 직후부터 24시간 후 판정
호산구	호산구 증가는 과민반응 의심
Challenge 검사	음식물 알레르기 의심 음식을 반응을 일어날 때까지 다량 주는 것 → 홍반, 소양증, 발진, 구토, 설사

(3) 탈감작요법(면역요법) [2016 · 2019 기출]

적응증	주로 제I형 IgE – 중개형 과민반응의 치료에 이용 예 알레르기 비염, 천식, 벌
정의	원인이 되는 물질(알레르기 항원)을 아주 소량씩 서서히 양을 늘려 몸에 투여함으로써 몸의 면연계를 길들여 알레르기 원인물질에 대한 환자의 알레르기 반응을 감소시키고자 시행하는 치료방법
기전	• 알레르기원과 결합하는 IgE가 감소하고 IgG 항체는 증가시켜 IgG와 빨리 결합하게 됨 • 억제 T세포 기능 증가 – 특정 항원에 B림프구가 항체를 생성하지 못하게 함으로써 체액성 면역 억제
방법	• 상박에 피하주사: 아나필락틱 쇼크에 대비하여 매 주사 시마다 부위 변경 • 최대 농도(1 : 100) 될 때까지 치료기간 약 5년 소요 • 아나필락틱 쇼크에 대비: 주사 후 20분간 환자 관찰, 쇼크 대비(에피네프린 준비)

3 아나필락시스(anaphylaxis) [2007 · 2009 · 2012 기출]

<table>
<tr><td>특징</td><td colspan="2">• 처음에 불편함, 불안, 허약, 다급한 불안 호소
• 그다음 바로 가려움증과 두드러기 발생
• 눈, 입술, 혹은 혀의 혈관부종과 홍반이 나타남
• 때때로 커다란 붉은 반점을 동반함</td></tr>
<tr><td>아나필락시스를 일으키는 물질</td><td colspan="2">• 약물/외부 단백질
• 음식물
• 조개, 달걀, 콩, 호두, 곡류, 딸기류, 방부제
• 다른 숙주
• 꽃가루, 운동, 열/냉 등
• 곤충/동물
• 꿀벌, 말벌, 호박벌, 불개미, 뱀독</td></tr>
<tr><td>기전
[2012 · 2014 · 2018 기출, 국시 2015]</td><td colspan="2">• 과민반응을 유발하는 항원이 체내에 들어오면 IgE 형성 [2018 기출]
• 비만세포, 호염기구에 붙음
• 같은 항원 재침입 시 비만세포와 호염기구에 있는 IgE수용체와 IgE 결합
• 비만세포 활성화시켜 히스타민, 프로스타글란딘, 브라디키닌 같은 매개물질 분비
• 매개물질은 기도의 평활근 수축, 혈관확장, 모세혈관 투과성 증가시킴
• 모세혈관으로부터 체액이 간질 공간으로 이동하여 갑작스런 혈압 저하로 저혈압, 말초혈류의 조직 관류 감소, 후두부종, 호흡곤란 발생</td></tr>
<tr><td rowspan="2">아나필락시스를 판단할 수 있는 대표적인 증상 및 징후</td><td colspan="2">• 두드러기(담마진)
• 후두부종 및 천명음
• 저혈압 및 서맥</td></tr>
<tr><td colspan="2">• 갑작스러운 의식소실이 첫 증상으로 나타나지 않음
• 수분 간에 걸쳐 여러 신체 부위의 증상들이 나타나면서 의식소실이 동반됨
• 흔히 피부, 호흡기, 혈액 순환기 등의 증상이 나타남
• 초기 또는 증상이 심하지 않은 경우 전형적으로 urticaric rash와 함께 재채기, 콧물, 눈물, 기침 또는 안면홍조 등이 나타나면 불안해함
• 이로부터 증상이 심해지면 기관지의 경련과 부종으로 기도 폐쇄증상과 저혈압 등이 동반되면서 cardiovascular collapse에 이르게 됨</td></tr>
<tr><td rowspan="2">아나필락시스는 과민반응</td><td>피부</td><td>열감, 발적, 가려움증과 두드러기(담마진), 광범위한 안면 혈관부종과 홍반</td></tr>
<tr><td>호흡계</td><td>• 비루, 비강충혈, 기관지 협착(흉부의 조임), 점막(후두)부종, 과다한 점액 분비
• 천명음, 호흡곤란, → 계속되면 질식, 호흡계 기능부전
• 후두부종, 질식, 기관지협착으로 저산소혈증과 고탄산증으로 호흡부전</td></tr>
</table>

	순환계	• 저혈압, 빠르고 약하며 불규칙한 맥박 또는 서맥 → 혈관 확장으로 모세관 투과성이 증가하여 수액이 혈관 밖으로 빠져 나가기 때문 → 즉시 치료하지 않으면 실신, 발한, 불안 증가, 혼돈, 의식상실 초래 • 혈관 내 용액이 감소하면서 수분 내 부정맥, 쇼크, 심장마비 등 발생 • anaphylaxis에 의한 사망의 70%가 호흡계 기능부전, 쇼크나 심부정맥
	위장계	오심, 구토, 복부산통, 설사
응급처치 [2010 · 2012 · 2018 기출, 국시 2018]	• 기도유지, 좌위유지 : Fowler 체위. 단, 쇼크 증상이 보이면 환자를 횡와위(recumbent position)로 취해주고 발을 높게 해줌 • 가능한 즉시 알레르기원 주입 부위(주사, 벌레 물린 곳) 상부에 지혈대 적용 • 즉각적인 adrenaline(epinephrine) 투여 • aqueous adrenialine 1 : 1000, 0.01ml/kg(maximum 0.5ml)를 즉각 근육(피하)주사 – 증상이 경한 경우에 피하주사 – 증상의 호전이 없는 경우 약 20분 이내에 다시 주사(최대 3회까지 가능) • vital sign을 지속적으로 측정(쇼크, 기도폐쇄, 발작 징후 관찰) • 환자의 심리적 지지를 도모하면서 병원으로 옮겨 지속 관찰 • 고용량 산소투여 • 생리식염수, 혈장증량제 등 정맥투여 • 두드러기, 혈관부종, 기관지 경련 시 진경제, 항히스타민제, 스테로이드 등 사용	
자가주사	• 에피네프린 자가 피하주사기를, 바늘이 나오는 부분을 한손으로 아래로 향하여 잡고 안전 뚜껑(캡)을 엶 • 자가주사기를 허벅지 바깥쪽(대퇴 전 외측)에 수직으로 딸깍 소리가 날 때까지 세게 밀어 주입하고, 그 상태를 10초 정도 유지하여 약물을 충분히 주입함 • 주입 후 주입부분을 10초 정도 마사지하여 약물이 잘 흡수되도록 함 • 상태가 호전되지 않을 경우 첫 주사에서 5~15분 후에 새 에피네프린 주사기로 다시 투여할 수 있음 • 응급실 이동	

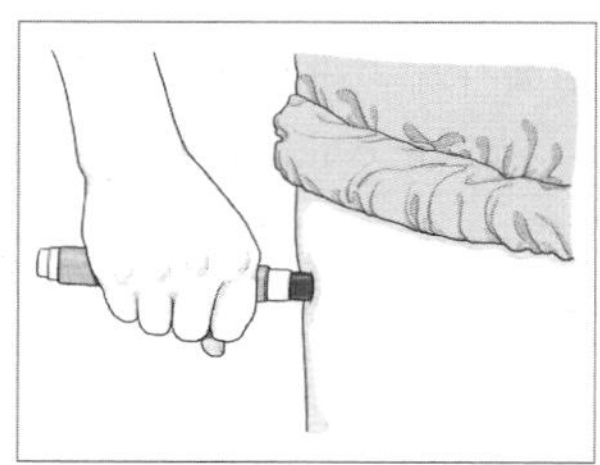

대략 10초 정도 대퇴를 꽉 잡는다. 대퇴에서 장비를 떼어내고 10초 정도 주입부분을 마사지한다. 119에 신고해서 급한 의료주의를 찾는다. 사용한 Epipen과 침의 끝 부분, 침을 구부리지 않은 상태에서 저장 튜브장치는 조심스럽게 놓아둔다. 저장 튜브를 완전히 조여서 병원 응급실에 가져가도록 한다.

| 에피네프린 자가-투여 |

예방	피부반응검사	특정 알레르기원을 파악하기 위한 방법으로 이미 알려진 소량의 항원을 피내에 직접 주사하여 항체반응여부를 파악할 수 있음
	탈감작요법	IgG 항체증가와 억제 T세포의 기능증가를 위해 밝혀진 알레르기원을 일정기간 규칙적으로 투여하는데, 이때에 횟수가 거듭될수록 주입용량을 증가해 감

4 과민반응 시 대표적 약물

에피네프린 (epinephrine) [2018 기출]	기전	기관지 확장	β2 : 기관지와 세기관지 확장
		심근 수축	β1 : 심근 수축, 심박출량 증가로 관류 증진
		혈관 수축	α : 혈관 수축으로 혈관 투과성 감소로 부종 감소
		염증 매개 물질 억제	아나필락틱 반응에서 발생하는 비만세포에서 염증성 매개 물질의 히스타민 등 방출을 억제
	방법	• epinephrine 피하주사, 근육주사, 설하로 투여·흡입, 심한 경우 0.5~1cc로 IV로 에피네프린 0.5~1.0mL를 5~10분 이상 천천히 정맥주입 • epinephrine은 심박출량을 증가시켜, 심장 두근거림과 빈맥을 경험 • 필요 시 같은 양을 매 15~20분마다 반복	
	부작용	창백, 빈맥, 심계항진, 신경이상, 근육경련, 발한, 불안, 불면증, 고혈압, 두통, 고혈당증	
항히스타민제 (benadryl)	기전	⮊ 염증매개물질 방출 억제 • H_1(히스타민) – 수용체 차단제로 작동 세포의 H_1수용체 부위에 결합하여 히스타민이 결합되는 것을 막아 히스타민 작용을 차단 • 세기관지, 위장관계, 혈관의 히스타민 효과 차단 • 히스타민에 의한 염증 반응으로 홍반, 부종, 화끈거림, 심한 소양증 감소	
	적응증	알레르기성 비염의 재채기, 가려움증, 콧물 감소, 아토피성 피부염, 담마진	
	방법	근육, 정맥 주사, 경구, 연고	
	부작용	• 졸음, 혼란, 불면증 • 두통, 현기증, 감광성, 복시, N/V, 구강건조	
코르티코 스테로이드, prednisone [국시 2005]	기전	기관지	• 면역억제제로 백혈구의 능력(염증 부위로 이동하는 것)을 억제하여 염증반응 감소 • 비만세포에서 매개 물질(히스타민, leukotriene, prostaglandin과 cytokine)을 억제 → 기관지에서 염증반응, 면역반응, 과민반응을 억제 → 기관지의 부종 감소, 기관지의 내경 증가
		피부	면역억제제로 항염증 반응에 의한 발적, 부종, 열감 감소

<table>
<tr><td rowspan="3"></td><td>적응증</td><td colspan="2">아토피성 피부염, 알레르기성 비염, 천식, 담마진</td></tr>
<tr><td>방법</td><td colspan="2">• 경구, 정맥주사, 연고
• 부종 감소로 물린 직후 즉시 투여하며 작용하는 데 여러 시간이 걸림</td></tr>
<tr><td>부작용</td><td colspan="2">수분과 염분정체, 고혈압, 쿠싱 증후군 상태, 위장 불편감, 부신 억제, 정신증, 골다공증, 감염 민감성 증가</td></tr>
<tr><td rowspan="3">β2 효능제: β2 adrenalin agonist</td><td rowspan="2">기전</td><td>기관지 이완</td><td>기도 평활근에 있는 수용기를 자극하여 세기관지, 기관지 평활근 이완, 기관지 경련 완화</td></tr>
<tr><td>매개물질 억제</td><td>비만세포에서 유리되는 염증성 매개물질 억제</td></tr>
<tr><td>방법</td><td colspan="2">단기작용: albuterol(ventolin), metaproterenol(metaprel)의 속효용 β2 adrenalin agonist 흡입</td></tr>
<tr><td rowspan="2">메틸잔틴제</td><td>기전</td><td colspan="2">기관지 평활근 이완</td></tr>
<tr><td>부작용</td><td colspan="2">불안, 어지러움, 빈맥, 심계항진, N/V, 두통, 경련, 상복부 불편감</td></tr>
<tr><td rowspan="2">혈관 수축제</td><td>기전</td><td colspan="2">심한 대사부전 상태 시 혈압과 심박출량 증가(norepihephrine, dopamin)</td></tr>
<tr><td>부작용</td><td colspan="2">두통, 심계항진, 소변량 감소, 고혈압, 대사성 산증</td></tr>
</table>

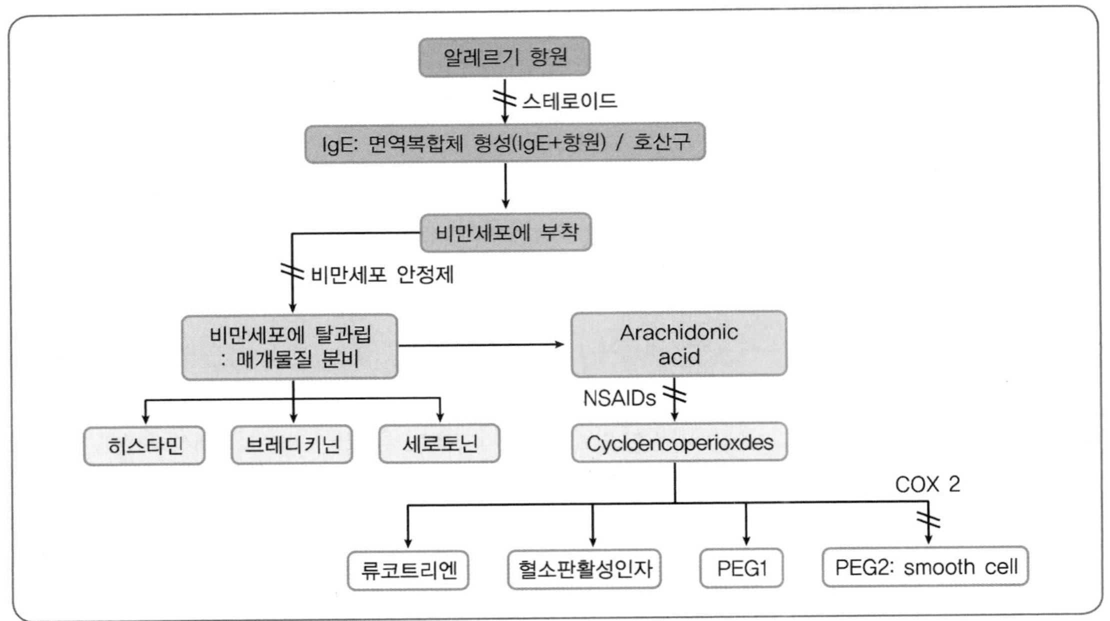

5 알레르기 비염 [1996 · 2018 기출]

<table>
<tr><td>정의</td><td colspan="2">임파계로부터 유리된 형질세포(plasma cell)가 항원에 의한 자극의 결과로 글로불린(IgE)이라는 항체를 만들고 그 후 항원, 항체가 조직의 비만세포(mast cell)의 표면에서 서로 작용하면 비만세포로부터 화학적 매개물질(mediator)이 생산된다. 이 화학적 매개물질이 알레르기 반응을 일으킨다.</td></tr>
<tr><td>병태생리 작용</td><td colspan="2">• 혈관 투과성이 증가한다.
• 평활근이 수축한다.
• 말초혈관 내 혈액이 고이게 된다.</td></tr>
<tr><td>증상</td><td colspan="2">재채기, 코막힘, 눈물, 맑은 콧물, 비내 소양감, 앞머리가 아프고, 비갑개가 창백하고 부종이 생길 수 있다.</td></tr>
<tr><td>검사소견</td><td colspan="2">혈중 호산구 증가, 혈중 IgE 증가</td></tr>
<tr><td rowspan="5">관리</td><td>회피요법</td><td>• 특이한 환경적 알레르기원이 확인되면 대상자는 확인된 항원을 피하거나 접촉을 금하도록 한다.
• 특정한 음식이나 약물과 같은 알레르기원은 피하기 쉽지만 꽃가루, 곰팡이, 먼지, 진드기와 같이 환경에 흔히 존재하는 알레르기원은 환경적인 변화가 필요하다.</td></tr>
<tr><td>약물요법</td><td>항히스타민제, 충혈완화제, 혈관수축제 등을 투약한다.</td></tr>
<tr><td>탈감작요법</td><td>• 알레르기원을 확인하였으나 피할 수 없을 때 사용한다.
• 자기 관용을 유도하는 방법이다.
  – 알레기원을 희석(1 : 100,000 또는 1 : 1,000,000)하여 피하주사한다.</td></tr>
<tr><td>환경요법</td><td>일상생활에서 알레르기원이 될 수 있는 요소 등을 피하도록 한다.</td></tr>
<tr><td>기타 대증요법</td><td>• 충분한 휴식하게 한다.
• 코를 풀 때 양쪽 비강이 열려 있는 상태로 풀어서 염증이 유스타키오관으로 퍼지는 것을 예방한다.</td></tr>
<tr><td>간호관리 (알레르기 질환의 일반 원칙)</td><td colspan="2">• 알레르기원을 알아내 피하고 제거한다. 탈감작시킬 수도 있다.
• 대증요법을 제공한다.
• 알레르기원을 찾지 못했을 경우에는 초콜릿, 우유, 계란 등을 피한다.
• 베개나 침구는 비알레르기성 소재를 사용한다.
• 애완동물을 키우지 않는다.
• 화장품은 비알레르기성 제품을 사용한다.
• 먼지가 발생되는 것을 막는다.
• 항히스타민제를 사용한다.</td></tr>
</table>

6 아토피성 피부염 [2009 · 2022 기출]

(1) 개요

정의 및 특징	• 접촉성 피부염과도 비슷한 알레르기(allergy)성 피부질환으로 선천적으로 과민성 피부를 가진 사람에게 발생되는 피부염 • 복합적인 유전적, 환경적 원인으로 면역 체계에 이상이 생기면서 피부 깊은 곳에 있는 기저 염증이 신체 여러 부위에서 발생하는 만성적인 질환 • 초기 붉은 반점, 좁쌀만한 구진, 수포(농) → 헐어서 가피 형성 → 낙설(= 급성 습진 시)로 진행 • 급성 습진이 같은 부위에 오래 계속되어 피부가 두꺼워지고 표면이 거칠어지며 흑갈색으로 침착(태선화) • 특히 음주 후, 몸이 따뜻해질 때 심한 가려움증이 있고 계절적으로 질환이 호전되거나 악화되며, 매년 같은 시기에 재발하는 것이 특징
증상	• 매우 심한 가려움증과 재발과 지속을 반복하는 피부염증 • 홍반(피부가 붉어짐) → 부종 구진(피부 융기) → 찰상(긁힌 상처) → 태선화(눈에띄는 주름) • 심할 경우 무릎 뒤, 발목, 발, 팔꿈치 안쪽, 얼굴, 목, 손, 손목 등 온몸에 일상생활이 불가능할 정도의 극심한 가려움증, 발진, 건조증, 발적, 부스럼, 진물 등을 동반하며 출혈, 균열, 이차감염 등을 야기함 • 환자의 대인관계, 사회생활, 정서적인 면에 많은 영향을 미칠 수 있음
유발요인	추운 날씨, 열 또는 습기가 존재하는 상태, 발한, 집안의 먼지, 털실과의 접촉, 정신적 긴장, 호흡기 감염, 특별한 식품의 섭취, 지나친 목욕, 경성 비누 사용, 육체적 운동 시 더욱 악화됨

(2) 한국인 아토피피부염의 진단 기준(2005)

주 진단기준 (major features)	• 가려움증 • 특징적인 병변의 형태와 분포 – 2세 이하: 얼굴, 몸통, 사지의 폄쪽 – 2세 이상: 얼굴, 목, 굽히는 부위 • 아토피(천식, 알레르기 비염, 아토피 피부염)의 개인 및 가족력
보조 진단기준 (minor features)	• 건조증 • 백색비강진(pityriasis alba) • 눈 주위 습진 및 눈 주위의 어두운 피부 • 귀 주위 습진 병변 • 입술염 • 손/발의 비특이적 피부염 • 두피의 인설

<table>
<tr><td></td><td>• 모공 주위 피부의 두드러짐(perifollicular accentuation)
• 유두습진
• 땀이 날 때 가려움증 동반
• 백색피부묘기증(white dermographism)
• 즉시형 피부반응 양성반응(단자검사 양성)
• 높은 혈청 IgE
• 피부감염에 대한 감수성</td></tr>
<tr><td colspan="2">주 소견 2가지와 부 소견 4가지 이상 나타날 때 진단 가능함
(Atopic Dermatitis Research Group : diagnostic criteria in Korean, 2005)</td></tr>
</table>

(3) 2019 대한아토피피부염학회 중등도-중증 아토피피부염의 정의(대한아토피피부염학회 가이드라인) [2022 기출]

<table>
<tr><td>중등도
아토피피부염</td><td colspan="3">• 16 ≦ EASI < 23 또는
• EASI < 16이지만 아래 항목 중 하나라도 동반되는 경우
• 낮 또는 밤의 가려움증 NRS 점수 > 7
• DLQI(피부과 삶의 질 수치) > 10</td></tr>
<tr><td>중증
아토피피부염</td><td colspan="3">• EASI ≧ 23 또는
• 16 ≦ EASI < 23이지만 아래 항목 중 하나라도 동반되는 경우
• 낮 또는 밤의 가려움증 NRS 점수 > 7
• DLQI(피부과 삶의 질 수치) > 10</td></tr>
<tr><td rowspan="7">EASI</td><td colspan="3">EASI(Eczema Area and Severity Index, 습진 중증도 평가지수)</td></tr>
<tr><td colspan="2">점수진단</td><td>• EASI는 0점부터 72점까지 산출
• EASI는 머리/목, 상지, 몸통, 하지의 4개 부위에서 홍반, 부종, 찰상, 태선화의 심한 정도와 침범 면적을 평가(0~72점)하는 도구
• 16점 이상 – 중등도 아토피피부염
• 23점 – 중증 아토피피부염</td></tr>
<tr><td rowspan="5">4단계
평가</td><td>1단계</td><td>신체를 얼굴과 목, 상지, 몸통, 하지 등 4개 부위로 나눔</td></tr>
<tr><td>2단계</td><td>부위별 아토피피부염의 병변 면적을 체크</td></tr>
<tr><td>3단계</td><td>홍반, 부종 및 구진, 줄까짐, 태선화 등 아토피피부염의 특징적인 4가지 징후 확인</td></tr>
<tr><td rowspan="2">4단계</td><td>중증도를 확인한 후 신체 부위별 가중치에 맞게 종합적으로 계산</td></tr>
<tr><td>• 이때 가중치는 표면적에 비례
• 병변이 전체 신체면적에 넓게 퍼져 있을 경우 EASI 점수가 더 높게 평가됨</td></tr>
<tr><td>NRS</td><td colspan="3">환자가 느끼는 가려움증의 정도를 0에서 10까지 점수로 평가한 '숫자평가척도(NRS)'</td></tr>
</table>

DLQ	● Dermatology Life Quality Index • 최고 점수는 30점, 높은 점수일수록 아토피 피부염이 환자의 삶의 질에 더 큰 악영향을 주는 것으로 해석 • 0~1 점은 삶의 질에 영향이 없고, 2~5점은 약간의 영향, 6~10점은 중등도의 영향, 11~20점은 심각한 영향, 21~30점은 극도로 큰 영향을 미치는 것으로 해석
중증 아토피 피부염	평가에 대해 다음 중 1가지 이상을 만족할 때 중등증−중증 아토피 피부염으로 고려할 수 있음 • 체표면적 10% 이상일 때 • 체표면적에 상관 없이 − 개별 병소가 중등증 or 중증인 상태 − 얼굴, 목, 생식기, 손, 발 등 노출 혹은 기능에 매우 중요한 부위 − 삶의 질이 매우 저하되어 있는 경우

(4) 피부증상의 이해

피부건조증	대부분 아토피 피부염 환자에게서 관찰됨
어린선	피부가 물고기 비늘처럼 관찰되는 현상
모공각화증, 모공성구진	• 팔 또는 다리의 바깥쪽에서 소위 '닭살' 형태로 관찰 • 체간(특히 복부)에 닭살 모양으로 작은 모공성 구진 관찰
E형 면역글로불린 증가	70~80% 환자에서 E형 면역글로불린 증가
감염 동반	헤르페스감염, 물사마귀, 기타 감염성 질환이 동반되는 경우가 많음
눈 주위 병변	• 결막염이 흔히 관찰되고, 눈 밑의 뚜렷한 주름은 아래 눈꺼풀의 하나 혹은 이중 주름으로 관찰 • 눈 주위 색소침착은 특히 눈 아래쪽의 색소 침착
목의 뚜렷한 주름	목의 주름이 매우 뚜렷하게 관찰되는 증상으로 소아기 후반이나 사춘기로 갈수록 목 부위의 습진이 오래되면 더욱 뚜렷하게 관찰
가려움증	땀에 의한 가려움증은 매우 특징적인 소견이며, 양털 등 자극물질에 대한 예민성은 외부의 자극물질에 의해 쉽게 소양증 유발
음식과민성	특히 유아기에 우유, 계란 등의 음식을 먹었을 때 소양증이 생기거나 피부염이 악화됨
감정악화	환경이나 감정요인이 악화시키는 현상은 사춘기, 성인기로 갈수록 뚜렷해짐
백색피부묘기증	홍반이 심한 부위를 긁으면 그 부위가 하얀 선으로 관찰되는 현상
두부인설	유아나 소아의 머리에 소양증을 동반한 인설(흔히 비듬)으로 관찰, 귀 뒤 균열 및 귀밑 균열
태선화 [2022 기출]	만성적으로 긁음으로써 두껍게 주름이 생긴 것
기타	유두습진, 구순염, 둔부습진(진물을 동반, 태선화 등)

(5) 보건지도

온도 습도 유지	건조하면 악화됨, 염증주기 차단이 목표
자극 제거	비누, 과도한 목욕, 너무 뜨거운 물, 나일론 의복, 화학물질
압력 제거 (조임 제거)	의복은 느슨하게 착용
애완동물	애완동물과의 접촉을 금함
스트레스 이완	–
소양감 감소	• 직접적 소양감 완화: 두드릴 수 있는 부드러운 빗 혹은 부드럽게 압력을 가할 수 있는 도구 제공, 찬물 찜질, 전분 목욕 • 피부 손상 예방: 손톱 짧게, 긁지 않도록 → 2차 감염 예방 • 기분전환을 위한 활동 제공 • 환기가 잘 되도록 하고 방 안 온도를 서늘하게 유지
보습	유제크림으로 피부 습도를 유지

(6) 약물요법

보습제	–	
국소스테로이드	• lacticare HC, lidomex, dermatop이 있으며 중간 단계는 hydrocort cream이, 강한 단계에는 dermovate가 있음 • 태선화된 병변에 짧은 기간만 사용 • 부작용으로는 모세혈관 확장증, 홍반증, 저색소증, 피부약화와 위축, 구강주위염, 안주위염, 이차 세균감염 및 기존 감염증의 악화	
항히스타민제	가려움증, 재채기, 분비물 증가 등의 증상을 완화	
	1세대	• hydroxizine(ucerax), cholorphniramine(peniramine) • 부작용으로는 매우 졸릴 수 있다는 점임. 이런 부작용은 야간 가려움증을 완화시키는데 도움이 됨
	2세대	• cetirizine(세티리진, 씨잘, 씨즈날정), ebastel(ebastine) 등 • 졸음 유발 부작용이 적고 1세대보다 복용 횟수가 줄어 하루 한 번
엘리델 크림 (pimecrolimus)	• 염증세포와 염증세포에서 분비되는 cytokine을 억제하는 작용 • 부작용으로는 바른 부위에 작열감과 홍조가 25%에서 나타나지만 지속적으로 사용하면 호전됨. 면역기능을 조절하므로 장기간 사용 시 미치는 영향을 우려하여 다른 치료에 반응하지 않는 아토피 피부염에 사용하도록 권장함	
항생제	• 2차 감염 동반 시 항생제를 병용 • mupirocin(박트로반), fusidic acid(후시딘)	

7 담마진

<table>
<tr><td>정의</td><td colspan="2">• 두드러기라고 부르며, 소양감을 동반한 회백색 또는 선홍색의 팽진
• 혈관성 피부질환으로 진피와 피하조직으로 같이 침투하는 혈관부종
• 국한된 피부나 전신 혹은 점막에 나타남</td></tr>
<tr><td>증상</td><td colspan="2">• 초기 국소부위에 소양감과 함께 선명한 윤곽을 지닌 팽진이 가장자리로 확대되어 가면서 주위 팽진과 융합하여 지도 모양의 불규칙한 팽진을 형성
• 팽진은 급속히 나타나는 반면, 대개 수 시간 후면 아무런 후유증 없이 소실됨
• 팽진은 의복 · 멜빵 · 벨트 등의 압박부위에 먼저 나타나는 경향이 있으며, 안면부의 입술 · 눈꺼풀이나 눈 주위에 나타나는 경우도 있음
• 급격히 악화되면 후두부종이 나타날 수 있음</td></tr>
<tr><td rowspan="2">실제적 · 잠재적 문제</td><td>소양증</td><td>안위변화, 수면장애, 2차적 감염의 문제와 피부 손상</td></tr>
<tr><td>혈관신경 부종</td><td>후두부종, 호흡곤란, 쇼크</td></tr>
<tr><td>치료</td><td colspan="2">• 원인 제거(특히 급성 두드러기 시 최근 요인 제거)
• 대증요법으로 항히스타민제가 우선적으로 선택되게 되나, 증상의 경중에 따라 적용량을 조절하여 투여
• 급속히 악화되는 심한 증상 시(특히 후두의 부종 의심 시)에는 epinephrine(1 : 1,000) 0.2cc를 20분 간격으로 피하주사하여 확장된 혈관을 수축시킴
→ 인두의 부종 제거</td></tr>
<tr><td>간호</td><td colspan="2">• 소양증 완화: 전분목욕, 냉습포, 필요시 항소양증제제 도포
• 알레르기원을 제거
• 혈관부종을 완화: 항히스타민제, 교감신경흥분제
• 온도와 습도 적절히 유지
• 피부의 2차 감염 예방: 손 잘 씻기, 손톱은 짧고 청결, 비비고 긁지 않도록 함
• 신체적, 정서적 안정: 과로나 스트레스, 불안, 욕구불만 등은 증상을 악화</td></tr>
<tr><td>소양감 간호</td><td colspan="2">• 원인 질환 치료
• 방안의 온도와 습도 조절: 시원하고 조용한 환경 제공
• 시원하고 조이지 않는 의복(모직 의류나 양모 사용은 피함)
• 기분전환을 위한 활동: 독서, 오락 등
• 발한을 촉진하고 체온을 증가시키는 활동 금지: 과도한 운동
• 불안과 긴장을 완화
• 손톱은 짧게 깎고 긁지 않도록 하여 2차 감염을 예방
• 가려운 곳을 두드릴 수 있는 부드러운 빗 사용 또는 부드럽게 압력을 가해주는 방법들이 도움이 됨
• 건조한 피부에는 부드러운 크림이나 로션 등을 사용하여 피부에 충분히 수분을 공급함
• 전분목욕, 미온수 목욕, 스펀지 목욕
• 전문적 치료(항소양증제제 도포): 칼라민로션/항히스타민제</td></tr>
</table>

8 자가면역질환

<table>
<tr><td>원인</td><td colspan="2">• 항원의 변형
• 항체의 교차반응
• 바이러스 요인
• 호르몬 요인: 여자의 전신 홍반성 낭창의 발생 빈도는 남자보다 9~10배 높음</td></tr>
<tr><td rowspan="3">병태생리</td><td>세포 표면에서의 자가항체의 작용</td><td>• 직접적인 항체 매개 세포 독성
예 자가면역 용혈성 빈혈, 자가면역 혈소판감소성 자반증
• 세포 표면 수용체의 장애 예 중증근무력증
• 보체의 활성화 예 기저막 질병</td></tr>
<tr><td>면역복합체의 순환과 침착</td><td>용해성 항원-항체 복합체들은 매우 작아서 모세혈관(SLE의 나비 모양의 발적)과 관절의 활액막, 세포의 기저막으로 침입하여 축적</td></tr>
<tr><td>감작된 T림프구의 활성화</td><td>감작된 T림프구가 림포카인을 방출하여 조직을 파괴시킴 예 다근염</td></tr>
<tr><td>자가면역질환 종류</td><td colspan="2">

구분	종류
전신질환	• 전신홍반 루푸스 • 류머티즘성 관절염 • 전신성 경피증 • 혼합 결합조직질환
혈액	• 자가면역성 용혈성 빈혈 • 면역성 혈소판 감소성 자반증
중추신경계	• 다발성 경화증 • 길랑-바레 증후군
근육	중증 근무력증
심장	류머티즘열
내분비계	• 애디슨병 • 하시모토 갑상샘염 • 갑상샘 기능저하증 • 제1형 당뇨
위장관계	• 악성빈혈 • 궤양성 대장염
신장	• 굿파스처 증후군 • 사구체신염
간	• 원발성 담즙성 간경변증 • 자가면역 간염
눈	포도막염

</td></tr>
<tr><td>치료 및 간호</td><td colspan="2">• 항염증성 제제와 면역억제제 사용
• 식사와 함께 투여
• 제산제 투여(위장관 보호)</td></tr>
</table>

9 전신 홍반성 낭창, 루푸스(System Lupus Erythematosus; SLE) [2020 기출]: 대표적인 자가면역질환

정의	• 신체의 여러 부위 특히, 피부, 관절, 혈액, 신장 등에 만성적인 염증을 일으키는 자가면역 질환 • 자기 자신의 항원과 작용하여 면역복합체를 형성하는데, 이 면역복합체는 조직에서 축적되어 염증, 조직손상, 통증 등을 유발
원인 및 악화요인	• 젊은 여성 호발, 악화와 호전의 과정을 갖는 특성 • 면역요인, 바이러스 감염, 유전인자, 호르몬, 약물 • 자외선, 신체 정서적 스트레스, 임신 • 약물: procainamide, hydralazine, phenytoin 등
증상	• 고열(38°C) 이상 – 90% • 관절염 – 90% • 심한 피로감 – 81% • 피부발진 – 74% • 빈혈 – 71% • 신장계 이상 – 50% • 흉통(깊은 숨을 쉴 때) – 45% • 나비 모양의 안면홍반 – 42% • 광과민성 – 30% • 탈모증 – 27% • 혈액응고의 장애 – 20% • 레이노현상 – 17% • 구강궤양 – 12%
진단: 4가지 이상 해당될 때	1. 안면홍반 – 볼에 생긴 홍반 2. 원판성 홍반 – 붉게 솟아오른 원판 모양의 피부병변 3. 광과민성 – 햇빛에 의해 발진이 생기거나 심해지는 것 4. 구강 내 궤양 – 코와 입에 생기는 궤양 5. 관절염 – 2개 이상의 관절에 생기는 관절염 6. 장막염 – 늑막염이나 심낭염(폐나 심장을 싸고 있는 막의 염증) 7. 신장질환 – 소변 검사상 3+나 일일 500mg 이상의 단백뇨 또는 요침사 출현 8. 신경계질환 – 경련이나 정신질환(약물이나 대사이상에 의한 것이 아닌 것) 9. 혈액질환 – 용혈성 빈혈, 백혈구 감소증(4000/mm^2 이하), 림프구 감소증(1500/mm^2 d 이하), 혈소판 감소증(10만/mm^2 이하)이 있는 경우 10. 항핵항체 – 항핵항체가 생길 수 있는 약물을 복용하지 않은 상태에서 양성 11. 면역계질환 – 항DVA 항체, 항Sm 항체 또는 항인지질 항체 검사에서 양성

간호관리	광과민성 홍반 예방	일광노출 삼가, 자외선 차단제 사용, 햇빛 가리개 모자, 보호 옷 사용
	근육의 약화와 피로 근육통 예방	규칙적 운동
	스트레스 예방	주기적인 휴식, 추위에 노출 금지
	감염 예방	바이러스와 박테리아 민감, 공중장소, 감염 환자와 접촉 피할 것
	기타	고혈압관리, 금연, 비만예방, 고지혈증 예방 등
	정기적 혈액검사	혈액검사 상의 변화는 환자에게 증상이 나타나고 있지 않더라도 질병이 활동적이 되어가고 있다는 증거 → 조기발견, 조기치료 시 영구적 조직손상 감소
약물요법	비스테로이드성 소염제(NSAIDs)	• 적용: 열, 관절통 및 관절염, 늑막염, 심낭염 등의 증상 • 부작용: 위장장애 시 제산제, H2-길항제, 미소프로스톨(사이토텍)과 같은 약물을 함께 복용
	코르티코스테로이드 (부신피질 호르몬)	• 프레드니솔론 • 항염작용, 면역기능조절 • 부작용: 월상안, 체중 증가, 골다공증, 고혈압, 당뇨병, 정신 장애, 무혈성 골괴사, 백내장, 위출혈, 기회감염
	항말라리아제	• 클로로퀸이나 하이드록시클로로퀸 • 피부나 관절에 증상이 있는 루푸스 환자에게 매우 유용 • 부작용: 설사나 발진, 메스꺼움, 구토/눈에 영향(1년마다 안과 검진)
	세포독성제 (면역억제제)	• 신장에 문제가 있을 때 아자티오프린(azathioprine)과 사이클로포스파마이드(cyclophosphamide) • 염증을 억제하고 면역반응을 억제 • 부작용: 빈혈, 백혈구 감소증, 감염의 증가 등 • 장기 복용 시 암 유발, 불임
	기타약제	주사용 면역글로불린(혈소판 감소에 이용), 다나졸(혈소판 감소에 이용), 답손(피부질환에 이용), 소량의 아스피린 및 항응고제(항인지질항체 증후군 치료에 이용)등

10 장기이식

(1) 장기이식 조건

장기 기능부전	이식해야 할 정도로 장기가 더 이상 기능을 발휘하지 못하는 경우
이식부위	각막, 신장, 피부, 골수, 심장판막, 뼈, 결체조직, 폐, 간, 췌장, 장 등
간, 폐, 신장 정상	수혜자는 신장, 폐, 간 기능에 건강문제가 없어야 함
조직적합성, 혈액형	조직적합성, 혈액형이 같아야 하나, 최근 혈액형 부적합 이식(간, 신장 등)이 시행되기도 함

수술 적합		전신마취나 수술의 금기조건이 없어야 함
이식가능여부 결정요인		ABO와 Rh 항원, 백혈구 항원(HLA)유형, 의학적 위급정도, 기다린 시간, 지리적 위치
이식 금기		전이된 악성종양, 난치성 심장질환, 만성호흡부전, 전신혈관질환, 만성감염, 사회심리적 장애(치료불이행, 알코올 중독, 약물 중독 등)
각 장기의 예	간이식	말기 간질환, 선천성 담도계 이상, 선천성 대사 이상, 만성 활동성 간염, 경화성 담도염, 혈관질환, B형간염, 간경화 등
	췌장이식	당뇨병환자로 심장이나 신장 등 다른 장기에 진행성 질병이 동반된 경우
	각막이식	각막혼탁이나 각막궤양
	피부이식	이식이 불가능한 심한 화상환자
	골수이식	백혈병, 골수 부전증, 빈혈, 유전성 조혈장애 환자. 골수이식 수혜자는 질병이 어느 정도 진행된 상태이나 치료를 하면 개선의 가능성이 있어야 함

(2) 조직적합성 검사

성공적 이식조건		• ABO와 Rh 항원 • 조직적합성 항원(histocompatibility antigen)
혈액원 항원 (ABO와 Rh 항원)		• 혈액형은 동일하지 않더라도 수혈이 가능한 혈액형이라면 이식 가능 • Rh 항원은 일치하지 않아도 가능
조직적합성 항원 (HLA)		**백혈구 항원**(Human Leukocyte Antigen; HLA) • 자기와 비자기 조직을 인식하는 능력이 있고 면역세포 간의 제어기능을 담당 • 적혈구를 제외한 모든 혈액 세포 표면에 존재 • A, B, C, D, DR(D-related)의 5가지의 모든 유전자 항원에 대한 형태조사 • DR 항원은 B림프구와 대식세포에 남아 있는 것으로 이식거부반응과 좀 더 밀접한 관련이 있는 항원 – 각막은 혈관이 없으므로 관련 없음 – 신장과 골수이식은 거부 위험성이 높으므로 반드시 일치해야 함 – 간이식은 일치여부가 생존에 영향 없음 – 폐나 심장이식은 일치가 생존율 높임
림프구 혼합배양법 (MLC) 교차검사		수혜자의 혈청을 제공자의 림프구와 섞어 세포독성(항HLA)항체가 있는지 검사 → 공여자로부터 얻어진 림프구를 수혜자의 혈청과 섞어 놓고 면역반응을 관찰 → 림프구 혼합배양법 실시(Mixed Lymphocyte Culture; MLC)
이식적합반응	MLC(+)	세포독성 항체가 있으면 양성, 이식 금기 (초급성 거부반응 발생)
	MLC(−)	세포독성 항체가 없으면 음성, 이식 가능

(3) 이식 거부반응

급성거부반응	T림프구 활동에 의한 것
만성거부반응	B림프구에 의한 것

(4) 과급성 거부반응

이식 48시간 내	이식 직후 48시간 내 발생하며, 혈관신생이 일어나기도 전에 발생	
원인	공여자의 항원에 감작된 림프구에 의해 세포독성 항체 생성	
기전	혈관 내에 이미 존재하는 항체와 결합하며 이식편 조직 혈관 내벽에 붙으므로 심한 괴사성 혈관염과 광범위한 허혈성 괴사가 이식된 장기에 일어나는 것이 특징	
병리소견	• 육안으로 장기에 청색증, 얼룩덜룩함, 축 처짐 현상 관찰 • 현미경적으로 arthus 반응에 의한 괴사성 혈관염 관찰, 혈관내피 세포 손상, 피브린, 혈소판, 미세혈전, 호중구 침윤, 미세동맥의 피브리노이드 괴사와 실질조직의 허혈성 괴사 관찰	
증상	• 전신피로와 고열 • 이식된 장기의 국소빈혈과 부종으로 조직은 장력을 잃고 물렁물렁해짐	
	신장이식	신장은 백혈구로 가득 차게 되고, 사구체 모세혈관과 동맥에서 혈전 생성
	심장이식	심장은 단단해지고, 얼룩덜룩한 자줏빛
치료 ×	• 치료할 수 없음 • 즉시 이식장기 제거 • 재빨리 이식조직이나 기관을 제거하는 것이 반응을 중단시키는 유일한 방법	

(5) 급성 거부반응

3개월 이내	3개월 이내에 나타나나, 2년에도 발생할 수 있음
원인	세포 매개성 반응(T림프구) • 공여자 항원에 감작될 때 반응이 시작
기전	• 세포파괴가 급성으로 일어나는 것이 특징이며, 이 과정에서 체액면역과 세포면역 기전이 모두 관련됨 • 제2형 면역반응인 항체와 결합하는 보체의 역할과 제3형인 면역 복합체 반응에 의한 조직손상 발생
병리소견	• 미세동맥의 내벽이 단단히 비후되고 면역글로불린 보체 침착과 섬유모세포, 평활근세포, 포말대식구 등의 침윤과 미세동맥의 내피세포의 동심원성 증식에 의한 내강의 좁아짐과 폐쇄 등이 일어나며 실질장기에 허혈성 손상을 줌 • 신장이식에서의 병리적 특성은 면역복합체에 의한 급성 혈관염이 일어나며 순환장애에 의한 허혈성 괴사와 침윤된 세포 독성 T림프구 작용으로 인하여 신실질 조직의 소실이 일어나 점진적인 신기능의 부전증과 이식거부반응 발생

초기증상	• 6~10일 내 관찰됨 • 감작된 림프구와 대식세포가 이식부위에 나타남 • 혈관상 자체가 황폐화되며 이식조직은 괴사함
주증상	진단은 고열, 백혈구증가증, 요량 감소나 무뇨, 장기이식 부위의 통증, 경도의 고혈압 등의 임상증상과 BUN과 creatine 상승의 혈액검사로 가능함
치료	• 즉시 고용량 스테로이드제 투여(초 급속작용 부신피질 스테로이드) • 면역억제제(corticosteroid, azathioprine, cyclosporin 등)로 치료 가능함 • 급성거부반응이 반복되면 영구적 조직손상을 초래할 수 있으므로 속히 진단하면 치료가 가능함

(6) 만성 거부반응 [2011 기출]

수개월~수년 후	이식 후 수개월~수년 후에 발생하는 것으로 서서히 황폐화	
원인	항체와 보체가 관여(B림프구), 만성적으로 일어나는 이식 장기의 퇴화	
기전	세포면역(제4형) 반응에 의하며, 가끔 면역복합체 침착이 동반되어 일어나기도 함(제3형)	
병리소견	• 동맥내벽의 섬유화, 실질세포의 허혈성 손상 및 위축, 간질 내 단핵구의 침윤, 형질세포, 호산구 침윤 그리고 국소 급성 혈관염 등이 관찰	
증상	• 항체와 보체가 관여하며 혈관벽에 보체, 섬유소, 혈소판 등이 축적 → 혈관이 두터워지고 좁아짐 • 신체는 내피손상을 보상하기 위해 조직의 증식, 괴사, 콜라겐 축적 등의 과정을 거쳐 순환을 막게 됨 • 이식 장기의 기능부전, 퇴화	
이식된 장기의 퇴화기능	신장이식	• 혈청 크레아티닌과 혈중 요소질소(BUN/creatine)가 점진적으로 증가 • 전해질 불균형 • 체중증가, 고혈압, 요량감소, 부종
	심장이식	• 심근의 섬유화 • 관상동맥 순환이 잘 안 되며 결국 심근경색증이나 심근허혈
	간이식	간정맥이 두꺼워지고 담즙 통로가 좁아지며 점진적으로 간기능 부전의 문제
	췌장이식	췌장이식 시 만성 거부반응은 혈관이 두꺼워지고 섬유화됨, 인슐린 분비 감소로 고혈당 초래
치료	• 점진적으로 진행되는 퇴행성 문제이므로 치료는 일반적으로 성공적이지 못함 • 이식 거부반응 약물들을 사용하여 진행과정을 늦출 수 있음 • 이식기관이 완전 황폐화되고 재이식이 요구된다고 판단하는 데 수년이 걸림	

(7) 이식편대 숙주질환(Graft Versus Host Disease; GVHD)

정의		조혈모세포이식 시 수혈된 림프구(T림프구)가 면역 기능이 저하된 숙주(수혈 받은 사람의 신체)를 공격하여 발열, 발진, 간 기능 이상, 설사, 범혈구 감소증(백혈구, 적혈구, 혈소판이 모두 감소된 상태) 등의 증상을 일으키는 질환임
골수이식 거부반응		면역이 저하된 수혜자에게 면역이 있는 공여자의 골수세포를 주입할 때 일어남
T림프구		공여자의 골수 속에 있는 T림프구가 중심이 되어 거부 반응 발생
급성	100일 이전 (30~50일)	급성 GVHD는 주로 이식 후 30~50일 사이에 나타남(1~100일 사이)
	피부(홍피증)	홍반성 발진(손바닥, 발바닥, 귀, 몸통), 심한 탈피, 체간과 사지에도 홍피증
	간	간효소와 빌리루빈수치의 상승과 같은 간기능검사 이상, 복부통증, 간비대, 황달 등
	소화계	오심, 구토, 설사, 소화흡수장애, 장마비, 장점막 탈락 등
만성		• 홍반성 낭창처럼 자가 면역성 교원혈관 질병과 유사한 임상증상을 나타냄 • 피부는 홍피증 같은 섬유화가 계속 일어남 • 침범장기에서 일어나는 변화는 만성 GVHD인 경우가 덜 심각함
예방		수혜자의 면역기능을 억제
치료		고용량의 면역제제, 스테로이드 사용

(8) 면역억제 치료

치료의 목표		감염을 압도할 정도로 면역기능을 유지하면서 이식장기의 거부를 방지하도록 면역반응을 적절히 억제하는 것
주요약물	구분	성분명
	스테로이드	프레드니솔론(prednisolone 급성 거부반응 치료와 면역억제 유지요법)
	칼시뉴린 억제제	• 사이클로스포린(cyclosprine 보조 T-임파구에 선택적으로 작용하여 거부반응 예방에 중요한 역할) • 타크로리무스(tacrolimus)
	대사 길항 물질, 세포독성약물	• 마이코페노릭산(mycophenolic acid) • 이뮤란(T-임파구의 DNA 및 RNA합성을 억제하여 T-임파구 활성화를 막음)
	단클론성 항체	유전공학이 발달되면서 쥐등의 동물을 이용한 단클론 항체
	다클론성 항체	사람의 임파계 세포(B-세포, T-세포, 혹은 흉선세포) 등을 토끼, 말 혹은 양에 주사 후 얻은 항체
복용기간, 용량		평생 면역억제제 복용, 심각한 부작용 지속, 면역억제제는 시간경과에 따라 용량 감량

11 면역결핍성 질환

(1) 면역결핍성 질환

면역결핍성질환	• 면역기전 이상으로 정상적인 면역이 이루어지지 않는 상태이다. • 면역계를 구성세포가 결핍되거나, 정상 기능하지 않을 경우 발생된다.
일차적 면역 결핍 질환	무감마글로불린혈증, IgA 결핍증, 변형 면역부전증, 선택적 면역글로불린결핍증
후천적 면역 결핍 질환	AIDS

(2) 후전성 면역 결핍증(Acquired Immune Deficiency Syndrome; AIDS) [2009 · 2016 기출]

원인균	HIV(Human Immunodeficiency Virus) • HIV는 체액 내에서 생존하므로 체액을 통해 감염된다.		
전파경로 [2009 기출]	성적 접촉	• 정액이나 질 분비물, 혈액과 접촉하는 것으로 이루어진다. 특히 동성애 혹은 양성애 남자들 간에 많이 전파된다. • HIV는 정액에 많이 함유되어 있기 때문에 정액을 받는 쪽에 많이 전파된다. 특히 항문성교가 가장 위험한 전파경로이다.	
	혈액 및 혈액 제제	혈액을 통한 감염은 약물 남용자, 혹은 HIV 감염혈액을 수혈 받는 사람에게서 일어난다. 이중 정맥 내 약물 남용자가 가장 많다.	
	모체전파	-	
병태생리 [2018 기출]	• HIV는 체내에 들어와 T림프구 세포 표면에 존재하는 특수 수용체인 CD4와 결합하면서 감염 과정을 시작한다. • $CD4^+$ 수용체 표면에 존재하는 T-림프구가 감염되면 역전사는 인체세포의 정상DNA대신에 바이러스의 RNA가 첨가된 DNA를 생산하게 하고, 이 DNA는 결국 바이러스를 계속 생산한다. • HIV는 감염된 T-림프구에 의해 활발하게 복제가 일어나는데 하루에 2천만 개까지 바이러스가 합성되기도 한다. 반복 복제가 계속되면 면역계가 파괴된다. • 그 외 뇌와 폐의 대식세포 및 단핵구 등에서도 발견되기 때문에 이들 조직 또한 AIDS의 표적이 된다. • 각종 감염과 암에 쉽게 이환된다.		
진단검사	선별검사 (ELISA)	항체검사 (ELISA)	HIV의 혈청학적 진단방법: ELISA(Enzyme Liked Immunosorbent Assay) • HIV감염 후 6~12주 후 항체가 형성된다. • 쉽고 경제적이나 위양성(false positive)의 가능성이 있다.

<table>
<tr><td rowspan="3"></td><td rowspan="2"></td><td>HIV 양성</td><td>• HIV에 감염된다 하더라도 반드시 에이즈임을 확정하지는 못한다. 즉, 차후에 질환으로 진행할지 예측할 수 없다는 것이다.
• 항체는 계속 존재한다.
• 다른 사람에게 전파가 가능하다.
• 에이즈 면역자가 아니다.
• 장기기증이 불가능하다.</td></tr>
<tr><td>HIV 음성</td><td>• 항체가 존재하지 않는다,
• HIV에 노출되지 않았음을 의미하는 것은 아니다.
• 지속적 예방이 중요하다.</td></tr>
<tr><td>확진검사</td><td colspan="2">• $CD4^{+}$ 세포(보조T세포, T4 helper cell)의 수가 200개/μℓ 미만
• 기회감염</td></tr>
<tr><td rowspan="4">증상
(기회감염)</td><td>급성감염기</td><td colspan="2">• HIV 감염 후 3~6주
• 발열, 권태, 림프절 병증, 발진, 인후통, 관절통, 설사, 때로 무균성 뇌막염 증세를 보이는 단핵세포증다증을 경험하기도 한다.
• 이러한 증상은 2~3주 지나면 완전히 소멸된다.</td></tr>
<tr><td>무증상감염기</td><td colspan="2">• 대개 5~10년 정도이다.
• 대체로 건강해 보이나, 림프조직 내 HIV는 계속 증식하고 있으며, 혈액 등으로 다른 사람을 전염시킬 수 있다.
• 7년 후 약 75%에서 임상증상이 나타나며 그중 약 36%는 AIDS로 진행된다.</td></tr>
<tr><td>발병
(에이즈 초기)</td><td colspan="2">• 림프선의 부종
• 발열
• 체중 증가
• 원인모를 설사
• 1개월 이상 마른기침
• 현저한 전신피로</td></tr>
<tr><td>AIDS 관련
복합증상
(카포시육종 등)</td><td colspan="2">• HIV 질환 말기 시기이다.
• 다발성 기회감염이나 악성종양(카포시육종, 자궁경부암 등), 골수기능억제나 치료에 대한 내성과 독성 반응이 나타난다.
• 진행된 AIDS 환자의 흔한 증상은 여러 형태의 통증이다. 통증은 말초신경염, 근육통, 악성종양으로 인한 신체적 요인뿐만 아니라 심리적 요인으로 더욱 증가될 수 있다.</td></tr>
</table>

기회감염	카르니 폐렴 (PCP)	**뉴모시스티스 카르니 폐렴(Pneumocystis Carnii Pneumonia; PCP)** 대부분 보조 T세포 감소 등 면역 억제가 나타난다. 호흡기 증상이 나타나기 수주나 수개월 전부터 발열, 피로, 체중 감소 등의 비특이성 증상이 관찰된다. 가장 흔한 증상은 비생산성 기침, 호흡곤란과 발열반응이 나타난다.
	거대세포 바이러스	거대세포 바이러스는 herpes virus과의 하나로 매우 흔하게(90%) 보고된다. CMV 감염은 망막염, 폐렴, 구내염, 식도염, 대장염, 뇌염, 부신염, 간염 등의 원인이 된다.
	단순포진 바이러스	• 단순포진 바이러스는 구강, 식도, 생식기, 회음부 점막에 궤양성 병변을 초래하며 뇌염의 원인이 되기도 한다. • 초기 증상은 수포와 포진 주위에 화끈거림과 저린감이다. 극심한 통증은 드물지만 HSV 감염일 경우 식도의 통증과 연하곤란이 나타난다.
	톡소플라즈마증	원충의 일종인 toxoplasma gondii가 원인균이며 두통, 경련, 편마비, 기면, 국소적 뇌염 등의 증상을 보인다.
	크립토스포리디움	원충 기생충에 의한 소화기에 감염을 일으키는 질환으로 설사, 권태, 오심, 복부경련 등을 일으킨다.
	복합 마이코박테리움 아비움	토양과 물에 존재하는 환경성 박테리아로 위장관과 호흡, 파종성 질환의 원인이 된다. 감염의 증상에는 설사, 발열, 체중 감소, 빈혈, 호중구감소증 등이 있다.
	결핵균	-
	아구창 칸디다	구강, 식도, 질 내 감염을 일으킨다. 칸디다증은 점막에 두꺼운 백색 치즈 형태의 삼출액을 보이며 경구개와 연구개에 붉은 반점의 위축이 일어난다. 연하곤란과 통증이 있을 수 있다. 치료제로 clotrimazole이나 nystatin을 사용한다.
	크립토코쿠스속 뇌막염	-
	히스토플라스마증	진균감염의 일종으로 다른 면역억제 질환자보다 AIDS 환자에게서 심한 임상증상을 보인다. 증상은 발열과 지속적인 체중 감소이다.
	콕시디오이데스증	진균감염을 일으킨다.
HIV 신경계 질환	• 중추, 말초신경계를 침범한다. • 초기 증상은 집중력과 기억력 감소로 사고 과정이 느려지고 대화에 어려움을 느끼게 된다. • 인성 변화, 안절부절못함, 무감동, 우울, 위축현상 등은 치매에서 흔히 나타난다. • 말초 신경질환은 HIV 감염의 흔한 합병증으로 발, 다리, 손의 화끈거림이나 저릿함이 있다.	

약물치료	아직까지 에이즈를 완치시키는 치료제나 백신은 없다. • 칵테일 요법 – 바이러스 증식 억제, 주로 'ARVs'라는 역전사 효소에 작용하는 약물을 두 가지 이상 섞어 투여하는 방법이다. • 지도부딘(zidovudine; ZDV) • 디나노신(didanosin): 지도부딘에 내성을 보이거나 계속적으로 질병이 악화될 경우 사용할 수 있는 대체약물이다. • 그 외: 잘시타빈, 스타부딘

분류	약물	독성
뉴클레오시드 역전사 억제제(NRTI)	zidovudine(ZDV)	간지방증, 유산증, myopathy, 심장 근육병증, 빈혈(macrocytosis, neutropaenia), dyshaemopoiesis
	didanosien(ddI), stavudine(d4T)	간지방증, 유산, acidosi, 췌장염, myopathy, 주변신경병, dyshaemopoiesis, gynaecomastia
	lamivudine(3TC)	dyshaemopoiesis
비뉴클레오시드 역전사 억제제(NNRTI)	nevaripine, Efavirenz	피부 발진, 스티븐스-존슨 증후군, 간염
프로테아제 억제제 (PI)	saquinavir, ritonavir indinavir, nefinavir	lipodystrophy, hyperglycaemia, hyperlipidaemia, 간염
ribonucleotide reductase 억제제(RNR)	hydroxyurea	골수 억제, 구강궤양, 간염

외과적 중재	악성종양의 제거나 생검을 시행한다.
간호사정	• 대상자가 HIV 감염 사실을 모르고 있을 때 간호사정의 초점은 HIV 감염의 위험요소에 두어야 한다. • 기본적인 질문 – 수혈을 받은 적이 있는가? 언제 받았는가? – 다른 사람과 주사를 나누어 사용한 적이 있는가? – 성 경험이 있는가? – 성병이 있는가?
간호수행	• 감염으로 에너지 요구가 증가되기 때문에 더 많은 영양공급이 이루어져야 한다. • 면역체계의 기능을 최상으로 유지하기 위해 단백질, 탄수화물, 지방, 비타민, 무기질 등을 충분히 공급한다. • 영양 증진에 대한 교육과 체중 감소에 대하여 중재한다. • 구강 내 병변/궤양, 장막염, 치주염, 연하곤란, 연하 시 통증, 오심, 구토 등의 상부 위장의 장애가 있는 환자에게 영양장애가 나타날 수 있다. 구강 및 치아 간호는 필수적이다.

<table>
<tr><td></td><td>• 하부 위장관장애로 설사와 흡수 장애가 있으므로 적절한 치료로 증상 감소와 체중 증가를 시도한다.
• 변비가 문제되므로 고섬유질 식이, 규칙적인 운동과 수분 섭취의 제한이 없으면 하루 6~8컵의 수분 섭취를 권한다.
• HIV 환자들은 사회적으로 부도덕한 사람으로 간주되고 특히 바이러스 전파와 관련하여 사회적으로 회피대상이 되고 있다.
• HIV 감염환자들이 자주 경험하는 문제는 불안, 공포, 설사, 우울, 말초신경 병변, 오심, 구토, 통증, 피로이다.
• 지난 몇 년간 HIV 감염환자에게 새로운 대사성 질환이 발생되었다. 지방 분포의 변화, 고지혈증, 인슐린저항증, 고혈당, 골다공증, 젖산 산독증, 심혈관질환이다.</td></tr>
</table>

04 발열

1 발열

<table>
<tr><td>정의</td><td colspan="3">체온조절의 기준이 되는 기준점인 'set point'가 상승되어 일어나는 것</td></tr>
<tr><td>기전</td><td colspan="3">• 감염, 염증반응, 이식 거부반응, 악성종양 등의 질병 발생 시 염증세포에서 prostaglandin이 유리되어 시상하부의 set point를 상승시키게 되며 이러한 set point까지 체온을 상승시키기 위하여 말초피부혈관은 수축하고 오한을 느낌으로서 기초대사율을 올리게 됨
• 열은 근육 활동, thyroxine의 방출, 교감신경계의 흥분, 열에 의한 인체의 신진대사 과정에 의해서 생산됨
• 해열제 복용 시 prostaglandin의 합성을 억제하므로 set point는 하강하며 증가된 체온을 감소시키기 위하여 말초피부혈관은 확장하면서 땀을 통하여 수분을 배설시킴</td></tr>
<tr><td rowspan="7">체온조절체계</td><td colspan="2">감각수용기</td><td>피부는 따뜻함보다 추위에 대한 수용체를 더 많이 가지고 있음</td></tr>
<tr><td rowspan="3">감각기</td><td>역할</td><td>시상하부의 통합기(감각기)는 피부에 있는 심부체온을 조절함</td></tr>
<tr><td>열 감지</td><td>열소실 체온중추에 신호 → 열생산↓ 열소실↑ → 체온↓</td></tr>
<tr><td>냉 감지</td><td>열생산 체온중추에 신호 → 열생산↑ 열소실↓ → 체온↑</td></tr>
<tr><td rowspan="2">효과기</td><td>냉감각 수용기</td><td>신호 → 말초혈관 수축, 전율(떨림), 에피네프린의 방출 → 신진대사 촉진 열소실 방지, 열생산 증가 반응을 시작</td></tr>
<tr><td>온감각 수용기</td><td>신호 → 땀 배출을 통한 열소실 증가, 말초혈관의 확장</td></tr>
</table>

<table>
<tr><td rowspan="5">열생산
영향요소</td><td colspan="3">인체의 열 생산은 신체조직 내에서 탄수화물, 단백질, 지방 등의 연소를 통해 화학적 에너지가 열로 전환되어 이루어지며, 이는 방사 · 전도 · 대류 · 증발에 의해 환경에서 소실되며 열생산과 열소실 사이의 균형에 의해 체온이 유지됨</td></tr>
<tr><td>기초대사율</td><td colspan="2">기초대사율(Basal Metabolic Rate; BMR)↑</td></tr>
<tr><td>근육</td><td colspan="2">떨림으로 열생산, 대사율 증가</td></tr>
<tr><td>갑상선호르몬</td><td colspan="2">세포의 대사율 증가</td></tr>
<tr><td>교감신경↑</td><td colspan="2">epinephrine, norepinephrine↑</td></tr>
<tr><td rowspan="4">열소실
영향요소</td><td>방사</td><td colspan="2">열이 많은 물체의 표면에서 열이 적은 표면으로 이동</td></tr>
<tr><td>전도</td><td colspan="2">한 분자에서 더 낮은 온도의 분자로 열이 이동</td></tr>
<tr><td>대류</td><td colspan="2">• 공기의 흐름에 의한 열의 분산
• 피부표면에 근접한 적은 양의 따뜻한 공기는 올라가고 더 시원한 공기에 대치 · 대류를 통해 열소실</td></tr>
<tr><td>증발</td><td colspan="2">호흡기관, 구강점막, 피부에서의 계속적인 증발</td></tr>
<tr><td rowspan="4">체온 종류</td><td rowspan="2">정상체온</td><td colspan="2">직장온도의 경우 37℃, 구강온도의 경우는 36.7℃, 적어도 0.5℃의 변동 내에 있으면 정상</td></tr>
<tr><td>체온영향
요소</td><td>체온은 각 개인의 활동량과 감정상태에 따라 영향을 받음
• 격심한 운동
• 감정의 흥분
• 여성의 경우 체온은 월경주기와도 깊은 관계가 있음(배란일까지는 상승)
• 주위의 온도와도 관계가 있어 추운 날씨에는 36.0℃까지 내려가기도 함
• 기초대사량이 높은 어린이의 경우 성인보다 체온이 높은 경향을 띰</td></tr>
<tr><td>중심체온</td><td colspan="2">신체 중심부의 온도, 직장의 온도가 가장 정확</td></tr>
<tr><td>피부온도</td><td colspan="2">피부온도는 중심체온과 달리 주위의 외부온도에 의해 영향을 받으며 중심체온보다 낮은 것이 보통임. 온도가 높은 중심부의 열은 온도가 낮은 피부로 이동한 후 피부를 통하여 주위환경으로 열을 내놓게 됨</td></tr>
</table>

2 체온조절기전

<table>
<tr><td>수의적 조절기전</td><td colspan="4">–</td></tr>
<tr><td rowspan="9">불수의적 조절기전</td><td rowspan="3">저온</td><td colspan="3">체내 열생산 증가, 열손실 억제</td></tr>
<tr><td>열생산 증가</td><td colspan="2">몸의 떨림, 근육 긴장 → 마음대로 근운동 증가 → TSH 분비 증가</td></tr>
<tr><td>열방출 감소</td><td colspan="2">피부혈관 수축 → 체표면 감소</td></tr>
<tr><td rowspan="6">고온</td><td colspan="3">체내 열생산 억제, 열손실 증가</td></tr>
<tr><td>열생산 감소</td><td colspan="2">활동정체, 근육이완 → TSH 분비 감소 → 식욕부진</td></tr>
<tr><td rowspan="4">열방출 증가</td><td colspan="2">피부혈관 확장 → 발한 → 표면적 증가</td></tr>
<tr><td>근육이완</td><td>근육은 이완되어 긴장이 줄어들어 축 처짐</td></tr>
<tr><td>TSH ↓</td><td>체내 열생산을 억제하기 위하여 대사촉진 호르몬인 갑상샘호르몬, 에피네프린 등의 분비 감소, 식욕도 감소</td></tr>
<tr><td>피부혈관 확장</td><td>피부혈관이 확장되고 땀을 줄줄 흘리게 됨</td></tr>
</table>

3 발열 단계에 따른 간호

단계	체온상승기	고온기(발열기)	회복기(증식기)
특징	열생산 기전이 일어나는 시기 (10~40분)	상승된 체온이 일정기간 지속되는 시기	온도 조절기가 정상수준으로 내림으로써 열소실 기전 발생
증상	오한, 혈관수축, 차고 창백한 피부, 전율, 소름	피부 상기, 피부 열감, 맥박과 호흡증가, 갈증, 구강건조, 탈수, 소변 감소	말초혈관 이완, 열소실 증가, 발한, 골격근긴장 감소
간호	여분의 담요 덮어줌	가벼운 담요, 수분 섭취 증가, 안정, 휴식, 미온수 목욕, 환기	수분 섭취 증가, 가벼운 담요, 미온수 목욕, 활동 제한

체온상승기	따뜻하고 편안하게 보온, 안정
고온기	냉요법을 통한 열소실 도모, 오한이 없으면 신체를 노출시켜 열소실 도모, 수분 섭취 권장, 의복과 침구 건조하게 유지, 신체청결, 균형잡힌 식이, 심신의 휴식, 해열제 사용
회복기	고온기에 준해서 간호하되, 서서히 활동량을 증가시키도록 하고 찬바람을 쐬지 않도록 주의
발열 시 간호중재	• 원칙적으로 발열을 일으키는 원인 질환에 대한 치료가 필요함 • 38℃ 이하의 발열이면, 경과 관찰만으로도 충분함 • 38℃ 이상일 때는 미온수 찜질, 머리, 겨드랑이 밑, 대퇴부에 냉찜질

	• 오한(한기)을 수반할 경우에는 미온수 찜질을 중단하고 모포 등으로 싸서 보온, 옷은 얇게 입힘 • 신중하게 해열제를 사용(= 원인감별진단에 혼동되지 않도록 유의) • 안정을 취함(= 심한 운동, 입욕, 음주 등은 좋지 않음) • 발열 외의 증상(기침, 가래, 흉통, 설사, 복통, 구토 등)에 유의하며 정확한 활력증후를 측정하여 두면 진단에 도움이 됨 • 수분, 비타민, 소화가 잘 되는 음식물을 충분히 섭취함 • 열이 떨어지지 않으면 병원으로 후송함 • 유행성 질환과 감별(홍역, 풍진, 이하선염, 수두, 인플루엔자)해야 함
발열아동의 증상완화를 위한 부모교육	• 수분 섭취 증가: 수분소실 보충, 증가된 대사노폐물 배설 • 구강간호: 발열과정 동안 탈수로 건조되므로 피부에 로션을 도포하고 구강위생 유지(양치질, 바셀린 윤활제) • 신체의 노출: 오한 시 따뜻하게, 발열 시 서늘한 환경 유지, 직접적인 노출은 전율을 일으킬 수 있으므로 피하도록 함. 얇고 가볍고 헐렁한 옷으로 교환 • 균형 잡힌 식이: 단백질(조직형성 도움)과 탄수화물(필요에너지 공급)의 공급으로 대사율과 조직의 파괴를 최소화 • 휴식: 에너지 요구량 최소화, 안정 필수적 • 의복과 침구는 건조하게 유지 • 냉요법: (전신) 냉수, 미온수, 알코올을 이용한 스펀지 목욕 (국소) 얼음주머니, 냉습포, 관장법

4 열을 하강시키기 위한 냉요법

(1) 전신 냉요법

찬물(냉습포)	• 찬물은 전도와 증발로 체온을 하강시키나 피부의 냉각수용체 자극, 체온조절중추를 통해 과도한 혈관수축반응이나 전율 등을 일으켜 열소실 저하, 열생산을 더욱 증가하여 불편감이 심하기 때문에 대개 13~18℃인 찬물 스펀지 목욕은 시행하지 않는다. • 미온수보다 체온하강은 잘 되나 냉각 수용기를 자극하여 혈관수축이나 전율, 오한 등을 유발시킬 수 있다.
알코올 스펀지 목욕	• 알코올이 낮은 온도에서 증발하므로 열소실율을 높일 수 있다. • 그러나 피부를 건조하게 하고 자극이 있으며 폐 내로 흡입되어 오심을 유발할 뿐 아니라 어린이나 노인에게는 중추신경계를 억제시키는 부작용을 일으키므로 잘 사용하지 않는다.
미온수 스펀지 목욕	• 27~34℃의 미온수로 약 10~60분 동안 시행한다. • 더 차가운 물질로의 전도, 체표면에서의 수분 증발, 노출된 체표면에서의 열대류를 통해 신체는 열을 잃게 된다.

	주의할 점	• 찬 것이 닿았을 때 피부의 표재성 혈관이 수축되어 말초혈관의 반사작용에 의하여 오한이나 한기가 나타나 심부의 체온이 올라갈 수 있고, 불쾌한 두통이 동반될 수 있다. • 항상 마사지를 강하게 해서 피부의 표재성 혈관이 충분히 확장될 수 있도록 해 주어야만 한다. • 이마에는 얼음주머니를 대주어 열전도를 증가시켜 해열과 동시에 두통을 감소시킨다. • 발에는 더운 주머니를 대주어 오한과 한기를 막아주도록 한다.

(2) 국소 냉요법 [1998 기출]

얼음주머니	• 체온감소, 통증경감, 지혈작용, 염증이나 화농 지연, 울혈 제거 • 가정이나 병원에서 사용되는 중간 크기의 고무 혹은 비닐주머니로서 뚜껑이 있고 뚜껑을 열고 얼음조각을 사용하도록 하는 것이나 목에 적용할 수 있도록 된 것이다.
냉습포	• 체온 하강, 울혈작용 경감, 화농 지연 • 찬물에 적신 냉습포는 국소적 적용에 효과적 – 눈의 손상, 두통, 발치, 치질 등에 사용한다.
관장법	대변을 보지 못한 고열환자에게 체열을 내리게 하는 방법이다.

(3) 발열의 형태(발열형)

간헐열 (intermittent fever)	매일 체온이 정상 또는 그 이하로 하강하였다가 다시 상승한다. 발열의 최고, 최저 차이가 큰 경우이며 이를 소모열(hectic) 또는 패혈성 열(septic)이라 한다. 간헐열은 화농성 감염의 특징이다.
이장열 (remittent fever)	매일 열이 오르내리나 정상으로 돌아오지는 않는다. 대부분의 열이 이에 속한다.
지속열 (sustained or continuous fever)	변화가 거의 없이 계속 상승되어 있는 열(장티푸스, 발진티푸스)이다.
재발열 (relapsing fever)	유열기에 이어 1일 또는 수일간 체온이 정상화되었다가 다시 발열기가 반복되는 열(말라리아, 브루셀라증, 재귀열 등)이다.

01

05 스트레스 이론

1 스트레스 이론

셀리에(Selye)	수많은 스트레스원에 의해 야기되는 일반적인 신체적 적응반응
홈스(Holmes)와 라헤(Rahe)	스트레스를 변화를 요구하는 자극으로 보는 이론
라자루스(Lazarus)	환경과 개인 사이의 관계적 혹은 상호교섭적(transactional) 관점에서 조망하는 이론

2 셀리에(Hans Selye)의 반응으로서의 스트레스 [2009 기출]

(1) 일반적응증후군(General Adaptation Syndrome; GAS)

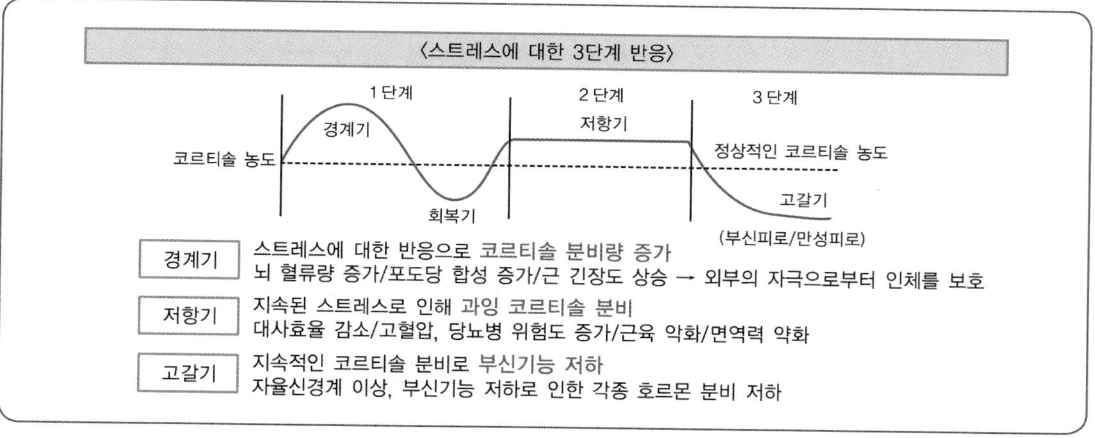

| 스트레스에 대한 3단계 반응 |

<table>
<tr><th colspan="4">스트레스에 대한 반응단계: 일반적응증후군</th></tr>
<tr><th>단계</th><th>정의 및 병리과정</th><th colspan="2">반응</th></tr>
<tr><td rowspan="8">제1단계:
경고기
(Alarm stage)</td><td rowspan="8">• 스트레스에 대한 초기 적응 반응
→ 생리적 각성상태
→ 투쟁 도피반응
• 부신 및 흉선 비대, 호르몬분비 증가
→ 카테콜아민(수질)
• norepineprine, epineprine ↑
→ 코르티솔(피질) ↑</td><td>간</td><td>근육작용에 대비하여 간에 저장된 포도당을 방출
→ 에너지의 빠른 공급을 위해 간에서 당 분비</td></tr>
<tr><td>근육</td><td>근긴장도 상승</td></tr>
<tr><td>심혈관계</td><td>심박수 증가, 혈압 상승</td></tr>
<tr><td>혈액</td><td>• 혈액의 점도 증가
• 소화기관과 피부로 가는 혈액을 뇌와 근육으로 가도록 → 소화 속도가 느려지고 판단이 빨라짐</td></tr>
<tr><td>소화</td><td>소화기관 운동 감소</td></tr>
<tr><td>호흡</td><td>세포의 산소 공급을 위해 호흡의 빈도와 깊이 증가</td></tr>
<tr><td>동공</td><td>확대됨</td></tr>
<tr><td>청각</td><td>예민해짐</td></tr>
<tr><td>제2단계:
저항기
(Resistance stage)</td><td>스트레스 지속상태
→ 과잉 코르티솔 분비
→ 스트레스에 대한 적응 반응 최고점 유지</td><td colspan="2">• 신체의 모든 자원들을 총동원(체온, 혈압, 호흡 높은 상태로 유지)해 사용
– 대사효율 감소
– 고혈압, 당뇨병 위험도 증가
– 근육 약화
– 면역력 약화
• 경계 단계에서 불필요한 몸의 변화를 정상으로 되돌림
– 아드레날린 분비가 중단됨
– 심장박동수, 혈압이 정상이 됨
– 동공크기가 정상이 됨
– 근육의 긴장이 풀어짐
– 당분이 다시 간에 저장됨</td></tr>
<tr><td>제3단계:
탈진기,
고갈기
(Exhaust stage)</td><td>지속적인 코르티솔 분비로 부신기능 저하
→ 자율신경계이상
→ 스트레스에 대한 적응 반응이 약해짐
(만성피로, 부신피로)</td><td colspan="2">신체의 자원 고갈, 질병에 취약, 극단적인 경우 사망에 이르게 됨
• 오랜 스트레스에 힘이 고갈됨
• 몸의 여러 체계에 영향을 줌
• 면역체계가 무리하게 사용되어 악화됨으로써 병에 감염되기 쉬움
• 순환 체계가 무리하게 사용되어 악화됨
• 심장박동수 · 혈압이 다소 높아지기 쉬움
• 근육 체계와 신경 체계가 피곤해짐
• 똑바로 생각하기 어려움
• 사고가 발생하기 쉬움</td></tr>
</table>

(2) 국소적 적응 증후군 : 스트레스 요인의 영향을 받는 기관에서만 일어나는, 신체의 제한되고 국소적인 반응에 의한 징후 예 국소적인 손상, 염증반응

3 홈스와 라헤(Holmes & Rahe, 1967)의 이론

스트레스 측정도구 (사회재적응 평정척도)	• 사회 재적응 평정척도(Social Readjustment Rating Scale; SRRS)를 개발 • 스트레스를 인간에게 '재적응 노력을 요구하는 일상의 변화 사건'으로 보고 이를 측정하기 위한 도구를 개발 • 개인이 보유하고 있는 재적응 에너지는 한정되어 있기 때문에 너무 많은 생활 사건들을 경험하게 되면 질병이 유발될 것이라고 가정
스트레스 사건들의 상대적 중요도 (Homes & Rahe, 1988)	질병과 연관이 되는 43개의 긍정적·부정적 생활변화 사건으로 구성되어 있으며, 각각의 생활 사건에 필요한 재적응 노력이 어느 정도인가를 평가하도록 하여 중요도에 따라 순위가 매겨져 있음. 이때 '결혼'이라는 생활 사건에 필요한 재적응 노력의 양을 인위적으로 500이라고 기준 잡았을 때 각 사건들의 재적응에 필요할 것으로 추정되는 점수를 추산하도록 했음. 이렇게 얻어진 평점 점수를 다시 10으로 나누어 최종 재적응 평점 점수를 산출함

| 스트레스 사건들의 상대적 중요도(Homes & Rahe, 1988) |

순위	생활 사건	점수	순위	생활 사건	점수
1	배우자의 사망	100	11	재정상태의 변화	44
2	이혼	73	12	절친한 친구의 사망	40
3	부부의 별거	65	13	직장의 다른 부서로 이동	39
4	수감생활	63	14	배우자와의 논쟁횟수의 변화	39
5	가까운 가족원의 사망	63	15	만 달러 이상의 저당	39
6	개인적인 상해나 질병	53	16	가족성원의 건강상 변화	38
7	결혼	50	17	임신	37
8	직장에서의 해고	47	18	성생활의 문제	36
9	부부의 재결합	45	19	새로운 가족원의 충원	35
10	은퇴	45	20	사업 재적용	31

4 라자루스(Lazarus & Folkamn, 1984)의 상호작용이론 [2009 기출]

(1) 이론의 개요: 라자루스(Lazarus)의 주장

<table>
<tr><td>상호작용이론</td><td colspan="4">• 스트레스 사건 자체보다 그 사건에 대한 개인의 해석이 더욱 중요
• 스트레스 자극과 인간의 대처방식 간의 상호작용이 스트레스 반응을 결정
→ 심리학적 관점을 강조
• 인간은 다른 동물에게는 없는 고등 인지 기능이 있고 생활 사건이 스트레스를 일으키기보다는 '상황에 대한 인지적 평가'가 스트레스를 만듦</td></tr>
<tr><td>이론의 특징</td><td colspan="4">• 스트레스 반응은 개인과 환경 간의 상호작용의 결과
• 심리적 상황에 대한 개인의 평가가 스트레스 반응을 결정
• 스트레스 상황이 위협적이거나 도전적이거나 해로운 것으로 평가될 때 스트레스 반응이 발생</td></tr>
<tr><td rowspan="10">스트레스 사건에 대한 평가과정: 스트레스 사건을 평가하는 세 가지 방식</td><td>평가의 정의 (Lazarus)</td><td colspan="3">• 상황적 요구나 위협(스트레스원)과 정서적 행동적 반응(대처)사이의 매개요소
• 인지 과정의 한 부분으로, 상황이 요구하는 것과 그 상황에서 이용할 수 있는 자원을 고려하는 과정</td></tr>
<tr><td rowspan="8">1차 평가: 위협평가</td><td colspan="3">• 더 중요하다(×) 시간적으로 볼 때 최초(○)
• 위협인지 아닌지 결정
• 외부 자극 → 스트레스인지 여부를 판단
• 특정 상황이나 사건 → "나에게 어떤 의미가 있는가"</td></tr>
<tr><td colspan="3">예 '시험'이나 '승진'과 같은 생활 사건의 의미?</td></tr>
<tr><td colspan="2">적절한(irrelevent), 긍정적인</td><td></td></tr>
<tr><td colspan="2" rowspan="2">스트레스 많은 것(부정적)</td><td>해(harm) 또는 손실(loss)</td></tr>
<tr><td>위협(threat) 또는 도전(challenge)</td></tr>
<tr><td>상해나 상실</td><td colspan="2">질병이나 사고와 같이 이미 발생해 버린 상황</td></tr>
<tr><td>위협</td><td colspan="2">장차 있을 수 있는 위협</td></tr>
<tr><td>도전</td><td colspan="2">자신이 하기에 따라, 위험만 있는 것이 아니라 긍정적인 결과도 초래될 수 있음</td></tr>
<tr><td>2차 평가: 대처자원평가</td><td colspan="3">• 지각된 위협에 대해 이용 가능한 자원을 가지고 무엇을 해야 할지 결정('내가 이 상황이나 사건에 대하여 무엇을 할 수 있는가'에 초점)
• 이용 가능한 대처 자원과 대안(option)을 인지하고 평가
→ 이 상황에 대처하기 위해서 개인이 가진 기술, 자원, 지식에 대한 인지적인 평가
→ 그 비용과 이익을 고려</td></tr>
</table>

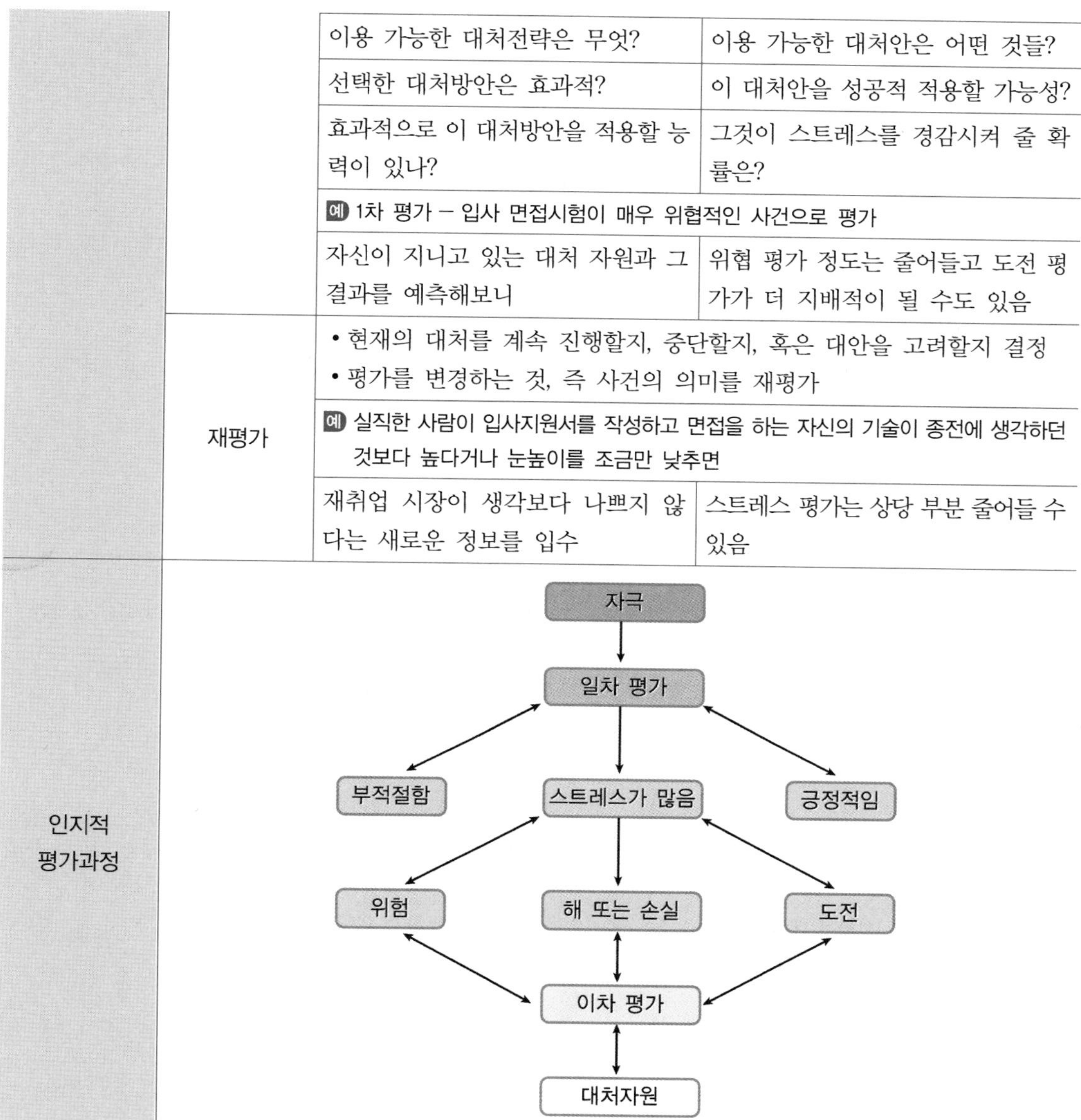

		이용 가능한 대처전략은 무엇?	이용 가능한 대처안은 어떤 것들?
		선택한 대처방안은 효과적?	이 대처안을 성공적 적용할 가능성?
		효과적으로 이 대처방안을 적용할 능력이 있나?	그것이 스트레스를 경감시켜 줄 확률은?
		예 1차 평가 – 입사 면접시험이 매우 위협적인 사건으로 평가	
		자신이 지니고 있는 대처 자원과 그 결과를 예측해보니	위협 평가 정도는 줄어들고 도전 평가가 더 지배적이 될 수도 있음
	재평가	• 현재의 대처를 계속 진행할지, 중단할지, 혹은 대안을 고려할지 결정 • 평가를 변경하는 것, 즉 사건의 의미를 재평가	
		예 실직한 사람이 입사지원서를 작성하고 면접을 하는 자신의 기술이 종전에 생각하던 것보다 높다거나 눈높이를 조금만 낮추면	
		재취업 시장이 생각보다 나쁘지 않다는 새로운 정보를 입수	스트레스 평가는 상당 부분 줄어들 수 있음
인지적 평가과정		(도식)	

(2) 대처전략 및 대처반응

<table>
<tr><td>정의</td><td>Coping, Lazarus와 Folkman(1984)
• 지각된 요구를 해결하기 위해 사용되는 생각 및 행동을 의미한다.
• 개인의 역량을 넘어서거나 과도하게 부담되는 것으로 인식되는 요구를 극복하기 위한 노력으로 보인다.</td></tr>
<tr><td>유형</td><td>
<table>
<tr><th>유형</th><th>반응</th></tr>
<tr><td>문제중심 대처
(능동대처,
접근전략)</td><td>• 현실에 직면한다.
• 지각된 위협을 완화시킬 방법을 찾는다.
• 문제해결에 참여한다.
• 문제를 다루기 위한 적절한 자원을 찾는다.
• 문제를 재정의한다.
• 대안적인 방안을 모색한다.
• 각 대안들의 비중을 고려한다.
• 대안을 선택하고, 실행한다.</td></tr>
<tr><td>감정중심 대처
(수동적 대처,
회피전략)</td><td>객관적인 사실의 변화 없이 상황의 의미를 변화시키는 전략이다.
• 사건의 의미를 직접적으로 바꾸지는 않고 단지 상황의 의미를 바꾸는 것이다.
예 소리를 지르거나 울분을 터뜨리기 등
• 문제의 근원을 파악하지 않은채 괴로움이나 두려움을 경감시킬 방법을 찾는다.
예 음주
• 아무것도 하지 않는다.
• 다른 사람에게 의존한다.
• 회피/거부: 상황을 무시해버리거나 예상되는 결과를 회피한다.</td></tr>
<tr><td>억압적 대처</td><td>스트레스 사건을 상기시키는 상황, 생각을 피하고 인위적으로 긍정적 입장을 유지하려 하는 것이다.</td></tr>
<tr><td>합리적 대처</td><td>스트레스원을 직면하고 이를 극복하기 위해 노력하는 것이다.</td></tr>
</table>
</td></tr>
</table>

(3) 의미 있는 대처자원

건강과 에너지	건강하고 힘이 넘치는 사람은 아프고 약한 사람보다 외적 및 내적 스트레스 요구들을 더 잘 관리할 수 있다.
긍정적 신념	자신이 바라는 결과를 성공적으로 성취할 수 있다는 믿음이 강할수록 대처 능력이 증진된다.
문제해결 기술	당면한 문제를 해결하는 데 필요한 기술이 있으면 더 효과적으로 대처할 수 있다.
사회적 기술	다른 사람들로 하여금 협조하게 만드는 사회적 기술이 있는 경우 스트레스를 보다 효과적으로 다룰 수 있으며, 스트레스의 극복에 힘을 주는 사회적 지원(social support)을 끌어낼 수 있다.
물질적 자원	예를 들어 자동차가 고장 났을 경우 수리에 드는 비용을 댈 수 있는 충분한 돈이 있다면 그 스트레스를 쉽게 극복할 것이다.

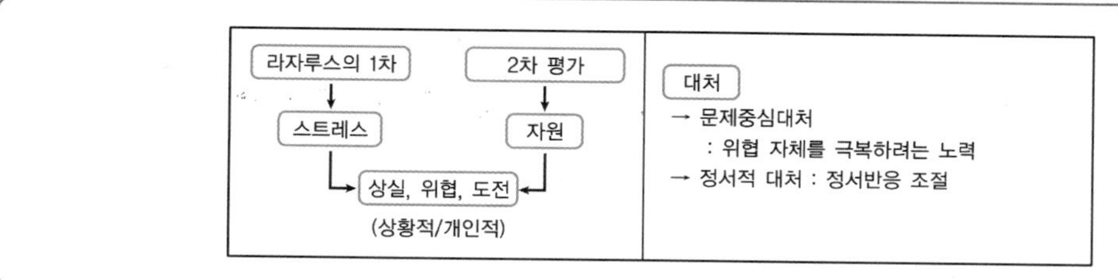

06 스트레스 신체 반응

1 스트레스(stress)

스트레스	• 인간 개체에 해로운 육체적 및 정신적 자극이 가해졌을 때 그 생체가 나타내는 반응 • 인간 개체가 외적 작용에 저항하여 본래의 원형을 보존·유지하려고 시도하는 힘 • 신체의 항상성을 깨려고 하는 어떤 원인에 대하여 신체의 전체 혹은 각 기관이 항상성을 유지하기 위하여 노력하는 반응	
반응경로	감각 기관이 먼저 느끼고 → 신경계를 따라 뇌로 전달 → 망상활동체계 → 변연계와 시상으로 전달	
	시상	시상에서는 들어온 정보를 어떻게 처리해야 할지를 결정하고 그 결과에 따라 시상하부가 작동
	시상 → 시상하부 → 내분비계와 자율신경계 자극	

2 스트레스로 인한 생리적 반응의 기전 [1999 기출]

스트레스 → 대뇌에서 감지 → 시상하부 → 뇌하수체 전엽과 후엽 자극		
뇌하수체 전엽	부신피질자극 호르몬	• 미네랄로코르티코이드는 신체에 수분과 염분을 보유시키고, 칼륨은 체외 배설 • 글루코코르티코이드는 당질 신생에 관여하여 혈당을 올려 스트레스에 대처할 수 있는 에너지 확보(신진대사 증가) / 염증작용을 억압하고 T세포의 기능 억제하여 면역기능 저하
뇌하수체 후엽	항이뇨호르몬	신장의 세뇨관과 집합관에 작용하여 체내수분을 보유
스트레스 → 대뇌에서 감지 → 교감신경계와 부교감신경계 자극		
교감신경계가 자극 → 부신수질 자극	카테콜아민, 에피네프린, 노르에피네프린	동공 이완, 기관지 이완, 심장 박동수 증가, 혈관 수축, 소화기운동과 소화액 분비 감소, 혈당 증가, 두뇌회전 빨라짐
부교감신경계 항진	아세틸콜린 분비	동공 수축, 기관지 수축, 심장 운동 억제, 혈관이완, 소화기 운동과 소화액 분비 증가

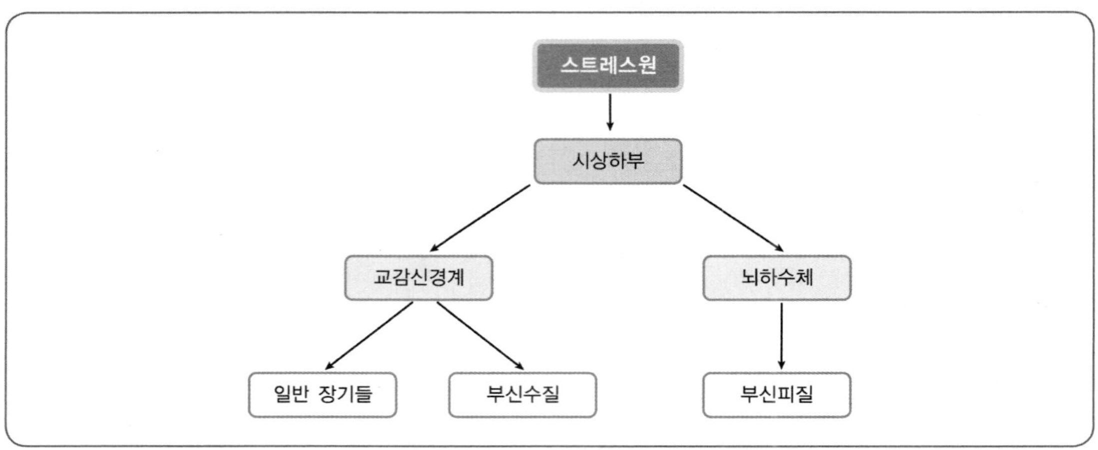

3 스트레스와 내분비계

(1) 스트레스 시 부신피질자극호르몬의 분비 – 당류 코르티코이드의 작용: 부신피질자극호르몬 (adrenocorticotrophic hormone; ACTH: stress hormone)

glucocorticoid(cortisol)
- 만성 또는 심한 스트레스 시 정상의 20배 분비
- 공포, 근심, 출혈, 조직 손상 → 시상하부 CRH → 뇌하수체 전엽 ACTH → 부신피질 cortisol

대사작용	• 아미노산 대사, 단백 분해 아미노산 증가 → 포도당 신생, 이미 손상된 세포 재생 • 지방대사 혈중지방산 증가 → 간에서 포도당 신생에 이용, 포도당 대신 지방산 이용 • 당질 대사: 혈당 유지(뇌세포의 에너지원)
순환계	• 심장의 수축력 증가 • 교감신경 활성화 되어도 cortisol 부족하면 → 전신소동맥의 이완, 총말초저항의 감소 → 혈압의 급격한 저하
골격근	• 수축력 증가, 피로도 감소 • 과다분비 시 골격근의 단백분해(포도당신생에 이용)로 근위축 및 근약화
면역억제작용	T cell의 성숙 억제
항염작용	호중구, 단구식세포가 염증부위로 이동하는 것을 억제

PLUS

스트레스의 일반적응에 의한 생리적 반응

스트레스 자극체 → 교감신경계 → 시상하부 → 뇌하수체

→ 부신수질 [① 노르에피네프린 : 레닌 증가, 말초혈관 수축, 신혈류 감소
② 에피네프린 : 대사기능항진, 심근수축력 증가, 기관지 확장, 혈액응고기능 증가

→ 부신피질 [① 광물 코르티코이드 증가 : Na^+ 보유, 혈당 상승, 단백합성 증가
② 당질 코르티코이드 증가 : (항염증 기능), 단백이화 증가, 당합성 증가

→ 일반적응 증후군(GAS)

(2) 스트레스 반응 때 자율신경계가 각 장기에 일으키는 반응

- 내환경을 조절하는 신경으로 내장기관의 기능을 매우 신속하고 강력히 조절
- 모든 장기의 평활근(smooth muscle)과 심장에 분포하여 동맥의 혈압조절 관여
- 주로 교감신경(주로 norepinephrine)과 부신수질(주로 epinephrine)이 활성화되어 전신반응을 유발
- 부신수질에서 catecholamine은 안정 시 소량분비. 실혈, 저혈당, 저산소증 등의 응급상황에서 분비증가
- catecholamine은 세포막의 카테콜아민 감수체와 결합하여 반응
  - α감수체 : 혈관 평활근의 세포막 有→ 평활근 수축
  - β감수체
    ① β_1감수체(수축) : 심장 → 심박수 증가, 심근 수축력 증가
    ② β_2감수체(이완) : 기관지, 소화관 평활근, 혈관(심장, 골격근, 뇌조직) → 기관지 확장, 위장운동 저하, 심장/골격근/뇌조직에 충분한 산소 및 에너지 공급

기관	기전(기관, 수용체 + epinephrine)	반응
순환계	심장 β_1감수체 + epinephrine	심박수 증가, 심근 수축력 증가
	말초혈관 α감수체 + epi., norepi.	말초혈관 수축, 혈압상승 및 정맥귀환량 증가
	심근, 뇌조직, 골격근, β2감수체	혈관이완, 충분한 산소 및 에너지 공급
호흡계	기관지β2감수체 + epi.	기관지 확장 → 호흡 용이 & 충분한 산소 공급
소화계	β2감수체 + epi.	소화관 평활근의 운동성, 소화 효소 분비 억제 → 소화 안 되고 울렁거림
대사작용	간, 골격근에서 glycogen → glucose로(혈당 증가)	

장기	교감신경	부교감신경
동공	확대	축소
눈물샘	분비억제	분비촉진
심장	촉진	억제확장
혈관	수축	수축

관상동맥	확장	수축
기관지	이완	촉진
위장운동	억제	증가
위장분비	감소	촉진
대장, 소장	운동억제	촉진
췌장	분비감소	분비
부신수질	분비촉진	-
방광	배뇨억제	배뇨촉진
땀샘	분비촉진	작용 없음
털뿌리	수축	이완

(3) 스트레스에 대한 신체적 반응 [1999 기출]

신체적 반응	자율신경계 반응	스트레스 → 부신 자극 → catecholamine → 혈관 수축, 심장박동 증가, 심실수축력 증가, 혈압 상승, 동공 확대, 발한, 머리가 곤두서고 소름이 끼침, 혈액 내의 포도당과 지방산이 증가하고 내장운동은 감소, 기도가 이완되고 산소의 흡입량 증가
	내분비계 반응	• 부신수질에서 epinephrine과 norepinephrine 분비 (= adrenaline과 noradrenaline = catecholamine) • ACTH, glucocorticolds, aldosterone, ADH 등도 분비 – ACTH: 부신피질 자극하여 glucocorticolds, aldosterone 분비 – glucocorticolds: 포도당, 단백질, 지방의 신진대사에 영향 – aldosterone: 염분 축적 증진, 세포외액량 증가 – ADH: 수분 보유
	순환기계 반응	혈관수축, 심장박동 증가, 심장 리듬 변화
	소화기계 반응	위장점막 붉어지고, 분비물 및 운동 증가, 경련성 결장
	다른 기관들의 반응	• 방광: 수축 증대되어 요의를 느끼거나 방광벽을 이완시켜 요의를 느끼지 않도록 함 • 동공: 두려움, 분노 시 확대됨 • 흥분하면 땀이 나며 환경에 따라 추위나 더위를 느낌 • 근육: 근육의 긴장 감퇴로 사람이 주저앉게 되거나 지속적 긴장으로 수축하게 됨

(4) 스트레스 반응 동안 주요 호르몬의 변화 [1995 기출]

호르몬	변화	작용 목적
에피네프린	↑	• 신체가 '대항 또는 회피'에 준비하도록 교감신경계를 강화시킨다. • 탄수화물과 지방 저장고를 유리시킨다. • 혈당, 혈중 아미노산, 혈중 지방산을 증가시킨다.
ACTH－콜티솔	↑	• 필요할 때 사용하도록 에너지 저장고와 대사를 위한 빌딩 블럭을 유리한다. • ACTH는 학습과 행동을 용이하게 한다. • ACTH와 함께 분비되는 β－엔도르핀은 진통효과를 매개한다.
글루카곤	↑	혈당과 혈중 지방산을 증가시키기 위해 협력한다.
인슐린	↓	
레닌－안지오텐신－알도스테론	↑	• 염류와 수분을 보유하여 혈장 부피를 증가시킨다. • 혈장 부피의 손실이 일어날 때 혈압을 유지한다.
바소프레신	↑	• 안지오텐신Ⅱ와 바소프레신은 동맥혈관의 수축을 유발하여 혈압을 증가시킨다. • 바소프레신은 학습을 용이하게 한다.

(5) 스트레스에 대한 생리적 척도

동공산대	위협상황을 보다 잘 지각
땀 분비 증가 (diaphoresis)	대사항진으로 인한 열 분산 현상
심박동 증가	영양물 이동 및 노폐물 대사 촉진
피부 창백	말초혈관 수축
혈압 상승	피부/혈관/신장 등의 장기 수축, norepineprine에 의한 renin 증가, Na^+ 보유 증가, 심박출량 증가
호흡률, 깊이 증가	기관지 확장으로 환기력 증가
구강건조	–
장운동 감소	변비 또는 복부팽만감 우려
정신적 각성상태	–
근육 긴장도 감소	즉각적 행동 또는 방어 준비
소변량 감소	–
혈당 증가	–
통증	–

4 스트레스와 관련되는 신체질환 [1999 기출]

순환계 질환	• 혈압 상승, 혈액점도 상승, 혈중콜레스테롤치 상승 → 고혈압, 심근경색증 발생 • 심계항진, 부정맥, 고혈압, 협심증
소화기계 질환	• 교감신경 흥분 → 위조직의 혈관 수축 → 국소적 빈혈 & 위점막 투과도 증가 → 수소이온이 위장 내 증가 → 펩신 증가 → 스트레스성 위궤양 발생(특히 화상, 수술 후, 심한 뇌손상 후) • 자율신경계 부전 → 변비나 설사가 교대로 나타나는 불안전성 대장 • 스트레스가 장기간 지속되면 → 부교감신경 흥분 → 위장운동 항진, 충혈, 부종, 궤양성 출혈, 궤양성 결장염 발생 • 신경성 구토, 위경련, 위염, 위십이지장궤양, 복통 등
혈관운동의 불안정성 자율신경 기능부전	편두통(뇌동맥 경련), 긴장성 두통, 기절, 홍조 및 갑작스런 발한 등
면역기능 감소	• 암 발생 가능성 높임 • 정서적 장애로 인한 두드러기, 습진, 천식 등 유발
호흡기계	신경성 기침, 기관지 천식, 과호흡 증후군
신경계, 정신	• 신경전달물질의 변화로 정신분열, 우울증 초래 • 편두통, 틱, 수전증, 현기증
내분비계 질환	혈당과다상승으로 인한 당뇨병, 비만증, 갑상선 질환 등
비뇨생식계	빈뇨, 발기부전, 월경불순, 불임, 불감증
근육계	근육통, 요통, 류마티스 관절염
피부계	두드러기, 원형탈모증, 가려움증, 신경성피부병, 다한증
기타	불임, 불안증

| 스트레스와 질병 분류(Boytsenko) |

자율신경계 불균형 질환	면역계 불균형 질환
• 편두통 • 소화성 궤양 • 과민성 대장증후군 • 고혈압 • 관상동맥성 심장질환 • 천식	• 감염 • 알레르기 • AIDS • 암 • 루푸스 • 관절염

5 스트레스의 심리 행동적 반응 [2005 기출]

<table>
<tr><td rowspan="4">스트레스에 대한 심리적 반응 (정서반응)</td><td colspan="2">• 과거 경험보다 스트레스에 대한 평소 대처방식에 더 의존한다.
• 울포크와 리차드슨은 스트레스 상황에서 나타나는 감정을 크게 분노, 불안, 우울의 세 차원으로 구분하였다.</td></tr>
<tr><td>분노</td><td>• 사소한 짜증에서 시작하여 통제하기 어려운 격노까지 다양한 강도의 분노가 존재한다.
• 타브리스(Tavris, 1989) : 가족이나 친구와 같이 지속적인 관계를 유지해야 하는 경우에는 분노를 통한 카타르시스가 일어나기 어려우며 더 관계를 악화시킬 뿐이라 지적하고 자신의 감정을 잘 통제하며 상대에게 효과적으로 전달하는 방법을 찾아야 한다.
→ 분노의 직접적인 표현은 스트레스를 줄이기보다 새로운 스트레스를 가져오기 쉽다.</td></tr>
<tr><td>불안</td><td>• 사소한 일에 대한 걱정에서 시작하여 파산에 대한 공포까지 다양한 강도의 불안 등이 존재한다.
• 적당한 불안은 각성과 집중력을 높여 학습이나 시험에 도움을 주지만 지나친 불안은 집중력을 떨어뜨릴 뿐 아니라 심장박동과 근육긴장을 높여 학습이나 시험에 방해가 된다.</td></tr>
<tr><td>우울과 무기력</td><td>원하는 바를 이루지 못하여 느끼는 낙담에서 시작하여, 가까운 사람의 죽음으로 인한 비탄까지 대부분 슬픔 또는 우울함이나 무기력과 관련된 감정에 해당한다.</td></tr>
<tr><td rowspan="3">스트레스에 대한 인지반응</td><td colspan="2">적절한 스트레스는 주의력과 기억력을 높이는 긍정적 효과를 보이기도 하지만 지나친 스트레스는 대부분 주의력과 기억력을 포함한 인지기능에 부정적 영향을 미친다.</td></tr>
<tr><td>인지기능저하</td><td>시간적 압박감 같이 과잉부담을 주는 스트레스이다.
→ 터널시야 현상</td></tr>
<tr><td>각성수준과 수행 : 여키스-도슨 법칙 (Yerkes-Dodson)</td><td>스트레스로 인한 각성이 수행에 항상 부정적인 영향을 미치는 것은 아니며 오히려 적절한 각성상태에서 가장 높은 수행을 보일 수 있다.</td></tr>
<tr><td rowspan="2">스트레스 시스템 반응</td><td>중추신경계</td><td>말초기관</td></tr>
<tr><td>• 각성, 경계, 인지, 집중, 공격성 증가
• 성장/생산(성기능, 섭식, 성장)
• 억제 대응 조절 피드백 기전 작동</td><td>• 산소 섭취 증가
• 뇌, 심장, 사지근육 영양공급 증가
• 심장, 혈관, 폐 기능 강화
• 대사 증가(분해 catabolism 증가, 성기능/성장 감소)
• 대사산물, 외부물질 해독 증가
• 대응 조절 피드백 기전 작동(면역억제 포함)</td></tr>
</table>

스트레스에 대한 행동적 반응	• 특징적인 행위가 증가한다. • 활동이 증가하거나 감소한다. • 퇴행의 정도까지 악화되는 행동의 혼란이 야기된다. • 좌절에 대한 저항의 악화 및 신경질이 증가한다. • 행동의 변화와 관련된 현저한 생리적 변화가 초래된다. • 현실에의 왜곡된 판단이 나타날 수 있으며 문제해결력이 저하된다.

| 스트레스에 대한 정신적 척도 : 불안 |

불안의 수준	경증	보통	중증
언어 변화	• 관심 있는 것에 대한 표현이 많음 • 의문 제기와 정보 수집 행동 증가	• 긴장, 신경질 등의 표현 • 목소리가 가늘고 떨림 • 말이 많아짐	• 심각한 걱정, 두려움, 신경질, 무력감, 소외감을 표현함 • 오히려 말이 없어짐 • 부적절하게 울거나 즐거워함
행동 변화	약간의 불안정 상태	• 주저하거나 손떨림을 보이고 몸을 흔듦 • 근육 긴장 증가	• 부동이나 의미 없는 행동을 함 • 근육 긴장도 증가/굳은 자세 • 고정된/산만한 행동
관심/지각의 변화	• 자각과 관심의 증가 • 중요한 것에 초점을 맞출 수 있음	• 관심의 초점이 좁아짐 • 중요한 것에 초점을 맞출 수 있음	• 관심영역에 대한 높은 지적 수준을 보임 • 모든 것을 두렵게 생각함 • 실제에 초점을 맞추기 어려워하거나 생각하려 하지 않음
순환 · 호흡계 변화	–	• 맥박 증가 • 호흡률 증가 • 발한	• 심계항진 및 맥박상승 • 과다호흡 • 발한, 손 및 피부의 습기
기타 변화	–	• 불면 • 식욕부진이나 과다섭취 • 불안정	• 동공산대 • 창백, 구강건조 • 퇴행 양상

| 기본 욕구에 대한 스트레스 반응 |

욕구	예
생리적	배설 상태의 변화, 식욕 변화, 수면 변화
안전	불안정하고 위협을 느낀다는 표현을 함, 자극체를 의식하면서 안전한 방법을 추구함
사랑과 소속감	고립과 퇴행, 과다 의존성, 자신의 문제를 타인의 탓으로 여김
존경	다른 사람과의 사회화 실패, 일중독, 자기중심적
자기 성취감	자신의 문제에 머물러 있음, 조절감 결핍, 현실을 받아들이지 못함

| 불안에 대한 신체 · 정서 · 행동반응 |

신체	정서	행동
심박동 증가, 복통 증가, 현기증, 허약감, 손이 축축하고 입이 마름, 불안정, 빈뇨, 식은땀	• 독특한 느낌의 다양한 표현 • 무력감을 고통스럽게 표현함 • 불가피한 위험이 있다고 표현함 • 탈진상태 호소 • 자신에 대해 불안해함 • 자신을 믿으려 하지 않음	• 안절부절못하거나 부적절한 행동 • 집중력 감소와 초점 없는 행동 • 만성적으로 지친 모습 • 관심 받으려는 행동 • 신체증상 위주의 대화 • 쉽게 울거나 불안정한 모습 • 수면의 어려움 호소

6 스트레스 예방 기술 관리방법

구분	내용
제1차적 예방 : 스트레스 요인 중심	• 스트레스의 개인적 지각 관리 : 스트레스 상황을 유발하는 상황을 최소화 • 라이프 스타일(life style) 관리 : 습관화, 과도한 변화의 회피(균형유지), 휴식, 여유 시간 활용 • 개인적 작업환경 관리 : 시간상 구획 짓기, 시간관리, 환경개선 • 스트레스 내구성을 높이는 심리적 준비(대처강화 및 지지간호) : 자존감 증진, 자기효능감 증진, 자기주장의 증진, 목표설정의 대안
제2차적 예방 : 반응 중심	• 이완요법 : 심호흡(사상하부의 각성상태를 줄임), 점진적 근육이완법, 자율이완훈련, 명상 등 • 육체적(물질적) 배출구 : 음악, 운동, 유머, 그림, 독서, 운동 등 • 정서적 배출구 : 타인과의 대화, 문장으로 표현

| 스트레스 예방 관리방법 |

이완요법	• 체계적 탈감작, 명상, 바이오피드백 등 • 심장 박동률↓, 신진대사↓, 호흡률↓ • 근육 긴장이 불안과 관련되어 있다는 것으로 긴장된 근육을 이완시킨다면 불안도 해소
식이요법	• 스트레스 상황에 대처하기 위해 많은 영양분이 필요, 균형 잡힌 식이 공급 중요 • 카페인 함유 음식, 담배, 술, 기타 긴장을 유발하는 약물은 피하는 것이 바람직
향기요법	아로마 에센셜 오일을 바르거나 향을 맡으면 호르몬, 림프계, 혈관계, 면역계 등 신체 각 기관의 대사와 활동을 원활하게 하고 정서를 안정시킴
운동	• 스트레스에 대한 신체의 생리적 반응을 경감, 직 · 간접적으로 스트레스 반응에 영향 • 직접적 영향 : 근육의 긴장해소와 저항기에 사용될 에너지 공급, 호르몬의 균형을 회복시켜 스트레스 완화에 도움 • 간접적 영향 : 즐거움, 만족감
명상	의식세계를 확장시키고 영적인 성장을 도모하는 정신훈련

제3차적 예방: 증상 및 표현 중심	• 카운셀링과 정신요법: 특수 프로그램, 개인적 정신요법, 행동적 요법, 집단요법 • 의학적 치료 • 스트레스 감소 프로그램 개발 • 합리적 생활철학 개발

07 수분 불균형 [2004 · 2009 · 2010 기출]

1 항상성

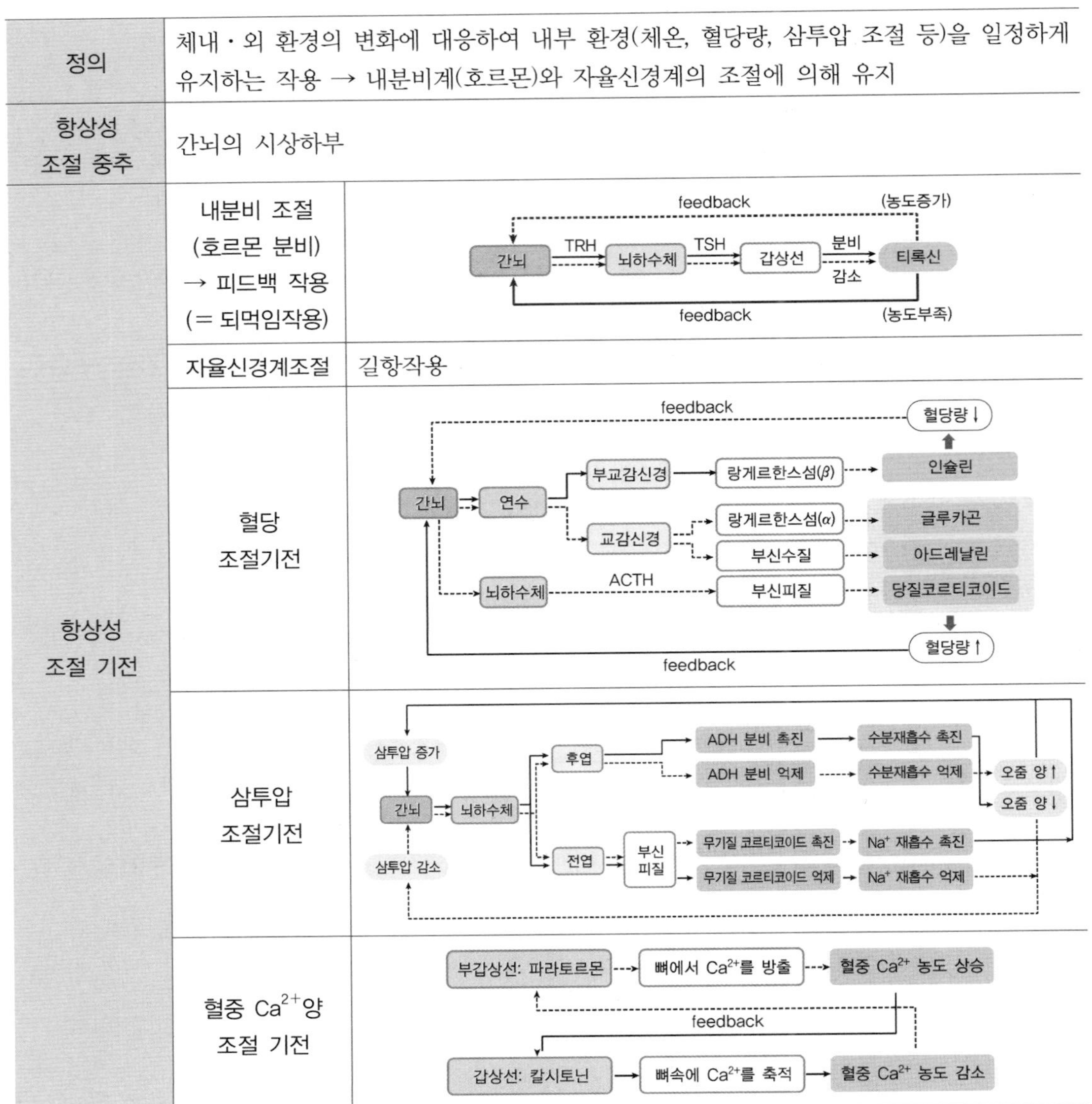

정의	체내·외 환경의 변화에 대응하여 내부 환경(체온, 혈당량, 삼투압 조절 등)을 일정하게 유지하는 작용 → 내분비계(호르몬)와 자율신경계의 조절에 의해 유지	
항상성 조절 중추	간뇌의 시상하부	
항상성 조절 기전	내분비 조절 (호르몬 분비) → 피드백 작용 (= 되먹임작용)	feedback (농도증가) 간뇌 TRH 뇌하수체 TSH 갑상선 분비 티록신 감소 feedback (농도부족)
	자율신경계조절	길항작용
	혈당 조절기전	feedback 혈당량↓ 간뇌 → 연수 → 부교감신경 → 랑게르한스섬(β) → 인슐린 연수 → 교감신경 → 랑게르한스섬(α) → 글루카곤 교감신경 → 부신수질 → 아드레날린 간뇌 → 뇌하수체 ACTH → 부신피질 → 당질코르티코이드 혈당량↑ feedback
	삼투압 조절기전	삼투압 증가 / 삼투압 감소 간뇌 → 뇌하수체 → 후엽 → ADH 분비 촉진 → 수분재흡수 촉진 → 오줌 양↓ 후엽 → ADH 분비 억제 → 수분재흡수 억제 → 오줌 양↑ 뇌하수체 → 전엽 → 부신피질 → 무기질 코르티코이드 촉진 → Na^+ 재흡수 촉진 부신피질 → 무기질 코르티코이드 억제 → Na^+ 재흡수 억제
	혈중 Ca^{2+}양 조절 기전	부갑상선: 파라토르몬 → 뼈에서 Ca^{2+}를 방출 → 혈중 Ca^{2+} 농도 상승 feedback 갑상선: 칼시토닌 → 뼈속에 Ca^{2+}를 축적 → 혈중 Ca^{2+} 농도 감소

01

2 수분의 이해

<table>
<tr><td>수분의 기능</td><td>• 체내 노폐물을 몸 밖으로 배출하는 여과 및 해독기능
• 혈액의 점도가 높아지거나 혈전이 생기는 것을 예방
• 체온을 항상 일정하게 조절
• 음식물을 에너지로 바꾸는 대사기능
　– 세포 내 대사의 매체
• 관절과 세포막의 윤활, 쿠션 역할</td></tr>
<tr><td>체액의 분류와 기능</td><td><table><tr><th>구분</th><th>세포내액</th><th>세포외액</th></tr><tr><td>특징</td><td>세포 내 존재
• 체액의 30~40%</td><td>체액의 1/3(20%), 체액균형에 매우 중요
• 구성 : 혈장, 간질액(림프 포함), 체강액(타액, 위장관분비물, 뇌척수핵, 활액)</td></tr><tr><td>기능</td><td>• 세포의 화학적 기능유발
• 소화기 내의 음식물 가수분해
• 인체 구조물 구성</td><td>• 세포에 영양분, 수분, 전해질 전달
• 노폐물 운반
• 산소/이산화탄소 운반
• 세포대사의 용매역할
• 체온조절</td></tr><tr><td>전해질 종류</td><td>• 주요 양이온 : 칼륨, 마그네슘
• 주요 음이온 : 인산염</td><td>• 주요 양이온 : 나트륨
• 주요 음이온 : 염소, 중탄산염</td></tr></table></td></tr>
<tr><td>세포외액 (20%)</td><td><table><tr><td>혈장 (5%)</td><td>• 체중의 약 5%
• 혈관 내에 존재, 혈장 콜로이드(혈장단백)를 포함하며 혈관 용량을 유지
• 혈장 내에는 단백질 함유량이 간질액보다 많음
💡 혈장단백질 : 간에서 생성, 교질삼투압 형성</td></tr><tr><td>간질액 (15%)</td><td>• 세포와 세포 사이 및 주변을 둘러싸고 있는 체액(림프 포함)
• 세포 대사 작용을 위한 용매 역할, 세포 내에서 생성된 노폐물을 체외로 배출</td></tr><tr><td>세포간액 (1%)</td><td>• 세포외액 중 상피세포층에 의해 분리된 구간에 있는 체액
• 신체의 분비물을 포함(예, 타액, 뇌척수액, 심낭액, 관절강액, 소화액, 세뇨관액, 방광내 수분, 안구내액, 담즙액, 복막강 내액 등)</td></tr></table></td></tr>
<tr><td>세포내액</td><td>체중의 40%, 세포 내의 화학적 반응을 원활하게 하는 수성 매개물로 기능하며, 인체의 구조물을 구성함</td></tr>
<tr><td>체액의 분포와 연령에 따른 차이</td><td><table><tr><th rowspan="2">체액구획</th><th colspan="3">체액구획의 크기(체중에 대한 백분율)</th></tr><tr><th>남자</th><th>여자</th><th>유아</th></tr><tr><td>총 체액</td><td>60</td><td>50</td><td>77</td></tr><tr><td>세포내액</td><td>45</td><td>35</td><td>48</td></tr><tr><td>세포외액</td><td>15</td><td>15</td><td>29</td></tr><tr><td>간질액</td><td>11</td><td>10</td><td>25</td></tr><tr><td>혈장</td><td>4.5</td><td>4.3</td><td>4.1</td></tr></table></td></tr>
</table>

	• 총 체액량(50~70%) → 세포내액(30~40%) → 세포외액(20%) → 간질액(15%) → 혈장(5%) • 체액량은 체액 내에 있는 용질, 주로 나트륨이온의 농도에 의해서 결정됨 • 체액의 구성: 신생아 체중의 75~80%, 체중의 3/4이 체액, 성인체중 55~60%, 노인체중 45~50%, 체지방이 적으면 비율이 커짐, 사춘기 이후 남성은 여성보다 수분비율이 큼

3 체액평형조절 [2004 기출]

<table>
<tr><td rowspan="6">수분전해질 이동</td><td rowspan="5">농도차 이동
(삼투압)</td><td colspan="2">확산</td><td>고농도에서 저농도로 용질(입자) 이동</td></tr>
<tr><td colspan="2">능동운반</td><td>농도차 및 전기적 전위차에 역행하여 용질 이동
(저농도 → 고농도)</td></tr>
<tr><td rowspan="2">삼투
(반투막 이동)</td><td>용매(물)</td><td>삼투질 농도가 낮은 곳 → 높은 곳</td></tr>
<tr><td>용질</td><td>삼투질 농도가 높은 곳 → 낮은 곳으로 확산</td></tr>
<tr></tr>
<tr><td>압력차 이동
(여과압)</td><td colspan="3">• 동맥압 32mmHg, 정맥압 12mmHg
• 교질삼투압 22mmHg
• 여과압 = 혈액의 정수압 − 교질삼투압</td></tr>
<tr><td rowspan="4">삼투압</td><td>삼투압</td><td colspan="3">• 혈액삼투압(osmolality) = 조직액의 삼투압 = 세포막 사이 삼투압
• 정상 혈장삼투압 농도(275~295 mOsmo/kg) 유지
• 혈장삼투압 농도는 시상하부의 반응을 나타내는 척도이기 때문에 중요</td></tr>
<tr><td>조절센터</td><td colspan="3">시상하부의 osmoreceptor(삼투수용체)</td></tr>
<tr><td>영향 용질</td><td colspan="3">Na, 포도당(Cl, 중탄산염과 요소도 영향, 단백질은 거의 영향 없음)</td></tr>
<tr><td>조절 호르몬</td><td colspan="3">• 뇌하수체 후엽의 ADH
• 신장의 사구체엽 세포: RAA 체계</td></tr>
<tr><td rowspan="4">여과압</td><td>여과압</td><td colspan="3">혈액의 수압 − 교질삼투압</td></tr>
<tr><td>교질삼투압</td><td colspan="3">• 혈장 단백질은 간에서 생성되어 혈장에서 교질삼투압을 형성
• 22mmHg 유지
• 조직에서 수분을 끌어당겨 혈관 내 수분을 보유</td></tr>
<tr><td>동맥여과압</td><td colspan="3">• 32~22 = +10mmHg의 정수압의 차로 여과
• 동맥의 모세혈관 → 조직 쪽으로 체액 이동(여과)</td></tr>
<tr><td>정맥여과압</td><td colspan="3">• 12~22 = −10mmHg
• 정맥쪽 조직 → 정맥의 모세혈관 쪽으로 체액 이동(여과)</td></tr>
</table>

4 수분 전해질 조절 호르몬(화학물질)

신체의 수분용량 조절기전	• 갈증 • 항이뇨호르몬 • RAA 호르몬 체계
체액량 조절화학물질 [2004 기출]	• 항이뇨호르몬 • Renin-Angiotensin, 알도스테론 • 심방나트륨 이뇨 펩티드(Atrial Natriuretic Peptide; ANP)
나트륨 항상성 조절 호르몬	• 프로스타글란딘 • 칼리크레인(kallikrein) • 소듐배설촉진 호르몬(심방나트륨 이뇨 펩티드, ANP) : 나트륨의 배설과 혈관확장
RAA	신동맥압감소 → renin 분비 → angiotensinogen(간에서 생성)이 angiotensin I으로 활성화 → 폐 전환효소작용 → angiotensin II로 전환 → 동맥수축, 혈압상승, aldosterone을 분비(부신피질) → 원위세뇨관과 집합관에서 수분과 Na^+재흡수, K^+ 을 배설 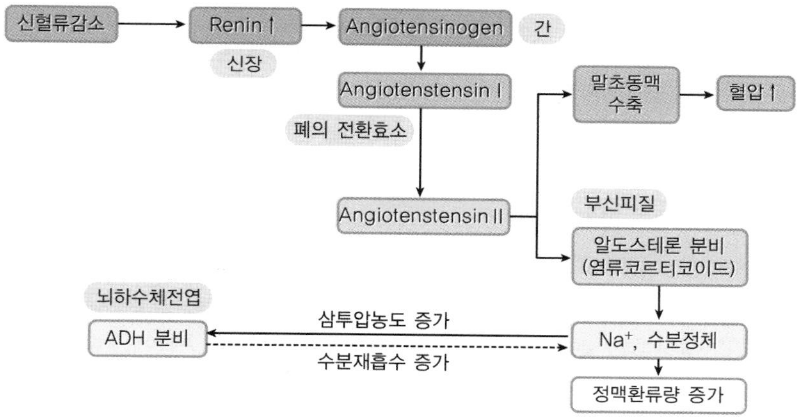 신혈류감소 → Renin ↑ (신장) → Angiotensinogen (간) → Angiotenstensin I → (폐의 전환효소) → Angiotenstensin II → 말초동맥 수축 → 혈압 ↑; Angiotenstensin II → (부신피질) 알도스테론 분비 (염류코르티코이드) → Na^+, 수분정체 → 정맥환류량 증가; Na^+, 수분정체 → (삼투압농도 증가) → (뇌하수체전엽) ADH 분비 → (수분재흡수 증가) → Na^+, 수분정체
ADH	• 시삭상핵과 실방핵(시상하부)에서 합성 • 뇌세포외액의 감소(저혈량), 삼투질농도 증가(hypertonicity)시 시상하부의 osmoreceptor(삼투수용체)자극 → 뇌하수체 후엽에서 항이뇨호르몬(ADH) 분비가 촉진 → 원위세뇨관과 집합관에서 수분 재흡수를 촉진 → 체액 조절
ANP	• 소듐배설촉진 호르몬(심방나트륨 이뇨 펩티드 Atrial Natriuretic Peptide; ANP) • 나트륨의 배설과 혈관확장, 소변배설량 증가를 촉진하여 항이뇨호르몬의 균형을 유지하는 호르몬 • RAA, ADH 길항인자 → 혈량과 혈압 감소
프로스타글란딘	신장에서 분비, 레닌의 생성을 자극
칼리크레인 (kallikrein)	• 키닌(kinin)을 분비하는 신장에서 생성되는 단백질 • RAA기전에 길항작용 : 강력한 혈관확장제, Na의 신장배설 촉진

5 수분전해질 조절 중추 및 기관

조절 기관/중추	기능/기전
폐	• 세포외액의 산과 알칼리 균형 유지 역할 • 호흡으로 신체의 수분 배출
신장	• 전해질을 선택적으로 재흡수, 하루 1.5L의 소변 생성 • 혈장의 정상삼투압, 전해질 균형, 정상 혈량 유지, 산·염기 균형유지
심장	심방근육세포에서 생산되는 소듐이뇨펩타이드(ANP)와 심실에서 생산되는 두뇌성 나트륨이뇨펩타이드(BNP)는 레닌-안지오텐신-알도스테론 체계의 길항인자로 심부전 시 심장의 근육세포에서 생산되는 호르몬으로 알도스테론, 레닌, 항이뇨호르몬 분비를 억제, 안지오텐신Ⅱ작용을 억압하여 소듐과 수분배설 증진
소화기계	건강한 신체는 하루 약 2,500mL의 수분을 필요로 하는데, 구강으로 1,500mL를 섭취하고 나머지 1,000mL는 고체음식과 대사과정에서의 음식물 산화로부터 얻어짐 → 피부와 폐를 통한 불감성 손실이 800ml, 대변으로 200ml, 소변으로 1500ml의 수분을 배설함
뇌하수체	항이뇨호르몬은 시상하부에서 합성되어 뇌하수체에 저장됨, 항이뇨호르몬은 원위세뇨관과 집합관에서 수분의 재흡수를 자극
부신	부신피질에서 생산되는 염류피질호르몬인 알도스테론은 근위세뇨관과 원위세뇨관에서 나트륨의 재흡수를 증가시키고 칼륨 배출과 ADH 분비도 촉진시킴
부갑상샘	혈중 칼슘치를 유지하고 칼슘과 인의 대사를 조절 → 혈중 칼슘농도를 증가시킴(뼈에서 칼슘유출을 증가시키고, 신장에서 칼슘 흡수와 인의 배출, 위장관에서 칼슘과 인을 흡수함)
갈증	삼투압 증가 → 갈증중추인 시상하부의 복측내측핵이 탈수 혹은 자극 → 대뇌피질 자극 → 갈증 지각

6 체액 감소(hypovolemia)

(1) 병인

특징	간질액과 혈장량 감소

콩팥 소실	호르몬 결핍	당뇨병, 저알도스테론증, 요붕증
	신장 소실	사구체신염, 이뇨제, 고장성 이뇨, 신부전
외부 소실	피부계 상실	발한, 화상
	소화계 소실	구토, 설사, 회장루

병태생리	수분 소실 → 혈청 내 나트륨 농도 증가 → 세포에서 혈관 내로 수분 이동 → 세포 내 탈수 초래	
	섭취 부족	보통 나트륨 수준의 변화와 관련 불충분한 수분 섭취 및 과다한 수분 손실로 인해 세포외액량이 결핍되면서 혈청 내 나트륨 농도 증가
	세포외액 손실	세포외액의 수분손실로 혈액량이 감소되면 압수용체(baroreceptor)에 의해 감지되어야 말초혈관이 수축되고 심박동수 증가
		수분손실로 혈청 내 나트륨의 농도가 증가하면 삼투수용체(osmoreceptor)에 감지되어 갈증이 유발되며 고삼투성을 감소시키기 위해 세포에서 혈관내로 수분이 이동하는 보상기전이 일어나고, 이 과정이 실패하면 탈수가 초래됨

(2) 세포외액량 결핍증상 및 병태생리적 근거

| 세포외액량 결핍증상 및 병태생리적 근거 |

증상 및 징후	병태생리적 근거
의식이 있는 경우 갈증이 있음	세포가 수분 부족으로 주름이 지면 시상하부의 삼투수용체가 갈증을 자극하기 때문
피부탄력성 저하	간질액의 감소는 피부조직을 서로 붙게 하기 때문
피부와 점막이 마름	세포가 마르기 때문
안구의 함몰	안구의 수분 장력이 감소하기 때문
체온상승	수분결핍으로 증발할 수 없음
불안감, 안절부절못함, 혼수	뇌세포의 탈수 때문
빈맥(100회 이상)	순환성 허탈을 보상하기 위해 심장이 빨리 뛰기 때문
수축기압 15mmHg, 이완기압 10mmHg 이상 하강	등장성 수분 손실의 경우 혈장량이 부족하게 되어 수축기압이 떨어지기 때문
맥압 감소, 중심정맥압 감소	정맥귀환의 감소
누운 자세에서 경정맥을 볼 수 없음	정맥귀환의 감소
체중 감소	체중에서 수분이 차지하는 부분의 감소
핍뇨(30ml/hr 이하)	저혈량증에 대한 신장 반응 때문
임상/진단 검사 결과	
혈장 삼투압 증가(> 295mOsm/kg)	용질보다는 수분량의 손실이 많음
혈장 Na이 증가하거나 정상 (> 145mOsm/kg)	• 저장성 체액손실(Na 손실보다 수분량의 손실이 더 많음) • 등장성 체액손실(혈청나트륨 수준은 정상)
BUN의 증가(> 25mg/dl)	• 혈액의 농축 때문에 BUN이 약간 상승될 수 있음 • 전신 혈액량 상태를 잘 반영해 줌

요비중 증가(> 1.030)	신장의 기능 변화로 용매에 비해 용질 증가
고혈당(> 120mg/dl)	혈액의 농축으로 포도당 수준이 상승하고 포도당이 증가하면 이뇨와 수분상실을 야기하며 혈장 삼투질 농도 상승
Hct 상승(> 55%)	등장성 체액손실 시 Hct는 정상범위에 있음

(3) 치료

치료	체액 감소량만큼 다시 재보충시켜서 기능적인 세포외액량을 유지 • 소실된 수분과 전해질 공급 • 체위성 저혈압 시 서서히 기립 • 구토, 설사 시 진토제, 지사제 투여 • 음료수로 식염수 제공, 구강간호

(4) 체액 증가(hypervolemia)

특징	나트륨 증가, 수분과다로 과혈량
원인	• 수액과다주입 • 심부전, 신부전 • 다음증, SIADH • 쿠싱 증후군, 알도스테론증 • 코르티코스테로이드 장기 사용
병태생리	• 혈장 증가 → 혈관의 정수압 증가 → 조직으로 수분 이동 → 부종 • 혈장교질삼투압 감소 → 혈관 내 수분이 간질액으로 이동 → 부종 • 림프계 폐쇄, 모세혈관의 투과성 증가

원인		관련 상황
모세혈관의 투과도 증가(조직손상)		염증, 화상, 외상, 알레르기
모세혈관 수압의 증가	Na^{+} 정체와 혈액량 증가	울혈성 심부전, 외상과 스트레스, 신부전, 부신피질 호르몬 분비, 약물(estrogen, phenylbutazone)
	정맥폐색	국소적 폐색, 간폐색, 폐부종
혈장의 교질삼투압의 감소	혈장단백질 합성의 감소	간질환, 영양부족
	혈장단백질 손실의 증가	신증후군, 화상, 단백질을 흡수하지 못하는 장질환
조직 내 압력 증가 (간질내로 혈장단백질이 빠져 나온 경우)		임파계 폐색, 모세혈관의 투과도 증가

	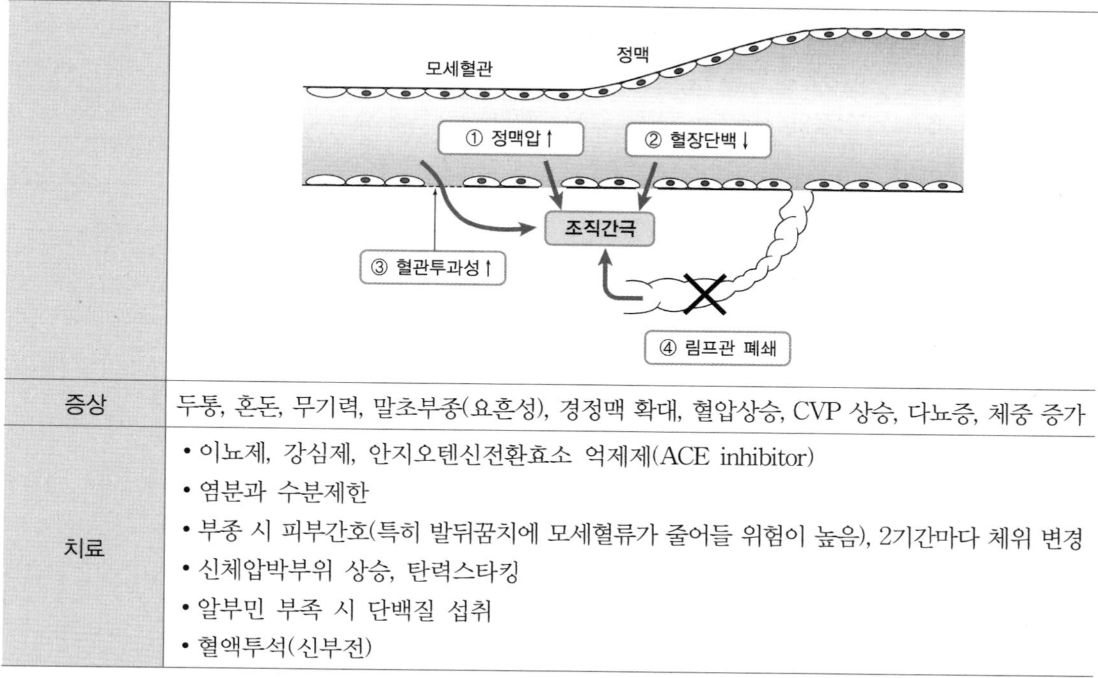
증상	두통, 혼돈, 무기력, 말초부종(요흔성), 경정맥 확대, 혈압상승, CVP 상승, 다뇨증, 체중 증가
치료	• 이뇨제, 강심제, 안지오텐신전환효소 억제제(ACE inhibitor) • 염분과 수분제한 • 부종 시 피부간호(특히 발뒤꿈치에 모세혈류가 줄어들 위험이 높음), 2기간마다 체위 변경 • 신체압박부위 상승, 탄력스타킹 • 알부민 부족 시 단백질 섭취 • 혈액투석(신부전)

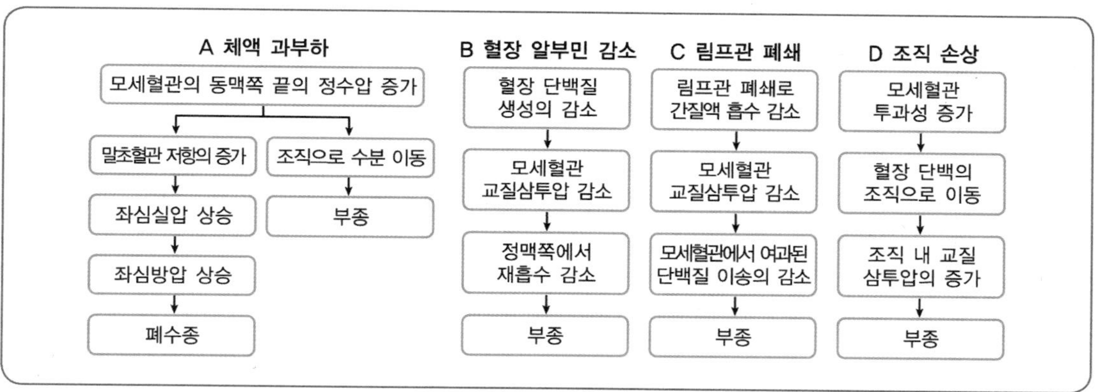

| 부종형성의 기전 |

| 세포외액량 과다의 증상/징후와 병태생리적 근거 |

구분	임상증상 및 징후	병태생리적 근거
호흡기계	계속되는 자극적인 기침	고혈량으로 인해 폐포에 수분 축적
	호흡곤란	폐에 수분의 울혈
	폐의 악설음	정수압의 상승으로 폐포의 울혈
	청색증	수분으로 채워진 모세혈관의 산소교환 손상
	흉막 삼출	폐 세포에서 정수압 증가로 체액 이동
심혈관계	반좌위로 있을 때 경정맥의 정체	수분의 과다로 정맥귀환 지연
	말초정맥 정체가 없어지는 시간 > 5초	말초혈관에 수분 과다
	강한 맥박, 혈압 상승	말초혈관에 수분 과다
	S_3 심음	심실의 채워짐은 지연되고 초기 이완기에 심실이 급히 채워짐으로써 심실이 과다 정체
	하지에 요흔성 부종	모세혈관의 정맥 쪽 끝에 삼투압이 교질삼투압을 초과하여 수분이 혈류 내로 들어오지 못함
	천골부위 부종	누운 자세에서는 천골부위가 신체의 낮은 부위로 중력에 의한 부종
	체중 증가	체액 정체
	중심정맥압과 폐모세관 쐐기압 증가	체액 정체
임상/진단 검사 결과		
혈청 삼투압 농도 < 275mOsm/kg		수분량에 비해 용질이 적은 희석된 체액을 의미함
혈청 내 Na < 135 또는 > 145		Na 정체나 수분 정체의 양에 따라 혈청 내 Na량은 정상·감소·상승할 수 있음
Hematocrit의 감소(< 45%)		혈액의 희석
요비중 < 1.010		소변에 있는 용매가 용질보다 과다하게 많음
BUN 감소(< 8mg/dL)		혈액의 희석

(5) 탈수 및 부종 사정내용

탈수	부종
• 입이 마르고 혀가 갈라짐 • 갈증 • 안구함몰 • 피부탄력성 저하 • 체온상승 • 체중저하 • 불안, 안절부절못함 • 요비중 높고, 헤마토크릿 증가 • 핍뇨, 짙은 노랑색 소변 • 고나트륨혈증 • 고혈당 • 빈맥	• 식욕부진, 오심, 구토 • 말초와 안와부종 • 체중증가 • 두근거리는 맥박 • 나음, 짧은 호흡 • 비중이 낮은 다뇨 • 뇌부종으로 인하 신경학적 상태(두통, 인격의 변화, 혼란, 경련, 근육쇠약 등) • 호흡곤란, 청색증

08 전해질 불균형 [2004 · 2009 · 2010 기출]

1 전해질

전해질기능	• 신경 : 근 흥분성 조절 • 체액의 삼투질 농도 유지 • H^+ 균형 조절(산 · 염기 균형 조절) • 체액 구간 사이에서 체액의 분포 조절		
나트륨 : (sodium) 135～145mEq/l	조절요인	Na와 수분량 증가	• 레닌 • Renin-Angiotensin-Aldosterone System • ADH • 프로스타글란딘
		Na와 수분량 감소	• ANP, BNP • 칼시크레인 • 소듐 요배설 촉진 • 호르몬
	생리적 역할	• 세포외액량과 삼투압 조절 • 산과 염기조절 • 효소반응과 신경근 활동 조절 　– 골격근, 심장수축 　– 신경 충격 전달 • 신장의 소변농축 체제 유지	

포타슘 : 3.5~5.0mEq/l	생리적 역할	• 세포내액의 삼투압 조절 • 수소와 교환을 통한 산 · 염기 조절 • 신경자극전달 도움 • 골격근/심근/평활근의 수축 증진(세포막에서 활동전위 유지) • 효소활동과 간에 글리코겐 저장, 포도당 사용과 저장의 조절 • 단백질 합성의 조절
	조절요인	• 세포벽의 통합성 • 세포손상 시 포타슘을 보존하는 신장의 능력 • 소듐 : 포타슘의 펌프에 따라 결정 • 포도당 대사, 알칼리증 • 산증 : 세포 파괴, 세포대사의 손상 • 호르몬 – 알도스테론, 인슐린, 글루카곤 – 카테콜아민, 에피네프린, 코르티솔
칼슘(Ca) : 4.5~5.5mEq/l (9~11mg/dl)	생리적 역할	• 신경전달물질의 촉매역할 • 세포의 투과성 유지 • 신경자극 전달 조절 & 신경근/골격근/심근 수축 강화, 뼈 강화 • 혈액응고기전에 관여(프로트롬빈 → 트롬빈) • 비타민 B_{12}의 흡수/이용 증가
	조절요인	• 부갑상선 호르몬 : 혈중 내 Ca 증가 • 갑상선 호르몬 : 혈중 내 Ca 감소(뼈로 저장) • P : 길항작용 • Mg : 상호억제 • 산 · 염기 – 산 : 고K, 고Ca – 염 : 저K, 저Ca • 활성화된 Vit D : Ca의 흡수 촉진, P 흡수 방해 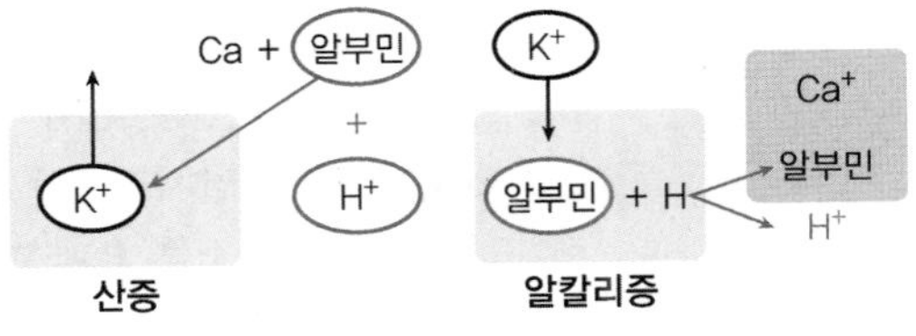 Ca + 알부민 / K^+ / + / H^+ / 산증 K^+ / 알부민 + H / Ca^+ 알부민 / H^+ / 알칼리증
인(P) : 3.0~4.5mg/dL	생리적 역할	• 산 · 염기 완충작용 • 칼슘의 항상성 유지 • ATP 포함한 고에너지 물질 형성과 활성화 • 세포분열 보조 • 탄수화물/단백질/지질대사 협력

	조절요인	부갑상선에 의해 조절(PTH) • 증가 → 인소실 • 감소 → 신장에서의 인 재흡수 촉진 → 세포외액의 인 농도↑
염소(Cl^-)	생리적 역할	• 삼투압 유지: 소듐과 함께 세포외액의 삼투압 유지 • 염산 생성: 위장에서 HCL 생성 • HCO_3^-와 교환: 중탄산은 염소와 교환되는 음이온 – 염소는 전기적 중립을 유지하기 위하여 중탄산 결핍 시 염산을 정체하고 염산 결핍 시 중탄산이 재흡수됨

2 저나트륨혈증

기준 및 정의	혈청 내 Na 135mEq/L 이하 • 체액에서 수분에 대한 용질의 비가 감소되어 있는 상태이고 이때 혈장 삼투압과 혈장 나트륨은 같이 감소되어 있음

| 저나트륨혈증의 종류에 따른 신체 총수분량과 총나트륨과의 관계 |

원인	총 신체 수분	신체 나트륨
저혈량 저나트륨혈증	↓	↓↓
정상혈압 저나트륨혈증	↑	정상
고혈량 저나트륨혈증	↑↑	↑ 혹은 정상
재분포 저나트륨혈증	정상	정상

원인	• 과도한 배설: 과도한 발한, 이뇨제, 알도스테론 결핍, 구토, 설사 • 염분섭취 감소(금식, 저염식), 물의 과다섭취 • 혈장 나트륨 희석: 저장성용액 과다섭취(물의 섭취 절대증가), 익사 직전, 신부전, ADH 부적절증후군(SIADH), 고혈당으로 인한 삼투성 이뇨, 울혈성 심부전

| 저나트륨혈증의 원인이 되는 임상 상태 및 질환 |

종류	임상 상태와 질환
저혈량 저나트륨혈증	• 이뇨제 사용, 당뇨, 알도스테론 결핍, 신장질환으로 인한 신장의 상실 • 구토, 설사, 발한, 화상, 회장루로 나트륨의 상실
정상혈량 저나트륨혈증	• ADH 부적절증후군으로 인한 나트륨 결핍 • 통증, 심리상태, 약물, 암, 중추신경계 장애로 인한 ADH의 계속적인 분비 때문
고혈량 저나트륨혈증	• 나트륨 결핍으로 인한 부종성 장애: 울혈성 심부전, 간경화증, 신증후군 • 급·만성 신부전
재분포 저나트륨혈증	가성 저나트륨혈증(pseudohyponatremia), 고혈당, 고지혈증

병태생리	• 삼투압감소 → 세포부종 • 저혈량성 저나트륨혈증 → 세포외액 상실 → 쇼크 • 고혈량성 저나트륨혈증 → 세포외액 과다 → 부종	
증상	• 식욕부진, 오심, 구토, 설사, 장음 증가, 복부경련 • 저혈량 • 근허약감, 심부건반사 저하, 피로 • 뇌압상승, 근경련, 발작, 혼수(중추신경계의 부종이 가장 무서운 것이고 이는 응급상황)	
치료 및 간호	목적	체액의 삼투압을 교정하고 체액에서의 수분에 대한 나트륨의 비율을 높여서 세포의 부피를 정상으로 회복시키는 것
	• 쇼듐 투여(구강 또는 정맥공급) • 고혈당증 시 삼투성이뇨제(만니톨) 투여 • 수분과다 시 수분제한 • 필요시 고장액(3% 식염수) 주입	
뇌에 필요한 Na 양	어떤 치료적 접근을 할 것인가는 혈중 나트륨의 농도, 진행되는 정도, 환자의 임상 증세, 기저질환에 의해서 결정됨 예 뇌에 필요한 Na 양 = (125 − 측정된 혈중 Na) × 0.6 × 체중	

| 저나트륨혈증의 증상/징후와 병태생리적 근거 |

구분	임상증상과 징후	병태생리적 근거
위장관계	오심, 구토, 설사, 장음의 증가, 복부경련	Na이 위장관계에 풍부한데, 저나트륨혈증으로 인해 신경근육 흥분장애를 유발
심혈관계	이완기 혈압의 감소, 빈맥, 체위성 저혈압, 약한 맥박	Na과 수분 상실은 순환되는 체액량을 감소시키고, 이로 인해 쇼크와 같은 증상이 나타나고 보상작용으로 인한 빈맥
	혈압의 상승, 강하고 빠른 맥박	과다한 수분 용량으로 인해 희석된 저나트륨혈증은 순환하는 체액량 증가
호흡기계	호흡횟수와 리듬의 변화	중추신경계의 변화와 호흡계의 과부하
	거친 폐음	수분 과다, 좌심실 부전
신경계	두통, 불안, 기면상태, 혼돈, 문제해결이 느림, 무감정, 사지 근육강도의 감소, 심부건 반사의 감소, 허약, 진전(tremor), 경련	희석된 체액이 뇌세포로 이동하여 지각과 반사에 영향을 주며, 흥분막이 자극에 대해 반응을 줄임
피부계	피부 건조, 혀와 점막의 건조	간질액의 감소

임상/진단 검사 결과	
혈청 내 Na < 135mEq/L	혈청 내 Na이 125mEq/L 이하이면 증상이 명백함
혈청 내 Cl < 98mEq/L	Cl는 Na와 가장 연관성이 많은 음이온
소변 내 Na < 40mEq/L	신체 Na 상실에 대한 보상작용으로 소변으로 배설되는 Na 양을 줄임
혈청 내 삼투압 < 275mOsm/kg	체액의 Na 농도가 감소하여 삼투압 감소

3 고나트륨혈증

정의	체내 수분보다 용질의 비율이 상대적으로 많은 상태	
기준 [국시 2016]	혈청 내 Na 145mEq/L 이상	
병인	**종류**	**임상 상태나 질환**
	저혈량 고나트륨혈증	• 신장에서의 손실: 삼투성 이뇨, 이뇨제 복용, 심한 고혈당 • 신장 이외의 손실: 심한 발한, 갈증 감각의 감소, 화상, 설사를 하는데 수분 보충이 부적절하게 이루어지거나 고삼투질 농도 용액으로 수분대체를 하는 경우
	정상혈량 고나트륨혈증	• 피부와 폐에서 과다한 수분 손실 • 노인과 영아의 수분 섭취 감소 • 요붕증
	고혈량 고나트륨혈증	• 농축된 생리식염수의 투여, 고장액의 영양분 투여, 과다한 mineralocorticoid 투여 • 염분의 과다 섭취
병태생리	쇼듐 농축 → 삼투압 증가 → 수분이 세포외액으로 이동 → 세포탈수 → 세포막 탈분극 가속 → 조직 흥분, 과잉반응	
임상양상	체내 수분의 1/3은 세포 내에 존재하므로 체액의 손실이 심하지 않으면 순환 혈장에 대한 영향은 크지 않음. 오히려 뇌의 위축에 의해서 혼수상태, 호흡정지 등의 증상이 나타남	
증상	• 초기 입마름, 갈증, 점막건조, 소변량 감소, 오심 구토, 불안정 • 진행하면서 근긴장 증가, 심부건반사 감소, 소실, 혼수 사망까지 가능	
치료	체액소실	저장성용액(0.3 또는 0.45% 생리식염수) 주입
	체액과 소듐 손실인 경우	• 정맥 내로 등장액 투여 • 이러한 용액의 장점은 순환 혈장을 유지하고 불필요하게 혈중 나트륨 농도를 빨리 떨어뜨리는 것을 방지
	소듐 배설 장애인 경우	이뇨제 투여

| 고나트륨혈증의 증상 · 징후와 병태생리적 근거 |

구분	임상증상 및 징후	병태생리적 근거
위장관계	식욕부진, 오심, 구토	위세포의 수분정체 때문
피부계	피부의 건조 및 홍조, 점막이 건조하고 끈적거림	조직 간질액의 감소 때문
	갈증, 혀가 건조하고 거칠고, 체온 상승	수분이 증발해서 신체를 식힐 수 있는 조직액이 감소하기 때문
신경계	안절부절못함, 흥분, 기면, 혼돈, 혼수, 발열, 발작 사망까지 가능	뇌세포의 탈수로 신경계 증상이 나타남
	• 근육의 약화 및 뒤틀림, 전신, 과반사 반응, 경련 • 나중에는 신경근의 흥분성 때문에 강직성 마비 • 심부건반사 감소 또는 소실	신경근육 수축 및 흥분장애
심혈관계	빈맥, 저혈압 혹은 고혈압	• 고나트륨혈증의 종류에 따른 혈압 변화 • 저혈량성이면 혈압이 감소하고 고혈량성이면 혈압이 증가함
	말초정맥 비우는 시간 > 5초	체액과다, 고혈량성 고나트륨혈증
	불규칙한 맥박, 수분상태에 따른 혈압	나트륨 이온이 Ca 이온과 경쟁함으로써 심근의 억압이 생김
	체중증가, 부종, 경정맥팽대, 정맥압상승	고혈량성 고나트륨혈증
호흡기계	폐의 악설음, 호흡곤란, 흉막 유출	고혈량성 고나트륨혈증에서 정수압 증가
신장	핍뇨, 진한 농축된 소변	보상기전
임상/진단 검사 결과		
혈청 내 나트륨 > 145mEq/L		나트륨의 정체, 수분 손실
혈청 내 삼투압 > 295mOsm/kg		나트륨은 수분농축의 주요 용질이며, 고나트륨혈증이 혈청 내 삼투성을 증가시킴

구분	고나트륨혈증(hypernatremia)	저나트륨혈증(hyponatremia)
기준	혈청 내 나트륨치 145mEq/l 이상	혈청 내 나트륨치 130mEq/l 이하
원인	• 수분 소실 – 수분 섭취 감소 – 과다발한 – 다량 설사 – 요붕증 – 신기능 손상(신부전) • Na^+ 과다 – 비경구적 주입 과다 – 염분 섭취	• 수분 축적 – 정맥 내 용액의 과다주입 – 과다한 수분 섭취 – ADH 부적절증후군 – 신부전 • Na^+ 소실 – 위장관 분비물 소실 – 저염 식이 – 이뇨요법 – 심한 발한 – 애디슨 질환 – 광범위한 화상
증상	• 근긴장도↑, 반사항진 • 불안정, 섬망, 혼수, 발작, 죽음 • 요비중↑, 혀 · 입 건조, 핍뇨, 발열(저혈량성)	• 허약, 식욕부진, 오심, 구토, 복통 • 무감동, 혼미, 혼수, 발작, 근경련 • 저혈압, 혈색소 & 헤마토크릿↑(저혈량성) • 요비중↓, 혈압 상승, 강하고 빠른 맥박(고혈량성)
처치	저장성 전해질 투여(0.2~0.4 NaCl)	경구적 나트륨 보충

4 포타슘(칼륨) [2022 기출]

정상농도	혈청 내 3.5~5.0mEq/l • 혈청 내 2.5 이하 또는 7.0 이상 시 심장마비 • 하루 요구량 40~60mEq/l • 체내에서 잘 저장되지 않으므로 매일 섭취해야 함 • 신장과 대변으로 배설
역할	• 세포내액의 삼투압 조절 • 수소와 교환을 통한 산 · 염기 조절 • 신경자극전달 도움 • 골격근/심근/평활근의 수축 증진(세포막에서 활동전위 유지) • 효소활동과 간에 글리코겐 저장, 포도당 사용과 저장 조절 • 단백질 합성 조절

<table>
<tr><td rowspan="12">조절요인</td><td>신장</td><td colspan="2">• 혈류량, 혈청 K 농도, 산·염기상태, 호르몬의 영향
• Na섭취량 많으면 K의 배설량이 많아짐
• 사구체 여과: K 통과
• 근위세뇨관에서 K 재흡수(삼투성 이뇨제가 재흡수 방해)
• 알도스테론은 원위세뇨관에서 K 배설</td></tr>
<tr><td>세포상태</td><td colspan="2">• 세포벽의 통합성
• 세포손상 시 포타슘을 보존하는 신장의 능력
– 포타슘의 80%는 신장을 통해 제거됨
• 소듐-포타슘의 펌프에 따라 결정
– 세포 내의 포타슘은 보존하면서 소듐을 능동적으로, 세포외로 배출시키는 기전
• 세포파괴, 세포대사 손상: 세포 밖으로 이동</td></tr>
<tr><td>산·염기</td><td colspan="2">Ca + 알부민 / K^+ / + / H^+ / 산증
K^+ / 알부민 + H / Ca^+ 알부민 / H^+ / 알칼리증
• 산증: 고칼륨혈증
• 알칼리증: 저칼륨혈증</td></tr>
<tr><td rowspan="5">호르몬</td><td>인슐린</td><td>당과 함께 세포 내로 K 저장 [2022 기출]</td></tr>
<tr><td>글루카곤</td><td>• 간에서 K 유리 자극
• 근육세포에서 포타슘 유리 도움</td></tr>
<tr><td>코르티솔,
알도스테론</td><td>• K 배설, Na 정체
• 신세뇨관에서 Na 재흡수/정체, K 배설</td></tr>
<tr><td>카테콜아민</td><td>• β 아드레날린: 세포의 K 흡수 도움
• α 아드레날린: 혈청 K 농도 상승
↳ 간에 저장된 K 유리, 근육 K 유리</td></tr>
<tr><td>에피네프린</td><td>α/β 모두 有
• 초기 K 상승 / 후기 K 저하</td></tr>
<tr><td rowspan="2">식이</td><td>다량함유</td><td colspan="2">귀리, 깻잎, 엿기름, 건포도, 살구, 바나나, 오렌지, 고사리, 마른미역, 당근, 시금치, 토마토, 소고기, 돼지고기, 새우, 원두커피, 야채주스</td></tr>
<tr><td>소량함유</td><td colspan="2">국수, 도넛, 콘플레이크, 백미, 귤, 배, 사과, 포도, 두부, 조개, 해삼, 인스턴트커피, 콜라, 레몬주스</td></tr>
</table>

5 저칼륨혈증

<table>
<tr><td>기준</td><td colspan="4">혈장 칼륨농도 3.5mEq/l 이하</td></tr>
<tr><td rowspan="7">병인</td><td>종류</td><td colspan="3">임상상태 및 질환</td></tr>
<tr><td>위장관계
(칼륨과잉소실)</td><td colspan="3">구토, 설사, 비위관 흡인, 장누공, 잦은 설사약 투여, 과다한 수분관장, 회장루</td></tr>
<tr><td>식이의 변화</td><td colspan="3">영양불량, 기근, 칼륨이 부족한 식이, 금식, 체중 감소 식이</td></tr>
<tr><td>혈청칼륨희석</td><td colspan="3">수분중독, 칼륨이 부족한 상태에서 칼륨 부족한 수액 정맥주입</td></tr>
<tr><td>K 손실을
증진시키는 약물</td><td colspan="3">칼륨을 내보내는 이뇨제(thiazide), 스테로이드 제제, 과량의 감초 복용(알도스테론과 같은 효과), 아미노글리코사이드, 암포테리신, B, 강심제, 베타-아드레날린성 제제, 시스플라틴, 중탄산염</td></tr>
<tr><td>K의 재배치:
세포외액에서
세포내액으로
칼륨 이동</td><td colspan="3">• 인슐린 투여 - 인슐린은 포도당과 K를 세포 내로 보냄 [2022 기출]
• 당뇨성케톤산 중에서 삼투성 이뇨로 인해 K이 상실됨</td></tr>
<tr><td>K 저하를
초래하는 질환</td><td colspan="3">• 알칼리증에서 칼륨이온이 수소이온과 교환되어 세포 내로 이동함
• 쿠싱 증후군, 급성 신부전의 이뇨기, 알코올 중독, 고알도스테론증, 간질환, 암, 심한 스트레스, 손상, 화상의 회복기</td></tr>
<tr><td>임상양상</td><td colspan="4">골격근, 심장, 신장, 소화기계 등에 주로 영향이 나타남
→ 부정맥, 장마비, 신장염, 과염기증 등</td></tr>
<tr><td rowspan="5">심전도</td><td>P파</td><td>약간 상승</td><td colspan="2" rowspan="5"> 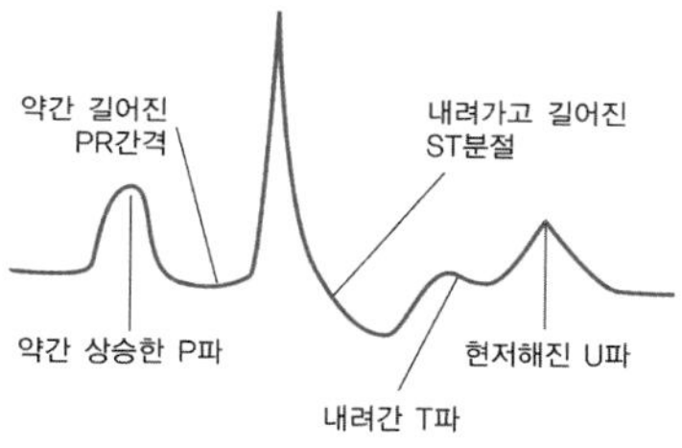약간 길어진 PR간격
내려가고 길어진 ST분절
약간 상승한 P파
현저해진 U파
내려간 T파
저칼륨혈증</td></tr>
<tr><td>PR 간격</td><td>약간 길어짐</td></tr>
<tr><td>ST 분절</td><td>내려가고 길어짐</td></tr>
<tr><td>T파</td><td>내려간 T파</td></tr>
<tr><td>U파</td><td>현저해진 U파</td></tr>
<tr><td>치료</td><td colspan="4">칼륨 보충과 기저질환의 치료</td></tr>
</table>

구분	저칼륨혈증(hypokalemia)	고칼륨혈증(hyperkalemia)
기준	혈장 내 K^+ 농도 3.5mEq/l 이하	혈장 내 K^+ 농도 5.0mEq/l 이상
원인	• K^+ 섭취 감소 – 영양불량 – 금식환자에게 K^+ 없이 IV – 급성 알코올중독 • 세포 내로의 K^+ 이동 증가 – pH 증가 – 인슐린 과다증 – 당뇨성 산증의 회복기 – β교감신경자극제 • 신장으로의 소실 증가 – 알도스테론증 – 소변량 증가(이뇨제) – 설사 – Na^+ 음이온구조 항생제 사용	• K^+ 섭취 증가 – 경구적/비경구적 칼륨 과잉투여 • 세포 외로의 K^+ 이동 증가 – 대사성 산독증 – 인슐린 결핍 – 세포의 파괴(화상 등) – β교감신경차단제 – 체액량 감소 • 신장에서 배설 감소 – 급·만성 신부전 – 저알도스테론증 – ACEinhibitor 사용
증상	• 위장관계: 구토, 장운동↓, 장근육마비, 복부팽만, 장음 감소, 변비 • 심맥관계: 약하고 느린 맥박, 체위성 저혈압, 약한 심음, 심부정맥, 심정지 • 신경근육계: 전신허약감, 근육쇠약, 하지경련, 골격근 약화, 이완성 마비 • 호흡기계: 호흡이 짧고 약해짐	• 근골격계: 허약감, 지각이상, 경련, 골격근 약화, 이완성 마비 • 위장관계: 오심, 위장관 산통, 장경련, 설사 • 심맥관계: 심실빈맥, 심실 기외성 수축, 심실 세동, 심부정맥, 심정지
심전도	• 길어진 PR간격 • 내려가고 길어진 ST • T파 하강 • QT간격 연장 • 현저한 U파	• 넓고 편평한 P파 • 뾰족하고 좁게 올라간 T파 • 길어진 PR간격 • QT간격 감소 • 넓은 QRS폭
처치	• 칼륨 보충 • 고칼륨 식품 섭취 – 바나나, 오렌지, 복숭아	• 인슐린, 당 주입: K^+ 세포 내로 이동 • calcium gluconate 투여 • 이뇨제, 투석 • 고칼륨 음식 제한

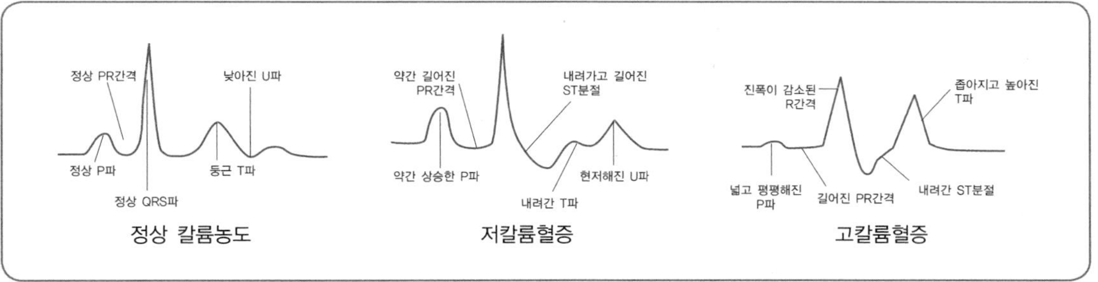

6 고칼륨혈증

<table>
<tr><td>기준</td><td colspan="3">혈장 칼륨농도 5.0mEq/l 이상</td></tr>
<tr><td rowspan="4">병인</td><td>원인</td><td colspan="2">임상상태 및 질환</td></tr>
<tr><td>칼륨 정체
(배설 감소)</td><td colspan="2">신기능 부전, 신부전, 수술 후 소변량 감소, 부신피질 부전, 애디슨병, 저알도스테론증, 칼륨을 보존하는 이뇨제, 오래된 혈액의 수혈</td></tr>
<tr><td>세포 내 칼륨의 세포외액으로 과다 유리</td><td colspan="2">심한 손상, 좌상, 화상, 감염, 대사성 산증, 관류 펌프를 사용하는 수술 후</td></tr>
<tr><td>칼륨의 과다 투여 혹은 과다 섭취</td><td colspan="2">과다한 칼륨을 빠르게 정맥주입한 경우, 많은 양의 칼륨을 경구로 투여한 경우</td></tr>
<tr><td>임상양상</td><td colspan="3">주된 영향은 심장에 나타남 → 부정맥, 심실세동, 심정지</td></tr>
<tr><td rowspan="5">심전도</td><td>P파</td><td>넓고 평평해짐</td><td rowspan="5">고칼륨혈증</td></tr>
<tr><td>PR 간격</td><td>길어짐</td></tr>
<tr><td>ST 분절</td><td>내려감</td></tr>
<tr><td>T파</td><td>좁아지고 높아짐</td></tr>
<tr><td>R/QRS</td><td>진폭 감소/QRS 간격 넓어짐</td></tr>
<tr><td>치료</td><td colspan="3">• K^+ 세포 내로 이동, 산증 완화 : glucose + insulin, sodium bicarbonate
• 이뇨제 diuretics, 투석 dialysis
• 고칼륨 음식 제한</td></tr>
</table>

| 고칼륨혈증의 증상/징후의 병태생리적 근거 |

구분	임상증상 및 징후	병태생리적 근거
심혈관계	초기에는 빈맥, 후기에는 서맥	• Purkinje 섬유와 방실결절을 통한 심장전도의 장애로 인해 기외성 박동을 야기하고 이완기의 연장 • 심박조율기와 기외성 자극 증가
	• 부정맥 • 저혈압, 심근 수축의 약화 • 상징 수축의 약화, 심장마비	심한 칼륨 상승으로 Na 통로의 불활성화
위장관계	오심, 설사, 장경련, 장음의 항진	평활근 수축과 장연동 운동 증가
신경 근육계	감각장애, 근육의 허약감 후기에는 근육이 축 늘어지면서 마비가 옴, 안절부절못함, 근육경련, 경련	• 골격근의 신경근 흥분성 증가 • 혈청 내 칼륨의 상승은 근육의 탈분극을 차단시켜 근육 허약
신경계	핍뇨, 후기에는 무뇨	• 기존의 신장기능장애로 인함 • 소변에서 칼륨 배설의 제한

임상/진단 검사 결과	
혈청 내 칼륨 $K^+ > 5.0mEq/L$	혈청 K^+이 5.0mEq/L 이상이면 고칼륨혈증이 나타남
EKG의 변화 • T파가 좁아지면서 뾰족해짐, QRS의 간격이 넓어짐, ST분절이 낮아짐, PR간격이 넓어짐, P파가 낮아짐	세포막의 흥분 역치가 상승함

7 칼슘

(1) 개요

정상농도	4.5~5.5mEq/l(9~11mg/dl) • 세포 내 99%, 조직과 혈관 내 체액 1% 존재 • 혈청 내 3가지 형태로 존재 – 이온화 : 4.5~5.5mEq/l – 알부민과 결합상태 – 인, citrate 또는 카보네이트와 결합한 형태로 존재함
역할	• 신경전달물질의 촉매역할 • 세포의 투과성 유지 : 혈청 칼슘농도가 증가하면 세포투과성 증가 • 신경자극 전달 조절 & 신경근 / 골격근 / 심근의 수축 / 뼈 강화 • 혈액응고기전에 관여(프로트롬빈 → 트롬빈) • 비타민B_{12}의 흡수 / 이용 증가 • 효소활동 유발 및 강화

조절요인	• 부갑상선 호르몬: 혈중 내 Ca 증가 – 뼈: Ca 유리 → 혈청 – 위장관: Ca, P 흡수 – 신장: 신세뇨관 P 재흡수 방해, Ca 재흡수 증가, Vit.D 흡수 • 갑상선 호르몬: 혈중 내 Ca 감소(뼈로 저장) • P: 길항작용 / Mg: 상호억제 • 산 · 염기 – 산: 고 K, 고Ca: 알부민 + H^+ – 염: 저 K, 저Ca: 알부민 + Ca^{2+} • 활성화된 비타민D – 신장 – Ca의 흡수촉진, P흡수 방해 – 소장 – Ca/P의 흡수촉진 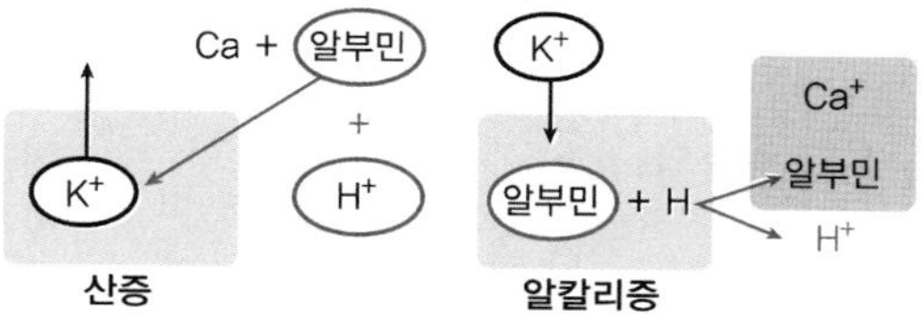 Ca + 알부민 / K^+ / + / H^+ / 산증 K^+ / 알부민 + H → 알부민, H^+ / Ca^+ / 알칼리증
고칼슘 식이	우유, 치즈, 요구르트, 아이스크림, 두부, 시금치, 오렌지, 생선, 아몬드
고인산 식이	우유, 탄산음료, 고단백, 계란, 통밀, 채소
산성물질	자두주스, 고기, 치즈, 계란, 통밀
trousseau 징후	팔의 상부에 혈압기를 감아서 압력을 가하거나 손목을 꽉 잡아서 수분간 순환을 억제시키면 손목과 손가락이 굴곡됨 
chvostek 징후	안면신경부위(관자놀이 바로 밑)를 가볍게 쳤을 대 안면근육의 경련이 일어남 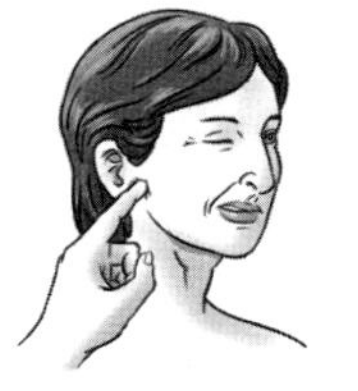

(2) 저칼슘혈증, 고칼슘혈증 비교

구분	저칼슘혈증	고칼슘혈증
칼슘기능	칼슘은 효소의 반응과 활동 강화, 골격근 수축, 심장근 수축, 신경자극전달 조절, 혈액응고 보조, 뼈의 강도와 밀도 향상 등의 기능을 함	
기준	혈장칼슘 8.45mg/dl 이하	혈장칼슘 10.2mg/dl 이상
원인	• 위장관에서 칼슘 흡수 억제 – 부적절한 구강 섭취 – 부적절한 비타민D 섭취 – 흡수불량 증후군 – 유당불내증, 말기 신질환 • 칼슘 배설 증가 – 설사, 지방변, 상처배액(특히 위장관) – 신부전–이뇨기 단계 • 이온화된 칼슘의 감소 상황 – 고단백혈증, 알칼리증, 칼슘결합제 – 급성 췌장염, 고인산염혈증, 부동 • 내분비장애 – 부갑상샘 제거 또는 파괴 – 부갑상샘 기능저하증, 갑상샘암 • 기타: 알코올 중독	• 칼슘 흡수 증가 – 과도한 칼슘의 구강 섭취 – 과도한 비타민D의 구강 섭취 • 칼슘 배설 감소 – 신부전 – thiazide계 이뇨제 사용 • 칼슘의 뼈 재흡수 증가 – 부갑상샘 기능항진, 갑상샘 기능항진 – 지속적인 부동, 당류피질호르몬제 사용 – 악성종양(유방암, 폐암, 전립선암, 간암, 부신암, 다발성 골수종) • 혈액농축: 탈수, 신부전, lithium 사용
증상 [2011 기출, 국시 2018 · 2019]	• 테타니, 근육 뒤틀림, 통증성 근경련 • 코, 귀, 손가락 끝, 발가락 무감각, 얼얼 • 혈액응고 지연으로 인한 출혈 • 부정맥 • 불안, 과민(안절부절못함) • trousseau 징후, chvostek 징후 양성반응	• 근긴장도와 신경근육 흥분성 감소, 근력 저하 • 느린 반사, 전신의 근육허약과 피로감 • 뼈의 통증, 골다공증, 병리적 골절 • 요결석에 의한 요통, 다뇨 • 위장관계: 변비, 식욕부진, 오심, 구토 • 신경학적: 기억력, 주의집중 감소 → 정신증 • 기면, 쇠약 • 심장: ST분절과 QT분절이 짧아지고, 파장이 넓어지며 둥글어짐 • 심근의 과도한 수축 → 심장마비
치료	• 10% calcium gluconate IV • 경구용 칼슘제제, 고칼슘 식이, 비타민D • aluminum hydroxide gel(인 수치 저하)	• n/s IV(Mg 배출에 의해 Ca 배설 증가) • 이뇨제

간호중재	• 환자의 호흡을 철저히 관찰(기관지 천명 가능이 있기 때문)함 • 혼돈이 있는 환자를 보호함 • 폐경기 여성에게 칼슘 섭취를 권장하고, 처방에 의한 칼슘제제를 복용하도록 하고, 규칙적인 운동을 하도록 교육함	• 운동을 격려함 • 제한이 없으면 소변을 묽게 하기 위해 수분 섭취를 권장함 • 음식물 중 고칼슘 함유식품에 대해 교육한다. • 변비 예방을 위해 섬유질 섭취를 권장함 • 혼돈이 있는 환자를 보호함 • 소변에 칼슘염의 축적을 방해하기 위해 산화음료(acid-ash) 섭취를 권장함

8 마그네슘

	고마그네슘 혈증(hypermagnesemia)	저마그네슘 혈증(hypomagnesemia)
정의	혈청 마그네슘치 2.1mg/dL 이상	혈청 마그네슘치 1.3mg/dL 이하
원인	• 마그네슘 섭취 증가(마그네슘 함유 제산제와 지사제, 정맥 내 마그네슘 대체요법) • 신부전으로 인한 마그네슘 배설 감소	• 마그네슘 섭취 부족: 영양불량, 기아, 설사, 지방변, 장질환, 크론병 • 마그네슘 배설 증가: 약물(이뇨제, aminoglycoside계 항생제, cisplatin, amphotericin B, cyclosporine), 구연산(혈액제제 내의 항응고제), 에탄올 섭취 • 마그네슘의 세포 내 이동: 인슐린 주입, 패혈증, 알칼리증
증상	• 신경근육계: 심부건 반사 감소, 골격근의 수축력 저하, 호흡근의 약화로 호흡부전, 기면상태 • 혈관계: 서맥, 말초혈관 확장, 저혈압, 심해지면 호흡근마비, 혼수 및 심장마비 발생	• 신경근육계: 진전, 심부건의 과반사 반응이 증가, 근섬유소 연축, 쉬보스텍(chvosteck) 징후, 트루소(trousseau)징후, 손과 발의 감각이상, 과잉반사, 강직, 경련 등 • 심혈관계: 심실성 부정맥, 고혈압 • 위장관계: 장운동 감소, 오심, 복부팽만과 장음 감소
치료	• 황산마그네슘의 섭취를 줄이고 배설을 증가시키는 것 • 이뇨제와 함께 생리식염수를 투여하면 신장에서 마그네슘 배설 촉진 • 마그네슘 농도를 줄이기 위해 albuterol을 사용하기도 함 • 심한 호흡부전이 나타나면 인공호흡기가 필요 • 신부전이 나타나면 투석	마그네슘이 함유된 제산제 형태로, 구강으로 마그네슘을 보충하거나 비경구로 황산마그네슘 투여

간호	• 마그네슘증 초기증상 사정 • 심부건 반사에 변화가 있으면 즉시 보고 • 저혈당 증세가 있는 당뇨병 환자의 55%에서 고마그네슘 혈증이 나타나므로 혈당 농도 유지 • 소변배설량이 감소된 환자에게 마그네슘이 포함된 하제나 제산제를 계속 복용하지 말도록 함	• 환자의 상태에 따라 V/S을 4~8시간마다 측정, ECG를 매시간 살핌 • 혼돈상태가 심하거나, 경련을 일으키면 안전과 경련에 대비 • 환자의 심부건 반사를 자주 사정 • 마그네슘을 정맥으로 투여할 때 처방대로 희석하는 것이 매우 중요함(황산마그네슘을 너무 빠르게 투여 시 몸이 뜨거워지는 느낌과 정맥염 발생) • 알콜중독환자가 마그네슘을 섭취할 때는 신경재생을 돕기 위해 티아민과 함께 복용

09 산 · 염기 불균형 [2004 · 2009 · 2010 기출]

1 산 · 염기 균형

산 · 염기 균형	산 · 염기 균형 즉 체내 산도(pH)는 수소이온(H^+)의 농도에 의해 좌우됨 • 산: 수소이온(H^+)을 내놓는 것(H_2CO_3) • 염기: 수소이온(H^+)을 들이는 것(HCO_3)
산도(pH) = 7.0	수소이온인 '산'과 수산기인 '염기'가 같음
정상 산도(pH)	• 산 · 염기 균형을 위한 탄산(H_2CO_3)과 중탄산(HCO_3^-)의 비율은 1 : 20 • 정상 pH는 7.35~7.45 • pH 7.2 이하, 7.55 이상 → 심한 세포손상 • pH 6.8 이하, pH는 7.8 이상 → 사망
정상적인 산 · 염기 균형	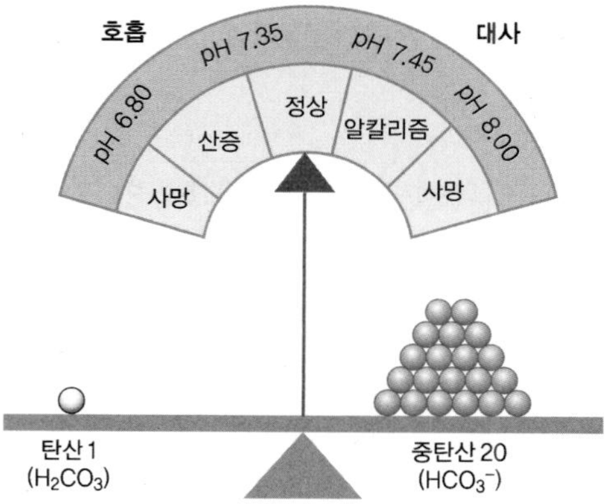 호흡 대사 pH 6.80 pH 7.35 pH 7.45 pH 8.00 사망 산증 정상 알칼리즘 사망 탄산 1 (H_2CO_3) 중탄산 20 (HCO_3^-)

2 산·염기 균형 조절 3가지 기전

<table>
<tr><td>혈액 내 정상 pH 유지</td><td>3가지 생리적 체계</td><td colspan="2">① 폐에서 산을 배설
② 신장에서 산 배설 or 알칼리 교정
③ 화학적 완충체계에 의해 과다한 산 혹은 알칼리 중화 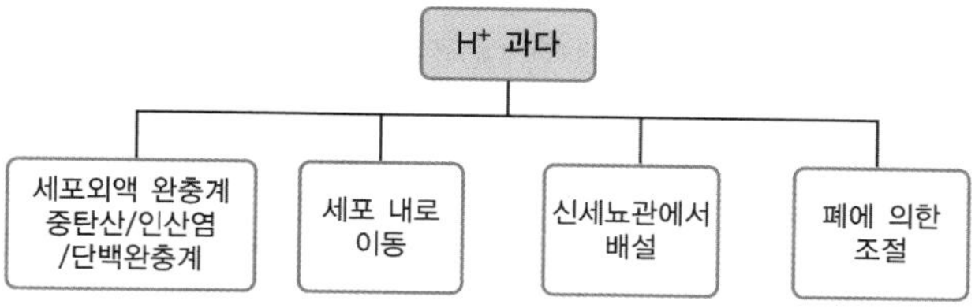

H^+ 과다
→ 세포외액 완충계 중탄산/인산염/단백완충계
→ 세포 내로 이동
→ 신세뇨관에서 배설
→ 폐에 의한 조절</td></tr>
<tr><td rowspan="5">완충제 (buffer)</td><td>중탄산 혈액 완충제, bicarbonate 완충제</td><td colspan="2">• 세포외액에서 가장 중요한 완충체계
• H^+를 취하거나 유리함으로써 pH의 변화를 예방함. 약산과 그 염으로 이루어져 있고 H^+을 받아들여 pH 변화를 최소화하는 것
• 완충산(탄산 H_2CO_3) : 완충염기(중탄산나트륨$NaHCO_3$) = 1 : 20
$H_2O + CO_2$ ↲ ↳ $Na + HCO_3$
• 탄산과 중탄산나트륨은 호흡기계와 신장에 의해 쉽게 조절될 수 있음</td></tr>
<tr><td>인산염 (phosphate) 완충제</td><td colspan="2">• 적혈구, 혈장에서 강산, 강알칼리증을 약화시킴
• 적혈구, 수소이온을 배출하는 신장의 세뇨관 세포에서 중요함
• 작용은 중탄산 완충체계와 유사하나 $NaHPO_4$와 인완충염 NaH_2PO_4로 구성되어 있음
• 강산(HCl)은 인완충염에 의해 중성염(염화나트륨 NaCl)로 전환
– pH의 저하를 감소
• 강염기(NaOH)는 약산 Na_2HPO_4와 교환되어 pH를 약간 올림</td></tr>
<tr><td rowspan="3">단백질 완충제</td><td colspan="2">• 체액에서 화학적 완충력의 3/4는 세포 내에 있으며, 세포 내 단백질에서 생김
• 혈장과 세포 내에서 수소 이온과 결합 또는 해리
– 산 : 수소이온과 결합
– 염 : 수소이온과 해리</td></tr>
<tr><td>세포 단백질 완충제는 헤모글로빈</td><td>수소이온과 직접적으로 완충작용, 이산화탄소 생성으로 형성된 산을 완충
→ 혈액 속에 유리수소의 양이 증가할 때 수소이온이 적혈구막을 통과하여 각 적혈구내의 헤모글로빈 분자와 결합함</td></tr>
<tr><td>세포외 단백질 완충제 : 알부민과 글로불린</td><td>이화작용의 결과 세포외액에 존재하는 탄산과 기타 산을 처리</td></tr>
</table>

호흡성 조절	pH가 감소하면 호흡수와 깊이가 증가되어 CO_2를 다량배설하여 pH를 증가시키고 반대의 경우에는 호흡수와 깊이도 감소하여 CO_2는 보유되고 pH는 감소됨 • 뇌의 호흡조절중추는 체액의 CO_2와 수소이온의 증가에 반응함 $PaCO_2$ / H^+ 증가 → 호흡조절중추 자극 → 호흡의 수와 깊이 증가 → $PaCO_2$ / H^+ 감소 → 호흡조절중추 억제 → 호흡수와 깊이 감소
신장성 조절	산증 시 신장에서의 산(H^+)과 염소의 배출이 증가하고, 혈장 안으로 중탄산(HCO_3^-)의 재흡수가 증가함. 반대로 알칼리증에서는 이 기전이 느리거나 멈춤 • 산: 소변으로 H^+ 배설, 혈액에서 재흡수할 수 있도록 HCO_3 재생 – H^+(신세뇨관에서 분비) + HCO_3^-(사구체에서 여과) = H_2O(소변) + CO_2(폐) • 염: 신세뇨관에서 H^+ 재흡수 → Na, K 배출 – 수소이온은 신세뇨관에서 Na, K와 교환됨: Na, K의 불균형 초래

3 동맥혈 가스분석 결과

검사명	정상치	해석
PaO_2	80~100mmHg	실내공기로 호흡 시 80mmHg 이하이면 저산소혈증
$PaCO_2$	35~45mmHg	• $PaCO_2$ 증가는 과소환기의 결과 • $PaCO_2$ 감소는 과대환기의 결과
pH	7.35~7.45	7.45 이상이면 알칼리증, 7.35 이하이면 산증 • 호흡성 산증: $PaCO_2$ 증가, pH 감소 • 호흡성 알칼리증: $PaCO_2$ 감소, pH 증가
HCO_3^-	22~26mEq/L	• 대사성 산증: HCO_3^- 감소 • 대사성 알칼리증: HCO_3^- 증가
base excess/deficit	+2~−2	대사성 산증은 −2 이하, 대사성 알칼리증은 +2 이상
SaO_2	65~100%	• 혈색소에 의해 운반되는 산소의 농도 • PaO_2가 50mmHg 이하가 되면 SaO_2가 급격히 낮아짐

| 산 · 염기 불균형에서 혈액 가스 변화 |

불균형	pH	$PaCO_2$	HCO_3^-
대사성 산증	감소	정상	감소
호흡성 산증	감소	증가	정상
대사성 알칼리증	증가	정상	증가
호흡성 알칼리증	증가	감소	정상

| 음이온(Anion Gap; AG)의 격차 |

음이온의 격차	
정상범위	3~11mEq/L 사이(약 5~15mEq/L)
공식	AG(mEq/L) = $[Na^+] - ([Cl^-] + [HCO_3^-])$
상승 시 의미	➲ 대사성 산성혈증 • 혈내 pH 저하와 탄산수소염(bicarbonate)의 수치 저하가 특징 (아래 표 참조) 신체에 비정상적인 산성 물질이 나타나게 되면, 탄산수소염(HCO_3^-)으로 인해 H^+가 완충되고 탄산수소염의 수치는 저하됨. 그 후, 이 반응으로 인해 발생한 CO_2는 폐를 통해 배출되며, 저하된 탄산수소염의 수치는 콩팥에서 재흡수를 통해 보충됨

음이온차	HCO_3	Cl	예
정상	↓	↑	신세뇨관산증, 탄산탈수소효소억제제, 장루환자
증가	↓	변화 없음	비정상 산 축척: 신부전, 케톤산증, 젖산증, 사구체 여과장애

4 산 · 염기 불균형 [2011 · 2013 · 2017 기출]

구분	호흡성 산증	호흡성 알칼리증	대사성 산증	대사성 알칼리증
정의	• pH 7.35↓ • PCO_2 45mmHg↑ • HCO_3^- normal	• pH 7.45↑ • PCO_2 35mmHg↓ • HCO_3^- normal	• pH 7.35↓ • PCO_2 normal • HCO_3^- 23mEq/l↓	• pH 7.45↑ • PCO_2 normal • HCO_3^- 28mEq/l↑
원인	• 혈액 내 H_2CO_3 증가로 pH↓ • 과소환기에 의해 – 두부외상, 뇌종양 – 척추손상 – 마취제나 진정제 중독, 모르핀중독, 급성 알코올중독으로 연수의 호흡중추 억압 – 흉부외상 등에 의한 신경근육마비 – 기종이나 천식으로 인한 상기도 폐쇄, 폐렴, COPD	• 혈액 내 H_2CO_3 감소로 pH↑ • 과다환기에 의해 – 뇌염, 뇌막염, 뇌내수술 – 아스피린 중독 – 고지대 저산소증, 빠른 기계적 환기, 히스테리적 과호흡, 천식발작 – 발열	• 산 증가 – 심폐질환 – 빈혈 – 질소혈증 – 아스피린 중독 – 당뇨성케톤산혈증 – 신부전 • 염기 감소 – 설사	• 산 감소 – 위흡인, 구토 – 이뇨요법으로 인한 과다한 K^+ 소실 • 염기 증가 – 알칼리염의 과다 주입(경구적 · 비경구적) – 제산제 중 소다 과다 사용 – 전혈 과다 수혈

보상 기전	• 호흡 증가: PCO_2 증가로 호흡중추 자극 • 신장: H^+ 분비↑, HCO_3^- 재흡수↑	• 호흡 감소: 호흡을 다시 자극할 수 있는 CO_2량이 될 때까지 • 신장: H^+ 분비↓, HCO_3^- 재흡수↓	• 호흡수와 깊이 증가(과환기) • 신장: H^+ 분비↑, HCO_3^- 재흡수↑	• 호흡감소: 신체의 산소 요구 때문에 어느 정도 제한 • 신장: H^+ 분비↓(보유↑), K^+, Na^+, HCO_3^- 재흡수↓(배설↑)
증상	• 허약, 흥분, 불안정 • 지남력 상실, 기면, 졸림, 혼수 • 심한 호흡곤란, 천명음 • 빈맥, 칼륨 증가로 심실세동, 부정맥 • 두통 • 흐린 시야	• 현기증, 이명, 가벼운 두통 • 입 주위의 감각이상, 손가락과 발가락의 무감각 & 저림, 저리고 얼얼한 느낌 • 근경련, 테타니, 신경근 흥분성 증가, 반사항진 • 호흡곤란, 심계항진, 발한	• 탈수, 허약감, 권태 • 두통, 지남력 상실, 혼돈, 졸림, 혼수 • 고칼륨혈증에 의한 부정맥 • kussmaul 호흡 • 오심, 구토, 복통 • 뇌척수액 pH 감소	• 저칼륨혈증 증상 • 무기력, 흥분성, • 지남력 상실, 혼돈, 기면, 지각이상, 혼수 • 느리고 얕은 호흡, 청색증 • 식욕부진, 오심, 구토 • 뇌척수액의 pH 증가
치료	• 호흡유지, 지지 • 흡인, 폐물리요법, 산소공급 • 원인질환치료 • 중탄산용액 투여 • 환기 증진 • 의식수준에 맞는 안전대책 • 마약성 진통제 사용금지: 호흡억제	• 과환기 중지는 위험(산소화 증진) • 호기된 공기 다시 호흡: 종이봉투 이용, 옆에서 호흡수 counting(혈중 $PaCO_2$ 증가) • 호흡을 천천히 하게 정서적 지지 • 뇌병변 있다면 5% CO_2, 9% O_2	• 원인질환 치료 • 의식수준에 적합한 안전대책 • 구강간호: 과환기로 인한 구강건조 관리 • 마약성 진통제 사용금지: 호흡억제 • bicarbonate 투여	• 원인질환 치료 • 의식수준에 적합한 안전대책 • 제산제의 적절한 사용교육 • 산소화 증진 • KCl 투여 • 대상자의 의식상태, 불안정, 호흡계 증상 관찰, 칼륨치 관찰

| 산 · 염기 불균형의 정의와 보상기전 |

구분	정의	보상기전
호흡성 산증	폐포의 산소와 이산화탄소 교환장애에 의해 탄산이 축적되어 발생한 상태	신장에서 중탄산염 생산 증가, 수소이온 배출 증가
호흡성 알칼리증	탄산의 과다한 소실(과호흡 시)로 탄산이 감소하는 것	신장에서 중탄산이온의 배출 증가
대사성 산증	산의 증가나 염기의 감소로 인해 산 · 염기의 1 : 20의 비율이 감소하고 pH가 7.35 이하로 떨어지는 상태	호흡수와 깊이 증가
대사성 알칼리증	수소이온의 소실이나 중탄산염 이온의 과다로 인한 것	호흡수와 깊이 감소

| 산 · 염기 불균형의 증상/징후와 임상검사 결과 |

구분	호흡성 산증	대사성 산증	호흡성 알칼리증	대사성 알칼리증
결정적 증상과 징후	• 호흡저하 • 동맥혈에서 CO_2 분압 상승 • pH 저하	• 호흡과다 (kussamul 호흡) • HCO_3 감소 • pH 저하	• 호흡과다 • 동맥혈에서 CO_2 분압 저하 • pH 상승	• 호흡저하 • HCO_3 증가 • pH 상승
흔히 나타나는 증상과 징후	• 호흡곤란 • 고칼슘혈증 • 고염소혈증 • 고나트륨혈증 • 불안, 혼돈	• 고칼륨혈증 • 호흡곤란 • 스트레스 반응 후에 기면이 나타남 • 혈청 Cl와 음이온 차이(anion gap)의 상승	• 혼돈 • 저칼슘혈증 • 저칼륨혈증	• 혼돈 • 의식수준 저하 • 저칼슘혈증 • 저염소혈증 • 저칼륨혈증 • 저마그네슘혈증 • 저혈량증 • 손상의 무감각과 저림
심한 불균형 시 나타나는 증상과 징후	• 저혈압 • 유두부종 • 발작 • 부정맥 • 근육경련 • 기면 • 혼수 • 저산소혈증	• 서맥 혹은 부정맥 • 심박출량 저하 • 위장관 팽만 • 저혈압 • 오심, 구토	• 부정맥 • 손발과 입 주위의 무감각과 저림감 • 근 허약감 • 흉통 • 오심, 구토, 설사	• 부정맥 • 심박출량 저하 • 저혈압 • 저산소혈증 • 근육강직 혹은 테타니 • 근육경련 • 발작

출처 ▶ Black & Hawks(2004), Medical-sargical Nursing Vol.2. 7th ed. Elsevier saunders.

| 산 · 염기 장애의 주요 증상과 징후 및 치료 |

구분	증상과 징후	치료
호흡성 산증	• 과호흡, 시력장애, 두통, 심실세동 • 후기: 혼돈, 졸음, 혼수, 포타슘 과잉	기관지 확장제, 체위배액, 흉부 진동요법, 심실세동 또는 포타슘 증가 시에는 중탄산나트륨 투여
호흡성 알칼리증	• 현기증, 손·발가락의 무감각과 저림 • 후기: tetany, 경련, 포타슘 부족	근본 원인 치료
대사성 산증	• 두통과 정신기능의 둔화 • kussmaul 호흡 • 후기: 지남력 상실, 혼수, 포타슘 과잉	• 근본 원인 치료 • 중탄산염($NaHCO_3$) 정맥주사 • 수분과 전해질 대치
대사성 알칼리증	• 혼돈, 현기증, 손·발가락의 무감각과 저림 • 후기: tetany, 경련, 포타슘 부족	• 근본 원인 치료 • 이뇨제: acetazolamide(Diamox) • 수분-전해질 대치

10 신생물 [2009 기출]

1 세포의 성장장애

	설명
위축	• 세포가 완전히 성장했으나 어떤 원인에 의하여 크기가 작아지거나, 조직이나 기관의 형태가 소모된 상태 • 세포의 크기뿐만 아니라 수도 변함 • 세포는 영양소의 부족이나 자극에 대하여 방어적으로 반응하지만 인체 항상성의 적응한계가 초과되면 조직이 위축됨 • 병적위축 예 활동저하로 근육과 뼈의 크기와 강도 등이 감소 • 자연위축 예 폐경기 여성의 성기관 위축
비대	• 세포가 일을 많이 했을 때 적응정도에 따라 크기가 증가하는 것 • 심장, 내분비샘, 골격, 근육이나 위장관의 평활근에서 흔히 나타남 예 고혈압의 지속 - 적응성 변화로 심근의 비대
증식	• 하나의 세포가 두 개의 세포로 증가되는 것으로 외부자극에 대한 하나의 방어기전 예 감염 시 골수, 림프조직, 세망내피계에서 세포 증가 • 비대나 증식은 동시에 발생할 수 있음

화생	• 조직의 종류가 다른 형태로 바뀌는 현상 예 담배연기에 오랜 기간 노출되었을 때 기관지 상피가 편평상피로 바뀌는 변화 • 조직 자체가 잘 분화되어 있는 않은 경우나, 세포가 주위 환경에 적응하기 위한 방편 • 화생세포는 악성종양세포로 변형될 수 있음
이형성 (신생물)	인체의 요구와는 무관하게 세포들이 비정상적으로 무질서하게 자랄 뿐 아니라 증식된 세포들이 다른 조직으로 전이되어 정상세포의 기능을 방해하여 병적상태 초래 예 암(대표적인 예)

2 발암의 병태생리 및 발생원인

(1) 발암과정

발단기 → 증식기 → 진행기 → 전이기

발단기	증식기	악성변화	진행기	전이기
발암물질(개시자) → DNA에 손상 → 유전인자 변화	• 부가적인 발암물질 침범(촉진자) → 암세포의 특성을 가지고 성장 촉진 • 가역적	• 전암성 세포 → 악성종양 • 유전자 변화 불가역적	• 임상적인 암 • 발견 가능한 크기인 1cm(세포 10억개)	악성 변화 진행

제1단계 : 암 유발 개시단계 (발단기)	발암원(화학물질, 생물학적, 물리적 인자)이 DNA를 공격하여 돌연변이를 유발하는 비가역적 반응
제2단계 : 암 유발 촉진단계 (증식기)	• 암 발생을 촉진하는 물질 TPA(12-0-TetradecanoylPhorbol-13 Acetate) 등이 발암원의 작용을 촉진하는 '종양촉진제'(호르몬, 약물, 화학물질)로서 작용 • 이 단계는, 적어도 초기에는 가역반응(돌이킬 수 있는 반응)
제3단계 : 암 진행단계 (진행기)	• 양성종양이 악성종양으로 전환하여 악성 종양의 특성이 증대되는 과정 • 이 단계에서는 암유전자와 암 억제 유전자의 돌연변이가 점차 증가하며, 염색체의 이상이 분명하게 나타남 • 암이 발견 가능한 크기인 1cm(10억개)로 자라면 건강문제를 유발 • 1cm이 되면 종양혈관신생요소(Tumor Angiogenesis Factor; TAF)를 만들어 종양에 새로운 혈관이 형성되도록 함 • 종양세포가 계속 분열하면서 원래의 발단이 된 암세포와는 다른 악성세포 생성 – 변형된 종양은 원발성 종양(primary tumor)이라 하고, 이는 확산되어 다른 부위로 전이될 수 있음

(2) 암의 전이

전이	종양이 원발 부위에서 여러 경로를 따라 다른 부위에 이식된 경우	
전이의 4가지 경로	직접 확산	암에서 분비되는 효소에 의해 인접해 있는 조직으로 침습
	혈행성 전이	혈관에 큰 구멍을 내는 효소에 의해 암세포가 혈관 내로 들어와 전신 순환
	림프성 전이	암세포로 형성된 미세한 색전이 림프계를 통해 다른 부위에서 증식
	착상 또는 이식성 전이	• 종양세포들이 장막을 뚫고 체강 내의 장액을 통해 장막 표면 여러 부위에 씨앗을 뿌려놓은 것처럼 여러 속립성 소결절 형성 • 복강내 장기(위장관, 간장, 난소)에서 자주 관찰됨

(3) 암 유발 위험요인

① 개체 내 암 유발요인

연령	• 고령일수록 암 발생 높음, 암의 50%가 65세 이상에서 발생 • 수많은 발암물질에 반복적 노출 • 노화된 세포가 암을 발생시키는 유전적인 비정상상태를 감당하지 못하거나 세포손상을 회복할 수 없기 때문 • 전 생애에 걸쳐 DNA 돌연변이 축적, 세포매개성 면역기능 저하	
유전적 소인	• 원암유전자(proto-oncogene)가 암유전자(oncogene)로 활성화됨 • 정상세포 → 암 개시자(initiator)에 노출 → 원암유전자(proto-oncogene)를 만듦 → 억제유전자(suppressor gene)에 의해 억제 • 원암유전자의 증가 또는 억제유전자의 부족으로 비정상적 세포증식	
	관련 암	• 유전암: 유방암, 전립선암, 난소암 • 가족적 성향: 유방암, melanoma • 가족적 용종: 결장암, 직장암 • 염색체 이상: 백혈병
면역기능	• 면역감시 – 악성세포항원에 대한 면역계의 반응 • 림프구는 세포표면항원을 점검하여 계속적으로 악성세포를 발견하고 파괴함 • 만성질환, 영양부족, 고령, 스트레스: 면역체계의 기능에 결함이 생기거나 면역력이 떨어지면서 암세포를 성장시키고 증식시켜 호르몬과 면역에 변화를 초래 • 면역체계 기능의 결함 발생 시 암 발생: 면역억제제로 치료받는 장기이식 대상자, ADIS 환자 • 암세포가 면역체계를 회피해가는 기전: 스며들어감, 항원의 조정, 종양항원이 공격회피, 종양항원과 결합하는 항체 차단	

② 환경적 암 유발요인

<table>
<tr><td>화학적인 발암물질</td><td>• 직업적으로 노출되는 발암물질(벤즈피린, 아플라톡신, 비소, 석면)
• 담배, 대기오염, 약물, 식이, 자외선, 술 등
<table><tr><th>산업용품</th><th>발생 종양</th><th>유발 화학물질</th></tr><tr><td>이니린 색소</td><td>방광암</td><td>naphthylamine</td></tr><tr><td>광물성 기름과 타르(매연)</td><td>피부암</td><td>benzpyrene</td></tr><tr><td>플라스틱</td><td>간의 혈관육종</td><td>vinyl chloride monomer</td></tr><tr><td>절연재</td><td>중피종</td><td>asbestos</td></tr><tr><td>농업 및 원예농품</td><td>피부암</td><td>arsenic</td></tr></table></td></tr>
<tr><td>물리적 요인</td><td>• 방사선 에너지: 세포의 염색체에 작용하여 염색체를 분리시키고 임의로 융합하여 변이를 일으킴
• 자외선: DNA 구조에 변화를 가져와 악성으로 변형을 일으킴</td></tr>
<tr><td>종양 유발 바이러스</td><td>세포 내로 침입한 후 세포핵 내에 직접 편입하여 새로운 DNA를 첨가시켜 돌연변이 초래
• DNA 바이러스
− 인간유두종 바이러스(HPV) → 자궁암
− Herpers virus → 비인두암
− B형간염 바이러스 → 간암
• RNA 바이러스: T세포 림프종, T세포 백혈병</td></tr>
<tr><td>약물과 호르몬</td><td>• 에스트로겐: 유방암 발생에 관여
• 항암제: 발암물질로서 향후 암환자들이 백혈병과 다른 암의 위험요인이 될 수 있음</td></tr>
<tr><td>식사</td><td>• 비만: 유방암, 결장암, 직장암과 관계가 있음
• 매일 야채 섭취 시 폐암, 전립선암, 방광암, 식도암, 대장직장암, 위암의 위험 감소
• 담배연기와 알코올은 구강암, 식도암, 간암, 인후암, 목암의 빈도 증가
• 짠 음식은 식도암·위암과 관련</td></tr>
<tr><td>암 전구병변</td><td>색소모반, 화상반흔, 노인성 각화증, 백반증, 대장, 위의 선종 또는 폴립 등임. 이런 것들은 주기적으로 악성 변화 여부를 사정할 필요가 있음</td></tr>
</table>

③ 암 유전자: 종양세포의 DNA를 정상인 세포에 넣었을 때 종양세포가 되는 것을 보고 암 유전자가 있음이 확인됨. 이는 모든 사람이 가지고 있고, 암 유전자가 활성화되면 암을 유발함

3 신생물의 분류와 단계

(1) 정상세포와 종양세포의 차이점

성장양식	정상세포는 수명이 있어 때가 되면 죽게 되나, 종양세포의 경우는 영구히 자랄 수 있으며 조건만 맞으면 배지에서도 잘 자람
형태학적 차이	종양세포는 핵이 세포질보다 상대적으로 커서 핵 대 세포질의 비율이 높다. 정상세포의 경우는 분화를 거듭해 핵이 작아져서 세포질과의 비율이 낮음
기능적 차이	• 정상세포는 분화될수록 전문화됨 예 간세포－담즙생산, 위세포－염산, pepsin 등 생산 • 종양세포는 기능이 단순 또는 엉뚱한 것 예 CEA, α－FP 등 생산

(2) 악성신생물의 특징

악성신생물	한 개 세포로 시작	암은 한 개의 세포에서 시작
	끊임없는 성장	암은 끊임없이 성장
	정상조직 파괴	암은 주위의 정상 조직을 파괴
	※ 침윤	인접 장기를 침범 시 침윤이라고 함
	※ 전이	다른 장기로 번지는 경우를 전이라고 함

(3) 암 발생의 방어기전

암 유전	암 유전에 의해 유전자 변이가 일어나면 변이된 DNA는 끊어버리고 정상적인 DNA를 만듦
T－임파구	세포독성 T-cell
자연살해세포	체내에 이물질이 들어왔을 때, 또는 변이세포 발생 초기에 자연살세포(natural killer cell)가 작용하여 암세포를 제거. 그러므로 암세포는 면역기전이 떨어진 노년층에 많이 발생

(4) 종양의 분류

양성종양	상피표면에서 생기는 유두종(papilloma)과 점막에서 생기는 용종(polyp)으로 분류함. 다른 양성 종양은 발생부위를 나타내는 접두어와 결합된 'oma'로 표현함	
악성종양	일반적으로 발생조직에 따라 암종(carcinoma), 육종(sarcoma), 근육종양, 신경세포종양 및 혈액조직종양(leukemia)으로 분류함	
	암종 (carcinoma)	상피조기 표면에 발생하는 것을 편평상피암, 실질조직이나 선조직에서 발생하는 암종은 선암(adenocarcinoma)라고 함. 이는 림프조직을 통해 먼저 전이되고, 후에 혈액이나 혈관을 통해 전이됨

	육종 (sarcoma)	뼈, 혈관, 연골, 근육, 지방조직, 신경조직 등과 같은 결체조직에서 발생하는 악성종양으로 먼저 혈액을 통해 전이되고, 림프계를 통한 전이는 드묾
	혈액암	백혈병, 다발성 골수종 등이 포함되며, 혈액과 조혈기관에 산만하게 증식하여 혈액내에 전반적으로 흩어짐

(5) 양성종양과 악성종양세포의 특징 비교

특징	양성	악성
피막	있음	없음
성장양식	확장성(팽창성, expansive)	침윤성(invasive)
조직의 파괴	적음	많음
혈관침범	없음	흔함
성장속도 및 한계성	일반적으로 느리고 범위가 한정	신속히 성장하고 범위는 한정되지 않음
재발 경향	극히 드묾	흔함
세포 특징	거의 정상	모양·구성이 비정상적이고 미성숙
과염색소성	정상	증가
전이	없음	흔함
혈관분포	적음	현저
유사분열활동	거의 없음	왕성함

(6) 양성종양과 악성종양

	양성종양	악성종양
성장속도	천천히 성장함 • 일반적으로 수술로 제거하지 않는 한 생존하는 동안 계속 성장함 • 관해기를 가짐	빠르거나, 아주 빠름 • 생존하는 동안 무자비하게 성장하는 경향 • 거의 드물게 신생물이 자연적으로 퇴화함
성장양식	• 커지고 팽창하면서 성장 • 항상 국소적으로 남아있음 • 주위 조직으로 침윤 ×	• 주위 조직에 확장되고 침윤하면서 성장(확장성 성장) → 염증·궤양·괴사를 일으킴 • 국소적으로 남았지만 주로 다른 조직으로 침윤
피막	• 거의 섬유성 피막에 싸여 있음 → 동글동글하게 잡힘 • 피막이 신생물의 팽창을 막지 못하지만 침윤에 의한 성장은 막음	• 피막 ×: 주위 조직으로 침범 가능 • 종양을 수수로 제거하기 어려움

세포의 특징	• 주위의 원래조직과 거의 같음 • 일반적으로 분화가 잘 되어 있음 • 유사분열형태가 없거나 빈약함 • 성숙세포형태 / 성형세포는 없음 • 세포기능이 원발부위 정상세포에 비해 좋지 않음 • 선조직에 발생한 신생물은 세포에서 호르몬을 분비함	• 주위 원래조직과 다른 양상 • 일반적으로 분화가 잘 안되어 있음 • 정상 및 비정상 유사분열형태가 많이 존재 • 성형 경향 – 미숙하고 배아기 형태 • 세포가 생리학적 기능을 수행하기에 너무 비정상적 • 간혹 선조직에 발생한 악성종양은 호르몬을 분비함
재발	외과적으로 제거하면 거의 재발 ×	• 수술로 종양세포가 주위 조직으로 퍼질 가능성 • 잔여조직의 존재로 재발할 가능성 높음
전이	전이 되지 않고 국소적	직접 퍼지거나 림프계, 혈액, 이식에 의해 다른 장기로 전이됨
신생물의 영향	• 발생한 부위의 조직을 압박하거나 중요한 장기를 폐쇄시키지 않는다면 숙주에게 해를 끼치지 않음 • 악액질 발생하지 않음	• 항상 숙주에게 유해함 • 수술로 제거하거나, 방사선, 화학요법으로 파괴하지 않으면 사망 가능 • 외관 손상, 장기기능 중단, 영양불균형 초래 • 궤양, 패혈증, 천공, 출혈, 조직괴사를 초래 • 악액질, 폐렴, 빈혈 등 전신증상
예후	• 매우 좋음 • 종양은 수술로 제거함	• 세포의 종류와 진단의 신속함에 달려있음 • 세포의 분화가 좋지 않거나 전이 된 경우 예후 좋지 않음 • 세포가 정상세포와 닮고, 전이 증거가 없다면 예후는 좋음

(7) 암등급과 병기

암세포의 분화의 등급(grade)과 체내에서 암의 단계(stage)를 그 질병의 임상적 중증도의 척도로서 표현하게 됨. 가장 널리 알려진 Broder 등급법은 암세포가 정상기원 세포와 얼마나 유사한가에 기준을 두었음. 암의 병기는 원 발암(T)의 크기(T_1~T_4)로, 소속 림프절(N)로의 확산정도(N_1~N_3)이며, 그리고 전이(M)의 유무(M_0~M_1)에 기초를 두고 있음

원발성 종양의 크기, 침범범위 (T : primary tumor size)	• T_0 종양의 증거가 없음 • Tis 상피내암 • T_{1234} 종양의 크기와 침범정도가 심해짐
국소림프결절 침범정도 (N : regional lymph node)	• N_0 비정상적인 림프결절이 없음 • N_{123} 국소림프결절의 이상소견이 증가함
전이의 해부학적 범위 (M : anatomical extent metastasis)	• M_0 전이가 없음 • M_{123} 전이가 점점 멀리 감

(8) 암의 단계

Stage Ⅰ (T_1, N_0, M_0)	• 종양이 원발장기에 국한 • 수술로 절제 가능, 림프절 혹은 혈관성 전이가 없어 생존율이 가장 높음
Stage Ⅱ (T_2, N_0–N_1, M_0)	• 주위 조직이나 근접 림프절에 국소 전이 • 수술 가능, 절제 가능, 완전 절제는 불확실 • 피막 혹은 림프샘에 미세 침범의 증거가 있으며, 생존율은 약 50 ± 5%
Stage Ⅲ (T_3, N_2, M_0)	• 뼈와 더 깊은 조직에 침범하여 고정되어 있는 광범위한 1차성 종양 • 림프절에 침범한 증거 • 수술은 가능하나 절제 불가능 • 육안적으로 병변이 남고, 생존율은 20 ± 5%
Stage Ⅳ (T_4, N_3, M_1)	• 국소부위나 장기는 물론 원격전이의 증거 있음 • 수술이 거의 불가능, 생존율은 5% 정도로 희박

4 암의 증상 및 진단검사

(1) 암의 증상

국소증상	압박, 인접조직의 괴사, 폐색	
전신증상	• 빈혈 : 출혈, 영양실조, 감염 등으로 인해 유발가능성이 있음 • 출혈 : 종양성장으로 혈관침범, 수술 등으로 인함 • 감염 • 위장관 기능장애 → 체중 감소(부적절한 영양섭취와 암세포의 대사요구 증가로 초래), 악액질(암의 말기에 나타나며 생명을 위협하는 합병증), 식욕부진 • 통증 : 가장 흔하며 두려운 증상, 일정시간 간격으로 암환자에게 강력한 진통제 투여 • 사회심리적 변화 : 우울, 불안, 신체상의 변화 등 사회적 반응과 생활습관 변화	
응급상황	상대정맥증후군	종양이나 비대된 임파절이 상대정맥을 압박하여 발생됨
	고칼슘혈증	골 전이로 뼈가 파괴되고 칼슘이 방출되어 발생됨
	척수압박증	종양이 척수로 전이되어 발생됨
	산재성 혈관 내 응고증	혈관 내를 침범한 악성종양

(2) 암의 진단검사

종양표지자	CEA	유방암(CEA, CA15-3), 폐암, 소화기관(췌장암, 대장암, 위암)
	AFP	간암, 생식세포암, 양성 간질환, 난소암
	CA_{19-9}	췌장암, 대장암, 위암, 담도질환
	CA_{125}	난소암, 비악성종양질환(자궁내막증, 골반염증성 질환, 췌장염)
	PSA	전립선암-전립선 특이항원
세포검사 (cytology)	• 임상증상이 나타나기 전에 종양 발견이 가능한 검사 • 종양과 접촉하는 체액이나 분비물 속에서 종양세포 유무를 검사하는 방법 • 객담, 기관지, 복강, 흉막강, 관절강, 뇌척수액, 방광검사물, 위, 담관, 기타부위에 체액을 이용하여 세포검사 시행	
	pap 도말법 [2023 기출]	질분비물과 자궁경부 세포분석 → 자궁내막염, 자궁경부암 조기진단
생검 (biopsy)	• 조직의 일부를 때어내 현미경으로 암세포를 직접 확인하는 방법 • 절제생검, 절개생검, 침 또는 흡입생검	
방사선 및 기타검사	초음파, x선 촬영, 스캔(방사성 동위원소 검사), PET, 림프관 촬영, CT, MRI	

(3) 암의 경고

CAUTION	➲ 암의 경고: 7가지 위험신호(CAUTION) — 미국 암협회 ① 대변이나 소변 습관의 변화(Change in bowel or bladder habits) ② 치유되지 않는 상처(A sore that does not heal) ③ 부정 출혈이나 분비물(Unusual bleeding or discharge) ④ 유방 및 다른 부위에 두꺼워진 조직이나 덩어리(Thickening or lump in the breast or any part of the body) ⑤ 소화불량이나 연하곤란(Indigestion or difficulty swallowing) ⑥ 점이나 사마귀에 특이한 변화(Obvious change in wart or mole) ⑦ 심한 기침이나 목쉰 소리(Nagging cough or hoarseness)	
암 부위별 징후 및 증상	대장암	배변습관의 변화(경도, 빈도, 색 등), 혈변, 잠혈, 대장내시경 검사
	방광암	배뇨 시 통증, 혈뇨, 탁한 소변, 긴박뇨
	전립샘암	지연뇨, 소변줄기의 변화, 요통, 하지의 통증, 비뇨기계 감염병력
	피부암	점 혹은 사마귀 관찰, 점의 색, 가장자리 및 감각의 변화
	백혈병	피부색, 점상출혈, 반상출혈 관찰, 피로, 멍, 출혈경향, 감염과 질병력, 야간 발한, 원인모를 발열
	폐암	기침, 쉰 목소리, 흡연력, 자극물질 흡입, 호흡곤란, 거품있는 객담 또는 객혈, 흉부통증, 연하곤란 유무

	위암	상복부 불쾌감, 식욕부진, 계속되는 소화불량
	간암	우상복부 둔통, 체중 감소 및 식욕부진
	자궁암	이상분비물 또는 비정상적 출혈
	유방암	통증이 없는 혹 덩어리 또는 젖꼭지에서 출혈이 있을 때
	후두암	목쉰 소리가 계속 될 때

5 암 예방대책 [2019 · 2023 기출]

1차 예방

- 암 발생 원인을 가능한 한 피하고 제거
- 암에 걸리기 쉬운 내외적인 환경적 인자, 즉 위험요인을 줄이는 것이 중요
  - 흡연: 흡연은 남성 폐암의 85%, 여성 폐암의 75%를 차지하는 원인 요소, 흡연은 전체 암 사망의 30%
  - 영양
    ① 결장암, 유방암, 자궁암의 위험은 비만인 사람들에게 증가함. 고지방식이는 유방암, 결장암, 전립선암과 같은 암의 발달에 한 요인이 되고 고섬유질 음식은 결장암의 위험을 감소함
    ② 비타민A, C가 풍부한 음식은 후두암, 식도암, 폐암의 위험을 줄일 수 있음
    ③ 소금에 절인 식품, 흡연, 아질산염으로 절인 음식은 식도암, 위암과 관련이 있음
    ④ 과량의 음주, 흡연은 특히 구강암, 인두암, 후두암, 식도암, 간암의 위험을 증가시킴
  - 태양광선: 비흑색소 피부암의 대부분이 태양광선과 관련이 있음
  - 알코올: 구강암, 인두암, 후두암, 설암, 간암과 관계가 있음
  - 에스트로겐: 폐경기 증상 조절을 위해 에스트로겐을 사용할 때 자궁내막암의 위험이 높음
  - 방사선: X-선 노출 시 암 위험이 증가함
  - 위험한 직업: 많은 산업물질의 노출로 위험 증가, 흡연과 합해졌을 때 더욱 증가함

2차 예방 [2019 · 2023 기출]

암종	검진대상	검진주기	검진방법
위암	만 40세 이상 남녀	2년	기본검사: 위내시경검사 (단, 위내시경검사를 실시하기 어려운 경우 위장조영검사를 선택적으로 시행)
간암	만 40세 이상 남녀 간암발생고위험군	6개월	간초음파검사 + 혈청알파태아단백검사
대장암	만 50세 이상 남녀	1년	분변잠혈검사: 이상소견 시 대장내시경검사(단, 대장내시경을 실시하기 어려운 경우 대장이중조영검사 선택적 시행)
유방암	만 40세 이상 여성	2년	유방촬영술
자궁경부암	만 20세 이상 여성	2년	자궁경부세포검사
폐암	만 54세 이상 만 74세 이하의 남·여 中 폐암 발생 고위험군	2년	저선량흉부 CT검사(3차원적 검사로 -3~5mm 크기의 결절들도 발견 가능)

	◆ 암의 조기발견 · 조기치료 1. '간암 발생 고위험군'이란 간경변증, B형간염 항원 양성, C형간염 항체 양성, B형 또는 C형간염 바이러스에 의한 만성 간질환 환자 2. '폐암 발생 고위험군'이란 30갑년[하루 평균 담배소비량(갑) × 흡연기간(년)] 이상의 흡연력(吸煙歷)을 가진 현재 흡연자와 폐암 검진의 필요성이 높아 보건복지부장관이 정하여 고시하는 자 – 해당연도 전 2년 내 일반건강검진(생애전환기 건강진단 포함)의 문진표로 흡연력과 현재 흡연 여부가 확인되는 자 – 해당연도 전 2년 내 건강보험 금연치료 참여자 중 사업참여를 위해 작성하는 문진표로 흡연력이 확인되는 자 – 폐암 발생 고위험군으로 확인되어 국가폐암검진을 받았던 자는 검진 후 금연을 하더라도 금연 15년 이내, 74세까지 폐암검진 대상자에 포함
3차 예방	외과적 수술, 재활도모와 추후관리를 통한 합병증의 최소화

| 암 조기발견 및 예방행위 |

조기발견 교육요소	• 자가검진 기술 • 암의 경고신호에 대한 지식 • 건강행위의 변화 • 정기적인 집단검진
암 예방을 위한 건강행위 10가지	흡연 1, 식이 2, 음주 1, 운동 1, 비만 1, 감염 2, 직업 1, 검진 1개로 총 10개 항목 ① 담배를 피우지 말고, 남이 피우는 담배 연기도 피하기 ② 채소와 과일을 충분하게 먹고, 다채로운 식단으로 균형 잡힌 식사하기 ③ 음식을 짜지 않게 먹고, 탄 음식을 먹지 않기 ④ 술은 하루 두 잔 이내로만 마시기 ⑤ 주 5회 이상, 하루 30분 이상, 땀이 날 정도로 걷거나 운동하기 ⑥ 자신의 체격에 맞는 건강 체중 유지하기 ⑦ 예방접종 지침에 따라 B형간염 예방접종 받기 ⑧ 성 매개 감염병에 걸리지 않도록 안전한 성생활 하기 ⑨ 발암성 물질에 노출되지 않도록 작업장에서 안전 보건 수칙 지키기 ⑩ 암 조기 검진 지침에 따라 검진을 빠짐없이 받기

6 암 치료

(1) 암 치료법

수술요법	진단적 수술	진단적 수술을 통해 종양의 분류와 형태를 알게 되고 확진할 수 있다.
	근치적 수술	종양을 둘러싼 림프절과 원발병소 모두를 절제해 내는 것을 말하며 초기 단계 암을 치료하는 데 유용하나, 전이된 암을 치료하기 위해서는 사용할 수 없다.
	예방적 수술	해롭지 않은 암 전 상태의 병변을 제거하는 것이다.
	완화적 수술	종양의 성장을 지연시키고, 종양의 크기를 감소시키고, 암의 증상을 완화하며, 심한 통증 시 신경 박리, 신경 차단 등을 위해 시행하는 수술이다.
화학요법 [2009 기출]	화학요법의 목표	정상세포의 과도한 파괴 없이 모든 유해한 종양세포를 파괴하는 것이다.
	항암제의 분류	항암제는 끊임없이 새롭게 개발되고 있다. 화학요법의 분류는 약리학적 특성에 따른다. 특이 세포주기(Cell Cycle Specific; CCS)의 약물은 세포주기의 어떤 상(phase)에만 효과적으로 작용한다. 비특이 세포주기(Cell Cycle Non Specific; CCNS) 약물은 세포주기의 모든 상 동안에 작용한다.
	화학요법의 금기	• 백혈구 수를 현저히 감소시키거나 골수 기능을 억제하므로 감염이 있는 경우, 최근 방사선 치료를 받은 경우 등이다. • 약물이 상처 치유를 지연시키므로 수술 후 절개 부위가 치유될 동안(5~7일) 투약을 보류하도록 한다. • 신장기능, 간기능이 저하된 경우이다. • 임신(특히 임신 초기 3개월)한 경우에도 금기한다.

(2) 화학요법 [2009 기출]

| 화학요법의 분류 | [2013 기출]

분류	자주 사용되는 약품	작용기전	간호와 주된 독작용
Alkylating agent (CCNS) 알킬화제	• Chlorambucil(Leukeran) • Cyclophosphamide (Cytoxan) • Nitrogen mustard (Mustargen) • Triethylene-thiophosphoramide(thio-TEPA)	알킬화 그룹은 DNA 구조 복제 예방(prevent replication)과 유사분열을 예방한다. 세포 주기의 모든 단계에 있는 세포를 죽일 수 있다.	• 약이 이상하면 약병을 흔들어 혼탁도를 확인하고 혼합한다. • 독작용: 골수 억제, 오심과 구토, 원형탈모증, 화학적 자극으로 출혈성 방광염(수분 공급으로 신독성 예방)
Antimetabolites (CCS) 대사길항제	• Methotrexate • 5-Fuorouacil(5-Fu) • Cytarabine(Ara-C)	DNA와 RNA 합성에 필요한 핵산과 단백질 S기의 합성을 방해한다.	독작용: 식욕부진, 오심, 구토, 골수 저하, 원형탈모증, 구내염, 피부발진, 건조, 손톱 변화

Antitumor antibiocs (CCNS)	• Doxorubicin hydrochloride (Adramycin) • Mythramycin(Mithracin) • Daunorubicin(Duanomycin) • Bleomycin sulfate (Blenoxane)	DNA 합성을 방해하여 유사분열을 예방한다. 세포 주기의 모든 단계에 작용한다.	• 일혈예방 : 많은 약제들은 격렬한 피부 반응을 일으킨다. • 독작용 : 골수 저하, 오심과 구토, 구내염, 원형탈모증, 심부전, 폐부전, 열과 오한
Natural producers (CCS)	• Vincristine sulfate (Velban) • Etroposide(VP-16)	미세관방추(microtubular spindle)의 결합에 의한 유사분열을 붕괴한다.	• 일혈(extravasation)예방 • 독작용 : 오심, 수분 정체, 감정 변화, 체중 증가
Hormones (CCNS) 호르몬제제	• Diethylstilberstrol(DES) • Estrogen • Megestrol acetate (Megace) • Prednisone • Dexamethasone(Decardon)	기저세포 내의 단백질 호르몬 수용체를 방해한다. RNA의 단백질 합성을 억제한다. 세포 주기의 모든 단계에 작용한다.	독작용 : 오심, 수분 정체, 감정 변화, 체중 증가
Antihormones (CCNS) 항호르몬제제	• Tamoxifen citrate • Aminoqlutethinide • Hydroxyurea • L-Asparaqinase	세포 주기의 모든 단계에 작용한다. 필수 아미노산을 차단한다.	• 독작용 : 홍조, 오심, 구토, 식욕부진, mineralocorticoid 교체 요구 • 독작용 : 골수 저하, 오심, 구토, 식욕부진, 가끔 원형탈모증, 피부변화 • 독작용 : 과민반응 상승, 간기능 수치의 상승, 오심, 구토, 권태 • monoamine oxidase 억제, tyramine이 많은 음식을 제한
기타약물 (CCS)	Procarbazine	RNA, DNA, 단백질 합성을 방해한다.	독작용 : 골수 저하, 권태, 오심, 구토

PLUS

화학요법 부작용에 대한 간호진단과 간호중재

【위장관계】

(1) 오심, 구토와 관련된 영양결핍
① 오심, 구토의 정도(빈도 양상)와 영양 상태에 미치는 영향을 사정하고 수분・전해질을 측정한다.
② 섭생법에 대한 설명을 한다.
- 치료에 앞서 영양 식이를 권장하며 오심이 있을 때는 마른 크래커를 먹인다.
- 음식은 뜨겁거나 찬 것보다는 미지근한 온도의 것이 좋으며 기호에 따라 소량씩 자주 먹도록 한다.
- 기분 전환을 위해 방문객이 도움이 되기도 한다.
- 금기 사항이 아니라면 경구 항암요법제는 취침 전에 투여한다. 처방에 따라 진토제(antiemetics)를 투여하기도 하며 이는 치료 24시간 전에 투여한다.

(2) 식욕부진과 관련된 영양결핍
① 기호에 맞도록 식습관을 결정한다.
② 개인의 영양상태를 유지・증진시킨다.
- 기호에 맞는 음식으로 소량씩 자주 먹도록 한다.
- 필요하다면 보충 식이에 관하여 영양사와 상의한다.

(3) 이미각증과 관련된 영양결핍
① 식욕과 영양에 영향을 줄 수 있는 미각의 변화를 사정한다.
② 약 냄새를 느낀다면 화학요법제를 주입한 동안 마른 과자나 딱딱한 사탕을 먹도록 한다. 경우에 따라서 고기 종류를 못 먹는 사람들은 닭고기, 생선, 계란, 치즈 등을 육류 대신에 권장한다.

(4) 설사와 관련된 신체 수분과 전해질의 결핍
① 탈수와 전해질 불균형 증상과 증후를 관찰한다.
- 전해질 검사 결과에 주의를 기울인다.
② 체중과 섭취량/배설량을 매일 기록한다.
- 설사의 횟수를 줄이기 위해 저잔여 식이를 제공하며 처방에 따라 지사제를 투여한다.

(5) 설사와 관련된 불편감
① 항문 주위의 피부자극 상태를 사정한다.
- 탈수의 증상과 증후를 관찰한다.
② 항문 주위의 피부를 청결하게 유지하고 안위 도모를 위하여 좌욕을 권장한다. 필요하다면 처방에 따라 윤활 연고와 마취 연고를 바르도록 한다.

(6) 설사와 관련된 배변 이상
① 배설 형태를 사정한다. 식이를 평가하고 전해질 검사 결과에 주의를 기울인다.
② 저잔류 식이가 도움이 된다는 것을 알리고 섭취하도록 한다.
- 배변횟수와 경도를 기록한다. 처방에 따라 지사제를 투여한다.

(7) 변비와 관련된 배변 이상
① 배설의 유형을 사정하고 식이를 평가하며 철분제제의 사용 여부를 알아본다.
② 금기 사항이 아니라면 섬유질과 수분 섭취를 증가시키고 배설물의 색・경도・시간을 기록한다.
- 금기 사항이 아니라면 관장이나 처방에 따라 윤활제나 대변 완화제를 투여한다.

【피부계】

(1) 불편감, 피부염과 관련된 통증

① 주사 부위에 피부색의 변화를 관찰한다.

• 소양증 · 두드러기 · 전신적인 증상을 관찰한다.

② 필요하다면 보습작용이 있는 로션으로 피부간호를 해준다.

• 피부에 따듯한 팩을 제공하며 차거나 뜨거운 것은 피한다.

(2) 불편감, 구내염과 관련된 통증

① 최소한 1일 2회 구강 내를 관찰하고, 진통제의 필요성을 사정한다.

② 매 2~3시간마다 구강간호를 한다. 따뜻한 소금물(물 1L : 1t의 소금)로 함수한다.

• 부드러운 칫솔이나 스펀지를 사용하고 너무 뜨겁거나 찬 음식, 향신료나 탄산음료는 피하고 술과 담배는 금한다.

• 다양한 식이를 제공하고 영양식을 하도록 하며 입술에는 연고를 발라 준다.

(3) 안위의 변화, 항문 주위의 외음부 궤양과 관련된 통증

① 질, 항문의 입구를 사정한다.

② 합성섬유보다는 면으로 된 옷을 입도록 권장하며 바셀린이나 윤활 연고, 보습작용이 있는 크림을 사용하고 처방된 국소마취제를 사용한다.

(4) 탈모증과 관련된 자아개념 손상

① 탈모증에 대한 환자의 이해 정도를 사정한다.

② 치료 전 탈모증에 대한 정보를 제공하며 머리는 또 다시 자란다는 확신을 준다. 가발, 머플러, 모자, 모조눈썹을 이용할 수 있도록 해준다. 머리는 자주 감지 않도록 하고 긴 머리는 자른다. 부드러운 빗을 사용하되 자주 빗지는 않도록 한다. 신체상(body image)의 변화에 대한 감정 표현을 하도록 격려한다.

(5) 피부색소 침착과 관련된 자아개념 손상

① 피부색소 침착에 대한 이해도를 사정한다.

② 피부색소 침착이 일시적인 것을 알리고 햇볕에 노출되지 않도록 하며 자신의 감정을 표현하도록 도와준다.

(6) 손톱 변화와 관련된 자아개념 손상

① 손톱 변화에 대한 개인의 이해를 사정한다(검게 되거나 횡적인 줄이 생긴다).

② 항암제 사용이 중지되면 정상적으로 새로운 손톱이 자란다고 안심시킨다.

【조혈계】

(1) 빈혈과 관련된 자가간호 부족

① 치료를 받는 동안 적어도 1주일에 한 번은 적혈구 검사를 한다, 창백, 현기증, 빠른 맥박, 이명, 협심증 등을 관찰한다. 소변, 대변, 구토물에서 출혈이 있는지 관찰한다.

② 고단백 식이를 섭취하면 적혈구 생성을 증가시킬 수 있다. 좋은 영양습관을 갖도록 한다. 금기증이 되지 않는 한 미네랄이 함유된 종합비타민은 도움이 될 수 있다. 필요하다면 자가간호에 도움을 준다. 자주 휴식시간을 갖도록 한다.

(2) 피부변화 : 빈혈과 관련된 조직의 변화

① 혈압을 측정한다.

② 피부손상을 예방하거나 치료한다.

(3) 호중구 감소와 관련된 잠재적 감염
① 활력증상, 흉부 X-선 촬영, 혈액검사를 한다.
• 감염 증상이 감춰질 수 있는 prednisone과 같은 약을 사용하는지 관찰한다.
② 감기, 수두, 대상포진, 홍역, 개방창과 같은 감염자와의 접촉을 피한다. 위생을 지킨다. 특히 간호자와 호중구 감소자들은 자주 손을 씻도록 한다. 직장의 농양이 생길 우려가 있으므로 직장으로 체온을 재거나 완화제를 주입하는 것은 피한다. 열이 감춰질 수 있으므로 아스피린이나 acetaminophen의 무분별한 사용을 조심한다.
• 고열량 · 고단백 식이를 권장한다.
• 처방에 따라 혈액, 객담, 소변 배양을 한다.

(4) 혈소판감소증과 관련된 사고 위험
① 피부, 입안, 대변, 소변, 구토물, 객담과 비분비물을 확인하여 출혈의 증상을 관찰한다.
• 점상 출혈이 있는지, 특히 하지를 관찰한다.
② 안전한 환경을 지킨다.
• 외상, 근육주사, 정맥천자를 피한다. 면도 시에는 전기면도기만을 사용한다. 부드러운 칫솔을 사용한다.
• 뜨거운 목욕이나 태양을 피한다. 아스피린, 알코올, 기침약과 같은 혈소판의 기능을 손상시키는 약을 피한다.
• 지혈시킬 때는 보다 더 긴 시간 동안 상처에 직접적인 압력을 가한다.

【비뇨기계】

(1) 출혈성 방광염과 관련된 배뇨 이상
① 혈뇨, 배뇨곤란, 긴급뇨(urinary urgency) 등이 있는지 확인한다.
② 배뇨 시 작열감, 혈뇨에 대한 증상에 대해 가르친다. 처방에 따라 소변의 검사를 한다. 예방적 방법으로 치료 전이나 치료 중의 수분 섭취는 하루에 2L까지 증가시킨다.

(2) 소변 색깔의 변화와 관련된 불안
약을 주사한 후에 24시간 동안 소변 색깔이 간혹 변할 수 있다는 것을 알려준다.

(3) 신기능 손상과 관련된 감지장애
① BUN과 CCR(Creatine Clearance Rate)검사를 한다. 산성인지 알칼리성인지 알기 위해 소변의 pH를 검사한다. 진통제나 진정제 사용의 필요가 있는지 조사한다.
② 섭취/배설량을 기록한다. 금기가 아니면 수분 섭취량을 증가시킨다.

【간장계】

(1) 불편감 : 간비대와 관련된 통증
① 황달, 기면상태, 허약, 간 주위의 통증이나 압통과 같은 증상이 있는지 관찰한다.
• 간 기능 검사를 한다.
• 소변의 빌리루빈을 검사한다.
② 보조적인 치료를 제공한다.

(2) 소양증과 관련된 불편감
① 소양증을 사정한다.
② 미온수 목욕, 완화로션의 사용을 권한다.

【생식기계】

⑴ 무월경과 관련된 성기능장애와 자아개념 손상

① 성적 기능장애를 사정한다.

② 월경은 보통 화학 요법 치료를 중단한 후에는 정상이 된다는 것을 이야기하여 안심시킨다. 피임을 계속 한다. 피임을 중단한다면 Pap smear에서 위양성(false positive)으로 나올 수도 있다. 염려되는 것을 이야기할 수 있도록 격려한다. 안드로겐이나 에스트로겐을 투여 받는다면 리비도의 변화에 대해 이야기한다. 의논할 때 상대방을 참석시킨다.

③ 필요하다면 성적 기능장애 클리닉의 도움을 청한다.

⑵ 정자형성 감소와 성기능장애와 자아개념 손상

① 성적 기능장애를 사정한다.

② 불임이 생길 수 있으므로 치료 전에 정자은행에 대해 의논한다. 발기부전과는 관련이 없다는 것을 이야기해 안심시킨다. 안드로겐이나 에스트로겐을 투여 받는다면 리비도의 변화에 대해 이야기한다. 걱정되는 것을 이야기할 수 있도록 격려한다. 의논할 때 상대방을 참석시킨다.

③ 필요하다면 성적 장애 클리닉의 도움을 청한다.

【신경계】

⑴ 감지장애, 지각 이상과 관련된 운동장애

① 치료 이전에 신경 상태를 사정한다. 사지가 얼얼하거나 무딘 증상이 있다면 이 증상이 나타난 시기나 심한 정도를 알아본다. 운동 능력의 상실이나 다리 경련, 심부건 반사의 감소 등이 있는지 관찰한다.

② 보통은 약물치료 4~6주 후에 신경계 증상이 사라진다는 것을 알려 주어 안심시킨다.

⑵ 뇌기능 저하와 관련된 신체적 운동장애

① 기본적인 신경계 사정을 한다. 걸음걸이 반사와 평형을 관찰한다.

② 워커, 지팡이 등과 같은 보행용 보조 장치를 제공한다. 안전사고 예방에 대해 가르친다.

【심폐계】

⑴ 심박출량 감소 : 암제의 심장 독성과 관련된 심박출량 감소

① 약투여 전에 심전도, 심장과 폐청진, 체중 측정과 같은 기본적 자료를 수집한다.

② 빈맥, 심전도의 변화, 좌심부전 등이 나타나는지 관찰한다. 폐독성으로 인한 호흡부전과 부적절한 기도유지를 관찰한다.

③ 운동 시 호흡곤란, 짧은 호흡, 청색증, 악설음(rale), 천식음(wheezing)과 같은 증상의 발현을 관찰한다. 폐기능 검사와 lung sound를 측정한다.

④ 체위배액, 복식호흡 방법과 같은 호흡조정을 가르친다.

【감각계】

⑴ 광감수성과 관련된 시각 감지장애

① 광감수성(photosensitivity)이 일어나는지 관찰한다.

② 밝은 햇빛에서는 선글라스를 착용하도록 한다.

⑵ 귀(이)독소로 인한 청각 감지장애

① 치료 전에 청력 검사를 하고 처방에 따라 반복해서 한다. 이명이 있는지 조사하는데 이명은 귀에 대한 독성의 첫 번째로 나타나는 증상일 수 있다.

② 첫 번째 증상이 나타났을 때 투약이 중단된다면 청력 상실은 다시 회복될 수 있다.

PLUS

방사선 치료와 부작용에 대한 간호진단과 간호중재 [2012 기출]

【피부반응】

(1) 방사선 치료로 초래될 수 있는 부작용이다.
(2) 즉각적인 피부반응
① 1단계 : 홍반, 2단계 : 건성박리, 3단계 : 습성관리
② 지연된 피부반응(드물다) : 좀 더 심한 반응은 방사선 치료 후 몇 달이나 몇 년 후에 나타난다. 표피층의 위축이나 주름 형성, 모세관 확장증(혈관 손상으로 인한 모세혈관의 확장), 탈색, 피하층의 섬유화, 피부암, 괴사와 궤양성 병변 등이 초래될 수 있다.
(3) 피부 부작용은 회복될 수 있으며 천천히 치유된다.
(4) 간호진단 : 방사선 조사와 관련된 피부 통합성 장애
(5) 간호중재
① 매일 방사선 조사부위를 관찰한다. 발적이나 박리가 나타나면 즉시 방사선 치료사에게 알린다.
② 피부간호지침에 대한 교육제공
- 치료부위를 건조하게 유지한다. 지시가 있을 때까지 씻지 않는다.
- 치료부위를 물로만 닦으며, 비누는 사용하지 않는다. 물기를 말릴 때는 피부를 가볍게 두드리며, 문지르는 일은 피한다.
- 피부에 표시된 선은 지우지 않는다.
- 방사선 치료사에 의해 처방되지 않는 한 치료부위에 연고나 파우더, 로션, 알코올 등 사용 금지
- 치료받은 후에는 그 부위에 열을 적용하지 않는다. 피부는 수년동안 열이나 햇빛에 민감하게 된다.
- 치료부위에 직접적인 태양광선, 실내수영장, 더운 물주머니, 전기패드는 피한다.
- 전기면도기를 사용하여 면도를 한다. 피부가 붉거나 아프다면 그 부분을 면도하는 일은 피해야 한다.
- 피부에 자극을 주거나 마찰을 일으키는 의복을 피하고 부드러운 면직물이 가장 좋다.

【감염】

(1) 골수와 림프조직은 방사선에 매우 민감하다.
(2) 골수기능이 억제되고 백혈구가 손상된다.
(3) 간호진단 : 골수기능 억제와 관련된 감염 위험성
(4) 간호중재
① 혈구 수를 매주 관찰한다.
② 손을 자주 씻고 좋은 영양과 위생을 유지하고 휴식하는 습관을 갖도록 하여 감염을 피하도록 한다.
③ 감염증상이 있을 때 의사에게 보고하도록 교육한다.

【출혈】

(1) 혈소판은 방사선에 의해 쉽게 손상을 받는다.
(2) 혈소판이 100,000 이하이면 주의해서 관찰하여야 한다.
(3) 간호진단 : 골수기능 억제와 관련된 출혈의 가능성
(4) 간호중재
① 혈소판 수를 매주 관찰한다.
② 혈소판 수가 낮을 때는 외상과 아스피린 제제 등의 사용을 금하도록 교육한다.
③ 출혈의 증상이 있을 때 의사에게 보고하고 출혈이 멈출 때까지 주사부위를 눌러 준다.

【구강 내 점막 변화】

(1) 머리나 목 부위의 방사선 치료는 구강점막 내에 고통스러운 궤양을 일으킬 수 있다.
(2) 방사선 조사는 때때로 미각의 변화를 유발시키기도 한다.
(3) 침 분비는 줄어들고 산도는 증가하며 세포의 손상은 치아에 문제를 초래하기도 한다.
(4) 간호진단: 방사선 조사와 관련된 구강 내 점막 변화
(5) 간호중재
  ① 구강을 매일 관찰한다. 발적이나 박리가 나타나면 방사선 치료사에게 알린다.
  ② 식사 전에 의사가 처방한 리도카인이나 진통제를 투여한다.
  ③ 부드러운 음식을 제공하며 흡연·음주는 금한다.
  ④ 수분 섭취를 격려한다.
  ⑤ 구강위생을 청결히 하며 깨어 있는 동안 매 시간 소금물로 함수한다.
  ⑥ 인공타액을 사용한다.
  ⑦ 침 분비를 증가시키기 위해 박하나 설탕 없는 레몬 사탕을 제공한다.
  ⑧ 너무 건조하거나 진한 음식은 피한다.

【탈모】

(1) 완쾌 후 머리는 다시 난다.
(2) 간호진단: 탈모증과 관련된 자아개념의 손상
(3) 간호중재
  ① 감정을 말로 표현하도록 한다.
  ② 가발, 스카프, 모자를 사용하도록 제안한다.
  ③ 머리간호를 교육한다. 머리 빗는 일과 감는 횟수를 줄이도록 한다.

7 암 환자의 응급상황과 간호

(1) 대사장애로 인한 문제

구분	내용
산재성 혈관 내 응고증	• 증상: 출혈과 응고 • 치료와 간호: 자극요인 제거, 지지적 방법(수혈)
고칼슘혈증	• 증상: 기면, 정신상태의 변화, 오심, 구토, 신경성 식욕부진, 다음, 변비 • 치료와 간호: 수분공급, 칼슘의 배설을 위한 배뇨, 비스포스포네이트(파골세포의 활동억제), 운동 증가
악성 흉막삼출액	• 증상: 휴식이나 활동 시 호흡곤란, 객담이 적은 기침, 흉통, 불안, 체중 감소, 질식에 대한 두려움, 불안 • 치료와 간호: 원발성 종양을 겨냥한 방사선 화학요법, 배액을 위한 흉관삽입, 흉막유착술
패혈증	• 증상: 열, 오한, 혈압변화, 호흡수 증가, 의식저하 • 치료와 간호: 쇼크치료, 감염관리 수행, 집중치료실에서 혈역학적 감시, 항생제 치료

항이뇨호르몬 부적절 분비 증후군 (SIADH)	• 증상: 저나트륨혈증, 혈장삼투압 감소, 수분보유, 소변삼투압 증가, 정상혈압 • 치료와 간호: 기본원인 치료, 수분제한, 배뇨치료
종양용해증후군	신장(산증), 전해질(고요산혈증, 고칼륨혈증), 심장, 신경합병증을 일으키는 악성종양의 급속한 용해 • 증상: 오심, 구토, 부종, 핍뇨, 무뇨, 옆구리통증, 혈뇨, 고요산혈증, 고칼륨혈증, 부정맥, 기면, 근육의 경련과 쇠약 • 치료와 간호: 예방이 중요, 치료 전에 수분공급, 약물치료, 장기부전예방을 위한 지지적 치료
과민반응 (아나필락시스)	• 증상: 특정한 약물 주입 후 수분 내 발생, 호흡곤란, 불안, 저혈압, 후두부종과 경련 • 치료 및 간호: 예방이 중요, 주입 동안 주의깊게 감시, 응급처치 약물 투여

(2) 폐쇄로 인한 문제

두개강내압 증가	• 증상: 두개강내압 증상과 징후 증가 • 치료와 간호: 투약, 뇌척수액을 배출시키는 수술, 종양의 크기를 줄이는 방사선 치료와 항암화학요법
척추압박	척추골전이로 인한 경막외 공간 침범 • 증상: 압박받는 척추주변에만 특이적임 • 치료와 간호: 약물치료, 종양의 크기를 줄이는 방사선 치료, 뼈가 불안정할 때 수술
상대정맥 증후군	상대정맥 혈류폐쇄로 발생한 흉강 내 구조의 압축, 혈관울혈 및 정맥고혈압 • 증상: 호흡곤란, 기침, 머리가 꽉 찬 느낌, 흉통 • 치료와 간호: 약물치료(섬유소 용해제), 종양 크기를 줄이는 방사선 치료, 항암화학요법, 수술(스텐트나 우회술)
심장압전	심낭삼출액 증가에 의한 심근압박 • 증상: 호흡곤란, 흉통, 심계항진, 기침 • 치료와 간호: 약물치료, 심낭천자

출제경향 및 유형

1992학년도	충수염, 비타민 용도
1993학년도	
1994학년도	단백질 결핍 증상
1995학년도	소화효소, 구내염
1996학년도	충수염, 췌장의 외분비선, B형 만성간염
1997학년도	
1998학년도	식이문제를 지닌 학생의 식사지도
1999학년도	B형간염 고위험군(지방)
후 1999학년도	
2000학년도	복통의 신체사정(assessment)방법 5가지, 복통 완화를 위해 실시할 수 있는 간호중재
2001학년도	
2002학년도	
2003학년도	
2004학년도	
2005학년도	지방간을 조절하기 위한 자가관리방법
2006학년도	복막염이라고 의심할 수 있는 특징적인 증상, 치질의 원인과 내과적 중재
2007학년도	과민성 대장 증후군의 예방법
2008학년도	
2009학년도	간경변증
2010학년도	간경변증 병태생리, A형간염
2011학년도	소화성 궤양, 충수염 증상, 섭식장애
2012학년도	
2013학년도	장루술, B형간염
2014학년도	
2015학년도	A형간염의 혈청학적 임상 경과와 주요 전파경로
2016학년도	
2017학년도	신경성 식욕부진증, 덤핑신드롬
2018학년도	
2019학년도	역류성 식도염(약물요법, 비만이 미치는 영향)
2020학년도	
2021학년도	맥버니점(McBurney's point)위치, 충수염 간호(관장 금함)
2022학년도	간성뇌병증(락툴로오스, 네오마이신)
2023학년도	복막염 청진 · 촉진, 헬리코박터균 위산 생존 이유

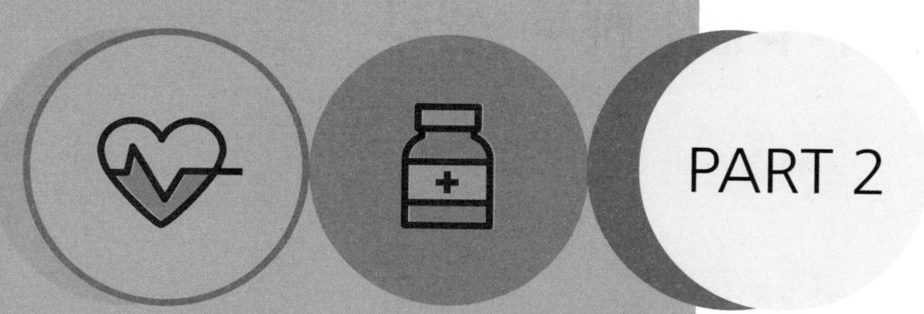

소화기계 건강문제와 간호

Chapter

01 소화기계의 해부 생리

1 소화관의 운동

외재성	◯ 자율신경에 의한 운동 • 교감신경(아드레날린): 수축 억제, 운동 감소 • 부교감신경: 소화기관의 분배기능 항진
내재성	◯ 소화관 자체의 특수신경총(automaticity, 자동성) 보유 • 근육층: 소화관 운동 조절

2 구강과 식도

구강	• 저작: 제5뇌신경을 통한 반사작용에 의함 • 타액분비(1~1.5L/일) • 탄수화물 소화 시작: ptyalin(amylase)효소가 전분을 maltase로 분해하여 음식물이 위액과 섞이도록 함 • 음식을 식괴(bolus)로 만들어 부드럽게 함
식도 (esophagus)	• 식도는 흉부와 횡격막을 지나 내려와 식도의 분문부로 들어감 • 식도 중간부위의 근육층에는 점액을 분비하는 샘이 있어서 음식물을 부드럽게 해줌 • 식도에는 상부식도괄약근과 하부식도괄약근(Lower Esophageal Sphincter; LES)이 있음 LES는 연하, 트림, 구토를 할 때를 제외하고는 수축상태에 있으므로 산성유미즙이 식도로 역류하여 식도 점막을 손상시키는 것을 방지함 • 식도의 연동운동의 파동은 설인신경의 불수의적 반사에 의하고, 식도하부의 이완과 동시에 이차적인 연동운동이 발생함

3 위(stomach)

(1) 위 구조와 기능

위치	• 상복부 좌측, 늑골 바로 밑에 위치 • 위의 길이는 약 10인치(25cm)로 용적이 1.5L이며 약 4L의 음식과 수분을 보유할 수 있을 만큼 확장 가능한 팽창성 기관 • 분문괄약근(위의 입구), 위저부, 위체, 위동, 유문괄약근으로 구성 • 위의 안쪽은 원주상피세포와 점액생산세포로 구성되어 있음. 위분비샘과 연결된 내막의 수많은 구멍은 매일 4~5L의 위액을 생산할 수 있음 • 위는 음식을 저장하고 기계적으로 잘게 부수며 단백질 소화를 시작하고 음식을 위액과 섞어 유즙이라 불리는 진한 액체로 만듦	
위벽	두 근육층 사이의 내원성 신경총과 점막밑층의 내원성 신경총(meisner's nerve plexus)은 부교감신경인 미주신경에 의해 영향을 받아 근육운동과 점액분비를 조절함	
	점막층	위액 분비
	점막하층	혈관/임파관/신경 분포
	근육층	연동운동
	장막층	외층, 내장 쪽 복막

(2) 위의 분비

위의 외분비샘	위 내강(몸의 외부)으로 분비		
	점액(경)세포 (배상세포)	점액(mucos) 분비	• 위벽보호(자가소화억제) • 기계적, 펩신, 산에 의한 손상으로부터 보호
		bicarbonate	알칼리성 점액 분비로 산이나 염기완충
	주세포 (chief cell)	펩시노겐 분비	벽세포의 염산(HCL)에 의해 활성화 → 펩신으로 변해 단백 소화 시작
		펩신기능	• 음식을 반유동식의 유미즙(음식물이 위액과 섞임)으로 분해 • 강산(pH 1.8~3.5)에서 활성화되어 단백 분해(단백 분해 작용이 점막을 공격)
	벽세포 (parietal cell)	벽세포에는 Ach수용체, histamine수용체, gastrin수용체가 있어 Ach, histamine, gastrin이 수용체와 결합하여 양성자 펌프를 활성화 → 염산 분비 자극	

		염산(위산, HCL) 분비	• ach,가스트린, 히스타민에 의해 분비촉진 • 펩시노겐을 펩신으로 활성화 • 위액의 pH를 강산으로 만듦 → 단백질변성 → 음식 소독(미생물 죽임)
		내인자	• 비타민B_{12} 운반체 • 비타민B_{12}와 결합하여 회장말단에서 흡수 • 내인성 인자 부족 시 비타민B_{12} 결핍에 의해 악성 빈혈 초래
위의 내분비세포	ECL	• enterochromaffin-like cell(장 크롬친화세포) • 히스타민 분비	
	G세포 : 위산 분비 촉진	가스트린 분비 → 위산 분비 촉진 → 십이지장의 세크레틴분비억제	
	D세포 : 위산 분비 억제	소마토스타틴 분비	

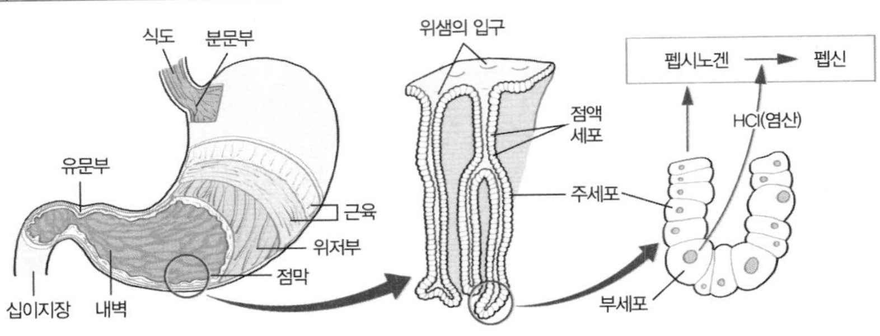

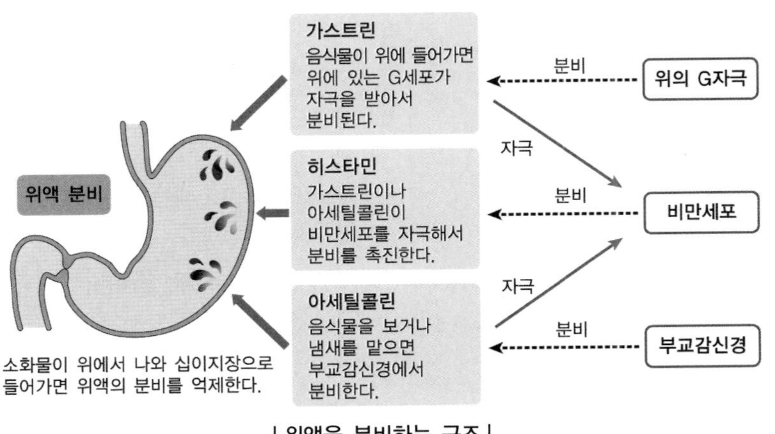

| 위액을 분비하는 구조 |

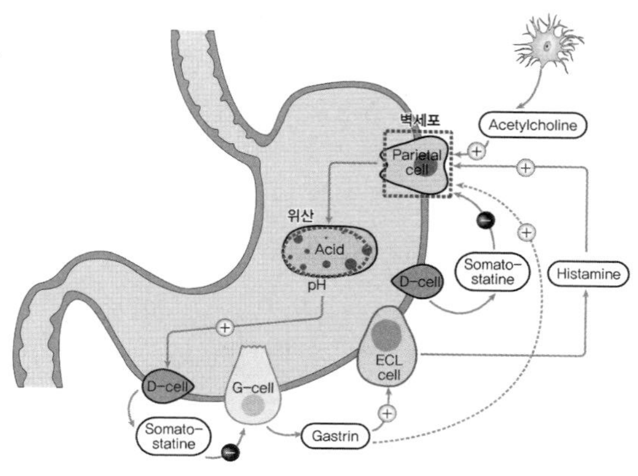

(3) 위액 분비에 영향을 주는 4가지 전달물질: Ach, 가스트린, 히스타민, 미주신경

분비 증가 (흥분)	Ach, 가스트린, 히스타민, 미주신경(제10뇌신경)
분비 감소 (억제)	• 소마토스타틴 • 지방음식 • 호르몬: NE, enterogastrone, GIP, somatostatin, secretin, Cholecystokinin(CCK) 호르몬
아세틸콜린 (Ach)	미주신경 자극이나 짧은 반사작용에 의해 내인성 신경총에서 분비되는 신경전달 물질 → G세포, ECL 세포, 벽세포, 주세포 자극
가스트린 [국시 2004]	• 벽세포, ECL 세포 자극하여 염산 분비 촉진 • 고칼슘혈증 시 가스트린 분비 자극 → 위액 분비 증가 → 병적 진행시 소화성 궤양, 복통, 위장계 출혈
히스타민	주위의 벽세포를 자극하여 염산 분비 촉진, 아세틸콜린과 가스트린의 작용 증가시킴
소마토스타틴	산에 반응하는 D세포에서 분비, G세포, ECL 벽세포의 분비 억제
vs 췌장효소 분비↑	gastrin, secretin, Cholecystokinin(CCK)

(4) 위액 분비 조절 3단계: 뇌상, 위상, 장상에 의해 조절

뇌상	미주신경	• 뇌에서 미주신경 자극 • 냄새나 맛·시각 → 미주신경 → 위벽 자극 → 위액 분비 촉진, 음식물 위벽 자극 → 감각신경 → 위액 분비 • 부교감신경은 펩신과 염산 분비 촉진
위상	가스트린	• 음식물이 유문 도달 시 가스트린 분비 • 음식물의 위벽 자극 → 위벽세포에서 가스트린 분비 → 혈액 통해 순환 → 위액 분비

장상	호르몬기전 (세크레틴 → 췌장액 → CCK)	• 음식물이 십이지장 이동 시 세크레틴 분비 • 산성음식물이 십이지장벽 자극 → 십이지장점막에서 세크레틴 분비 → 혈관 이동 → 세크레틴이 췌장으로 들어감 → 췌장액(탄산수소나트륨 포함)을 십이지장으로 분비 • 음식물이 십이지장벽 자극 → 십이지장벽에서 콜레시스토키닌 분비 → 혈액 통해 순환 → 담즙, 췌장효소, 소장효소를 십이지장으로 분비

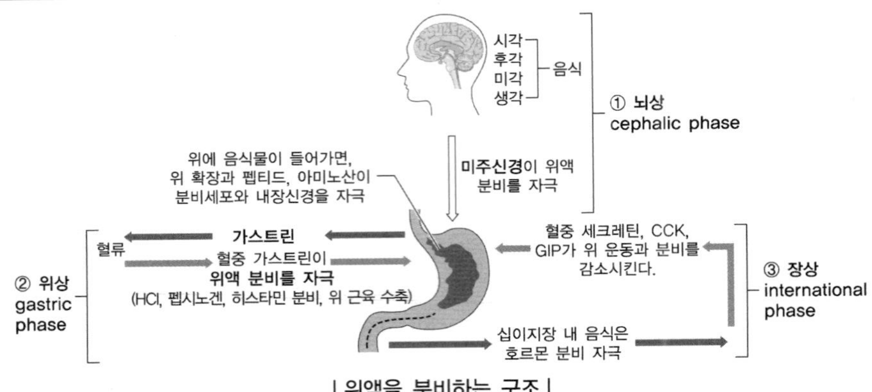

| 위액을 분비하는 구조 |

(5) 위산 분비기전 [국시 2004]

위산 분비 항진 (가스트린 주체의 소화액 분비기전)	• 음식물이 위에 들어옴 • 유문 전정부에서 G세포가 가스트린을 혈관 내로 분비 • 가스트린이 각 분비세포를 자극 • 벽세포는 염산을 분비 • 위산 분비가 항진되어 위의 움직임이 활발해짐
위산 분비 억제 (세크레틴 주체의 소화액 분비기전)	• 음식물이 십이지장에 들어옴 • S세포가 세크레틴을 혈관으로 분비 • 세크레틴이 G세포, 벽세포의 작용을 억제 → 위산 분비 억제 • 위선에서 주세포는 펩시노겐을 분비 → 염산과 만나면 펩신이 됨 • 췌관 상피세포를 자극 → 물과 중탄산염 분비 항진 • 상부 소장에서 위억제 펩티드(GIP)를 혈관 내로 분비 → 위산, 펩시노겐, 장액 분비 억제

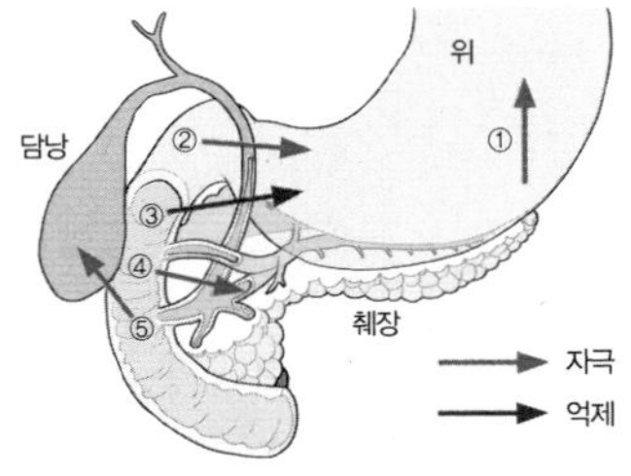

위십이지장 내분비호르몬
① 가스트린(자극)
② 모틸린
③ 위억제 펩티드(Gastric Inhibitory Polypeptide; GIP) 억제
④ 세크레틴(자극)
⑤ 콜레시스토키닌(자극)

(6) 위점막 방어벽

위 점액	위점막 표면은 점액세포와 표면상피세포에서 나온 점액에 의해 물리적 손상, 자가소화, 산에 의한 손상으로부터 보호됨 🚨 위산은 금속도 녹일 수 있음 • 위점막 벽세포는 H^+ 투과 불가 • 세포들 사이는 비투과성 접합 • 점막 코팅이 산 투과의 물리적 장벽이 됨 • HCO_3^-가 풍부한 점액은 점막 주위의 산을 중화시켜 화학적 장벽으로 작용 → 내강의 산도가 2라도 점액의 산도는 7임

(7) 위장관 호르몬

호르몬	근원(분비장소/작용부위)	효과
가스트린 (gastrin)	• 펩타이드가 있을 때 위점막에서 분비 • 주세포와 십이지장점막에서 분비	• 위장운동과 위산 분비 촉진 • HCL, pepsin, 췌장효소 분비
세크레틴 (secretin)	위산이 있을 때 십이지장점막에서 분비	gastrin분비를 감소시켜 위산 분비와 위장운동 억제해 위산 중화, 췌장액과 간에서 담즙분비촉진, CCK분비 자극
enterogastrone	소장상부에서 분비	• 위산 및 펩신 분비억제 • 장액분비 억제
콜레시스토키닌 (cholecystokinin, CCK)	아미노산과 지방산이 있을 때 십이지장에서 분비	• 췌장효소와 담낭에서 담즙 분비 촉진, 위배출 시간 억제 • secretin의 분비 촉진
Histamine	위에 작용	• 위산 생성 증가 • 위장 운동 증가 • 인슐린, 글루카곤 억제
위억제 펩티드 (GIP)	• 십이지장, 공장 내 포도당, 지방산 • 위 내 음식물	• 위산 분비와 위 운동 억제 • 췌장에서 인슐린 분비 자극
인슐린과 호르몬	• GIP는 인슐린 분비를 자극함 • histamine(글루카곤↓)은 인슐린 분비를 억제함	

(8) 위에서의 소화

탄수화물	침의 아밀라아제가 산에 의해 불활성화되기 전까지 위체부에서 소화
단백질 소화	음식물이 위산 및 펩신과 완전히 혼합되는 유문동에서 시작

(9) 위에서의 흡수

구분	내용
음식과 수분	음식과 수분은 위점막을 통해 혈액으로 흡수되지 않는다.
알콜	알코올은 위 상피세포를 통해 혈액으로 확산 되어 들어갈 수 있다(지질용해성).
아스피린	아스피린과 같은 약산도 위 내의 강산에 의해 전하를 빼앗겨 비이온화 상태가 되고, 지질용해성이 되어 상피세포를 통해 확산 흡수된다.
지방	지방은 위운동을 억제하는 가장 강력한 인자 → 알코올을 섭취하는 동안이나 그 이전에 지방이 풍부한 음식을 섭취하면 위배출이 늦어지고 알코올의 작용이 빨리 나타나는 것을 억제한다.

4 작은창자(small intestine)

구분		내용
구조와 기능	약 7m 길이의 근관으로 십이지장(duodenum 25cm, 위의 유문판에서 공장으로 연결) 공장(jejunum, 2.5m), 회장(ileum, 3.6m)의 세 부분으로 되어 있고, 회장맹장 판막에 의해 큰창자와 구분	
	십이지장 (duodenum)	• 유문에서 공장까지 25cm 의 관상기관, C자 모양 • Oddi's sphincter : 간과 췌장에서 분비된 담즙과 췌장액을 전달하는 관의 개구부를 조여 주는 근육
	공장 (jejunum)	소장의 중간부위 약 2.5cm, 포도당, 수용성 비타민 흡수
	회장 (ileum)	• 소장의 마지막 3.6m, • 담즙산염 흡수, 비타민B_{12} 흡수
소장벽	• 소장벽은 점막, 점막하, 근육, 장막의 4층으로 구분 • 소장벽은 기계적 자극, 호르몬, 미주신경 등에 의해 점액, 소화액, 호르몬 등을 하루 2L 정도 분비	
장운동	• 교감신경이 자극되면 작은창자의 운동 억제 • 부교감신경이 자극되면 장의 긴장력과 운동성 증가 • 소장에서 3~10시간 머무름, 연동운동, 분절운동, 혼합운동	
	연동운동	환상근의 수축과 이완
	분절운동	• 소화효소와 장 내용물과의 접촉을 증가시키고 흡수를 위해 융모접촉 증가 • 음식물의 영양분을 분해하여 흡수 가능한 형태로 만드는 소화작용
점막	점막에는 많은 주름이 있고, 이 주름의 표면에 융모가 있으며 그 속에 모세혈관과 임파관인 유미관이 분포	

소화효소 분비	당 분해	호당(dextrinase), 유당(lactase), 자당(sucrase), 맥아당(maltase)
	단백 분해	peptidase
	지방 분해	lipase
	소장액	pH 7.0~8.0의 약알칼리성, 하루 1,500~3,000㎖ 분비
흡수	융모 속 모세혈관	아미노산, 단당류, 수용성 비타민 흡수
	유미관	지방산, glycerol, 지용성 비타민 흡수
	확산과 능동이동	탄수화물과 단백질은 나트륨과 함께 능동적 이동, 지방산은 확산, 대부분의 전해질은 능동적 이동에 의해 흡수, 수분은 삼투현상에 의해 확산

| 소화효소 |

효소		근원	활동과 생산물
탄수화물	ptyalin (타액 amylase)	이하선, 하악선	전분을 맥아당(maltose), maltotriose, 호당(dextrin)으로 분해
	pancreatic amylase	췌장	〃
	maltase	소장점막	맥아당과 maltotriose를 포도당(glucose)으로 분해
	dextrinase	소장점막	호당을 포도당으로 분해
	lactase	소장점막	유당(lactose)을 galactose와 포도당으로 분해
	sucrase	소장점막	자당(sucrose)을 포도당과 과당(fructose)으로 분해
단백질	pepsin Ⅰ, Ⅱ, Ⅲ	위벽의 주세포	단백질을 polypeptide로 분해
	enterokinase	십이지장점막	trypsin의 활성화
	trypsin	췌장	polypeptide chains의 분해
	peptidases	소장	polypeptide를 아미노산으로 분해
지방	gastric lipase (tributyrase)	위점막	유지방(butterfat)의 소화촉진
	pancreatic lipase	췌장	유화된 지방을 monoglyceride로 분해
	intestinal lipase	소장	중성지방을 glycerol과 지방산으로 분해

5 대장(large intestine)

<table>
<tr><td rowspan="4">구조</td><td colspan="2">대장의 길이는 약 1.5m이고 맹장(cecum), 결장(colon), 직장(rectum)으로 나뉨</td></tr>
<tr><td>맹장</td><td>첫 5~7cm, 회장맹장판막에서 회장과 연결, 맹장의 말단은 맹낭으로 충수가 붙어있음</td></tr>
<tr><td>결장</td><td>오름결장, 가로결장, 내림결장, S상결장으로 나뉨, 소장보다 지름이 크고 융모가 없으며 점액을 분비</td></tr>
<tr><td>직장과 항문</td><td>대장의 마지막 부분</td></tr>
<tr><td rowspan="3">점막</td><td>장막</td><td>대장을 싸고 있음</td></tr>
<tr><td>근육층</td><td>결장띠, 팽대</td></tr>
<tr><td>점막하층</td><td>점액 분비</td></tr>
<tr><td>기능</td><td colspan="2">• 대장에서는 점막을 보호하고 대장 내용물의 이송을 원활하게 하는 점액을 분비할 뿐 소화액은 분비하지 않음
• 수분, 염화물 및 나트륨을 흡수
• 대장 속에 있는 박테리아의 작용으로 가스를 형성
• 비타민B군, K 합성
– 장내 세균: 아미노산을 분해하여 암모니아 생성, 비타민 K, B군 합성
• 윤활제 역할을 하고 점막을 보호하는 점액 분비, 대장액은 pH 8.4의 점액이 풍부한 염기성 용액이지만, 소화효소는 포함되어 있지 않음
• 분변 형성하여 배변 시까지 저장
– 분변: 음식잔여물(섬유질), 소화효소, 죽은 세포, 담즙색소, 점액
• 대변 배출
– 배변반사: 직장이 팽만될 때</td></tr>
<tr><td>신경지배</td><td colspan="2">• 교감신경이 자극되면 연동운동은 감소되며 조임근의 긴장력은 증대됨
• 부교감신경이 자극되면 장의 긴장력은 증대되며 조임근의 긴장력은 약화됨</td></tr>
</table>

Chapter 02 소화기계 질환의 치료와 보건지도

01 구강 · 식도 · 위 · 십이지장질환

1 식도이완불능증

<table>
<tr><td>정의</td><td colspan="2">• 식도와 위 사이에 있는 식도괄약근은 식도를 감싸고 있으면서 위에 있는 음식물과 위산이 식도로 다시 올라오지 못하도록 하는 역할을 함
• 식도괄약근과 식도 하부 2/3에 있는 신경세포에 이상으로 식도의 연동 운동이 원활하지 못하고 식도에서 위로 음식물을 넘기기 어려운 상태를 의미</td></tr>
<tr><td>특징</td><td colspan="2">• 가족성향이 있고 만성적이며 원인불명
• 30~40대에 젊은 사람에게 많이 발생
• 남녀의 비율은 같음</td></tr>
<tr><td>원인</td><td colspan="2">• 식도이완불능증 환자는 식도 근육 수축을 조절하는 신경세포가 손상 · 소실되어 있으나 그 정확한 원인은 알지 못함
• 하부식도를 침범하는 위암이나 임파선암, 방사선 조사, 약물에 의해 발생하는 이차적인 식도이완불능증도 있음</td></tr>
<tr><td>병태생리</td><td colspan="2">하부식도 2/3~1/3 지점의 운동성 손상(신경세포의 손상)으로 하부식도의 협착과 하부식도 괄약근(조임근, LES)이 연하 시 정상적으로 이완하지 못하며 식도 하부에 음식물과 수분이 축적되고 근위 쪽이 확장됨</td></tr>
<tr><td rowspan="3">증상</td><td>연하 곤란</td><td>• 가장 흔한 증상은 물을 포함한 유동식이나 고형식의 연하(삼킴) 곤란 (천천히 먹거나 삼킨 후 목을 들거나 어깨를 뒤로 젖혀서 음식이 위로 넘어가도록 하기도 함)
• 연하(삼킴) 곤란은 서서히 시작하여 천천히 진행하기 때문에, 대부분의 사람들은 발병 초기에는 그냥 지내다가 증상이 심해진 뒤에 병원에 방문함</td></tr>
<tr><td>다른 증상</td><td>흉통, 소화되지 않은 음식물의 역류, 가슴앓이, 트림 장애, 인두 불쾌감, 딸꾹질, 연하통, 체중 감소 등</td></tr>
<tr><td colspan="2">정서적 스트레스, 과식 등으로 악화</td></tr>
<tr><td>합병증</td><td colspan="2">• 타액과 음식물이 기도로 넘어가 폐렴을 유발(흡인성 폐렴)
• 약 5%에서 식도암 동반
→ 정기적으로 내시경 검사와 치료를 받아야 함</td></tr>
</table>

<table>
<tr><td rowspan="2">진단검사</td><td>바륨연하검사
(식도조영술)</td><td>• 조영제(바륨)를 삼키고 X-ray 촬영하여 식도에서 위로 바륨이 잘 넘어가는지 확인하는 검사법
• 근위부가 식도 이완으로 확장되고 식도 하단이 새부리 모양</td></tr>
<tr><td>식도내압 측정 검사</td><td>➲ 식도이완불능증을 확진하는 방법
• 비강을 통해 위 내부에까지 가느다란 튜브를 삽입한 후, 물을 마시고 튜브를 천천히 빼면서 식도와 괄약근에서의 압력을 측정. 측정되는 압력의 양상으로 식도이완불능증 진단
• 하부식도 괄약근(LES)압력 상승
• 하부식도 괄약근의 불완전한 이완</td></tr>
<tr><td rowspan="2">치료</td><td>식도이완</td><td>• LES 압력 저하: 항콜린성 제제, 질산염(Nitrate), 칼슘길항제
• 칼슘 통로 차단제(칼슘길항제) [국시 2019]: Verapamil(isoptin)
– 하부식도 괄약근을 이완하고 하부식도 괄약근(LES)의 압력을 낮춤
• vs 역류성 식도염 악화: 항콜린제, 질산염, 칼슘길항제</td></tr>
<tr><td>수술</td><td>• 풍선확장술을 내시경검사 통해 시행
→ 하부식도 괄약근의 확장(식도 확장)
• 식도근절개술을 시행하여 좁아진 식도를 확장시킴</td></tr>
<tr><td rowspan="2">간호</td><td>권장</td><td>소량씩 잦은 식이, 충분히 씹기, 반고형 음식, 수면 시 침상 머리 부분 상승</td></tr>
<tr><td>제한</td><td>술·담배, 뜨겁고 찬 음식, 자극적인 음식, 꽉 조이는 옷</td></tr>
</table>

2 위식도 역류질환 [2019 기출]

(1) 개요

<table>
<tr><td>정의</td><td colspan="2">위 내용물이 식도로 역류하여 식도 점막이 위 내용물에 노출되어 식도 점막이 손상되고 염증이 생긴 상태</td></tr>
<tr><td rowspan="2">원인</td><td colspan="2">• 위식도 조임근의 압력대에 대한 신경 지배의 변화
• 위식도 연결 부위 각도의 위치 변경
• 하부식도 조임근의 무능력</td></tr>
<tr><td colspan="2">식도나 위 수술 후, 장기간의 위장관 삽관 후, 장기간의 구토 후에 하부식도 조임근의 부적절한 이완</td></tr>
<tr><td rowspan="2">위식도
조임근의
압력영향</td><td>압력 증가요인</td><td>bethanechol(Urecholine), metoclopramide(Reglan)</td></tr>
<tr><td>압력 감소요인</td><td>알코올, 니코틴, 초콜릿, 지방 함유 음식, 차, 커피(카페인), 박하, 항콜린성 제제, 질산염, 프로게스테론, 칼슘길항제, 베타-아드레너직 차단제, 바륨, 모르핀, theophyline</td></tr>
</table>

병태생리	정상		위식도 조임근(괄약근) 부위에 높은 압력대가 있어 음식물과 유동식은 통과시키나 역류는 일어나지 않음
	LES 이완		염산이 있는 위 내용물과 담즙산염, 췌장액을 함유하는 십이지장 내용물이 식도로 역류하여 식도점막에 접촉하여 식도점막에 염증을 일으킴
	Barrett's esophagus (식도화생)		• 만성적인 식도염은 Barrett's esophagus(식도화생)을 일으킴 • 정상적으로 편평상피(식도세포)가 있어야 할 식도에 특수화된 원주상피(위점막세포)가 존재하는 상태를 말함. 위식도 역류에 의해 생긴 식도염이 치유되면서 세포가 변형되는 화생(metaplasia)이 일어남 바레트 식도는 세포 이형성(dysplasia) 정도가 심하면 식도암, 특히 선암(adenocarcinoma)으로 이행될 수 있으므로, 식도암도 위식도 역류질환의 장기적인 합병증의 한 종류라고 할 수 있음
증상 [국시 2003]	전형적 증상		➲ 가슴쓰림과 산 역류 증상 • 가슴앓이, 연하통, 연하곤란, 산의 역류, 작열감, 기침, 재채기 같은 호흡기 증상 • 대부분 통증은 식후에 나타나며, 제산제나 수분 섭취 시 완화되는 특징이 있음
	가슴쓰림 (heartburn)		• 대개 명치 끝에서 목구멍 쪽으로 치밀어 오르는 것처럼 흉골 뒤쪽 가슴이 타는 듯한 증상 • 가슴이 쓰리다, 화끈거린다, 따갑다, 뜨겁다 등으로 묘사 → 이 통증은 견갑골(날개뼈) 사이나 목 및 팔 쪽으로 뻗어가면서 나타날 수 있음
	산 역류		• 위액이나 위 내용물이 인두(식도와 후두 사이)로 역류하는 현상 • 시고 쓴 맛 호소 • 다량의 음식을 먹은 뒤 또는 누운 자세에서 쉽게 발생함 • 일부 위식도 역류질환 환자에서는 협심증으로 오인할 정도의 심한 흉통이 나타나는데, 이는 식도의 근육층에 있는 기계적 수용체를 자극하여 발생함
	통증	증가	• 식후에 많음 • 물건을 들어 올리거나 힘주는 등 복강내 압력 상승 시 증가 • 앙와위로 누우면 증가
		감소	• 제산제 수분 섭취 시 감소 • 서있거나 걷을 때 감소
	소화기 증상 : 연하곤란 등		그 외에도 연하곤란, 연하통, 오심 등의 소화기 증상
	이비인후과 증상		만성적인 후두증상, 인후이물감, 기침, 쉰 목소리, 후두염, 만성 부비동염 등의 이비인후과 질환
	호흡기 증상		만성 기침, 천식과 같은 호흡기계 질환

합병증	호흡기 합병증	위 내용물이 상기도를 자극하여 후두 경련, 기관지 경련, 흡인성 폐렴 등
	바레트(바렛) 식도	만성적 역류성 식도염에서 식도 세포는 정상적인 식도의 편평상피세포가 원주상피세포로 바뀌어 화생(식도 전암병소) → 진행되면 식도암 → 정기적으로 내시경 검사와 조직검사를 해야 함
진단검사	식도 내압	식도 내압 측정 시 LES(하부식도 괄약근) 압력이 저하됨
	식도 pH 검사	식도의 pH 측정으로 위산 역류 확인
	식도 내시경	식도경에 의한 식도 생검으로 식도염 확인

(2) 치료

치료	제산제 Amphogel, Mag-Ox, Mylanta	위산중화	• 공복상태의 위산 중화 • 위산 분비 : 음식물 → 위장 내 → 벽세포에서 염산(HCl) 분비
		위산 분비시간에 섭취	• 식전, 식후 2시간, 취침 전 복용이 효과적 • 위산 중화 지속시간은 식전 복용 시 30분, 식후 2시간 복용 시 2~3시간 정도 유지됨
		속쓰림 예방 생활관리요법	• 위산 분비를 자극하는 스트레스 관리하기 • 위산 방어 물질을 억제시키는 흡연 줄이기 • 속쓰림을 유발하는 소염진통제 남용 금지 • 음식 먹고 바로 눕지 않기 • 야식 금지 • 음식을 천천히 씹어 먹기(저작작용이 많아야 위에서 음식물 소화 부담 감소, 위산과다분비를 방지) • 과음 · 과식 금지
	위산 분비억제제 [2019 기출, 국시 2007]	• 히스타민(H_2) 수용체 길항제 • cimetidine(tagamet) • ranitidine(Zantac) • famotidine(pepcid), Nizatidine(Axid)	• 히스타민 수용체를 차단하여 HCl(위산) 분비를 억제함 • 히스타민은 벽세포를 활성화시켜 HCl(위산) 분비를 촉진
		• 양성자 펌프 억제제(PPI) • omeprazole(Prilosec, Losec) • rabeprazole(Aciphex) • pantoprazole(protouix) • lansoprazole(prevacid) • esomeprazole(Nexium)	• 양성자 펌프 억제제로 위 벽세포의 proton pump를 억제함으로 위산 분비를 장기간 억제함 • proton pump(양성자 펌프, H^+/K^+-ATPase)는 활성화되어 HCl(위산) 분비가 촉진됨 • 식전 복용

	cholinergic [국시 2005] bethanechol (urecholine), metoclopramide (reglan)	• 콜린성 제제 • 하부식도 조임근의 압력 증가와 위운동 촉진으로 역류를 예방함 • 그러나 위산 분비를 증가시키므로 히스타민 수용체 길항제와 함께 투여함
	Cisapride (propulsid)	하부식도괄약근의 압력을 증가시키고 식도운동을 원활하게 하며, 위를 빠르게 비울 수 있어 식사와 취침 15분 전에 복용함
	misoprostol (cytotec)	NSAID를 장기간 사용하는 사람에게 위궤양, 위식도 역류질환 증상을 예방하기 위해 처방

(3) 위식도 역류질환자의 생활방식 개선방안(간호) [국시 2002 · 2006, 2019 기출]

권장	취침 전 식사 ×	밤에 역류되는 것을 예방하기 위해 3시간 전부터 먹거나 마시는 것을 피한다.
	잠잘 때 머리 높임	잠자는 동안 역류되는 것을 예방하기 위하여 침대 머리 부분을 10~15cm 가량 높인다.
	천천히 씹기	• 천천히 충분히 씹는다(타액과 충분히 잘 섞이도록). • 잘 씹어서 섭취한 음식물의 크기가 작을수록 위 배출 속도가 증가한다.
	소량씩 잦은 식이	• 부드러운 식사를 소량씩 자주 하도록 한다(하루에 4~6회). • 한꺼번에 많은 양의 과식은 압력을 증가시켜 역류를 초래한다.
	적절한 수분 섭취	음식물 통과를 돕기 위해 식사 시 적절한 양의 수분을 공급해준다.
제한	지방음식	지방성 음식에 enterogastrone이 분비되어 위운동이 억제된다.
	자극식 제한	• 토마토, 양파, 술, 담배, 커피, 초콜릿, 사탕 오렌지 주스 등은 피한다. • 너무 뜨겁거나, 찬 음식, 지나치게 양념이 많은 음식은 피한다. → 위산 자극을 증가시켜 위산이 역류하여 식도 점막에 염증을 일으킨다.
	금연	담배는 LES 압력을 저하시킨다.
	체중 감소	위식도 압력 차이를 줄이기 위해 과체중이라면 체중을 줄인다.
	꽉 조이는 옷 ×	꽉 끼는 옷은 복압 증가로 역류를 초래한다.
	굽히는 행위 ×	몸을 앞으로 굽히는 행위는 복압 증가로 역류를 초래한다.
	무거운 물건 ×	복압 증가로 역류를 초래한다.

<table>
<tr><td rowspan="15">제한약물</td><td rowspan="7">칼슘길항제</td><td>부작용</td><td colspan="2">하부식도 괄약근을 이완하기 때문에 LES 압력 저하 오심 등이 초래될 수 있다.</td></tr>
<tr><td rowspan="4">적응증</td><td>자궁근 이완제</td><td>• 자궁수축 이완제에 해당한다.
• 평활근의 긴장과 혈관 저항을 감소시키는 혈관이완제이다.
• 평활근의 탈분극 시기에 칼슘 유입을 금지시켜 자궁수축력을 감소시키고, 자궁 동맥 확장으로 자궁 혈류량을 증가시킨다.</td></tr>
<tr><td>고혈압약</td><td>• 심장과 혈관의 탈분극 시기에 칼슘 유입 금지를 돕는다.
• 말초 세동맥 확장으로 말초 저항 감소로 혈압을 감소시킨다.
• 심장 자극의 전도 속도를 느리게 하여 심박동수 감소로 심박출량이 감소되어 혈압이 감소된다.</td></tr>
<tr><td>두통약</td><td>편두통 예방</td></tr>
<tr><td>빈맥</td><td>동성 빈맥, 심방 조동, 심방 세동에 사용</td></tr>
<tr><td>theophylline</td><td colspan="3">• 기관지 경련 완화제(중추신경 흥분제)
• 기관지 평활근을 이완시켜 기관지 경련 완화(평활근: 장기와 내장을 이루고 있음)</td></tr>
<tr><td>프로게스테론</td><td colspan="3">평활근 근력, 운동력 감소</td></tr>
<tr><td>질산염, nitrates(NTG)</td><td colspan="3">• 하부식도 괄약근을 이완하여 LES 압력 저하
• 부작용: 오심, 구토</td></tr>
<tr><td>항콜린성 제제</td><td colspan="3">위산 분비를 억제하지만 LES 압력 저하</td></tr>
<tr><td>β교감신경 작용제</td><td colspan="3">• β2: 평활근 이완
• LES 압력 저하
• albuterol, salmeterol(천식, COPD에 사용)
• dobutamine(심부전, 쇼크에 사용)</td></tr>
<tr><td>β교감신경 차단제</td><td colspan="3">부작용: 오심, 구토, 설사, 변비, 경련</td></tr>
<tr><td>NSAID</td><td colspan="3">• salicylate, phenylbutazone
• 식도염 악화
• 부작용: 상복부 불편감, 식욕부진, 설사, 오심</td></tr>
</table>

3 위염의 분류

(1) 급성 위염(acute gastritis)

<table>
<tr><td>정의</td><td colspan="3">위점막에 급성염증이 생기는 것으로 발적, 부종, 미란 등이 발생함. 일반적으로 단순성, 부식성, 감염성(중독성), 화농성 위염 등 4형이 있음</td></tr>
<tr><td rowspan="8">원인
[국시 2004]</td><td rowspan="3">약물</td><td colspan="2">아스피린, 코르티코스테로이드, 비스테로이드성 항염제, 항암제, 디기탈리스</td></tr>
<tr><td>비스테로이드성 항염제, 아스피린</td><td>프로스타글란딘 합성을 억제하여 위염이나 소화성 궤양</td></tr>
<tr><td>코르티코 스테로이드</td><td>• 위에 직접 자극하고 단백질의 소모로 위점막 세포의 재생률이 감소됨. 점막 손상에 반응하여 마개를 형성하지 못하고 점막에서 점액 분비 감소, 점막에서 중탄산 분비 감소로 방어력이 감소함
• glucocorticoid는 염산과 펩신 분비를 증가시키며 펩신은 강산에서 펩신이 가진 단백 분해 작용이 위점막을 공격함</td></tr>
<tr><td>음식</td><td colspan="2">알코올, 양념이 많은 음식, 자극성 음식(겨자, 고추, 후추)</td></tr>
<tr><td>미생물</td><td colspan="2">Helicobacteria pylori, 살모넬라, 포도상구균</td></tr>
<tr><td>환경적 요인</td><td colspan="2">방사선, 흡연</td></tr>
<tr><td>병태생리적 상태</td><td colspan="2">화상, 심한 식도열공, 생리적 스트레스, 담즙과 췌장액의 역류, 신부전, 패혈증, 쇼크</td></tr>
<tr><td>기타</td><td colspan="2">내시경검사, 비위관 흡인, 심리적 스트레스</td></tr>
<tr><td rowspan="5">병태생리</td><td>정상 위점막</td><td colspan="2">위점막의 방어벽은 prostaglandin으로 구성되어 위의 점막층은 위산의 작용으로부터 위벽을 보호</td></tr>
<tr><td>위점막 손상 · 파괴</td><td colspan="2">세균 등의 미생물, 약물, 음식에 의해 위점막 손상 · 파괴</td></tr>
<tr><td>위염</td><td colspan="2">• 위점막이 손상을 입으면 위점막의 염증인 위염 발생
• 염산과 펩신이 위조직과 만나게 되어 염증이나 표재성 미란이 발생하게 됨</td></tr>
<tr><td>궤양 + 출혈</td><td colspan="2">염산이 손상된 위점막에 접촉되어 작은 혈관들이 손상되고 부종과 출혈이 생기고 궤양을 형성하게 됨</td></tr>
<tr><td>위점막 재생</td><td colspan="2">급성 위염으로 인해서 생긴 손상은 대개 국소적이고 위점막은 빠르게 재생되기 때문에 며칠 이내에 회복됨</td></tr>
<tr><td rowspan="5">증상</td><td>초기증상</td><td colspan="2">식욕부진, 불쾌감, 구토 또는 위통(epigastric pain)으로 시작</td></tr>
<tr><td>위증상</td><td colspan="2">상복부 불편감, 압통, 경련, 오심, 구토, 토혈, 설사</td></tr>
<tr><td>명치 통증</td><td colspan="2">흉골 검상돌기의 바로 아래 부분인, 명치에 통증이 발생함</td></tr>
<tr><td>출혈</td><td colspan="2">위장출혈, 토혈</td></tr>
<tr><td colspan="3">대개 2~3일이면 증세가 가라앉음</td></tr>
</table>

<table>
<tr><td rowspan="8">치료</td><td>안정 제공</td><td colspan="3">원인요소를 제거하고 대상자 스스로 치유될 때까지 심신을 안정시키면서 대상자를 지지해 줌</td></tr>
<tr><td>복부 보온</td><td colspan="3">위 안정, 점막재생 도모</td></tr>
<tr><td>절식</td><td colspan="3">위 안정을 위해 초기에는 절식</td></tr>
<tr><td>식이</td><td colspan="3">• 더운물, 미음, 수프 따위로 시작해서 유동식, 경식, 고정식
• 자극적 음식, 카페인, 술, 흡연 등 피하기
• 과식 피하기, 하루 4~6회 소량의 식사 권장</td></tr>
<tr><td rowspan="3">약물</td><td rowspan="2">위산 분비억제제</td><td>미주신경 차단제 (anticholinergics)</td><td>• dicyclomine hydrochloride(bentyl)
• 산분비의 주된 자극제인 acetylcholine 차단</td></tr>
<tr><td>H_2 수용체 길항제</td><td>• H_2수용체 : 체내 histamin에 대한 수용체로 위세포에서 위산 분비
• famotidine(pepcid), nizatidine(axid), cimetidine(tagamet), Ranitidine(zantac)</td></tr>
<tr><td>prostaglandin 유사체</td><td colspan="2">misoprostol(Cytotec) : 비스테로이드성 항염제(NSAIDs : prostaglandin 합성 억제) 섭취가 원인일 때 prostaglandin 유사체를 사용함</td></tr>
</table>

| 위염의 분류 |

<table>
<tr><th>급성 위염</th><th>만성 위축성 위염</th><th>흔하지 않은 위염</th></tr>
<tr><td>• 급성 헬리코박터 감염
• 다른 감염성 위염
– 세균성 위염(헬리코박터 제외)
– 고름성 위염
– 마이코박테륨 위염
– 매독성 위염
– 바이러스성 위염
– 기생충성 위염
– 진균성 위염
• 약제성 위염
• 부식성 위염</td><td>• A형 위염 : 자가면역성(위체부를 주로 침범)
• B형 위염 : 헬리코박터와 연관(전정부를 주로 침범)
• 중간형</td><td>• 림프구성 위염
• 호산구성 위염
• 크론병
• 사르코이드증
• 고립성 육아종성 위염</td></tr>
</table>

(2) 미란성 위염

<table>
<tr><td>정의</td><td colspan="3">급성 위염의 심각한 형태</td></tr>
<tr><td>원인</td><td colspan="3">두부손상이나 패혈증, 화상, 쇼크, 극심한 외상과 같이 생명에 위협적인 스트레스 상황에서 합병증으로 발생</td></tr>
<tr><td rowspan="4">병태생리</td><td>위조직 손상</td><td colspan="2">위산에 의한 위조직 손상</td></tr>
<tr><td>위점막 허혈</td><td colspan="2">교감신경성 혈관수축으로 인해 위점막의 허혈이 발생하여 미란성 위염으로 진행</td></tr>
<tr><td rowspan="2">스트레스성궤양</td><td>Curling's ulcer</td><td>화상에 의해서 발생하는 궤양</td></tr>
<tr><td>Cushing's ulcer</td><td>두부손상이나 중추신경계 수술에 의해서 발생하는 궤양</td></tr>
<tr><td>증상</td><td colspan="3">• 전형적인 통증이 나타나지 않음
• 흔한 초기 증상은 스트레스 상황에 노출된 후 2일 이후에 통증 없이 발생하는 위출혈
• 출혈량은 대부분 적지만 많은 경우도 있음</td></tr>
<tr><td>치료</td><td colspan="3">위산 분비 억제제와 같은 약물을 투약하며 위의 pH를 3.5보다 높게 유지함으로써 미란성 위염을 예방할 수 있음</td></tr>
</table>

(3) 만성 위염(chronic gastritis)

<table>
<tr><td>정의</td><td colspan="2">위벽에 각종 만성 자극이 가해져서 위선(胃腺)이 위축되거나 퇴폐되어 위기능에 장애를 일으킴</td></tr>
<tr><td>원인</td><td colspan="2">헬리코박터균 감염, 약물(진통제, 소염제, 아스피린), 흡연, 조미료, 커피, 만성적인 알코올 섭취, 불규칙한 식사 습관에 의한 담즙 역류, 위절제술, 스트레스 등</td></tr>
<tr><td>병태생리</td><td colspan="2">위벽이 두꺼워지고 붉게 충혈 → 위벽이 얇아지고 위축 → 벽세포의 기능상실 → 위산 분비와 내인자의 원천 상실 → 비타민B_{12} 흡수불능, 악성빈혈, 염산결핍증 → 위암발병의 위험요인</td></tr>
<tr><td>증상</td><td colspan="2">• 주증상은 식욕부진, 소화불량, 구토증
• 상복부 동통, 가슴앓이, 빈혈
• 소화성 궤양의 증후군 예 토혈, 흑색 변, 철분결핍성 빈혈</td></tr>
<tr><td rowspan="3">진단</td><td>만성위염 종류</td><td>위점막의 모양변화</td></tr>
<tr><td>표재성 위염
(과산성 위염)</td><td>• 위점막이 충혈되고 종창되었으며, 손톱으로 긁은 듯한 붉은 줄이 빗살모양으로 나있음
• 출혈과 작은 미란들이 있는 형태</td></tr>
<tr><td>위축성 위염
(저산·무산성 위염)</td><td>• 위점막이 얇아져 군데군데 위축되어 있고, 혈관이 보임
• 벽세포(parietal cell)와 주세포(chief cell)의 수가 줄어들어 있음
• 위의 모든 층이 위축됨
• 흔히 위궤양과 위암으로 발전하고 악성빈혈을 동반함</td></tr>
</table>

<table>
<tr><td rowspan="2"></td><td>비후성 위염</td><td colspan="2">• 위점막이 불규칙하게 두꺼워지고 주름이 군데군데 끊어짐
• 결절성 추벽(nodular rugae)을 이루며, 출혈이 빈번히 생김</td></tr>
<tr><td>장상피화생</td><td colspan="2">• 위점막이 회백색으로 심하게 부어올라있음
• 위세포의 일부가 장상피세포로 변화되는 것으로 위암 전단계인 위 이형성증(gastric dysplasia)이 됨</td></tr>
<tr><td rowspan="4">위축성 위염
(A형 만성 위염)</td><td colspan="3">자가면역성 위염(위축성 위염): 주로 위체부를 침범</td></tr>
<tr><td>위 위축</td><td colspan="2">자가면역적 공격으로 위샘(주세포, 벽세포)은 위축되고 점막은 얇아지며 황폐화되고 자가면역기전으로 벽세포의 내인성 인자, 위산(HCl) 분비가 감소함</td></tr>
<tr><td>악성 빈혈</td><td colspan="2">벽세포의 기능이 감소하여 위산 분비와 내인자의 원천이 상실되어 비타민 B_{12}를 흡수할 수 없어 악성빈혈이 초래됨</td></tr>
<tr><td>위암</td><td colspan="2">• 위축성 변화로 위산 분비량이 감소한 염산 결핍증이 위암으로 진전
• 염산 결핍은 염산에 의한 살균 작용 부족으로 위암 발생</td></tr>
<tr><td rowspan="2">H. pylori 감염
(B형 만성 위염)
[국시 2007]</td><td>원인</td><td colspan="2">H. pylori(Helicobacter pylori) 감염: 위의 전정부를 주로 침범</td></tr>
<tr><td>병태생리</td><td colspan="2">H. pylori의 감염은 위점막에 염증이 발생하여 위축성 위염으로 진행되면서 점막이 점차적으로 위축되고 산도가 감소
→ H. pylori의 감염은 소화성 궤양과 위암의 소인</td></tr>
<tr><td>증상</td><td colspan="3">• 식욕부진
• 포만감
• 소화 불량
• 트림, 오심과 구토
• 양념이 많은 음식, 지방성 음식(식후의 더부룩함 유발)에 대한 불내성
• 막연한 복부의 통증</td></tr>
<tr><td rowspan="2">보건지도</td><td>표재성 위염,
비후성 위염
(과산성 위염)</td><td colspan="2">• 위산중화제(aluminum hydroxide gel 등)와 자율신경 차단제(자율신경의 흥분을 진정시켜 위액의 분비를 감소시키거나 위장의 긴장을 완화시킴)을 사용
• 커피, 카레, 식초, 후추 등의 자극성 식품을 제한하지만 그 외 음식물은 평소대로 섭취해도 좋음
• 담배, 알코올을 금함</td></tr>
<tr><td>위축성 위염
(무산성 위염)</td><td colspan="2">• 영양분을 골고루 갖춘 소화되기 쉬운 음식물을 섭취
• 카레, 후추, 식초 등의 향신료를 적당하게 사용하면 식욕을 북돋아 줌
• 소화효소제, 위액 분비 촉진제나 자율신경 촉진제를 사용함
• 악성빈혈에서는 비타민B_{12} 투여</td></tr>
</table>

약물	비타민B_{12}		악성빈혈에 비타민B_{12}를 비경구 투여(내적 인자가 없으므로 경구로 투여해도 흡수가 안 됨)
	스테로이드제		**➲ 벽세포를 재생** 벽세포의 기능: 내인성 인자 분비와 Ach, 히스타민, gastrin 수용체가 있어 HCl 분비 corticosteroid: 위에 단백질의 소모와 점막 세포의 재생률 감소로 방어력이 감소되어 급성 위염, 소화성 궤양의 원인
	항생제	종류	clarithromycin(Biaxin), metronidazole(Flagyl)
		간호	• H. pyroli가 원인균이라면 균을 박멸하기 위해 함께 투여 • 위산 분비 억제제인 omeprazole(Prilosec), zantac과 점막보호제인 bismuth subsalicylate(pepto-bismol)와 함께 투여 • 약물을 일주일 동안 투여해도 균이 죽지 않으면 반복 투여

02

4 소화성 궤양(peptic ulcer) [2011 · 2020 · 2021 기출]

(1) 정의 및 병태생리

정의	• 위장 점막이 위액(위산과 펩신)에 소화관의 벽이 노출되어 점막층, 점막하층, 근육층의 조직이 국한적으로 자가소화되어 조직의 손실을 초래하는 질환 • 위장 점막이 흡연, 스트레스, 약제(NSAIDs를 만성적으로 사용), 헬리코박터균의 감염, 악성종양 등에 의해 손상되어 점막근층 이상으로 손상이 진행된 상태 • 십이지장궤양과 위궤양을 합쳐서 소화성 궤양이라고 함	
병태생리	• 소화성 궤양은 소화액 분비 활동에 대한 점막의 방어력 정도에 따라 다름 • 위산, 펩신의 작용으로 위, 유문부, 십이지장 등의 점막벽이 침식(자가소화)되어 궤양 형성	
	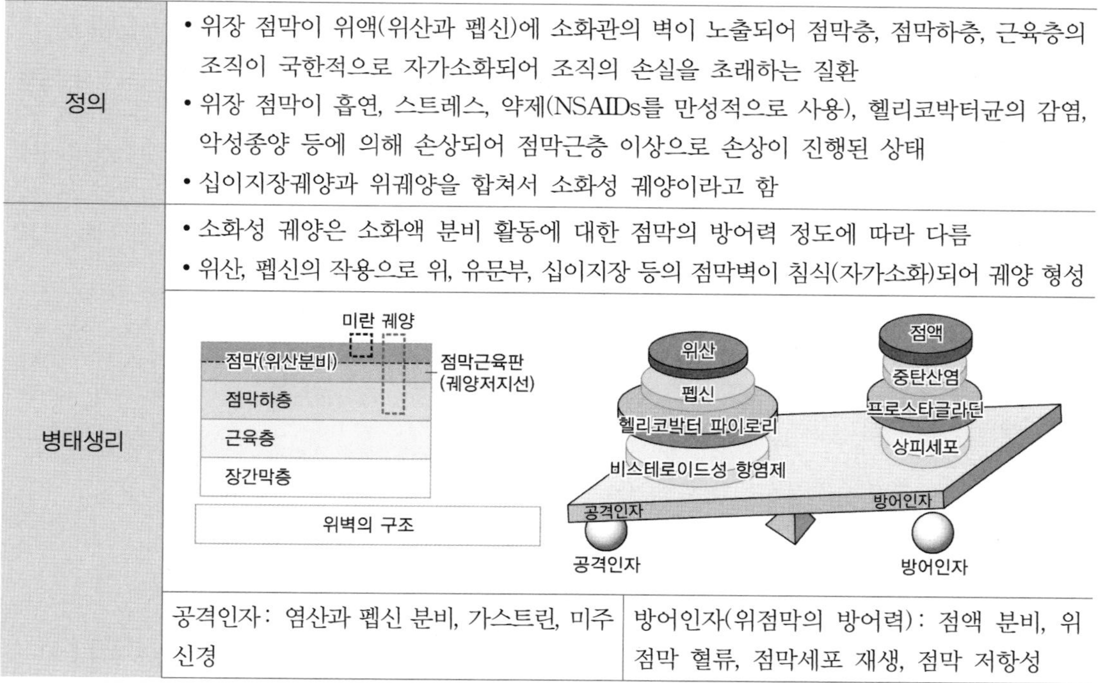	
	공격인자: 염산과 펩신 분비, 가스트린, 미주신경	방어인자(위점막의 방어력): 점액 분비, 위점막 혈류, 점막세포 재생, 점막 저항성

<table>
<tr><td rowspan="3"></td><td>과도한 산, NSAIDs, 알코올 섭취, H. pylori 등 위험인자 증가</td><td rowspan="2">점막의 통합성과 재생력, 보호적인 점막 방어벽의 존재, 점막의 충분한 혈액 순환, 분비를 조절하는 십이지장의 억제기전 능력, 점액생성을 위한 prostarglandins의 양</td></tr>
<tr><td>히스타민 분비 증가 – 혈관확장 증가/모세혈관 투과성 증가 – 위 내부로 혈장과 단백질의 상실/점막부종</td></tr>
<tr><td colspan="2">점막이 염산과 펩신으로부터 손상되는 것을 점막 방어벽이 막지 못할 때 → 위장관점막 손상 → 점막의 미란성 변화, 출혈 → 궤양 발생</td></tr>
</table>

(2) 유발요인

<table>
<tr><td rowspan="3">유발요인
[2023 기출]</td><td>Helicobacter pylori
(H. pylori)
감염</td><td>내벽의 보호 점액층에서 성장하며 요소분해효소(urease) 생성
→ 요소를 암모니아와 이산화탄소로 분해하는데 여기서 생성된 알칼리성 암모니아가 위산을 중화시킴으로써 강한 위산이 분비되는 위속에서 생존 가능
→ 염증을 일으켜 위점막이 다른 유독물질에 쉽게 손상되도록 함</td></tr>
<tr><td rowspan="2">NSAIDs</td><td>• 점액을 생성하는 prostaglandin 합성을 억제하여 궤양 촉진
• NSAIDs는 전신적, 국소적 기전으로 소화성 궤양 질환 발생에 영향을 미침. 프로스타글란딘은 위점막 방어벽을 유지하는 데 필수적인 물질인데, NSAIDs가 enzyme cyclooxygenase(COX)의 활동을 방해하여 프로스타글란딘 합성을 저해함
• COX에는 두 가지 타입이 있는데 COX-1은 위점막의 통합성 유지에 필수적이지만, NSAIDs는 COX-2의 능력을 저해함
• 선택적 COX-2 NSAIDs는 COX-1에 작용하는 것이 제한적이므로 위점막 손상이 덜함</td></tr>
<tr><td> 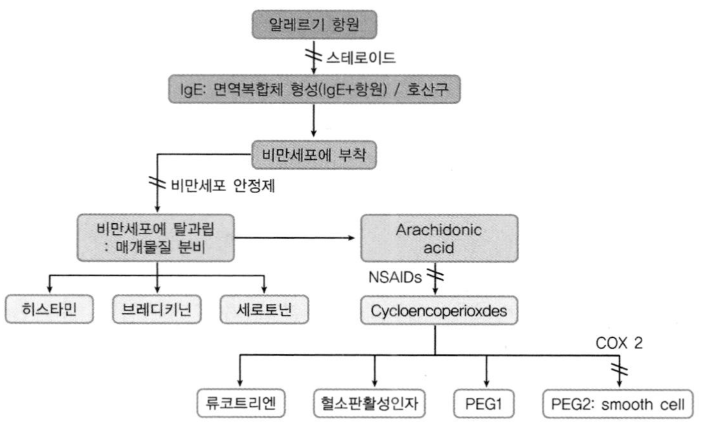알레르기 항원
스테로이드
IgE: 면역복합체 형성(IgE+항원) / 호산구
비만세포에 부착
비만세포 안정제
비만세포에 탈과립 : 매개물질 분비
Arachidonic acid
NSAIDs
히스타민
브레디키닌
세로토닌
Cycloencoperioxdes
COX 2
류코트리엔
혈소판활성인자
PEG1
PEG2: smooth cell</td></tr>
</table>

corticosteroid	점막세포의 재생률을 감소시켜 방어력을 떨어뜨림
혈액형	십이지장궤양은 혈액형 O형에서 호발, 이는 H. pylori가 A형 항원이나 B형 항원이 없는 경우에 위의 상피세포에 보다 잘 부착하기 때문
술, 담배	술은 산의 생성을 자극하고, 담배는 중탄산염 분비를 억제함
화학물질	acetylcholine, gastrin, histamine과 같은 화학물질
식이	차, 콜라, 커피, 우유와 향신료, 불규칙적인 식습관 → 산 분비 자극
스트레스	• 위 운동성 증가, 부신피질 활성화 → 위산 분비 증가, 점액 생성 감소 • 미주신경자극으로 gastrin 분비 → 벽세포에 작용하여 염산 분비 자극 • 자율신경계 자극 → 혈관 수축 → 국소빈혈 → 점막이 위산과 펩신에 의해 손상
심한 스트레스	화상이나 심한 외상 시 스트레스성 궤양 Curing Ulcer: 심한 화상으로 인한 궤양 Cushing Ulcer: 두부손상이나 두개강 내 질환
다른 질환	간 및 췌장질환, 내분비질환, 만성신부전, COPD
항암제	위 십이지장점막의 정상세포까지 손상시킴
Zollinger-Ellison 증후군(췌장종양)	gastrinoma나 가스트린을 분비하는 췌장, 위장, 장의 종양에 의해서 발생하는 소화성 궤양 질환이며, gastrinoma의 60% 이상이 악성 종양임. 가스트린은 염산과 펩신의 분비를 자극하는 호르몬으로 이를 분비하는 종양이 발생하면 위산 분비과다를 일으켜 점막 궤양을 발생시킴. 이 증후군에 의한 소화성 궤양은 위장과 십이지장, 식도, 공장 어디든 발생할 수 있으며 궤양으로 인한 통증이 흔한 증상임

(3) 소화성 궤양의 특징과 비교

특징	H. pylori 양성 소화성 궤양	NSAIDs 관련 소화성 궤양
임상발현	만성적	만성적
주요 손상 부위	십이지장 > 위	위 > 십이지장
손상기전	• 직접적인 점막 손상 • 감염에 의한 염증 및 면역반응 유발	• 직접적인 점막 손상 • 프로스타글란딘 합성 억제로 인한 세포방어기전 약화
점막손상에서 위산의 역할	큼	적음
증상	상복부 통증 등의 위장관 증상 동반	주로 무증상
궤양 깊이	표면에 국한	깊음
위장관 출혈	경증	중등도 이상

(4) 주 원인

주 원인	소화성 궤양 발생에 미치는 영향
H. pylori 세균감염	• protease(단백분해효소)는 점액을 분해시킴 • 십이지장의 중탄산 분비 감소 • cytokines는 점막에서 염증변화를 초래함 • 세포독소는 상피세포의 손상과 사멸을 초래함 　– 세균은 위세포로 침투하고 점막층을 약화시킴 　– 세균의 이형성 변화를 유발해 세균의 침입을 용이하게 함
비스테로이드성 항염제 (NSAID)	• 점액과 중탄산이온의 분비 감소 • 점막의 혈류감소 • 손상 후 점액마개를 형성하지 못함 • 산분비를 억제하지 못함

(5) Helicobacteria pylori 진단검사

생검 : urease검사	내시경을 통해 조직을 떼어 젤에 담긴 urea에 투여 → H. pylori가 만들어 내는 urease가 있으면 젤이 변색됨
생검	현미경으로 관찰 → H. pylori가 있으면 감염 확인
ELISA test	H. pylori에 대항하는 IgG 여부를 혈액에서 확인 → 양성일 경우 과거 또는 현재의 감염을 의미
요소호흡검사 (urea breath test)	방사성 carbon(C-13/C-14) 경구 투여. 위 내에 H. pylori가 있으면 요소를 대사해 다량의 HCO_3^-와 암모니아로 분해함. 이를 이용해 대상자에게 탄소 동위원소 요소를 물과 함께 마시게 하고, 20분 후 풍선을 불게 하여 CO_2의 양을 기록. CO_2의 양에서 HCO_3^-의 양을 추정하여 H. pylori의 유무를 거의 정확하게 밝혀냄 → H. pylori는 urea를 대사하여 carbon을 만들고, 이는 폐를 통해 배출. 호흡을 통한 carbon 양을 측정
대변 항원 면역검사	대변검체물에서 H. pylori 확인 → 급성 감염을 의미

(6) 증상

통증	• 타는 듯한, 배고픈 듯한, 갉아내는 듯한 양상 • 상복부에서 시작해서 등으로 방사 • 위가 비었을 때 발생 – 식사 후 2~3시간 뒤나 밤중에 생기고 음식을 섭취하면 완화 • 궤양의 통증이 대개 상복부 중앙선에서 왼쪽으로 약간 치우친 부위에 생기는 반면, 십이지장궤양의 통증은 배의 오른위사분역에 생김 • 염산 분비는 부종과 염증을 일으켜 통증을 유발할 뿐 아니라 위의 운동성을 증가시켜 경련이나 위내압 증가로 통증이 발생함
오심, 구토	• 십이지장궤양 환자들은 대개 유문부의 폐색이 없으며 식욕은 정상적 • 위궤양, 위염이 있는 환자는 식욕부진, 체중 감소, 소화불량 등이 나타날 수 있음 • 구토는 위 정체나 유문부 폐색에 의해서 생기며 위궤양에서 더 많이 나타나고 궤양이 유문부나 위동 내에 있을 때에 자주 발생함 • 심한 오심과 구토는 식도의 열상이 있음을 암시
변비와 출혈	식이와 약물로 흔히 변비, 궤양이 혈관 침범 시 출혈

(7) 위궤양과 십이지장궤양의 비교

구분	위궤양	십이지장궤양
연령	45~54세	25~50세
성별	남 : 여 = 2 : 1	남 : 여 = 3 : 1
위험요인	위염, 알코올, 흡연, NSAID, 스트레스	O형, 만성 폐쇄성 폐질환, 만성 신부전, 간경화, 알코올, 흡연, 스트레스
영양상태	불량	좋음
위장 내 산	정상~분비 저하	과도 분비
출혈양상	토혈 > 혈변	토혈 < 흑혈변
악성 가능성	있음(10% 이하)	드묾
재발	수술 후 거의 없음	발병 가능
통증	• 식후통 • 명치부근의 통증, 쥐어뜯는 듯한 느낌 • 상복부에 방사되지 않는 둔한 통증 • 음식 및 제산제로 완화 안 됨 • 신트림 및 헛배부름(가득차거나 더부룩함), 구역 및 구토, 식욕부진, 체중 감소 • 악성 가능성 10% 이하, 위축성 위염	• 공복통, 야간통(식후 2~3시간이나 새벽 1~2시) • 30분~2시간 지속 • 상복부 중앙 → 늑골 가장자리 따라 방사 • 둔하고 갉아내는 듯한, 타는 듯한 통증 (burning pain) • 음식이나 제산제로 완화 • 영양상태 양호

P 완화	음식이나 제산제로 통증 완화 불가능	음식이나 제산제로 통증 완화 가능
Q 양상	둔한 통증	갉아내는 듯한, 타는 듯한 통증
R 부위	LUQ : 상복부 중앙에서 LUQ로 생김	RUQ : 상복부 중앙에서 RUQ로 생기며 늑골 가장자리를 따라 등 쪽으로 방사
T 시기	• 식사 30분 후 통증으로 음식에 의해 악화 • 음식 덩어리가 궤양면을 자극함	• 공복 시 통증 • 식후 2~3시간 후나 한밤중(0~3 A.M.)에 발생 • 공복 시에는 위산이 높으며 식사를 하면 위산이 묽어지므로 통증이 경감됨

(8) 소화성 궤양치료에 사용되는 약물 [2011 · 2019 기출]

구분		성분명 및 복용법	비고
공격인자 억제제	H_2수용체 길항제	• 시메티딘(cimetidine), 니자티딘(nizatidine) • 라니티딘(ranitidine), 파모티딘(famotidine), 라퓨티딘(lafutidine) → 보통 1일 2회 복용	위벽세포의 위산 분비 경로에서 히스타민 수용체를 차단하여 산분비를 억제함
	프로톤펌프 억제제	란소프라졸(lansoprazole), 오메프라졸 [omeprazole(prilosec)], 일라프라졸(ilaprazole) → 대부분 1일 1회 투여. 1일 2회 투여하는 경우도 있음. 약효는 약 5일 후부터 나타남	• 가장 강력한 산분비 억제제로, 궤양치료의 첫 번째 선택 약제 • 위산 분비를 담당하는 효소와 결합하여 산분비 마지막 단계를 차단
	제산제	알루미늄 및 마그네슘 제제, 기타 복합제제 → 보통 하루 4번, 매 식후 1시간, 취침 시 복용	효과가 빠르며, 값이 저렴함
방어인자 증강제	점막보호제	수크랄페이트(sucralfate), 이르소글라딘(irsogladine), 베넥세이트(benexate), 비스무스(bismuth), 기타 복합제제 → 매 식전 복용이 권장됨	궤양부위에 결합하여 막을 형성함으로써 치유를 촉진함
	점액 합성 및 분비촉진제	에카베트(ecabet), 레바미피드(rebamipide), 테프레논(teprenon) → 1일 3회 또는 2회 복용	강한 산성인 위액으로부터 위벽을 보호하고 위액이 위 자체를 소화시키는 것을 방지
프로스타글란딘 유사체		미소프로스톨(misoprostol) → 1일 4회 복용. 설사나 복통이 쉽게 일어날 수 있어 식사와 함께 복용하는 것이 권장되며, 자궁수축 작용이 있어 가임기 여성에게 사용 시 주의가 필요함	점막의 혈관 확장을 통해 점막 치유효과를 높이고 점액과 중탄산 생산을 증가시킴. 주로 NSAIDs로 인한 궤양 예방을 위해 사용됨

① H_2수용체 길항제

목적	위의 벽세포에서 히스타민 자극 억제로 염산 분비를 억제한다. (시메티딘, 니자티딘, 라니티딘, 파모티딘)	
기전	• 히스타민은 위장 벽세포를 활성화시키는 신호전달물질이다. • 벽세포에 존재하는 'H_2수용체'를 통해 히스타민이 세포 내로 신호를 전달하면, 세포전체가 활성화되어 위산이 분비된다. H_2차단제는 이 H_2수용체를 차단하여 히스타민이 벽세포로 신호를 전달하지 못하도록 만든다. 히스타민(H_2)수용체 길항제는 위의 벽세포에서 히스타민 자극 억제로 염산 분비를 억제한다.	
용법	• 음식과 함께, 취침 시, 제산제 투여 1시간 전·후에 투여한다. • 약물을 끊은 후 과산증 상태가 되어 궤양 재발로 재발 예방을 위해 소량의 유지량으로 1년 정도 투여한다. • 설사, 변비, 졸림, 혼돈 상태를 관찰하고 의사에게 알린다.	
부작용/기타 [2009 기출]	시메티딘(tagamet) [2009 기출]	• 무과립세포증 • 항안드로겐으로 남성의 여성형 유방, 유즙 분비, 발기부전 [2009 기출] • 설사 • 피로, 두통, 어지럼증, 혼돈 • 발진
	라니티딘(zantac), 파모티딘(pepcid), 니자티딘(axid)	• cimetidine(tagamet)보다 효과는 증가하고 부작용은 적다. • 시메티딘보다 반감기가 길어 효과는 증가하고 부작용이 적다. • 간이나 신장질환자는 주의해야 한다. • 설사, 변비가 유발될 수 있다.

② 양성자 펌프 억제제(proton pump 억제제)

목적	• 양성자 펌프 억제제(Proton-Pump Inhibitors; PPI)는 위산 분비를 현저하고 지속적으로 억제 • 위산을 감소시켜 강산에서 활성화되는 펩신의 단백분해작용의 점막 공격을 감소시킨다.
적응증	H. pylori에 의해 발생한 궤양 치료에 항생제와 병행한다.
기전	• 벽세포에 존재하는 수소-칼륨 아데노신 트리포스파타아제(H^+/K^+-ATPase) 효소는 위산 분비의 마지막 단계이자 실행자이다. 이 효소는 위장 안으로 수소이온을 분비하여 프로톤 펌프(proton-pump)라고도 부른다. • H^+/K^+ ATPase(프로톤 펌프)는 위장의 벽세포(parietal cell)에서 위산의 구성요소인 H^+ 이온을 위 내강으로 분비하는 효소이다. 프로톤 펌프 억제제(Proton Pump Inhibitor; PPI)는 H^+/K^+ ATPase에 비가역적으로 공유결합하여 H^+이 위장관 내강으로 이동하는 것을 억제함으로써 위산 분비를 억제한다. PPI는 ranitidine 등 H_2^-수용체 길항약보다 강한 위산 분비 억제력과 약효 지속시간이 긴 장점을 가지고 있는 반면, 약효의 발현이 늦고 위점막의 비후화 같은 단점을 가지고 있다.

	위벽세포의 proton 펌프(양성자 펌프)에서 위산 생성에 필요한 H^+/K^+-ATPase 효소 작용을 억압하여 위산 분비를 현저하게 감소시키고 장기간 억제한다.	
용법	식사 30분~1시간 전 복용(코팅)한다.	
부작용/기타	오메프라졸 (omeprazole prilosec)	• H^+, K^+-ATPase 효소차단으로 위산 분비를 억제한다. • 두통, 설사, 오심, 구토, 장기투여 시 위암이 발생할 수 있다.

③ 제산제

제산제	aluminum hydroxide(알루미늄제제, 수산화알루미늄)	
목적	위산 중화(제산제)	
기전 [국시 2015]	제산제는 약한 염기로 위산을 중화함. 위산과 반응하여 물과 염류(salt)를 형성(염화마그네슘을 형성)하고 위산을 감소(중화)시켜 강산에서 활성화되는 펩신의 단백분해 작용의 점막의 공격을 감소시킴	
용법	복용시간	• 식후 1시간 3시간(산분비 증가 시) • 취침 시 복용
	복용 시 주의점	• sucralfate(점막보호제)가 활성화하기 위해서 산성이 요구되기 때문에 제산제 투여 30분 동안 복용하지 않음 • 히스타민(H_2) 수용체 길항제와 병용하면 효과적이나, 히스타민 수용체 길항제는 제산제 투여 1시간 전이나 후에 복용 • 산성일 때 흡수되는 약의 효과 저해(철분제, digoxin)로 복용 후 2시간 이내 다른 약을 주지 않음 • 필요시 이용할 수 있도록 항상 휴대
부작용	• 변비, 식욕부진, 장폐색 • 장기복용 시 인의 결핍을 초래하여 무력감, 피로감, 식욕부진 등의 증상이 나타날 수 있음	
알루미늄제제, 수산화알루미늄 (aluminum hydroxide)	약명	암포젤(amphojel)
	부작용/기타 [2011 기출]	• 변비, 식욕부진, 장폐색 • 장기복용 시 인의 결핍(저인산염 혈증: 위장관에서 인과 결합하여 인을 배출하여 인 감소) • 장기 복용 시 인 소실로 골다공증, 골연화증, 무력감, 피로감 • 신부전 환자에게 투여 가능(신부전시 신장에서 인 배출이 되지 않아, 암포젤이 위장관에서 인을 결합시켜 장으로 배출) • 염류를 보유하므로 저염식이 환자에게 많은 양, 장기간 투여는 금지
	간호	변비가 발생하는지 관찰 → 암포젤은 수산화 알루미늄 제제로 대장으로의 수분흡수를 증가시켜 변비를 일으킴

수산화 마그네슘 (magnesium hydrooxide)	약명	Mag-Ox
	기전	Magnesium hydroxide는 염화마그네슘과 물을 만들어 효과적으로 염산을 중화시키며 부작용으로 묽은 변을 보게 함
	부작용/기타	• 설사, 오심 • 수산화 마그네슘제제(Magnesium hydroxide)는 삼투성 수분체류를 유발(장내 삼투압 증가)함으로써 대장을 확장시켜 연동운동을 증진하여 배변 증진 • 장기투여 시 고마그네슘혈증, 인산염 저하가 나타날 수 있음 • 신부전 환자는 투여 금지(∵ 고마그네슘혈증)
	간호	설사가 생기면 aluminum이나 aluminum 합성제로 바꿈
합성제 (aluminum magnesium)	약명	Riopan, Maalox, Mylanta
	부작용/기타	• 경미한 변비나 설사 • 신장질환자에게 투여하지 않음(∵ 고마그네슘혈증)
칼슘 탄산염 (calcium carbonate)	약명	tums, titralac
	부작용/기타	• 변비, 위팽만 • 반동성 과산증(ca은 gastrin 방출을 자극해 위산이 분비되는 산반동) • 고칼슘혈증, 저인산혈증 • 신결석과 신부전
중탄산염 (탄산수소 나트륨, sodium bicarbonate) [1992 기출]	특징	• 전신적 흡수 작용이 나타남 • 제산제의 지속시간이 짧음
	부작용	장기간 복용 시 대사성 알칼로시스를 유발할 수 있음

④ 부교감신경차단제(항콜린성 제제)

적응증	• 부작용이 많아 심하고 지속적 야간성 통증 대상자에게 단기간으로 투여해야 함 • 항콜린성 제제는 위장 운동을 감소시켜 제산제가 위장에 오랫동안 남아 있게 함
목적	위산 분비 억제
기전	• Metylcholine을 차단시킴으로 위액 분비를 억제하고 위 운동 감소로 위 배출 시간을 연장시켜 음식물과 제산제 효과를 연장시킴 • 위산을 감소시켜 강산에서 활성화되는 펩신의 단백 분해 작용의 점막 공격을 감소시킴
간호	음식물에 자극된 산의 분비가 최고일 때와 공복 시 산이 증가하므로 식전 30분, 식후 1시간에 투여
약명	부작용/기타
dicyclomine hydrochloride(bentyl)	• 구강건조, 동공확대, 시야 흐려짐, 변비, 요정체 등 • 위유문부폐색, 녹내장, 전립선비대증 환자에게는 금기

⑤ 위점막 보호제(점막방어벽 보호제)

<table>
<tr><td rowspan="6">sucralfate
(carafate)</td><td>기전</td><td colspan="2">• 점막보호벽을 형성하면서 궤양 표면에 부착하여 점액, 중탄산염, 프로스타글란딘 생성을 증가시킨다.
• pepsin에 의한 위점막의 분해를 막고 염산이 점막으로 침투하는 것을 예방한다.</td></tr>
<tr><td>목적</td><td colspan="2">궤양부위에 결합(부착)하여 막을 형성(점막보호벽을 형성)하여 치유를 촉진한다.</td></tr>
<tr><td>부작용</td><td colspan="2">변비, 오심, 위의 불편감 등이 초래될 수 있다.</td></tr>
<tr><td rowspan="3">간호</td><td>투여시간</td><td>위가 비워진 시간(식전 1시간, 식후 2시간, 취침 시)에 투여한다.</td></tr>
<tr><td>주의점</td><td>sucralfate가 활성화하기 위해서 산성이 요구되기 때문에 제산제, H_2 길항제 투여 30분 동안 복용하지 않는다.</td></tr>
<tr><td>관찰</td><td>변비가 생기는지 관찰한다.</td></tr>
<tr><td rowspan="3">비스무스 :
bismuth subsalicylate
(pepto-bismol)</td><td rowspan="2">기전</td><td colspan="2">점막에 보호막을 제공하고 점액, 중탄산염, 프로스타글란딘 생성을 증가시킨다. pepsin에 의한 위점막의 분해를 막고 염산이 점막으로 침투하는 것을 예방한다.</td></tr>
<tr><td colspan="2">H. pylori에 직접적인 항균 작용 역할을 한다(항균 : 유해균이 자라는 것을 막아주지만 균을 죽이지는 못하는 것을 의미한다).</td></tr>
<tr><td>부작용</td><td colspan="2">혀의 색소 침착, 검은 변, 변비</td></tr>
</table>

⑥ 프로스타글란딘류

기전	점액 생성, 중탄산이온(HCO_3^-) 분비 자극, 위산 분비 억제, 점막의 혈관 확장을 통해 점막 치유효과를 높이고 궤양을 치료한다.
목적	prostaglandin 유사체, NSAID나 아스피린에 의한 궤양에 효과적이다.
적응증(cytotec)	주로 NSAIDs로 인한 궤양 예방을 위해 사용된다.
약명	부작용/기타
misoprostol(cytotec) : 미소프로스톨	• 설사, 오심, 복부 불편감 등이 초래될 수 있다. • 자궁수축을 유발하므로 임신부에게는 금기한다. • 두통, 어지러움이 나타날 수 있다.

⑦ H. pylori 항생제

약명		아목시실린(amoxicillin), metronidazole(flagyl), 클라리트로마이신(clarithromycin), biaxin, tetracycline
목적		H. pylori균 박멸
기전		• 소화성 궤양을 일으키는 H. pylori균을 박멸한다. • H. pylori는 요소 분해 효소를 생성하며 요소 분해 효소는 염증을 일으켜 위점막이 유독 물질에 쉽게 손상을 받는다.
부작용		설사, 기회감염 등을 유발한다. → 항생제 사용으로 정상 세균총이 파괴되어 병원미생물이 정상세균총을 대신하여 기회 감염증을 일으킨다.
간호	함께	위산 분비 억제제인 omeprazole(prilosec), zantac과 점막보호제인 bismuth subsalicylate(pepto-bismol)와 함께 투여한다.
	처방 기간	• 증상이 완화되더라도 H. pylori 박멸을 위해 처방된 기간까지 복용한다. • 약물을 일주일 동안 투여해도 균이 죽지 않으면 반복 투여한다.
	부작용	• 설사와 기회감염의 증상을 관찰한다. • 기회감염 : 병원성이 없거나 미약한 미생물이 극도로 쇠약한 환자에게 감염되어 생기는 질환이다.

(9) 소화성 궤양의 합병증

출혈	기전	출혈은 궤양이 침식해 들어가 혈관 부위를 통과하여 발생
	증상	• 토혈, 혈변, 흑색 변 • 오심 • 빈호흡, 빈맥, 저혈압, 현기증
	가장 흔한 부위	• 십이지장 원위부 • 소화성 궤양 대상자의 10~20%에서 나타남
	간호	• 출혈의 원인과 정도 신속히 규명 • 전구증상(현기증, 오심 등) 사정 • 활력징후를 측정하여 빈맥, 저혈압, 빈호흡 등 평가 • 대변 속에 혈액이나 잠혈이 있는지 검사, 무뇨나 핍뇨 규명 • 필요에 따라 수술 : 궤양부위 제거, 출혈혈관 결찰, 미주신경 절제술, 유문부 절제술, 위절제술 등
천공	기전	• 천공으로 소화관 내와 복강내가 서로 연결되어 천공 후 수 시간이 경과하면 화학성복막염으로 진행, 저혈량성 쇼크 유발 • 복막강 내로 위 내용물이 들어가면 응급 상황으로 즉각 수술

	증상	• 갑작스럽고 심한 상복부 통증의 강도 증가, 지속적인 통증 • 어깨, 특히 오른쪽 어깨로 방사되는 통증, 이는 횡격막 신경의 자극에 의함 • 구토와 실신 • 심한 통증과 함께 판자와 같이 단단한 복부 • 쇼크	
유문폐색	기전	• 소화성 궤양이 재발되는 동안(ulcer 딱지들이 체여서) 염증과 치유가 반복되면서 유문부의 근육경련, 부종 및 반흔을 초래해 유문부를 폐쇄할 수 있음 • 유문폐쇄는 위 운동을 감소시켜 2차적으로 궤양 주위의 염증과 위 확장 초래	
	증상	초기	위가 완전히 비워지지 않는 유문폐쇄로 인해 궤양성 통증, 상복부 포만감, 식욕부진, 오심, 구토, 변비
		진행	체중 감소, 영양실조, 구토(반유동체의 소화물이 십이지장 내로 통과하지 못해), 구토 결과 수분 및 전해질 불균형(HCl, Na^+, K^+의 감소로 대사성 알칼리증, 저나트륨혈증, 저칼륨혈증)

(10) 소화성 궤양 대상자의 일상 건강행위

투약	• 용량, 투여방법, 작용과 부작용을 이해한다. • 증상이 완화되더라도 처방된 기간 동안 약을 계속 복용한다. • 항상 제산제를 휴대한다. • 산·염기 평형을 변화시키는 흡수성 제산제(중탄산소다)를 처방 없이 복용하지 않도록 한다. • salicylates, ibuprofen, corticosteroids와 같은 궤양 유발제는 피한다. • 통증 완화를 위해 acetaminophen(Tylenol)을 사용한다.
음식	• 편안한 환경에서 규칙적인 식사를 권장한다. • 간식이 통증을 완화시킨다면 식간에 먹는다. • 자극적 음식은 피한다(너무 차거나 뜨거운 음식, 술/담배/카페인). • 식사를 거르지 않는다. • 식사시간에 스트레스를 피하고 식후 편안한 시간을 갖는다.
금연	• 담배를 끊는다. • 금연으로 불편감이 증가한다면 피우는 담배의 수를 줄인다.
휴식과 스트레스 감소	• 증상 악화 시 신체활동은 자제한다(침상안정 및 이완요법). • 규칙적인 식사와 운동을 실시한다(격렬한 운동은 위산 증가 및 연동운동 증가). • 일상생활에서 스트레스 관리, 이완요법을 실천한다. – 오락과 취미활동에 참여한다. – 충분한 수면을 취한다.

(11) 위절제 후 합병증

<table>
<tr><td>문합부 궤양, 지방설사</td><td>–</td></tr>
<tr><td>영양결핍</td><td>–</td></tr>
<tr><td>급성 이동증후군
(Dumping syndrome,
덤핑증후군)
[2017 기출]</td><td>–</td></tr>
<tr><td>악성빈혈</td><td>위액 속의 내인자(intrinsic factor) 소실로 비타민B_{12} 흡수가 불가능하다.</td></tr>
</table>

(12) 급성 이동증후군(Dumping syndrome, 덤핑증후군) [2017 기출]

<table>
<tr><td>정의</td><td colspan="4">➲ 식후 운동성 증상
식후 30분 안에 증상이 발생하며, 섭취된 음식물이 정상적인 소화과정을 경유하지 않고 너무 빨리 공장으로 들어가 갑작스러운 삼투농도 차이에 따른 복통, 구역감, 홍조, 실신 등의 위장관이나 혈관 운동성 증상이 나타나는 것이다.</td></tr>
<tr><td>기전</td><td colspan="4">• 십이지장이나 공장 문합술과 함께 시행된 부분 위절제술에 의해 발생한다.
• 유문부가 제거되면 고장성의 소화되지 않은 음식이 다량으로 급속히 십이지장이나 공장으로 들어가게 된다.
• 수분은 유미즙의 고삼투성 특성으로 인해서 장의 내관으로 나가게 되고, 이는 혈액량 감소와 장 팽창을 야기한다.
• 장 연동운동이 자극되어 장운동이 증가한다.</td></tr>
<tr><td rowspan="6">초기 덤핑증후군
[2017 기출,
국시 1998 · 2003 · 2007 · 2013]</td><td colspan="4">• 초기 덤핑증후군의 증상은 식사 후 5~30분 안에 나타나며, 위 수술 환자의 50%가 이를 경험한다.
• 이러한 증상은 장 팽창, 연동운동 자극, 저혈량에 의해서 발생한다.</td></tr>
<tr><td rowspan="4">저혈압</td><td>기전</td><td colspan="2">• 유문부가 제거되면 고장성의 소화되지 않은 음식이 다량 급속히 공장 내로 빠르게 들어간다.
• 유미즙은 공장의 분비액보다 고장액을 통해 공장 내부로 수분을 끌어들여 혈액량 감소, 저혈압 등을 초래한다.</td></tr>
<tr><td>시간</td><td colspan="2">식사 중, 식후 5~30분 이내 나타나 20~60분까지 계속된다.</td></tr>
<tr><td rowspan="2">증상</td><td>교감신경</td><td>빈맥, 식은땀</td></tr>
<tr><td>신경저혈압</td><td>두통, 현훈, 어지럼증, 허약, 실신</td></tr>
<tr><td>위 산통</td><td colspan="3">• 공장으로 급속한 유미즙 배출은 음식물과 수분으로 확장된 공장에서 연동운동 증가로 심한 위 산통반사를 일으킨다.
• 오심, 구토, 위경련과 함께 상복부 통증, 꾸르륵거리는 소리, 설사, 복부 경련 등이 일어난다.</td></tr>
</table>

후기 덤핑증후군 [2017 기출]	저혈당	기전	혈류 내 포도당 유입으로 갑작스런 혈당 증가(고혈당증)가 있고 이 자극으로 인슐린이 분비되어 저혈당을 초래한다.
		시간/빈도	• 식후 2~3시간에 발생한다. • 초기 덤핑 증후군에 비해서 드물다.
		증상	• 두근거림, 손떨림, 전신 쇠약감이나 식은땀을 흘리는 증세이다. • 드물게 의식소실이나 경련발작도 보고된다.
예방 [국시 2015 · 2018]	횡와위 자세 (옆으로 누운 자세)		• 식사 후 위에서 소장으로의 배출 속도를 늦추는 방법이다. • 식사 시 횡와위, 반횡와위를 취한다(위배출속도 감소). • 식후 20~30분간 측위, 앙와위로 휴식한다.
	식이요법의 원칙		한 번에 섭취하는 음식물의 양을 줄이고, 고단백, 고지방, 저탄수화물, 저수분 식사를 자주 먹는 것이다.
	소량씩 잦은 식사		• 많은 식사는 공장에서 연동운동증가로 악화된다. • 한 번에 섭취하는 음식물의 양을 줄여야 한다. • 위절제술 후에는 위의 저장 능력이 감소하여 음식이 장으로 빨리 들어간다. 따라서 매일 소량의 음식을 5~6번에 나누어 꼭꼭 씹어 먹는 것이 좋다.
	저탄수화물		• 설탕은 삼투 활동이 가장 큰 음식이다. • 탄수화물과 설탕으로 인한 고장액은 초기 덤핑 증후군으로 고장성의 유미즙을 형성하여 혈류에서 공장 내부로 수분을 끌어들여 저혈압을 일으킨다.
	고지방, 고단백		• 지방은 위를 통과하는 시간이 비교적 길고, 소량으로 고에너지를 얻을 수 있다. 하지만 튀김, 볶은 음식과 같이 기름기가 많은 음식은 위에 부담을 주기 때문에 주의해야 한다. • 단백질은 체조직을 구성하고 위점막을 강화하는 영양분이므로, 양질의 단백질 공급이 필요하다.
	저수분식이		• 식사 시, 식사 후 2시간 수분 섭취를 제한한다. • 수분은 위 배출 속도를 증가시킨다.
	찬 음식 제한		차가운 음식은 위의 운동을 증가시키므로 따뜻하게 해서 먹는 것이 좋다.
	우유 등 유제품 피하기		위장 내에 유당을 분해하고 소화하는 효소가 부족하여, 이러한 식품을 먹으면 설사, 복통 등이 일어날 수 있다.

| 위암 |

빈도	40세 이후, 동양인, 여자 < 남자(2배), 위축성 위염, 훈제 생선을 자주 먹는 사람 등	
호발부위	유문부, 소만부 등	
흔한 암	• 선암이 90% 정도 차지하며 나머지 10% 정도는 림프종 • 진행되면 주변장기인 간, 췌장, 횡행결·장으로 퍼지며 뼈, 난소, 복막조직으로 전이	
원인	H. pylori 감염	–
	염산결핍	악성빈혈, 위용종, 만성위축성 위염과 염산결핍 대상자는 염산에 의한 살균작용 부족으로 위암 발생률이 2~3배 정도 높음
	방부제나 착색제의 질산염	고농도의 질산염은 미생물에 의해 발암물질인 아질산염으로 전환
	훈제(탄)음식, 흡연	훈제식품, 태운 고기나 생선, 나무연기, 담배연기, 과열시킨 지방 음식물 제품
	염장 식품	소금, 식초에 절인 음식, 염제된 생선 등
	자극적인 음식	짜고 맵고 너무 뜨거운 음식
	유전적 요인	위암발생에 관여하는 유전자는 대개 가족성·미만성 위암, 직장대장암, 특별히 유전성 비용종성대장암과 관련이 있으며, 난소, 담도, 자궁내막암의 위험요인과도 관련이 있음. 만성위염, 위폴립, 악성빈혈도 위암으로 진행될 수 있음
	위 수술	• Billroth Ⅱ수술은 위축성 위염을 일으키기 쉬우며, 이로 인한 점막의 변화는 위암발생의 위험이 높음 • 점막의 변화를 초래한 Barret 식도 대상자는 위분문부 선암 발생의 위험이 높음
임상증상	조기 증상	소화불량, 초기에 제산제로 완화된 복부 불편감, 포만감, 심와부나 등/흉골 뒤 통증, 그러나 대개 초기 위암의 경우 증상이 없음
	진행	오심과 구토, 폐색증상, 철분결핍성 빈혈, 심와부 종양의 촉진, 림프절의 비대, 쇠약과 피로, 점진적인 체중 감소, 악액질, 원거리 전이 증상
약물요법	fuorouracil(5-FU), doxorubin, mitomycin-C, cisplatin, etoposide 등을 단독으로 사용할 때보다 병용할 때 효과가 더 큼. 흔한 부작용으로 골수억압, 오심, 구토 등이 있음	
방사선요법	방사선요법과 항암요법은 진행된 위암 대상자의 생존을 연장시킴. 흔한 부작용으로 피부손상, 피로, 식욕부진, 오심, 구토, 설사 등이 있으며 치료 시작 1주 후부터 치료 종료 후 한 달 이상 계속됨	

수술요법	위암의 가장 좋은 치료법인 전체위절제술과 부분위절제술 등 실시	
	수술 전 간호	• 영양보충 • 호흡운동방법 교육 • 수술 후 처치를 설명(비위관 삽입, 비경구영양공급 등)
	수술 후 간호	• 폐환기 촉진(최소 2시간마다 체위변경, 심호흡, 기침 권장, 활동 전 진통제 투여, 반좌위 또는 좌위) • 비위관 배액관리 • 영양증진 • 안위제공(구강간호, 적절한 진통제 투여, 보행권장 등) • 대상자 교육 실시(식이, 이완운동, 합병증 증상 등) • 벽세포의 제거로 장기적 합병증으로 악성빈혈이 발생할 수 있음 – 주기적 검진
	수술 후 합병증	초기합병증에는 출혈, 십이지장 봉합부위의 누출, 위정체 등이 있고, 후기 합병증에는 급속이동증후군, 빈혈, 지방흡수불량, 체중 감소, 골연화증과 골다공증(칼슘과 비타민D흡수장애) 등이 있음

02 소장 · 대장질환

1 염증성 장질환

(1) 궤양성 큰창자염(ulcerative colitis)과 크론병(Crohn's disease)의 특성

특성	궤양성 큰창자염(ulcerative colitis)	크론병(Crohn's disease)
위치 및 특징	• 대장에만 국한 • 결장 전체에 걸쳐 점막 및 점막하 조직에 염증이 생기는 만성 질환 • 직장, 결장 말단 부위에서 시작해서 S장결장, 하행 결장으로 번져감. 특히 직장에 호발	• 소화관 어느 부위에서나(장의 전층과 구강에서 항문까지) 생길 수 있는 만성 · 재발성 염증성 자가면역질환 • 회장 말단(회맹부)에 호발, 이환된 장의 모든 벽, 특히 점막하 조직이 두꺼워짐 • 국부적 소장결장염으로 만성적이며 소장 벽은 부종이 오고 두꺼워지고 반흔을 형성하며 육아종이 생김. 이렇게 되어 입구는 좁아지고 열공 · 궤양 · 화농됨
호발 연령	• 젊은 사람(10~30대)과 60대 여성에 호발 • 가족적 성향, 주기적인 회복과 악화의 반복	• 20~24세 > 15~19세 > 25~29세 • 청소년기(15~20세) 발병 빈도가 높음 • 남자와 여자 발병 동일 • 가족적 성향(백인, 유태인에게 호발)

병태생리	• 대장에 염증 반응 • 내시경 검사에서 대장에 여러 개의 궤양, 발적, 출혈, 울혈 발생 • 움와농양(crypt abscess), 궤양과 탈락된 점막조직 사이의 염증성 폴립인 가성폴립 관찰 • 직장은 대부분 침범되며 염증은 직장상부로 연속해서 올라감 • 염증의 반복으로 점막하 섬유화가 생기고 대장은 좁아지고 짧아짐 • 팽기현상 소실, 만성화되면 전암성 변화	• 회장말단에 흔함 • 장의 전층을 침범하는 병변이 국소적, 분절성으로 분포 • 병이 진행되면 점막은 결절화, 점막비후와 궤양의 결과처럼 자갈모양으로 보임 • 궤양이 점막하를 침범, 장근육층을 통과하여 점막 내 통로를 만들어 누공, 열구, 농양을 형성 • Peyer's Patches(보라색을 띠는 육아종과 균열을 동반한 작은 표재성 궤양) • 점막침범부위가 비연속적으로 건너뛰면서 도약부위가 나타남 – 작장과대장의 조직검사에서 육아종이 발견되기도 함 • 질환이 만성화되면 섬유화와 장폐색 발생(장은 비후되고 가죽처럼 변하며 장내강은 협착/섬유성 유착
배변 양상	1일 10~20회 혈액, 점액, 농이 섞인 묽은 대변을 자주 봄	묽은 설사, 드물게 혈액 섞임
임상증상	• 출혈성 설사 : 주 증상 • 좌하복부 산통(LLQ) : 쥐어짜는 듯한 통증 • 발열, 탈수, 체중 감소 • 배변 긴박감, 실금 • 저포타슘혈증 • 저알부민혈증 • 설사로 대사성 산증 • 배변 후 완화되는 경련성 복통	• 심한 체중 감소 • 진행 시 폐색, 누공, 농양 형성 • 흡수불량, 영양불량 • 우하복부 통증(RLQ) : 쥐어짜는 듯한 통증 • 묽은 설사 • 배변긴박감, 실금 • 발열피로

(2) 염증성 장질환의 병리적 변화 및 임상증상

특성		궤양성 큰창자염	크론병
병리적 변화	침범 정도	점막과 점막 밑 조직	국소적, 점막 밑 모든 층
	림프 침범	침범 안 됨	부종과 비후화 됨
	궤양	표면적, 광범위함	깊음
	염증성 덩어리	드묾	만성적이고 광범위함
	자갈을 깐 것 같은 점막과 육아종	없음	흔함
	섬유성 유착	없음	흔함
	병의 분포	대칭적이고 계속적	비대칭적이고 분절됨
	악성변화	10년 후	드묾
	병의 진행	악화－완화 반복	느리게 진행
침범 부위		대장, 직장	입에서 항문, 회장 말단부
임상증상	직장출혈/혈변	흔함	가끔
	설사	중증	중증도
	지방설사	없음	빈번함
	복부통증	배변 전	흔함
	식욕부진	경증 또는 중증도	중증
	체중 감소	중증도	중증
	성장부진	경증	심함
	직장농양	드물게 나타남	흔함
	협착, 누공	드물게 나타남	흔함

(3) 병태생리

궤양성 대장염의 병태생리	• 염증성 침윤 → 화농성 분비물 → 괴사와 궤양 → 염증 치유 때 장벽이 두꺼워지고 주름이 없어지며 길이가 짧아짐 → 반흔, 섬유증 발생 • 염증이 점막층－점막하(submucosa)로 제한 • 염증성 병변이 치료될 때 대장은 좁아지고 두꺼워지며 짧아지고 팽창되어 주름이 없어지면서 흉터와 섬유증이 남게 됨
특징적 병변 : 움와농양, 움고름집 (crypts abscess)	• 호중구(PMN)의 퇴적체 • 이 농양은 다형핵 백혈구, 림프구, 적혈구 및 리베르퀸 움(crypts of Lieberkuhn)의 기저부에 나타나는 세포가 떨어져 나온 잔설 등으로 이루어짐 • 움와농양은 화농성 분비물을 분비하며 괴사와 궤양을 일으키기도 함

크론병의 병태생리	• 염증이 장벽의 전층(장간막까지) 침범 → 장의 비후 및 장내강 협착 → 점막의 결절화, 점막의 비후와 궤양 → 궤양이 점막하 침범 → 장근육층 통과로 누공(fistula), 열구(fissure), 농양(abscess)형성 → 질환이 만성화로 진행되면 섬유화 장폐색 • 회장말단에 흔하며 장의 전 층을 침범하는 병변이 국소적, 분절성으로 분포 • 병변은 전형적으로 장의 분리된 몇 개의 분절 내에서 확인되며 육안으로 볼 수 있고 색깔이 정상적인 조직과는 뚜렷하게 구별
특징적 병변 : 파이어만 (Peyer's Patches)	부종이 생겨서 두껍게 부풀어 오른 보라색을 띠는 육아종(자갈을 깐 것 같은 점막과 육아종)과 균열을 동반한 작은 표재성 궤양

(4) 크론병 증상

전형적 증상	복통, 설사, 영양결핍으로 인한 체중 감소
복통	• 회장의 말단부위가 침범되면 배꼽 주위에 통증 발생 • 공장이 침범되면 우하복부 통증(RLQ)
설사	설사는 궤양성 대장염에 비하면 심하지 않음(무르거나 반유동)
전해질불균형	전해질이 설사로 인해 손실
지방변증	흡수불량 상태(비타민A, C, D, E, K 등의 흡수장애)로 지방변증, 대변에서는 악취
영양결핍	• 만성화되면 체중 감소, 빈혈, 발열, 피로, 수분 전해질 손실 • 심한 지방변증 • 지방, 비타민B_{12}, 엽산, 철분, 칼슘, 비타민A, C, D, E, K 등의 흡수장애, 단백질과 탄수화물의 흡수불량 • 염증과정과 감염, 음식물 섭취 감소 및 음식물이 위장관을 빠르게 통과하며 대변으로 배설 → 대사 요구량 증가 • 전해질이 설사로 인해 손실
영양결핍을 초래하는 생리적 원인	• 장의 흡수 면적 감소 • 지방, 비타민B_{12}, 엽산, 철분, 칼슘, 비타민A, D, E, K의 흡수부전 • 단백질과 탄수화물의 흡수부전
영양부족을 일으키는 원인	• 섭취 부족 • 영양요구량의 증가 • 설사로 인한 영양분의 소실 • 약물 부작용

영양실조의 결과	• 면역능력의 상실 • 감염에 대한 저항력 감소 • 상처 치유력 감퇴 • 췌장효소의 분비 감소 • 치유손상(누공이나 수술 상처에 대한) • 만성적인 감염과 혈액 손실로 인한 철 결합능력의 감소
체온 상승	급성염증, 누공이나 농양, 열상, 류머티즘성 증상 등과 함께 나타남
다른 급성염증 증상	• 경련, 압통, 고창, 오심과 설사 등이 있음 • 공명음과 연동운동의 증가가 나타나기도 함 • 통증은 때때로 급성 충수염이나 장천공과 유사하며 증상들은 궤양성 대장염과 혼동될 수 있음
항문질환	항문질환이 발생하면 균열, 누공, 피부연성섬유종(skin tags), 궤양 및 협착 등이 생길 수 있음
장폐색	협착이 생겨 장폐색이 일어날 수 있음
장외 침범	말초관절염, 피부점막병변, 눈 자극, 간농양, 성장지연으로 확대됨
만성화	영양소 손실이 심각하여 체중 감소, 빈혈, 발열, 피로, 수분 전해질 손실, 성장지연이 오고 이로 인한 사회 심리적 장애가 동반됨

(5) 합병증

궤양성 대장염	• 심한 영양소손실로 체중 감소, 수분 전해질 손실(탈수), 빈혈과 영양결핍 • 천공과 출혈, 화농, 협착 • 홍반, 농토, 농양 및 신경성 피부염 • 강직성 척추염과 손가락 곤봉증이 나타나기도 함 • 독성 거대결장: 이환된 결장 분절(흔히 가로결장 침범)이 극도로 확장되는 것으로 완전 폐색을 초래 • 암으로의 전환(10~15%)
크론병	• 흡수불량, 신석증, 담석증, 수신증 등 • 궤양: 궤양은 흔히 천공되고 항문과 직장은 내부 누공과 농양 발생 • 항문치열: 가장 많은 병변, 심한 설사 관련, 항문 주위의 피부 궤양 유발 가능 • 장천공, 장폐색, 감염, 누공형성, 균열, 출혈, 심한 설사로 인한 직장 항문의 열상과 농양 • 크론병의 흔한 합병증으로 누공, 용종, 천공, 협착 – 방광, 질, 회장과 오름결장 혹은 장간막에 누공, 여성에게는 직장(질 누공이 생기기도 함) – 방광에 누공시 비뇨기계 감염이 자주 재발, 어떤 경우에는 분뇨증 • 크론병의 약 20%에서 관절염(무릎, 발목, 손목)이 급성통증과 부종을 일으킴

(6) 보건지도

약물요법	목적	염증조절, 장 안정, 수분전해질 유지
	종류	• 지사제: 로페라마이드 • 항경련제: 복통과 설사 감소에 도움 • 항생제: 설포나마이드(프로스타글란딘 합성을 억제하여 염증 감소), 메트로니다졸(혐기성 세균치료에 효과) • 스테로이드: 염증 및 부종 감소 • 면역억제제: 다른 치료방법으로 효과를 보지 못한 경우 – Azathioprine(Immuran), Methotrexate(Folex), 6-mercaptopurine • 항콜린제: 급성 복부경련 및 설사 완화(궤양성 대장염 급성기에 악화되면 장운동 억제하므로 사용 금기) • 궤양성 대장염 급성기에 하제 금기: 급성기에 하제를 주면 거대결장과 천공의 우려
식이 영양공급	권장	• 총비경구영양(TPN): 장 휴식, 체중증가, 질소균형 유지 • 저지방, 저섬유, 고단백, 고칼로리 식이 소량 자주 섭취 • 충분한 수분 섭취
	제한	• 우유 유제품(설사, 복통 유발) • 금식(크론병 악화시점에) • 저섬유 식이 시 정제하지 않은 현미, 귀리, 콩류, 생야채, 생과일 금지 • 코코아, 초콜릿, 레몬주스, 찬 음료, 탄산음료, 콩류나 씨앗류, 팝콘과 술, 껍질을 벗기지 않은 곡물과 생과일, 고구마, 미역, 다시마, 알로에 등은 피해야 함
궤양성 대장염	• 정신적 안정 지지 – 경안정제나 진정제를 주어서 전신휴식뿐만 아니라 장연동을 감소시켜 장도 쉬게 해줌 • 영양 유지 – 고단백, 고열량과 수분 전해질, 혈액 보충 – 비타민과 철분 보충 – 빈번한 설사로 회음부의 열(fissures)과 누(fistulas)가 잘 생겨 체액손실을 일으키므로 항문부와 회음부를 청결히 하고 탈수 증상을 관찰함 • 약물 – 지사제, 신경안정제, 항생제 • 외과적 치료 – 내과적 치료가 효과 없을 때나 장천공, 장출혈, 장폐색, 누공 형성 등의 합병증이 병발하였을 경우(환자의 75% 이상이 자연적이나 내과적 치료로 회복되어 수술이 필요 없음) ileostomy(회장루 형성술)를 하게 됨	

크론병	• 식이요법 – 음식물들은 화학적 · 물리적으로 자극이 없어야 함 – 칼로리와 단백질이 풍부해야 함 – 코코아, 초콜릿, 레몬주스, 찬 음료, 탄산음료, 콩류나 씨앗류, 팝콘과 술 등은 피해야 함 • 약물(지사제, 항경련제, 항염제, 스테로이드, 면역억제제) • 성장지연과 관련한 사회 심리적 장애에 대한 심리적 지지 • 내과적 치료가 효과가 없을 때, 합병증이 있을 때 수술 → 가급적 장을 많이 남길 수 있도록 필요 부분만 절제

2 과민성 장 증후군(Irritable Bowel Syndrome; IBS)

(1) 진단

한 달에 3일 이상	복부통증과 불편감
3개월간 3개 중 2개 이상 시	• 배변에 의한 호전 • 배변 빈도의 변화 • 대변 양상의 변화

(2) 증상 징후

증상 징후	• 분변의 변화: 설사나 변비(교대로 나타남) • 배변 후 잔변감 • 스트레스 시, 식사 후 복통 및 복부 팽만감(대부분 대변이나 가스가 나오면 복통이 가라앉음) • 식욕부진, 구역, 트림 • 빈맥, 호흡이 짧아지고 피로, 두통, 현훈 등도 올 수 있음

(3) 과민성 장 증후군(Irritable bowel syndrom; IBS)의 조절법 교육 내용 [2017 기출]

급성기	식이조절	지방식 제한	지방식, 가스 형성 식품은 피한다.
		가스 형성 식이 제한	
		술 · 담배 금지	위장 자극제인 술과 담배는 금한다.
		자극적 음식 제한	조미료, 기호품(술, 커피, 담배), 자극적 음식(탄산수, 매운음식) 및 증상 유발 음식은 피한다.
		고섬유소 식이 섭취 주의	고섬유소 식이는 소량 시험해 본 후 섭취한다.

	약물관리	장기능조절약(하제, 항경련제, 지사제, 진정제, 항경련제)을 병용한다.		
	열요법	복통에 대해 더운물 찜질이나 온수관장을 해준다.		
	심리적 안정	적당한 휴식 및 스트레스 관리(심리적 요인제거)를 한다.		
일상	식이관리	규칙적	식사 시간	
			장 습관	
		고섬유질 식이 권장	• 변비인 경우, 식이에 포함된 섬유질이 부드럽고 양이 많은 대변을 만들어 대변통과시간을 줄인다. • 설사인 경우, 섬유질은 수분흡수를 도와 대변의 모양을 형성하고 대변이 장을 통과하는 시간을 지연시킨다.	
		영양소	균형 잡힌 영양소로 구성된 식단을 섭취한다.	
		물 섭취	• 물은 대변의 경도와 배변 횟수를 조절하는 데 도움이 된다. • 하루에 6~8잔의 물을 섭취하며 식사 시간보다는 식간에 섭취한다. • 음식과 함께 수분을 섭취하면 복부팽만이 유발되니 금한다.	
		제한	찬 음료	찬 음료 및 찬 음식은 피한다.
			가스 생성 음식	가스 생성 음식 및 소화되지 않는 탄수화물이 있는 음식물은 피한다.
			카페인	카페인이 들어있는 음료수와 술은 피한다.
			우유 유제품	우유와 유제품을 먹지 말라고 조언한다.
	스트레스 관리	심리적 갈등을 발견해서 제거해주고 심한 경우는 심리요법의 전문인에게 의뢰, 치료를 받아야 한다.		
	일상에서의 강조점	• 규칙적인 식사시간을 준수한다. • 적절한 영양소를 섭취한다. • 적절한 수면과 운동 및 휴식을 취한다. • 규칙적인 장 습관을 세우도록 돕는다.		

(4) 변비 시 자주 사용하는 약물 Metamucil의 약리기전과 부작용

기전	Metamucil, psyllium
	친수성 콜로이드류(과일, 채소의 소화 불가능한 부분)가 수분을 흡수하여 변을 팽창시켜 변의 양을 늘려주어 장의 연동운동을 활성화시킨다.
부작용	장폐색

⑸ 하제사용 시 교육 내용(유의점 포함)

저녁 식사	• 매일 저녁식사와 함께 대변 완화제를 준다. • 대변 완화제는 복용 후 8~12시간 내 작용한다.
오·남용: 불균형 초래	• 영양 불균형: 비타민D와 칼슘 흡수↓ • 수분전해질 불균형: 분변이 빨리 이동하므로 분변 속 수분도 그냥 통과하여 장의 수분 재흡수에 문제가 생긴다.
의존	• 하제나 관장을 자주 사용하면 의존성이 생긴다. → 하제나 관장을 남용하면 이런 것들 없이는 배변을 할 수 없다. • 배변 습관을 익힐 때까지 임시적으로 짧은 기간 동안 사용해야 한다. 만성적 하제 복용은 압력 수용체 기능 악화로 정상 배변 반사를 억제하여 정상적 배변 습관을 가지지 못한다.
급성 복통에 금지	• 급성 복부 통증, 오심·구토가 있을 때는 하제를 복용하지 않는다. • 완화제는 장운동을 자극하여 염증이 있는 부위를 자극하여 충수돌기 파열이 생길 수 있다.

3 장폐색(intestinal obstruction)

⑴ 장폐색의 특징 및 원인

정의/특징		• 유문에서 직장까지 어느 부위에서나 부분적으로 또는 완전하게 발생 가능 • 기계적 원인 즉 종양, 유착, 크론병, 게실질환, 이물질이나 기능적 원인(수술, 마취 약물 등)에 의해 장 내용물이 아래쪽으로 이동하지 못함. 기능적 장폐색은 마비성 장폐색이라고도 불림 • 대부분의 장폐색은 소장에서 발생하고 약 15%만이 대장에서 발생함
원인	기계적 폐색	• 유착: 작은창자와 큰창자 폐색의 가장 흔한 원인. 복부 수술 후나 특별한 이유 없이도 가능 • 탈장: 감돈탈장, 염전탈장 • 장축염전: 장이 180도 이상 꼬여 장관의 상하부가 폐색된 상태 • 장중첩증: 장의 일부가 저절로 다른 한쪽으로 겹쳐 들어간 상태 • 종양: 큰창자 폐색의 주 원인. 종양이 계속 커져 폐색 증상을 일으킴
	신경성 폐색	• 연동운동의 결여 때문 • 마비성 장폐색은 복부수술 후에 발생
	혈관성 폐색	• 완전폐색: 장으로 가는 혈액공급의 차단에 의해 발생. 가장 흔한 원인은 색전. 조직에 혈액공급이 안 되어 통증이 발생하며 응급수술이 요구됨 • 불완전폐색: 장간막 동맥의 동맥경화증에 의해 발생. 혈액공급 차단으로 장기능이 심하게 손상되었을 때 증상이 나타남

예	최소한 180° 꼬여서 폐색과 빈혈을 일으킴 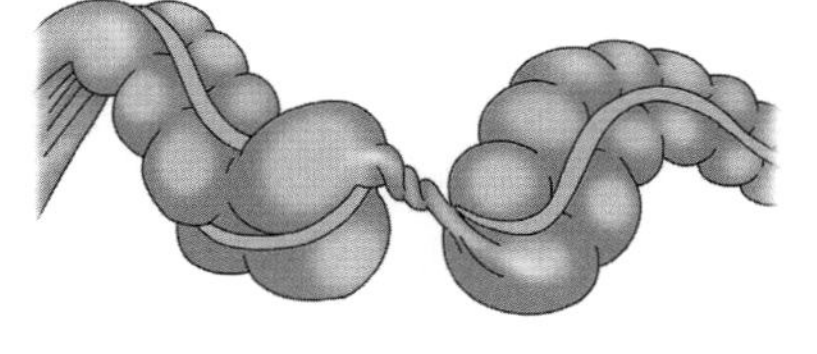 ǀ 장축염전 ǀ	장의 일부분이 인접한 장(대개는 원위 장)속으로 겹쳐 들어감 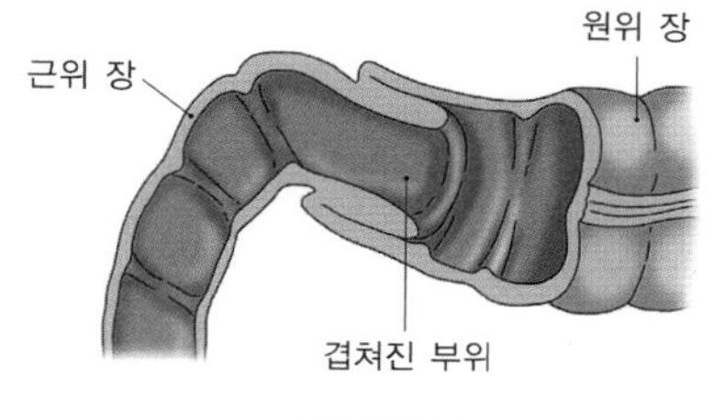 ǀ 장중첩증 ǀ

(2) 병태생리 및 증상

병태생리	• 폐색이 일어나면 수분의 일부는 장내 보유되지만, 일부는 구토로 인한 손실로 순환혈량 감소 → 저혈압, 저혈량성 쇼크 → 신장과 대뇌의 혈액흐름 감소 • 수분손실(혈관투과성 증가) → 탈수로 인한 헤마토크리트와 혈색소 증가 → 관상동맥, 대뇌 및 장간막에 혈전증과 같은 혈관 폐쇄질환이 생길 수 있는 가능성 증가
폐색 시 국소 병태생리	• 폐색된 부위에 공기와 수분이 축적되어 팽만됨(작은창자가 내강이 더 좁고 운동은 활발하므로 이 증상이 더 심함) • 폐색되면 장 내용물이 폐색부위를 통과하려고 하기 때문에 일시적으로 장 연동운동이 증가하나 수시간 내 증가된 연동운동은 중지되며 장은 무기력해짐 • 장의 관강 내 압력은 감소되고 폐색으로 인한 진행은 서서히 나타남 • 장내 압력 증가로 장의 흡수 능력이 저하되어 장내 수분정체가 증가되고, 관강 내 압력이 정맥귀환을 감소시켜 정맥압이 증가하여 울혈이 생기면 혈관이 약해짐 • 그 결과 모세혈관 투과성을 증가시켜 혈장이 장내와 복강내로 빠져나가게 됨 • 이로써 장벽은 세균의 투과성이 높아지고 장내 미생물이 복강내로 들어감 • 장벽의 압력 증가는 동맥혈류의 흐름을 느리게 하여 괴사를 일으키고, 독혈증과 복막염을 일으킴 • 장의 감돈은 동맥의 혈액공급 감소로 인해 생기며, 괴사와 천공은 장 내용물을 복강내로 들어가게 하여 복막염을 일으킴 • 감돈된 장내에서 급속한 세균번식으로 내독소가 전신순환혈류에 유입되면서 내독소 쇼크로 순환계가 위축되면서 사망에 이르게 됨
장폐색 시 장음	• 설사나 초기 장폐색 시 증가함 • 경한 장폐색증이나 복막염일 때는 감소했다가 없어짐 • 고음의 찰랑거리는 소리(high-pitched tinkling sounds)는 이완된 장내에 장액과 공기가 있음을 의미함. 복부경련을 동반한 고음은 장폐색을 의미함

증상	국소장벽의 변화	울혈, 혈관이 약해짐, 혈액순환 감소와 장내 압력의 증가 등	
	전신 증상	경련성 통증	부위가 불분명함, 장염 전이 시 심하고 지속적임
		오심 · 구토	근위부 소장폐색인 경우 아주 심할 수 있음, 원위부 소장폐색인 경우 토물에서 변 냄새가 남
		변비	-
		복부팽만	소장폐색 시 장관 내 정체된 장 내용물에 세균이 증식하고 공기를 삼키면서 복부팽만이 악화, 대장폐색인 경우 서서히 나타남
		장음	초기에는 고음이며 자주 들리나 후기에는 장음이 들리지 않거나 감소함
		발열	장 조직 괴사 시 발열
		검사결과	탈수와 수분장애를 반영(소변량 감소, 혈구농축, 저칼륨혈증, 저나트륨혈증), 소장폐색 시 대사성 알칼리증, 대장폐색 시 대사성 산증

(3) 치료

내과적 치료	• 감압을 위한 비위관 삽입, 약물은 효과가 없음 • 기다란 관(레빈튜브)을 코를 통해 위장까지 삽입하여 2~3일 정도 가스와 장 내용물 흡인
외과적 치료	수술로 폐색을 완화시키면서 괴사부분 제거, 수술 종류는 폐색부위와 형태에 따라 다름

4 게실증(diverticulosis)

정의/특징	• 유문에서 직장까지 어느 부위에서나 부분적으로 또는 완전하게 발생 가능 • 기계적 원인 즉 종양, 유착, 크론병, 게실질환, 이물질이나 기능적 원인(수술, 마취 약물 등)에 의해 장 내용물이 아래쪽으로 이동하지 못한다. 기능적 장폐색은 마비성 장폐색이라고 불림 • 대부분의 장폐색은 소장에서 발생하고 약 15%만이 대장에서 발생함
원인	• 저섬유식이로 인한 만성적인 변비 • 45세 이상이며 비만일 경우 • 게실이 있는 사람이 옥수수, 팝콘, 토마토나 씨가 있는 오이 등 소화되지 않는 섬유질 식품 섭취 시

병태생리		• 장근육의 약한 부분에서 장이 돌출하여 생김 • S자 결장에서 흔히 발생되는 원인은 대변을 직장으로 보내기 위해 높은 압력이 필요하기 때문: 분변이 게실 안으로 들어가 나오지 못하면 염증이 생겨 염증부위의 울혈과 출혈을 초래 • 게실염은 게실 내에 소화되지 않은 음식물 덩어리가 있을 때, 게실 부분에 혈액공급을 감소시키고 게실 안에 세균이 만연하여 발생 • 게실 속에 갇힌 대변 덩어리가 장벽을 침식시키면 천공 가능, 잠재적 폐색 초래
예		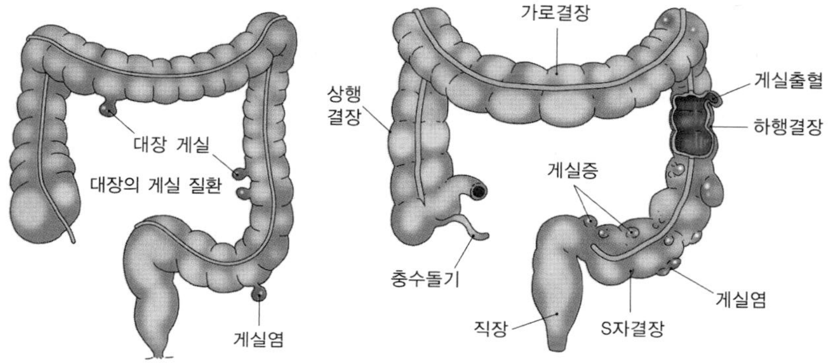 대장 게실 대장의 게실 질환 게실염 가로결장 상행 결장 게실출혈 하행결장 게실증 충수돌기 게실염 직장 S자결장
증상		게실증을 가진 대부분의 사람들은 증상을 호소하지 않음. 게실증을 가진 사람들 중 10~30%만이 증상을 나타냄. 흔히 동반되는 증상은 다음과 같음 • 둔한 통증, 배변 습관의 변화(변비 및 설사), 식욕부진, 고창증가(복부팽만), 미열 • 혈변(밝고 붉은 혈변, 통증이 없음) ⚠ 그러나 위의 증상이 있다고 반드시 대장 게실에 의한 것이라고 단정할 수는 없음
합병증		게실염, 천공, 출혈, 농양, 누공, 장폐색증 등
치료	내과적 치료	고섬유 식이, 변비 예방, 항생제 투여
	복압 감소를 위한 교육	• 몸을 굽히거나 무거운 것을 들어올리는 것, 몸을 웅크리거나, 기침, 구토 등을 피할 것 • 하루에 최소 8컵의 물 섭취 • 비만하면 체중을 줄이도록 함
	외과적 치료	치질, 폐색, 농양, 천공 등 합병증 발생 시

5 탈장(hernia)

정의/특징	장기의 일부가 비정상적으로 복막 밖으로 돌출되어 나온 것	
원인	• 근육이 약한 것 → 운동으로 강화해야 함 • 복부내압 증가 → 무거운 것을 들어올리는 등 복압상승행위 및 비만을 예방해야 함	
증상	탈장이 염전되었으면 심한 통증(장폐색을 의미), 구토, 복부팽만	
종류	간접 서혜 탈장	복막이 주머니를 만들어 그 안에 장이 들어가 서혜륜을 통과하여 불거져 나옴 • 고환이 하강하여 음낭까지 내려감. 신생아와 젊은 사람에게 흔함
	직접 서혜 탈장	약화된 복벽 부분을 통하여 내용물이 돌출됨. 노년층에게서 흔함
	대퇴 탈장	감돈과 염전이 잘 됨. 여성에게서 주로 발생
	배꼽 탈장	복압의 증가에 의하여 비만하거나 임신 경험이 많은 경우
	절개 또는 복부 탈장	잘 치유되지 않은 수술부위에서 발생
	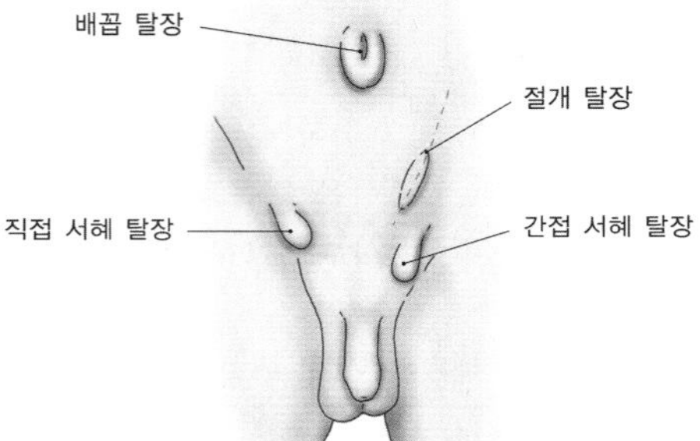 배꼽 탈장 절개 탈장 직접 서혜 탈장 간접 서혜 탈장 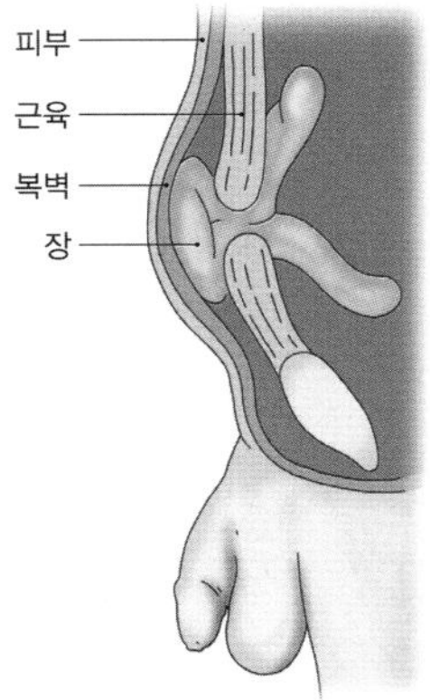	피부 근육 복벽 장
정도에 따른 구분	환원성 탈장	탈장낭의 내용물이 조작에 의해 복강내 제자리로 환원
	비환원성 탈장	탈장낭의 내용물이 촉진에 의해 되돌아갈 수 없는 상태 • 치료하지 않으면 염전(strangulation)
	감돈(incarcerated)	탈장내공을 통해 나온 장이 제자리로 돌아가지 못하고 내공에 끼인 상태 • 치료하지 않으면 염전(strangulation)
	염전(strangulation)	돌출된 장의 고리가 너무 심하게 조여 혈액차단으로 조직 괴사 현상
치료	내과적 치료	• 복압 증가 활동 금지 • 변비완화제, 고섬유 식이 제공 • 탈장대 착용 • 흡연으로 인한 기침 시 금연 • 염전이나 감돈되지 않은 탈장은 손으로 복강내로 밀어 넣음
	외과적 치료	외과적 복구: 약해진 부위에 작은 절개를 하여 장을 복강 안으로 되돌린 후 탈장낭을 제거하고 근육을 봉합함

6 결장과 직장의 암

위험인자	• 연령 : 50세 이상 • 식이 : 저섬유성, 고지방, 육류 과다섭취 • 궤양성 대장염(과거력 진단 8~12년 후 위험이 증가됨), 가족성 선종성 용종(FAP), 유전성 비용종성 대장암(HNPCC) • 가족력 : 결장암, 선종성 용종 • 비만, 알코올, 흡연	
원인 및 병태생리	유전	• 결장암은 유전적 소인과 상관관계가 있음 – 선종성 용종은 염색체 5번의 돌연변이 결과로 발생, 가장 흔히 결장 직장암으로 발전하는 전암성 조직임 • 관상/융모상/관상융모상 선종성 용종의 3종류가 있음. 이 중 관상융모상 선종성 용종이 가장 흔하며 나이가 들수록 증가함 – 크기는 1~5cm 정도이며 큰 용종일수록 악성조직으로 변이되기 쉬움
	식이	• 정제되지 않은 곡물이나 야채와 과일이 부족한 식이 – 동물성 단백질, 지방, 열량이 높은 식이를 하는 경우(동물성 식품을 많이 섭취하면 대장에서 혐기성 세균을 증가시켜 담즙산을 발암물질로 변환시키고, 동물성 지방을 과다섭취하면 세포막에서 지방산의 이동이 증가하여 장내 프로스타글란딘이 세포증식을 자극함) • 대장암의 위험을 낮추는 영양소는 엽산, 셀레니움, 비타민D, 칼슘 등
	약물	아스피린, 이부프로펜과 같은 NSAIDs 사용, 호르몬 대치요법이 결장암 위험을 낮춤
	진행경향	결장암은 TNM 분류에 의해 병기 구분, 국소적인 침범으로 시작하여 간, 십이지장, 소장, 췌장, 복벽 등 주변 장기를 침범, 림프계는 장과 밀접하므로 이를 통해 원거리 장기 전이가 잘 발생, 대장암이 가장 잘 전이되는 장기는 간, 폐, 뇌, 뼈 등임
증상	• 부분적 장폐색 증상, 가스 또는 가스가 찬 느낌 • 배변 습관의 변화 – 연필같이 가늘거나 리본같이 부분적으로 굵고 가는 대변 – 배변 후에도 장이 비워지지 않은 느낌 – 대변에 잠혈 또는 직장 출혈 • 허약, 피로, 쇠약과 식욕부진, 체중 감소, 복통 • 진행시 상행결장에 종양이 있으면 종양촉지, 괴사와 궤양 진행되면 빈혈발생, 후기 통증 발생, 반면 하행결장에 종양이 있으면 대장의 내경을 따라 증식하므로 장폐색이 흔하고 종양이 커지면서 심한 변비증상	

종양발생부위	우측결장	• 장의 관강이 넓고 대변이 묽은 상태로 폐색은 드물고, 궤양발생으로 빈혈이 초래될 수 있음 • 체중 감소, 식욕부진, 피로감, 허약감, 복통, 오심·구토, 덩어리 촉지, 검은변(잠혈)
	좌측결장/직장	폐색증상으로 배변 습관의 변화, 이급후증, 변굵기 감소, 변에 혈액이나 점액섞임, 직장출혈, 변비 또는 설사
진단검사	직장지두검사	-
	바륨관장	종양유무 확인
	CEA	• 증가 시(> 5ng/ml) 결장직장암 또는 위암, 췌장암 예측 • 수술 전 대장암 단계 결정, 항암치료에 따른 효과 확인, 재발 확인
	대변잠혈검사	• 50세 이상에서 매년 대변잠혈 검사를 시행하고 5년에 1회 S상 결장경 검사나 5~10년에 1회 대장내시경 검사를 권장함 • 위장관 출혈, 대장암 조기진단 • 검사 3일 전부터 붉은색 고기, 철분제제, 스테로이드, 콜키신 등 금함 • 아스피린이나 NSAIDs와 같은 위장관 출혈을 증가시키는 약물 중단
	결장경검사, 생검	• 상행결장 부분을 잘 볼 수 있고 생검도 가능하므로 정확한 진단 가능(암세포의 유형까지 진단가능) • 대상자에게 검사를 위한 준비와 지세, 검사기구 통과 시 불편감, 장내 공기 유입으로 인한 복부통증이 유발될 수 있음을 설명 • 검사 24~48시간 전부터 맑은 유동식 섭취와 검사 당일 오전 금식, 검사 당일 청결관장시행, 출혈이나 심한 설사가 있으면 장 준비없이 검사 시행 • 자세는 슬흉위를 취하거나 허약한 경우 좌측위 • 검사 후 장천공 징후(직장출혈, 통증, 발열 등) 사정
	CT	종양의 크기와 전이 여부 확인
	X-선	장구조와 협착 등을 조사

7 장루 간호 [국시 2018]

장루 관찰	차이가 있지만 지름은 2~5cm, 높이는 0.5~5cm, 건강한 장루는 습기를 띠고 붉고 약간 올라와 있으며 주위는 깨끗함
비정상 개구부	매우 건조, 창백, 흐린 푸른색, 회색빛은 국소빈혈과 허혈/괴사 의심 증상
피부간호	장루 주변 피부는 비누와 물로 세척하고 두드려 건조, 장루 주위 피부 보호제 적용(wafer, paste)
주머니 비우기	1/3~1/2 정도 채워졌을 때 비울 것

주머니 교환	• 4~5일마다 또는 샐 때마다 교환 • 변 배출량이 적을 때(식전, 취침 전, 기상 후), 장을 비운 후 교환 • 장루 크기를 측정해서 장루 크기보다 0.3cm 정도 크게 오려서 사용
장세척	➲ 형성된 변 제거 및 규칙적인 배변 습관 형성을 위해 시행 • 시행 시기: 수술 전 배변하던 시간대 / 매일 또는 격일로 1시간 정도 시행(설사 시 금지) • 세척시간: 1시간정도 소요, 욕실에서 시행 • 절차: 500~1,000ml의 체온정도의 미온수를 용기에 채운 후 튜브 내 공기 제거 후 깔때기 모양의 관을 세척용 튜브에 연결하고 윤활제 바름 → 카테터는 5~10cm 정도 힘주지 않고 장루에 삽입하여 물은 6~8분에 걸쳐 느리게 주입 • 주입 시 경련이 있으면 멈추고 심호흡, 복부마사지 후 천천히 주입

냄새 및 가스 조절 [국시 2016 · 2019]	가스형성 식품	양파, 양배추, 탄산음료, 무, 맥주
	냄새유발 식품	달걀, 치즈, 생선, 마늘, 양파, 콩류, 비타민류
	장폐색 유발 식품	고섬유질 식품
	냄새를 줄이는 식품	크랜베리 주스, 버터, 밀크, 요구르트
	기타조절	• 공기를 삼키는 행위(흡연, 빨대 사용, 껌 씹기, 말하면서 식사)금지 • 방취 처리 주머니, 탈취제를 사용하여 냄새 조절
합병증 관리	복대 사용, 복부 지지	• 함몰(장루가 주변피부보다 낮은 것)시 사용 • 장탈출, 탈장, 협착증(장루주위의 피부가 반흔형성하여 장루가 점진적으로 좁아지는 것)을 예방하기 위해 사용 • 출혈, 괴사 등의 예방하기 위해 사용
	• 복압 올리는 행위를 삼가고, 변비 예방 • 매일 부착물 교환 시나 샤워 시 장갑을 낀 손가락에 윤활제를 묻혀 좁아진 장루 개구부를 확장시키고, 장루 주위의 피부를 잘 관찰 • 수술 후 6~8주 이후부터는 다른 문제가 없는 한 목욕, 수영 같은 일상생활이 가능함	

8 간호

수술전 간호 (장준비)	목적	장내 세균 수를 감소시켜 수술 중 장내 감염 예방
	금식	필요시 비경구 영양 공급, 수분전해질 불균형 교정
	항생제투여	수술 전부터 수술 후 까지 감염 예방을 위한 광범한 항생제 투여(네오마이신, 설포나마이드, 세파렉신 등)
	장 비우기	분변오염 극소화: 하제, 관장, 좌약 이용
	빈혈예방	심한 빈혈 시 수혈
수술 후 간호	• 생리적 문제: 장루가 너무 넓으면 탈장, 좁으면 협착, 임신 시 폐색/탈장, 비만 시 퇴축 • 합병증: 탈장/탈출, 협착, 함몰, 폐색, 탈출/피부염증, 수분과 전해질 불균형 • 심리 · 사회적 문제: 장루 환자끼리의 만남 등 심리적 지지	

9 장루 형성술 후 문제 [2013 기출]

생리적 문제	사회 · 심리/생활양식의 문제

• 부적절한 개구부의 위치는 개구부 관리를 어렵게 한다.
• 개구부가 너무 넓으면 탈출을 일으킬 수 있으며, 너무 작으면 협착이나 폐색을 초래한다.
• 개구부가 충분히 돌출되지 않으면 주머니를 부착하기 어렵다.
• 비만은 개구부 형성을 방해하며 개구부에 혈액 공급을 감소시키고 홍조나 개구부 퇴축을 일으킨다.
• 드물지만, 임신은 폐색이나 탈출의 원인이 된다.
• 회장루술의 합병증은 수분 상실(흔히 하루에 500~1000mL), 전해질 · 비타민 · 무기질 상실(특히 염분, 마그네슘, 아연과 비타민B_{12}), 음식물이나 유착으로 인한 폐색 등이다.
• 회장루술과 결장루술의 합병증은 피부자극, 개구부의 부종, 괴저, 함몰 또는 탈출 등이다.
• 조절성 회장루술의 장점은 기구가 필요 없고 피부 손상도 거의 없다는 점이다.
• 조절성 회장루는 카테터를 하루에 2~4회 삽입해 주머니를 비운다. 가스 냄새와 배출 소리의 문제들이 있다.
• 조절성 회장루술의 합병증은 실변, 삽관의 어려움, 누공, 농양, 폐색, 카테터에 따른 천공, 지방, 철분, 엽산염, 비타민B_{12}의 흡수불량, 수분 전해질 불균형, 세균 성장으로 인한 주머니의 염증 등이다.
	• 대상자가 비현실적인 기대를 가지면 적응하기 어렵다.
	• 대상자는 오락, 사회생활, 일을 포함해 이전의 활동을 재개할 수 있다.
	• 대상자는 처음에는 좌절하며, 낙담하고 고립되거나 우울해한다. 자신이 조절할 수 없다고 느끼며 의존적이 된다.
	• 대상자는 배우자나 가족의 거부, 직업의 상실, 역할과 지위의 상실, 성관계의 방해 등을 포함해 많은 두려움이 있다.
	• 다른 사람들이 의복 밑에 있는 부착기구를 눈치 채거나 배출 소리와 나쁜 냄새를 맡을 것을 두려워한다.
	• 신체 변화와 괄약근 조절기능의 상실 때문에 신체상과 자존감의 변화가 생긴다.
	• 임신할 수 있을지 걱정한다.
	• 처음에 개구부의 관리 방법을 배울 때 대상자는 자신감 부족과 좌절감을 느낄 수 있다.
	• 의상의 선호도를 바꿀 필요가 없다.
	• 식이 변화가 필요하다. 탈수를 예방하기 위해 수분 섭취를 늘려야 하며, 가스와 냄새를 유발하는 음식을 피한다.
	  – 가스 형성 식품: 양파, 양배추, 탄산음료, 무, 맥주
	  – 냄새 유발 식품: 달걀, 치즈, 생선, 마늘, 양파, 콩류, 비타민류
	  – 장폐색 유발 식품: 고섬유질 식품
	  – 냄새를 줄이는 식품: cranberry 주스, 버터밀크, 요구르트
	• 장루 형성술을 한 사람과 만나는 것이 도움이 될 수 있다.

03 소장 · 대장의 외과적 질환

1 충수염(appendicitis) [1992 · 1996 · 2011 · 2021 기출]

(1) 개요

<table>
<tr><td>정의</td><td colspan="2">충수염이란 대부분 외과적 질환으로 충수의 염증을 말함. 어느 연령층에서나 다 올 수 있으나 20~30대 젊은 층에 가장 많이 발생함</td></tr>
<tr><td>원인</td><td colspan="2">• 바이러스 감염(유아에서는 감기라고 생각되는 상태 중에 충수염이 되는 수도 있음)
• 충수돌기의 내외적 폐색(굳은 분변, 충수돌기의 꼬임, 장벽의 감염 및 부종, 유착 등)</td></tr>
<tr><td>충수의 위치
[2021 기출]</td><td colspan="2">맥버니점 (McBurney's point)
앞·뒤 장골능 (ant.sup.iliac crest)
• 맥버니점(McBurney's point) : 앞-위 장골능과 배꼽을 연결하는
• 직선상의 1/3 지점 : 눌렀다 손을 뗄 때 통증이 발생</td></tr>
<tr><td>병태생리기전</td><td colspan="2">충수가 폐색되면 관강 내부 압력 증가 → 정맥배액 감소 → 혈전증과 부종, 장벽에 세균침입 → 염증 → 폐색이 계속되어 천공 → 복막염 초래</td></tr>
<tr><td rowspan="3">증상</td><td>복통</td><td>➲ 급격한 복부의 통증이 상복부나 배꼽 주위에서 시작
• 오른쪽 아래 부분(Mcburney's point)으로 옮겨감
• 반동성 압통(rebound tenderness) : 깊이 누른 다음 손을 뗄 때 통증
• 배변감, 배변으로 완화될 것 같은 느낌
• 무릎구부린자세로 누운 경우 통증 완화</td></tr>
<tr><td>기타</td><td>오심 · 구토, 식욕소실, 발열, 호흡곤란, 얕은 호흡, 맥박 · 호흡 증가, 판자같이 단단한 복부</td></tr>
<tr><td>합병증</td><td>복막염</td></tr>
</table>

(2) 충수염 검사방법(진단법)

통증지점 [2021 기출]	통증이 시작되었을 때의 지점과 현재의 지점을 지적하도록 한다. → 우하복부 Mcburney's point 지점 통증
압통	국소 압통점이 없나 주의 깊게 검진한다. → 눌렀을 때 아프다고 하면 'Tenderness(압통)'
근강직	근육 경직이 없나 검진한다.
반동압통	• 반동압통(rebound tenderness : Blumberg's sign)검사를 실시한다. → 눌렀다 떼는 순간 아프면 'rebound tenderness(반발통)' • 손을 복부와 직각이 되도록 유지한다. 천천히 깊게 누르고, 빨리 손을 뗀다. 이는 촉진에 의해 움푹 들어간 구조들을 갑자기 반동시킨다. → 압력이 사라질 때의 반동압통은 복막염의 확실한 징후이다(복막염은 충수염을 수반).
Rovsing Sign	좌하복부(LLQ)에 압력을 가했을 때 대칭점인 우하복부(RLQ)에 통증을 호소한다. 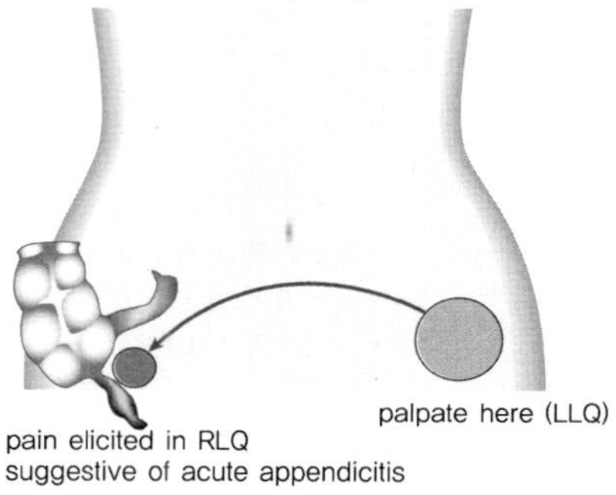 Rovsing's sign palpate here (LLQ) pain elicited in RLQ suggestive of acute appendicitis
장요근 검사	➲ 장요근(iliopsoas musle)검사 : 요근징후 관찰 • 앙와위로 눕고 우측다리를 쭉 뻗어 올리고 고관절을 굴곡시킨다. 검진자는 손을 대상자의 우측 무릎위에 놓고 힘을 주어 아래로 밀고 대상자는 검진자의 손에 대항하여 다리를 올리도록 한다. → 우하복부에서 통증이 느껴진다. • 환자를 왼쪽으로 눕히고 오른쪽 넓적다리를 신전시켰을 때 요근(psoas m.)앞쪽으로 염증이 있는 충수가 있으면 통증을 호소한다. 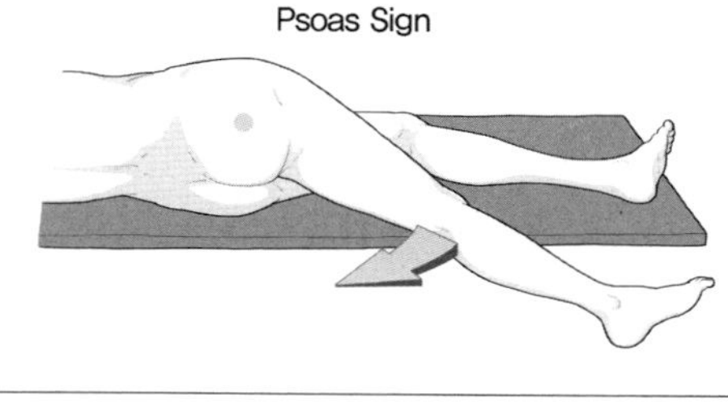 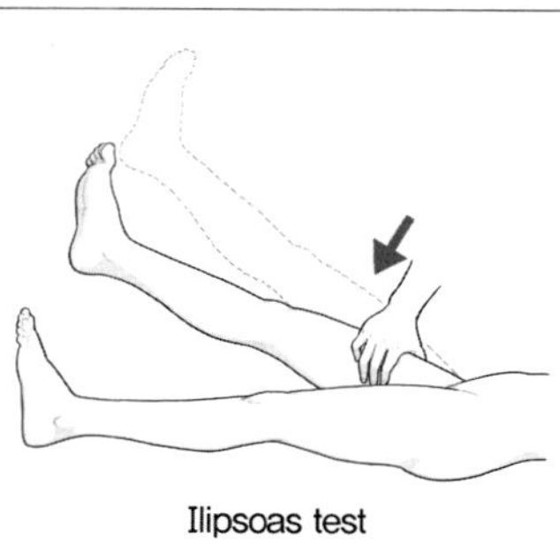 Psoas Sign Ilipsoas test

폐쇄근 검사	⭘ 전자근(obturator)검사 : 폐쇄근 검사(obturator sign) 우측다리는 든 채 고관절 굴곡, 무릎도 굴곡(90°)시킨다. 이때 발목을 잡고 다리를 내회전과 외회전시킨다. → 천공된 충수는 전자근을 자극하여 통증을 유발한다. 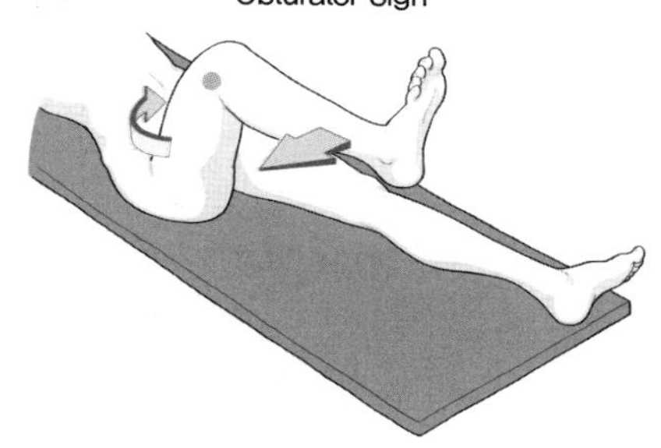
피부 감각 증가	복부의 피부를 엄지와 집게손가락으로 부드럽게 집어 올려본다. 정상에서는 통증을 느끼지 않는다.

| 신체검진 시 |

문진	• 복통의 유발요인이나 완화요인 : 오른쪽 다리를 펼 때나 힘을 줄 때 통증 증가, 오른쪽 다리를 구부리면 통증 감소 • 복통의 질·특성 : 수축성, 지속성 • 복통의 위치 : 배꼽 주위에서 Mcburney's point로 집약 • 복통의 강도 : 중정도 이상 및 심한 동통 • 복통 발생 시간 및 지속시간 • 관련된 증상 : 오심·구토, 설사, 변비 등의 위장 증상, 오한이나 열, 월경력(생리 유무, 주기, 월경통 유무), 과거력
시진	• 새우처럼 구부린 자세 • 똑바로 서거나 눕지 못함 • 발한을 수반하는 창백한 얼굴
청진	장음·연동음 청진(장음의 증가 또는 감소, 주로 감소)
타진	타진 시 공명음 증가
촉진	• 촉진 시 근육의 경직과 압통 호소 및 반발 통각 • Rovsing 징후 검진 시 양성반응(Rovsing 징후란 좌하복부를 깊이 눌러 우하복의 통증 유무를 관찰하는 것) • 요근 징후 검진 시 양성반응(요근 징후란 우측무릎에 손을 놓고 힘을 주며 다리를 굽혀 보라고 하는 것) • 폐쇄근 징후 검진 시 양성반응(폐쇄근 징후란 고관절, 무릎을 굴곡시켜 회내전시켜 보는 것) • 피부감각 증가(복부의 피부를 엄지와 집게손가락으로 부드럽게 집어 올리면 통증 증가)
활력징후	중등도의 열, 빠르고 얕은 맥박, 호흡수 증가, 혈압 감소

(3) 응급간호

응급간호	• 금식시킨다. • 동통이 있더라도 진통제를 사용하면 동통의 양상을 파악하는 데 방해가 되므로 사용하지 않는다. • 더운물 찜질이나 마사지, 관장, 하제는 절대 금한다(장운동 자극 → 천공위험). • 건강력 조사: 여성의 경우 월경주기를 조사한다. 가끔 배란 동통이 충수돌기염의 통증으로 오인되는 경우가 있다. • 복부의 압력을 감소시켜 줄 수 있는 체위(반좌위, 무릎 구부리기)와 의복을 느슨하게 하면서 얼음주머니를 대어주고 속히 응급실로 후송한다. − 복압 감소, 통증 완화, 염증 확산 방지 − 천공 시에는 장의 압력을 감소시키고 염증이 확산되지 않게 semi-Fowler 체위를 취하고 외과적인 치료를 해야 한다. • 급성 충수염은 흔하지만 오진이 많고 파열 시 상당히 치명적이다. 그러므로 정확하고 민첩한 건강력 수집과 신체검진을 실시하여 합병증을 예방하고 최소화시켜야 한다. • 충수염과 감별 진단해야 할 질환들: 난관염, 난관 임신, 황체낭종 파열, 복성 간질, 사춘기가 가까운 여아의 배란, 장간막 임파선염, 위장관 알레르기, 류머티즘열, 신우염, 위장염, 변비로 인한 복통 등
수술 후 간호	• 반좌위 자세를 유지한다. − 절개부위와 복부 긴장 완화, 통증 완화 • 봉합사는 5~7일 후 제거하고, 2~4주 후 정상 활동을 시작한다. • 장폐색이나 2차적 출혈징후를 관찰한다.

2 복막염 [2006 기출]

원인	• 소화성 궤양의 천공, 충수파열, 장의 괴저, 게실천공, 외상, 기타 복부수술 등 • 이물질, 감염, 천공부위의 배액 등이 복막을 자극해서 염증유발, 세균증식 촉진 • 외부에서 혈류를 통한 세균 감염(대장균, 포도상구균, 연쇄상구균, 폐렴구균이 흔함)
병태생리	• 장의 염증성 반응으로 혈액이 장의 염증 부위에 몰려 감염에 대항해 싸우기 시작함 • 장의 연동운동은 중지되고 수분과 공기가 장의 내강 내에 남아 있게 되어 장내강의 압력이 증가하고, 장내로 수분 분비를 증가시키므로 순환 혈액량이 감소함 • 복통과 복압의 상승으로 호흡하기 힘들어지는 동시에 염증 과정으로 산소 요구량이 증가함
임상증상 [2006 기출]	• 복부팽만, 강직(판자처럼 단단한 복부) • 복부팽만으로 횡격막상으로 얕은 호흡, 빈맥, 저산소증, 불안정, 청색증 • 식욕부진 오심·구토 발열 • 장음이 들리지 않거나 감소 • 반동성 압통 • 움직일 때 심해지는 통증 • 횡와위, 다리 구부리는 자세 취하여 통증 완화

진단검사	• 백혈구 증가(백혈구 20,000/mm^3 이상, 호중구 증가) • 복부방사선사진(장확대, 부종, 복강내 공기와 체액정체) • 구토 심한 경우 전해질 불균형
치료 및 간호중재	• 금식 • 수분전해질 보충 • 감염해결 후 장관 삽입으로 감압 • 광범위 항생제, 진토제 및 진통제 투여 • 복부절개 및 배액관 삽입 • 반좌위: 염증의 확산방지로 국소화 효과

3 치질, 치핵(hemorrhoid) [2007 기출]

정의	치질	항문부위의 지속적인 압력 증가로 인해 항문 직장 부위의 정맥이 늘어진 상태, 일종의 정맥류
	치열	항문관에 생기는 궤양이나 열상으로 세로로 놓여 수직으로 찢어진 것
내치질	• 항문부위 안쪽에 있으며 점막으로 둘러싸여 있음(점막과 피부의 경계부위인 치선의 위쪽에서 발생) • 단순 치질인 경우 선홍색 출혈이 있으나 대개 무통이며 항문부에 이물 압박감 내지 소양감을 호소함 • 내치질의 특징은 출혈과 탈출(prolapse)	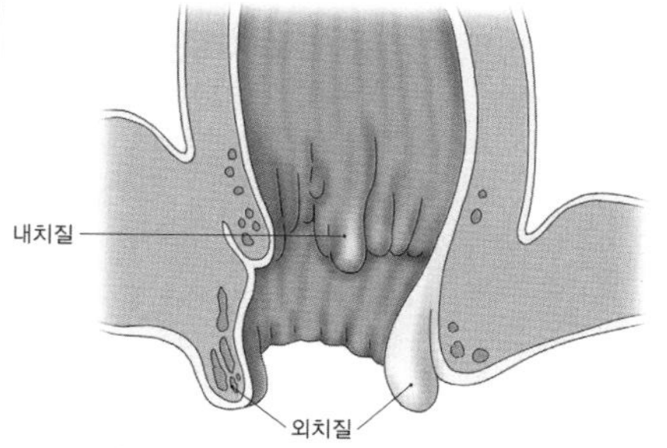 내치질 외치질
외치질	• 만성 변비, 긴장, 비만 또는 임신 등 항문부위의 압력이 증가 할 때 항문 괄약근 아래에 발생(혈관이 늘어나 이를 덮은 점막과 피부를 신장시켜 항문 아래로 돌출된 것) • 내치질과 달라 척추신경의 지배하에 있기 때문에 통증을 강하게 느끼며 출혈은 잘 발생하지 않음	
치질 종류	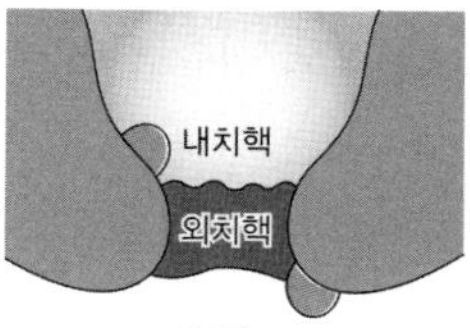 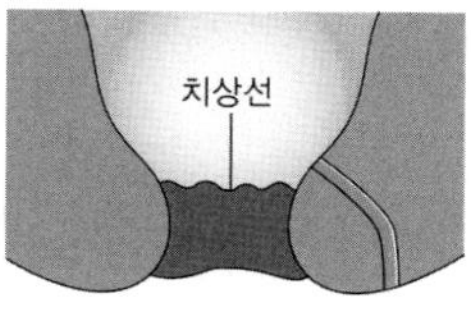 내치핵 외치핵 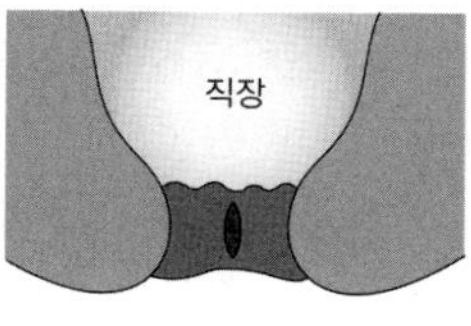 치핵 / 직장 치열 / 치상선 치루	

원인 [2007 기출]	• 가장 흔한 원인: 정맥압 상승 • 고혈압, 울혈성 심부전증 등의 순환기 질환(정맥이 심장으로 귀환하지 못해 정맥계의 울혈로 정맥압 증가) • 오랫동안 서 있는 자세(정맥이 심장으로 귀환이 저해되어 정맥압 상승) • 앉아 있는 자세(회음부 압력 증가) • 임신이나 비만, 변비(배변 시 긴장으로 복부내압과 치질정맥압 증가) • 설사, 유전적 소인	
병태생리	• 내·외치질은 치정맥 얼기 안에 있는 판막(valve) 결핍에 의해 발병함. 변비나 복부 내압 및 치질의 정맥압을 증가시키는 어떠한 조건이라도 치질 발생을 증가시킴 • 배변 시 긴장 → 복부 내압과 치질 정맥압 증가 → 치질 정맥 확장 → 직장의 팽대부가 대변으로 가득 차면 정맥 폐색 → 압력과 폐색이 반복 & 장기화 → 치질정맥의 영구적 확장으로 혈전증 및 출혈	
치질 단계	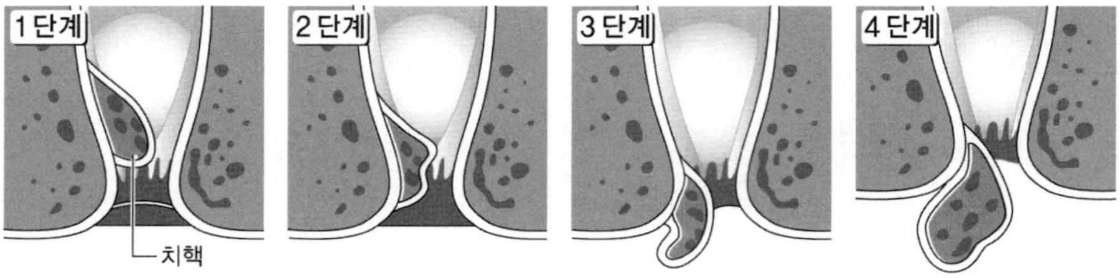 1단계 (치핵): 치핵이 항문 안에만 있는 상태로 가끔씩 출혈이 생김 2단계: 배변 시 치핵이 항문 밖으로 나오지만 다시 저절로 들어감 3단계: 배변 시 치핵이 항문 밖으로 나오고 손으로 넣어야 들어감 4단계: 치핵이 항문 밖으로 나와있고 손으로 넣어도 안 들어감 **| 치질(치핵) 단계별 증상 |**	
증상	• 외치질: 항문부위 발적과 통증, 분홍빛 조직의 덩어리 관찰, 직장소양증 • 내치질: 지두 검진 시에 촉진, 선홍색 출혈(대변이나 화장지에 묻어남, 심하면 배변 후 뚝뚝 떨어지는 정도) • 치열은 시진 시 볼 수 있으며 염증을 일으키기도 함 • 통증, 특히 배변 시 통증과 출혈 증상을 호소 • 가려움증: 외치질에서 주로 나타남 • 변비	
치료 및 간호	원인 제거 (압 제거)	➲ 지속적인 항문 주위 압을 주는 요인 제거 • 변비 시 변비 조절: 수분 섭취 권장, 섬유식이 권장, 운동, 스트레스 관리, 규칙적인 배변 습관 • 외과적 치료: 고무밴드 결찰법, 경화제요법, 냉각절제술, 레이저수술 등 • 오래 앉기·화장실에 앉아있기·서 있기 등 주의 • 비만이라면 체중 감량 • 비만이나 임신과 관련된 압력을 경감시키기 위해 앉아있을 때 자주 다리를 올려놓도록 해야 함
	순환 증진	온수포나 좌욕(hot sitz bath)을 자주 실시

	대증요법	• 소염진통제, 국소 마취제 도포 • 급성기에는 저잔류 식이 권장 • 양념이 강한 음식, 땅콩류, 커피, 알코올 섭취 금지 • 장시간 앉아있는 자세 삼갈 것 • 항문의 위생상태 유지(잘 닦기)
치질수술	불편하여 견디기 힘든 외치질이나 상기 방법으로 치료해도 치유되지 않는 내치질에 치질 수술(hemorrhoidectomy) 시행 • 고무밴드 결찰법: 내치질, 치질기저부에 고무밴드를 끼워 허혈시킴 → 위축, 탈락 • 경화제 요법: 내치질, 경화성 용액을 치질조직 내 주입해 염증반응을 일으킴 • 냉각 절제술: 내치질, 조직 괴사되도록 냉각 • 레이저 수술: 외치질을 태워 제거 • 치질 절제술	

04 간 담도계 주요구조 및 기능

1 간의 주요 기능 및 진단검사

(1) 간의 주요 기능

간 기능	주요 내용	
담즙 생산	• Bilirubin, 담즙산염, cholesterol, lecithin, 지방산 등으로 구성된 담즙을 하루 600~1,200㎖ 생산 · 분비한다. • 적혈구를 파괴하여 혈색소를 bilirubin으로 환원시켜 소변이나 대변으로 배설시킨다. • 담낭에 저장되어 있다가 소장으로 배출되어 지방을 미립자로 유화시킨다. [국시 2014] • 담즙은 지방성분을 유화시켜 지방소화를 돕는다. • 담즙 결핍은 지방과 지용성 비타민인 비타민A, D, E, K를 흡수할 수 없다(비타민K 부족으로 출혈 시 응고되지 않음, 응고인자 II, VII, IX, X는 간에서 합성될 때 비타민K를 필요로 한다).	
빌리루빈 대사 [국시 2000 · 2007]	간접 빌리루빈	빌리루빈은 혈색소 대사로 생산되는 노폐물이며 혈청 간접 빌리루빈의 90% 이상이 알부민과 결합하여 순환한다.
	직접 빌리루빈	간접 빌리루빈은 간에서 수용성인 직접 빌리루빈으로 바뀌어 담즙으로 십이지장에 이동한다.
	urobilinogen (장)	직접 빌리루빈은 장내 세균에 의해 urobilinogen으로 바뀌고 일부는 장에 재흡수되어 문맥순환계로 들어간다. [국시 2015]

	urobilinogen (신장)	10~20%의 유로빌리노겐(uroblinogen)은 간문맥으로 들어가서 간에서 직접 빌리루빈으로 재분비되고 극히 적은 양은 간에서 흡수가 안 되며, 신장에서 urobilinogen으로 배설된다.
	stercobilin (대변)	대장에서 80~90%의 urobilinogen은 산화하여 스테르코빌린(stercobilin)이 되고 대변을 갈색으로 변화시킨다. • 회백색 변: 담낭관 폐쇄
탄수화물대사	당원형성, 당원분해, 당질신생 • 포도당을 glycogen(당원)으로 합성하여 저장하고 필요시 포도당으로 분해하여 근육운동에 사용된다.	
지방대사	지방 분해 산물을 흡수하고 가수분해하여 glycerol과 지방산으로 전환한다. • Lipoprotein 형성, 콜레스테롤과 인지질 합성, 단백질과 탄수화물로부터 중성지방(triglyceides) 합성, 케톤 형성	
단백질 대사	단백이화	아미노산 형태로 흡수하고, 다른 아미노산을 합성하고, 탈아미노작용으로 ammonia를 urea로 전환시켜 신장을 통해 배설하게 한다.
	혈장단백 형성	albumin을 생성하여 삼투압 균형을 이루게 한다.
응고작용	응고인자 형성	prothrombin, fibrinogen 및 다른 혈액응고인자를 합성한다.
	비타민K 합성	비타민K도 합성하고, 항응고제인 heparin도 생성한다.
스테로이드 대사	부신피질 스테로이드를 불활성화하여 신장에서 배설(estrogen, progesterone, testosterone, aldosterone glucocorticoid 대사에 관여)한다.	
내·외인성 물질의 해독작용 (detoxification)	환원, 가수 분해, 산화, 순환으로 방출된 물질의 저장과 퇴화과정을 거쳐 해독한다. • 내인성 물질해독(암모니아, 스테로이드, ADH, aldosterone, estrogen, progesterone) • 외인성 물질해독(알코올, 약물 등)	
방어기능	세망 내피세포(kupffer cell)의 식균작용을 한다.	
혈액저장 여과 영양소저장	노쇠한 적혈구를 파괴하고 문맥내로 들어오는 혈액을 여과, 비타민 A, D, B_{12}와 철분을 저장한다.	

(2) 간, 담도, 췌장의 임상 검사

측정	정상치	해석
	담즙 배설	
Serum bilirubin direct(conjugated) indirect(unconjugated) Total	• 0.5mg/100mℓ • 0.2~0.7mg/100mℓ • 0.2~1.2mg/100mℓ	• conjugated bilirubin의 일부가 혈청 내 축적되어 담즙 분비 손상과 함께 direct bilirubin 치가 상승된다. • indirect bilirubin은 적혈구 용혈 현상의 가속화나 간세포 손상 시 증가한다. • Total bilirubin은 direct와 indirect bilirubin 수치를 합한 것이다.
Urine bilirubin	0(없음)	urine bilirubin은 conjugated bilirubin만을 검사한다. 담도 폐색 시 상승한다.
Urine urobilinogen	0~1.0 Ehrlich unit/24hr 혹은 0.5~4.0EU/24hr	담도폐색 시 소변 내 urobilinogen이 감소한다.
Fecal urobilinogen	75~275EU/100g	당도 폐색 시 대변 내 urobilinogen이 감소하며 적혈구 용혈 시 증가한다.
serum cholesterol	140~240mg/100mℓ	담도폐색으로 인한 분비 차단으로 콜레스테롤 수치가 증가, 그러나 심각한 간 손상으로 콜레스테롤의 합성이 줄어들면 감소한다.
	탄수화물 대사	
Serum amylase	80~150 Somogyl U/100mℓ 혹은 40~220 IU/L(사용한 검사 방법에 따라 다름)	샘포(acinar cell)의 파괴로 췌장 소화효소가 방출된다.
Urine amylase	< 260 Somogyl U/hr	• 혈청치는 췌장염으로 인한 통증 발생 2~3시간 후 증가하다가 24~48시간 후에는 정상으로 돌아온다. • 아밀라아제 검사는 췌장 아밀라아제와 타액 아밀라아제 모두를 측정한다. 소변에서의 수치는 췌장염일 때 좀 더 오랫동안 상승한다.
	단백질 대사	
Total protein	6.0~8.0gm/100mℓ	간손상 시 혈청 단백질 합성은 줄어든다(albumin, alpha와 beta globulin).
Serum protein(albumin)	3.3~5.5gm/100mℓ	간손상 시 albumin 합성은 줄어든다.
Serum globulin	2.7~3.5gm/100mℓ	globulin, 감마글로불린은 간이 아니라 형질세포에서 생성된다.

A/G ratio (albumin/Globulin)	1.5/1~2.5/1	간에 장애가 발생하면 혈액 중의 알부민은 현저히 감소되며, 더불어 A/G비도 감소한다. [국시 2007] 즉, 비율의 감소는 간질환을 의미한다.
Blood ammonia [2022 기출, 국시 2019]	< 75mcg/100㎖	간세포 손상이 심할 때 신체의 암모니아를 urea로 전환시키는 능력이 감소하여 혈액 내 암모니아 치가 상승한다.
methemalbumin	없음	출혈성 췌장염 같이 혈액이 체액 내로 유출될 때는 혈색소의 소화산물이 증가한다.
지방 대사		
Serum lipase	0~1.5U	췌장의 소화효소는 생꽈리세포가 파괴되면 방출된다.
이물질 대사		
Bromsulphalein(BSP) 분비	< 5% retention/ hr	염료는 간세포가 혈액으로부터 이를 제거하거나 배출시키는 능력이 감소함에 따라 정체된다.
혈청 효소		
Aspartate aminotraseferase (AST)	5~40 U/㎖	간장, 심장, 신장, 근육세포 손상이 있을 때 AST, ALT, LDH 효소가 방출된다. 그러나 손상의 정도와 비례 관계는 아니다. 급성 간세포 손상에는 400U이상 상승한다.
Alanine aminotransferase (ALT)	5~40 U/㎖	
Lactate dehydrogenase (LDH)	사용되는 단위가 다양	담도폐색 시 상승한다. → 담관 안의 세포에 의해 생산된다. 이는 뼈, 소장, 태반에서도 발견된다.
Alkaline phosphatase (ALP)	검사방법과 사람의 나이에 따라 다양	이 효소는 주로 간에 있다. 이 효소와 함께 ALP도 상승한다면 간질환의 발생이 확실하다.
Serum 5'-nucleotidase	0.3-3.2 Bodansky unit	이 효소는 간과 신장에 있다. GGTP와 ALP가 상승하면 간에 질환이 있음을 나타낸다.
Serum gamma glutamyl transepeptidase (GGTP)	< 65 IU/L	-
간염의 항원과 항체	항원은 음성, 항체는 음성 혹은 양성(과거력에 따라)	항원은 간염을 나타낸다. 항체는 과거나 현재 간염을 앓았거나 면역이 생긴 것을 의미한다.

지혈 기능		
Prothrombin time (PT)	12~15초	• 응고과정 중 외부성 경로 기능 평가(factor Ⅰ, Ⅱ, Ⅴ, Ⅵ, Ⅶ, Ⅹ)한다. • 비타민K는 간이 응고인자 Ⅶ, Ⅹ, Ⅸ, 프로트롬빈(응고인자 Ⅱ)을 합성하는 데 필수적이다. • 지연: 간세포의 손상으로 합성이 감소되었거나 담관의 폐색으로 비타민K 흡수가 감소되었을 때 PT이 지연된다.
PTT	25~40초	• 지연: PTT는 응고의 내인성 경로 평가로 간세포의 손상으로 지연된다. • 간세포의 손상으로 응고인자(Ⅷ) 합성이 감소된다. • 간이 응고인자를 생산하지 못하므로 증가한다. • 내인성 경로: 혈관 손상에 의해 활성화와 응고인자 Ⅸ, Ⅴ, Ⅺ, Ⅻ, XIII가 관여한다.
Platelets	130 − 400 $\times 10^3$/mm^3	문맥성 고혈압, 비장이 비대되면 커진 비장은 적혈구, 백혈구, 혈소판을 파괴하고 이로 인해 혈소판은 감소한다.
췌장의 외분비 기능	−	• 췌장의 chymotrypsin이 bentiromide를 분해시킨다. • 분해산물인 Para-Amino Benzoic Acid(PABA)는 소변으로 배출된다. 췌장이 기능 부전에 빠지면 PABA가 배출되지 않는다.
암과 관련된 항원		
Alpha fetoprotein (AFP)	< 9.6ng/mg	AFP는 태아에게서 합성되지만 건강한 성인에게서는 합성되지 않는다. AFP가 1,000ng/㎖ 이상이면 대개 간세포암을 의미한다.

2 빌리루빈 대사

(1) 빌리루빈 대사과정

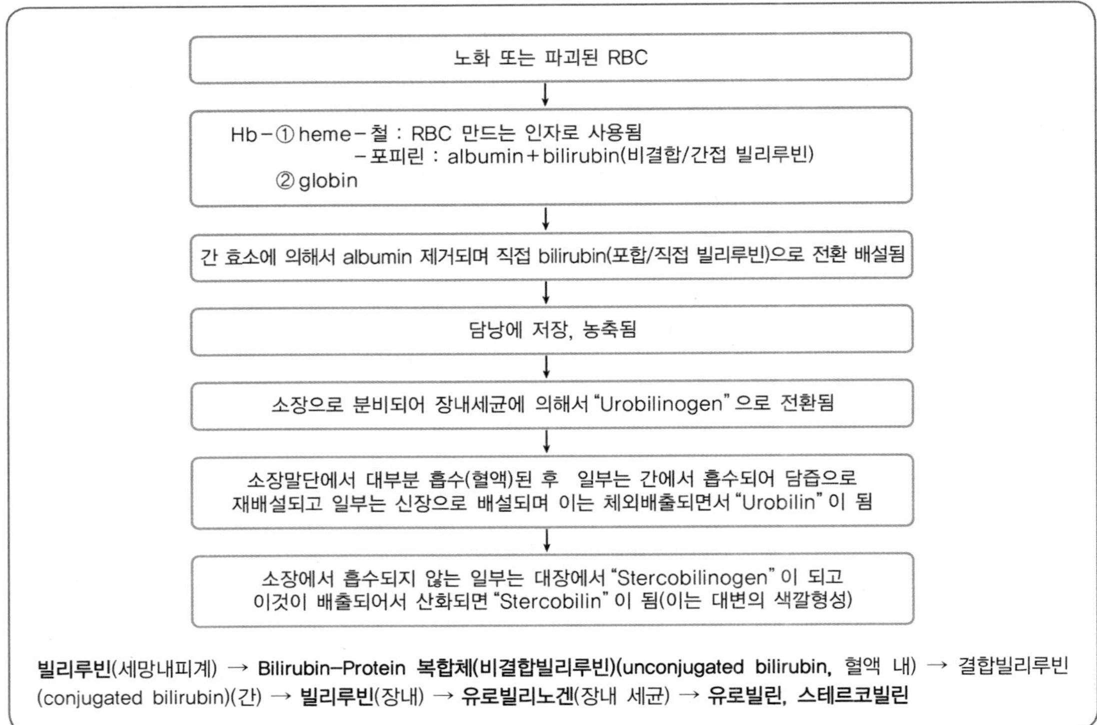

노화 또는 파괴된 RBC

↓

Hb－① heme－철 : RBC 만드는 인자로 사용됨
－포피린 : albumin＋bilirubin(비결합/간접 빌리루빈)
② globin

↓

간 효소에 의해서 albumin 제거되며 직접 bilirubin(포합/직접 빌리루빈)으로 전환 배설됨

↓

담낭에 저장, 농축됨

↓

소장으로 분비되어 장내세균에 의해서 "Urobilinogen" 으로 전환됨

↓

소장말단에서 대부분 흡수(혈액)된 후 일부는 간에서 흡수되어 담즙으로 재배설되고 일부는 신장으로 배설되며 이는 체외배출되면서 "Urobilin" 이 됨

↓

소장에서 흡수되지 않는 일부는 대장에서 "Stercobilinogen" 이 되고 이것이 배출되어서 산화되면 "Stercobilin" 이 됨(이는 대변의 색깔형성)

빌리루빈(세망내피계) → **Bilirubin–Protein 복합체(비결합빌리루빈)(unconjugated bilirubin,** 혈액 내) → 결합빌리루빈(conjugated bilirubin)(간) → **빌리루빈**(장내) → **유로빌리노겐**(장내 세균) → **유로빌린, 스테르코빌린**

(2) 빌리루빈 대사장애 시 발생하는 문제점

<table>
<tr><th>황달</th><th colspan="2">–</th></tr>
<tr><td rowspan="7">피부 소양감</td><td colspan="2">담즙 배설로의 폐쇄로 피부에 담즙산염이 축적되어 나타나는 것</td></tr>
<tr><td>소양증 완화</td><td>내용</td></tr>
<tr><td>cholesyramine resin</td><td>경구투여하여 장내에서 담즙산염과 결합하여 배설을 증가시킴으로써 소양증을 완화</td></tr>
<tr><td>항히스타민제</td><td>소양증 경감에 도움</td></tr>
<tr><td>진정제</td><td>담즙의 흐름을 증진시키므로 소양증 감소에 효과담즙의 흐름을 증진시키므로 소양증 감소에 효과</td></tr>
<tr><td>습도유지</td><td>목욕 후 몸에 물기가 있을 때 바로 로션을 바르는 것이 좋음</td></tr>
<tr><td>환경조절</td><td>더운물 목욕이나 알칼리성 비누의 사용은 피하고 환자의 의복이나 침구는 청결하고 구김이 없게 해주고 환자의 손톱을 짧게 깎이고 매니큐어를 발라 피부를 긁어서 오는 피부손상 위험성을 예방함. 너무 조이지 않는 옷을 입도록 권장하여 방안의 온도는 서늘하게 유지함</td></tr>
</table>

점토색(회백색) 대변	대변 내 urobilinogen의 부재로 회색 변
짙은 소변	소변 빌리루빈 상승
지방 소화장애 및 혈액계 장애	–

(3) 황달

<table>
<tr><td>황달</td><td colspan="3">빌리루빈은 각각 Total Bilirubin은 0~1mg/dl, Indirect Bilirubin은 0.2~0.8mg/dl, Direct Bilirubin은 0.1~0.5mg/dl로 정상치가 정해져 있는데 그보다 양이 많아지면 그 색소가 조직 내로 침투하여 노란색을 띠는 황달이 생김(단, 신생아는 생후 1주간은 약 10mg/dl까지는 정상)</td></tr>
<tr><td rowspan="5">용혈성 황달
(hemolytic jaundice, prehepatic jaundice)</td><td>정의</td><td colspan="2">적혈구 과다 파괴로 혈액 속에 간접 빌리루빈(비결합 빌리루빈, Bilirubin-Protein 복합체)이 증가하고, 정상적인 간의 배설능력보다 많은 양의 담즙색소를 형성/소변, 대변의 urobilinogen 증가</td></tr>
<tr><td>특징</td><td colspan="2">비수용성, 소변으로 배설 안 됨</td></tr>
<tr><td>관련 요인</td><td colspan="2">신생아 생리적 황달, 수혈 부작용, 심한 화상, 겸상적혈구 위기, 용혈성 빈혈</td></tr>
<tr><td>소양증(−)</td><td colspan="2">피부는 노랗지만 담즙산염 축적으로 발생하는 소양증은 없음(간에는 문제가 없어 담즙이 담낭계를 통해 배설되기 때문)</td></tr>
<tr><td>검사</td><td colspan="2">indirect bilirubin 상승, direct bilirubin 정상, 요중 urobilinogen ++</td></tr>
<tr><td rowspan="6">간세포성 황달
(hepatocellular jaundice, hepatic jaundice)</td><td>정의</td><td colspan="2">세균, 약물, 독소로 인하여 간세포의 손실 또는 괴사가 형성되며, 처음에는 Indirect Bilirubin이 증가되고 선세포의 손실로 Direct Bilirubin이 역류되는 경우</td></tr>
<tr><td>특징</td><td colspan="2">• 직접 빌리루빈 증가, 간접빌리루빈은 정상이거나 증가
• 소변 빌리루빈은 정상이 될 수도 있음, AST/ALT상승</td></tr>
<tr><td>관련 요인</td><td colspan="2">간염, 간경변증, 간암 등</td></tr>
<tr><td>소양증(+)</td><td colspan="2">담즙의 이동 장애로 담즙이 피부에 축적되어 소양증</td></tr>
<tr><td rowspan="2">출혈발생</td><td>간세포손상</td><td>간세포 손상으로 프로트롬빈을 포함한 응고인자 합성 감소</td></tr>
<tr><td>비타민K 흡수 감소</td><td>장내의 담즙산 분비가 충분치 못하여 비타민K의 흡수 감소로 인해 간에서 비타민K 부족으로 프로트롬빈(응고인자 II), 응고인자 형성 부족
💡 비타민K : 비타민K는 간에서 합성되는 혈액응고 인자II, VII, IX, IX, X의 합성에 필요</td></tr>
</table>

폐쇄성 황달 (obstructive jaundice, post hepatic jaundice)	정의	담석, 경련, 이상조직 등으로 담도가 폐쇄되어 Bilirubin이 장내 배설을 못하게 되는 경우	
	특징	직접 빌리루빈 증가, 간접 빌리루빈 정상 혹은 상승, 소변 빌리루빈 상승, 유로빌리노겐은 거의 없는 상태(빌리루빈이 장내로 들어가지 않기 때문)	
	관련요인	담석증, 췌장염, 간염, 간경변증, 간암	
	극심한 소양증	담즙의 심한 이동 장애로 담즙이 피부에 축적되어 극심한 소양증	
	alkalaine phosphate, cholesterl 증가	담즙배설 장애	
	회색 변	대변 내 urobilinogen의 부재로 회색 변	
	지방변	담즙 결핍으로 지방 흡수 감소로 지방변	
	출혈 발생	비타민K의 흡수 감소	장내의 담즙산 분비가 충분치 못하여 비타민K 흡수 감소
		간에서 비타민K 저장 감소	간에서 비타민K 부족으로 프로트롬빈(응고인자 II), 응고인자 형성 부족

(4) 각 황달에 대한 병리검사 시 특징적 검사결과

	용혈성 황달	간세포성 황달	폐쇄성 황달 [국시 2004]
비결합 결합 빌리루빈	• 비결합 빌리루빈(indirect bilirubin) 상승 • 결합 빌리루빈(direct bilirubin) 정상 • 간은 정상으로 간접 빌리루빈을 직접 빌리루빈으로 바꾸어 배설시켜 정상	• 결합 빌리루빈 우위 • 비결합 빌리루빈과 결합 빌리루빈이 모두 증가하나 결합 빌리루빈 우위 • 소변의 빌리루빈 증가	• 결합 빌리루빈 우위 • 비결합 빌리루빈이 증가하나 결합 빌리루빈이 우위 • 소변의 빌리루빈 증가
urobilinogen	• 요중 urobilinogen ++ • 간접 빌리루빈이 높아 간접 빌리루빈의 부산물인 urobilinogen이 높음	• 요중 urobilinogen 증가 • 재흡수한 urobilinogen을 간에서 직접 빌리루빈으로 돌리기 어려워 요중 urobilinogen 증가	• urobilinogen 없음 • 대변, 소변에서 urobilinogen이 전혀 없음 • 담관 폐쇄로 빌리루빈이 장내로 들어가지 않기 때문

AST, ALT	–	• AST, ALT 증가 • 간세포성 황달에서 AST, ALT 상승 정도가 큼	• ALP, 콜레스테롤 상승 혈청 alkaline phosphatase(ALP)와 콜레스테롤치의 심한 증가 • 폐쇄성 황달의 담도 폐쇄에서 ALP의 상승 정도가 큼

| 황달을 일으키는 원인의 감별 진단방법 |

구분	혈액(blood)				요(urine)		대변(stool)	
	In. bilirubin	D. bilirubin	bilirubin	uro-bilinogen	bilirubin	uro-bilinogen	bilirubin	uro-bilinogen
용혈성 황달	↑↑	–	↑↑	↑↑	–	↑↑	–	↑↑
간세포성 황달	–	↑↑	↑↑	↑↑	↑↑	↑↑	–	↑
폐쇄성 황달	–	↑↑	↑↑	–	↑↑	–	–	–

3 췌장, 담도의 해부와 생리 [1996 기출]

(1) 간, 담도, 췌장의 구조

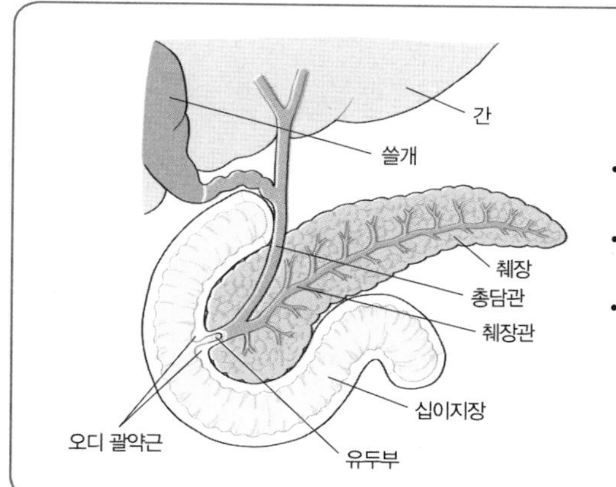

- 췌장은 위의 후면 복막 뒤 깊숙이 위치한 길이 약 20~25cm, 무게 약 65~160g 되는 나뭇잎과 같은 모양의 장기다.
- 췌장은 췌액을 모으며, 총담관 개구부를 통해 십이지장으로 들어간다.
- 담낭은 담즙을 농축하여 저장한다.
  - 담즙 저장 → 담낭관 → 총담관 → 십이지장

| 간, 담도, 췌장의 구조와 위치 |

(2) 소장액 분비

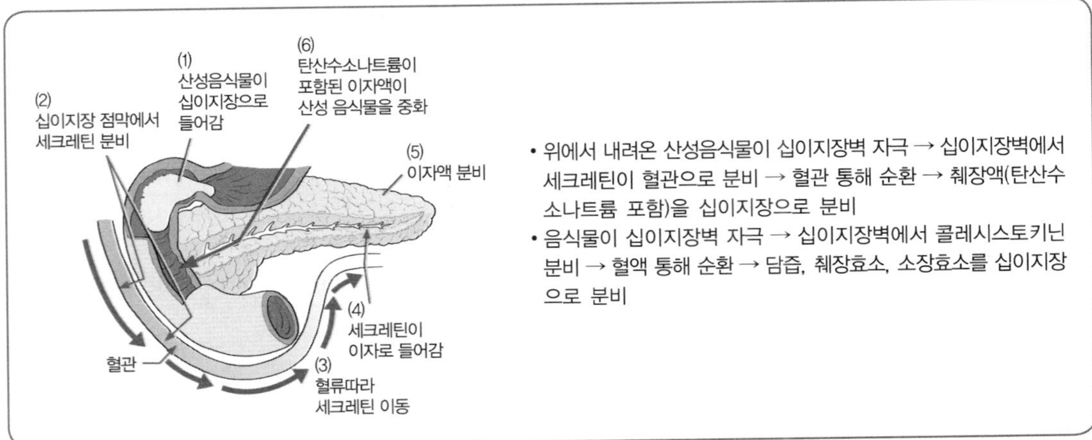

- 위에서 내려온 산성음식물이 십이지장벽 자극 → 십이지장벽에서 세크레틴이 혈관으로 분비 → 혈관 통해 순환 → 췌장액(탄산수소나트륨 포함)을 십이지장으로 분비
- 음식물이 십이지장벽 자극 → 십이지장벽에서 콜레시스토키닌 분비 → 혈액 통해 순환 → 담즙, 췌장효소, 소장효소를 십이지장으로 분비

| 소장액 분비 |

(3) 담낭, 담도의 기능과 호르몬

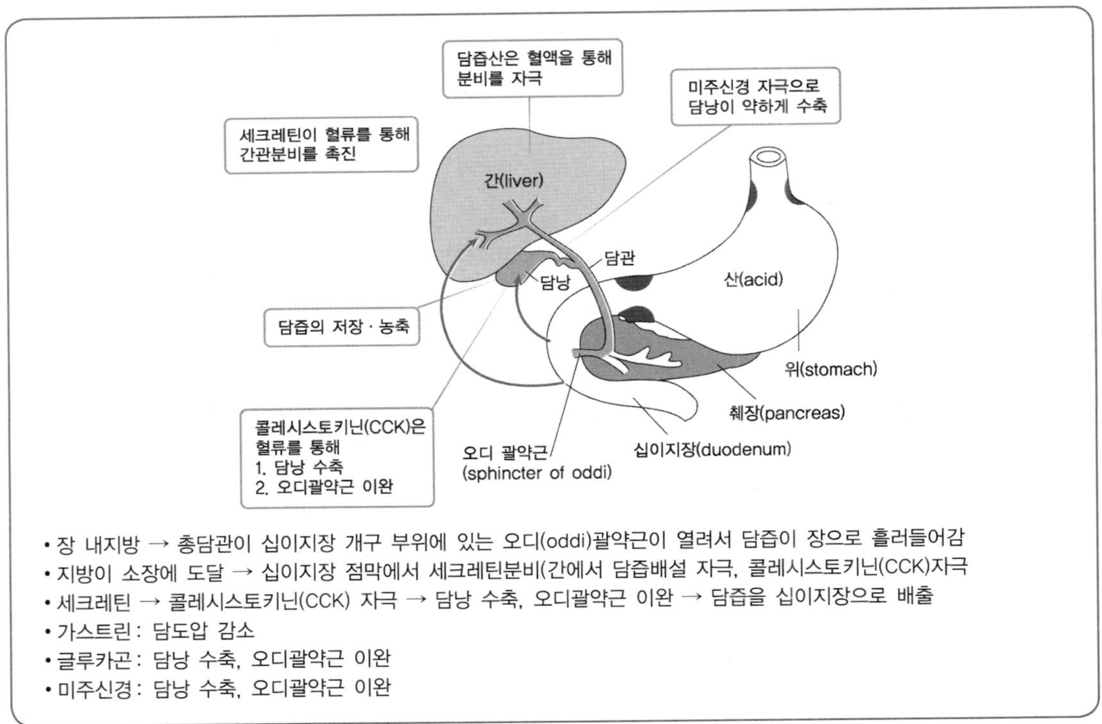

- 장 내지방 → 총담관이 십이지장 개구 부위에 있는 오디(oddi)괄약근이 열려서 담즙이 장으로 흘러들어감
- 지방이 소장에 도달 → 십이지장 점막에서 세크레틴분비(간에서 담즙배설 자극, 콜레시스토키닌(CCK)자극
- 세크레틴 → 콜레시스토키닌(CCK) 자극 → 담낭 수축, 오디괄약근 이완 → 담즙을 십이지장으로 배출
- 가스트린: 담도압 감소
- 글루카곤: 담낭 수축, 오디괄약근 이완
- 미주신경: 담낭 수축, 오디괄약근 이완

| 담낭, 담도의 기능 |

(4) 췌장의 내분비, 외분비

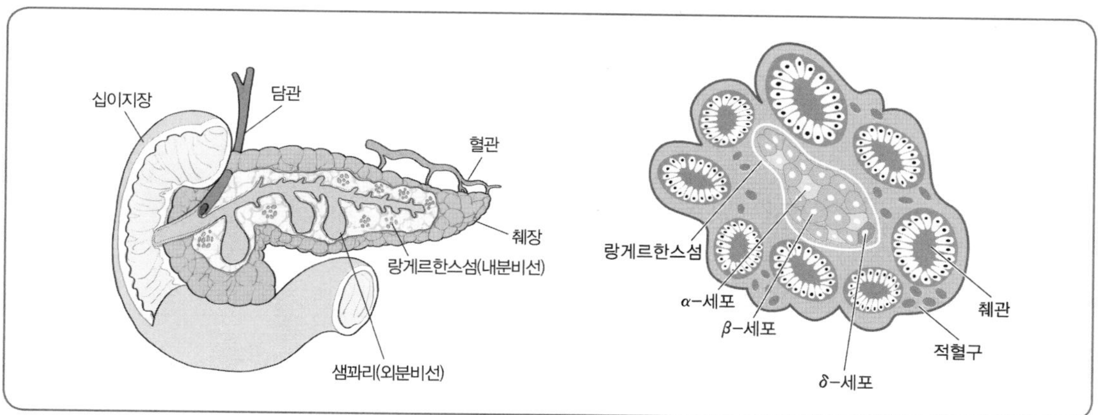

<table>
<tr><td>외분비
(external secretion)</td><td colspan="2">소화에 필요한 효소 trypsin(단백질), amylase(탄수화물), lypase(지방) 세 가지 성분이 들어 있음
• trypsin : 단백질 → 아미노산
• amylase : 탄수화물 → 이당류
• lipase : 지방 → 지방산 + glycerol
• 중탄산 : 위액 중화</td></tr>
<tr><td rowspan="3">내분비
(internal secretion)</td><td colspan="2">주로 췌장 미부에 산재하는 상피세포 내 랑게르한스섬(langerhans island)에서 insulin과 glucagon을 분비함
• α세포 : glucacon(glycogen → glucose, 혈당↑)
• β세포 : insulin(glucose → glycogen, 혈당↓)
• ɣ세포 : 소마토스타틴</td></tr>
<tr><td>인슐린</td><td>• 골격근과 그 밖의 조직에서의 포도당 흡수를 증대시켜 혈당치(血糖值)를 내림
– 혈당 감소
• 단백질 합성 촉진, 세포에 아미노산 수송 증대
– 조직 단백 형성을 촉진시켜 혈중 아미노산 농도를 하강
• 세포 내에 지방산 흡수 증대, 글리세로인산 합성과 트리글리세리드의 생성 촉진
– 당이 지방으로 전환되는 것을 촉진
• 지방 조직 분해와 지방의 동원을 억제
• 지방산이 지방 조직에 저장되는 상태로 전환하도록 촉진</td></tr>
<tr><td>글루카곤</td><td>• 식사 시 저장되어 있던 에너지를 조직에 공급하여 이용
• 저혈당으로부터 개체를 보호
• 주 표적장기인 간에 작용하여 저장 당원의 분해, 당 신생 및 케톤 생산을 촉진</td></tr>
</table>

	소마토스타틴	• 시상하부나 췌장의 델타 세포에서 분비되는 호르몬, 성장호르몬의 방출을 억제 • 글루카곤과 인슐린의 방출을 억제하거나 가스트린의 분비를 억제 • 위 배출 시간을 지연시키고 위산과 가스트린 생산을 억제 • 외분비 췌장에서의 소화액 분비 억제

구조	랑게르한스섬			샘꽈리세포(acini cell)		
기능	내분비			외분비		
분비세포	α세포	β세포	γ세포	샘꽈리세포		
분비물	글루카곤	인슐린	성장호르몬 억제인자	트립신	아밀라제	리파아제
작용	혈당상승 필요 시 글리코겐을 포도당으로 전환	포도당을 글리코겐으로 전환하여 혈당↓	성장호르몬, 인슐린, 가스트린 억제	단백분해	탄수화물을 덱스트린, 말토즈로 분해	지방을 글리세롤, 지방산으로 분해

| 췌액의 외분비 소화효소 |

효소	효소원	활성물질	작용
트립신 (trypsin)	트립시노겐 (trypsinogen)	엔테로키나제	내부 펩티드결합 절단
키모트립신 (chymotrypsin)	키모트립시노겐 (chymotrypsinogen)	트립신	내부 펩티드결합 절단
엘라스타아제 (elastase)	프로엘라스타아제 (proelastase)	트립신	내부 펩티드결합 절단
카르복시펩티다아제 (carboxypeptidase)	프로카르복시펩티다아제 (procarboxypeptidase)	트립신	폴리펩티드의 COOH말단으로부터 아미노산 절단
포스포리파아제 (phospholipase)	프로포스포리파아제 (prophospholipase)	트립신	레시틴 같은 인지질로부터 지방산 절단
리파아제	없음	없음	글리세롤로부터 지방산 절단
아밀라아제	없음	없음	전분을 맥아당과 포도당으로 분해

췌액 분비↑	• 부교감 신경 • 세크레틴(secretin : 위액 분비, 위운동, 식도내압 감소) • CCK(콜레시스토키닌) • gastrin • 십이지장 내 산도 증가
췌액 분비↓	교감신경

05 간 담도계 질환

1 바이러스성 간염(viral hepatitis) [1996 · 2010 · 2013 · 2015 기출]

(1) 바이러스 간염의 특성 및 원인

특성	여과성 병원체인 바이러스의 감염에 의한 것으로 A형간염 바이러스에 의한 A형간염(유행성 간염)과 B형간염 바이러스에 의한 B형간염(혈청 간염) 및 C, E간염 등이 있다. A형간염은 급성 증상을 나타내나 한 번 이환된 후에 면역이 되는 특징이 있다. B형간염은 계절, 연령에 구별 없이 전염되어 대개 만성적 증세를 나타내고, 간경변, 간암 등으로 진행되기도 하고 특이 치료법이 없어 예방이 가장 중요하다.

	A형간염	B형간염	C형간염	D형간염	E형간염
원인	• 원인균: 장 바이러스과에 속하는 RNA바이러스 • 대변-구강 통로로 전파 • 보균자 없으며, 치사율 매우 낮음 • 5세 이하 아동 90% 이상 불현성 감염으로 지나가나 연령 높아질수록 증상 심함	• 오염된 혈액과 혈청, 질 분비물, 타액에 의해 전파 • 고위험집단은 특히 주의 • 합병증으로 만성 활동성 간염, 원발성 간암으로 진행되기도 함	수혈, 정맥주사 관련, 성적 접촉이나 주산기 전파는 드묾	B형간염이 있는 경우에만 발병, 비경구적 경로로 동시 감염 또는 중복감염	• A형간염과 동일, 대변-구강 전파 • E형간염바이러스에 오염된 음식, 물
잠복기	2~6주(평균 30일)	100~120일	7~9주	2~4개월	40일
만성화	없음	감염자의 15% 정도가 만성 간염으로 이행	감염자의 85%	감염자의 2~7%	없음

증상	병태생리적 근거
황달, 대변은 회백색	결합 bilirubin 배설 손상
소변은 황갈색(짙어짐)	혈액 내 urobilirubin이 장 대신 신장을 통하여 배설
소양증	피부에 담즙산염이 축적되어 피부를 자극함
복부의 우상복부 통증	염증으로 염증성 세포, 림프구, 체액 등으로 간이 커지고 울혈(간의 염증의 진행으로 붓고, 통증유발) 발생
권태감, 오한, 발열	염증진행으로 열성물질 방출
피로와 쇠약, 체중 감소	간에 의한 에너지 대사 감소

식욕감퇴, 오심·구토	위장관의 변화를 초래
출혈 경향	간세포 손상으로 프로트롬빈 합성 저하
빈혈	담즙 감소로 인한 지용성 비타민K 흡수 감소, 간효소 변화(GOT/GPT 상승), 적혈구 수명 감소
복수 및 부종	간 문맥 순환장애
진단	• 혈액검사 – 간효소인 ALT와 AST가 상승, 혈청빌리루빈수치 증가, 프로트롬빈 시간 지연, 백혈구 중 호중구 수의 일시적인 감소와 림프구의 증가 후 감소, LDH 상승 • 간염바이러스 검사 – A형간염: A형간염바이러스 항체가 혈중에 있으면 진단 – B형간염: B형간염바이러스는 이중단백질 껍질을 가지고 있어 내쪽 핵항원(HBcAg), 외측 표면항원(HBsAg), 핵항원 내 또 다른 항원 HBeAg가 있음, 혈액 중에 B형간염항원(HBsAg, HBeAg)이나 간염바이러스가 있으면 진단 – C형간염: C형간염바이러스 항체가 혈중에 있으면 진단 – D형, E형간염: 간염항체로 진단

	A형간염	B형간염	C형간염	D형간염	E형간염
예방	• 일반적인 방법 – 손 씻기 – 개인 위생/환경 위생 – 식품 취급자의 감염 선별검사 • 예방접종 – 수동면역: 노출 후 1~2주 이내 면역글로불린 – 능동면역: 생후 12~23개월에 1차 접종 후, 6개월 이상 경과한 후에 2차 접종	• 피부를 통한 전염예방 – 공여혈액 선별검사 – 일회용주사침과 주사기 사용 – 혈액 접촉 시 장갑 착용 • 예방접종(능동면역) – 모든 신생아 및 영아에게 생후 0, 1, 6개월 일정으로 3회 접종 • 일반적 방법 – 손 씻기 – 칫솔과 면도기 공동 사용 금지	B형간염과 함께 나타나기 때문에 B형간염 예방주사와 예방지침 들이 D형간염 예방에 유용	수인성 간염으로 오염된 분변을 통해 전염되므로 개인위생과 정수시설 갖추는 것이 중요	–

고위험 집단	오염된 음식이나 대변에 노출되거나 위생이 불량한 자	• 혈액, 분비물, 혈액제제를 다루는 의료진 • 혈액투석, 혈우병 환자 및 수혈 • 동성연애자 • 정맥용 마약 중독자	발생률 높은 지역의 여행 혹은 거주
치료	• 간염의 치료는 원인에 관계없이 일차적으로 휴식, 적절한 영양, 금주 등의 기본 수칙을 지키는 것임 • 약물은 간에서 해독되므로 간의 휴식을 위해 약물 사용은 신중해야 함 – 경구용 항바이러스제제: lamivudine(epivir-HBV)과 adefovir dipivoxil(hepsera)이 사용되며, 이 약들은 신장독성과 과립구 감소증의 부작용이 있음 • interferon: interferon과 면역조절제제(immunomodulators)가 B형과 C형간염 치료에 사용됨. C형간염의 가장 흔한 치료제는 피하 interferon(peginterferon alfa-2a, pegasys)과 경구 ribavirin임 • 증상에 따라 체액과 전해질 보충제, 비타민K 보충제(PT 지연의 경우), 항히스타민제[황달로 인하여 소양증이 있는 경우 dimenhydrinate(dramamine)]와 항구토제[trimethobenzamide(tigan)] 등 사용		
보건 지도	• 안정: 치료의 기본이며 가장 중요한 것으로 증세가 없어지고 간 기능검사가 정상으로 복구될 때까지 유지시켜야 함. 그래서 발병 후 3주간은 경과가 좋아도 안정을 취하는 것이 좋음 • 수분 섭취 강조: 급성기에는 음료수 섭취를 많이 하도록 하고(수분 3,000cc/day), 오심·구토가 심하거나 구강섭취가 불가능할 때는 포도당, 전해질 및 단백질을 섞은 용액을 정맥주사함 • 음식섭취: 식욕이 정상으로 돌아오면, 고단백, 고탄수화물, 고열량식이를 주고 지방은 환자의 소화능력에 따라 조절하되 자극성 음식(술, 담배, 커피, 매운 양념) 등은 피함 • 소양증 완화: 미온수 목욕, 방안 서늘, 옷은 청결히 하고 구김이 없이, 손톱은 짧게 해야 함		

(2) A형간염과 B형간염의 비교

	A형간염 [2015 기출]	B형간염
원인균(병원체)	Hepatitis A Virus; HAV	Hepatitis B Virus; HBV
병원소	사람	사람
잠복기	2~6주(약 4주)	6주~6개월
전파경로	• 감염된 구강-항문 경로 • 대변에 오염된 음식물 섭취 • 드물게 비경구적으로도 가능 • 오염된 물에서 잡은 조개 • 분비물 多 → 공기로도 전파 가능	• 체액, 정액 접촉: 손상된 점막을 통해 감염. 체액, 정액, 질 분비물, 침을 통해 감염되고 남성 동성연애자가 B형간염에 대한 위험도가 높음 • 혈액접촉: 감염된 혈액제제 수혈(주사바늘, 칫솔, 면도날) • 태반(수직)감염: 분만 시 태반을 통해 감염

전파기간	증상발현 2주 전부터 황달 발생 후 2주까지 virus 배출 왕성 | A형간염 |	혈액 내 virus 존재하는 한 언제든지 전파 가능 | 급성B형 간염바이러스성 간염에서 표지자 검사의 변화추이 |
감수성	누구나	누구나
증상	• 발열, 식욕감퇴, 구역, 구토, 복통, 쇠약감, 설사 • 일주일 이내의 황달징후(간세포성 황달): 공막황달, 진한색 소변, 소양감	• 3개월 이상의 서서한 권태감(보통 A형간염과 증상 같으나 더 심함) • 복통, 식욕감퇴, 오심·구토, 황달
질병정도	치사율 거의 없음 • 소아는 거의 증상 없는 불현성 감염(6세 이하 50% 무증상) • 연령 증가할수록 증상 심한경우가 많음	좀 더 심각하며 사망하기도 함
진단검사학 소견 [2015 기출]	• IgM anti-HAV로 확진(감염 즉시 생성, 1주에 최고치, 3~6개월 후 소실/급성감염 확인) • IgG anti-HAV(감염 후 4주에 최고치, 회복기에 양성으로 나타남. 영구적 지속/과거 감염여부 확인)	• HBsAg(+): 항원 존재(감염되었거나, 회복 중이거나, 보균자) • IgM anti-HBc: 최근 감염 의미(~6개월 까지) • HBeAg(+): 전염력 강함 의미
예방관리	• 개인위생: 손 씻기** – 대변 본 후/음식 다루는 사람들 • 집단 수용소의 간호제공자/기저귀 갈아준 후 손 씻기 • 식수공급(상하수도 정비, 식수원 오염 방지) – 수돗물 공급이 HAV감염 예방할 수 있음 – 개인적인 식수조달은 오염의 원인이 될 수 있으므로 정부나 다른 차원의 관리 필요 – 오염된 낚시터 위험(오염된 물에서 자란 조개 위험요인)	• 체액에 의한 전파 차단 – 무분별한 성 접촉 금지 – 환자와 보균자 체액 다룰 때 장갑 착용하고 처치 후 손 씻기 • 혈청에 의한 전파 차단 – 의료인이나 식품관리자중 급성환자 HBsAg(–)될 때까지 쉬는 것이 좋음 – 예방접종 전에 Anti-HBs, HBsAg 확인 검사 시행 – 만연지역에서는 영유아 아동 예방접종 실시

	• 식당(식품 및 식품 취급자의 위생관리) – 보건소에서 음식물 취급업소 철저히 관리 – 음식물 취급자들 취업 전 A형간염 검사 실시 • 동물 – 새로 수입된 동물은 두 달간 격리시키면 이를 다루는 사람들의 A형간염 발병률을 줄일 수 있음 – 격리가 불가능하다면 보호의복을 입고 손을 잘 씻는 것이 중요함	– 감염률 낮은 지역에서는 고위험자만 예방접종 실시 – B형간염 위험이 큰 임부는 HBsAg 검사 필수 • 혈액은행의 엄격한 기준 강화 – 응급으로 불가피한 상황 이외에는 검사받지 않은 혈액, 위해 가능성 있는 혈액은 사용하지 않음 – 수혈 후 감염된 사람, 공혈자 또한 등록하고 계속 감시해야 함 • 주사바늘은 일회용 사용 등의 관리를 철저히 함 • 문신은 삼가도록 하며 문신소의 위생관리 강화 • HBsAg 양성자 자신이 감염원이라는 것을 인식하고 예방에 앞장서야 함 • 항원을 가진 사람들은 전파기회를 피하기 위한 노력 게을리 하지 않아야 함 • 면도기 칫솔 등은 개인만 사용함 • 위생 – 위험요인 피할 것 – 환자의 영양상태 유지 – 환경소독 → 정액, 타액 등으로 오염된 기구 100°C 물에 10분간 소독 → 증기소독은 15분, 건열은 160°C 2시간 소독
면역	• A형간염 예방접종: 생후 12~23개월에 1차 접종 후, 6개월 이상 경과한 후에 2차 접종 • 고위험군에 대한 예방접종 1. 유행지역으로의 여행자 및 장기체류자 2. 주기적으로 A형간염이 집단발생하는 A형간염 유행지역의 소아 3. 남성 동성연애자 4. 불법약물 남용자 5. 직업적으로 A형간염에 노출될 위험이 있는 자 6. 만성간질환자 7. 혈우병환자	• B형간염 예방접종: HBsAg(−) Anti-HBs(−) • 모든 신생아 및 영아에게 생후 0, 1, 6개월 간격으로 3회 접종 • 단, 모체가 B형간염 표면항원(HBsAg) 양성인 경우에는 면역글로불린(HBIG)과 B형간염 1차 접종을 분만 직후(12시간 이내) 각각 다른 부위에 접종 • B형간염 예방접종 고위험군 [1999 지방 기출] • B형간염 바이러스 보유자의 가족 • 혈액제제를 자주 수혈 받아야 되는 환자 • 혈액 및 복막투석을 받는 환자 • 주사용 약물 중독자

		• 의료기관 종사자 • 수용시설의 수용자 및 근무자 • 성매개질환의 노출 위험이 큰 집단 – 동성애자, 양성애자 – HBsAg(+)인자와 성 접촉 – B형간염 유행지역 여행자, 거주자 • HBIG: B형간염을 전혀 앓은 적이 없거나 B형간염 백신을 맞아본 적이 없는 사람이 HBV에 노출된 경우에 필요 → 노출된 지 24시간 안에 HBIG IM후 백신 스케줄대로 접종
환자 및 접촉자 관리	• 환자 장내 배설물 격리 • 발병 후 2주간 또는 황달 발생 후 1주간 환자 격리 • 접촉자는 심한 증상 동반 시 노출 후 적어도 1~2주 이내 면역글로불린과 백신 투여 (IG: 노출 전후 / 능동: 노출 전)	접촉자는 HBIG과 B형간염 백신 동시 투여 가능 [IG: 노출 후 즉시 / 능동: 노출 전후 즉시 (10년 유효)]
법	• 1군 법정 감염병 • 물 또는 식품 매개발생(유행) 즉시 방역대책 수립 필요 • 신고보고: 지체 없이	• 2군 법정 감염병 • 국가예방접종 사업 대상 • 신고보고: 지체 없이
모체	–	• HBsAg(+)일 때: HBIG, B형간염백신 1차 생후 12시간 이내 각각 다른 부위 주사 • HBsAg여부 모를 때: B형간염백신 1차 접종 후 산모가 양성이면 7일 이내 HBIG 다른 부위에 주사

(3) 간염바이러스 검사

구분	내용
A형간염	• A형간염 바이러스 항체(anti-HAV)가 있으면 진단 • anti-HAV IgM은 급성기에 혈청에서 발견, 노출 후 2~3개월에 최고치, 서서히 감소, 대체로 노출 후 1년 정도에 사라짐
B형간염	• 혈액 중 B형간염항원(HBsAg, HBeAg)이나 HBV가 있으면 진단 • 항원검사 양성 + 무증상 ⇒ 보균자 • HBeAg은 viral복제의 표식자이며, 노출되고 2개월 후 나타남 • anti-HAV IgG: 회복기에 혈청에서 발견, 바이러스에 대한 면역의미, 수년간 상승되어 있음 • HBsAg(+): B형간염에 대한 표면항원(sulfase antigen)이고 HBeAg의 1주일 전에 나타나고 5개월에 사라짐, 지속적인 수준의 유지는 만성이나 보균상태를 의미 • anti-HBc IgM: HBcAg에 대한 항체이고 급성기와 회복기에 나타나지만 수년간 지속될 수 있음 • anti-HBs IgG와 anti-HBc IgG: 급성기로부터 회복을 나타냄 – 이전에 B형간염에 걸렸거나 HBIG에 의해 수동항체를 형성했거나 예방주사를 맞아 항체가 형성된 것 • HBsAg(−), HBsAb(+): 저항력 있음 • HBsAg(−), HBsAb(−): 예방접종 필요 • HBeAg(+): 전염력 강함, HBeAb(+): 전염력 없음
C형간염	• HCV, anti-HCV 있으면 C형간염으로 진단 • anti-HCV는 바이러스에 대한 항체나 면역을 나타내지 않음 • ELISA 검사로 감염 4주 이내에 C형간염 항체 검출 • PCR 검사로 바이러스 확진
D형간염	• HDVAg은 감염 후 며칠 내에 양성반응 • 과거 또는 최근 감염시 anti-HDV 나타남
E형간염	anti-HEV로 진단

(4) B형간염 바이러스 감염에서의 혈청학적 진단

구분	HBsAg	Anti-HBc	Anti-HBs	의 의
1	+	−	−	급성 HBV 감염초기 또는 보균 상태
2	+	+	−	급성 간염(anti-HBc IgM)이나 만성 간염 또는 보균 상태(anti-HBc IgG)
3	−	+	+	HBV 감염 후 또는 회복(anti-HBc 가 IgG 형일 때)을 의미함. 간혹 전격간염에서 IgM anti-HBc가 양성이면서 anti-HBs가 양성인 경우가 있음

4	−	+	−	HBV감염후 장기간 경과하였거나 급성 간염 회복 중 HBsAg은 없어졌으나 아직 HBsAb가 출현하지 않은 이행기(window 시기)
5	−	−	+	HBsAg 예방접종 후 또는 HBV 감염 후 장기간 경과 시에 볼 수 있음

A형간염	B형간염
• IgM Anti-HAV – 감염 즉시 생성 – 3~6개월 뒤 사라짐 – 급성간염을 나타냄 – 전파시킬 수 있는 상태를 의미 • IgG Anti-HAV – 감염 1개월 후에 최고치 – 수년간 몸 안에 남아있음 – 과거의 감염여부 알 수 있음	• 내부(inner core)핵과 외피(surface) 가진 DNA virus의미 • HBsAg 항원이 존재(감염되었거나, 회복중이거나, 보균자) • HBcAg 간세포에서 발견. 혈액에서는 쉽게 발견되지 않음 • HBeAg : 전염력 강함을 의미 • Anti-HBe : 급성기가 끝나거나 거의 끝나고 있음 • IgM anti-HBc : 최근 감염됨을 의미(~6개월 까지)

(5) B형간염 보균자 주의사항

B형간염의 만성 보균자	감염에 의한 증상과 간 기능의 이상은 없으나 B형간염 항원이 6개월 이상 양성인 사람을 의미한다.
B형간염 보균자의 수칙	• 만성 보균자는 간염 예방접종을 해도 항체가 생기지 않아 효과가 없으므로 예방접종이 필요 없다. • 주사기, 면도날, 손톱깎이, 칫솔 등을 구별해서 사용한다. • B형간염의 감염 경로로 가장 주의를 요하는 것은 산모로부터 태아에게 전염되는 수직감염이다. 수직감염 예방을 위해서 만성 보균자인 어머니로부터 태어나는 신생아는 반드시 예방접종[출산 후(12~24시간 내) 면역글로불린과 B형간염 예방접종]을 해야 한다. • 만성 보균자는 간 장애를 초래할 수 있는 약물이나 간에서 대사과정을 거치는 물질(한약, 술)은 삼간다. • 만성 보균자는 간혹 간암으로 진행될 수 있으므로 주기적인 간 기능 검사 및 간초음파 검사(6개월에 1번)를 실시하여 간암으로의 이행을 조기에 발견하여 조치한다. • 만성 보균자는 전신 피로감, 무력감, 피부 가려움증, 목이나 어깨의 거미줄 모양 붉은 반점, 황달 등의 증상이 나타나면 즉시 의사와 상의한다.

(6) 만성 B형간염의 치료

만성 B형간염을 치료하는 승인된 약들	인터페론–알파 (Intron A)	• 1주 3~4번 주사(6개월~1년) • 부작용: 독감 증세나 우울증, 그리고 두통 같은 부작용을 유발/1991년 승인, 어린이와 성인용
	페그인터페론 (Pegasys)	• 1주에 1번 맞는 주사약(6개월~1년) • 부작용: 독감과 같은 증상, 우울증, 그밖에 다른 정신건강 문제들을 야기(2005년 승인, 오직 성인만 사용)
	라미부딘 에피비어–HBV (Zeffix, 또는 Heptodin)	• 1일 1회(최소 1년 이상) • 부작용이 거의 없음. 가장 염려되는 것은 치료 중 또는 치료 후에 B형간염 바이러스 돌연변이가 생길 수 있음
	아데포비어 디피복실 (Hepsera)	• 1일 1회(최소 1년 이상) • 부작용이 아주 적음. 가장 염려되는 것은 약을 먹는 동안 신장에 문제가 생길 수 있음
	Telbivudine (Tyzeka)	1일 1회, 부작용이 거의 없음
	Tenofovir (Viread)	1일 1회(최소 1년 이상), 부작용이 거의 없음
보건지도	간의 대사 요구 감소	• 간기능이 정상화될 때(증상이 완화될 때)까지 안정 및 휴식을 취함 • 간기능 검사결과를 모니터링함 • 간에 독성을 일으키는 약물의 투여를 피함(chlorpromazine, aspirin, acetaminophen, 진정제 등)
	음식과 수분 섭취 조절	• 식이: 고열량, 고단백, 고탄수화물, 저지방식이 섭취 – 지방은 소화 능력에 따라 조절, 단백 대사에 이상이 있는 경우 단백 제한 • 수분 섭취 증가: 3000ml 이상/day, 급성기에는 음료수 섭취를 많이 하도록 함 • 기호에 맞는 음식으로 소량의 식사를 자주 제공함 • 술은 간성 독성물질이므로 금주, 자극성 음식(담배, 커피, 청량음료, 매운 양념)은 피함
	손상 예방	출혈 증상 사정(프로트롬빈 시간지연으로 출혈위험이 따르므로), 소변과 대변 색깔 및 잠혈반응 관찰, 활력징후 관찰

만성 B형간염 환자들은 치료여부와 상관없이 정기적으로 반드시 의사를 만나 진료를 받는 것이 중요함

(7) 간염환자 간호

대사성에너지 생산 감소와 관련: 에너지수준, 요구불균형과 관련된 피로	피로감이 심할 때는 침상에 쉬도록 하나 지나친 침상안정은 그 자체로 허약감을 초래하기 때문에 강제적으로 침상안정을 취하게 하는 것보다 합리적인 활동 수준을 유지하게 하는 것이 회복에 더 효과적일 수 있다.
식욕부진, 오심, 부적절한 섭취와 관련된 영양부족	• 급성기에 손상된 간세포 회복을 위해 적당량의 단백질과 탄수화물을 섭취한다. • 입맛이 없더라도 필요한 칼로리를 섭취하기 위해 소량으로, 자주 식사하도록 한다. • 일반적으로 식욕부진은 낮에 더 심해지므로 영양이 많은 아침식사를 제공한다. • 기름기 많은 음식은 오심 유발할 수 있으므로 피한다. → 차고 마르고 담백한 음식(조그만 크래커, 과자, 마른 빵, 토스트 등)을 권장한다. • 위를 자극하는 음식은 오심·구토를 자극하므로 자극적 음식과 알코올은 금기이다. • 항구토제를 사용하는 경우는 식사 30분 전에 복용, 비타민제제나 상품화된 식이는 의사처방이 있는 경우에 투여한다. • 식욕 증진을 위해 구강간호를 실시하여 청결을 유지하고 쾌적한 환경을 제공한다. • 오심·구토가 있는 대상자는 수분 요구량이 증가하므로 구강, 정맥으로 수분 공급한다. • 체중, I/O을 주기적으로 측정하여 2kg 이상의 체중 감소는 의사에게 보고한다.
소양증과 관련된 피부 손상 위험성	• 옷이나 침구는 청결하고 구김 없도록 관리하고 조이지 않는 옷을 입도록 한다. • 미온수 목욕이나 전분 목욕을 한다. • 크림과 로션을 자주 사용하여 피부건조를 막는다. • 손톱은 짧게 깎도록 한다. • 체온 상승과 발한을 증진시키는 운동은 피한다. • 시원한 환경을 유지한다. • 처방된 항히스타민제를 투여한다. • 전환요법: 독서, 텔레비전 시청 등으로 대상자의 관심을 돌린다.
지식부족과 관련된 감염, 전파 위험성	• 감염경로(혈액, 체액, 수혈, 질 분비물 등)를 교육한다. • 면도기, 칫솔 등 개인용품을 다른 사람과 같이 사용하지 않는다. • 질병 노출 즉시(12~24시간) 수동면역, 능동면역을 한다.
응고시간 지연 관련: 출혈 위험성, 신체 손상 위험성	• 주변에 위험하거나 날카로운 물건은 치운다. • 항상 피부와 신체를 관찰한다. – 점상출혈 반상출혈, 비출혈, 토혈, 혈변 등 • 프로트롬빈 시간, 헤마토크리트, 헤모글로빈치를 관찰한다. • 대변과 토물의 색깔, 연속성, 양과 잠혈 정도를 사정, 그 외 불안, 식도팽만감, 쇠약, 안절부절 하지 못함 등의 출혈을 의미하는 증상을 사정한다. • 출혈의 위험성이 있을 때는 환자에게 안전한 환경 유지(외상방지), 부드럽게 코 풀기(코를 세게 풀지 않기), 부드러운 칫솔 사용 등에 대해 교육한다. • 식도정맥류에 손상을 줄 수 있는 맵고 강한 양념의 음식을 피하도록 교육한다. • 변비 시 지나친 긴장을 피하도록 한다.

황달과 관련된 신체상 장애	• 황달은 정서적 충격, 신체상 손상을 줄 수 있으므로 황달이 주는 영향을 사정한다. • 노란색이나 녹색 옷보다는 붉은색, 파랑색, 검은색의 옷을 입는다. → 얼굴의 황달이 강조되는 색들을 피하기 위함이다. • 주변의 거울을 치운다. • 외모에 대해 이야기하지 않는다. • 황달 감소에 대한 정보를 제공한다. 예 황달은 4~6주 이내 사라지기 시작한다.

02

2 지방간 [2005 기출]

(1) 개요

정의	지방간은 간세포 내 지질의 미만성 침윤으로 간의 흔한 대사질환 중 하나임. 이 침윤으로 간이 커지고 단단해지며 기능이 감소됨
원인	• 만성 알코올 중독 • 아동기의 단백질 영양불량 • 당뇨병, 비만, 쿠싱 증후군, 공-회장우회술 • 장기간의 정맥 내 고영양분 투여 • 정상세포 영양에 지장을 주는 만성 질환 • 간의 독성물질(DDT 등) • 아동의 레이증후군
지방간의 병태생리	• 피하조직 지방으로부터 지방산의 이동 증가 • 간에서 지방산 합성 증가(동화작용: 산화와 이화 감소, 에너지 감소로 동화 증가) • 간에서 지방산 산화의 감소 • 지방산으로부터 triglyceride로의 전환 증가 • 간으로부터 지방 유출 감소
지방간 조절을 위한 자가 관리방법	일상생활에서 건강습관: 올바른 식습관, 규칙적인 운동, 금연, 금주, 규칙적인 수면, 스트레스 관리, 정기적인 건강검진 등의 생활습관

(2) 지방간 조절을 위한 자가 관리방법 [2005 기출]

금주	기전	아세트알데하이드	알코올의 대사산물인 아세트알데하이드는 간을 손상시킨다.
		지방산 산화 감소	간세포가 알코올을 대사하는 데 소비되면 지방산을 처리 할 수 없고 이로 인한 지방산의 산화 감소로 간세포 내 지방산이 축적되고 지방간을 만든다.
	방법	음주로 인한 알코올성 지방간은 섭취한 총 알코올량, 음주 기간에 영향을 받으니 금주한다. ※ 적절한 식이요법으로 간에서 지방이 제거된다.	
식이	저지방	방법	갈비, 삼겹살, 치킨, 탕 종류, 튀김, 부침개 등의 기름진 음식 섭취를 줄인다.
		기전	지방식으로 간에서 지방을 형성하여 지방간 생성을 악화한다.
	저칼로리식	방법	케이크, 크림빵, 도넛, 파이, 과자, 사탕, 초콜릿, 아이스크림, 청량음료의 칼로리가 높은 단 음식 섭취를 줄인다.
		기전	간에서 과다 섭취한 탄수화물로 중성 지방을 형성하여 지방간 생성을 악화한다.
	섬유소	방법	섬유소가 많은 신선한 채소, 해조류, 잡곡을 충분히 먹는다.
		기전	섬유소는 장운동을 항진시켜 음식물의 장내 체류 시간을 단축하여 지방산, 콜레스테롤의 배설을 촉진하고 당질 흡수를 저하시킨다.
비만	방법	체중을 줄이도록 한다.	
	기전	복부지방은 지속적 지방 분해를 일으켜 지방산을 생성하며 유리된 지방산은 간문맥을 통하여 간에 지방이 축적되어 지방간을 형성한다.	
스트레스	기전	스트레스로 인해 cortisol(glucocorticoid) 교감신경계 자극은 지방 조직에서 지방을 분해시켜 혈액 내 콜레스테롤치, 지방산을 증가시켜 고지혈증을 일으키고 간문맥을 통하여 간에 지방이 축적되어 지방간을 형성한다.	
	이완요법	스트레스는 근육긴장, 교감신경 흥분으로 이완요법은 근육이완, 부교감 신경을 증진시킨다. 예 점진적 근육이완법	
유산소운동	방법	유산소 운동을 한다.	
	기전	유산소 운동은 근육기능에 필요한 에너지 제공 위해 칼로리 소모로 당, 지방산이 산화되어 체중과 체지방을 감소시킨다.	
정기검진	방법	지방간은 간경변증 위험으로 정기검진을 받는다.	
	근거	지방간은 간경변증 위험이 있다.	

3 간경변증 [2009 · 2010 · 2022 기출]

(1) 정의

간경변증	• 넓게 퍼진 섬유증과 소결절을 특징으로 하는 만성적이며 진행성의 질환임. 간경변증은 섬유증에 의해서 혈액, 담즙, 간 대사물질들의 흐름이 변화되고 간세포, 담세관, 맥관, 그물세포 등이 변할 때 발생함 • 간경변증이란 다양한 원인에 의해 오랫동안 간의 염증이 지속되어 간세포가 파괴되고 재건되는 가운데 간이 섬유성 반흔과 간세포의 재생 결절로 대치되어, 간이 울퉁불퉁해지고 단단해지며, 간의 정상적인 소엽구조가 상실되기 때문에 혈관을 눌러 문맥 고혈압과 간세포 자체의 기능 저하를 나타내는 간질환을 일컬음

(2) 일반 증상

초기 증상	아무 증상이 없거나 비특이 증세(권태감, 피로감, 구역, 구토, 식욕부진, 우상복부 동통) 호소	
비대상기의 말기적 증세	간세포 기능 부전	황달, 거미모양의 혈관종, 손바닥의 붉은 점, 여성형 유방, 고환 위축, 체모 손실, 근위축 및 부종, 자반증, 간성 혼수. 저항력이 약하고 건강하지 못한 오래된 병력
	문맥압 항진증	비장 비대, 복수, (식도)정맥류 및 상부 위장관 출혈

(3) 병태생리

병태생리	• 간세포의 광범위한 파괴 → 혈행 변화 → 림프계와 담관에서의 흐름 변화 초래 • 주기적인 병세악화는 담즙 정체와 황달 초래 • 대표적인 합병증으로 문맥성 고혈압과 그로 인한 식도정맥류, 복수, 간성 뇌병증 발생

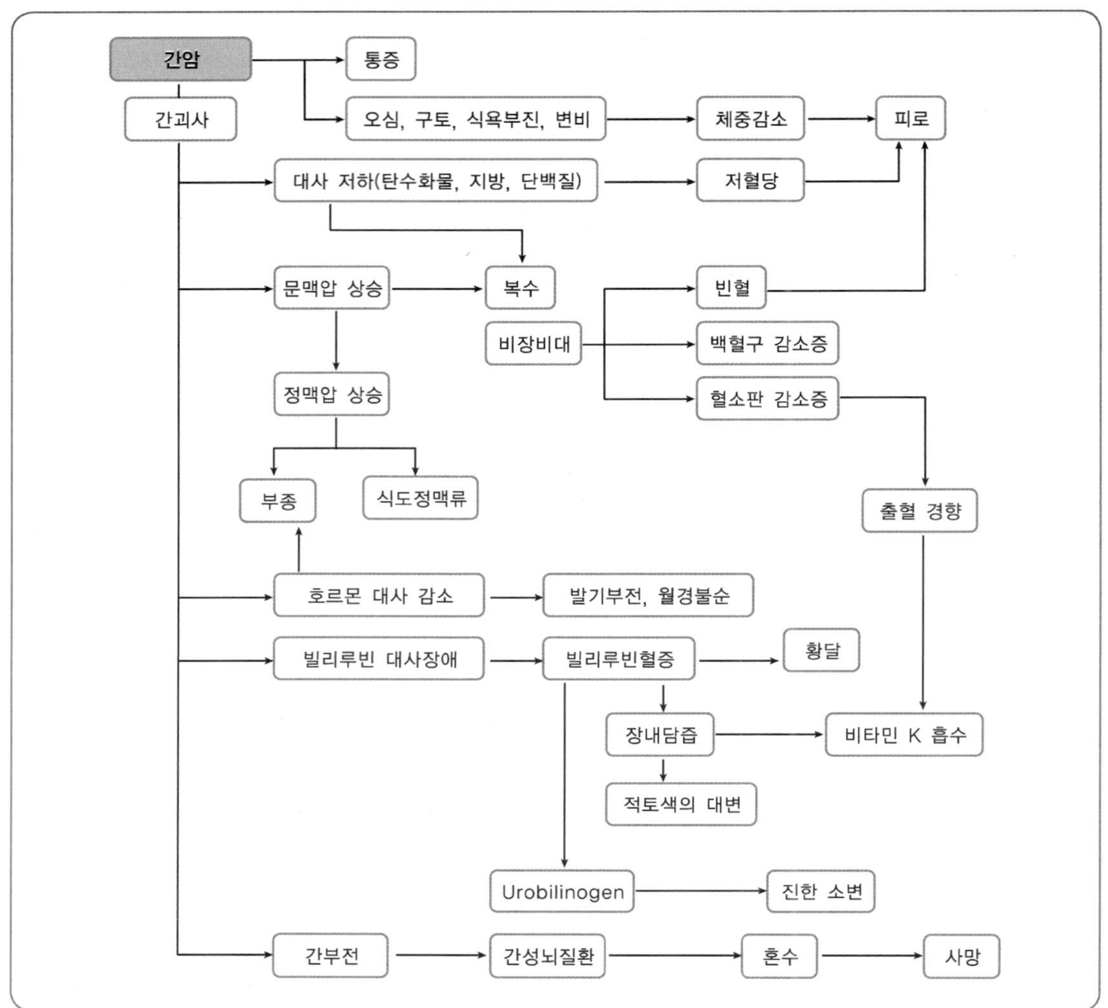

| 간세포부전의 진행 |

복수 [2010 기출]	• 문맥압이 상승하여 간피막과 울혈된 문맥에서 혈장이 복강내로 직접 유출 • 림프계의 울혈 역시 더 많은 혈장을 복강내로 유출 • 문맥계에서 혈장이 빠져나감 → 교질삼투압 감소 → 혈관계의 수분을 유지시키고 조직으로부터 수분을 끌어들이는 능력이 떨어짐 • 간세포의 손상 → 간의 알부민 합성 능력을 저하 → 저알부민혈증 → 복강내로의 단백지 유출 가속화 → 교질삼투압의 저하는 순환혈액량 감소 • 이에 대한 보상작용으로 콩팥에서 나트륨과 수분을 보유하기 위해 알도스테론 호르몬 분비를 증가시킴. 그러나 간세포의 손상으로 분비된 알도스테론 호르몬을 비활성화 시킬 수 없게 되어 나트륨과 수분정체는 계속됨

<table>
<tr><td rowspan="3">복수가
형성되는
3가지
병태생리기전</td><td colspan="2">문맥성 고혈압</td><td>• 혈장과 림프의 정수압 상승으로 림프성 정체가 일어나 복강내로 수분의 유출
• 비장 비대, 복수, (식도)정맥류 및 상부 위장관 출혈</td></tr>
<tr><td colspan="2">저알부민혈증</td><td>교질삼투압 저하로 복강내 수분의 유입을 일으킴</td></tr>
<tr><td colspan="2">고알도스테론증</td><td>저하된 순환혈량은 고알도스테론증을 야기하고, 콩팥에서 나트륨과 물의 정체를 일으키며 나아가 복강내 수분축적을 증가시킴</td></tr>
<tr><td rowspan="11">간성 뇌병증
[2022 기출]</td><td colspan="3">• 신진대사 노폐물의 불완전한 제거로 인한 간성 뇌병증 발생
– 이는 간경화가 진전되면서 단백질 대사산물인 암모니아를 요소(urea)로 전환시켜 소변으로 배출시키는 간의 능력이 저하되기 때문에 혈중에 축적된 암모니아가 중추신경계를 억압하여 나타남 [2022 기출]
• 암모니아는 중추신경계의 독성 물질이며, 특시 신경세포에 영향을 미쳐 중추신경계의 대사작용과 기능에 변화를 초래함
• 간성 뇌병증의 초기단계에서는 정신의 민첩성이 감소되고, 혼돈과 불안정이 나타나며, 말기에는 의식 소실, 발작, 회복되지 않는 혼수 등이 발생함</td></tr>
<tr><td rowspan="6">암모니아 생성의
병태생리</td><td>단백 분해</td><td>• 단백질이 위장관세균에 의해 분해됨
• 간에서 단백질이 분해됨
• 위액과 말초조직의 대사에 의해 분해될 때 생산됨</td></tr>
<tr><td>콩팥</td><td>• 저칼륨혈증 시 암모니아를 생산함
• 정상적으로 암모니아는 글루타민(glutamine)으로 전환되고, 이것은 간에 저장되었다가 나중에 요소로 전환되어 콩팥을 통하여 배설됨. 간세포의 손상으로 이런 과정을 수행할 수 없을 때 혈액 내 암모니아 수치는 상승함</td></tr>
<tr><td>간부전</td><td>• 암모니아는 글루타민(glutamine)으로 전환
→ 간에 저장 → 요소로 전환
→ 콩팥 배설
• 간세포의 손상으로 이런 과정을 수행할 수 없을 때 혈액 내 암모니아 수치는 상승</td></tr>
<tr><td>측부순환
형성</td><td>문맥계로부터 우회된 혈액이 정맥순환으로 직접 들어감으로써 발생</td></tr>
<tr><td>소화계</td><td>• 음식물로 섭취하는 단백질 증가
• 위장관의 출혈과 같이 장내의 단백질을 증가시키는 경우도 혈액내 암모니아 수치 상승</td></tr>
<tr><td rowspan="4">간성 뇌병증
4단계</td><td>1단계</td><td>피로감, 불안정, 과민성, 지적 수행 저하, 집중력 감소, 기억력 감퇴, 성격 변화, 수면양상 변화</td></tr>
<tr><td>2단계</td><td>글씨 쓰는 능력 저하, 자세고정못함증, 졸음, 기면, 간성악취</td></tr>
<tr><td>3단계</td><td>심한 착란, 깨어날 수 없는 깊은 기면 상태</td></tr>
<tr><td>4단계</td><td>혼수, 통증자극에 무반응, 제피질 경직 또는 제뇌성 경직</td></tr>
</table>

	간성 뇌질환을 유발하는 요인	• 암모니아 생성을 증가시킬 수 있는 상황: 위장관 출혈, 고단백 식이, 신부전, 변비로 인한 장내 세균 증가 등 • alkalosis나 hypokalemia(간접적으로 alkalosis를 유발) 시 – 이때 NH_4^+(암모늄) 이온이 NH_3(암모니아)로 쉽게 바뀜 – NH_3가 혈관을 더 쉽게 통과하므로 간성뇌증이 잘 일어남 • 약물(뇌의 대사를 저하시키는 약물): 마약, 진정제, 마취제, 이뇨제 • 기타: 수술, 급성 간질환, 간염 등

(4) 간경화의 기관별 증상

신경계	• 성격/인지/행동 변화, 수면장애 • 손을 위아래로 떠는 진전 • 문맥계 간성 뇌질환 → 간성혼수(암모니아 대사 감소로 암모니아를 요소로 전환시키지 못함) • 말초 신경의 퇴행, 감각이상
소화기계	• 소화기능의 저하: 오심·구토, 식욕부진, 설사, 영양불량, 점토색의 대변 • 복수, 간, 비장 비대 • 위장관 출혈: 식도정맥류, 치정맥류 • 간성악취: 호흡 시 과일 썩는 냄새(장내 세균이 생성한 메르갑탄(mercaptan)을 간이 대사로 해독하지 못해 간성 악취 초래) • 합병증: 자발성 세균성 복막염(복수가 있는 경우 급성 자발성 세균성 복막염 쉽게 이환, 발열, 복통, 복부압통, 강직, 정신상태 변화 등 발생)
혈액계	빈혈, 혈소판감소증, 응고장애, 비장비대
면역계	감염에 대한 민감성 증가, 백혈구 감소증
호흡기계	호흡곤란, 과다호흡, 저산소증, 폐수종
대사성 장애	저알부민혈증, 저나트륨혈증, 저칼륨혈증
신장	BUN/Cr 증가, 빌리루빈 증가, 소변량 감소
피부	• 황달(빌리루빈대사장애), 소양감 • 복부에 두드러진 정맥(caput medusae) • 거미모양 혈관종 • 반상출혈, 피부색소 침착 증가, 손바닥 홍반 • 합병증: 혈액응고장애(간기능 저하로 담즙합성 감소, 담즙 부족으로 비타민K 흡수 방해 → 응고인자합성 방해, 출혈 증가, 쉽게 멍듦)
생식계	무월경, 고환위축, 성기능장애, 여성형 유방(남성)

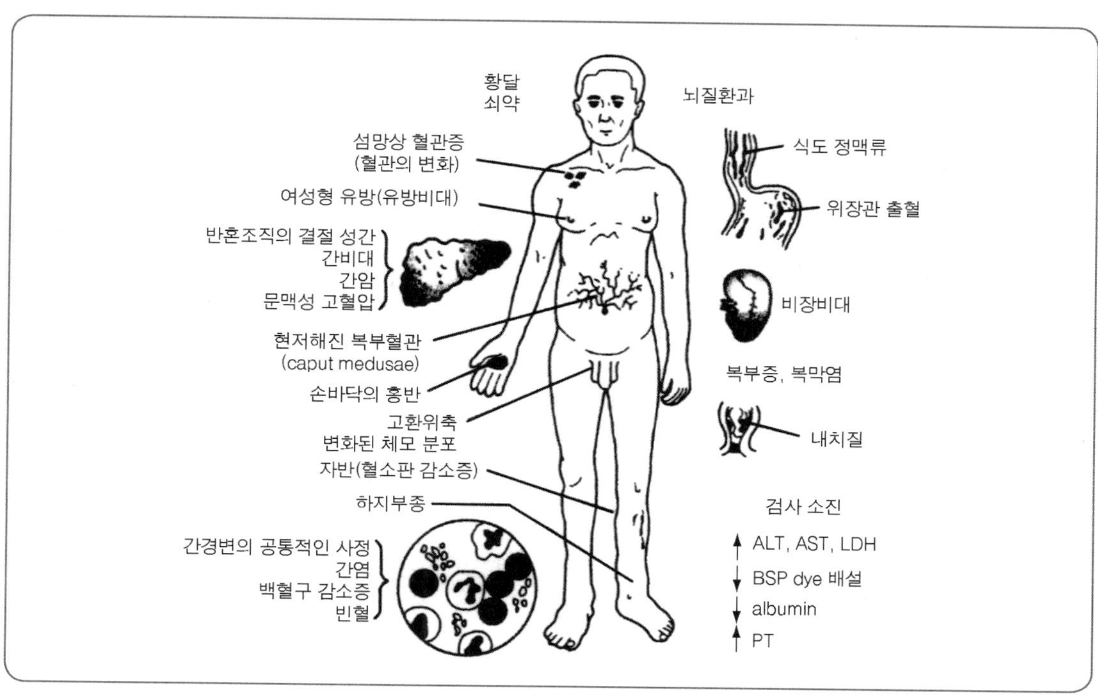

| 간경화증 |

사정자료	병태생리적 근거
수척함, 복수증	영양 불량, 문맥성 고혈압, 저알부민혈증, 고알도스테론증
비장 비대	문맥성 고혈압
하지부종	저알부민혈증, 고알도스테론증, 복수로 인한 압력으로 인해 하지에서 돌아오는 정맥이 폐쇄되기 때문
복부정맥팽윤	문맥혈액이 흉터조직이 있는 간을 거치지 않고 상대정맥으로 가기 위해 측부순환을 형성하기 때문
내치질, 손바닥 홍반, 거미모양 혈관종,	문맥압 상승으로 인하여 직장정맥이 확장되기 때문
변화된 체모 분포, 무월경, 고환위축, 여성형 유방	간의 호르몬 대사 저하로 인해 에스트로겐이 과다하게 축적되기 때문
출혈성 경향(특히 위장계)	저프로트롬빈혈증, 혈소판 감소증, 문맥성 고혈압과 식도정맥류
빈혈	위장계 출혈로 인한 혈액소실, 커진 비장의 기능 과다로 인한 적혈구 파괴의 증가, 부적절한 식사로 인한 엽산결핍증
콩팥기능 상실	간으로 들어오는 혈액량의 급속한 감소로 인해 초래: 간신증후군(hepatorenal syndrome)
감염	커진 비장의 기능 과다로 인한 백혈구 감소증, 문맥혈이 간을 측부순환함으로써 쿠퍼세포에 의해 제거될 수 있는 박테리아가 제거되지 않기 때문

뇌병증	간에서 암모니아를 더 이상 제거할 수 없으므로 독물질이 뇌에 축적되기 때문
식도정맥류	문맥혈액이 흉터조직이 있는 간을 거치지 않고 상대정맥으로 가기 위해 측부 순환을 형성하기 때문, 이때 문맥압의 상승이 식도정맥을 확장시키기 때문
간염의 초기 또는 재발증상(황달)	경화증으로 진행되는 만성 바이러스성, 독성, 알코올성 간염이 염증을 악화

(5) 간경화증의 합병증 [2022 기출]

문맥성고혈압	• 복수 • 식도정맥류 → 출혈 경향 • 비장비대 → 빈혈, 혈소판감소증(출혈경향, 멍)
빌리루빈 대사 장애	• 황달, 빌리루빈혈증, 점토색 대변, 진한 소변(urobilinogen↑) • 지용성 비타민 합성 저하(출혈)
혈액응고장애	혈청단백감소(프로크롬빈, 파이브리노겐) → 멍, 출혈 경향
문맥계 간성뇌질환	의식수준의 변화, 사고과정장애, 신경근육장애(경련), 혼수/자세고정못함증(asterixis)
간성신증후군	핍뇨, 혈중 요질소와 크레아티닌의 상승, 소변 소듐 배설의 감소 → 신부전
자발성 · 세균성 복막염	복수가 있는 간경화증 대상자는 세균에 대한 저항력을 갖는 혈중 단백 농도가 낮기 때문에 급성 자발성 세균성복막염에 쉽게 이환
대사 저하	• 탄수화물, 지방, 단백질의 대사 저하로 저혈당 • 영양부족, 혈중 알부민 감소(교질삼투압 저하 → 부종↑, 복수↑)
성호르몬 대사 감소	발기부전, 월경불순

(6) 간경화 대상자의 교육

식이요법	• 간성 뇌질환 시 고단백 식이 피함 • 복수가 많을 경우, 저염 식이 • 영양소가 골고루 포함된 음식 소량씩 자주 섭취 • 종합비타민 복용, 필요하면 저단백 영양제
약물요법	• 처방된 이뇨제나 예방적 베타차단제 복용 • 위장 출혈 예방을 위해 처방된 약(H_2-receptor antagonist나 proton pump inhibitor 등)을 복용 • 배변을 위해 처방된 lactulose 시럽을 매일 3~5회씩 복용 • 의사의 처방 없이는 어떠한 약도 복용하지 않음
금주	절대 금주

체액 과다 시	관찰과 사정	• 활력증후, 섭취량과 배설량의 관찰과 기록 • 매일 복부둘레 측정(복수관찰)과 체중 측정
	약물 투여	• aldosterone 길항제 투여 • albumin, 이뇨제 투여
	안위 유지	• 조이는 의복을 피함 • 체위변경 자주 시행하여 욕창 발생 예방 • 피부 청결 유지, 부드러운 면 사용, 로션 발라 보습 유지 • 사지를 높게 해서 부종을 최소화
	식이 섭취	• 저나트륨식이, 필요시 단백 제한, 고칼로리(고탄수화물) 식이 • 배설량에 따른 수분 제한

(7) 간경변증의 합병증에 대한 치료 [2022 기출]

① 복수 관리

복수	식이	• 철저한 저염식 시행 • 비타민B_1, 엽산, 종합비타민 투여 • 수분제한 • 간성 뇌증이 없으면 적량의 단백질 포함 식이
	약물요법	• 이뇨제 및 알부민 투여 • 칼륨보유이뇨제(aldactone)와 칼륨배설 이뇨제(lasix)를 병용 투여
	복수천자 (paracentesis)	• 알부민 투여하여 혈장 유지 • 복수 배액은 천천히 시행 • 복수 천자: 한번에 1000cc 이상 제거하지 않음 • 침대를 머리 쪽으로 상승 • 일정한 시간에 체중 및 복부둘레를 측정 • 보통 1주 1회 시행
	체위	• 과다한 복수는 복강내 압력을 증가시켜 흉곽 팽창과 횡격막의 하강 억제 → 호흡곤란 • 침상머리 30도 상승으로 호흡곤란 완화
	외과적 관리	우회술을 통해 복수를 정맥계로 전환하는 시술 시행 • peritoneal-venous shunt 시행

② 간성 뇌병증 관리

<table>
<tr><td rowspan="11">간성 뇌병증</td><td>단백질
제한 식이</td><td colspan="2">• 저장된 단백질의 이화작용 억제 → 고탄수화물 식이
• 육류보다는 야채와 유제품의 단백질을 섭취</td></tr>
<tr><td>출혈징후 관찰</td><td colspan="2">• 출혈은 위장관에 단백질을 축적시켜 간성 뇌병증 야기
• 대변에 선홍색 또는 검은색의 출혈 관찰</td></tr>
<tr><td>변비예방</td><td colspan="2">하제나 관장으로 장내의 단백물질을 빨리 제거</td></tr>
<tr><td rowspan="4">심한
간성혼수
중재
[2022 기출]</td><td>락퉅로오스
(Lactulose)
[2022 기출]</td><td>• 설사를 유도하여, 장내 pH를 감소시키고 암모니아를 생성하는 대변의 균(flora)을 억제
• 락툴로오스 관장은 장내 암모니아 이온을 끌어들여 혈중 암모니아 수치를 감소
• 암모니아를 이온화시켜 장내 산도를 7에서 5로 낮추어 산성환경을 조성. 산도가 낮아지면 암모니아가 혈액계로 유입되지 못하고 장에 머물게 됨. 즉 장의 암모니아가 혈액으로 통과하는 과정을 방해</td></tr>
<tr><td>약물 요법</td><td>하루 2~5회 대변으로 암모니아를 배설하고, 문맥계 간성뇌질환의 급성단계에서는 20~30g의 Lactulose를 배변할 때까지 4시간 간격으로 투여함. 대변을 배설한 다음에는 하루 3~4회로 감소시킴</td></tr>
<tr><td>주의점</td><td>적절한 양의 락툴로오스를 투여하면 매일 2~3회 부드러운 변을 볼 수 있음. 락툴로오스 양이 지나치면 설사로 전해질 불균형을 초래할 수 있으므로 양을 줄여서 대변의 횟수를 조절하도록 함</td></tr>
<tr><td>Neomycin</td><td>• 광범위 항생제로 장내 정상 세균을 파괴하여 단백질 분해를 감소시켜 암모니아의 생성을 줄임
• 위장관에서 암모니아를 형성하는 세균을 저지하여 암모니아를 떨어뜨리고 신경계 상태를 개선시킴
• 장기간 사용하면 신독성을 일으킬 위험이 있으므로 주의</td></tr>
<tr><td>적절한 체액
유지</td><td colspan="2">전해질 불균형 및 산·염기 불균형이 간성 뇌병변을 촉진시킬 수도 있으므로 활력증상과 중심정맥압을 자주 측정하고, 필요하다면 소변량을 시간마다 측정</td></tr>
<tr><td>저산소증 예방</td><td colspan="2">저산소증이 간세포를 손상시키므로 간성 뇌병증을 촉진시킬 수 있음</td></tr>
<tr><td>감염 예방</td><td colspan="2">감염은 조직의 이화작용으로 단백질 축적을 촉진시키므로 이를 예방해야 함</td></tr>
<tr><td>약물투여 시
주의</td><td colspan="2">• 이뇨제 사용으로 발생할 수 있는 저칼륨증은 콩팥에서 암모니아 생성 증가시킴
• 마취제, 진통제, 진정제 등은 간에서 생전환됨. 이런 약제는 간 기능이 저하된 환자에게 투여하지 않음
• 의사의 처방 없이 어떠한 약도 복용하지 않음
• 금주</td></tr>
</table>

③ 식도정맥류 및 황달 관리

위장관 출혈 (식도정맥류)	• 간의 형태적 이상이 간 및 복부 내장기관의 혈액순환에 변화를 초래하기 때문 • 그 중 대표적인 것이 식도정맥류이며 이것은 식도벽 혈관을 지나가는 혈액량이 과다하여 식도표면 정맥이 늘어나 파열되는 것을 말함 • 출혈 원인은 우선 복부의 압력이 상승하면 쉽게 파열될 가능성이 많으므로, 무거운 물건을 들거나, 용변 시 배에 힘주는 일, 코를 세게 푸는 일은 피하도록 함	
	약물요법 [국시 2017]	• 베타차단제 투여 → 심박수 감소, 간정맥압 저하 → 출혈 감소 • vasopressin투여: 상장간막 동맥에 직접 투여 시 가장 효과적(혈압상승 주의)
	위삽관	냉 액체를 이용한 위세척(혈관수축), 생리식염수 이용
	내시경치료	내시경을 통해 O형 밴드를 정맥류에 끼워 혈액 차단 후 절단
	수혈	• 출혈이 심하면 수혈 • PT, PTT를 자주 측정 • 혈액응고 요소 제공: 비타민K, platelet 공급
	S-B tube (파열된 정맥류 압박)	• 두개의 풍선을 가진 튜브 삽입 → 큰 풍선은 식도정맥류를 압박, 작은풍선은 위를 고정 → 식도 말단부위와 위의 분문부에 압력을 가해 지혈 • 괴사 예방 위해 정기적으로 풍선 감압(24시간 이상 팽창상태 금지) • 대상자에게 관을 절대 당기지 않도록 교육 • 흡인성 폐렴 예방 위해 자주 흡인
황달	소양증 완화	• 전분 목욕, 미온수 목욕, 방안은 서늘하게, 손톱은 짧게 • 항히스타민제, 진정제, 신경안정제 투여
	정서적 간호	외모에 신경을 쓰지 않도록 함 예 거울을 치움

4 급성 췌장염(acute pancreatitis) [2011 기출]

(1) 개요

정의	• 십이지장으로 배설되지 못한 췌장효소가 췌장 안에서 활성화되어 췌장세포의 자가소화를 유발하는 급성염증상태 • 잠재적으로 췌장의 부종, 괴사, 출혈 등을 일으키는 치명적인 염증 과정	
원인	담도계 질환 (담석증, 담낭염)	담석이 췌장의 팽대부(ampulla)를 막아 췌액이 췌장 내로 역류되는 경우
	지나친 음주	알코올은 췌장의 분비를 자극하고, Oddi 괄약근의 경련을 유발하고, 췌장에서 분비되는 단백질의 구성을 변화시켜서 작은 관들을 막아 췌액이 분비되는 것을 방해함. 또한 샘꽈리 세포의 세포막을 약하게 하여 세포가 쉽게 손상이 되어 트립신 억제제의 양이 감소됨. 췌장의 지방대사와 전신의 지방대사를 방해하여 고지혈증을 악화시킴

	십이지장염	췌장의 팽대부의 경련이나 부종
	유행성 이하선염	유행성 이하선염 또는 세균성 감염의 합병증 • 췌장염, 심근염, 심낭염, 신장염, 관절염, 고환염, 부고환염, 난소염, 무균성 수막뇌염, 결막염, 홍채염, 유양돌기염, 감각 신경성 청각장애, 혈소판 자반증
	기타 위험요인	고지질혈증, 고칼슘혈증, 췌장의 외상, 췌장허혈, 에스트로겐이나 azathioprine 같은 약물, 췌관폐색을 일으키는 질환
병태생리	췌장의 내외분비 세포의 지방괴사를 초래하는 지방분해과정	
	췌관파열	췌관이 막히면 췌관 내 압력 증가로 췌관이 파열하여 소화효소인 trypsin, lipase, elastase가 췌장의 실질세포 내로 유출되어 췌장을 손상시킴
	trypsin	췌장 실질세포의 자가소화를 초래하는 단백분해효소(주로 trypsin)의 단백분해과정
	lipase	lipase에 의해 췌장 실질세포의 지방 분해 과정에서 지방산이 배출되어 이온화된 칼슘과 결합하여 혈청 칼슘을 감소시킴
	엘라스테이스(elastase)	trypsin에 의해 활성화된 elastase의 혈관 및 췌관의 탄력섬유 용해로 인해 혈관확장과 혈관투과력을 증가시켜 심한 혈관파괴를 초래하는 혈관괴사 및 염증과정
	칼리크레인(kallikrein)	칼리크레인(kallikrein)이 염증 반응에 의해 혈관확장과 혈관투과력을 증가시킴
	염증	췌장의 괴사 부위와 출혈 부위에 백혈구가 모이기 시작하면 염증성 변화를 초래함
진단검사	혈청 amylase 상승	• 췌장 샘꽈리세포 파괴로 췌장의 소화효소 방출 • 췌장염 발병 후 24시간 이내 최고 수치, 48시간 후 정상 • 정상 : 65~160U/L • 급성췌장염이 아닌 경우에도 증가하는 경우가 있음(신부전, 임신, 화상 등)
	혈청 lipase 상승	• 2주 이상 상승 • 정상 : 0~1.5unit/mL(160U/L 미만) • 특이도 상승(급성 췌장염에서만 상승, 진단에 중요한 지표)
	혈청 빌리루빈, ALP 상승 (alkaline phosphatase)	담도계 폐쇄로 상승
	백혈구 증가	–
	혈당 증가	췌장 랑게르한스섬의 베타 세포 파괴로 인슐린 분비 감소 → 혈당 증가

<table>
<tr><td rowspan="4"></td><td>혈청 칼슘
농도 감소</td><td>• 칼슘이 지방산에 침전하여 칼슘 감소
• 정상: 8.5~11mg/dL</td></tr>
<tr><td>중성 지방 증가</td><td>lipase에 의해 췌장 실질 세포의 지방이 분해되면서 중성 지방 발생</td></tr>
<tr><td>췌장염 진단</td><td>• 명치부위 등쪽 심한 통증(상복부의 급성복통과 압통)
• 혈청 췌장수치의 상승(아밀라아제 그리고/또는 리파아제 ≥ 정상상한치의 3배)
• 복부초음파, 복부 CT, 혹은 복부 MRI에서 급성 췌장염 소견[췌장의 비대, 췌장 실질의 불균질(heterogeneity), 췌장 주변의 액체 저류 등]
→ 위의 3가지 중에 2가지 이상 해당될 때</td></tr>
</table>

(2) 증상

<table>
<tr><td rowspan="7">급성복통</td><td colspan="3">가장 중요한 임상증상과 징후</td></tr>
<tr><td>P</td><td colspan="2">누우면 심해지고 앉거나 몸을 구부리면 완화됨</td></tr>
<tr><td>Q</td><td colspan="2">지속적 통증, 전반적 압통</td></tr>
<tr><td>R</td><td colspan="2">• 통증부위: 명치부위(상복부), 전반 복통
• 방사부위: 등 쪽 심한 통증</td></tr>
<tr><td>S</td><td colspan="2">시작과 동시에 빠르게 고조되어 참기 어렵고 심한 통증</td></tr>
<tr><td>T</td><td colspan="2">호전 없이 24시간 지속됨</td></tr>
<tr><td colspan="3"></td></tr>
<tr><td rowspan="6">기타
증상징후</td><td colspan="3">오심 · 구토, 복부팽만, 장음감소 또는 소실</td></tr>
<tr><td colspan="3">발열, 빈맥, 저혈압, 쇼크</td></tr>
<tr><td colspan="3">황달, 일시적 고혈당, 저칼륨혈증, 백혈구 증가</td></tr>
<tr><td rowspan="3">자반
[2011 기출]</td><td colspan="2">심한 괴사성 췌장염에서 복강내 출혈로 인해 생성되며 나쁜 예후를 의미</td></tr>
<tr><td>터너 증후군(Turner's sign)</td><td>옆구리가 청색, 보라색으로 변화됨</td></tr>
<tr><td>칼렌 증후군(Cullen's sign)</td><td>배꼽 주위가 푸르게 변색됨</td></tr>
</table>

사정자료	병태생리적 근거
통증(극심하고 지속적, 상복부 또는 배꼽 주위의 통증, 대개 등과 허리 부분으로 퍼짐)	• 췌장낭의 부종 • 복막으로 효소가 유출되어 발생한 국소적 복막염 • 식사 동안 증가된 효소분비가 자극해서 발생한 췌관의 경련이나 췌장의 자기소화
지속적인 구토	• 통증의 구토 중추 자극 • 국소적인 복막염으로 장연동운동의 감소
복부팽만	국소적 복막염으로 인한 소장의 마비성 장폐색
발열	조직파괴로 발열인자의 유출
쇼크, 심장기능 이상	후복강 내로의 체액손실과 심장 전부하의 감소로 발생하는 저혈량증
저칼슘혈증	지방괴사 부위의 칼슘침착
당내성 장애	랑게르한스섬 손상정도에 따라 다양
황달	췌장부종으로 총담관폐색
흉막삼출액	주위 조직으로 염증의 확산

(3) 췌장염 증상 중 고혈당, 지방변, 저칼슘혈증, 출혈의 발생기전

고혈당	랑게르한스섬 손상에 의한 당뇨병 발생으로 인슐린 분비 안 됨
지방변	지방소화효소인 리파아제 분비 결핍으로 지방이 소화되지 못하고 변으로 나옴
저칼슘혈증	지방괴사 부위의 칼슘침착, 소화되지 않은 지방 속 칼슘이 대변과 함께 배출
출혈	trypsin에 의해 활성화된 elastase의 혈관 및 췌관의 탄력섬유 용해로 인해 혈관 파괴

(4) 급성 췌장염의 주요 합병증

심혈관계	저혈량증, 저알부민으로 인한 저혈압, 쇼크
혈액계	혈액상실로 인한 빈혈, 산재성 혈관 내 응고증
호흡기계	무기폐, 폐렴, 늑막삼출증, 급성 호흡부전(ARDS)
위장관계	위장출혈
췌장	췌장의 위낭종, 췌장의 괴사, 췌장농양, 췌장성 복수
신장	급성 신세뇨관 괴사
대사장애	고혈당, 저칼슘혈증, 고지혈증
뇌병증	• 고삼투압, 저환류증, 저산소증, 뇌지방색전증, 산재성혈관내응고증(DIC) 등에 의해 발생 • 혼돈, 착란, 정신증 및 혼수 등의 증상을 나타냄

(5) 치료 및 보건지도 [국시 1999 · 2003 · 2004]

<table>
<tr><td>통증조절</td><td colspan="2">• 마약성 진통제(demero)나 모르핀 투여 금지
• 편안한 자세(가슴을 새우등 같이 구부림)유지</td></tr>
<tr><td>금식</td><td colspan="2">췌장을 쉬게 하고 효소분비 억제 위해 금식(췌장효소치 회복까지)</td></tr>
<tr><td rowspan="5">약물요법</td><td>진통제</td><td>• demerol(meperidine)권장
• morphine 투여 금지(오디괄약근을 수축시켜 췌장액의 십이지장배출 억제 → 췌장염 악화)
• 통증은 췌장 분비를 자극</td></tr>
<tr><td>항콜린제
(atropine)</td><td>부교감신경 억제
→ 위장관운동과 췌장액 분비억제</td></tr>
<tr><td>제산제,
위산 분비억제제</td><td>췌장의 중탄산 분비 감소, 위산 증가
→ 제산제에 의한 위산 중화</td></tr>
<tr><td>항생제</td><td>• cefuroxime(zinacef), ceftazidine(ceptaz)
• 염증 억제, 세균 감염 치료</td></tr>
<tr><td>인슐린</td><td>고혈당인 경우</td></tr>
<tr><td rowspan="3">증상완화 시
식이 공급</td><td colspan="2">과식, 지방, 자극물, 알코올 피하기, 소량씩 섭취, 저지방 및 저단백 식이 격려</td></tr>
<tr><td>수분 섭취</td><td>금식이 아니라면 물과 음료수를 침상에 두고 수분 섭취 격려 [국시 2014]</td></tr>
<tr><td>고탄수화물,
저지방</td><td>• 복부의 통증과 압통이 좋아지면 고탄수화물, 저지방 식이 제공
• 췌장에서 외분비선 자극을 최소화
• 식사를 하면 지방이 콜레시스토키닌(CCK)을 방출시켜 췌장에서 췌장효소 방출로 통증과 증상이 심해짐</td></tr>
<tr><td>금주</td><td colspan="2">알코올 섭취가 췌장액분비 증가</td></tr>
<tr><td>혈당</td><td colspan="2">당치를 모니터하고 처방에 따라 인슐린 투여</td></tr>
<tr><td rowspan="4">저칼슘혈증
관찰</td><td colspan="2">칼슘 부족 증상을 관찰하고 저칼슘혈증이 의심되면 기도를 유지하고 흡인기를 침상 곁에 둠
| 저칼슘혈증 |</td></tr>
<tr><td>테타니 증상</td><td>근육강직이 통증과 함께 있으며 흥분, 얼굴이 비뚤어짐, 손가락의 욱신거림
후두강직, 후두 연축으로 호흡기 폐쇄, 부정맥</td></tr>
<tr><td>chvosteks 증후</td><td>안면신경의 과흥분 상태로 얼굴의 한쪽을 가볍게 두드리면 얼굴 근육의 강직 형태를 알 수 있음</td></tr>
<tr><td>Trousseau's 증후</td><td>팔을 혈압 커프로 압박을 한 후 손과 손가락에 강직도를 확인함</td></tr>
</table>

5 만성 췌장염(chronic pancreatitis)

정의	췌장관의 폐쇄와 췌장 분비 세포의 파괴로 인한 췌장의 만성 섬유조직 증식, 췌장염의 경한 발병이 재발됨으로써 췌장의 점진적 파괴로 인해 발생
원인	• 반복성 급성 췌장염 • 만성 알코올 중독, 45~60세 사이의 남자에게 많음 • 담석증이나 담낭염 등의 담도계 질환 • 지방식 및 과식
증상 [국시 2007]	• 강렬한 복통이 지속적이며 타는 듯하거나 갉는 듯한 통증, 복부 압통 • 황달, 짙은색 소변, 점토색 변: 간 담도계 폐쇄 시 • 지방변: 리파아제의 분비감소로 지방이 소화되지 않고 악취가 남 • 복수: 혈청 알부민 수치의 저하로 인함 • 좌상복부에 덩어리가 만져짐: 가정 낭종이나 농양이 있을 경우 • 호흡음 감소, 호흡곤란, 기좌호흡이 나타남: 호흡기 합병증이 있을 경우 • 체중 감소: 음식 섭취 후의 통증에 대한 두려움이나 식욕부진으로 인한 섭취 부족으로 인함 • 다뇨증, 다음증, 다갈증, 다식증, 당뇨병이 있을 경우
치료	• 진통제 투여: 비마약성 진통제, 마약성 진통제 • 효소 보충 – 단백질과 지방의 소화흡수를 돕기 위해 투여[pancreatin, pancrelipase(pancrease + cotazym)아밀라제, 리파아제, 프로테아제] – 식전이나 식사 중 물과 함께 복용 – 분말형 효소제는 피부를 자극할 수 있으므로 복용 후 입 주변 닦기 – pancreatin은 코팅제이므로 부수거나 씹지 않고 삼키기 – 효소제와 단백질 음식은 혼합 금지 – 효소치료의 효과: 변의 횟수가 줄고 변 속 지방 감소 시 확인 • 인슐린 요법: 혈당조절을 위해 인슐린이나 경구 혈당 강하제 투여 • 기타 약물: 췌장효소제는 pH8에서 가장 효과적이고, 위산이 리파아제를 파괴하므로 H_2-길항제를 함께 투여 • 영양간호 – 고열량, 고탄수화물 또는 중정도의 탄수화물, 고단백음식 제공 – 고지방음식 제한 – 카페인이 함유된 음식 금지, 금주와 금연 – 자극적인 음식 제한(양념, 매운 음식 등) – 효소와 식사 함께 복용 • 자주 휴식 제공

6 췌장암

특징	• 조기발견이 어려움 • 발견 시 완치수술이 곤란한 경우가 많음 • 췌장은 두께가 얇으며 피막만으로 쌓여 있고 상장간막 동맥과 간문맥과 밀착되어 암의 침윤이 쉽게 일어남 • 췌장 후면의 신경 다발과 임파선에도 전이 발생 • 췌장 암세포는 성장 속도가 빠름	
원인	당뇨병, 만성 췌장염, 흡연(m/c), 비만	
진단	• CA 19-9 : 췌장에서 상승하는 종양 표식자(위암, 담낭암, 췌장암 시 상승) • 복부 초음파, 복부 컴퓨터 촬영(CT) • ERCP 내시경적 역행성 담・췌관 촬영술 시행	
증상	3대 증상	① 체중 감소 ② 상복부 통증 　– 상복부와 좌측 늑연골 하부 통증 ③ 황달 　– 체부와 미부 종양은 없을 수도 있음
	췌장 두부암	• 75% • 췌장 두부의 종양이 커지면서 담즙 배설 통로인 총담관을 압박하면 폐쇄성 황달, 소양증이 나타남
	체부와 미부 종양	• 체부(20%)와 미부(5%)의 종양은 말기에 진단되어 수술이 어렵고 예후도 좋지 않음 • 체중 감소가 흔한 증상 • 췌장의 소화효소 부족으로 소화와 흡수가 좋지 않아서 체중 감소
치료	수술절제만이 완치의 근본적 치료법	

7 담석증

(1) 특징

정의	담낭이나 담도에 돌이 형성된 것	
담즙의 기능	담즙 농축・저장	간세포는 담즙 1L를 매일 생산하며 담즙은 물, 콜레스테롤, 지방, 담즙산염, 단백질과 빌리루빈을 포함하며 담낭에 저장
	지방 유화	• 담즙은 담낭 안에 농축되어 있다가 십이지장으로 나와 지방과 지용성 비타민을 미립자로 유화시켜 소화효소에 의해 쉽게 소화되어 흡수를 도움 • 담즙 결핍으로 지방과 지용성 비타민A, D, E, K를 흡수할 수 없음

<table>
<tr><td rowspan="4">담즙배설조절</td><td>세크레틴
(secretin)</td><td>십이지장에서 secretin이 나와 담즙 배설 자극</td></tr>
<tr><td>콜레시스토키닌
(CCK)</td><td>담낭을 수축시키고 Oddi 괄약근을 이완</td></tr>
<tr><td>가스트린</td><td>담즙의 흐름 자극</td></tr>
<tr><td>미주신경</td><td>미주신경(제10뇌신경, 부교감 신경) 자극이 담낭의 수축 도움</td></tr>
<tr><td>병태생리</td><td colspan="2">• 담즙염(bile salt) 부족, 콜레스테롤과 빌리루빈 과잉
– 만약 액체인 담즙이 너무 많은 콜레스테롤, 담즙산염 또는 빌리루빈을 포함하게 되면 그것이 단단해져 담석이 될 수 있음
→ 담즙이 정체되면 담낭과 담관들, 드문 경우 간까지 염증이 생길 수 있으며, 총담관을 통과하여 내려온 담석이 췌장에 염증을 유발하기도 함(담석 췌장염은 매우 통증이 심하고 위험할 수 있는 상황)
→ 결석이 담관을 폐쇄하여 담즙이 담낭 내 정체되어 담즙의 흐름이 막히고 정체되면 담낭의 염증, 부종, 팽만과 이로 인한 담낭의 혈관에 부적절한 순환으로 담낭벽의 허혈 상태로 조직은 괴사되고 담낭벽이 천공될 수 있음
→ 천공이 클 경우 복막염 발생
• 담즙 정체 : 담낭 수축력과 비우기 감소, Oddi 괄약근 경련
• 감염, 유전소인</td></tr>
<tr><td rowspan="5">담석의 원인
(4F)</td><td>비만(fat)</td><td>비만한 사람에서 콜레스테롤 분비와 생산 증가</td></tr>
<tr><td>여성호르몬
(female)</td><td>• 여성호르몬, 경구피임약(progesterone)에서 콜레스테롤 분비 · 생산 증가
• progesterone → 담낭의 수축력↓ → 담낭 확장, 담즙 보유 기간 증가, 담낭이 비워지는 시간 지연, 담즙이 진해지면서 담석 발생</td></tr>
<tr><td>연령증가(forty)</td><td>콜레스테롤 분비 · 생산 증가 예 중년층 여자</td></tr>
<tr><td>다산(fertile),
경산부(fecund)</td><td>• 호르몬 인자와 관련 있으며 담석은 임신(progesterone)과도 관련
• 다산 경험 경산부에게 호발(에스트로겐 증가로 콜레스테롤 흡수 증가)</td></tr>
<tr><td>좌식 생활 습관</td><td>–</td></tr>
</table>

(2) 담석의 진단 [2011 기출]

진단	• 복부초음파(매우 정확): 담낭 내에 담석이 있으면서 담낭벽이 두꺼워져 있고 담낭 주변에 체액이 고여있는 소견을 관찰할 수도 있음 • CT, 담관조영술, ERCP • 혈액검사: 빌리루빈, alkaline phosphatase, ALT, AST수치 상승(담도폐쇄) • Murphy's sign 양성반응	
Murphy's sign [2011 기출]	• 담낭의 수축에 의해 산통이 발생. 담석에 의해 담낭은 담즙을 배출할 수 없음 • 이때 담낭이 팽창되어 담낭의 기저부가 9~10번째 늑골의 복벽에 접촉하게 되므로 심호흡을 하게 되면 배오른위 구역에 통증을 느낌 • 우측 늑골하를 촉진하면서 심호흡을 하도록 했을 때 심한 압통을 호소하면서 흡기를 멈춤 • 과식하거나, 기름에 튀기거나 지방성분이 많은 음식을 먹은 후에 심함	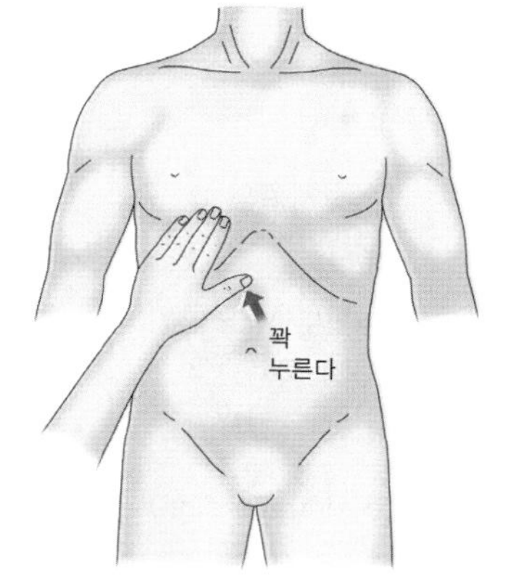 꽉 누른다

02

(3) 담낭염의 주요 임상증상(특징)

통증(산통)	• 일시적 또는 모호한 복통이나 불편감이 우측 어깨로 방사 • Murphy's sign, 반동성 압통(rebound tenderness), 복부강직 • 고지방식이나 과식으로 인한 통증
위장관 증상	• 식욕부진, 소화불량, 오심 또는 구토 • 트림, 복부팽만감, 고창 • 황달, 점토색 변, 짙은 소변, 지방변(만성담낭염에서 가장 흔함) • 지용성 비타민(A, D, E, K) 흡수장애로 프로트롬빈 시간 지연
염증반응 증상	발열, 빈맥
위치에 따른 담석 종류	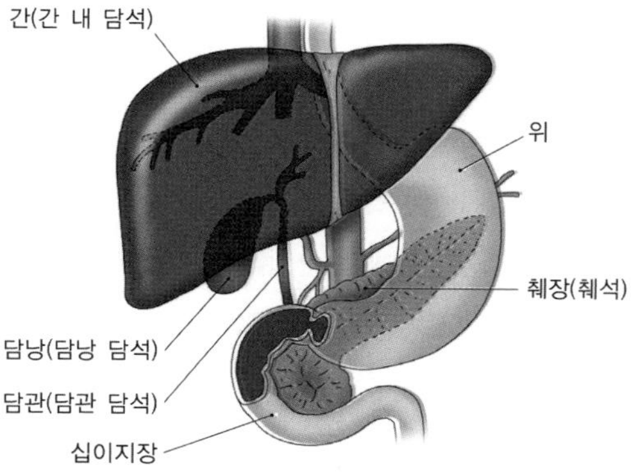 간(간 내 담석) 위 췌장(췌석) 담낭(담낭 담석) 담관(담관 담석) 십이지장

담석증, 담낭염, 담도계 합병증의 관계	• 담석증 → 총담관 결석 → 폐쇄성 황달 • 담석증 → 급성 담낭염 → 만성 담낭염 → 총담관 폐쇄 → 폐쇄성 황달 • 담석증 → 담도염 → 패혈성 쇼크, 사망 • 담석증 → 장마비 → 장폐색 → 장천공, 복막염, 패혈증, 속발성 감염, 패혈성 쇼크 어느 담관이라도 막히면 담낭과 간 또는 췌장에 심각한 손상이나 감염을 유발할 수 있으며, 치료되지 않고 방치될 경우 상황은 치명적일 수 있음. 상황이 심각함을 알려주는 증후에는 열, 황달(황색의 빌리루빈 색소가 몸속에 축적되어 눈의 흰자위나 피부색이 누렇게 보이는 증상) 그리고 지속적인 통증이 있음

| 담낭염과 담석증의 사정 자료 |

사정 자료	병태생리적 근거
복부통증 (대부분 상복부, 배오른위 구역(RUQ) 통증으로 등쪽으로 방사)	• 담낭에서 담관으로 결석이 이동할 때 담관의 경련이 발생하며 산통 • 담낭염인 경우 통증은 염증 때문에 지속되고 복막의 강도가 증가하면서 통증도 심해짐 • 상복부 중앙에서 우상복부로 퍼지고, 견갑골 하부의 등과 우측어깨로 방사
머피 징후(Murph's sign) [2011 기출]	엄지손가락으로 오른쪽 늑골연 아래를 압박할 때 공기를 깊이 흡입하면 통증 증가
황달 [국시 2007]	• 담석증인 경우 총담관의 폐색은 혈청 빌리루빈을 증가시키는 원인이 되며, 피부나 점막을 노랗게 변화시킴 • 담낭염인 경우 때로 부종이 관을 폐색 시켜서 혈청 빌리루빈을 상승시킴
오심 · 구토	• 담관의 확장은 구토 중추에 자극 파동을 발생시킴
지방 음식의 불내성	• 지용성 비타민(A, D, E, K) 흡수 장애 • 지방 음식을 소화시키는 데 필요한 담즙을 배출하기 위해서 염증성 담낭이 수축할 때 통증을 유발함
소양증	폐쇄성 황달에서 담즙이 십이지장으로 흐르지 못해 담즙의 혈중 농도가 상승하여 피부에 담즙산염 축적으로 소양증 유발
진한 소변	담즙 안에 있는 과도한 빌리루빈이 혈액으로 흡수되어 신장으로 배설되어 진한 소변
점토색 대변	담즙 흐름이 막히면 빌리루빈이 장에 도달하지 못하여 장내 세균에 의해 urobilinogen으로 바뀌어 산화하고, stercobilin이 대변을 갈색으로 변화시키지 못하여 점토색 대변이 됨
지방변	담즙 부족으로 지방과 지용성 비타민의 흡수 감소로 지방변이 됨
열, 백혈구 증가증	염증상태에서는 열과 백혈구가 증가함
출혈	담즙 부족 → 비타민K 흡수 부족 → 비타민K 의존성 응고인자(프로트롬빈) 감소 → 출혈 경향

02

(4) 치료 및 간호중재

내과적 치료	복통조절	진통제(morphine은 담도 경련, Oddi는 괄약근을 수축시키므로 투여 ×), 제산제, 진토제, 항생제, prothrombin time이 연장되면 비타민K 투여
	저지방 식이	금기 음식 → 고콜레스테롤, 버터, 치즈 등의 고지방 음식, 튀김, 달걀노른자, 가스 형성 채소(브로콜리, 양파, 콩류) 등
	오심·구토 조절	• 금식 및 비위관 삽입으로 위 내용물 배액 • 정맥주입(수액 전해질 보충)
	담석용해	역행성 내시경 또는 콜레스테롤 담석 용해제(cheodiol, ursodiol) 사용
	약물	• 데메롤 진통제 • 항경련제, 항콜린성제제(아트로핀) 투여: 평활근이완, 담도긴장 경련 감소 • 진토제 투여(오심·구토 완화) • 감염 시 항생제 투여 • 황달, 프로트롬빈 시간 연장 시 비타민K 투여
외과적 치료	내시경적 역행성 담췌관 조영술 (ERCP-EST)	• 내시경을 이용하여 담도를 조영하는 검사로 담관의 돌을 제거할 수 있음 • 담석이 있는 경우 EST(유두괄약근절개술)을 시행하여 담석 배출유도 및 담즙을 배출해서 염증을 가라앉힐 수 있음
	경피적 간담즙 배액관(PTBD)	황달, 담도폐색, 담낭염이 의심되는 환자의 경우 확진 및 조직 검사 등 진단적 목적과 담도 확장, 괄약근 절개술, 담도 배액관 장치 및 담석 회수 등의 치료적 목적으로 시행함
	체외 충격파 쇄석술(ESWL)	체외에서 충격파를 담석부위에 쏘아 담석을 잘게 부숴 제거함
수술	복강경 담낭절제술	최소한의 침습적 수술, 복강경으로 담낭 절제, 개복수술보다 회복 빠름
	담낭절제술	• 우측늑골 밑 절개 후 담낭 제거, 필요 시 담관을 절개하여 담석 제거 • 총담관 절개 시 담관이 막히지 않도록 T-tube 삽입하여 담즙배액

(5) T-tube 관리(Percutaneous Transhepatic Biliary Drainage; PTBD)

배액	• 초기에는 혈액 섞인 배액 → 이후 녹색 • 배액량: 첫날300~500mL, 3~4일 후 200mL 정도 배액(1일 1000mL 이상 시 보고) • 적은 배액은 담관폐색, 담즙의 복강내 누출 가능성 → 복막염 유발, 복부통증 시 즉시 보고 • 과다 배액 시 수분전해질 불균형 초래가능성 • 냄새와 농이 있으면 감염 • 주변 발적, 종창, 담즙누출 관찰 • 매일 같은 시간에 배액주머니를 교환함. 배액량이 일정하게 유지되고 감소하다가 갑자기 증가하면 보고함
드레싱 교환	• 배액으로 젖으면 자주 교환, 비누와 물로 피부의 담즙 제거 • 담즙은 피부를 자극하므로 피부를 청결히 하고, 담즙배액이 피부에 묻지 않도록 함 → 아연화, 카라야 등 피부보호제를 사용함 • 드레싱 시 튜브의 위치를 고정하고, 튜브를 직접적으로 잡아당기거나 밀어 넣지 않음 • 드레싱을 교환할 때 드레싱 부위의 발적, 종창, 열감, 부종, 통증, 분비물 등이 있는지 관찰. 만일 액와체온이 37℃ 이상이면 보고함
배액관	• 배액장치는 삽입부위(담낭)보다 낮게 유지함 [국시 2017] • 대상자는 반좌위를 취하여 중력에 의한 배액을 용이하게 함 • 배액관은 꼬이지 않고, 눌리지 않도록 안전하게 고정함 • 수술 후 7~8일경 담관조영술 후 폐쇄 없을 때 제거 결정 [국시 2014]
영양증진	저지방 식사를 해야 함 → 지방은 담낭 수축을 자극하여 담낭의 경련발작을 일으킴 [국시 2018]

환자교육	• 활동 제한
	• 식이교육(식전과 식사 1~2시간 동안 T-tube를 막아둠)
	  − T-tube를 잠그고, 음식섭취를 잘 견디는지 대상자의 반응을 관찰
	• 무거운 것을 들거나 힘을 주는 활동은 피함
	• 수술 후 7~10일에 대변이 갈색으로 돌아오는지 관찰
	  − 옅은 대변색은 십이지장으로 담즙이 흐르지 못한다는 것을 의미
	• T-tube제거 전까지 통목욕보다는 샤워를 권함

퇴원 후 식생활 실천사항	급성기에는 금식을 하고 염증이 회복되기 시작하면 '유동식 → 죽 → 일반식사'로 서서히 이행함. 급성기나 회복기에는 병원에서 처방한 식사만 가능하며 퇴원 후 가정에서 식사할 때는 아래와 같은 사항에 주의할 것 • 저지방 식사를 할 것(지방은 담낭 수축을 자극하여 담낭의 경련발작을 일으킴) • 규칙적으로 식사하고 폭식이나 과식 금지(아침을 거르거나 저녁 식사가 늦어지면 담즙이 담낭 내에 농축되어 내압이 높아지므로 발작요인이 됨. 일정 시간에 균형 잡힌 일정한 양의 식사가 필요) • 알코올을 금하고 카페인, 탄산음료, 향신료 사용을 제한

	• 단백질 섭취도 담즙 분비를 촉진하므로 급성기 때는 제한하다가 회복되는 정도에 따라 서서히 증가시킴 • 맵거나 짜지 않으며 자극성이 없고 소화되기 쉬운 음식을 섭취함 • 만성적인 담낭염 상태에서는 저지방 식사를 하되 너무 엄격하게 제한하지 않음(필수 지방산이 부족하기 쉬우므로 지나치게 제한할 필요는 없음. 가스 형성 식품도 통증에 영향을 주므로 심한 통증 상태에서는 제한하는 것이 도움이 됨) • 튀기는 음식보다 삶거나 데치고, 동물성 기름보다 식물성 기름을 사용하는 조리법을 생활화함

| 담석증 수술 후 제한 식품과 권장 식품 |

제한 식품	• 곡류 : 포테이토칩, 튀긴 만두, 볶음밥, 옥수수, 케익류, 파이, 라면 • 어육류 : 동물성 지방, 생선이나 육류튀김, 치즈, 유부, 내장, 오징어, 계란노른자, 새우, 햄, 베이컨, 뱀장어, 콩류 • 채소류 : 양파, 양배추, 오이, 브로콜리 • 지방류 : 마요네즈, 버터, 마가린, 피넛버터 • 우유류 : 우유, 전지분유, 아이스크림(단 저지방우유, 야쿠르트 허용) • 과일류 : 사과, 참외, 멜론, 수박 • 기타 : 고춧가루, 후추, 겨자, 카레, 마늘, 파, 초콜릿, 견과류를 넣은 사탕, 탄산음료, 커피, 크림스프, 기름이 많은 고기 국물
권장 식품	• 단백질 식품 : 지방이 적은 쇠고기, 닭고기, 흰 살 생선, 두부 • 식물섬유 식품 : 김, 미역(해초류), 야채, 과일(귤, 토마토, 바나나), 곡류, 버섯, 곤약, 백김치, 나물(토란대, 호박, 시금치 등) • 당질 식품 : 쌀밥, 감자류, 과일, 과자류(쌀밥 대신 빵, 우유 등도 좋음), 현미, 대두, 콘플레이크, 감자, 고구마

출제경향 및 유형

1992학년도	유행성 출혈열, 항결핵약의 부작용, 무기폐, 천식, 폐렴, 결핵검사의 PPD검사, BCG접종 후 코호씨(Koch's)현상
1993학년도	항결핵약 부작용, 호흡성 산독증, 결핵
1994학년도	결핵약 부작용, 감기 바이러스
1995학년도	체인 스토크스 호흡, 부비동 수술간호, 폐결핵 집단검진 순서
1996학년도	유행성 출혈열, 체내 가스교환, 금연방법
1997학년도	
1998학년도	
1999학년도	흡연이 인체에 미치는 영향-기관별(지방), 흡연 건강 증진 접근
후 1999학년도	
2000학년도	'흡연이 청소년에게 미치는 영향'의 교육내용
2001학년도	'니코틴 의존도가 높은 사람의 특성' 3가지
2002학년도	
2003학년도	
2004학년도	폐결핵의 전파 방지, 알레르기성 천식의 병태생리
2005학년도	
2006학년도	
2007학년도	폐결핵 약물요법
2008학년도	
2009학년도	천식
2010학년도	천식, 호흡계 치료약물
2011학년도	폐암, 천식의 호기 유속기 사용방법 및 관리내용, COPD
2012학년도	폐결핵의 병태생리
2013학년도	호흡계의 병태생리 변화(기흉), 결핵약 부작용
2014학년도	천식의 병태생리
2015학년도	
2016학년도	
2017학년도	
2018학년도	
2019학년도	기흉
2020학년도	천식의 약물요법(기관지확장제)
2021학년도	
2022학년도	
2023학년도	

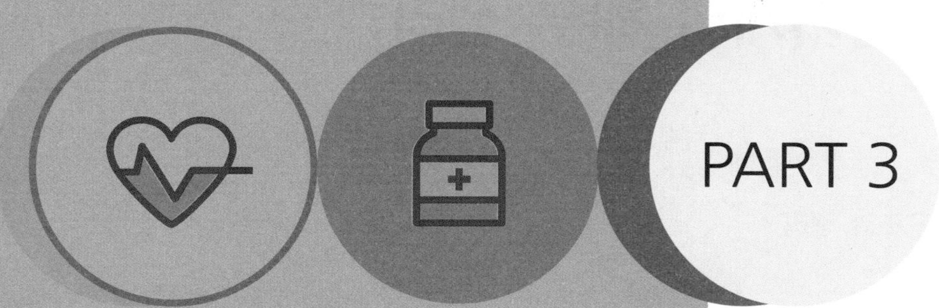

호흡기계 건강문제와 간호

Chapter

01 호흡기계의 해부 생리

01 호흡계의 구조와 생리

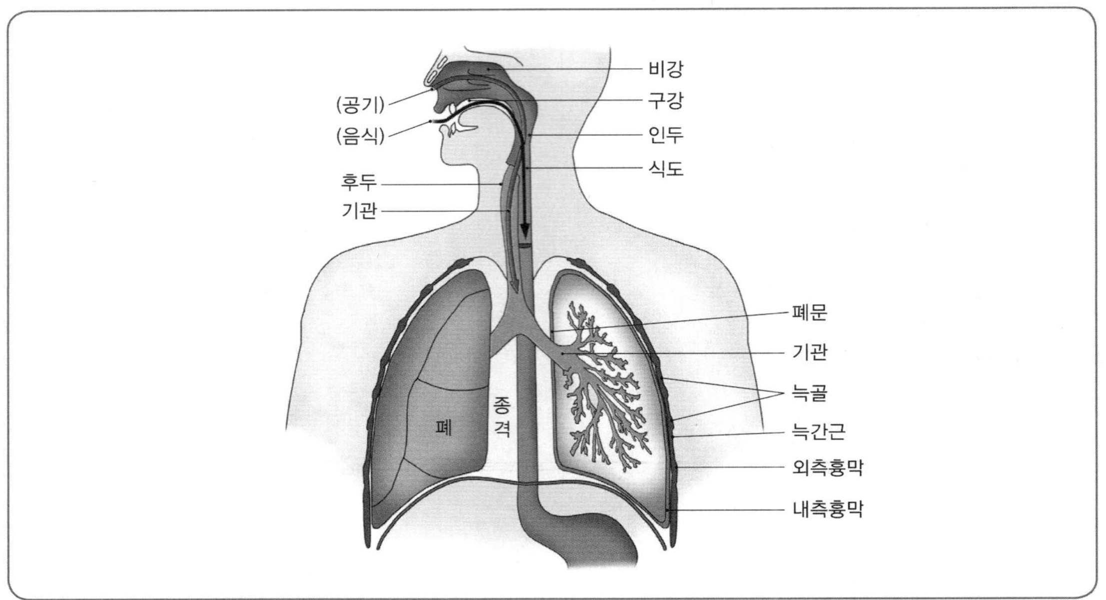

| 호흡기의 구조 |

1 호흡의 정의와 기능

정의	호흡이란 인체 내 생명을 유지하기 위하여 산소를 공급하고 대사산물인 이산화탄소(CO_2)를 배출시키는 일련의 과정		
호흡기계 기능	• 환기에 의해 가스교환 • 체온조절: 체외로 열을 발산 • 체내의 산·염기 평형 유지: 체내의 H^+의 균형 유지		
가스 교환	종류	외호흡	폐호흡 → 폐포 내의 공기와 혈액 사이의 가스교환
		내호흡	조직호흡 → 혈액과 조직세포 사이의 가스교환

가스 교환	원리	가스의 분압차에 의한 확산(고농도에서 저농도로)
	효율적 가스 교환의 필수조건	• 흡입된 공기는 반드시 많은 모세혈관과 접촉되어야 함(폐포벽이 질병에 파괴되면 모세혈관과 접촉하는 면적이 감소) • 가스의 확산에 장애가 없어야 함(폐포막이 섬유화되고 흉터에 의해 두꺼워지면 확산 장애) • 폐혈류의 흐름이 정상적이어야 함(폐의 어떤 부분이 색전으로 인해 혈류가 막히게 되면 가스 교환 장애) • 폐포의 상태가 정상적이어야 함(감염에 의해 염증성 삼출물이 폐포 내에 가득 차게 되면 공기는 호흡막에 접촉되지 못함)
호흡단계	1단계	환기(대기와 폐포 사이의 공기 교환)
	2단계	외호흡(폐포 내의 공기와 폐 모세혈관 사이의 산소와 이산화탄소가 확산에 의해 교환됨)
	3단계	산소와 이산화탄소가 혈액에 의해 순환계로 운반됨
	4단계	내호흡(모세혈관을 통해 혈액과 조직 사이의 확산에 의해 산소와 이산화탄소 교환)
정상 방어기전	점액분비	흡입된 해로운 물질을 잡아서 섬모운동으로 밖으로 내보냄(정상 하루 점액 분비량 = 100ml)
	섬모운동	한 방향으로 움직이며 기관 쪽으로 이물질을 옮겨 줌
	대식세포	균이나 해로운 물질을 흡식하여 감염 방지
	계면활성제 (surfactant)	• 호흡기도의 상피세포에서 분비되는 지질단백질 lipoprotein의 일종 • 폐포의 표면장력을 다양하게 변화시킴(폐포 팽창 시 폐면장력 증가, 수축 시 표면장력 감소) • 폐포 내면에는 물 분자와 공기분자의 계면(界面, interface)에서 계면활성제분자와 공기분자의 계면이 양립되어 있는데, 폐포 내면의 계면활성제와 공기의 계면형성으로 폐포의 표면장력이 약화되어 폐포가 쉽게 확장되므로 흡식 운동을 돕게 됨
	기침반사 (cough reflex)	신경자극이 미주신경을 통해서 연수로 보내짐 → 약 2.5L의 큰 흡기가 발생함 → 후두개와 성문(성대)이 닫힘 → 복부와 늑간근의 강한 수축으로 폐의 압력을 극적으로 높임 → 후두개와 성문이 갑자기 열림 → 공기가 빠른 속도로 밖으로 돌진함 → 점액과 이물질이 하부기도로부터 축출되어 위로 추진력을 받아 밖으로 나감 심호흡 → 흡기중단 → 성문폐쇄 → 복근(복압항진) → 성문개방 → 점액 배출

환기	대기와 폐포 사이의 공기교환
관류	폐 모세혈관의 혈류
확산	용액 안에서 농도 경사에 따라 계속적으로 용질이 이동하는 것으로 폐포와 폐 모세혈관 사이의 산소와 이산화탄소의 교환이 이루어지게 됨
폐활량	최대한으로 숨을 들이쉰 후에 최대한으로 내쉴 수 있는 기체의 양 흡기 보유량(약 3,500ml) + 1회 호흡량(약 500ml) + 호기 보유량(약 1,000ml) = 약 4,500ml

2 환기 관류 확산

환기	◆ 대기와 폐포 사이의 공기교환 • 흡기 : 폐포압 음압 → 기도 따라 폐포로 공기 이동 • 호기 : 폐포압 양압(763mmHg) → 폐에서 대기로 공기 이동
관류	폐 모세혈관의 혈류
확산	용액 안에서 농도 경사에 따라 계속적으로 용질이 이동하는 것으로 폐포와 폐 모세혈관 사이의 산소와 이산화탄소의 교환이 이루어지게 됨
폐활량	최대한으로 숨을 들이쉰 후에 최대한으로 내쉴 수 있는 기체의 양 흡기 보유량(약 3,500ml) + 1회 호흡량(약 500ml) + 호기 보유량(약 1,000ml) = 약 4,500ml

3 환기과정

흡기 (inspiration) 발생 요인	• 외늑간근의 수축에 의존함 • 횡격막의 수축에 의존 : 횡격막이 복강쪽으로 하강 → 흉강을 넓힘 → 흉강내압이 낮아짐 → 폐포 확장 • 횡격막의 수축에 도움을 주며 복강내 압력상승을 억제하는 복부근육의 이완에 의함 • 호흡기도의 상피세포에서 분비되는 지질단백질의 일종인 surfactant의 역할에 의함. 폐포의 내면에서 surfactant와 공기의 계면(interface)형성은 폐포의 표면장력을 약화시켜서 폐포를 쉽게 확장시킴 → 만일에 surfactant가 분비되지 않으면 폐포는 surfactant가 있을 때보다 7~14배의 힘이 가해져야만 확장됨

<table>
<tr><td>호식
(expiration)
과정</td><td>• 안정호식은 수동적 과정 : 횡격막과 흉부근육의 수축에 의해 늘어난 후 호흡근이 이완할 때 탄성장력으로 인한 흉곽과 폐가 본래의 위치로 돌아감. 폐용적의 감소는 폐포 내의 압력을 대기압 이상으로 높이며 공기를 보냄
• 강제 호식 시 내늑간근이 수축하고 흉곽의 압력이 낮아짐
• 복부근육 또한 호식을 도움 → 복부근육이 수축하면 횡격막에 대항하여 복강내 기관들에 힘이 가해지고, 이는 흉곽의 용적을 더욱 감소시킴
→ 이러한 방법에 의해 폐포내압은 대기압보다 20~30mmHg가 더 상승함
<table>
<tr><th>구분</th><th>흡식</th><th>호식</th></tr>
<tr><td>정상,
안정호흡</td><td>횡격막과 외늑간근의 수축으로 인하여 흉강과 폐용적이 상승함. 폐내압은 약 −3mmHg가 감소</td><td>횡격막과 외늑간근의 이완에 더하여 폐의 반동성에 의해 폐용적이 감소하고 폐내압은 약 +3mmHg 상승</td></tr>
<tr><td>강제환기</td><td>사각근 및 흉쇄유돌근 같은 보조근의 도움에 의해 폐내압은 −20mmHg 또는 그 이하로 폐포내압 감소</td><td>복근과 내늑간근의 도움으로 폐내압이 +30mmHg 또는 그 이상으로 상승</td></tr>
</table></td></tr>
<tr><td>충분한 환기에 영향을 주는 요인</td><td>• 청결한 기도
• 중추신경계와 호흡 중추의 완전성
• 확장과 수축이 가능한 완전한 흉곽
• 충분한 폐탄성(compliance)과 반동(recoil)</td></tr>
</table>

4 신경성 호흡조절기전

신경성 조절	중추신경계에 의해 호흡 속도·깊이·리듬이 조절되는 것 • 수의적 조절계 : 대뇌피질에 존재, 의식적으로 숨을 멈추게 하거나 과호흡을 할 수 있음 • 자율 조절계 – 연수 : 흥분 발생 → 척수의 축삭·복삭 → 호흡근의 운동뉴런 전도 – 뇌교 : 흡기운동의 상승과 억제 조절, 지속 흡식 중추와 호흡 조절 중추가 위치하여 호흡을 조절함
호흡중추	• 지속 흡식 중추는 뇌교하부에 위치하며, 고위 조절 중추인 호흡 조절 중추에 의해 제지를 받지 않으면 흡식이 지속되게 함 • 호흡 조절 중추는 뇌교상부에 위치하며 지속 흡식 중추를 주기적으로 제지하여 흡식이 일어난 다음 호식이 일어나게 함
헤링−브로이어반사 (Hering−Breuer reflex)	• 폐내 신전 감수체가 존재, 폐 팽창 → 구심흥분 → 미주신경 → 호식 중추 자극, 흡식 중추 억제, 지속 흡식 중추 억제 • 흡식성 흥분이 반사적으로 억제되면 폐내 신전 감수체의 흥분 발사 정지 → 흡식 중추의 자발적 흥분발사 → 흡식 시작

	• 생리적 의의 – 호흡운동을 제한하는 데 있음 – 호흡 깊이를 조절하여 경제적으로 호흡운동을 하게 함 – 심한 경우에 폐의 과도한 팽창을 막게 함 – 폐가 불필요하게 팽창하지 않게 해주고, 환기주기를 용이하게 하는 데에도 기여함

5 화학적 호흡조절기전

중추 화학 감수체	➲ 연수에 존재 • 동맥혈내 CO_2 농도와 척수액의 수소이온 농도변화에 반응 • 혈중 PCO_2 증가 → 뇌척수액 PCO_2 증가되어 pH 감소 → 중추 화학 감수체를 자극 → 호흡 중추 자극 → 호흡 증가
말초 화학 감수체	➲ 대동맥 소체와 경동맥 소체에 존재 • 동맥혈 내 산소 농도 감소 시 반응, 정상적인 상태에서는 기능하지 않음 • PCO_2 증가로 인해 중추성 화학 감수체가 기능하지 못할 때, 즉 동맥혈 내 PO_2 감소 시 이를 감지하고 신경계 통로를 통해 흥분을 호흡 중추로 보내 호흡수 증가시킴

호흡에서 화학적 요소의 영향

화학적 요소	말초 화학 수용기 효과	중추 화학 수용기 효과
동맥혈 PO_2↓	동맥의 PO_2가 생명을 위협하는 지점까지 떨어졌을 때만 자극(< 60mmHg), 응급기전	< 60mmHg일 때 직접적으로 중추 화학 수용기와 호흡 중추 자체를 약화함
동맥혈 PCO_2↑ (뇌 ECF의 H^+↑)	약하게 자극	강하게 자극, 환기조절에서 우세함 (> 70~80mmHg의 수준은 직접적으로 호흡 중추와 중추의 화학 수용기를 약화시킴)
동맥혈 H^+↑	자극, 산·염기 균형에 중요함	영향을 미치지 않고, 혈액 뇌장벽을 통과하지 못함

6 호흡보조근육 및 흉막강내압

호흡보조근육	사각근(1, 2번째 늑골 들어올림), 흉쇄유돌근(흉골 상승시킴), 승모근과 흉근(어깨 고정)
안정 시 흉막강내압	안정상태에서 대기압 760mmHg보다 3~5mmHg 더 낮은 음압(755~757mmHg)
흡기 시 흉막강내압	흡기 시 횡격막이 수축하여 복강 쪽으로 하강 → 대기압보다 6mmHg 더 낮은 음압(폐포압 < 대기압) → 폐 팽창
호기 시 흉막강내압	호기 시 횡격막이 흉곽 쪽으로 상승 → 흉막강내압은 다시 안정상태가 되어 755~757mmHg 유지(폐포압 > 대기압)

7 상부기도

비강	후각, 공명작용(발성 기능), 가습 및 여과	
부비동	비강을 둘러싼 뼈 속의 빈자리. 섬모운동으로 이물질 배출, 공명	
인두	• 구강인두, 비인두: 공기와 음식 통과, 구개편도가 있음 • 음식 등이 하부기도로 흡입되지 않게 후두개가 있음	
후두	인두와 기관 사이, 성대有 – 발성과 기침반사에 관여	
	갑상연골	아담의 사과(adam's apple)
	윤상연골	• 성대를 포함(가성대, 진성대 구분: 발성, 기침반사 관여) • 진성대 사이 개구부: 성문(glottis)
	피열연골	윤상연골 후방 상면위치
	후두개	• 지렛대 역할을 하는 나뭇잎모양의 탄력성 있는 구조 후두위쪽 위치 • 음식물의 하부기도 유입 방지

8 하부기도

기관	점막의 상피세포의 섬모는 기침을 통해 이물질 배출	
기관지 및 세기관지	• 우측이 굵고 짧음(이물질이 잘 들어감) • 세기관지는 폐포와 연결되어 가스 교환이 일어남	
폐	우폐는 3엽, 좌폐는 2엽	
	폐포관	• 호흡세기관지에서 나오는 포도송이 모양과 비슷한 관 • 폐포주머니가 폐포관을 둘러싸고 있음 • 폐포덩어리 포함
	폐포	• 가스 교환의 기본단위 • 분비기능을 가진 얇은 편평상피로 덮여있고 모세혈관망과 접촉함 • 성인의 경우 모세혈관으로 둘러쌓인 약 3억 개의 폐포 가짐 • 고무풍선 모양의 얇은 막으로 형성되어 가스 교환에서 중요한 기능

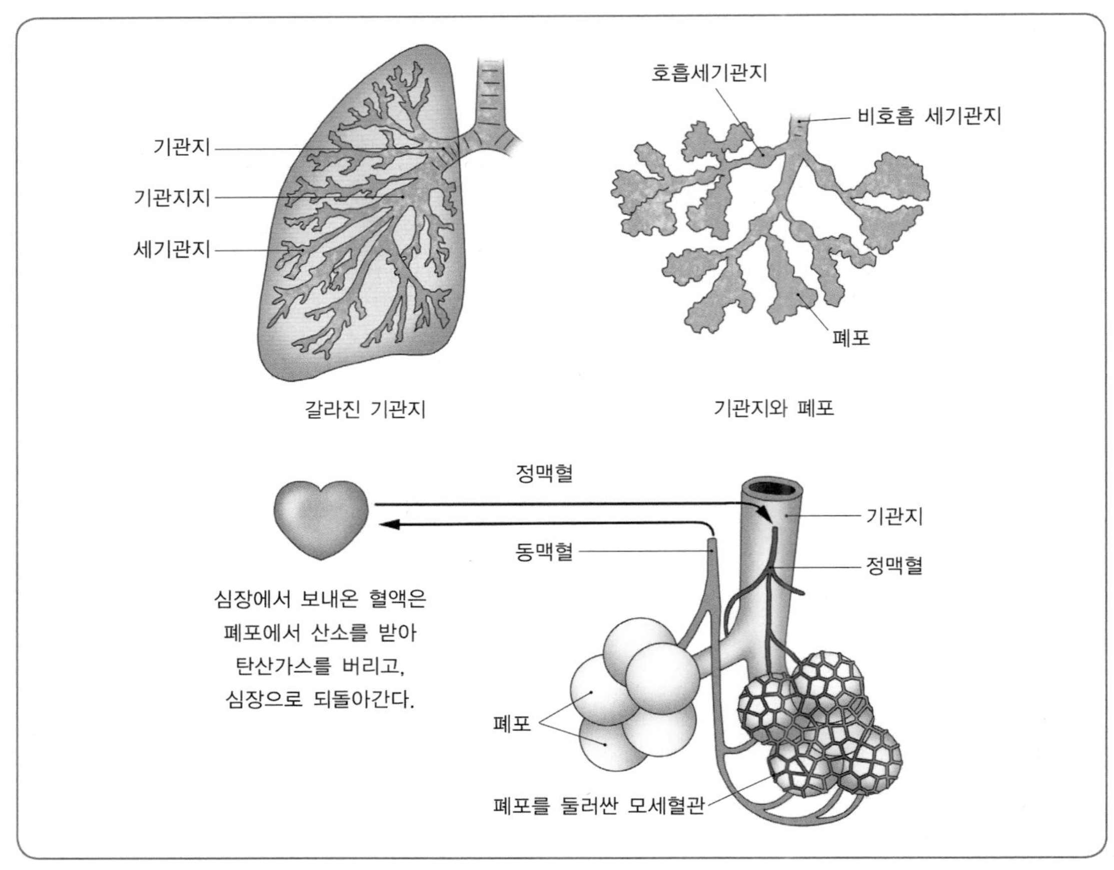
기관지
기관지지
세기관지
갈라진 기관지
호흡세기관지
비호흡 세기관지
폐포
기관지와 폐포
정맥혈
기관지
동맥혈
정맥혈
심장에서 보내온 혈액은
폐포에서 산소를 받아
탄산가스를 버리고,
심장으로 되돌아간다.
폐포
폐포를 둘러싼 모세혈관

| 기관지와 폐포 |

03

02 흉부 및 폐사정

1 흉부의 해부학적 지표

횡선	흉골 절흔각, 쇄골, 늑골, 늑골간
종선	중앙 흉골선, 중앙 쇄골선, 전 액와선, 중앙 액와선, 후 액와선, 견갑선, 척추선

2 흉부 신체검진

폐의 시진	• 흉곽형태: 좌우대칭, 전후 < 횡직경 • 호흡양상: 14~20회/분, 규칙적이고 힘들지 않음 • 호흡수, 리듬, 깊이 그리고 호흡에 들이는 노력, 호기 시간의 지연 등을 관찰 • 흡기 동안 쇄골상부의 퇴축 및 호흡 보조근육 사용 여부 관찰 • 청색증, 손톱 모양 관찰: 저산소증의 경우 청색증 또는 곤봉형 손톱 • 기형이나 비대칭 관찰
폐의 촉진	• 피부의 비정상과 압통/통증, 대칭성, 기도 일탈 확인, 호흡 시 흉곽 확장, 진탕음 같은 비정상 소견과 압통 부위 확인 • 흉곽의 확장 운동 범위 검사 – 흉곽확장: 전면(겸상돌기 아래), 후면(10번째 늑골 아래), 대상자가 규칙적인 호흡을 하는 동안 검진자의 손이 벌어지는 정도를 측정
폐의 타진	• 손가락 타진법으로 상쇄골에서부터 횡격막까지 5cm 간격으로 진행 • 흉부의 전면, 후면, 측면을 대칭으로 타진하면서 타진음의 강도, 고저, 길이를 기록 • 정상 폐: 공명음 • 폐조직 내 공기, 액체, 경변 확인 • 횡격막의 높이 변화: 여자(3~5cm), 남자(5~6cm) • 안정 시 횡격막에서 들리는 둔탁음의 높이(위치) 확인
폐의 청진	호흡음(폐음)의 강도·높이, 흡기와 호기의 상대적 시간 등의 호흡양상 확인

3 타진 시 들을 수 있는 소리(음)

공명음	정상 폐조직에서 들리는 소리로서, 맑고 텅 빈 듯하며 낮고 지속적이다. 소리가 그리 크지 않다. 과도한 공명음은 기종성 폐처럼 비정상적으로 공기가 차서 폐를 통해 들리는 소리이다.
고음	위장과 장을 통하여 들리는 높은 음조의 음악적인 소리이다. 이 음은 크고 길게 팽창된다.
탁음	간장이나 비장처럼 비교적 조밀한 기관에서 나는 소리이다.
편평음	대퇴근이나 큰 종양, 공기가 전혀 없는 부위에서 들리는 소리이다.

4 호흡음(폐음)

(1) 정상 호흡음(폐음)

폐포음	부드럽고 낮은 음으로 큰 기관지를 제외한 폐의 모든 부위에서 들을 수 있고 들숨과 날숨의 비율이 5 : 2로 흡기가 호기보다 길다.
기관지 폐포음	소리의 높이와 강도가 중간 정도이고, 앞면에서는 첫 번째와 두 번째 갈비뼈 사이에서, 뒷면은 어깨뼈 사이에서 들을 수 있다. 들숨과 날숨의 비율은 1 : 1이다.
기관지음	소리가 크고 높으며, 텅 빈 관에 공기를 불어넣는 것과 같은 소리이며 들숨과 날숨의 비율은 1 : 2이다.

(2) 비정상적인 호흡음

나음 (rale)	• 세기관지의 폐포에서 들리는 소리. 기관지 분비물로 가득차거나 경련, 비후 등으로 들리는 소리 등이다. • 흡기 시 들리는데, 울혈성 심부전, 폐수종, 폐렴 등이 있음을 의미한다.
수포음 (rhonchi)	• 분비물이 많아졌을때 구룩거리는 '거친 나음'을 의미한다. • 체액의 축적과 기도점막의 부종 및 평활근의 경련이 있을 때 나타난다.
늑막마찰음 (pleural friction rib)	늑막표면이 염증으로 거칠어 졌을 때 들리며, 삐걱거리는 소리(폐렴, 폐경색)가 남. 이 소리로 흉막염을 진단한다.
천명음 (wheese)	• 기관지가 좁아졌을 때 들리는 휘파람 소리(천식, 폐부종, 울혈성 심부전)이다. • 체액의 축적과 기도 점막의 부종 및 평활근의 경련이 있을 때 나타난다.

청진의 목적
- 호흡에 의해 생기는 소리를 듣는 것
- 어떤 비정상적인 음을 듣는 것
- 이상시 대상자가 흉벽을 통해 전달되는 동안 말하거나 속삭이는 소리 등을 듣는 것

5 비정상적 호흡양상

느린호흡	1분에 10번 미만, 규칙적이며 깊이는 정상 예 뇌압 상승, 진정제나 다량의 마약투여 시
빈호흡	1분에 24회 이상, 빠르고 규칙적, 깊이는 정상 예 흥분이나 공포 시
과소호흡	호흡 깊이 감소, 호흡수 정상 예 진정제, 마약 투여, 나쁜 자세 등
과대호흡	호흡 깊이가 비정상으로 증가, 호흡수는 정상 예 격심한 운동 후
Biot's 호흡	정상보다 빠르고 깊은(깊이가 같음) 호흡(4~5번)에서 갑자기 무호흡 예 뇌염, 수막염, 뇌종양, 뇌외상 시 뇌압이 상승하는 경우, 일사병

cheyn-stokes 호흡	• 호흡의 깊이가 리듬 있게 커졌다 작아졌다 하다가 무호흡이 규칙적으로 나타나는 호흡 • 극히 불규칙적인 호흡으로 약 15초간 무호흡 상태에 있다가 점차 호흡의 수와 깊이가 늘어 약 1분에 걸친 과호흡이 뒤따르고 다시 서서히 약해져 무호흡 상태가 오는 주기를 보임 예 심한 심부전증(요독증 포함) 및 신경질환(뇌졸중, 뇌종양 등) • 뇌수의 호흡중추기능 부전으로 과탄산혈증에 의한 호흡자극이 둔감해지면 발생하며 뇌압이 상승하는 중추신경계질환, 심한 심부전, 신부전으로 인해 배설되어야 할 물질이 정체되어 있을 때, 마취약 중독, 심한 폐렴, 임종 시 관찰되며 예후가 나쁨
역행호흡	흡기동안 정상과 반대로 폐가 수축하고, 호기 시 팽창하는 양상, 다발성 늑골 골절 시
Kussmaul 호흡	환기 량의 요구가 커지면 호흡은 빠르고 깊어지는 것 예 당뇨병 증상인 대사성 산증 등
노작성 호흡 (labored breathing)	• 호흡곤란이 있으면 흡기 시에 흉쇄유돌근(sterno cleido mastoid)을 비롯한 부호흡근이 수축하고 비공은 확장되며 숨을 헐떡거림 • 폐기종 환자는 호기 시에 입술을 오므리고 '휴'하는 소리를 내는 호흡(pursed lip breathing)이 특징 예 심장 판막질환, 관상동맥질환, 심장근육질환, 만성폐질환 등
기이호흡 (paradoxical respiration)	• 어깨는 올라가고 볼은 부풀리고 흉곽은 술통형이며 늑골의 진행 방향은 수평에 가깝고 부호흡근이 수축됨. 어떤 원인에서든 기도폐색이 심하면 흡기 중에 늑간, 쇄골상와(supra clavicular fossa)가 함몰되고 흉골연(costal margin)이 내축으로 이동하는 기이호흡을 보임 • 다발성 늑골 골절로 연가와 흉곽(flail chest)이 되어도 나타남

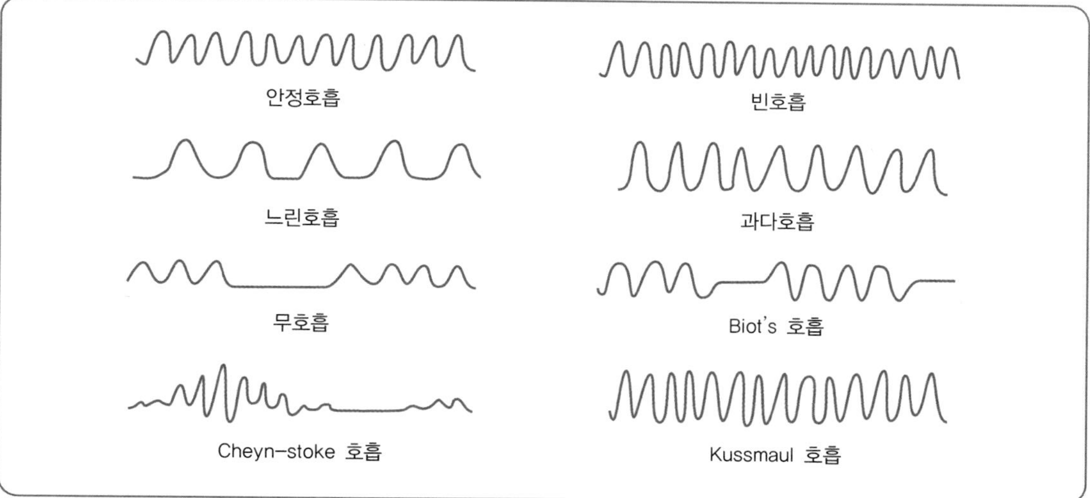

| 호흡곡선 |

6 진탕음

진탕음			말할 때 음파가 기관지와 폐를 통해 전도되어 흉벽을 통하여 전달되는 촉진 가능한 진동을 의미
방법			• 환자를 뒤돌아서게 해서 횡격막의 약간 윗부분에 손을 얹음 • 손에서 뼈를 통한 진동 감각의 최대화를 위해 손바닥이나 손의 척골면(손의 내측)을 이용 • '하나, 하나…' 또는 '아, 아, 아…'처럼 낮은 소리로 발음하면 가슴에 전해지는 진동을 등에서 대칭적으로 촉진
정상	증가		• 양쪽 견갑골 사이, 흉골 측면 1, 2 늑간 • 우측 폐(우측 기관지가 좌측 기관지 보다 굵고 짧음)
	소실		횡격막 아래
비정상	증가	기전	폐실질의 밀도 증가로 폐실질 내 공기가 적어지고 액체, 고체가 소리를 잘 전달
		질환	폐종양
			대엽성(1개의 폐엽이 경화) 폐렴, 폐결핵
			폐농양(고름이 고여 있을 때)
			• 기관지 확장증(확장된 기관지에 점액, 농이 고임) • 만성 기관지염
	소실	기전	폐실질의 밀도 감소로 허파 내 공기가 증가하여 소리 전달 소실
		질환	폐기종(폐포벽의 탄력성 손상으로 폐포 내 공기가 포획)
			기관지 폐쇄(기관지가 막혀 있어 음파의 전도가 차단되어 소실)
			늑막삼출, 기흉(흉강에 액체, 기체가 있는 경우 흉강에 액체, 기체로 소리가 흡수되어 전도 감소)

7 동맥혈 가스분석 [국시 2004 · 2005 · 2006 · 2019]

검사명	정상치	해석
PaO_2	80~100mmHg	실내 공기(산소 21%)로 호흡 시 80mmHg 이하이면 저산소혈증
$PaCO_2$	35~45mmHg	• $PaCO_2$ 증가: 과소 환기의 결과 • $PaCO_2$ 감소: 과대 환기의 결과
pH	7.35~7.45	• 7.45 이상: 알칼리증 • 7.35 이하: 산증 • 호흡성 산증: $PaCO_2$ 증가, pH 감소 • 호흡성 알칼리증: $PaCO_2$ 감소, pH 증가
HCO_2^-	22~26mEq/L	• 대사성 산증: HCO_3^- 감소 • 대사성 알칼리증: HCO_3^- 증가

SaO2	95~100%	혈색소에 의해 운반되는 산소의 농도
base excess/deficit	+2 to −2	• 대사성 산증: −2 이하 • 대사성 알칼리증: +2 이상

8 폐기능검사(PFT)

폐쇄성 폐질환	• 폐안의 공기를 밖으로 보내기가 힘든 상태 • COPD(만성기관지염, 폐기종, 천식, 기관지확장증), 낭성 섬유증
억제성 폐질환	• 폐 안에 더 많은 산소를 받기 위해서는 폐가 확장돼야 하는데, 이것이 힘든 상태 • 주로 폐가 경직되어 있고 허약한 근육, 신경손상이 주 원인 • 원발성 폐섬유증, 근위축증, 근위축성축상경화증 등의 신경근육질환

폐기능검사(PFT)	검사내용	폐쇄성 폐질환	억제성 폐질환
최고 호기유속: PEFR (Peak Expiratory Flow Rate)	강하게 호기하는 동안 최대 공기흐름의 비율	↓	정상
1초 강제(노력) 호기량: FEV1 [국시 2011] (Forced Expiratory Volume in first second of expiration)	• 완전 흡기 후 1초 동안 내쉴 수 있는 최대의 공기량 • 1초 강제(노력) 호기량은 기도 폐쇄 정도 평가로 폐쇄성 폐질환을 가장 잘 판단함 [국시 2006] • 폐쇄성 폐질환: 감소 • 억제성 폐질환: 정상(예측값의 80% 이상)		
FEV1/FVC: [국시 2007] [1초 강제(노력) 호기량/강제 폐활량]	• 폐쇄성 폐질환: 감소 • 억제성 폐질환: 정상(예측값의 80% 이상)		
강제 폐활량: FVC [국시 2005] (Forced Vital Capacity)	최대 흡기 후 최대한 빨리 호기할 수 있는 공기량 정상(예측값의 80% 이상)	↓	↓
잔기량: RV (Residual Volume)	최대 호기가 끝난 후 폐에 남아 있는 공기량 • 폐쇄성 폐질환: 증가 • 억제성 폐질환: 감소	↑	↓
기능적 잔기량: FRC (Functional Resiual Capacity)	• 정상적 호기가 끝난 후 폐에 남아 있는 공기량 • 폐쇄성 폐질환: 증가 • 억제성 폐질환: 감소		
전폐용량: TLC (Total Lung Capacity)	• 폐활량 + 잔기량 • 최대 흡기가 끝난 후 폐에 들어 있는 공기량 • 폐쇄성 폐질환: 증가 • 억제성 폐질환: 감소		

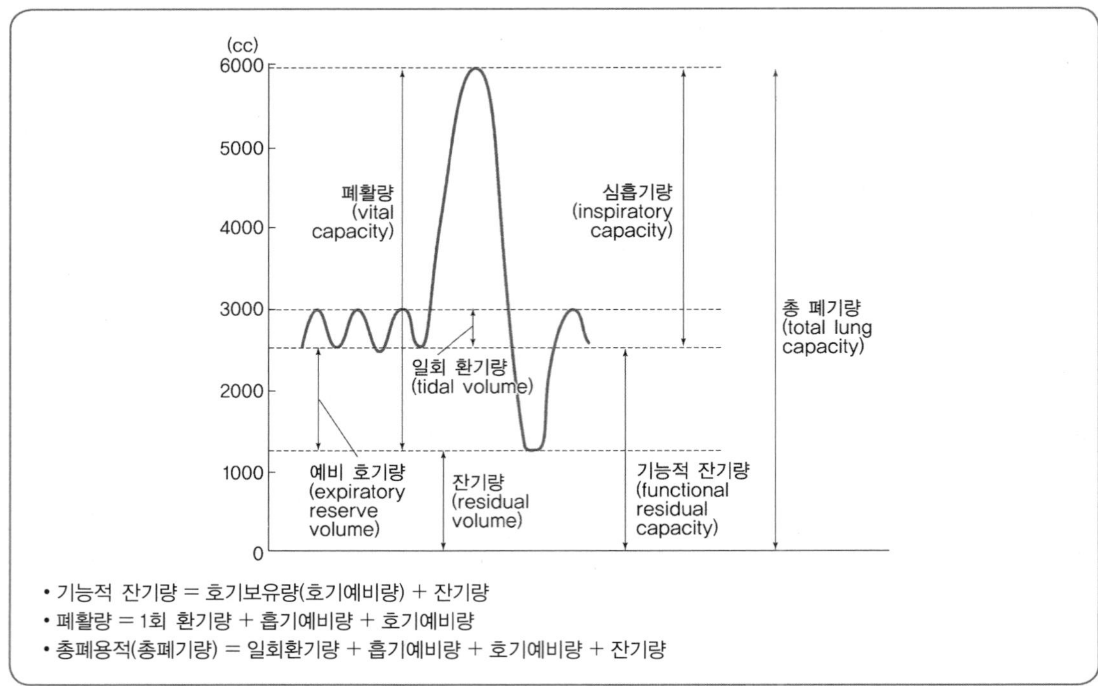

- 기능적 잔기량 = 호기보유량(호기예비량) + 잔기량
- 폐활량 = 1회 환기량 + 흡기예비량 + 호기예비량
- 총폐용적(총폐기량) = 일회환기량 + 흡기예비량 + 호기예비량 + 잔기량

9 호흡계 주 증상

호흡곤란	• 정상호흡은 14~20회 흡기 : 호기 = 1 : 2 • 기흉, 폐색전증, 만성폐색성폐질환(COPD)	
기침	• 천식은 밤에 기침이 심함 • 기관지염인 경우 아침에 객담을 동반한 기침 • 쉰 목소리의 기침은 후두암 초기 증상	
객담	• 하루 100ml 정도 객담 생성(정상) • 호흡기 자극에 객담 증가 • 이른 아침에 잠에서 깬 후 객담 채취, 칫솔질은 하지 않고 입을 헹군 후 시행	
	폐질환 객담 특성	• 무색 혹은 맑은 점액: 비감염성 염증 • 다량이고 진한, 노란색 또는 녹색의 화농성 객담: 세균성 감염 • 녹슨 쇳빛 객담: 폐렴구균성 폐렴 • 묽은 점액성 객담: 바이러스성 기관지염 • 객담량이 점차적 증가: 만성기관지염, 기관지 확장증 • 분홍빛의 점액성 객담: 폐종양 • 다량의 거품이 있는 분홍색 객담: 폐수종 • 악취나는 객담: 폐농양, 기관지확장증, 혐기성균의 감염 • 다량의 3층 객담: 기관지확장증

천명음 (wheese)	• 기관지협착, 점액증가로 기도가 좁아져 기도 저항이 높아진 상태 • 리듬성이 높은 휘파람 소리
객혈	폐결핵, 기관지확장증, 폐렴, 폐암 / 토혈과 구별 필요
흉통	통증의 근원 규명
음성변화 및 연하곤란	인두, 성대결절감염, 후두마비, 후두종양 시 목소리 변화
피로 및 체중변화	• 피로: 호흡기 감염, 체내 산소와 이산화탄소 수준의 변화 • 체중 감소: 신생물, 만성폐색성 폐질환 시 • 체중 증가: 폐부종, 울혈성 심부전 시 수분정체로 발생
고상지두 (clubbing finger)	만성적인 저산소증 시 손가락 말단의 무통성 비대 160° 정상 손가락 / 180°+ 곤봉형

Chapter 02 호흡기계 질환의 치료와 보건지도

01 호흡기 질환

| 급성 기관지염(acute bronchitis) |

구분	내용
정의	급성으로 발생하는 기관지의 염증
원인	상기도 세균 감염 바이러스이며 먼지, 담배, 자극성 기체의 흡인 등 물리적 또는 화학적 물질에 의해서도 발생
증상	• 오한, 근육통, 두통, 인후통, 인후의 건조, 목이 쉬는 현상이 나타남 • 청진 시 수포음, 천명음이 들림 • 초기에 마른 기침만 하다가 2~3일 후에는 점액성 가래가 동반됨 • 기관지 경련으로 호흡곤란, 저산소증이 올 수 있음
치료	• 충분한 휴식 및 안정 • 기관지확장제 및 거담제 사용: aminophyline, epinephrine • 고열이나 합병증 의심 시 항생제, 해열제 사용 • 충분한 수분 공급과 영양 섭취 – 식이는 유동식이나 연식으로 함 – 하루 3000~4000ml 수분 섭취로 객담 배출 용이 • 적당한 온도와 습도 유지: 기도 자극 완화 • 동통 호소 시 진통제 투여 • 개인 위생 관리 – 급성 기관지염은 전염성이므로 화장지를 함부로 버리지 않음 – 손을 깨끗이 씻고 기침 시 코와 입을 막음 – 음료수 컵이나 수건을 공동 사용하지 않음

02 폐결핵 [1992 · 1993 · 1994 · 1995 · 2004 · 2007 · 2012 · 2013 · 2022 기출]

1 개요

원인		• 호기성 그람양성 항산성균 결핵균(mycobacterium tuberculosis)의 비말감염 • 신체 어느 부위에나 영향을 주지만 폐에 가장 많은 영향을 줌 • 항산성의 특징이 있어 Acid Fast Bacillus(AFB) • 비이동성, 항산성, 호기성, 천천히 증식, 비말감염 통해 전파 • 열, 한낮의 직사광선, 살균제, 자외선에 의해 파괴 • 인체 내에서 천천히 증식(18~24시간마다 분열)하며 인체 밖에서는 증식할 수 없는 미생물
전파방법		• 비말 감염(직접 접촉): 감염된 환자의 기침, 재채기, 대화 시 객담 배출에 의해 비말을 흡입 • 비말핵 감염(공기 전파): 수분증발 후 비말핵이 되어 공기 중 감염
병태생리 [2012 기출]	육아종 형성	감염부위 및 세균의 식균작용, 섬유성 조직은 감염부위와 세균을 둘러싸고 결절(tubercule)을 만듦
	건락화	결핵균과 죽은 백혈구와 괴사된 폐조직으로 이루어진 (치즈)덩어리
	액화 (조직연화)	건락소결절의 가장자리는 식균작용이 일어나나 중심부는 괴사로 인한 혈전 형성, 결핵균의 배지가 되어 부드러워짐 → 기도로 흘러 들어감, 객담 형성
	공동형성	액화된 물질이 소결절에서 배농된 후 공기가 찬 낭 형성
	섬유화	활동성 염증이 가라앉고 염증성 산물은 용해되어 흡수되거나 상흔
	석회화	점차 칼슘 침착
증상	국소증상	• 계속적인 기침. 처음에는 마른기침, 나중에는 점액성 혹은 화농성 객담이나 혈담 동반 • 객혈: 선홍색이며 분량이 줄면서 검어짐 • 병이 상당히 진행되면 심한 호흡곤란, 흉막통 • 청진 시 악설음
	전신증상	• 무력감, 피로감, 기운 없음, 불안정, 권태, 빈맥 • 쇠약, 체중 감소 • 야간 발한, 오후에 미열 • 식욕부진과 소화불량, 오심, 구토 • 창백 • 월경 불순
합병증		• 속립성 결핵(좁쌀 결핵): 결핵균이 혈류나 림프관을 통해 폐나 모든 기관으로 퍼짐 • 결핵성 폐렴 • 늑막 삼출(결핵성 늑막삼출증 야기) • 농흉(늑막강 내 농 축적) • 뼈와 관절조직 결핵

회복상태	치유	활동성 염증은 가라앉으며 흡수되고, 석회화나 섬유화되어 낫기도 함	
	확산	혈류	결핵균은 혈류를 통해 폐나 다른 기관에 전파
		림프절	결핵균은 림프관을 통해 림프절로 이동 → 림프관은 중간중간 림프절과 연결되어 있음
		기관지	결핵균은 기관지를 통해 반대편 폐로 들어감

2 1차 결핵 & 2차 결핵

1차 결핵	T림프구에 의한 첫 감염	결핵균이 흡입되어 폐포에 도달되어 대식세포에 의해 포식되고 T림프구에 의한 세포 중개성 면역
	Ghon 결절	• Ghon complex(primary complex) = Ghon tubercle : 1차 감염은 치유되어 Ghon tubercle이라는 석회화된 결절 형성 • 일반적으로 1차 감염은 폐의 위엽이나 아래엽의 가슴막 가까이에 발생 • 이 병소들은 다시 활성화될 수 있는 세균들을 포함하여 몇 년 후 2차 감염을 유발할 수 있음
2차 결핵	균의 활성화	감염 기왕력이 있는 사람이 저항력이 감소되었을 때 균이 활성화되면서 발병하는 것으로 병소들이 다시 활성화될 수 있는 결핵균을 포함하고 있어 몇 년이 지난 후에도 2차 감염이 가능함
	Simon 병소	• 재발 시 원인균 활동 부위, 특히 폐의 첨부에서 발견됨 • 산소가 많아 세균 성장이 잘 되는 상엽에서 발견됨
	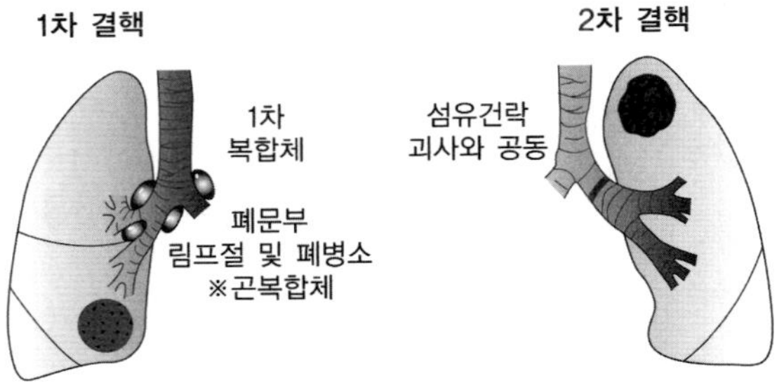 1차 결핵 1차 복합체 폐문부 림프절 및 폐병소 ※곤복합체	2차 결핵 섬유건락 괴사와 공동

3 소아 결핵과 성인 결핵의 차이점 [1993 기출]

구분	소아 결핵	성인 결핵
초기의 폐병변	폐하부	폐첨 또는 쇄골 상부
국소 림프절 침범	흔함	없음
치유 양상	석회화	섬유화
진행 양상	혈행 산포(속립결핵 또는 결핵 수막염)	기관지 산포(건락괴사, 공동형성)
감염 방법	초감염 결핵	재감염 또는 재활성화 결핵

4 내성 결핵

광역내성 (Extensively Drug-Resistant; XDR) 결핵	• 슈퍼결핵. 결핵균의 가장 진화된 형태 • 광역내성의 정의 – 다제내성 결핵 – 퀴놀론 제제에 내성을 보임 – amikacin, capreomycin, kanamycin 중 1개 이상 내성인 경우 • 광역내성 결핵이 발생하는 원인은 다제내성 환자의 관리 혹은 치료 실패로 2차 항결핵제에 내성이 발생하거나 광역내성 환자로부터 감염되어 1차 내성으로 나타날 수 있으며 치료성공률도 25%에 불과함
비결핵 항산균 폐질환 (nontuberculous mycobacteria; NTM)	• 결핵균과 나병균을 제외한 항산균을 의미. 현재까지 100여종 가까운 균종이 알려져 있으며 계속 새로운 균종이 밝혀지고 있음. NTM으로 인한 질환은 폐질환, 림프절염, 피부, 연조직, 골감염증, 파종성 질환 4가지 특징적인 임상 증후군으로 분류됨 • 이 중 폐질환은 NTM으로 인한 질환의 90% 이상을 차지하는 가장 흔한 형태이며, 국내에서도 최근 임상 검체에서 NTM이 분리되는 빈도와 NTM 폐질환으로 진단, 치료받는 환자들이 증가하고 있음 • 진단기준은 임상적으로 호흡기 증상을 가지고 있으면서 방사선학적으로 흉부 X-선 촬영에서 결절성 또는 공동성 병변이 있거나 고해상도 컴퓨터 단층촬영에서 다병소의 기관지확장증 혹은 이에 동반된 다발성 소결절을 가진 환자에 적용됨

5 결핵집단검사

(1) 순서

진단적 검사절차	T-test → X-ray 간접촬영 → X-ray 직접촬영 → 객담검진(배양검사) + IGRA검사
선별검사	투베르쿨린 검사에서 양성 반응
진단검사 [국시 2017]	• 객담 도말 및 배양 검사에서 mycobacterium tuberculosis(Acid Fast Bacillus; AFB)가 양성 +X선 촬영에서 감염부위(선별 검사이며 진단 검사) • 객담 배양 검사에서 mycobacterium tuberculosis가 양성이 확진 검사 • 객담검사는 객담을 정확하게 수집하고 즉시 표본을 검사실로 보내는 것이 중요. 더운 방에 표본을 두면 미생물이 과잉 증식하게 되어 병균을 확인하기 어렵고 세포 형태를 변화시킴
가래 PCR	• 결핵균 핵산증폭검사(Polymerase Chain Reaction; PCR) • respiratory specimen이 필요하며 빠른 확진이며 보조적인 진단 방법
혈액 IGRA 검사	• 잠복성 결핵 감염검사(인터페론감마 분비 검사법) – 과거 결핵균에 감작된 T림프구에 결핵균 항원을 자극하여 분비되는 인터페론 감마를 측정하여 결핵감염 유무를 진단 • IGRA와 TST(Tuberculin Skin Test)는 잠복기 결핵감염과 활성 결핵을 구분하지 못하여 잠복기 결핵감염은 활성 결핵을 제외함으로 진단

(2) 투베르쿨린피부반응 검사(Tuberculin test, Mantoux test, PPD검사) [2018 기출]

기전	제4형 지연형 과민반응(세포 매개성 과민반응)	
방법	• PPD 용액(purified protein derivatives, 정제 단백 유도체) 0.1cc 피내주사(전박 굴측) • 주사 후 48~72시간 만에 주사 부위에 생긴 반응을 판독	
판독	경결	발적 증상이 아닌 경결의 크기로 판독
	음성	4mm 이하 경결
	의양성	5~9mm 경결
	양성	10mm 경결
양성	• 결핵에 노출된 적이 있어서 항체가 있음을 의미 • 과거의 지나간 감염, BCG 접종, 현재의 감염 • 결핵균에 감염을 의미하나 현재의 활동성 결핵을 확진할 수 없음	

의양성	재검사하거나 반대쪽에 동량의 생리식염수를 피내 주사하여 결과를 비교
음성	BCG 접종대상자, 미감염자(면역이 없는 자)
결핵에 감염되어 있으면서 Tuberculin 반응이 음성으로 나오는 경우	• 결핵 감염 후 2~10주 이내 : 균이 침범하여 체내에 과민성이 생기기 이전 기간 • 영양실조 및 탈수, 홍역, 백일해, 갑상샘 기능저하증, 바이러스성 질환 • INH를 복용하고 있는 경우 • 검사 시 피하주입, 시약 보관의 잘못
검사 금기증	발진, 과민성 피부염, 옴, 천연두, 백신에 대한 반응을 가질 때

03

(3) 흉부 X-선검사

검사소견	• 결핵의 폐침윤, 소결절, 건락화(치즈와 같은 형태), 공동, 흉막삼출액을 확인할 수 있음 • 활동성이면 건락화와 염증이 나타남
이론적 근거	• 결핵의 병변, 공동, 침윤이 나타나도 결핵 확진은 할 수 없음 • PDD 양성 대상자의 결핵 진단을 위함

(4) 객담검사(Acid-Fast Bacilli; AFB) [국시 1998 · 2005]

방법	• 항산성 표본을 얻기 위해 3회분의 객담 검사물 필요 • 항산균(AFB) 도말검사와 배양검사 실시
양성	• 3개의 객담 표본이 AFB 검사에서 양성이면 결핵을 확진함 • AFB(mycobacterium tuberculosis, 항산성 간균)가 검출되면 결핵으로 진단 • 현재 결핵에 이환되어 있고 전염력이 높다는 것을 의미
치료효과 판단	• 치료 효과 판단으로 치료 2~3주 후 객담에서 AFB 검사 결과로 음성이 나옴 • 어느 정도 약물을 쓰고 나면 배양에서는 음성이 나옴

6 잠복결핵

<table>
<tr><td>정의</td><td colspan="3">• 결핵감염검사 양성이지만 현재 결핵과 관련된 증상이 없고 몸 밖으로 균이 배출되지 않아 전염성은 없는 상태
• 결핵균이 폐로 침입 후 면역 체계가 결핵균 증식 및 발병을 저지할 때 발생
• 잠복결핵은 결핵균이 억제되어 있어 증식하지 않고 있지만 나중에 결핵이 발생할 위험성이 조금 있다는 의미</td></tr>
<tr><td>표준진단</td><td colspan="3">투베르쿨린피부반응 검사(T-test)와 인터페론감마분비검사법(IGRA)</td></tr>
<tr><td>치료</td><td colspan="3">INH: 약 9개월 요법</td></tr>
<tr><td rowspan="7">활동성 결핵과 잠복결핵 감염 비교</td><td>구분</td><td>활동성 결핵</td><td>잠복결핵감염</td></tr>
<tr><td>증상</td><td>기침, 객혈, 흉통, 체중 감소, 피로 발열, 야간발한, 식욕감퇴</td><td>증상없음</td></tr>
<tr><td>결핵감염검사</td><td>TST 또는 IGRA 검사에서 양성</td><td>TST 또는 IGRA 검사 양성</td></tr>
<tr><td>흉부 X-선 검사</td><td>비정상 소견</td><td>정상</td></tr>
<tr><td>객담검사</td><td>양성</td><td>음성</td></tr>
<tr><td>전염성 여부</td><td>가능</td><td>없음</td></tr>
<tr><td>치료</td><td>결핵치료</td><td>잠복결핵감염치료</td></tr>
</table>

7 BCG 주사 [국시 2005]

접종대상	생후 4주 이내 접종, INH 예방치료를 할 수 없을 때
고위험접촉자	• INH예방 치료를 6~12개월간 하면 활동성 결핵을 줄임 • 당뇨병, 장기간 부신피질 호르몬 복용, 면역억제요법, 혈액 또는 망상 내피계 암, 백혈병, 호지킨병
접종 금기대상	• 결핵반응검사에서 양성인 환자 • 화상환자 • 면역억제제 등을 사용하고 있는 환자 • 극도로 쇠약하고 영양실조가 있는 환자 • 전신의 심한 피부질환자
BCG 주사	왼팔 상박외측 삼각근 중앙에 0.1cc를 천천히 피내 주사
BCG 주사 합병증	• Koch's phenomenon은 급성염증으로 접종 후 2~4일 이내에 나타나나 빠르게 자연 치유됨 • 임파선염(5% 미만): 의사의 지시에 따라 INH를 6개월 정도 복용시킬 수 있음. 결핵성 임파선염은 가장 심각한 합병증 • 궤양이 크고 농이 있을 때는 INH와 항생제의 가루나 연고를 뿌리거나 발라준 후 가볍게 드레싱 • 켈로이드

8 치료 및 보건지도 [1992 · 1993 · 1994 · 2004 · 2007 · 2013 기출]

(1) 일반요법

일반요법	• 고칼로리 식이, 비타민 보충, 고단백 식이 • 일상생활을 너무 제약하지 말고 학교에 다니면서 치료 • 적절한 치료 시에는 예후가 좋다는 것을 부모나 담임 선생님께 교육 • 휴식 및 안정, 적당한 환기 • 전염예방 − 공기 중의 비말핵을 줄이기 위해 입을 막고 기침이나 재채기하기 − 가능한 마스크 사용 − 분비물에 오염된 물건은 소각 또는 소독
전파 방지 교육 [2004 기출]	• 결핵의 전파 가능 기간(항결핵제 투여 2주 내)에 타인과의 접촉을 방지(등교중지, 사람들이 많이 모여 있는 장소 피하기) • 규칙적이고 철저한 화학요법으로 전염력 감소 • 기침, 재채기, 웃을 때는 1회용 화장지로 코와 입을 가림(마스크 착용). 맨손으로 재채기를 하지 않도록 함 • 기침/재채기를 한 후에 손을 씻음. 손 씻기의 중요성 강조 • 객담용 1회용 객담용기에 뱉어 소각 • 경제상태, 영양섭취, 주택 위생상태, 위생습관을 향상 • 자주 환기를 하고, 침구도 햇볕에 자주 쪼이도록 함
외과적 치료	약물요법 실패, 약을 써도 개선되지 않는 경우, 공동이 너무 크거나 폐 실질 조직이 너무 많이 파괴된 경우, 기관지 확장증 시, 객혈이 계속적으로 반복될 때

폐결핵의 주요 간호진단

- 폐용량 감소와 관련된 비효율적인 호흡양상
- 피로, 객담을 동반한 기침과 관련된 영양장애
- 질병과정에 대한 지식부족, 동기결여, 장기간의 치료와 관련된 지식 부족

(2) 화학치료(약물요법) [2013 기출]

약물요법은 폐결핵을 치료하고 전파를 예방하는 가장 효과적인 방법임. 약물 투여 전에 객담으로 미생물 검사를 하여 약물내성검사 실시

약물 병행 치료	• 단독으로 약물을 투여하면 내약성(resistance)이 빨리 생기기 때문에 항상 병용해서 사용해야 함 • 효과가 입증된 3가지 이상을 병용하는데, 최근 치료경향은 isoniazid, rifampin, pyrazinamide에 ethambutol이나 streptomycin 중 하나를 추가하는 4제 병합요법
충분한 용량의 약을 충분한 농도로 투여	부작용이 있거나 또는 부작용이 두려워서 환자 자신의 마음대로 약의 사용량을 줄이거나 반대로 빨리 낫고 싶어 하는 마음에서 약의 용량을 함부로 늘려 사용하지 말아야 함
규칙적 약 복용	빠뜨리지 말고 규칙적으로 꾸준하게 약 복용 • 2차 약물은 독성이 높은데, 2차 약물 치료를 소홀히 하면 '슈퍼결핵'으로 발전됨
충분한 기간 동안 약 복용	너무 섣불리, 마음대로 약의 복용을 중단하지 말고 지시된 기간 동안 계속해서 약을 복용 • 전체 투약기간은 최소한 6개월이고 객담배양 검사가 음성으로 전환된 후 최소 3개월 더 투약
공복 시 한 번에 약물 복용이 효과적	• 특히 전용량을 아침식전 공복에 투여하는 것이 효과적 • 약물복용 후 1시간 후에 주사약 투약하면 약의 농도를 최대화 할 수 있음

| 1차 약 | [2013 기출]

약명	부작용	주의사항
Isoniazide	말초 신경염, 간염, 과민성	• 첫 3달 간효소검사 • 말초신경염예방 위해 피리독신 투여
Rifampin	간염, 열성반응, 자반증(드묾), 분비물과 소변이 오렌지색	• 소변, 침, 땀, 눈물이 오렌지색으로 변함을 교육할 것 • 경구혈당제, 디기탈리스 등 배설촉진시킴
Ethambutol	시신경염(약을 끊으면 회복, 소량 복용 시에는 매우 드묾), 피부 발진	• 주기적 시력검사 • 시력장애자(백내장, 망막질환 등) 금기
Streptomycin(SM)	제8 뇌신경 장애, 신독성	• 주기적 청력검사
Pyrazinamide	고요산혈증, 간독성	• 간기능, 요산검사결과 관찰

| 2차 약 |

약명/용량/투여경로	투여경로	주의사항
Viomycin 1g/1일, 주 2회/IM	청각장애, 신장장애	노인과 신장질환자에 주의
Capreomycin 1g/일 IM(첫 2개월) 이후 주 2회IM	제8 뇌신경장애, 신장장애	• 신장장애, 청력장애 증상 관찰 • 주사부위 농양 증상 관찰
Kanamycin 2g/일 주 2회IM 또는 1g/일 주 3회IM	청신경독성, 신장장애	• 청력장애 증상 관찰 • 신장장애 증상 관찰
Ethionamide 0.3g/일	위장장애, 간효소의 일시적 증가, 금속 맛이 나는 침	당뇨환자 사용 시 주의
Paraaminosalicylic acid(PAS) 10~15g/일	위장장애, 간장애, 나트륨정체	수분이 닿으면 정제가 변함 → 갈색이나 보라색으로 변한 정제는 사용하지 말 것
Cycloserine 0.5g/일	정신증, 성격변화, 경련, 발진	경련 관찰 → 알코올 사용 시 경련발생 증가

03 폐렴(pneumonia) [1992 · 2011 기출]

1 개요

원인	정상 방어기전의 손상	공기 여과, 흡입공기의 습화와 가온, 후두개 개폐, 기침반사, 점액섬모 청결작용, IgA의 분비 및 폐포 대식세포의 방어작용에 손상이 오면 폐렴 발생
	유발 위험요인에 노출	• 의식상태 저하: 기침반사와 후두개 반사를 억제하여 흡입성 감염 발생 • 기관 내 삽관: 기침반사 억제와 점액섬모 방어기전 손상 • 공기오염, 흡연, 상기도염, 노화: 점액섬모 방어기전 손상 • 영양장애: 림프구와 백혈구의 기능 변화, 구강인두 상주균 증식
	폐렴균 침입	• 흡인: 정상 비인두와 구인두의 상주균 흡인 • 흡입: 공기 중 폐렴균이 호흡기도를 통해 흡입 • 혈액: 신체의 다른 감염원에서 혈액을 통해 확산
	원인균	• 가장 흔한 원인균은 폐렴구균(전체 대상자의 1/3을 차지) • Mycoplasma 폐렴: 일차적으로 사춘기와 청년기에 흔함 • 노인과 허약한 대상자에게는 심한 증상을 나타냄 • Hemophilus influenza 바이러스성 폐렴: 약 12% • Legionella 폐렴은 6%의 발병률: 호흡부전과 사망률이 높음

감염경로	비말에 의해 직접 감염
단계별 병리소견	(아래 표 참조)

단계	병리소견
발병 초기 (폐울혈기): 1~2일	• 감염에 대한 반응으로 폐포에 부종 • 폐포 내 세균이 있고 다형핵백혈구 증가 • 적혈구의 삼출 등으로 액체성 삼출물이 있으며 모세혈관은 울혈
적색간변기 (조기경화기): 2~4일	• 대엽은 건조하고 단단하며 붉은 과립상 • 흉막표면에 섬유소가 부착되고 모세혈관의 울혈과 폐포 내 섬유소성 삼출액과 적혈구, 다형핵백혈구를 볼 수 있음
회색간변기 (진행경화기): 4~8일	• 대엽은 더 단단해지고 섬유소성 삼출물의 덩어리가 흉막표면을 덮음 • 절단면은 건조하고 회백색의 과립상이 보임 • 폐포 내 삼출액은 증가하고 밀집된 섬유소 가닥과 매우 많은 다형핵백혈구로 꽉차게 되고 삼출액은 화농됨
용해기: 8~9일	세균제거, 염증감소, 다형핵백혈구 수 감소, 폐회복

2 폐렴의 진단검사

검사명	비정상 소견	이론적 근거
흉부 X-선 검사	병변부위가 뿌옇게 나타남	박테리아성 감염으로 인한 백혈구 증가
객담 그람 염색과 배양검사	병원체 존재	그람 염색으로 병원체 확인
기관 흡인 (transtracheal aspiration)	특정 병원체 존재	그람 염색에 의한 단일 병원체는 폐렴을 의미, 혼합된 균주는 구강 내 혐기성 감염을 의미
기관지폐포 세척을 겸한 기관지경 검사	특정 병원체의 존재나 기관, 기관지의 기형	기관지세척으로 검체의 채검 가능, 충분한 양의 배양을 위함
전혈구 검사	백혈구 증가	백혈구 증가는 폐렴 감염을 의미
동맥혈가스 분석 검사	저산소혈증, 고탄산혈증, 산·염기 불균형	산소화 감소는 폐렴을 의미
흉강천자	비정상적 세포와 세균 존재	흉막강 내 추출액의 임상검사 분석을 통해 단일, 복합 삼출액 구분
소변검사	혈뇨, 농뇨, 단백질의 발견	소변항원검사는 Legionella serogroup 1 발견에 유용
혈청 전해질, BUN, Creatinine, 간기능검사	속발성 폐렴이 있는 노인, 만성 질환자에서 비정상적 임상검사 결과	혈청검사는 Q fever와 브루셀라증과 같은 폐렴의 일반적이지 않은 원인을 진단하는 데 필수적

3 폐렴의 임상증상과 병태생리

임상증상	병태생리
호흡수 증가	화학 감수체 자극
호흡곤란	폐 신장성의 감소로 호흡운동 증가, 불안, 통증
저산소혈증	폐포성 경화, 모세혈관 단락(capillary shunting)
기침	기관, 기관지, 세기관지 내의 상피하 감수체에 수분축적
화농성, 녹슨 쇳빛 객담	염증결과 폐모세혈관의 수분과 적혈구가 폐포 내로 이동
발열	식균세포가 내적 발열 물질을 분비하여 뇌하수체가 체온을 높임
늑막성 흉부 불편감	벽측 늑막의 염증으로 흡기 시 통증 유발

4 치료 및 보건지도 [1992 기출]

급성기 간호	• 급성기에 침상안정 및 잦은 체위 변경 • 자세: 원활한 호흡 위한 좌위, 동통 완화를 위해 이환된 쪽으로 누움 • 구강위생: 고열로 탈수증이 나타나며 입으로 호흡을 하므로 자주 구강간호를 해서 장내 감염을 예방 • 수분 섭취 강조 • 식이: 고단백, 고칼로리, 고비타민 • 약물요법: 항생제, 진통제(동통 완화), 진해제(기침 완화) 및 해열제 투여
호흡물리요법	체위배액, 간헐적 양압호흡, 객담의 배출을 위해 심호흡을 하도록 격려하며, 기침을 할 때에는 환자의 가슴과 등을 손으로 지지해 줌으로써 동통을 적게 함
기도 청결 및 배액증진 간호	• 효율적인 기침과 심호흡 • 흉부 물리요법: 진동 및 타진, 체위배액, 간헐적 양압 호흡 • 적절한 수분 섭취, 분무기로 연무 • 약물요법: 거담제, 기관지확장제
가스 교환증진 간호	• 편안하고 호흡하기 쉬운 체위, 잦은 체위 변경 • 정신 육체적 충분한 안정 도모 • 필요시 진해제, 진통제, 진정제 사용(과다 투여 시 호흡중추가 억제되므로 짧게 사용) • 방문객 제한, 주위 조용히
영양증진 간호	• 구강위생: 고열로 탈수증, 입으로 호흡 → 구강간호 → 입맛 향상, 귀 감염, 구강 점막 염증 방지 • 유동식이 → 연식 → 정상 식이 • 고단백, 고칼로리, 고비타민 식이 • 가스형성 음식은 피하도록 함(복부팽만 시 폐확장 방해)

체액유지 간호	수분을 충분히 섭취
패혈증 가능성 감소	• 항생제 치료(5~21일) • 스테로이드와 비스테로이드성 항염제 사용 • 해열제 사용
환자교육	➲ 감염으로부터 보호 • 사람 많은 곳, 감기 환자, 담배연기 등 자극물 노출 피하기 • 매년 인플루엔자 백신 접종 권장 • 균형 있는 음식과 적절한 수분 섭취 • 충분한 휴식과 점진적 운동 증가 • 오한과 발열, 지속적 기침, 호흡곤란, 천명음, 객혈, 흉부 불편감 및 피로 증가 시 의사에게 보고
전파방지	• 자주 환기하여 공기오염을 줄임 • 기침과 재채기 시 휴지로 입과 코를 막도록 하고 사용한 휴지는 즉시 밀봉폐기 • 객담은 1회용 뚜껑 있는 컵에 뱉도록 함 • 감염 전파를 막기 위해 손을 자주 씻음
합병증 예방	주요 사인은 폐수종과 패혈성 쇼크 → 그 외 합병증: 뇌막염, 중이염, 부비동염, 탈수, 가온증, 늑막삼출증, 무기폐, 폐농양 등
폐렴 예방을 위한 교육	• 금연 • 사람이 많이 모이는 곳 피함 • 폐렴의 위험요인을 피하고 매년 인플루엔자 백신 접종 • 외상 또는 부동대상자는 기침과 체위변경, 자주 심호흡 • 가정에서 사용하는 호흡치료기구 청결히 함 • 먼지나 간접흡연, 분무기 같은 실내 오염물질 제거 • 충분한 휴식과 수면, 균형 잡힌 식사 및 수분 섭취

폐렴 정리

- 원인: 방어기전 손상, 바이러스, 세균(지역사회 발생, 병원감염), 곰팡이
- 유발위험 요인: 흡연, 장기간의 부동, 기관 내 삽관, 기관절개술, 비위관 영양, 만성질환
- 병태생리: 폐포에 세균 침입, 번식 → 폐포에 액체 고임, 혈관 쪽으로 산소 이동 못함
- 진단검사: 객담배양검사, 흉부 X-선 검사
- 증상: 악설음, 천명음, 기관지 호흡음, 흉통, 100↑/h, 기침, 가래
- 간호 및 치료: 환자교육, incentive spirometry, 산소요법, 심호흡과 기침(가슴 지지), 기관지확장제, 항생제, 수분 섭취

04 폐농양

정의	폐조직의 염증과 괴사로 생긴 공동 속에 고름이 고여 있는 상태임. 좌측 폐보다 우측 폐에서 더 잘 발생함. 폐조직의 염증과 괴사로 생긴 공동 속에 고름이 고여 있는 상태를 의미함
원인	• 이물질(예 구토물, 치아, 혈액, 음식, 상기도 수술 시 떨어진 조직)의 흡인 • 양성 혹은 악성종양 • 기관지의 농축된 점액, 무의식(예 과다한 진정제, 알코올 중독, 발작)으로 인한 기도 청결 기능 감소 • 구강위생이 나쁜 환자(치과질환 환자)나 아메바성 간농양이 확장되어 발생하기도 함
병태생리	• 농양은 염증을 국소화시켜 주위 조직으로 전파되지 않도록 하기 위한 인체의 방어기전 중 하나 • 초기에는 폐엽이나 폐분절에 경화부위가 생겼다가 점차 둥근 모양의 고름이 차 있는 공동 형성 • 얼마 동안은 이 농양은 육아 조직으로 벽을 형성하여 기도와 연결되지 않지만 결국 기도를 파열하여 개구부를 형성함. 이렇게 되면 악취가 나는 농성 객담 배출 • 농양이 기도를 통해 완전히 배농되면 빠르게 치유
증상 [국시 2007]	• 처음에는 폐렴처럼 발한, 오한, 전신쇠약, 식욕부진, 고열 • 기침, 호흡곤란이 나타나며 흉막강이 침범됐을 때는 흉통(심호흡 시 찌르는 듯한 통증) • 청진 시 병변 부위에서 호흡음이 감소, 기관지 호흡음, 악설음, 타진 시 둔탁음 • 객담은 화농성이고 악취가 나며, 검은 갈색이나 녹색, 회색 등의 색을 보임
합병증	농흉(늑막강 내 농이 축적되는 것), 뇌농양(뇌 조직 내 농이 축적된 것), 패혈증
진단 [국시 2000]	• 흉부 X선 검사(둥근 모양의 고름이 차 있는 공동) • 객담 배양 검사: 원인균 규명

치료	• 항생제 투여
	• 심호흡과 기침으로 화농성 객담 배출
	  – 대부분은 외과적 처치 없이 체위배액법으로 배농시켜서 치료할 수 있음. 식사 전에 진동법 및 경타법과 함께 체위배액을 실시. 또한 화농성 객담을 흡인하거나 기관지경을 삽입하여 빼내기도 함
	  – 객담은 반드시 뚜껑에 덮어둠
	• 반좌위 체위
	• 충분한 수분 섭취
	• 자주 함수하여 입안청결
	• 고단백, 고혈량 식이 제공
	• 폐농양을 효과적으로 배농시키고 감염을 없애 주는 것이 치료의 목표. 조기치료를 완전하게 실행하여 만성으로 되지 않도록 하는 것이 중요함

05 만성 폐쇄성 폐질환(COPD) [2011 · 2013 기출]

1 개요

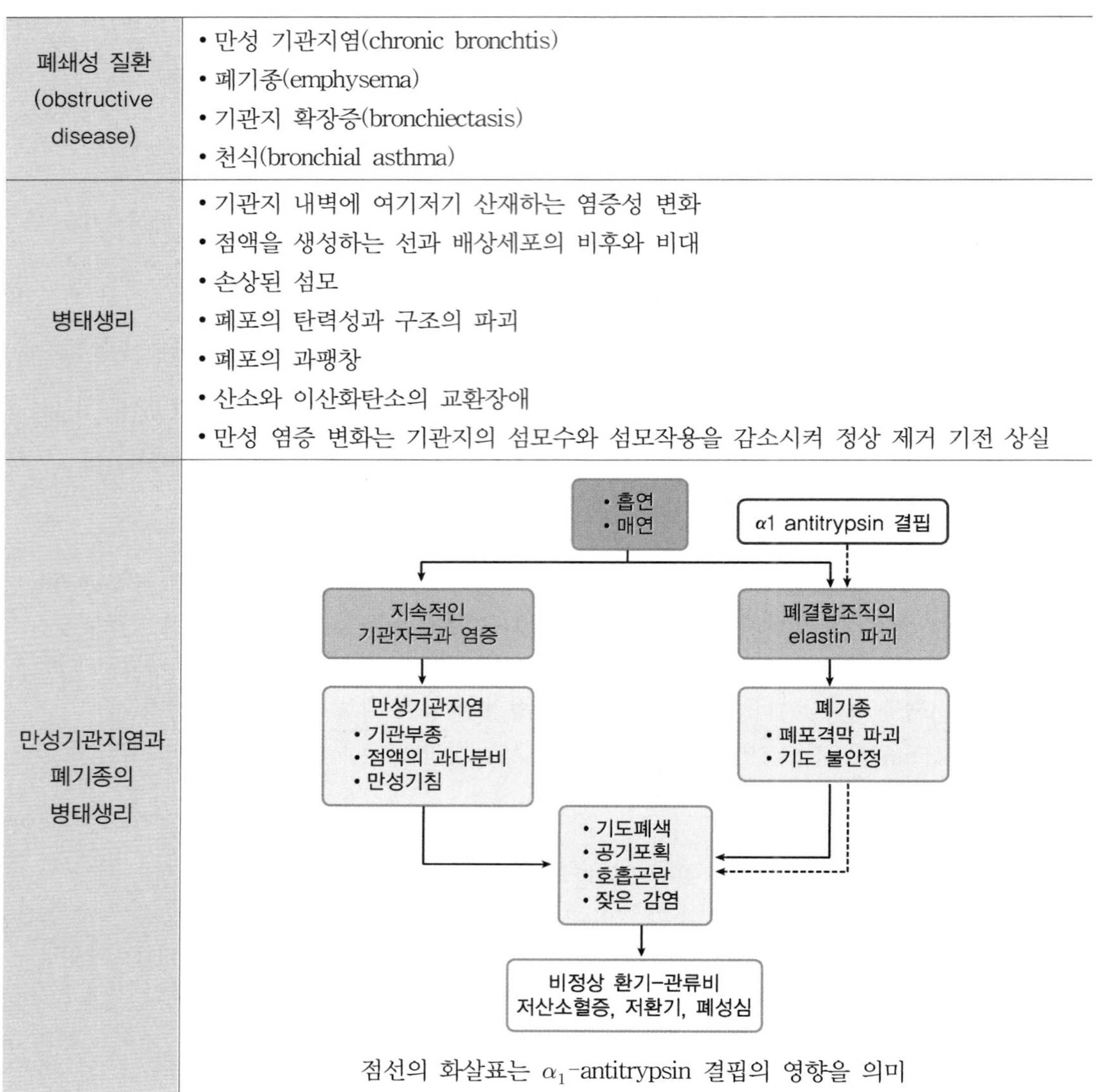

폐쇄성 질환 (obstructive disease)	• 만성 기관지염(chronic bronchtis) • 폐기종(emphysema) • 기관지 확장증(bronchiectasis) • 천식(bronchial asthma)
병태생리	• 기관지 내벽에 여기저기 산재하는 염증성 변화 • 점액을 생성하는 선과 배상세포의 비후와 비대 • 손상된 섬모 • 폐포의 탄력성과 구조의 파괴 • 폐포의 과팽창 • 산소와 이산화탄소의 교환장애 • 만성 염증 변화는 기관지의 섬모수와 섬모작용을 감소시켜 정상 제거 기전 상실
만성기관지염과 폐기종의 병태생리	(도식) 점선의 화살표는 α_1-antitrypsin 결핍의 영향을 의미

점선의 화살표는 α_1-antitrypsin 결핍의 영향을 의미

2 만성 폐쇄성 폐질환의 특징

발생요인	나이	일반적으로 40~50세에서 발생
	흡연력	10~20갑/년 이상의 흡연력
	가족력	• 알레르기는 거의 무관함, 환경오염에 노출되어 있음 • α_1-antitrypsin 결핍, 폐 또는 간질환의 가족력
임상증상	증상발현	천천히 진행되고 지속됨
	호흡곤란	운동 시 발생함
	객담	자주 생김
	병의 진행	천천히 악화됨
진단검사 (동맥혈 가스분석)	pH	발작 시 감소
	PaO_2	발작 시 감소
	$PaCO_2$	발작 시 증가
	흉부 X-선 검사	폐의 과팽창, 심장비대, 횡격막이 아래로 이동하면서 거의 편평해짐
폐기능검사	폐용적	비정상
	전폐용적	증가
	잔기량	증가
	FEV1	감소
	FEV1/FVC	감소(70% 이하)

3 폐기종과 만성기관지염

폐기종	정의	비호흡성 종말 세기관지인 말단 기공의 비정상적인 과잉 팽창을 특징으로 하는 만성 진행성 질환. 말단기관지 이후의 지속성 폐포의 확장으로 인하여 폐포벽의 파괴와 폐의 과팽창을 주로 하는 질환으로 폐포벽 파괴가 진행되면 폐의 탄력성(팽창한 폐가 축소하는 힘)이 저하되기 때문에, 폐는 탄력을 잃어버려서 과도하게 팽창된 상태가 됨
	특징	• 폐 탄력성의 손상과 폐의 과잉팽창으로 호흡곤란, 호흡수 증가 • 과팽창한 폐가 횡격막을 편평하고 약하게 만듦 → 호흡 시 목, 흉벽, 복부의 보조근육 사용 → 산소와 영양소 필요 증가 → 숨 가쁨 → 호흡곤란 야기

<table>
<tr><td rowspan="2">병태생리</td><td colspan="2">흡연, 매연 → α_1 antitrypsin 결핍 → 폐결합조직의 elastin 파괴 → 폐기종(폐포격막 파괴, 기도불안정) → 기도폐색, 공기포획, 호흡곤란, 잦은 감염 → 비정상 환기, 저산소혈증, 저환기, 폐성심</td></tr>
<tr><td>병리적 변화</td><td>• 폐포의 과팽창
• 폐포막의 파괴
• 폐포모세혈관막의 파괴
• 좁아지고 뒤틀린 기도
• 폐탄성 소실의 구조적 변화</td></tr>
<tr><td rowspan="2">만성기관지염</td><td>정의</td><td>• 기관지에 재발되는 만성 염증
• 만성 기관지염은 기도를 억제하여 호흡곤란을 일으키는 질병</td></tr>
<tr><td>특징</td><td>• 감염성 자극물이나 비감염성 자극물(담배 연기)에 지속적 노출되어 발병
• 1년에 3개월 이상 만성적인 객담을 동반한 기침 유발
• 자극물질이 염증반응 일으켜 혈관확장, 울혈, 점막부종, 기관지 경련
• 많은 점액 생산, 기관지벽 두꺼워져 기도폐쇄
• 저산소혈증(PaO_2 감소), 호흡성 산증($PaCO_2$ 증가) 초래
• 만성기관지염이 심해지면 폐기종 발전</td></tr>
<tr><td rowspan="2">병태생리</td><td colspan="2">흡연하거나 매연 흡입 → 지속적인 기관자극과 염증 → 만성기관지염(기관부종, 점액의 과다분비, 만성기침, 기관경련) → 기도폐색, 공기포획, 호흡곤란, 잦은 감염 → 비정상 환기, 저산소혈증, 저환기, 폐성심</td></tr>
<tr><td>병리적 변화</td><td>• 기관과 기관지의 점액분비선 증식
• 술잔세포 증식
• 섬모 소실
• 만성염증성 변화와 세기관지가 좁아짐
• 폐포 대식세포의 기능변화로 기관지 감염 증가</td></tr>
<tr><td>증상</td><td colspan="2">• 팔을 앞으로 구부리고 테이블에 팔꿈치를 기댐
– 복부를 압박, 횡격막을 밀어서 흉곽 내 압력을 증가시켜 공기배출이 촉진되는 자세
• 피로감, 체중 감소
• 기침, 짙은 점액성 객담
• 복부는 근육 긴장 상실로 불쑥 나옴
💡 흉곽–술통 모양
• 신경성 변화: 불안, 흥분, 기면, 혼수, 두통, 악몽, 불면, 변화에 대한 뇌의 민감성 증가
• 정맥증대: 호기 시 경정맥 팽대, 말초부종, 늑막삼출액 또는 복수
• 입술 오므림: 호기 연장(기도가 허탈되고 공기가 포획되었기 때문), 허탈 방지
• 청진 시 호흡음 감소(늑막액이나 폐조직의 파괴 및 공기의 감소), 천식음(기도 경련), 수포음(기도의 점액)</td></tr>
</table>

외모의 변화		• 사지의 근육이 가늘어지고 목 근육 증대 • 느린 움직임, 허리 구부림 • 앞으로 고개 숙인 자세로 앉아 팔을 앞쪽으로 붙들고 있음 – 복부를 압박, 횡격막을 밀어서 흉곽 내 압력을 증기시켜 공기배출이 촉진되는 자세
호흡 변화	폐기종	• 횡격막 운동 제한, 진탕음(진동 저하) • 타진 시 과공명음 시진 시 술통형 가슴(barrel chest) • 기좌호흡 • 청진 시 악설음(수포음) • 호기연장, 호흡음감소, 청색증, 경정맥 팽대
	만성기관지염	• 저산소혈증으로 청색증, 고상지두 이른 아침 가래 섞인 기침, 천식음 – 기침이 만성적으로 재발되며 아침과 저녁에 심함 • 점액성 객담 : 다량이며 냄새는 안 나고 하얗거나 회색의 점액성 또는 화농성 • 청진 시 악설음(수포음)

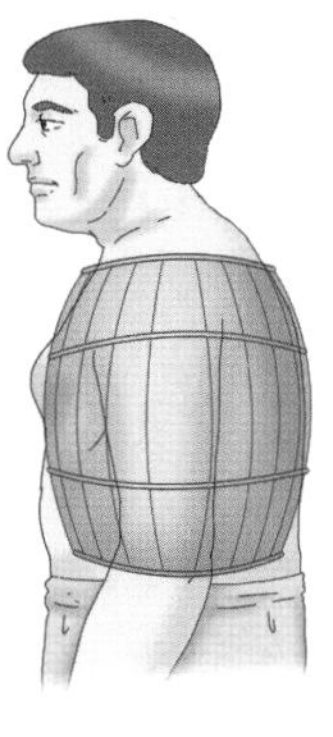

A

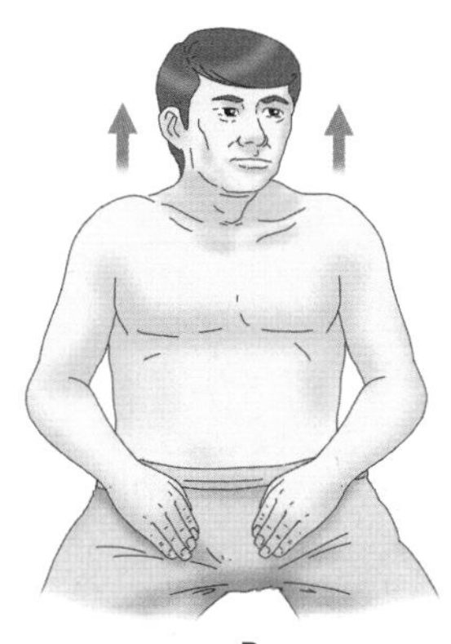

B

A. 폐기종 환자의 전형적인 흉곽의 모습 : 술통 모양 흉곽(barrel chest), 흉곽의 전후경이 커져 있음
B. 폐기종 환자의 흉기 시 모습 : 어깨가 올라가 있고(shoulder girdle), 쇄골 상부와(supraclavicular)가 함몰되어 있음

		폐기종(emphysema)	만성 기관지염(chronic bronchitis)
연령		40~50대	30~40세
병태생리		• 허파꽈리벽 파괴 • 폐탄성 소실, 호기 손상, 허파꽈리 과팽창	-
건강력		건강함	-
흡연		대부분 흡연자	-
임상적 특성	동요가슴 (연가양흉곽)	있음	있을 수도 있음
	체중 감소	후기에 심하게 감소	흔하지 않음
	호흡곤란	초기에 없으나 후기에 현저함	초기 증상, 특히 활동 시
	호흡음 감소	있음	다양함
	천명음 (쌕쌕거리는 소리)	대부분 없음	다양함
	객담	없거나 후기에 나타남	초기징후, 농성객담으로 자주 감염
	청색증	대부분 없고 후기에 나타남	있음, 질병 진행되면서 더 악화
	폐성심	가끔	흔함
	적혈구증가증	병이 진행되었을 때 나타남	흔함
	동맥혈가스분석	후기까지 정상	• 고탄산혈증 나타날 수 있음 • 저산소혈증은 흔함

4 치료 및 보건지도

약물요법	목적	• 증상 혹은 합병증 감소(호전시키지는 못함) • 중증도, 악화의 빈도, 합병증 유무, 동반질환 등 고려하여 개별적 처방
	기관지 확장제	• 호흡곤란 호전, 운동능력 호전 • 항콜린제(anticholinergics), 베타2 항진제(β2-agonist), 메틸잔틴(methylxantine) • 항콜린제와 β2-항진제는 속효성 약제와 지속성 약제가 있음 • 먹는 약보다는 흡입제가 전신 부작용 없이 효과적으로 사용될 수 있어 더욱 추천됨
	흡입제	• 정량 흡입기(Metered Dose Inhaler; MDI), 분말 흡입기(Dry Powder Inhaler; DPI) 등 • 효과적으로 폐 약물 전달 가능 • 흡입 기술에 대한 훈련이 부족한 경우(특히 노인이나 호흡곤란이 심한 환자) 효과 감소

<table>
<tr><td></td><td>부신피질 호르몬</td><td>• 1초간 강제 호기량(FEV1)이 50% 미만인 중증 또는 고도 중증 환자들과 잦은 급성 악화를 보이는 환자들에게만 흡입용 제제로 처방
• 풀미코트, 후릭소타이드 등
• 기관지확장제인 $\beta 2$-항진제와 흡입용 부신피질호르몬의 복합제제인 심비코트, 세레타이드 등</td></tr>
<tr><td>산소요법</td><td colspan="2">• 보통 비강 캐뉼러로 2~3L/분 또는 Venturi 마스크를 통하여 40%까지 산소를 제공
• 저농도(1~2L/min) 산소공급(저산소혈증과 만성 고탄산혈증이 있는 대상자)
→ 호흡중추 자극
→ 이산화탄소 중독 관찰</td></tr>
<tr><td>자세</td><td colspan="2">안정, 반좌위로 호흡 용이하게, 입술로 호흡</td></tr>
<tr><td>기도유지</td><td colspan="2">머리, 목, 가슴을 일직선으로 유지하고 분비물 배출시킴</td></tr>
<tr><td>기도청결과 배액 증가</td><td colspan="2">• 매일 다량의 수분 섭취(3,000ml/day) · 가습
→ 분비물을 묽게 함
• 체위배액, 폐물리요법(진동, 타진)
• 기관지와 구강위생을 철저히 함</td></tr>
<tr><td>산화와 호흡보조</td><td colspan="2">• 입술오므리기 호흡(pursed lip 호기 → 세기관지의 허탈방지, 효과적 공기배출)
• 복식호흡</td></tr>
<tr><td>영양증진</td><td colspan="2">• 구강간호
→ 구강호흡으로 점막건조
• 소량씩 자주 먹도록 격려, 과식은 피할 것(팽만감으로 호흡을 어렵게 함)
• 가스형성 음식을 먹지 않도록(복부팽만 유발 → 환기 방해)
• 절한 배변 습관 형성, 고칼로리 식사 제공</td></tr>
<tr><td>호흡운동</td><td colspan="2">• 가벼운 운동 및 복부 심호흡, 일상생활에 무리가 가지 않도록 단계적 진행적 운동(호흡 재훈련 운동, 걷기, 계단 오르기 등)
• 운동 사이사이 휴식</td></tr>
<tr><td>기관지자극물 제거</td><td colspan="2">흡연, 먼지, 가스, 공기오염</td></tr>
<tr><td>급성감염예방</td><td colspan="2">감기환자와의 접촉을 피함, 인플루엔자 유행 시 예방접종, 감염 시 충분한 휴식과 항생제 등의 약물요법으로 즉시 치료</td></tr>
<tr><td>활동 내구성 증진</td><td colspan="2">흡연, 너무 덥거나 찬 온도, 과도한 체중, 스트레스 등 산소요구를 증가시키는 상태를 피함(중간에 휴식시간을 정할 것, 에너지가 많이 드는 일과 적게 드는 일을 골고루 배합)</td></tr>
<tr><td>충분한 휴식과 수면</td><td colspan="2">따뜻한 물로 목욕, 자극성 없는 따뜻한 음료 제공, 조용한 음악</td></tr>
</table>

5 폐기능 강화요법

폐기능 강화요법	• 입 모으고 숨 쉬기(purshed lip breathing) • 횡격막 근육과 복부 근육 강화 운동 • 진행적 운동, 지구력을 키워주는 운동 • 기도청결과 배액 증가 • 체력강화를 위해 매일 조금씩 걷기 • 호흡 운동, 약물요법 시행과 함께 생활 양식을 건전하게 바꾸기
입술 오므리기 호흡 (pursed-lip)	• 만성 폐병에서 기도는 탄력성을 잃고 호기 시 허탈되어 이산화탄소의 배출 저하를 초래하므로 입술 오므리기 호흡법을 교육 • 입은 다물고 코로 천천히 숨을 들이쉼. 입술을 오므리고 천천히 호기하도록 함. 입술을 오므리는 것은 기도를 개방하는 상태로 유지시키고, 만성 폐쇄성 폐질환 환자에게 발생되는 호기 시 기도허탈을 최소화하여 호기가 길어져 폐에 남아 있는 공기제거에 효과적임 • 물컵에 빨대를 꽂아 입으로 불어 물방울 만들기, 촛불 끄기, 탁자 위의 탁구공을 입으로 불어서 굴리기와 같은 방법을 활용해도 좋음
횡격막 호흡방법 (복식호흡)	• 흡기 시기에는 환자의 자세를 반좌위로 취한 후 환자의 늑골 아랫부분에 손을 올려놓음. 그런 다음 코를 통해 숨을 들이마시게 하고 환자가 복근을 사용하면서 간호사의 손아래 부분의 늑골 부분이 움직이는 것에 집중하도록 함 • 이 운동을 통해 폐의 바닥면의 환기가 증가된다는 것을 설명함. 호기 시에는 환자의 복근 위에 손바닥을 대고 환자가 충분히 숨을 내쉬는 것을 도움
	폐 횡격막 기저부 **| 호흡 운동 시 손의 위치 |**
체위배액 [국시 2014]	기관지분비물을 제거하는 데 도움을 주는 방법으로 농흉이나 기관지확장증에 사용 • 중력이 가해지는 자세 • 침범받은 세기관지에 분비물이 나와 기관지와 기관으로 배액되고 기침이나 흡인으로 제거 • 체위배액 전후 청진하여 효과 확인 • 하루 2~4회 시행, 오심, 구토, 흡인 등을 예방하기 위해 식사 전, 취침 전 시행 • 시행 전 기관지확장제, 물, 생리식염수 분무나 흡인하면 효과적

타진과 진동	유의점	• 기침으로 뱉어내기 어려운 진한 분비물은 흉부의 타진, 진동으로 제거, 체위배액과 함께 사용 • 노인인 경우 늑골골절에 주의 • 분비물을 묽게 하기 위해서 충분한 수분 섭취, 필요시 기관지확장제 • 수행 전후 호흡음 평가
	적응증	기관지확장증, 농흉, 낭성섬유증, 만성기관지염
	금기증	폐농양, 폐종양, 기흉, 흉벽질환, 폐출혈, 폐결핵, 통증 있는 폐질환 등
	주의점	• 시행 중 통증, 호흡곤란, 허약, 어지럼증, 객혈 시 즉시 중단 • 체위배액과 흉부타진은 저산소증을 초래할 수 있으므로 분비물이 있을 때만 실시

타진	손을 컵 모양으로 오므리고 손목을 이용하여 통증이 생기지 않을 정도로 주기적으로 두드림 → 분비물을 묽게 만들고 기침을 자극하는 효과	진동이 흉벽을 통해 제거되어야 할 분비물에 전이되도록 공기를 모아 타진할 수 있게 손을 컵 모양으로 한다. 컵 모양을 한 손으로 빠르게 폐분절위로 이어서 두드린다.
진동	• 호기 동안 손을 진동하는 움직임으로 흉부에 압력을 가하는 방법 → 점액 분비물이 묽어지고 유동성 증가 효과 • 시행 후 복부근육 이용하여 기침하도록 함	A. 두드리기 B. 진동 Ι 두드리기와 진동 Ι

06 기관지 확장증

정의	• 기관지벽의 탄력성과 근육구조의 손상으로 큰 기관지 하나 이상이 영구적, 비정상적으로 확장되어 정상방어기전이 파괴된 상태 • 폐의 점액배출 능력 감소
원인	• 선천적 후천적 기관지벽 허약 • 감염성 손상(호흡기 감염 후) • 이물질이나 점액에 의해 기도폐쇄가 장기화된 경우

임상증상	증상	아침 기상 때와 누울 때 발작적인 기침 • 호흡곤란 • 식욕상실과 체중 감소
	징후	• 많은 양의 농성 객담을 생산하는 심한 기침 3층 형성 객담, 화농성 객담 • 객혈 • 청색증, 저산소혈증, 곤봉형 손톱 • 폐고혈압, 폐성심 • 수포음 • 점액마개부위 표면에 둔탁음이나 편평음 • 중엽과 하엽 표면에 유성음과 촉각진탕음의 증가 • 횡격막 운동의 감소
정상 기관지와 확장된 기관지	〈정상 기관지〉 〈확장된 기관지〉	
치료 보건지도	• 균형 잡힌 식사, 운동과 휴식, 일반위생 유지 • 체위배액 • 기관지경을 사용하여 기관지 폐색을 제거하고 협착된 기관지 확장 • 상기도 감염을 피하고 먼지, 연기, 대기오염을 피할 것 • 호흡기 감염, 인플루엔자 환자와 접촉하지 않을 것	

COPD 정리

- 원인: 흡연, 감염, 폐탄력성 감소, 노화
- 병태생리: O_2 들어가지 못하고 CO_2가 나가지 못함
- 증상: 고상지두, 과공명음
- 진단검사: PaO_2↓ $PaCO_2$↑ pH↓, PFT검사(FEV1↓), 혈액검사, 객담배양검사
- 간호: 체위배액, 입술 오므린 호흡, 산소요법, 활동과 휴식의 균형 유지, 소량씩 자주 식사, 고단백, 고칼로리 식이

07 폐성심

정의	• 폐고혈압으로 인한 심부전 동반, 또는 심부전 없이 우심비대 발생 • 만성 저산소증으로 폐동맥근육 비대 • 적혈구증가증으로 혈액의 점성 증가 • 폐고혈압으로 우심장의 압력 증가 → 우심부전
만성 폐쇄성 폐질환에서 폐성심 기전	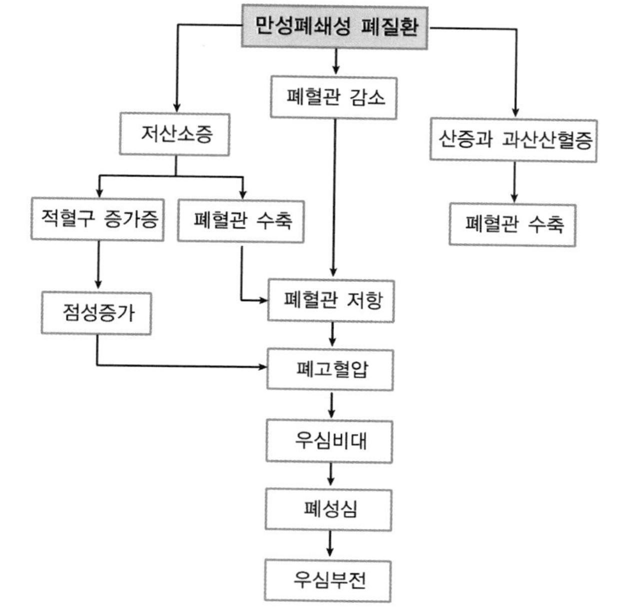

08 기관지 천식(bronchial asthma) [1992 · 1998 · 2006 · 2009 · 2010 · 2011 · 2014 기출]

1 개요

정의	• 소기관지에 발생하는 가역적인 기도 폐쇄성 질환 • 천식 발작은 알레르기 반응에 의해 유발되며 그 결과 혈관이완, 과도한 점액 분비, 분비 축적, 부종, 기도의 작은 근육의 수축이 일어남 • 외인성(아토피성)천식과 내인성(비아토피성)천식으로 구분	
원인 [2014 기출, 국시 2018 · 2019]	알레르기원	• 꽃가루, 동물의 털, 먼지, 진드기, 곰팡이, 음식물 등 • 항원에 IgE 매개로 과민 반응 유발
	운동	기도상피 건조와 냉각 진행
	기도 감염	편도선염, 부비동염 등 상기도 감염 시 촉발됨

	아스피린과 다른 NSAID [2014 기출]	aspirin, 다른 NSAID → prostaglandin 효소경로(cyclooxygenase) 억제 → 더 많은 arachidonic산이 또 다른 효소(lipoxygenae)에 작용하여 이를 leukotriene으로 전환시킴 → leukotriene 증가로 기관지 평활근 수축, 혈관 투과성을 증진시킴
	베타차단제	교감신경억제로 기도 평활근 수축
	스트레스	정서적 긴장이나 불안, 피로
	환경적인 자극 (흡입자극 물질)	흡연, 미세먼지, 건조한 공기, 극단적인 온도변화(찬 공기)
	음식	마른과일이나 와인에 있는 방부용 첨가물(아황산염), MSG
	그 외	• 부모 양쪽 또는 한쪽의 천식 병력 • 비만 • 직업(특정 화학물질이나 먼지와 같은 자극)

2 병태생리 [2006 · 2007 · 2014 · 2020 기출]

알레르기 인자노출 시 과민반응의 기전	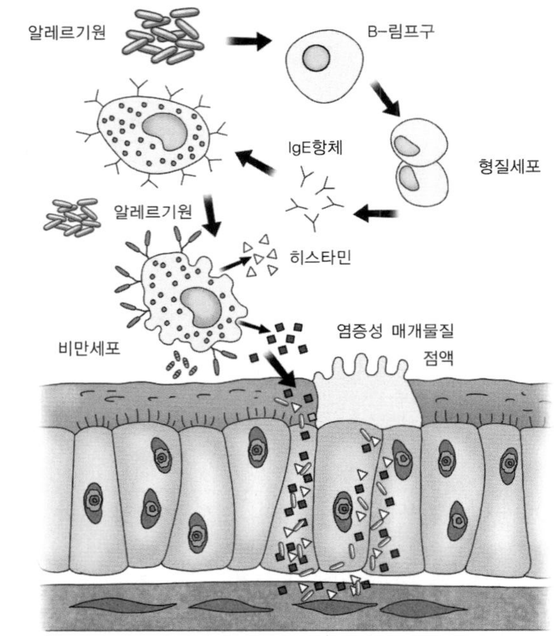 알레르기원 / B-림프구 / IgE항체 / 형질세포 / 알레르기원 / 히스타민 / 비만세포 / 염증성 매개물질 / 점액 • 알러지원이 기도로 흡입되면 IgE가 순환 • 기관지에서 IgE가 비만세포(mast cell)에 부착하여 알러지원의 수용체가 됨 • 비만세포(mast cell)가 탈과립되면서 히스타민, 류코트리엔, 프로스타글란딘 등이 유리됨 • 기관지 수축, 점액의 과다 분비, 기도 부종으로 기도가 좁아짐

병리현상	• 기관지 평활근 경련: 기관지벽 수축, 비후 • 기관지 점막 부종: 폐포와 세기관지가 과잉팽창 • 과다한 점액 분비: 점액분비선의 과잉활동
천식에서 기관지 폐색의 병태생리적 원인	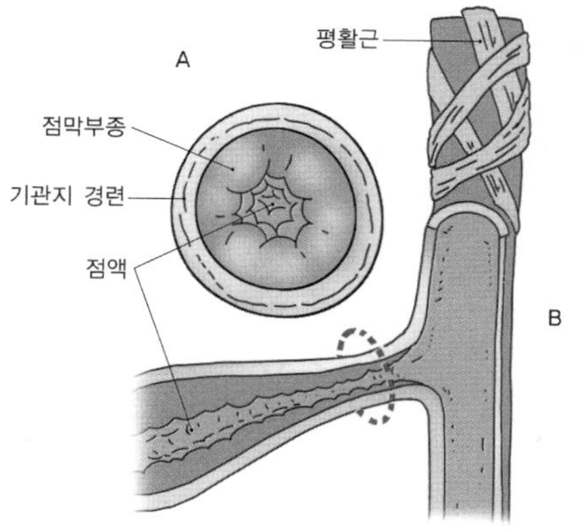 • 기도 평활근의 수축 • 점액이 질어짐 • 점막의 부종, 염증세포의 침윤 • 동반된 기관지염에 의한 악화 평활근 / A / 점막부종 / 기관지 경련 / 점액 / B A. 기관지 경련. 점막부종과 점액으로 폐색된 세기관지의 횡단면 B. 세기관지의 종단면
	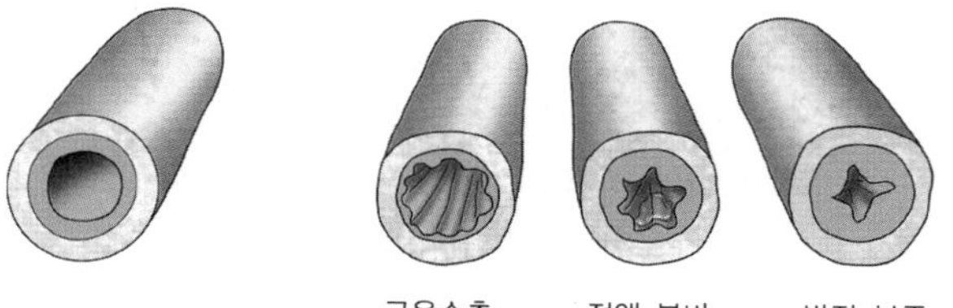 근육수축 / 점액 분비 / 발적·부종 **| 정상인의 기도 |** **| 천식환자의 기도 |**
천식 발작의 상태 진전에 따른 산·염기 불균형증	• 과호흡으로 호흡성 알칼로시스(pH 7.45 이상) • 기도폐쇄로 호흡성 산증 • 체내 산소공급이 안 되고 체내 대사산물이 누적되어 대사성 산증

3 천식의 초기반응과 후기반응 [2007 기출]

<table>
<tr><th></th><th colspan="2">초기 반응</th><th colspan="2">후기 반응</th></tr>
<tr><td>시간</td><td colspan="2">allergen에 노출된 후 1시간 이내</td><td colspan="2">노출된 후 4~6시간 뒤</td></tr>
<tr><td></td><td colspan="2">천식 환자에서 기도 내로 알레르기항원이 들어오면 비만세포로부터 histamine, leukotriene 등이 분비돼서 기관지 수축이 일어나는데 이 반응은 알레르기항원 유입 후 초기에 나타나므로 초기반응(early-phase reaction)이라 부름. 1시간 정도 지나면 회복됨</td><td colspan="2">• 초기 반응 후 4~6시간 후에 후기반응(late-phase reaction)이 발생하는데, 이것은 기도 내의 여러 염증세포로부터 사이토카인들이 분비되기 때문임
• histamine, leukotriene 등은 급성악화에 중요한 역할을 하는 반면에, 사이토카인은 주로 만성염증반응과 관련이 있음. T-림프구에서 분비되는 림프카인이 특히 중요함</td></tr>
<tr><td>매개</td><td colspan="2">비만세포, 호염기구가 중요한 역할</td><td colspan="2">호산구, 호중구, 단핵구가 중요한 역할</td></tr>
<tr><td rowspan="3">기전
[국시 2019]</td><td>항원 항체 복합체</td><td>기관지 벽 기저막 아래 비만세포, 호염기구 표면에 항원 항체(IgE) 복합체 형성</td><td>염증</td><td>호산구, 호중구가 기도 내 침윤으로 기도에 염증</td></tr>
<tr><td>탈과립화</td><td>비만세포, 호염기구가 탈과립화하여 염증성 매개 물질인 bradykinin, 사이토카인(cytokine), 히스타민(histamine), 류코트리엔(leukotriene), 프로스타글란딘(prostaglandin)을 분비함</td><td>기도 과민성</td><td>만성 염증과 상피세포 손상으로 감각성 신경의 말단 노출로 기도가 과민해짐</td></tr>
<tr><td>기도 폐쇄</td><td>화학적 염증 매개 물질은 기관지 경련, 기관지 평활근을 수축시키고 혈관을 이완시키고 모세혈관 투과성 증가로 점막 부종으로 기도가 좁아짐. 점액 증가로 짙은 객담을 분비함</td><td>폐 과팽창</td><td>점막 염증, 기관지 평활근 수축, 과도한 점액 분비로 기도직경 감소, 기도 저항 증가로 인한 기관지 폐색으로 폐포 내 공기 포획으로 폐가 팽창함
→ 폐의 탄성변화
→ 환기관류균형의 파괴, 호흡성 알칼로시스, 이로 인한 저산소증</td></tr>
<tr><td>증상</td><td colspan="2">기침, 천명음, 호흡곤란</td><td colspan="2">• 저산소혈증, 호흡성 산증
• 환기관류비율 불균형</td></tr>
<tr><td>약물</td><td colspan="2">β-2 길항제로 예방(완화제)</td><td colspan="2">항염증제 corticosteroid(조절제)</td></tr>
</table>

| 천식의 병태생리적 반응 변화 |

초기 반응	후기 반응	만성화
15~30분	4~12시간	Days~Years
비만세포	호중구, 호산구, 호염기구, 단핵구	-
• 기관지 수축 • 혈관투과성 증가 • 조직 부종 • 혈장단백질 유출 • 혈류 증가	• 기도 염증 • 면역세포 침착 • 기도 부종	• 기도 개형 • 기도벽 비후 • 점막하 조직 증가 • 평활근 비후 • 폐기능 저하
β-2 길항제로 예방(완화제)	항염증제(조절제)	-

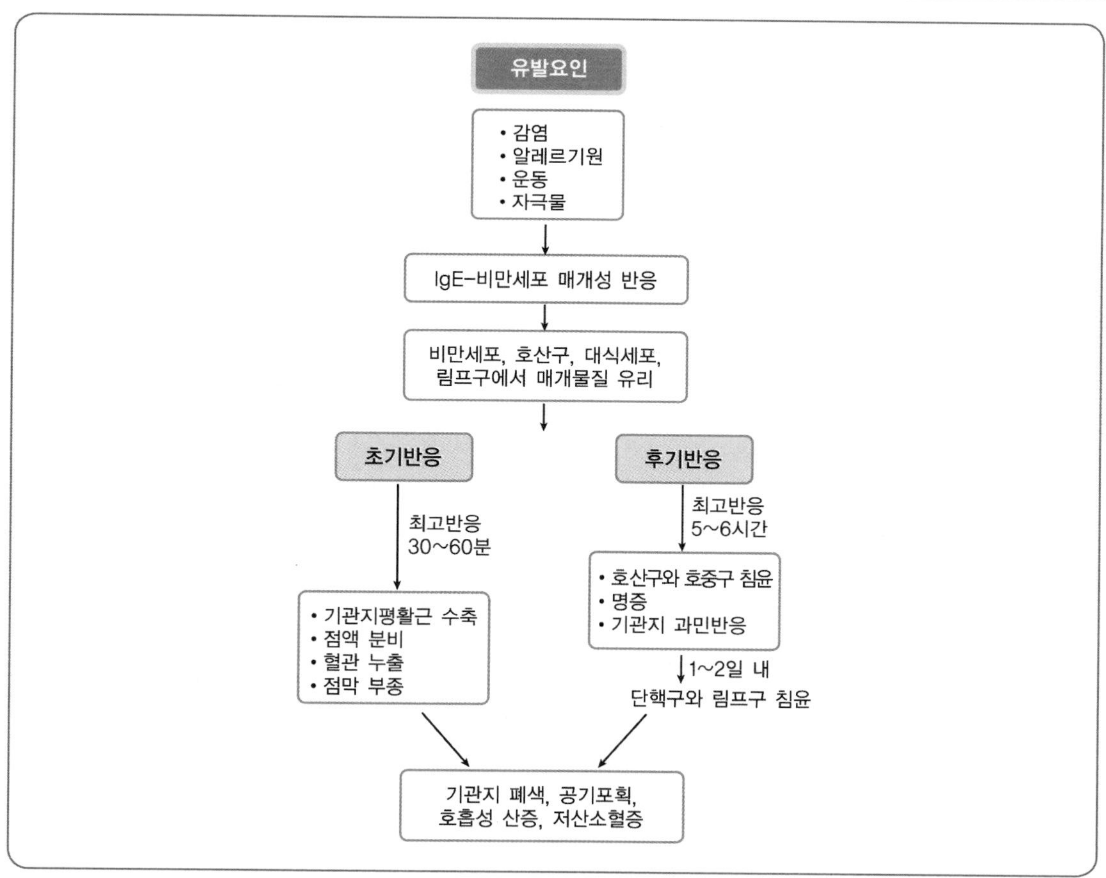

| 천식의 초기와 후기반응 |

4 증상

천식 증상	• 초기에 마른기침 → 심한 기침 • 진전되면 기침 시 끈적끈적한 객담(gelatinous) • 호흡할 때 쌕근거리는 소리(wheezing, 천명음) • 질식감 및 압박감과 죄어드는 것 같은 감각 동반, 흉통 • 호기가 길어지는 호흡곤란－발작은 약 30분~몇 시간 • 흉부팽대, 흉골퇴축, 경정맥 팽대, 불안감(공기 갈망) • 저산소증, 청색증 • 타진 시 과공명음 • 혈청 IgE상승, 호산구 증가 • 반복되는 천식 발작으로 가슴이 술통 모양 • POINT－호흡곤란(호기 시), 질식감, 기침, 천명음, 다량의 점액 분비(끈적끈적함)
천식을 의심할 수 있는 주 객관적 사정자료	• 호흡곤란, 기침, 천명음, 가슴 답답함 • 천식 발작 요인에 대한 노출 유무[알레르기, 운동, 꽃가루, 찬 공기, 감정 악화, 자극물질(smoking)] • 아스피린 복용 후 악화되는 병력 • 호흡수 증가 • 청진상 호기가 연장되고 천명음(호기 시 분명) 청진

5 진단검사 [2011 기출]

3가지 특징적 증상	호흡곤란, 기침, 천명음 • 시진 시 호기시간이 연장되는 것, 타진 시 과공명음, 청진 시 천명음 확인 • 객담 내 호산구가 있고, 혈액 내 호산구 수가 총 백혈구 수의 5% 이상 증가, 혈청 IgE가 증가
호기	호기시간 지연
호산구	객담, 혈액에 호산구↑(정상: 1~3%)
혈청 IgE	혈청 IgE 증가
객담검사	아토피성 천식 시 호산구 수와 IgE농도 증가
긁는 자극 검사 (알레르기 피부 검사)	항원 선별 • IgE 항체를 측정하는 피부반응검사
RAST (radioallergosorbent test)	• 피부검사에서 음성으로 나온 경우나 알레르기 원인 규명 • 음식과 관련된 알레르기원을 찾는 데 유용
동맥혈 가스 분압 검사	초기에는 과호흡으로 인한 호흡성 알칼리증, 심한 상태일 때 과탄산혈증, 호흡성 산증

폐기능검사 (Pulmonary Function Test; PFT)	• FEV1(1초 내 강제 호기 용량), PEFR(최대 호기 유속) 천식에서 호기 상태를 측정하는 방법 • 천식에 가장 명확한 검사 • 천식시 1초 내 강제호기용량, 최대호기유통속도가 정상보다 15~20% 감소 • 폐질환 유무 확인과 질환의 심각성을 알아보는 데 객관적인 지표 • 천식발작이 없는 경우는 정상소견을 보임
폐활량 측정 (spirometry)	5~6세 아동에게 간단히 수행할 수 있으며 초기 사정에 많이 이용됨
최고호기유속기 (Peek Expiratory Flow Rate; PEFR) [2011 기출]	• 최대호기유속측정기에 표시되는 속도로 폐 기능을 측정하는 방법 • 1초 내에 힘 있게 내뿜을 수 있는 최대의 공기량을 측정하는 것으로 1분당 리터(L/min)로 측정 • PEFR의 정상치는 나이, 키, 성별, 인종에 따라 다르므로 개인의 최적 기준치를 알아두어야 함 • 환아의 최적 기준치를 알아보기 위해서는 하루에 2번씩 약 2~3주간 지속적으로 검사해보는 것이 필요함
기타	• peak point monitoring • bronchoprovocation : 의심이 가는 알레르기 항원을 직접 점막에 노출시키는 검사로 알레르기 항원을 확인하기 위함 • 혈액검사와 흉부 방사선 검사

| 기관지 천식의 특성 |

발생요인	나이	일반적으로 40세 이하에서 발생
	흡연력	흔하지 않음
	가족력	알레르기 비염, 습진, 천식 가족력
임상증상	증상발현	이른 아침이나 밤, 간헐적으로 나타남. 때에 따라 다름
	호흡곤란	천식 악화, 건강이 나빠질 때 외에는 발현하지 않음
	객담	드물게 있음, 호산구 증가
	병의 진행	안정적
진단검사	동맥혈 가스분석 pH PaO_2 $PaCO_2$	발작 초기 / 지연 시 ↑ / ↓ ↓ / ↓ ↓ / ↑

	흉부 X-선 검사	폐의 과팽창
	폐용적	일반적으로 정상
	전폐용적	증가
	잔기량	증가
	FEV1	감소
	FEV1/FVC	정상-감소

6 최대 호기 유속기 측정법(PEFR) 측정기 사용법 [2011 기출]

| 최대 유량계 |

사용 전	측정기	매일 같은 시간에 같은 방법으로 측정하며 측정기를 똑바로 세우고 측정기의 화살표가 '0'을 가리키는지 확인한다.
	대상자	똑바로 상체를 세우고 입 안의 껌, 음식물을 제거한다.
사용 시	• 입을 크게 벌리고 숨을 깊게 들이 마시고 측정기 입구에 입을 대고 꼭 다문 후, 혀가 측정기의 입구를 막지 않도록 주의하고 최대한 힘껏 숨을 불어 내쉰다. • 30초 간격을 두고 3회 반복 실시한다.	
사용 후	화살표가 가리키는 눈금을 기록하며 평균 점수가 아니라 3회 중에서 가장 높은 점수를 기록한다.	

| 최고호기유속(Peek Expiratory Flow Rates; PEFR) 판독 |

녹색	증상도 없고 현재대로 처방을 유지하면 된다.
노란색 (50~79%)	• 주의가 필요하다. • 천식이 잘 조절되지 않고 있으며 응급상황이 발생할 수도 있다. • 약 용량을 증가시킬 필요가 있다. • 의사를 방문해야 한다.
적색	• 의학적 관리가 필요하다. 기도가 심하게 좁아져 있다. • 속효성 기관지확장제를 투여해야 한다. • 약물투여(기관지확장제) 후에 바로 노란색이나 녹색으로 나타나지 않는다면 즉시 의사를 방문해야 한다.

7 예방과 치료 [2010 기출]

알레르기원 제거	• 흡연, 연기, 먼지, 곰팡이, 갑작스런 기온 및 기압 변화, 아스피린, NSAIDs, 베타차단제와 같은 약물 등의 천식유발요인을 피한다. • 음식을 조리할 때 인공조미료(monosodium glutamate; MSG)를 사용하지 않는다. • 운동 30분 전에 기관지확장제를 분무하여 기관지경련을 예방한다.
흡인기(MDI) 사용 [2010 기출]	• 똑바로 세워서 뚜껑을 연다. • 흡입기를 흔든다. • 머리를 뒤로 약간 제치고 숨을 천천히 내쉰다. • 똑바른 자세로 mouthpiece를 문다. 입술과 흡입기 사이에 공기가 들어가지 않도록 꼭 문다. • 정상 호기 말에 통 윗부분을 꼭 누르고 3~5초 동안 천천히 호흡한다. 그리고 누르던 손가락을 뗀다. • 약물이 폐 깊이 들어가도록 적어도 5~10초 동안 숨을 참는다. • 흡입기를 입에서 떼고 천천히 코로 숨을 내쉰다. • 반복하여 사용할 경우는 2분 경과(1~4분) 후에 한다. • 흡입기의 뚜껑을 덮는다. • 적어도 하루에 한 번씩 뚜껑을 열고 흡입기의 플라스틱 용기(case)와 뚜껑(cap)을 흐르는 따뜻한 물에 씻는다.

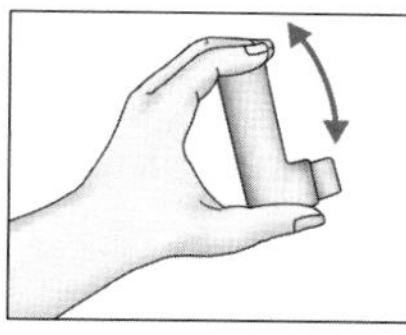

1. 용기를 흔들어서 약물을 혼합하여 분사가 잘 되도록 한다.

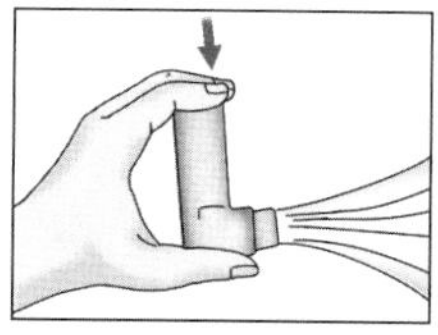

2. 약물의 분사가 잘 되는지 확인한다.

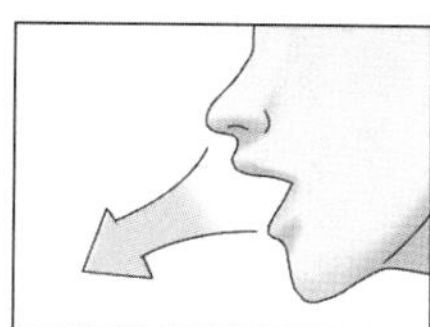

3. 충분히 호기한다.

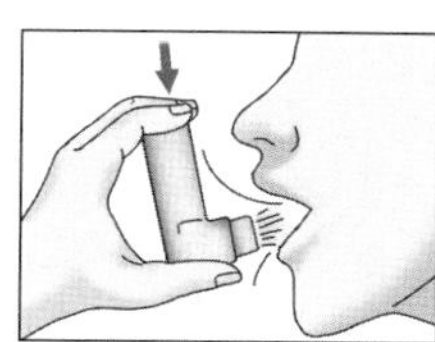

4. MDI를 입에 문다. 또는 입으로부터 손가락 2개 정도의 거리만큼 떨어진 곳에 MDI를 잡고서 입을 크게 벌린다.

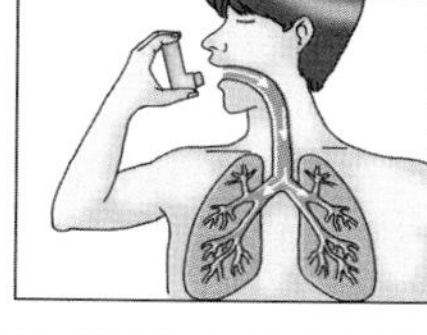

5. 3~5초 동안 천천히, 깊게 흡기하면서 약물을 분사시킨다.

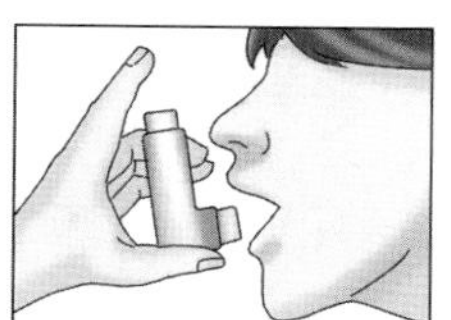

6. 10초간 숨을 참는다.

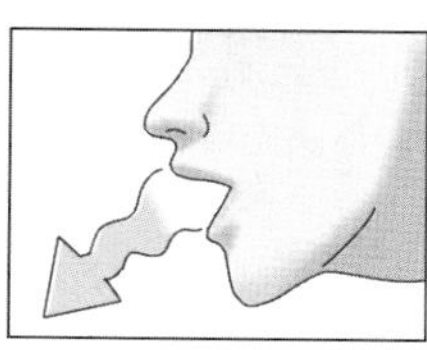

7. 천천히 호기한다. 반복하여 약물을 분사할 경우는 2분 경과 후에 한다.

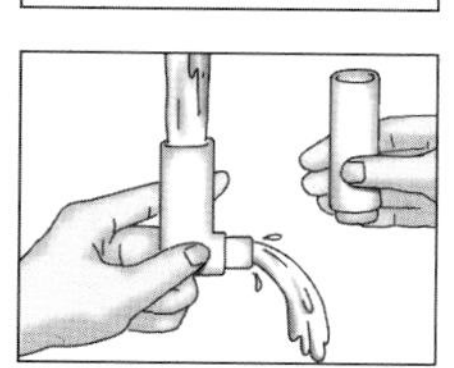

8. MDI를 씻고 건조시킨다.

| 정량식 분무흡입기(MDI)의 사용방법 |

8 기관지확장제 및 염증 억제 약물 [2009 · 2022 기출]

| 기관지확장제 | [2009 기출]

약물	약명	부작용	특징/주의점
교감신경 효능제	• 속효성 – albuterol (proventil, ventollin) – bitolterol (tornalate) – pirbuterol (maxair) • 지속적 – salmeterol (servent)	• 떨림, 빈맥, 심계항진 • 과용량 시 기관지 경련 유발 • 저칼륨혈증	• 흡입 후 몇 분 내에 작용을 나타내고 4~8시간 정도 지속 • 기관지 경련 완화, 비만세포 유리물질 억제 • 약물이 직접 혀에 닿지 않도록 주의 • 하루 3~4회 이상 투여하지 말 것 • salmeterol(servent)은 8~24시간 작용하므로 야간성 발작 천식에 유용하나 급성 증상에는 사용하지 않음
메틸산틴 (methylxantin 유도체)	theophylin	• 독성증상: 오심, 구토가 초기 증상으로 가장 빈번함 • 빈맥, 부정맥 • 빈호흡, 이뇨, 안절부절, 경련 등	• 기관지 확장작용이 약하므로 반드시 경구 또는 정맥 투여 • 약물 투여 시 혈중농도가 치료적 수치(5~15mcg/ml)를 유지해야 함
항콜린제 (anticholinergic)	atropine ipratropium (아트로핀 유도체)	호흡기 분비물의 건조, 구강 건조, 시야 몽롱, 순환기계와 중추신경계를 자극, 요정체	기관지 수축을 차단시키는 효과: 급성 기관지 경련 시

약명	작용	부작용	간호중재/주의점
알부테롤 albuterol proventil, ventolin	• 기관지경련 완화 (급성 천식 악화방지) • 비만세포에서 유리매개물질 억제 • 운동성/알레르기성 천식에 효과적	• 근육경련이 가장 흔함 • 협심증, 부정맥, 고혈압, 빈맥 • 오심, 구토, 고혈당	• ventolin : 급성 천식 예방, 운동성(전 30분) 알레르기 천식 유용, N/S • 적정용량 흡입기, 건강분말흡입기로 흡입하면 약은 작용부위에 직접 전달됨 • 흡입 시 약물에 혀에 닿지 않도록 주의(흡수 빠름) • 흡인 후 구강건조예방 위해 입 헹구기 • 스테로이드와 함께 사용 시, 고용량 흡입보다 효과적
theophyline, aminophyline [2022 기출]	• 기관지확장, 천식치료 • 선택적 β2작동제와 병합 시 상승효과 • 전형적인 약물로 조절되지 않는 심각한 천식치료에 유용(속효성 베타효능제에 반응 × - IV)	• 소화기계 : 오심, 구토, 식욕부진, 위산 분비 증가(소화성 궤양 pt 금기) • 심혈관계 : 부정맥, 빈맥, 협심증, 심계항진 • 중추신경자극 : 불안, 두통, 불면증, 발작(간질경력자 금기) • 중추신경자극 - 아동 : 과잉행동	• 천식치료보다 예방으로 사용 • β2작용제 병합투여 시 효과적 • 흡입제로 사용 시 효과가 나타나지 않음 - 반드시 경구/정맥 투여, 수액에 희석, 심정지 예방 • 심부작용 예방 위해 지속적인 약물농도 F/U • 테오필린 - 치료용량 범위는 10~20μg/ml(치료범위 좁음) - 혈중 30μg/ml 이상 시 심부정맥 발생 • 아미노필린 : 심혈관계 허탈의 잠재성 → 25mg/min보다 느리게 투입

| 염증억제 약물 |

약물	약명	부작용	특징/주의점
당질코르티코이드 (glucocorticoids)	• beclomethasone • budesonide(Pulmicort)	구강 칸디다증(흡입 후 구강 세척 해야 함)	• 기관지의 염증반응과 과민반응을 억제 • 효과는 투약 후 3~6시간이 지나서 약효가 나타나 6~12시간 후에 최고 효과 • 유지요법에 주로 사용
비만세포 안정제	• cromolyn(Intal) • nedocromil(Tilode)		• 비만세포에서 탈과립화됨으로써 분비되는 화학적 매개 물질의 분비를 억제 • 항원에 노출되기 15~20분 전에 투여하면 예방효과 • 예방적으로는 사용되지만 급성 발작증상에는 효과가 없음
류코트리엔 완화제	기관지 이완과 항염의 효과		천식 완화를 위해 장기간 증상 관리

9 진단 및 완화요법

안정 취할 것	• 적절한 휴식과 수면을 취한다. • 스트레스와 불안을 감소시키기 위해 이완요법을 한다.
청결 유지	모든 침구는 진드기를 제거하기 위해 뜨거운 물로 세탁한다.
최대 호기량 사정	지시대로 최대 호기량이 이루어지는지 사정한다.
진단 기준 및 조치	• 손톱이나 입술이 회색이거나 파랗다. • 호흡, 보행, 말하기가 어렵다. • 목, 가슴, 늑골이 퇴축한다. • 비공이 확대된다. • 약물로 증상이 조절되지 않는다. • 치료 직후 최대 호기량이 감소되거나 호기량이 평소의 50%로 감소된다. • 그 밖에 천식 환아가 지켜야 할 주의사항을 교육시킨다. – 응급약을 소지하고 다닌다. – identification card를 지니고 다니게 한다.

10 급성 천식 발작 시

응급간호 [1999 지방 기출]	• 기도 내 이물질 제거 및 배출로 기도를 유지한다. • 환자를 안정시킨다. • Folwer 체위나 앞으로 기댄 자세로 숨쉬기 편한 자세를 취하도록 한다. • 환자가 소지한 기관지확장제(β-교감신경흥분제, 아미노필린)를 투여한다. • 환경의 자극물을 줄여준다. • 과호흡에 의한 알칼로시스를 방지하기 위해 천천히 호흡을 한다. • 즉시 응급실로 후송한다.
급성 천식 발작 후 간호	• 발작을 일으킨 이유(allergen)를 확인한다. • 환아를 휴식시키고 기관지확장제, 거담제 및 항염제(부신피질 스테로이드, 항류코트리엔)를 투여한다. • 탈수를 막기 위해 충분한 양의 수분을 섭취시킨다. • 발작 중의 약물투약의 중요성과 폐 물리요법, 휴식의 필요성을 강조한다. • 처방 없이 아무 약이나 먹지 말고 알레르겐을 피하도록 한다.
일상에서 조절(주의)해야 할 대처전략	• 발작을 촉진시키는 요인을 피하고, 환경의 자극도 피해야 한다. • 스트레스, 긴장, 불안을 감소시켜야 한다. • 호흡기 자극 물질에 대한 노출을 피한다: 흡연, 안개, 연기, 먼지, 곰팡이 • 덥고 추운 날씨에 외출하지 않도록 한다. • 먼지, 꽃가루, 기타 다른 입자를 제거하기 위해서 공기 청정제의 사용을 제시한다. • 많은 사람이 모인 곳과 환기가 안 되는 지역은 피하도록 한다. • 과로를 피하고 휴식을 취하도록 한다. • 천식유발이 가능한 약물을 피하도록 한다(아스피린, NSAID, β-차단제). • 발작은 점막탈수를 유발하니 3,000~4,000ml/day의 충분한 양의 수분을 섭취하도록 한다. • 유산소 운동은 심혈관 건강과 환기와 관류의 촉진을 도모하므로 권장하되 운동 시 직전에 흡입용 베타 작용제(기관지확장제)를 투여하거나 환경을 조절하도록 한다. • 호흡기도 감염, 편도선염, 부비동염이 있으면 내과 치료를 받아야 한다. • 다음 증상이 나타나면 즉시 응급실을 찾는다. – 손톱이나 입술이 회색이거나 파랗다. – 호흡, 보행, 말하기가 어렵다. – 목, 가슴, 늑골이 퇴축한다. – 비공이 확대된다. – 약물로 증상이 조절되지 않는다. – 치료 직후 최대 호기량이 감소되거나 호기량이 평소의 50%로 감소된다. – 그 밖에 천식 환아가 지켜야 할 주의사항을 교육시킨다. – 응급약을 소지하고 다닌다. – identification card를 지니고 다니게 한다.

09 흉막염, 흉막 삼출

구분	건성흉막염(늑막염)	흉막삼출
특징	• 흉막의 염증상태 • 흉막액은 증가하지 않음	벽측흉막과 장측흉막의 윤활제 역할을 하는 흉막액의 비정상적 증가 (정상늑막액 : 5~15mL)
원인	폐렴, 상기도 감염, 폐결핵, 교원병, 폐색전증 등	• 모세혈관 압력 증가(우심장 기능 상실) • 모세혈관의 교질 삼투압 감소(간부전, 콩팥 기능 상실) • 흉막과 흉막강에 염증(감염, 종양) • 림프계 손상 있을 때 축적 • 벽측흉막모세혈관(25mmHg) 쪽 흉막모세혈관(10mmHg)으로 흡수 • 흉막액의 분비와 재흡수는 교질 삼투압, 모세혈관의 투과성, 림프관, 배액 경로의 개방성에 의해 영향 받음. 따라서 이 중 어느 하나에 문제가 발생하면 흉막에 삼출액이 고임
증상	• 통증 – 흡기 시 날카로운 통증(흉막마찰로 찌르는 듯한 통증) – 통증은 일측성으로 나타나고, 심호흡, 기침 등 흉막운동 시 악화 – 숨을 멈추면 통증 감소 – 흉막에 삼출물이 생기면 통증 감소 • 흉막마찰음, 삼출물 생기면 마찰음 감소 • 발열, 전신쇠약감, 얕고 빠른 호흡, 침범받은 부위의 호흡운동 제한	• 흉막성 흉통, 호흡곤란, 마른기침 • 창백함, 피로, 체중 감소, 허약, 고열 • 흉막액 있는 쪽 시진 시 이상하게 팽만되어 있고 호흡하는 동안 움직이지 않음 • 흉막액 부위에 양성성음
진단	• 흉부 X-선 검사 • 객담검사, 흉강천자 실시하여 흉막 삼출액 검사	• 흉부 X-선 검사 • 초음파검사, 흉강천자, 늑막액 배양검사
치료 및 간호	• 항생제 투여 • 진통제 투여(항염제인 인도메타신 사용) • 흉관삽입 및 배액 • 온찜질, 냉찜질 • 휴식 및 안정 • 침범받은 쪽으로 누움(흉벽 지지)	• 흉곽천자 후 체액분석 • 밀봉흉관 배액(폐의 재팽창 도움) • 흉막유착술: 흉관삽입으로 테트라사이클린 등의 화학요법제등을 주입시켜 벽측 흉막과 장측 흉막을 유착시켜 액체축적 예방 • 흉막절제술 • 통증 조절: 침범부위 지지, 환부를 아래로

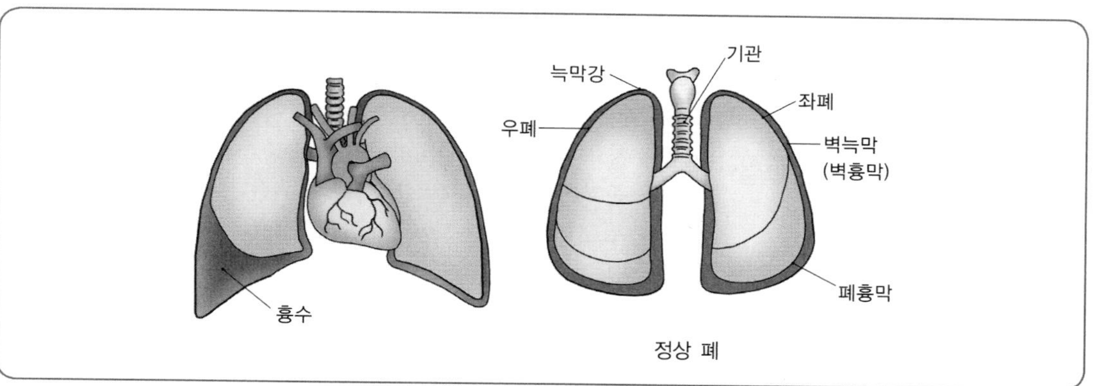

10 기타 흉부질환

<table>
<tr><td rowspan="1">농흉</td><td colspan="2">• 흉막강에 화농성 액체, 즉 농이 고인 상태로 폐렴, 폐결핵, 폐농양, 흉부외상, 감염으로 발생한다.
• 농흉은 흉막이 두꺼워지고 섬유성 조직이 폐와 흉벽을 유착시키기 때문에 치료하기가 매우 어렵다. 합병증으로 흉막 섬유증이 초래되면 병소 부위가 쪼그러들고, 세로막 내의 기관이 병소 쪽으로 당겨져서 척추측만증이 나타난다.
• 닫힘배출장치로 배농시키고 항생제 요법을 한다.
• 호흡운동을 권장하고 동맥혈 가스분석을 하여 저산소혈증이 있으면 산소를 투여한다. 또한 밀봉배액간호를 한다.</td></tr>
<tr><td rowspan="2">기흉
(pneumothorax)</td><td colspan="2">흉막강에 공기나 가스가 고여 폐의 일부 혹은 전체가 허탈된 상태이다. 흉막천자를 잘못했을 때나 가슴 수술 시 사고로 생긴 외상, 양압 환기로 인한 압력외상으로 발생한다.</td></tr>
<tr><td>개방 기흉</td><td>• 외상 이외 다른 원인(폐결핵, COPD)으로 흉막강으로 공기가 누출되어 축적되는 상태로 폐가 허탈된다.
• 증상으로 급작스럽고 날카로운 통증, 기침, 힘이 많이 드는 가쁜 숨, 혈압 하강, 약하고 빠른 맥박, 불안, 초조, 불안정, 창백함 또는 청색증, 기절, 허탈된 폐, 병터 있는 흉부의 움직임 소실이 있다.
• 침범부위가 적은 기흉은 활동을 제한하고 침상안정을 시키면서 산소를 투여하면 흉막강의 공기가 점차 흡수된다. 심한 기흉은 닫힘배출장치를 하여 공기를 제거하고 폐를 재팽창시킨다. 계속 공기가 나오는지 관찰하여 기흉의 재발을 발견한다.</td></tr>
</table>

	긴장 기흉 (긴장공기가슴증)	• 손상된 폐조직을 통하여 흡기 시 매번 흉막 안으로 공기가 들어가지만 호기 시에 나오지 못하는 매우 심한 기흉이다. 숨쉴 때마다 흉막강에 있는 공기 양은 늘어나 압력이 계속 증가한다. • 즉시 치료하지 않으면 흉막강의 압력이 증가하여 병터쪽 폐는 허탈되고 종격은 건강한 다른 한쪽으로 변위된다. 종격 변위는 건강한 폐를 누르고 대혈관을 눌러서 심장으로 돌아오는 혈류의 장애를 유발한다.
	자발 기흉 (자발공기가슴증)	• 흉벽 상처로 인해 대기의 공기가 흉곽 안으로 빨려들어가 발생한 기흉이다. 호흡 운동에 따라 공기가 상처를 통해 흉곽 안과 밖으로 들어갔다 나왔다 한다. • 사고로도 생기지만 닫힘배출장치 연결관이 빠졌을 때도 발생한다. 개방성 상처는 즉시 그 상처를 안전하게 덮어 주어야 한다.
	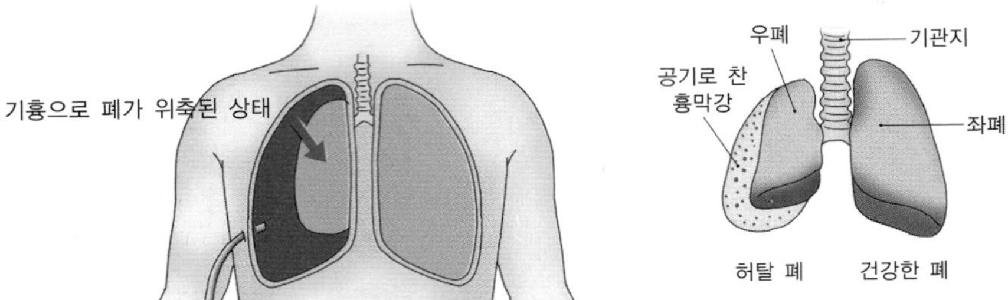 기흉으로 폐가 위축된 상태 우폐 / 기관지 / 공기로 찬 흉막강 / 좌폐 / 허탈 폐 / 건강한 폐 기흉	
혈흉	• 폐 열상과 혈관의 파열 등으로 흉막 내에 혈액이 고여 있는 상태이다. 출혈은 골절된 늑골에 의해 천공되거나 가슴 수술로 인해서 발생한다. • 증상으로 흉통, 청색증, 혈압 하강, 맥박과 호흡수 증가, 호흡곤란, 호흡음 소실이나 감소, 병소 흉부의 탁음을 들을 수 있다. • 종격이 변위될 수 있는데 종격 내 기관이 침범받지 않은 쪽으로 쏠린다. 쇼크 또는 호흡기 장애의 증상을 세밀히 관찰해야 한다. • 혈흉의 진단은 가슴 X-선 촬영 검사나 가슴천자 시 혈액이 흉막강에 있는 것으로 확진한다. 흉막강에 혈액이 고이면 양압이 되어 폐가 허탈되며 가스 교환에 장애를 받는다. • 닫힘배출장치를 하여 폐를 재팽창시켜야 한다.	
동요가슴	• 심한 압궤손상(가슴으깸손상)으로 늑골이 여러 개 골절되어 가슴의 정상 움직임이 방해받는 상태이다. 가슴의 뼈가 서로 연결되지 못하므로 호흡하는 동안 부러진 늑골 부위의 가슴은 정상호흡과 반대로 움직여 흡기에는 안으로 들어가고 호기에는 밖으로 부풀어 나온다. • 이런 가슴 움직임을 모순호흡운동이라고 하는데 즉시 치료하지 않으면 심맥관계 장애와 호흡부전에 빠진다. • 동요가슴은 흉부 손상 중 가장 심한 상태로 교통사고 시 흉부 손상으로 사망하는 주 원인이다.	

사르코이드증	• T-helper 세포의 과도한 면역반응으로 나타나는 전신적 만성 육종성 질환이다. • 폐, 림프절, 피부와 눈에 침범률이 높고 폐용량 감소, 폐섬유화, 양측성 폐문 림프질환, 피부 홍반, 시력장애 등의 증상을 보인다. • 폐 생검으로 확진하며 혈청 angiotensin 전환 효소의 증가는 유육종증을 의심할 수 있는 지표이다. • 특별한 치료방법이 없고, 부신피질호르몬을 투여하여 증상을 완화한다.

11 흉강천자 과정 간호

검사 전·중	• 흉강천자 목적을 설명한다. • 검사 동안 움직이지 않고, 조용히 숨쉬며 기침하지 않도록 한다. • 자세: 앉은 상태에서 앞으로 테이블에 기댄 자세(늑막강 내 공기 유입 방지 자세)를 취한다. • 앉을 수 없는 대상자는 30~45° 올리고 건강한 쪽을 아래로 하여 측위하도록 한다. • 천자 시 30분 이내 늑막액을 1,500mL 이상 제거하지 않도록(혈관 내 체액 이동으로 폐수종 발생 우려) 한다. • 바늘 제거 후 천자부위에 무균적 폐쇄드레싱 시행 후 압박한다.
검사 후 간호	• 바늘 삽입부위를 위로 가게 하고 건강한 쪽이 아래로 가는 자세(폐확장 용이)를 취한다. • 검사 후 폐가 재팽창하도록 심호흡을 권장한다. • 합병증(기흉, 피하기종, 폐조직 손상)을 관찰한다.
관찰 및 기록	• 호흡곤란 증상을 세밀하게 관찰한다. • 흉막 통증이 완화되었는지, 흉막삼출액이 다시 발생하는지를 관찰하고 기록한다. • 폐기능 검사와 동맥혈 가스분석을 하여 치료의 효과를 사정한다.

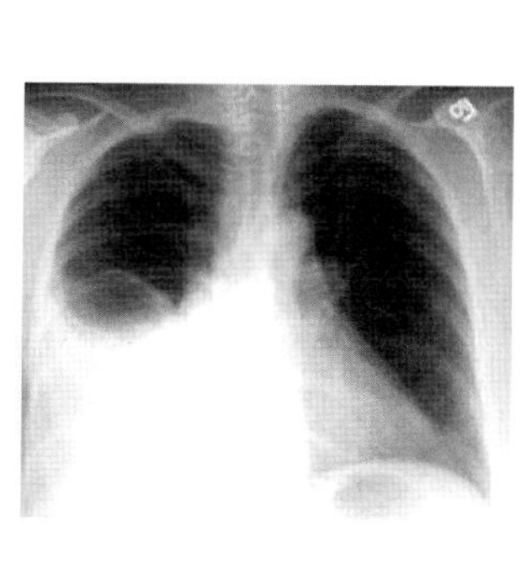

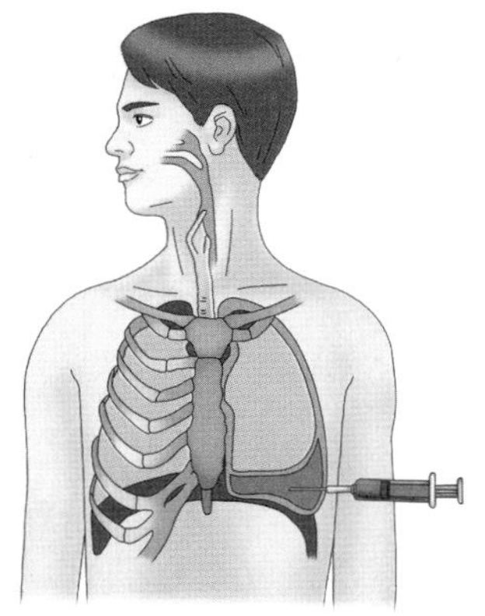

흉강천자

12 흉관과 흉곽배액

목적	• 흉강에 공기, 섬유소, 혈괴, 장액, 혈액, 농 등 축적 시 → 폐 압박, 폐 확장 억제, 가스교환 감소 • 흉관삽입과 배액 → 폐 재팽창, 흉강 내 공기 액체 제거, 흉막내압 정상화	
적응증	개흉술 후, 혈흉, 기흉, 농흉, 폐기종 등	
밀봉배액법	주로 흉관에 3개의 기본적 배액병을 연결하여 배액	
배액체계	배액병 (첫 번째)	• 흉강으로부터 공기와 액체가 배액됨 • 액체는 배액병에 남기고 공기는 두 번째 밀봉병으로 배출됨
	밀봉병 (두 번째)	• 배액병과 연결된 관의 끝은 멸균된 생리식염수나 물 아래로 2cm 정도 잠기게 하여 공기역류 방지 • 물에 담가둬야 하는 이유: 음압 유지, 외부 공기가 흉막강 내로 들어오지 않도록 • 공기가 배액병에서 밀봉병으로 들어와 공기방울 만듦 • 파동은 호흡에 따라 움직임(흉강 내 압력 반영)
	흡인조절병 (세 번째)	• 흉곽배액체계의 흡인을 조절함(배액 촉진) • 짧은 관 2개: 밀봉병, 흡인기와 연결 • 긴 관 1개: 물에 잠겨있으며 병 밖으로 나와 있음(대기노출)
흉관 삽입 시 간호	• 30분 전 진통제 • 삽입절차 · 기구 설명 • 공기제거를 위해: 앙와위에서 시행(관이 폐첨부에 위치) • 액체제거를 위해: 반좌위 체위에서 시행(관이 후방 하부에 위치) • 측위 시에는 침범된 흉부가 위로 가게 하여 한 쪽으로 눕힘	
흉관 삽입 후 간호	• 배액기구를 흉부보다 아래에 위치 • 양, 색, 특징 관찰 • 첫 24시간 내 배액량이 500mL를 초과하면 주치의에 알림 • 색: 처음에는 혈액 → 맑아짐	
병3개를 이용한 밀봉배액	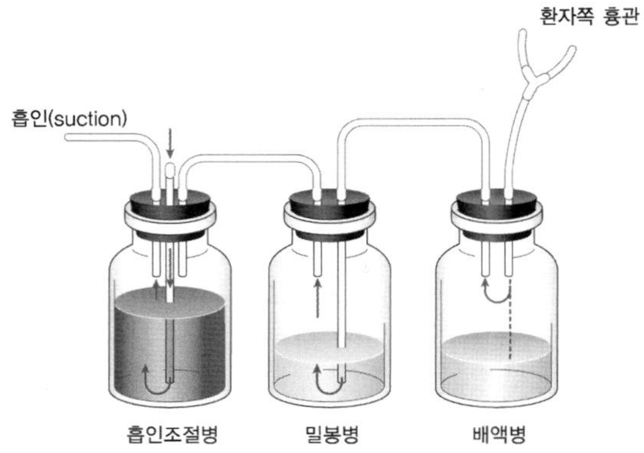 환자쪽 흉관 흡인(suction) 흡인조절병 밀봉병 배액병	

13 무기폐(atelectasis)

원인	• 기도에서 분비물이 잘 배출되지 못하고 축적되는 경우 • 이물, 종양, 감염으로 인한 기관지 협착 • 임파적 비대
증상	• 심한 고열 • 오한, 흉통 • 빈맥, 불안정 • 짧은 호흡, 빈호흡
진단	흉곽 X-선 촬영술: 하얗게 삼각형으로 나타남
치료 및 간호	• 수술 후 합병증이 올 경우: 심호흡, 기침, 항균제 투여 • 이물이 원인이 되는 경우 – bronchoscopy로 보면서 제거 – lobectomy

14 폐부종(pulmonary edema)

정의		폐 모세혈관 내에서 폐의 간질조직과 폐포로 체액이 빠져나가면서 폐포와 기도를 침범하여 가스 교환을 악화시켜 저산소증을 일으켜 심한 호흡곤란을 야기하는 것이다.
원인	심인성	승모판 협착증, 좌심실 부전 등 심장에 의한 좌심실 이완기말 압력과 폐정맥압이 높아져 정수압을 증가시키고 폐포에 체액을 누출시킨다.
	비심인성	성인 호흡곤란 증후군에서 폐포-모세혈관막의 투과성이 증가된 경우에 폐부종이 있다.
증상	거품소리	폐모세혈관의 혈류량이 과도하게 울혈되면 체액이 스며나와 주위의 폐포 내로 들어가고 세기관지와 기관지로 누출된다. 이 액체는 폐포와 기도 내의 공기와 혼합되어 호흡 시 거품소리가 들리고 객담을 동반하는 기침을 유발한다.
	분홍색 객담	혈액과 거품이 섞인 분홍색 객담이 배출된다.
	호흡곤란	폐부종은 밤에 잠자리에 들고 몇 시간 후 증상이 심해진다. 누워있으면 하지에서 심장으로 귀환하는 정맥혈을 증가시킨다. 정맥혈의 증가는 우심방의 혈류량을 증가시키고 우심실의 박출량을 증가시킨다. 좌심실에서 전심으로 내보내는 양보다 우심실에서 폐동맥으로 박출하는 양이 많을 때 폐혈관은 울혈되고, 체액은 폐포와 폐조직으로 누출된다. 호흡곤란과 질식으로 안절부절 못하고 불안해하며 수면을 취하지 못한다.
	저산소증	폐포와 폐조직 내에 체액이 축적되면 폐가 확장하지 못하여 저산소증이 초래된다.

진단	흉부 X-선	흉부 X-선상 폐의 부종이 나타난다.
	PCWP	폐모세혈관쐐기압(PCWP)이 25mmHg 이상으로 증가한다. (정상: 4~12mmHg)
치료	산소 공급	급성인 경우 저산소증으로 다른 기관에도 심각한 손상을 입힐 수 있다.
	이뇨제	수분을 제거한다.
	digitalis	심근수축력과 심박출량을 증진시키므로 폐울혈을 감소시킨다.
	혈관확장제	sodium nitroprussid를 정맥으로 투여하여 말초혈관을 확장하고 심박출량을 증가시켜 폐울혈을 완화한다.
간호	앉은 자세를 취하고 다리와 발은 침대 아래로 내린다. 이 체위는 정맥 귀환량을 줄이며, 우심실 박출량의 감소와 폐울혈 전부하를 감소시킨다.	

15 폐색전증

정의	색전에 의하여 폐혈관의 일부가 갑자기 막힌 상태이다. 폐색전증이 초래된 혈관의 크기에 따라 치명적인 상태가 될 수 있다.	
원인	• 대부분 하지의 심부정맥에서 생긴 혈전이 혈류로 운반되어 발생한다. • 혈전 외에 종양, 공기, 지방, 골수, 양수, 심내막염에서 생긴 판막의 증식물로도 발생한다.	
병태생리	폐로 이동한 색전의 크기와 숫자에 따라 위치가 결정된다.	
	폐관류 감소	• 색전이 머무는 부위의 혈류가 막히면 그 혈관이 공급하는 폐 부위의 관류가 감소한다. 조직 관류가 없어 환기-관류 비율이 맞지 않게 되면 저산소혈증이 발생한다. • 색전이 작은 혈관을 막으면 심한 증상은 나타나지 않으나 관류는 변화한다.
	무기폐	색전이 큰 폐혈관을 막으면 무기폐가 유발되고 심박출량이 감소한다.
	화학물질분비로 혈전 형성	이 과정에서 histamine, serotonin, catecholamine, prostaglandin의 분비가 동반되어 혈소판이 탈과립되고 혈전을 형성하며 세동맥이 수축한다. 또한 이 화학물질들은 기관지와 폐동맥을 수축시키는데 이러한 혈관수축이 폐색전증에서 발생하는 혈행 문제의 주 원인이라고 생각한다.
	혈관허탈, 폐혈관압력 증가	혈전으로 막히게 되면 그 혈관은 허탈되어 폐혈관 압력이 증가한다.
	우심부전	폐혈관 압력이 증가하면 오른 심장에 부하가 증가되어 심장기능상실이 발생한다.
증상	• 흔한 증상은 빈맥, 호흡곤란, 흉통이다. - 이 증상들은 심근경색 증상과 유사하니 주의 깊게 감별·진단하여야 한다.	

	• 폐색전증에서의 흉통은 폐실질의 염증반응, 폐경색 혹은 허혈, 작은 폐혈관의 폐색으로 초래된다. • 색전물이 큰 혈관이나 폐의 주요 부분을 폐색시켰을 때 호흡곤란이 더 심해진다. • 불안, 기침, 발한, 기절, 객혈 등도 발생한다.	
합병증	폐경색, 우심부전 등이 유발될 수 있다.	
치료	항응고제 [국시 2017]	• 예방용으로 사용한다. • 폐색전이 의심되면 재발 방지를 이차 예방용으로 위해 사용한다. • 혈전 형성이 없을 때 Warfarin(Coumadin)은 heparin IV 중단 3일 전부터 시작한다. Warfarin은 반감기가 길기 때문에 작용하려면 2~3일이 걸린다. • 이후 경구 항응고제를 최소 3개월 단독 투여한다.
	혈전 용해제	• Urokinase, streptokinase, TPA(Tissue Plasminogen Activator) • plasminogen → plasmin 전환 → 섬유소 용해 • plasminogen을 plasmin으로 전환하여 혈전, 섬유소 fibrin, 섬유소원, 응고인자를 녹인다.
	산소공급	저산소혈증에는 산소를 공급한다.
	진통제	불안, 통증에 호흡곤란이 악화되어 흉통, 불안에 NSAID 진통제로 조절한다.
	여과기	여과기를 삽입하여 하대정맥을 지나는 색전을 걸러낸다.
	폐색전절제술	폐색전절제술을 시행한다.
치료간호	• 저산소혈증이나 호흡기능 장애 증상을 주의 깊게 관찰한다. • 활력징후, 호흡음, 혈액 가스분석은 자주 평가한다. • 호흡을 증진시키기 위해 반좌위를 취하게 하고 처방대로 산소를 공급한다. • 오른심장기능상실 증상도 관찰한다. 심음을 자주 청진하여 잡음이나 비정상적 심음이 들리는지 평가한다. • 말초부종과 목정맥 팽창, 간비대를 확인한다. • PT 또는 PTT를 모니터하여 치료 효과를 평가한다. • 항응고 작용이 과도한지를 확인하거나, 소변, 대변, 치은이나 치아에서의 출혈, 피부 밑 조직의 얼룩출혈, 옆구리 통증을 파악한다.	
간호	자세	반좌위로 산소를 공급케 한다.
	우심부전 증상 관찰	• 심음을 자주 청진하여 잡음이나 비정상적 심음이 들리는지 평가한다. • 말초 부종, 경정맥 팽창, 간비대를 확인한다.
	출혈증상 관찰	• 응고 작용이 과도한지 확인한다. • 대변, 치은이나 치아에서의 출혈, 피부밑조직의 얼룩출혈, 옆구리 통증을 파악한다.
	PT 또는 PTT를 모니터	치료 효과를 평가한다.

16 성인 급성 호흡장애 증후군(Adult Respiratory Distress Syndrome; ARDS)

정의		• 성인 급성 호흡장애 증후군(ARDS)이란 원발성 폐질환이 없는 환자로, 흉부 X-선상 정상이며 임상적으로도 폐질환의 증상이 없으나 48~72시간 경과 후 흉부 X-선상 양측으로 미만성 폐침윤이 생기며 호흡곤란, 빈맥, 심장성 원인이 아닌 폐부종이 나타나 폐포장력의 증가, 환기 및 분포의 장애, 동정맥 문합의 증가로 심한 동맥혈 저산소증(PO_2 50mmHg 이하)을 동반하는 경우를 총괄하여 말한다. • 세균성, 바이러스성, 속립성 결핵에 의한 폐렴 혹은 위액 흡입에 의한 폐렴환자의 경우도 초기의 폐병변은 극히 미세하나 시일이 지나면 폐렴 자체에 의한 것이 아닌 상태에서 ARDS를 야기시킬 수도 있다.
병태생리	주요 폐손상 부위	폐포-모세혈관막
	모세혈관벽 손상	• 모세혈관 출혈 및 누출 → 간질부종(폐부종과 출혈) • 폐포가 손상되어 모세혈관 내 중성구가 유출되어 폐포 내로 이동할 수 있다. • 폐포 내 염증반응으로 부종과 삼출액이 발생할 수 있다.
	계면활성제 감소	무기폐 → 비정상환기-관류(생리적 문합 증가), 저산소증, 노력성 호흡

| 성인 호흡곤란 증후군의 병태생리 |

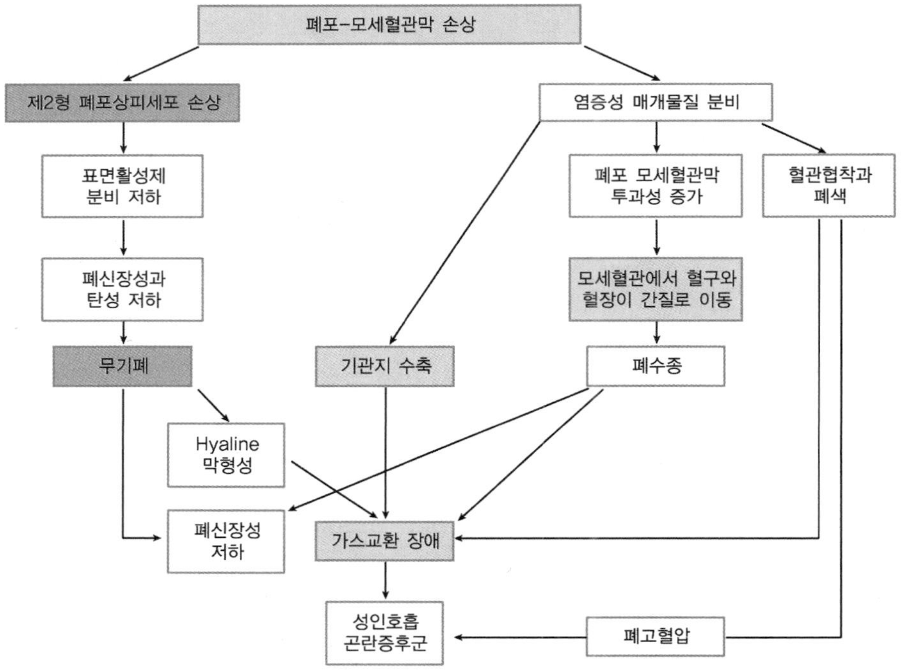

<table>
<tr><td>원인</td><td colspan="2">• 쇼크
• 패혈증
• 패혈전증
• 급성 췌장염
• 전신성 혈관 내 응고증
• 고농도 산소
• 외상
• 과다수액 및 혈액 투여
• 유독가스
• 인공호흡기 사용 환자
• 반 익사
• 약제
• 방사선 조사
• 요독증
• 특발성 모세혈관 투과 증가증
• 위액 흡입</td></tr>
<tr><td>증상</td><td colspan="2">원인이 무엇이든 동맥혈 저산소증으로 인하여 조직 내 저산소증의 결과로 다음과 같은 임상증상이 나타난다.
• 호흡곤란, 빈호흡, 기침, 불안정
• 폐 청진상 정상 호흡음 또는 미세한 악설음
• 저산소혈증과 과호흡으로 인한 호흡성 알칼리증
• 진행되면서 간질과 폐포 내 축적과 함께 폐탄성 저하 → 노력성 호흡
• 빈맥, 발한, 의식변화, 청색증 및 창백증
• 악화되면서 저환기로 과탄산혈증, 양측 폐는 경화와 침윤으로 X-선상 폐부위가 하얗게 나타나는 소견</td></tr>
<tr><td rowspan="6">ARDS의
진단 기준</td><td colspan="2">• 산소요법에 반응하지 않는 불응성 저산소혈증
• 양측성 간질 또는 폐포의 광범위한 침윤
• 비심인성 폐수종으로 폐포 모세혈관 쐐기압(PCWP)은 18mmHg 이하로 상승되지 않음
• 임상증상이 나타난 지 48시간 이내에 ARDS로 진단</td></tr>
<tr><td>발생 시기</td><td>임상증상이 나타난 지 48시간 이내</td></tr>
<tr><td>흉부 X-선</td><td>흉막삼출액, 무기폐, 양측성 간질, 폐포의 광범위한 침윤으로 하얀 폐부위</td></tr>
<tr><td>부종</td><td>폐부종</td></tr>
<tr><td>불응성
저산소혈증</td><td>$FIO_2 > 40\%$, PEEP .5cmH_2O
$PaO_2 > 50mmHG$, PaO_2/FIO_2 비 < 200</td></tr>
<tr><td>폐모세혈관
쐐기압(PCWP)</td><td>심부전 없이 폐모세혈관 쐐기압이 18mmHg 이하</td></tr>
</table>

임상적 경과에 따른 4단계 (Moore)	1단계	동맥혈 저산소증은 심하지 않으며 과다호흡, 위 내용물의 배출로 대상성 및 호흡기성 알칼리혈증이 나타난다.
	2단계	호흡이 거칠고 보다 힘들어지며 산소결핍증은 보다 심해지나 동맥혈 가스 소견은 아직도 보상상태에 있으며 알칼리혈증을 유지한다.
	3단계	호흡 부전증이 심해져 조직 내에도 산소결핍증이 생겨 호흡곤란, 청색증이 심해지고 PCO_2도 증가하기 시작한다.
	4단계	조직 괴사가 일어나며 호흡중추도 마비되어 PCO_2도 증가되고 혼수상태에 빠지며 수 시간 내에 사망한다.
증상		• 과호흡(hyperpnea), 그르렁거리는 호흡(grunting respirtion) • 산발적인 미세한 악설음 • 늑간 견축(retraction), 청색증, 창백 • 저혈압, 빈맥, 부정맥 • 의식상태(mental status)의 변화
치료		• 수액 요법 : 폐포 모세혈관 투과성이 증가된 상태이므로 과도한 수액공급을 절대적으로 피해야 한다. 하루 수분 공급량의 수요공급 균형은 유지해야 하나 모자라는 상태에서 투여하는 것이 좋다. 1일 1,500ml 이내로 제한하는 것이 좋다. • 산소 요법 : 산소공급은 동맥혈의 저산소증을 교정하는 데 필요하나 지속적으로 고농도의 산소를 투여하면 산소 독성(oxygen toxicity)이 문제되므로 조심해야 한다. PO_2는 55~60mmHg, O_2 saturation이 70% 정도 유지되도록 공급하되 시간도 24시간 이상 지속될 경우에는 산소 독성이 문제되므로 이런 경우에는 보조 인공호흡기를 사용해야 한다. • 인공호흡기 요법 : 무기폐포 발생을 방지하기 위해서는 여러 가지의 보조호흡(호기말 양압호흡)이 필요하다. • 항생제 : 폐실질 감염이나 패혈증이 확실시 되는 경우에는 반복하여 객담 및 혈액 배양검사를 실시하며, 검사실 소견상 균이 증명된 경우에는 적절한 항생제를 충분한 양과 시간동안 투여해야 한다. • 스테로이드 : corticosteroid는 폐실질 손상에 직접적으로 도움을 준다는 것은 확실하지 않으나 원인적 질환이 지방혈전증(fat embolism), 패혈증(sepsis), 내독소(endotoxin)에 기인한 경우에는 치료 효과가 있다는 것이 알려졌다.

급성 호흡부전 정리

- 환기부전 : 뇌압 상승, 수면무호흡, 척추측만증, 심한 비만, 약물과다, 신경근육장애
- 산소화 부전 : 고산지대, 탄소중독, 저환기
- 증상 : 청색증, 고혈압, 호흡보조근육의 이용, 빈맥
- 합병증 : 호흡성 산증, 자연기
- 치료와 간호 : 산소요법(SaO_2 90% 이상, 동맥혈산소분압 60mmHg), 정서적 지지, 심호흡
- 교육 : 이완요법, 불안감소, 안정과 휴식

17 폐암 [2011 기출]

<table>
<tr><td>원인</td><td>➲ unknown
• 일반적 요인: 가족력
• 환경적 요인: 흡연(90%), 대기오염, 직업적 요인에의 폭로(예 석면, 비소, 크롬, 방사선)
• 식이요인: 녹색 야채 섭취 부족</td></tr>
<tr><td>병태생리</td><td>폐암은 조직학적 분류에 따라 소세포암, 편평상피암, 선암, 대세포암으로 분류된다.

| 폐암의 분류와 특징 |
<table>
<tr><th>분류</th><th colspan="2">특징</th></tr>
<tr><td>소세포암
(15~20%)</td><td colspan="2">• 대부분 흡연량이 많은 흡연가
• 폐의 중심부위 기도(기관지나 세기관지)에서 처음 발병
• 빠르게 증식함, 공동은 만들지 않음
• 진단 시 이미 전이되어 있는 상태
• 수술적 절제가 도움이 안 됨
• 항암화학요법과 방사선요법에 반응함</td></tr>
<tr><td rowspan="4">비소세포암</td><td colspan="2">• Ⅰ, Ⅱ단계면 수술적 절제가 가능함
• 항암화학요법과 방사선요법(흉곽에 국한된 경우)</td></tr>
<tr><td>편평상피암
(30~35%)</td><td>• 흡연과 밀접한 관계가 있음
• 천천히 증식하고 침습이 적음
• 큰 기관지에 발생</td></tr>
<tr><td>선암
(30~40%)</td><td>• 최근 증가 추세
• 흡연가와 비흡연가의 발생빈도가 비슷함
• 대부분 여성
• 다른 폐암에 비해 증상이 적으나 예후는 나쁨
• 조기에 중추신경계, 뼈, 부신에 전이가 됨
• 말초 폐조직에서 발견됨</td></tr>
<tr><td>대세포암
(10% 이하)</td><td>• 천천히 증식함, 공동을 만듦
• 말초 폐조직에서 발견됨</td></tr>
</table>
</td></tr>
<tr><td>폐암의 경고 징후</td><td>쉰 목소리, 호흡 양상의 변화, 지속적인 기침, 혈액이 섞인 객담, 녹슨 쇳빛 또는 농성 객담, 흉통 또는 흉부 압박감, 호흡곤란, 어깨 팔 또는 흉벽의 통증, 늑막삼출증 폐렴, 기관지염의 재발, 천식음, 체중 감소, 고상지두</td></tr>
<tr><td>증상</td><td>기침, 호흡곤란, 객혈, 천명음, 협착음, 흉통, 상대정맥이나 식도폐색 등</td></tr>
</table>

<table>
<tr><td rowspan="5">유형별 특징</td><td>유형</td><td>이환율</td><td>특성</td><td>치료</td></tr>
<tr><td>편평세포암
(squamous cell carcinoma)</td><td>30~35%</td><td>• 기도상피에서 발생
• 조기에 증상이 나타남
• 흡연과 관련이 큼
• 전이는 잘 안 됨</td><td>• 외과적 절제술
• 소세포암보다 생명이 연장됨</td></tr>
<tr><td>선암
(adenocarcinoma)</td><td>35~45%</td><td>• 기존 반흔이 있는 폐조직에서 발생
• 흡연과 관련 없음 / 여성에게 흔함
• 광범위 전이될 때까지 증상 없음</td><td>• 외과적 절제술
• 화학요법 효과 없음</td></tr>
<tr><td>대세포암
(large cell carcinoma)</td><td>5~10%</td><td>• 흡연과 관련이 큼
• 전이 잘 됨</td><td>전이율 높아서 수술 안 함</td></tr>
<tr><td>소세포암
(small cell carcinoma)</td><td>15~25%</td><td>• 흡연과 관련 있음
• 초기에 전이됨 / 진행속도 빠름</td><td>예후 가장 불량</td></tr>
<tr><td>치료</td><td colspan="4">수술, 화학요법, 방사선요법</td></tr>
</table>

폐암 정리

- 증상: 식욕 감퇴, 힘든 호흡, 피로, 흉통, 객담 동반하는 기침, 오심, 구토, 체중 감소
- 분류
  - 소세포암: 99%가 흡연자
  - 비소세포암: 상피세포암 30%, 선암 30~35%, 대세포암 10%↓
- 진단검사와 치료: 기관지경검사, 객담검사, 폐 절제술
- 수술 전후 간호: 공기오염 금지, 금연, 입술 오므린 운동, 흉곽수술 후 팔과 어깨 운동, 불안 완화, 수술 후 관리 교육(흉곽, 배액병, 진통제, 산소 투여, 인공호흡기 사용 등)

MEMO

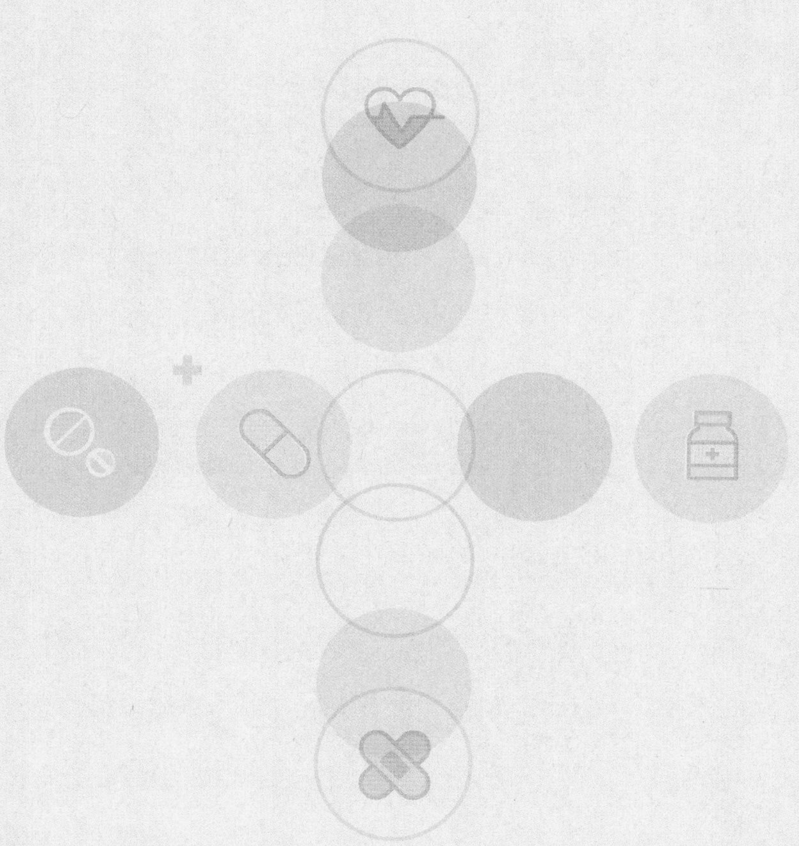

출제경향 및 유형

1992학년도	팔로 4증후군, 간헐맥, 동맥관 개존증, 고혈압성 두통
1993학년도	청색증형 심질환, 심음, 백혈병의 구강간호
1994학년도	청색증형 심질환, 고혈압 치료제 중 이뇨제 부작용
1995학년도	류마티스 심질환, 협심증, 심근경색, 백혈구의 과립구 작용, 혈액응고요소, 조혈기관, 재생불량성 빈혈
1996학년도	류마티스 심질환, 동맥관 개존증, 울혈성 심부전, 조혈기관, 백혈구작용, 혈우병, 빌리루빈 작용, 악성빈혈
1997학년도	청색증 환아 발견 시 신체사정법, CPR
1998학년도	철분결핍성 빈혈(지방)
1999학년도	기본 심폐소생술(지방), 심음(지방)
후 1999학년도	고혈압 종류, 이뇨제, β-차단제의 부작용, 고혈압 환자의 간호 관리
2000학년도	
2001학년도	
2002학년도	하지 정맥류의 병태생리기전과 예방법
2003학년도	혈압상승의 순환계 요인, 순환계 질환의 예방관리(생활양식), 선천성 심장질환 아동에게 요구되는 건강관리 내용
2004학년도	
2005학년도	허혈성 심질환의 조절가능요인
2006학년도	
2007학년도	혈우병 발생 확률, 실신(syncope)의 응급처치
2008학년도	혈관이상에 의한 출혈성 질병(Henoch-Schonlein purpura)의 증상, Trendelenburg 검사
2009학년도	울혈성 심부전, 빈혈
2010학년도	심바스타틴의 약리작용, 선천성 심질환의 신체소견
2011학년도	허혈성 심질환
2012학년도	심실조기수축, 협심증 시 니트로글리세린(nitroglycerin, nitrostat)복용의 중요성, 고혈압 약물 부작용
2013학년도	대사증후군
2014학년도	
2015학년도	겸상적혈구빈혈
2016학년도	심부정맥혈전증, 호만징후
2017학년도	
2018학년도	
2019학년도	협심증 시 흡연의 영향(죽상반, HDL)
2020학년도	고혈압으로 인한 심근경색의 발생기전, nitroglycerine(NTG) 투여 목적, 빈혈, 악성빈혈, 레이노(Raynaud) 현상
2021학년도	철분결핍성 빈혈(철분제 복용 시 주의점)
2022학년도	
2023학년도	울혈성 심부전(보상기전-신경계, 신장), 커프 폭에 따른 혈압측정 차이

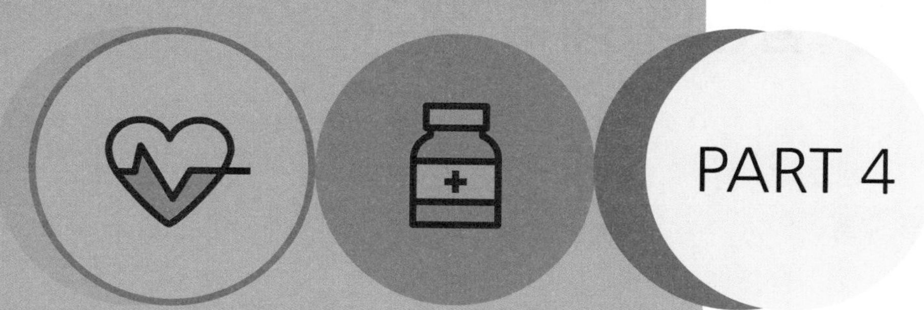

심혈관계 건강문제와 간호

Chapter

01 정상 심장의 해부 생리

01 심장의 해부 구조

1 심장의 내부 구조

<table>
<tr><td>위치</td><td colspan="3">• 좌측 제3~6 늑연골 사이에 있는 근육기관이다.
• 2/3가 신체의 중심선에서 좌측에 치우쳐 있다.</td></tr>
<tr><td>크기</td><td colspan="3">12cm 정도로 자기 주먹만하며 무게는 약 300mg이다.</td></tr>
<tr><td rowspan="5">외부 구조</td><td rowspan="3">3층벽</td><td>심내막</td><td>• 상피세포의 얇은 막, 대혈관의 내막과 연속된다.
• 심방, 심실, 심장판막을 싸고 있다.</td></tr>
<tr><td>심근</td><td>• 자율신경계의 지배를 받는 특수한 횡문근이다.
• 심실의 근육층이 심방보다 두껍다.
• 좌심실 벽이 우심실 벽보다 3배 두껍다.</td></tr>
<tr><td>심외막</td><td>• 얇고 투명한 장막(serous membrane)이다.
• 심낭의 내측막인 장측심막과 연속된다.</td></tr>
<tr><td colspan="2">심낭</td><td>심장을 담고 있는 큰 주머니로 두 개의 얇은 막(장측심막과 외측의 벽측심막)으로 되어있다.</td></tr>
<tr><td colspan="2">심낭강</td><td>심낭의 두 층 사이이며 15~20ml의 심낭액이 있어 심장 수축 시 마찰을 방지한다.</td></tr>
<tr><td rowspan="4">내부 구조</td><td colspan="2">우심방</td><td>• 얇은 막으로 된 구조이다.
• 심장으로 돌아오는 정맥혈을 받아들인다(상하대정맥과 심장의 관상정맥동을 통해서 유입된다).</td></tr>
<tr><td colspan="2">우심실</td><td>• 심장의 가장 앞쪽에 있는 구조, 흉골 바로 아래 위치한다.
• 초생달 모양의 방 같이 생겼고, 벽의 두께는 4~5mm이다.
• 심실의 이완기 동안 우심방으로부터 혈액을 받고 이 혈액을 25mmHg의 압력을 이용해 폐동맥으로 보낸다.</td></tr>
<tr><td colspan="2">좌심방</td><td>4개의 폐정맥으로부터 산화된 혈액이 유입된다.</td></tr>
<tr><td colspan="2">좌심실</td><td>• 두께는 8~15mm으로, 두꺼운 근육조직이다.
• 젊은 성인의 경우 대동맥궁 혈압은 100~120mmHg이다.</td></tr>
</table>

판막	방실판막	• 심실이완기동안 혈액이 심방으로부터 심실로 흐르도록 깔때기 역할을 한다. • 삼첨판(우심방과 우심실 사이)과 이첨판(좌심방과 좌심실 사이)이 있으며 유두와 건삭이 있다.
	반월형 판막	• 이완기 동안 혈액이 대동맥과 폐동맥으로부터 심실로 역류되는 것을 막기 위해 닫힌다. • 대동맥판막과 폐동맥판막이 있으며 3개의 컵 모양이다.

2 혈류 순환

관상순환	대동맥판의 윗부분(valsalva's sinus)에서 나와 좌측과 우측으로 나뉘는데, 우관상동맥은 변연동맥(우측심근에 혈액 공급), 후심실간동맥(심실후벽에 혈액 공급)으로, 좌관상동맥은 전심실간동맥(심실 내 중격 · 심실 전벽에 혈액 공급), 회선동맥(좌심방 · 좌심실 후벽 혈액 공급)으로 퍼져 심근에 혈액을 공급한 후 우심방으로 돌아와서 전신순환에서 온 정맥혈과 합류함
폐순환	우심실 → 우심방 → 폐동맥판막구 → 폐(확산작용으로 혈액을 산화) → 폐정맥 → 좌심방으로 순환하며, 전신순환혈량의 1/5에 해당
체순환	• 좌심실 펌프작용에 의함 • 좌심방 → 좌심실 → 대동맥판 → 전신 동맥계 → 신체 각조직과 장기에 혈액공급을 하고, 전신순환혈량의 4/5에 해당
혈액순환을 가능하게 하는 원동력	좌 · 우심실의 펌프작용으로 발생되는 혈압인데, 폐순환계와 체순환계의 혈류저항은 5배 이상 차이가 있어 우심실의 수축기 혈압은 25~30mmHg이고 좌심실은 120~130mmHg의 높은 압력으로 혈액을 동맥계로 박출함으로써 순환이 이루어짐

3 심장의 전도 계통(conduction system) [2020 기출]

동방결절(SA node) → 방실결절(AV node) → His bundle → Purkinje 섬유

동방결절 (SA node, pacemaker)	위치	우심방과 연결되는 상대정맥의 개구부에 위치
	기능	• 주기적으로 전기적 자극을 발생시켜 심장박동을 일으키므로 이 부분을 생리적인 심박조절자(pacemaker)라 함 • 전기자극이 물결 모양으로 방실결절에 전달되면 좌・우 심방이 수축하고 이때의 흥분상태는 심전도상에서 P파로 나타나고 1분에 60~100회의 심박동을 일으킴
	조절	교감신경계, 부교감신경계
방실결절 (AV node)	위치	좌우심방 중격의 하부와 관상정맥동 앞의 우심막 심내막하에 위치
	기능	동방결절의 전기자극을 받아들이고 심실로 자극을 전도하는 경로(이차적 심박조절자) • 심방과 심실을 전기적으로 연결시켜 주는 아주 작은 조직 • 방실결절에서의 수축은 심방수축이 끝날 때까지 약 0.1초 정도 지체 후 히스속으로 전도
	조절	정상상태에서의 AV node의 흥분은 동방결절에 의해 억제됨
히스속 (bundle of His)	위치	심실 중격 상부의 약간 우측의 심내막하에 위치
	기능	• 방실결절과 연결되어 있고 심실 중격 속에서 좌우 가지로 갈라져 심첨부까지 연결(심방 → 심실로 전기자극 전달) • 동방결절에서 심실이 수축하기까지의 과정은 심전도에서 P-R간격으로 나타남
푸르킨예 (Purkinje) 섬유	위치	심실 내막 안에 널리 흩어져 있음
	기능	• 좌우심실이 수축(탈분극 파동을 빠르게 심실로 전달) • 좌우심실의 수축작용은 QRS군으로 나타남

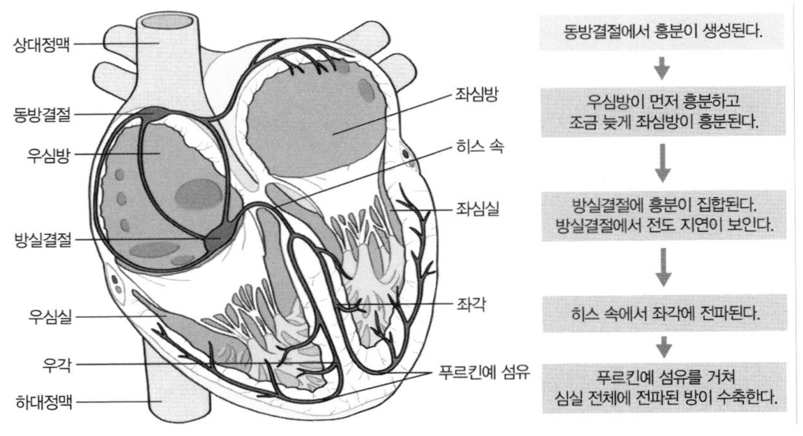

4 심장주기와 심전도

<table>
<tr><td>심장주기</td><td colspan="3">• 수축, 이완, 휴식의 3단계가 1주기(0.8초)
• 심방 수축기(0.11초), 심실 수축기(0.27초), 이완기(0.42초)
• 심방은 심실보다 먼저 수축하여 심실수축 후 심장 전체가 이완됨. 우심방은 좌심방보다 0.01초가량 앞서 수축하며 심실은 동시에 수축함</td></tr>
<tr><td rowspan="8">심전도상 파형의 의미와 시간</td><td>심전도 파형</td><td>의미와 시간</td><td>심근 활동상태</td></tr>
<tr><td>P파</td><td>심방 흥분전파기: 0.06~0.10초</td><td>심방탈분극</td></tr>
<tr><td>P-R(P-Q)간격</td><td>심방과 심실의 자극 전도시간: 0.12~0.20초</td><td>-</td></tr>
<tr><td>QRS파</td><td>심실 흥분전파기: 0.06~0.10초</td><td>심실탈분극</td></tr>
<tr><td>ST분절</td><td>심실 흥분극기: 0.12초</td><td>-</td></tr>
<tr><td>T파</td><td>심실 흥분회복기: 0.10~0.25초</td><td>심실재분극</td></tr>
<tr><td>QT간격</td><td>전기적 심실 수축시간: 0.30~0.45초</td><td>-</td></tr>
<tr><td>U파</td><td>• T파 후의 작은 파형으로 간혹 나타남
• K의 감소 진단에 유용함</td><td>심실재분극</td></tr>
</table>

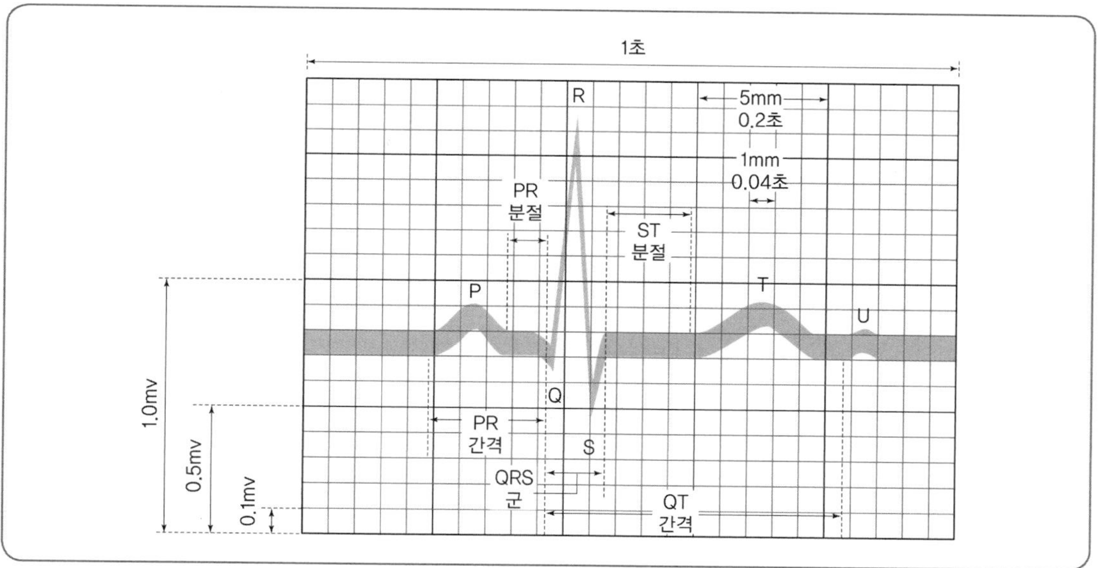

| 정상 심전도 모형 |

5 심전도 판독의 지표

<table>
<tr><td>심전도 판독</td><td colspan="2">• 심박동수를 확인함(< 60 : 서맥, > 100 : 빈맥)
• 규칙성 판단 : 규칙 or 불규칙
• P파 확인(모양, 크기, 폭)
• PR간격 확인(정상인지, 연장되거나 짧은지, 같은 모양, 패턴 확인)
• QRS군 확인(전기축, 모양, 크기, 폭)</td></tr>
<tr><td>심박동수 계산</td><td colspan="2">• 심박동수는 심전도 종이에 15cm 간격(6초)으로 완전한 주기(R에서 R까지가 한 주기)가 나타난 횟수를 세고 10을 곱하면 분당 횟수를 쉽게 얻을 수 있음
• 6초 동안의 QRS군 × 10(또는 3초 동안의 QRS군 × 20)</td></tr>
<tr><td>R파의 리듬 측정</td><td colspan="2">규칙적 간격으로 발생하는 R파는 규칙리듬을 구성, 두 R파 사이에 차이가 0.12초보다 클 때 심실리듬이 불규칙하다고 함</td></tr>
<tr><td>P파 조사</td><td colspan="2">정상적으로 P파는 각 QRS군 이전에 나타나서 동성리듬을 나타냄, 만일 P파가 없거나 비정상적인 모양이라면 심장자극이 동방결절 밖에서 생기고 있는 것을 의미</td></tr>
<tr><td>P-R 간격 측정</td><td colspan="2">이 간격이 증가하거나 감소된 것은 방실사이의 전도계의 결손을 의미</td></tr>
<tr><td>QRS군 측정</td><td colspan="2">넓어진 QRS군은 심실 내 전도장애(조기심실수축, PVC)를 나타냄</td></tr>
<tr><td rowspan="6">일반적 심장리듬의 지표</td><td>정상리듬</td><td>60~100 bpm</td></tr>
<tr><td>서맥</td><td>< 60 bpm : SA node dysfunction, AV block 고려</td></tr>
<tr><td>빈맥</td><td>> 100 bpm : 심방세동(AF), 심방조동(A-flutter), 심실빈맥(V-tach), 심실세동(VF) 고려</td></tr>
<tr><td>PR간격</td><td>0.12~0.20초
• > 0.20 : AV block 고려
• < 0.12 : 정상
• 측정할 수 없다면 : 심방부정맥, 접합부 부정맥 고려</td></tr>
<tr><td>P파</td><td>• 일반적으로 둥근 모양
• 뾰족한 모양 → 심방조동(atrial flutter) 고려
• 날카롭거나 둥글지 않음 → AF 또는 심방조기박동(APC) 고려</td></tr>
<tr><td>QRS</td><td>0.06~0.10초
• 넓고 모양이 이상함 : 심실조기수축(PVC) 또는 심실빈맥(V-tach)고려</td></tr>
</table>

6 심장세포의 탈분극

구분	내용
분극 (polarization)	심근세포는 안정기에는 세포막 안쪽은 음성하전(−), 외측은 양성하전(+)을 보임. 이온들이 일렬로 정리된 이러한 휴식상태를 의미함
안정막 전위	• 휴식하고 있는 심장세포의 세포막 전위차를 안정막 전위(resting membrane potential)라고 함. 심방과 심실의심근세포의 안정막 전위는 −90mV • Na^+, K^+, Ca^{++} 등의 이온이 세포 안으로 유입되거나 세포 밖으로 유출되면 전류가 흐르고 이것이 심전도에 기록됨
탈분극 (depolarization)	전기자극에 따라 세포가 흥분상태가 되고 세포막 전기부하에 변화가 일어나서 세포막 안쪽이 양성하전(+), 외측은 음성하전(−)으로 바뀌는 것 • 심근세포가 자극을 받아 심방과 심실의 근육이 수축하게 되는 상태 : Na 이온과 Ca 이온의 세포막 투과력이 증가하여 세포막 안으로 밀려들어가면서 세포 내 전압이 상승(20mV) → Na : 심근세포, 푸르킨예 섬유의 탈분극 → Ca : 동방결절, 방실결절 • 심근세포의 탈분극은 P파와 QRS군
재분극 (repolarization)	• 흥분된 심근세포가 안정(휴식) 상태로 되돌아오는 것 : Na − K 펌프가 작동하여 세포 내 과다 Na 이온은 밖으로 내보내고 K 이온은 세포 내로 유입하여 다시 세포막 안정전위 유지 • 심근세포의 재분극은 T파
탈분극, 재분극	안정상태 → 탈분극 시작

구분	단계	내용
심장세포의 전기적 활성	탈분극 시작	Na^+ ion이 급격히 세포 내로 유입되어 세포 내 전압이 −90mV에서 20mV로 증가(빠른 Na^+ 유입⇈)
	신속한 재분극기	Na^+ channel의 폐쇄로 세포 내 전압이 0mV로 감소 K^+ channel이 열려 K^+ ion이 세포 밖으로 유출(빠른 K^+ 유출⇊)
	탈분극 완료(안정기)	Ca^{++} ion의 느린 세포 내 유입으로 활동전위의 plateau(고평부) 형성(느린 Ca^{++} 유입↑)
	마지막 재분극기	K^+ ion의 세포외 배출로 세포가 안정막전위(resting membrane potential)로 돌아가는 과정(빠른 K^+ 유출⇊)
	재분극 완료(이완기)	$Na^+ - K^+$ pump작용으로 Na^+이 배출되고 K^+이 유입되어 안정막 전위를 유지

활동전위곡선 (심장세포의 전기적 활성)	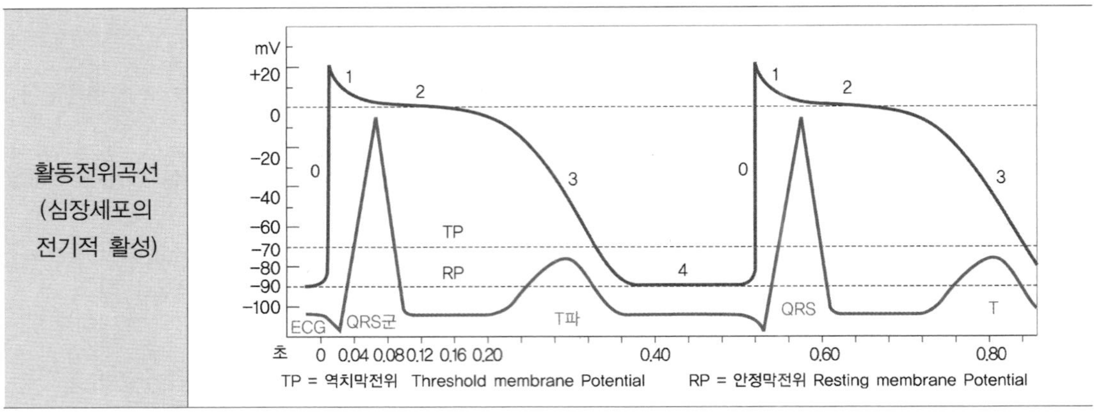

7 심음 [1993 · 1999 지방 기출]

정의	심장의 수축과 판막의 폐쇄 및 혈류로 인해 발생 되는 진동음이다.	
분류	제1심음	• 심실 수축기 초 이첨판과 삼첨판 폐쇄로 혈액이 판막벽에 부딪치는 소리로, 길고 둔한 저음이다. • 판막의 폐쇄부전 시: 제2심음이 나가기 전까지 계속해서 들린다.
	제2심음	• 심실 확장 직후 대동맥판과 폐동맥판이 닫힘으로써 일어나는 진동음이며, 짧고 고음이다. • 반월판막의 폐쇄부전 시: 제1심음이 나타날 때까지 이어진다.
	제3심음	• 제2심음 후 0.12~0.16초 사이의 확장기 초에 일어나는 심실의 충만 소리 • 심방에서 심실로 혈액이 들어온 직후 발생되는 아주 약하고 짧은 음으로 청진상으로도 잘 들리지 않는다. • 아이들, 젊은 층에서 가끔 청취 가능: 성인은 제3심음이 질환의 첫 징후일 수 있다. 30대 이후 드물고 순환계 질환이 없는 40대 이후에는 전혀 볼 수 없다. • 청취되는 경우: 갑상샘 기능항진증, 빈혈로 좌심실의 박동량이 많을 때 대동맥, 승모판, 삼첨판의 역류, 심장중격 결손증 등이다.
	제4심음	• 혈액이 심실에 차는 심방 수축과 동시에 나는 소리이다. • 선천성 심질환자, 대동맥 협착증, 허혈성 심질환, 동성 부정맥 환자에서 청취 가능. 정상인에게는 들리지 않는다.
정상심음청취 부위	제1심음	• 승모판 부위 = 심첨 부위(좌측 중앙쇄골 선상의 제5늑간) • 삼첨판 부위 = 흉골(근처)하부 제5늑간 부위
	제2심음	• 대동맥판 부위 = 흉골의 우측 2번째 늑간 부위 • 폐동맥판 부위 = 흉골의 좌측 2번째 늑간 부위

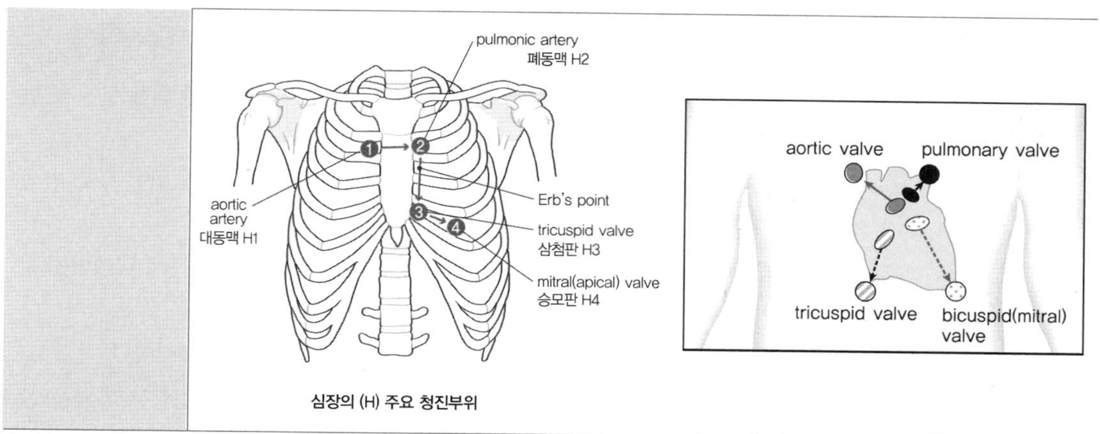

심장의 (H) 주요 청진부위

8 비정상 심음과 잡음

비정상음	• Opening snap • Ejection click = presystolic murmur
심잡음	심잡음은 심음보다 그 기간이 길다. 이 잡음은 심장 내 발생되거나, 대혈관에서 발생된다.
심잡음의 기전	혈류흐름의 부분폐색(협착된 판막), 혈류의 증가(물이 많고 속도가 빠르다), 확장된 혈관이 있는 경우, 혈류의 역류, 측로가 있는 경우, 혈관 내 울퉁불퉁한 곳을 흐를 경우 발생한다.
잡음 (murmur)	정상 또는 비정상판막을 통과하는 거친 혈류를 의미한다. • 이완기 잡음: S2~S1 사이 • 수축기 잡음: S1~S2 사이 • 좁아진 판막, 불완전한 판막, 선천적 결함, 정상구조에서 혈류 증가 시 발생한다.
수축기	대동맥판 협착과 승모판 역류
이완기	승모판 협착과 대동맥판 역류
사정내용	시기, 크기, 성질, 부위, 방사 여부
심음 청취 시 필요조건	• 주변을 조용하게 유지하고 청진하기에 적절하게 벗는다. • 대상자를 앙와위로 눕히고 검진자는 대상자의 오른쪽에 선다. • 처음에는 원판형 청진기 이용, 제3심음과 같은 저주파음은 종형 청진기를 이용한다. • 청진기는 종형(낮은 음으로 삼첨판과 승모판에서 나는 소리)과 다이아프램(고주파음으로 대동맥판과 폐동맥판에서 나는 소리)을 사용한다. • 각 심음의 크기, 강도, 질, 기간을 비교한다. • 잡음이 예상되면 체위를 바꾸어 청진한다. 청진은 3체위(앙와위, 좌위, 좌측 배횡와위)에서 시행한다. • 좌측위: 승모판 잡음이나 S3, S4소리가 잘 들리며, 종형 청진기를 가볍게 댄다. • 좌위: 대동맥판 역류 시 잡음이 잘 들린다. 원판형 청진기를 단단하게 댄다.

9 심근의 특성

율동성	심장의 규칙적인 수축, 자극－전도－수축－이완의 4주기의 연속적 활동에 의해 율동적 반복한다.
흥분성	심장이 자극에 반응하는 성질이다. 호르몬, 신경성 조절, 영양과 산소공급, 약물치료, 감염 등에 의하여 영향을 받는다.
불응성	심근을 보호하기 위한 능력으로, 자극에 반응하지 않는 불응기가 다른 골격근에 비해 비교적 길다(0.1～0.2초).
전도성	동방결절에서 생긴 자극이 특수 전도계를 통해 심근섬유에 전달되는 능력이다.
수축성	심근은 가로무늬가 있는 횡문근으로 흥분하면 강력하게 수축한다. 심근섬유는 자극을 받으면 짧아지고 두꺼워짐으로써 수축하고 다시 길어짐으로써 이완된다. 심근의 수축력은 catecholamine, digitalis, 칼슘, 글루코겐, 기타 교감신경효능제에 의해 증가하고 수축력은 혈압과 말초혈관 저항에 영향을 받는다.
신장성	심장의 수축에 이어 확장되는 능력이다. 신장성이 강해지면 심근 수축력도 강해진다.
자동성	신경계와 무관하게 스스로 박동할 수 있는 자동 능력이 있다. 적출된 동물 심장을 산소와 영양분, 적당한 온도를 유지시키면 장시간 계속하여 수축과 이완이 일어난다.

10 심장의 신경성 조절

심근 자체	외적인 조절 없이(심근 자체의 특성) 규칙적인 심박동이 가능하다.
자율신경계	• 정상적인 휴식 상태에서는 자율신경계의 조절을 받는다. • 심장의 기능조절은 심장에 분포되어 있는 자율신경계인 교감신경의 촉진작용과 부교감신경의 억제작용에 의하여 항상 일정한 긴장과 항상성을 유지한다.
교감신경 (촉진 신경섬유)	• 심박동수와 심장의 수축력을 강화한다. • 자극 시: 카테콜아민(아드레날린, 노르아드레날린, 도파민) 분비 → 심박동수 증가, 혈관수축으로 혈압 상승 → 방실결절의 불응기(refractory period)가 짧아져 결국 심장에 부담이 된다.
부교감신경 (억제 신경섬유)	동방결절과 방실결절에 있는 미주신경 말단 자극 → 아세틸콜린 분비 → 심박동수의 감소 → 불응기가 길어져 심근의 휴식기 연장

11 심장의 중추조절

연수	심장조절 중추	심장촉진 중추(심박동 촉진)와 심장억제 중추(심박동 억제)
	혈관운동 중추	혈관수축 중추(혈관 직경 축소)와 혈관이완 중추(혈관을 확장)
압수용기 (pressoreceptors 또는 baroreceptors)	역할	• 중추조절 역할을 한다. • 심장의 반사기전을 일으키는 세포로 신체활동에 따라서 정상적으로 혈압을 유지시키는 중요한 작용을 한다.
	동맥압수용기	• 동맥압의 변화에 매우 민감하게 반응하는 신경말단으로 대동맥궁과 경동맥동에 위치한 소체로서 동맥혈관 내에서의 압력변화에 대응하는 능력을 갖는다. • 혈압이 상승하면 압수용기는 흥분되고 이 흥분은 다시 교감신경을 거쳐 연수에 있는 혈관이완 중추와 심정억제 중추로 자극이 전달되어 동맥압과 심박동수를 하강시킴으로써 혈압을 조절한다.
	정맥압수용기	우심방과 상대정맥 끝에 있는 특수 신경세포로 이곳의 내압이 상승하면 심장촉진 중추를 자극하여 심박동수를 증가시키며 대정맥압과 우심방압이 하강할 때는 반대현상이 일어난다.
화학수용기 (chemoreceptors)	• 대동맥궁과 경동맥 소체에 있으며 혈액 내 산소와 이산화탄소의 변동에 매우 민감한 세포이다. • 혈액 중에 산소가 부족하고 이산화탄소 농도가 증가하면 혈액의 pH를 저하시킨다. • 계속적인 산소부족과 이산화탄소의 과잉 증가는 화학수용기를 자극하여 혈관수축 중추에 전달함으로써 소동맥이 수축하게 되어 혈압이 상승한다. • 혈액 내에 아드레날린이나 티록신의 함량이 높아지게 되면 심장기능은 촉진되고, 아세틸콜린의 농도가 높아지면 억제된다.	
고위 뇌중추	• 사람의 감정을 조절하는 중추로 대뇌피질과 시상하부에 있으며 이들 중추가 흥분하게 되면 심장조절 중추에 전달되어 심장에 작용한다. • 두려움이나 분노는 심장 기능을 항진시켜서 혈압과 심박동수를 증가시키고 얼굴이 붉어지며 가슴이 두근거린다. 반대로 슬플 때는 심장 기능이 억제된다.	

12 콩팥성 조절

나트륨 조절	콩팥은 혈액 중에 있는 나트륨과 수분의 축적 및 배설작용에 의하여 혈액순환과 혈압을 조절한다.
RAA시스템	심박출량이 저하되면 콩팥의 혈액 관류량이 감소되어 신사구체의 여과작용이 저하되고 그 결과 소변의 생성을 줄여 체액을 보존하려는 콩팥의 보상기전이 즉시 발현된다. 그러나 이러한 혈액역동의 변화는 레닌-안지오텐신계를 활성화시켜 동맥수축으로 후부하를 증가시키고 알도스테론의 분비를 촉진하여 콩팥요세관에서의 나트륨이나 수분의 재흡수율 증가, 이로 인한 시상하부에서의 항이뇨호르몬의 방출로 수분의 재흡수율이 증가되므로 소변량은 감소된다. 그 결과 혈액량 증가, 정맥 충만압 증가, 심장으로의 환류량 증가, 전부하, 후부하 증가로 이어져 심부전을 악화시킨다. 소변량은 순환상태를 나타내는 지표로서 중요하다.

02 혈관이 관여하는 혈류역학(hemodynamics)

1 허혈의 기전

심박출량 저하 요인 (3가지)	① 총혈액량의 감소: 출혈, 화상, 탈수 ② 혈관 확장: 패혈성 쇼크, 혈관 확장제 치료에 의해 ③ 심장의 펌프 효율성 저하: 울혈성 심부전, 심실 부정맥	
혈관 저항의 증가 요인	혈관의 폐색	죽상경화 및 동맥경화, 혈액 응고물, 공기 색전증, 지방 전색증, 종양과 부종액, 염증성 파괴조직의 존재
	혈류 방향의 변화 (shunting)	쇼크 상태(말초에서 혈관이 수축되고 조직의 혈류 저하로 허혈의 위험: 신부전), 선천성 동맥기형, 외상, 외과적 문합의 결과. 이런 측로에서는 동맥계와 정맥계의 직접적 연결이 있어 모세혈관 혈류가 조직을 통과하지 않음
	혈관 손상	동맥의 열상, 외과적 절제, 화학적 손상, 열손상, 염증과정(염증세포의 이동, 괴사세포의 탈락, 혈관경련, 혈액응고물을 형성하여 혈류저하)
	조직 대 모세혈관 비율의 저하	모세혈관 밀도의 감소는 모세혈관 공급에 비해 세포의 숫자가 증가하거나 조직부종이 모세혈관과 세포 사이의 거리를 증가시킬 때 초래됨(심실근 비대: 모세혈관 수 감소, 조직부종: 혈관을 누르고 모세혈관과 세포 사이의 확산 거리를 증가시킴)
혈관역학	$혈류량(F) = \frac{혈압(P)}{혈류저항(R)}$	

2 심박출량

<table>
<tr><td>심장지수
(Cardiac Index; CI)</td><td colspan="2">심박출량(L/분)을 체표면적으로 나눈 양이며 신체조직으로의 혈액 공급량을 제시해주므로 심장의 순환기능에 대한 좀 더 정확한 지표가 됨. 휴식상태에서의 성인 심장지수의 정상치는 2.5~4L/분/m^2</td></tr>
<tr><td>박동량
(Stroke Volume; SV)</td><td colspan="2">• 심장 수축 시에 심실에서 동맥계로 분출되는 1회 심박출량
• SV = EDV : ESV</td></tr>
<tr><td>심박출량
(Cardiac Output; CO)</td><td colspan="2">• 좌심실로부터 대동맥으로 1분 동안에 분출되는 혈액량
• 심박출량(CO) = 박동량(SV) × 심박동수(HR)
• 심장이 펌프로서 얼마나 잘 기능하고 있는지에 대한 중요한 지표
• 안정상태 성인의 대동맥분출 박동량 50~90ml(평균 70ml)
• 정상 심박동수는 분당 60~100회(평균 72회/분)이므로 심박출량은 70 × 72 = 5,040ml
• 심장 최고의 기능으로 수축 시 박동량이 150~200ml까지 증가하는 보유능력을 가짐</td></tr>
<tr><td>박동량 영향 요인</td><td colspan="2">
<table>
<tr><th>영향요인</th><th>각 요인의 정의</th><th>각 요인에 영향하는 요인</th></tr>
<tr><td>전부하</td><td>심장근육을 신전시키는 힘</td><td>혈액량(정맥귀환량), 운동/전신혈관저항(울혈성 심부전)</td></tr>
<tr><td>심근 수축력</td><td>부하가 주어졌을 때 심장근육이 짧아지는 능력</td><td>교감신경계, 칼슘/저산소증, 산증, K^+ 농도 증가, 칼슘통로차단제(verapamil)</td></tr>
<tr><td>후부하</td><td>심실수축에 대한 혈관의 저항</td><td>말초혈관 저항 증가(고혈압), 심실비대</td></tr>
</table>
<table>
<tr><th>구분</th><th>후방부전</th><th>전방부전</th></tr>
<tr><td>좌심</td><td>• 좌심실과 좌심방 내의 혈류량과 압력 증가(전부하 증가)
• 폐수종</td><td>• 심박출량 감소
• 조직관류 저하
• 소듐과 수분을 정체시키는 호르몬 분비 증가
• 세포외액 증가</td></tr>
<tr><td>우심</td><td>• 정맥계 혈류량 증가
• 우심방 압력 증가(전부하 증가)
• 간비대, 비장비대
• 의존성말초부종</td><td>• 혈류량 증가
• 폐혈량 감소</td></tr>
</table>
</td></tr>
<tr><td rowspan="4">심박출량 영향 요인</td><td>심박동수</td><td>심박동수의 증가는 1회 박출량이 변하지 않는 상태에서 심박출량을 늘림. 또는 매우 빠른 심박수인 경우 심실이 채워질 시간이 충분치 않아 심박출량이 떨어질 수 있음</td></tr>
<tr><td>전부하</td><td>증가된 혈액량은 심근의 신장을 증가시켜 심근섬유의 더 강한 수축을 일으킴</td></tr>
<tr><td>수축성</td><td>수축성이 떨어지면 1회 박출량이 줄어들어 심박출량이 감소됨</td></tr>
<tr><td>후부하</td><td>좌심실은 동맥내압(후부하)을 능가하는 충분한 압력을 생성해야만 함. 그래서 우심실의 압보다 좌심실은 더 높은 압력을 생성함. 심박출량은 정맥환류량과 심박동수, 심장수축력에 영향을 받음</td></tr>
</table>

04

3 혈압

혈압 (blood pressure)	• 심맥관계의 건강지표 • 심박출량(CO) × 전신혈관저항(Systemic Vascular Resistance; SVR) • 정상 성인의 평균 혈압: 120/80mmHg
맥압 (pulse pressure)	수축기압과 이완기압의 차이(정상맥압: 30~50mmHg) 예 혈압이 120/80mmHg인 사람의 맥압은? 40mmHg
평균동맥압 (Mean Arterial Pressure; MAP)	• 결정인자: 평균동맥압(MAP) = 심박출량(CO) × 모세혈관저항(PVR) • 평균동맥압에 영향을 미치는 모세혈관의 저항에 관여하는 결정 요소: 혈액의 점성 혹은 농도, 혈관 길이, 혈관 넓이
혈압 결정 요소 [2003 기출]	• 심박출량(심장의 펌프작용): 심박출량이 증가되면 동맥압이 상승됨 • 말초 저항: 말초동맥이 수축하면 혈압이 상승되고 이완되면 하강됨 • 동맥의 탄력성: 동맥의 탄력성이 감소되면 수축기압과 맥압이 상승됨 • 혈량: 혈량증가는 혈압상승을 초래함 • 혈액의 점도: 혈액의 점도가 증가되면 혈압이 상승됨
혈압에 영향을 미치는 요소	• 연령: 연령이 높을수록 동맥 탄력성이 감소함 • 체중 및 비만: 보통 이상의 체중이 나가는 비만자들은 대개 표준 체중자보다 높음 • 정서 및 감정: 스트레스 시 교감신경계의 자극은 심박출량과 동맥의 혈관수축을 증가시키며 심한 통증은 혈압을 크게 감소시킴 • 운동: 심박출량을 증가시키고 혈압을 증가시킴 • 성: 사춘기 이후 여성은 보통 같은 나이 남성보다 혈압이 낮음 • 투약: 많은 약물이 혈압을 증가 또는 감소시킴 • 일일 변화: 대사율이 최소인 이른 아침에 가장 낮고 이른 저녁 시간에 최고에 달함 • 질병 과정: 심박출량, 혈액량, 혈액의 점도와 동맥의 탄력성에 영향을 미치는 어떤 상태는 혈압에 직접적 영향을 미침 • 인종: 아프리카계 35세 이상의 남자는 같은 나이의 유럽 남자들보다 혈압이 낮음
맥박에 영향을 주는 요인	• 운동: 상승 요인 • 체격: 체격이 큰 사람이 맥박이 느림 • 성별: 여자의 맥박 수가 많음 • 연령: 연령이 어릴수록 맥박 수가 많음 • 호르몬: 아드레날린, 티록신은 심박수를 증가시킴 • 온도(열): 체온 상승 시 증가(말초혈관 확장으로 낮아진 혈압에 반응하기 위함, 증가된 대사율) • 혈압: 저혈압은 심박수를 증가시킴 • 스트레스: 스트레스는 심박동률을 강하게 할 뿐 아니라 증가시킴 • 체위변경: 서 있는 자세에서 정맥에 혈액이 모임 → 심장귀환량 감소 → 혈압 감소 → 심박 증가

혈압이 신중히 조절되어야 하는 이유	• 혈압은 혈액을 이동시키기 위해 충분히 높아야 함 – 만약 이 압력이 없다면 세동맥의 혈관 저항에 의한 국소 조절이 있다고 할지라도 대뇌와 다른 조직들은 적절한 혈액 공급을 받을 수 없게 됨 • 혈압이 심장이 과잉의 일을 하게 하거나, 혈관 손상을 일으키거나, 가는 혈관들을 파열시킬 정도로 높아서는 안 됨

4 혈압 측정 준비

<table>
<tr><td>측정</td><td colspan="3">• 다리의 혈압이 팔의 혈압보다 높음
• 맥압: 수축기압과 이완기압의 차이(정상맥압: 30~40mmHg)
• 기립성 저혈압 확인: 이완기 혈압이 10mmHg 이상, 수축기 혈압이 20mmHg 이상 감소하는 경우 현기증, 실신 등을 동반하기도 함</td></tr>
<tr><td>혈압측정지침</td><td colspan="3">• 대부분 앙와위나 좌위에서 측정함
• 측정 수치를 비교할 수 있도록 측정 시마다 동일한 체위 취하면 좋음
• 혈압을 측정하기 전 통증, 불안 등 영향요인들을 조절
• 첫 혈압을 측정 시는 양측 팔에서 혈압을 측정하여 기록 – 정상적으로 양측 팔은 5~10mmHg 정도의 차이가 있음
• 연속적인 혈압 측정 시 혈압이 높은 팔에서 측정
• 양측 팔의 혈압이 20mmHg 이상 차이 → 혈관질환 의미 → 건강관리자에게 보고
• 혈압측정 후 수치를 알려주고 차트에 기록
• 반복 측정하고자 할 때는 여유를 두어야 함 → 정맥울혈 완화</td></tr>
<tr><td>측정도구
(혈압계)</td><td colspan="3">• 아네로이드 혈압계, 전자 혈압계, LED 혈압계(Light Emiting Diode)
• 청진기</td></tr>
<tr><td>혈압측정법</td><td colspan="3">코로트코프음(Korotkoff sounds)을 들어 혈압을 측정하는 방법, 촉진법, 자동혈압측정법</td></tr>
<tr><td>아네로이드혈압계
측정 전 준비</td><td colspan="3">• 혈압을 측정하기 전 30분 이상 흡연이나 카페인 섭취를 금함
• 앙와위, 좌위, 직립위 등의 자세에 따라 양팔에서 측정
• 혈압계를 사용하기 전에 압력계의 바늘이 '0'을 가리키고 있는지 확인</td></tr>
<tr><td rowspan="5">커프
[국시 2016]</td><td>커프 폭
(크기, 너비)</td><td colspan="2">팔 둘레나 대퇴 둘레의 40% 또는 팔이나 대퇴중심부의 직경보다 20% 더 넓은 것</td></tr>
<tr><td rowspan="2">커프 길이</td><td>성인</td><td>측정 부위 둘레의 80%(2/3)</td></tr>
<tr><td>소아</td><td>측정부위 전체를 덮도록 함 전체 팔 둘레의 100%</td></tr>
<tr><td>작은 커프</td><td colspan="2">커프가 너무 작거나, 너무 짧거나, 좁은 커프는 혈압 증가</td></tr>
<tr><td>큰 커프</td><td colspan="2">커프가 너무 크면 혈압 감소</td></tr>
<tr><td>커프압력부위</td><td colspan="3">상완동맥(또는 슬와동맥)에 흔히 이용됨
• 청진기로 상완을 너무 강하게 압박하면, 과도한 압력으로 청진음이 지속되어 실제보다 이완기압이 낮게 측정될 수 있음</td></tr>
</table>

청진기	• 상완동맥 2~3 cm 위에 커프의 아래 밑단이 오도록 하여 청진기를 놓을 공간을 확보 • 청진기를 귀에 꽂고 청진기 판막형을 두드려 소리가 잘 들리는지 확인 후 청진기 판막형을 상완동맥 위에 놓음	
	판형(막형)	고조음(S1, S2, 동맥음, 장음, 대동맥판막, 폐동맥판막 잡음, 심낭마찰음) • 고조음을 위해 강한 압박으로 표면에 대고 꽉 눌러 밀착시킴
	종형(벨형)	저조음[S3, S4(분마성 리듬), 정맥음] • 종형은 저조음을 위해 약한 압력으로 손의 말단(heel)을 지레받침처럼 놓아 가볍게 갖다 댐
측정 위치	팔은 심장 위치와 같은 높이(상완동맥이 심장 높이인 제4늑간이 흉골에 접합되는 부위)	
측정 눈높이	혈압 수치를 측정하는 수은 게이지는 눈높이가 되도록 함	

5 아네로이드 혈압계로 코로트코프음(Korotkoff sounds)을 들어 혈압을 측정하는 방법

아네로이드식 혈압계 측정절차	• 펌프질을 해서 커프를 팽창시킨다. 요골맥박이 느껴지지 않는 지점에서 30mmHg 더 올린다. • 초당 2~3mmHg씩 커프 공기를 천천히 뺀다. • 청진상 약하지만 명확하게 나는 1단계의 코로트코프음을 확인한다. → 수축기압으로 기록한다. • 완전하게 소리가 없어지는 5단계 코로트코프음을 확인하고, 없어지는 지점의 숫자를 기록한다. → 이완기압으로 기록한다. • 10mmHg씩 공기를 빼 나간다. 가장 근접한 2mmHg까지 기록한다.	
코로트코프음(Korotkoff sounds)을 들어 혈압을 측정하는 방법	1905년 러시아 의사 코로트코프가 발명한 측정 방법으로, 혈압계 커프를 감고 압력을 올린 후 커프의 압력을 빼면서 동맥에서 들리는 소리를 분석하는 것이다.	
	1단계	처음에는 희미하게 들리나 점차 크고 분명하게 똑똑 두드리는 소리가 난다. 처음 나는 소리가 수축기 혈압이다.
	2단계	둔탁하거나 '휙휙'하는 바람소리가 특징이며, 일시적으로 사라질 수 있다(특히 고혈압 환자). 1단계 후반기와 2단계 동안 소리가 사라지는 것을 청진상 갭이라고 한다.
	3단계	혈액이 점차 크게 확장된 동맥을 따라 비교적 자유롭게 흘러 크고 뚜렷한 소리가 난다.
	4단계	부드럽고 바람 부는 듯한 소리가 갑자기 작아진다. 성인은 이 단계의 시작이 제1 이완기혈압으로 간주된다.
	5단계	소리가 들리지 않게 되기 직전 마지막 소리이며, 제2 이완기혈압에 해당한다(청소년기 이후는 이 지점이 이완기압이다).

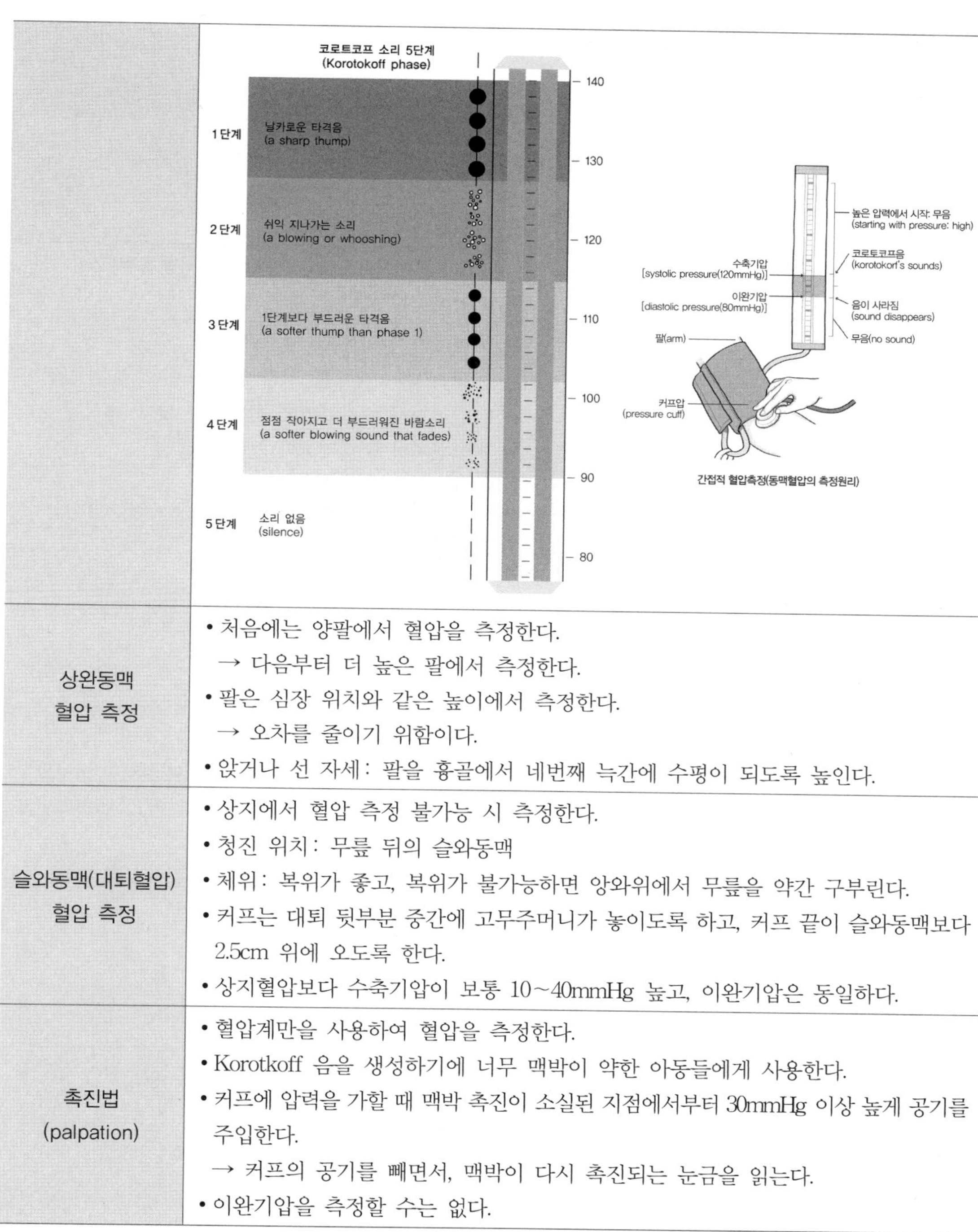

상완동맥 혈압 측정	• 처음에는 양팔에서 혈압을 측정한다. → 다음부터 더 높은 팔에서 측정한다. • 팔은 심장 위치와 같은 높이에서 측정한다. → 오차를 줄이기 위함이다. • 앉거나 선 자세: 팔을 흉골에서 네번째 늑간에 수평이 되도록 높인다.
슬와동맥(대퇴혈압) 혈압 측정	• 상지에서 혈압 측정 불가능 시 측정한다. • 청진 위치: 무릎 뒤의 슬와동맥 • 체위: 복위가 좋고, 복위가 불가능하면 앙와위에서 무릎을 약간 구부린다. • 커프는 대퇴 뒷부분 중간에 고무주머니가 놓이도록 하고, 커프 끝이 슬와동맥보다 2.5cm 위에 오도록 한다. • 상지혈압보다 수축기압이 보통 10~40mmHg 높고, 이완기압은 동일하다.
촉진법 (palpation)	• 혈압계만을 사용하여 혈압을 측정한다. • Korotkoff 음을 생성하기에 너무 맥박이 약한 아동들에게 사용한다. • 커프에 압력을 가할 때 맥박 촉진이 소실된 지점에서부터 30mmHg 이상 높게 공기를 주입한다. → 커프의 공기를 빼면서, 맥박이 다시 촉진되는 눈금을 읽는다. • 이완기압을 측정할 수는 없다.

6 혈압측정 시 흔히 발생하는 오류 [2010 · 2023 기출]

오류의 경우	혈압에 미치는 영향
커프가 너무 넓을 때 [국시 2015 · 2019, 2023 기출]	실제보다 낮게 측정
커프가 너무 좁거나 짧을 때 [2023 기출]	실제보다 높게 측정
커프를 너무 느슨하게 감을 때 [국시 2018]	실제보다 높게 측정
커프의 공기를 너무 천천히 뺀 경우	말초혈관이 계속 눌려 혈류저항(정맥울혈)으로 이완기압이 실제보다 높게 측정됨
커프의 공기를 너무 빨리 제거할 때	• 혈류가 빨리 이동 • 혈액 내 머무르는 시간이 짧아 안 들리는 시점이 길어져서 수축기압은 실제보다 낮게 측정됨 • 이완기압은 실제보다 높게 측정됨
팔의 위치가 심장보다 높은 경우	실제보다 낮게 측정
팔의 위치가 심장보다 낮은 경우	실제보다 높게 측정
팔이 지지되지 않은 경우	실제보다 높게 측정
공기를 너무 느리게 주입한 경우	말초혈관저항으로 이완기혈압이 실제보다 높게 측정됨
공기를 충분히 압력까지 주입하지 않은 경우	수축기압이 실제보다 낮게 측정됨
식후나 흡연 후 또는 통증이 있는 경우	실제보다 높게 측정됨
• 전주와에 청진기를 너무 밀착한 경우 • 청진기로 상완을 너무 강하게 압박한 경우 [2010 기출]	• 혈관이 눌려서 혈관흐름이 느려져 혈액이 머무르는 시간이 길어짐에 따라 이완기혈압이 실제보다 낮게 측정 [2010 기출] • 과도한 압력으로 청진음이 지속되어 실제보다 이완기압이 낮게 측정

7 목정맥압(중심정맥압)

경정맥 혈액	경정맥의 혈액은 상대정맥을 통해 우심방으로 가므로, 내외경정맥의 박동을 검사하여 순환혈액량의 적합성, 우심기능, 정맥압 사정 가능
경정맥압	정맥혈관 긴장도, 혈액량, 우심방 압력을 반영
경정맥압 증가원인	우심부전, 순환혈액량 과다, 상대정맥 폐쇄, 삼첨판 역류
중심정맥압	• 전신순환으로부터 우심방으로 귀환하는 혈액의 압력 • 전부하와 우심장의 기능상태를 직접 반영 • 수액과다, 부족을 알 수 있어 수액공급의 지침이 됨 • 정상 : 4~12cmH_2O(1~7mmHg)

정상중심 정맥압	4~12cmH_2O(1~7 / 3~12mmHg)
측정부위	주로 경정맥, 쇄골하정맥을 통해 카테터를 우심방 내 삽입한 후 압력 측정
상승 시 의미	• '상승' CVP(> 12cmH_2O) → 이뇨제 • 우심부전(만성 심부전, 좌심부전 후기) 우심실 수축력 감소, 우심실 혈액 축적 → CVP↑ • 수축성(협착성) 심낭염: 심낭이 섬유화되고 두꺼워지며 유착되는 심낭은 탄력성 상실 • 심장 압전, 판막 협착 • 과중한 수액 공급
하강 시 의미	• '감소' CVP(< 5cmH_2O) • 출혈이나 기타원인으로 순환혈량이 감소하고 있음을 의미 • 쇼크, 혈관 이완, 말초 울혈 → 수액 공급
측정 방법	• 환자를 침상에 눕혀 상체를 45° 상승 • 목과 흉곽 주위의 옷을 느슨히 하여 압박 방지 • 내경정맥의 박동 확인(내·외 경정맥을 모두 사용할 수 있지만 내경정맥이 더 우위) • 내경정맥 박동의 최고수준점 확인 • 내경정맥 박동의 최고점과 흉골각(2번째 늑골이 흉골에 접합하는 부위) 사이의 거리를 측정 • 흉골각 상부까지의 수직거리를 cm로 확인하여 기록 • 정상인에서는 45° 각도로 누워있을 때 내경정맥의 박동이 흉골각에서 3~4cm 이하 • 그 거리가 상승하면 중심정맥압 상승을 의미 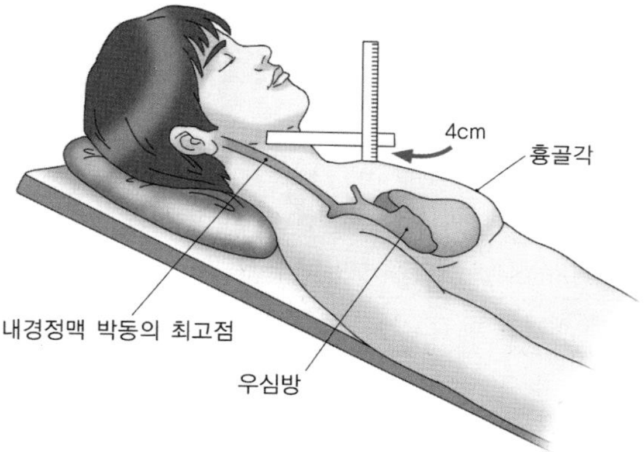
수압력계 방법	• 말초정맥을 통하여 중심정맥압 카테터를 우심방 내 삽입 • 대상자를 앙와위로 눕게 하고 측정이 끝날 때까지 같은 자세 유지 • 정맥 울혈을 찾음(제4늑간과 액와중앙선이 만나는 곳 찾아 표시) • 액와중앙선상의 우심방 높이에서 압력계 눈금 '0'으로 맞춤 • 수액이 압력계의 20~25cm 높이까지 채워지게 한 후 3-way를 돌려 수액 차단 • 압력계에 채워진 수액이 대상자에게 흘러가도록 함

	• 압력계에 있는 수액높이의 하강 관찰하며 수액이 안정되거나 밑으로 움직이는 것이 중단될 때의 높이를 측정 • 3-way를 원위치로 돌려 압력계를 차단시키고 수액이 대상자에게 들어가도록 한 후 주입 속도를 맞춤 • 대상자에게 편한 자세 취하게 함(기침, 기타 행동 시 흉강내압 상승으로 중심정맥압 증가)
정맥울혈축	• 제4늑간과 액와중앙선이 만나는 지점 • 중심정맥압 측정 시 영점화 지점(변환기의 위치)
변환기	우심방에 삽입된 y자 변환기에 연결되어 그곳에서의 압력이 전기신호로 바뀌어 증폭되어 혈역학 감시체계의 모니터에 실시간으로 파형곡선이 나타나며 측정단위는 'mmHg'
	변환기 / 정맥울혈축 (phlebostatic axis) / 0mmHg

8 폐동맥압과 폐동맥 쐐기압 측정

정의	폐동맥 수축기압은 우심실의 수축에 의해 발생되는 압력, 폐동맥 이완기압은 우심실의 충만압을 의미함
의의	• 좌심방압과 좌심실이완기말 충만압을 반영해주는 지표 → 좌심기능 평가 • 폐수종의 주요 지표
정상	정상은 4~12mmHg
상승	• 18mmHg를 초과하면 폐모세혈관내의 혈액성분이 폐포 내로 이동하여 폐울혈 • 25~30mmHg를 초과하면 폐수종
감소	폐동맥 쐐기압의 감소는 저혈량증이나 후부하 감소에서 나타날 수 있음

심맥관계에 부정적인 영향을 미칠 수 있는 약

① 항우울제 – 부정맥
② Phenothiazines – 부정맥, 저혈압
③ 경구용 피임약 – 혈전성 정맥염
④ Doxofubicin – 심근병변
⑤ Lithium – 부정맥
⑥ 스테로이드 – 나트륨과 수분 정체
⑦ Theophylline preparathions – 빈맥, 부정맥
⑧ 약물남용 – 빈맥, 부정맥

03 순환기계 진단검사

1 혈액검사

(1) 혈청 심장효소

혈청 심장효소		
	조직세포 내의 대사기능을 조절하는 효소 → 세포막이 손상되면 혈액 내로 유출 → CK(Creatine Kinase)와 LDH(Lactate Dehydrogenase) 등	
	CK의 동위효소	• CK-MM(골격근), CK-MB(심근), CK-BB(뇌) • 심근의 이상 여부를 진단하기 위해서는 CK-MB가 상승되어 있는지 관찰 • 심근경색 • 발작 후 4~6시간 내 증가
	CK (Creatine Kinase)	• 뇌, 심근, 골격근의 괴사나 손상 • 운동 후 수치 상승
	LDH	5가지의 동위효소들이 있으나 LDH1과 LDH2만 심장과 관련이 있고 정상적으로 LDH1보다 LDH2가 더 많으나 심근경색 같이 LDH1이 풍부한 조직의 손상 시에는 이 비율이 역전됨
	트로포닌 (Troponin)	• 심근의 단백질로서 Troponin T와 Troponin I의 2가지 형태 • 정상 상태에서는 혈액 내에 존재하지 않지만 심근 손상 시 혈액 내로 유출됨
	미오글로빈 (Myoglobin)	심장과 근육에 존재하는 저분자 단백질로 초기 심근 손상의 지표

심장과 근육에 존재하는 저분자 단백질로 초기 심근 손상의 지표

효소	정상수치	상승	최고점	정상회복
CK	0~20IU/ml	3~6시간	12~24시간	3~5일
CK-MB	0~7IU/ml	2~4시간	12~20시간	48~72시간
LDH	60~100u/ml	24시간	48~72시간	7~10일
LDH1	29~37%	4시간	48시간	20일
LDH2	42~48%	4시간	48시간	10일
Troponin	Troponin T < 0.1ng/ml Troponin I < 0.1~0.3ng/ml	1시간	12시간	7일
Myoglobin	< 92ng/ml < 76ng/ml	2시간	3~15시간	35시간

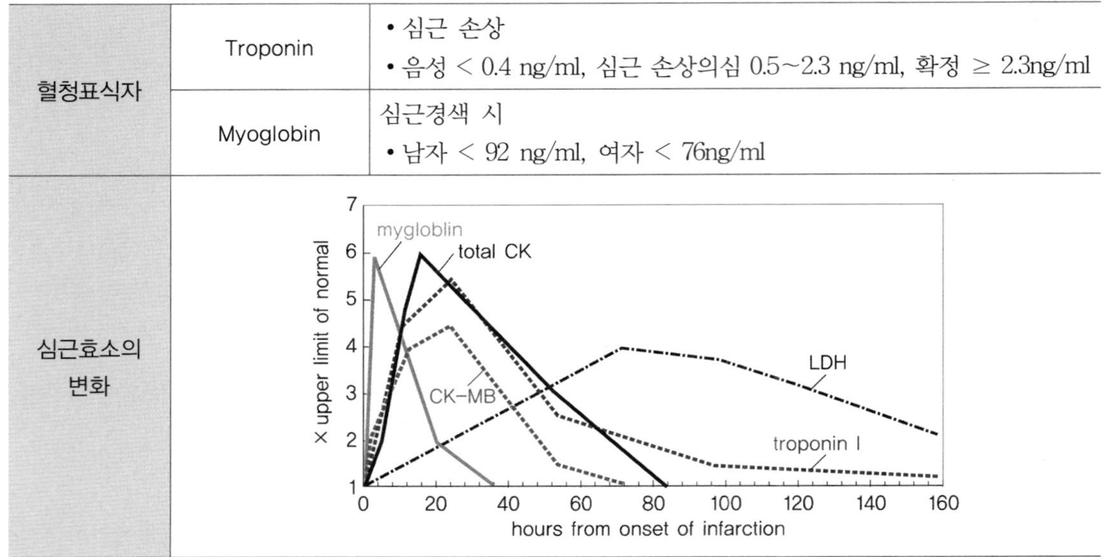

혈청표식자	Troponin	• 심근 손상 • 음성 < 0.4 ng/ml, 심근 손상의심 0.5~2.3 ng/ml, 확정 ≥ 2.3ng/ml
	Myoglobin	심근경색 시 • 남자 < 92 ng/ml, 여자 < 76ng/ml
심근효소의 변화		

(2) 혈청지질 및 CRP

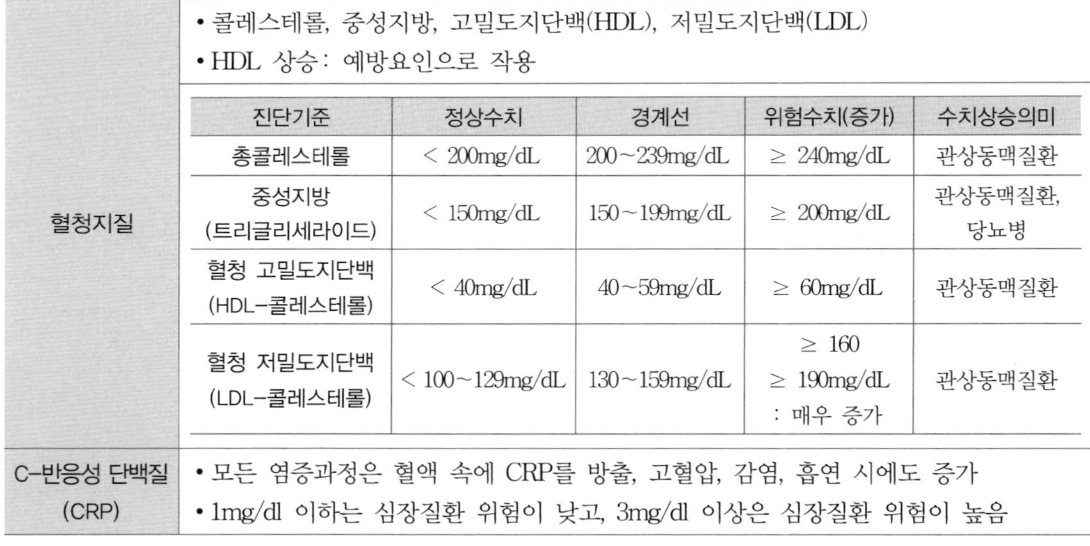

혈청지질	• 콜레스테롤, 중성지방, 고밀도지단백(HDL), 저밀도지단백(LDL) • HDL 상승: 예방요인으로 작용

진단기준	정상수치	경계선	위험수치(증가)	수치상승의미
총콜레스테롤	< 200mg/dL	200~239mg/dL	≥ 240mg/dL	관상동맥질환
중성지방 (트리글리세라이드)	< 150mg/dL	150~199mg/dL	≥ 200mg/dL	관상동맥질환, 당뇨병
혈청 고밀도지단백 (HDL-콜레스테롤)	< 40mg/dL	40~59mg/dL	≥ 60mg/dL	관상동맥질환
혈청 저밀도지단백 (LDL-콜레스테롤)	< 100~129mg/dL	130~159mg/dL	≥ 160 ≥ 190mg/dL : 매우 증가	관상동맥질환

C-반응성 단백질 (CRP)	• 모든 염증과정은 혈액 속에 CRP를 방출, 고혈압, 감염, 흡연 시에도 증가 • 1mg/dl 이하는 심장질환 위험이 낮고, 3mg/dl 이상은 심장질환 위험이 높음

(3) 혈청전해질

전해질	정상	비정상(의미)
나트륨(Na)	136~145mEq/L	• 저나트륨혈증: Na와 수분상실은 순환되는 체액량을 감소시키고 이로 인해 쇼크와 같은 증상이 발생되며 보상작용으로 빈맥 발생, 혹은 과도한 수분용량으로 인해 희석된 경우에는 순환하는 체액량 증가(심부전 시 수분과다로 인해 희석성 저나트륨혈증 발생) • 고나트륨혈증: 저혈량성이면 혈압이 감소하고 고혈량성이면 혈압 증가
칼륨(K)	3.5~4.5mEq/L	• 저칼륨혈증: 심실조기수축과 심실세동 등 부정맥을 유발하거나 디기탈리스 독작용을 일으킴 • 고칼륨혈증: 신부전이나 과도한 포타슘 섭취로 발생하며 심전도상 T파를 높이고 심실전도를 느리게 하며 수축부전 또는 심실세동 초래
칼슘(Ca)	4.5~5.5mEq/L	• 저칼슘혈증: 심실부정맥, QT간격 지연, 심장마비 초래 • 고칼슘혈증: QT간격 단축, 방실차단, 디기탈리스 과민반응, 심장마비 유발
마그네슘(Mg)	1.5~2.5mEq/L	심근의 전기적 활동조절, 저마그네슘혈증은 빈맥성 심실부정맥 유발

04 심장의 신체검진: 문진, 시진, 촉진·타진, 청진 [1997 기출]

1 문진

주호소	–
현병력	심계항진, 빈맥, 간헐적 파행증, 호흡곤란, 피로, 실신, 발한, 부종, 경정맥 팽만, 통증 등을 사정
가족력	심맥관계 질환의 위험요인(심맥관계 질환의 가족력), 연령(40세 이후에 증가), 성별
과거력	고혈압, 고지혈증, 비만, 좌식 생활습관, 당뇨병, 스트레스, 경구 피임약 복용 이력이 있는지 사정
개인, 사회문화력	건강행위, 활동 정도, 취미 등

2 시진

외모사정	불편감, 불안, 의식수준의 변화 등 일반적인 외모를 사정
활력징후	–
피부색	• 창백: 빈혈, 저산소증, 말초혈관 수축 등을 의심 • 청색증: 혈액 내에 환원혈색소가 증가하여 피부와 점막이 푸르스름한 색을 띠게 되는 상태 • 저산소증을 나타내는 입술, 귓바퀴 등의 청색증 • 중심성 청색증: 혀가 특정적으로 청색을 띠게 됨. 동맥 산소분압이 낮아져 발생하는 것으로 주로 환기나 확산을 저해하는 울혈성 심장질환이나 폐질환에서 나타남 • 말초성 청색증: 심박출량 저하로 인한 것으로 피부온도도 낮아지게 되는데, 중심성과 달리 청색증이 혀에서는 관찰되지 않음
곤봉형 손가락	말초조직에 장기간 산소공급이 부족하여 손톱의 각도가 180° 이상으로 증가하는 것
PMI (심첨부 박동)	• 심첨부 박동(Point of Maximum Impulse; PMI) → 정상적으로 좌측 중앙쇄골선에서 제5늑간에 위치 • 좌심실 수축 시 최대 박동이 나타나는 위치 • PMI는 어린이에게서 볼 수 있고 성인도 마른 사람에게서 볼 수 있음. 또한 검사자의 손가락 밑으로 국소적으로 분명하게 뛰는 것을 촉진할 수 있음 • PMI는 심장크기, 좌심실 크기와 위치를 반영하는 지표 – 좌심실비대증에서 PMI는 넓고 보다 분산되어 있으며 쇄골중앙선의 좌측이나 제5늑간 아래로 이동하게 됨. 우심실비대증에서는 좌측 흉골연에서 볼 수 있음

3 촉진 · 타진

사정내용	심첨부의 위치(대개 좌측 중앙쇄골선과 제5늑간 혹은 제4늑간이 만나는 지점), 직경, 진폭을 사정하고 좌심실의 크기 사정, 심잡음 확인	
심잡음(thrill) 촉진	• 손가락으로 thrill의 유무를 확인하기 위해서 4개의 판막부위가 있는 심장 전부를 촉진함 • thrill은 혈류의 소란을 나타내는 급격한 진동으로 마치 그르렁거리는 고양이의 목을 만지는 것과 같음 • 심장 내 션트나 판막협착을 의심	
맥박 촉진	말초맥박을 촉진하고 심첨맥박과 말초맥박 수의 차이, 강도, 리듬 등을 사정	
이상맥박	빈맥	맥박 수가 1분에 100회 이상으로 빨라지는 경우
	서맥	맥박 수가 1분에 50~60회 이하로 느려지는 경우
	부정맥	맥박의 리듬이 불규칙적인 것
	경맥	맥박의 긴장도가 강한 것
	연맥	맥박의 긴장도가 약한 것

	이중맥박	맥파가 이중으로 촉진되는 맥박
	간헐맥	정맥(整脈)과 부정맥(不整脈)이 교대로 계속되는 것
	교호맥 (교대맥, pulsus alternans)	• 강한 맥박과 약한 맥박이 교차하는 상태 • 심박동은 규칙적이지만 맥박의 폭이 다양하게 나타나는 것 • 좌심실의 수축력이 변화할 때 발생하고 심근 기능이 심하게 저하되었음을 의미
	모순맥박 (pulsus paradoxus)	• 흡기 시 맥박 폭이 감소하는 것 • 좌심실의 1회 박출량이 감소되고 대동맥이 흉강 내 음압의 영향을 받아 발생하는 것. 심장압전(심장눌림증, cardiac tamponade), 협착심장막염 환자에게서 볼 수 있지만 만성 폐쇄성 폐질환 환자에게서도 관찰될 수 있음
	이중맥	각 맥박에서 깊이 파인 강한 수축기음이 두 개임을 의미, 관상동맥에서 현저히 사정됨
요흔성부종		심장성 부종은 중력 작용에 의하여 하지에 주로 오는 오목 부종(pitting edema) → 하부나 골격의 돌기 부위에 액체가 축적되면 그 부위를 누를 때 압점이 남음
타진		심장의 위치를 통해 비대 여부와 정도 등 사정

4 청진

청진	판형	• 청진기의 판형으로 대상자의 흉부 청진: 대상자가 똑바로 앉아있는 자세에서 청진 시작 → 청진기를 천천히 조금씩 흉부 건너편 쪽으로 옮기고 5부분을 각각 청진 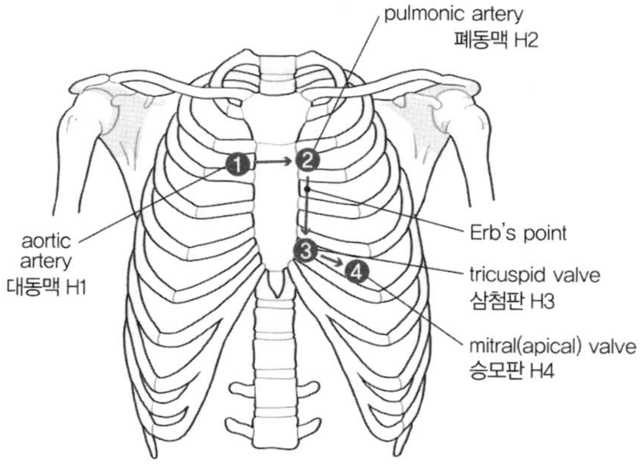 pulmonic artery 폐동맥 H2 aortic artery 대동맥 H1 Erb's point tricuspid valve 삼첨판 H3 mitral(apical) valve 승모판 H4 ❘ 심장의 (H) 주요 청진부위 ❘ • 우측흉골선과 2번째 늑간위: S2가 S1보다 더 크게 들림, 대동맥 판막부위 • 좌흉골선과 2번째 늑간위: S2가 S1보다 크게 들림, 폐동맥 판막부위 • 좌흉골과 3번째 늑간위, Erb's 지점: S1, S2가 비교적 같은 강도, 동시에 들림

		• 좌흉골과 4번째 늑간위: S1은 S2보다 크게 들려야 함, 삼첨판막이 닫히는 소리가 가장 잘 들리는 부위 • 심첨부 청진: S1은 S2보다 더 크게 들려야 함, 승모판이 닫히는 소리가 가장 잘 들리는 부위
	벨형	• 청진기 벨형을 앞서 판형으로 청진한 부위 각각에 살짝 올려 들음 • 5부분 지표 위에서 좀 더 부드러운 소리를 들음. 벨형으로 시작하고 S3와 S4를 듣고, 심잡음을 청진
제1심음 (S1)	승모판과 삼첨판이 닫힐 때 발생하는 심음으로 심첨에서 가장 잘 들을 수 있음 → 제2심음보다 더 길고 낮은 소리	
제2심음 (S2)	• 반월판(대동맥판과 폐동맥판)이 닫힐 때 발생하는 소리 • 심저에서 가장 잘 들을 수 있음 • 이완기 시작을 알리는 정상심음으로 제1심음보다 높은 소리	
제3심음 (S3)	• 심실 이완기 갤럽(ventricular gallop) - 심실 이완기 초기에 심실이 빠른 속도로 채워지면서 발생하는 약한 저음 • 제3심음은 어린 아이나 운동 선수에게서 정상으로 들리나, 이외의 경우에서 들린다면 울혈성 심부전(congestive heart failure)으로 인한 좌심실 부전 등의 심장 질환을 의심해볼 수 있음 • 주로 좌우 션트, 승모판 역류, 심부전, 협착심장막염이 있을 때 특징적으로 청진됨	
제4심음 (S4)	• 심방 이완기 갤럽이라고도 하며 심실의 순응도가 떨어질 때 발생함 • 이완기 말에 청진되는데 좌심실 순응도 저하, 좌심실 이완기말 압력 증가와 관련 있음 • 선청성심장질환, 고혈압성 심장질환, 특발성 비후성 대동맥판하협착 환자에게서 청진될 수 있고, 급성 심근경색증이나 관상동맥질환을 가진 환자에게서도 청진됨	
심잡음 (murmur)	혈류의 흐름이 방해받고 있을 때 심장을 통해 들리는 소리	
심낭마찰음	• 심낭에서 발생하는 고음의 긁는 듯한 소리. 심낭의 염증, 감염, 침윤 등을 의심할 수 있음 • 청진기의 막형 부분을 이용하면 더 잘 들림	

5 상시 혈관계 순환상태에 대한 평가

(1) 시진

시진	피부와 조갑의 색, 온도, 결, 탄력도, 부종, 곤봉형 손가락 등을 관찰		
곤봉형 손가락: 고상지두 (clubbing finger)	정의	말초조직에 장기간 산소공급 부족 시(만성적인 저산소증 시) 손가락 말단의 무통성 비대	160° 정상 손가락 / 180°+ 곤봉형
	측정	손발톱 주름과 손발톱이 이루는 각도 관찰	

<table>
<tr><td rowspan="2"></td><td>정상</td><td colspan="2">손톱의 각도가 160°</td></tr>
<tr><td>곤봉형</td><td colspan="2">손톱의 각도가 180° 이상으로 증가</td></tr>
<tr><td rowspan="5">모세혈관 충만 시간 (말초 재충전 검사)</td><td>정의</td><td colspan="2">손가락과 발가락으로의 말초혈관 상태를 보는 것</td></tr>
<tr><td>측정 방법</td><td colspan="2">손톱이나 발톱을 눌러 하얗게 만든 후 손가락을 떼면
→ 창백해졌다가 곧 정상 색깔로 돌아옴
→ 정상 색깔로 돌아오는 시간 평가</td></tr>
<tr><td>정상 시간</td><td colspan="2">3초 이내</td></tr>
<tr><td>정상 색깔로 돌아오는 시간 지연</td><td colspan="2">혈류의 감소를 의미
(탈수, 심부전증, 쇼크)</td></tr>
<tr><td>모세혈관 충만에 이상</td><td colspan="2">동맥부전증</td></tr>
<tr><td rowspan="6">부종</td><td>방법</td><td colspan="2">• 사지의 부종을 시진할 때, 특히 다리부종 관찰
• 정강이뼈나 안쪽 복사뼈 부위를 5초 정도 압박 후 떼어냄</td></tr>
<tr><td>0</td><td colspan="2">부종 없음</td></tr>
<tr><td>+1</td><td>2mm</td><td>정상적인 발과 다리모양, 누른 흔적을 겨우 발견할 수 있는 상태</td></tr>
<tr><td>+2</td><td>4mm</td><td>정상모양이며 압점의 깊이가 4~5mm 미만</td></tr>
<tr><td>+3</td><td>6mm</td><td>발과 다리에 부종</td></tr>
<tr><td>+4</td><td>8mm</td><td>발과 다리에 부종이 심함</td></tr>
<tr><td rowspan="8">하지상승 시 창백한 양상</td><td>방법</td><td colspan="2">다리를 30~45° 올려서 60초 정도 유지한 뒤 다리를 다시 내림</td></tr>
<tr><td rowspan="5">기준</td><td>0</td><td>60초 이상 되어도 창백하지 않음</td></tr>
<tr><td>1</td><td>60초에 창백함(60초 이상 되어야 창백)</td></tr>
<tr><td>2</td><td>30초에 창백함(30~60초 미만에 창백)</td></tr>
<tr><td>3</td><td>0초 이내에 창백함(1~30초 미만에 창백)</td></tr>
<tr><td>4</td><td>다리를 똑바로 펴고 누워서도 창백함</td></tr>
<tr><td>동맥질환</td><td colspan="2">• 하지 동맥질환자의 다리를 30~45° 상승시키면 발가락 · 발바닥 · 발꿈치가 창백해지는데, 창백한 상태가 60초 이상 지속됨
• 동맥 기능 부전으로 말초 혈관 폐쇄 시 하지 상승으로 창백, 검붉은 색의 발적이 있음. 동맥폐색 시 발을 올리면 회색빛깔로 창백해짐</td></tr>
<tr><td>정맥질환</td><td colspan="2">정맥류(varicose vein)가 있는 경우 판막이 불완전하여 정맥이 매우 빠르게 채워짐</td></tr>
</table>

<table>
<tr><td rowspan="4">다리동맥
열림 상태 검사:
의존성 발적
(dependent
rubor)</td><td>방법</td><td colspan="3">• 다리를 60초 동안 상승 시킨 후 아래로 내림
• 다리를 올려서 창백한 정도 검사
• 다리동맥의 혈액순환 상태를 확인하기 위해 대상자를 양쪽 다리를 심장 부위보다 30cm 이상(30~60°) 들어 올림. 이 때, 혈관의 혈액이 비워지도록 60초 동안 다리를 올림
• 대상자의 다리를 침대 아래로 내려뜨리게 한 후 양쪽 다리의 피부색이 정상으로 돌아올 때까지의 시간을 잼</td></tr>
<tr><td>정상</td><td colspan="3">10초 이내 정상 색깔(분홍빛)</td></tr>
<tr><td>동맥부전</td><td colspan="3">• 동맥부전 시 30~60초
• 하지를 다시 내리면 정상 분홍빛이 되기까지 30~60초 걸림</td></tr>
<tr><td>의존성
발적</td><td colspan="3">의존성 발적은 하지를 내린 후 시간이 지났음에도 창백증, 검붉은색의 발적, 자청색(reddish blue)이 있음</td></tr>
<tr><td rowspan="3">역류충전검사
(Trendelenburg)</td><td>방법</td><td colspan="3">• 정맥이 비워질 때까지 다리를 90° 들어 올리게 함
• 대퇴부 중간쯤을 표피정맥이 막힐 정도로 지혈대를 묶음
• 그 상태로 일어서게 하여 지혈대를 풀어줌
• 정맥이 밑에서부터 채워지는 시간을 확인</td></tr>
<tr><td>정상</td><td colspan="3">• 35초 소요
• 정상에서는 지혈대를 푼 후에도 정맥이 바로 채워지지 않음</td></tr>
<tr><td>이상소견</td><td colspan="3">판막 이상 시 지혈대를 푼 혈액이 빠르게 채워짐
→ 이 경우 혈액의 역류(정맥류)가 일어날 수 있음</td></tr>
<tr><td rowspan="6">Allen검사</td><td>정의</td><td colspan="3">팔의 동맥부전 또는 폐쇄 의심 시 요골동맥과 척골동맥의 개방성 확인 위해 ABGA 실시 전에 시행</td></tr>
<tr><td rowspan="5">방법</td><td>주먹 쥐기</td><td colspan="2">대상자의 손바닥을 위로 한 채 무릎 위에 편안하게 놓고 주먹을 쥐었다 폈다 하는 동작을 몇 번 하게 한 후 주먹을 꼭 쥐게 함</td></tr>
<tr><td>꽉 누르기</td><td colspan="2">손목 위 요골동맥(노동맥)과 척골동맥(자동맥)을 꽉 누름</td></tr>
<tr><td>주먹 펴기</td><td colspan="2">압력으로 손바닥이 창백함을 볼 수 있음</td></tr>
<tr><td rowspan="2">척골 및
요골동맥
열기</td><td>정상</td><td>• 요골동맥에 가한 압력을 제거하면 2~5초 이내에 손바닥이 붉게 변함
• 대상자 자신도 전기감을 경험하게 됨
• 같은 방법으로 척골동맥도 시행하여 양측의 동맥부전을 평가함</td></tr>
<tr><td>비정상</td><td>손바닥의 창백이 계속되는 것은 척골동맥(자동맥), 요골동맥(노동맥) 또는 그 이하 부위의 동맥폐쇄를 의미</td></tr>
</table>

(2) 촉진

피부온도	혈관수축 시 피부가 차고 창백하고 축축하다.			
맥박	방법	• 세 손가락으로 선택된 동맥을 짚는다. • 리듬과 강도, 양쪽의 동시성을 확인하고 비교한다.		
	기준	0	맥이 없음	
		+1	실낱같이 약함	
		+2	정상	
		+3	강하게 박동함	
Allen검사	정의	팔의 동맥부전 또는 폐쇄의심 시 요골동맥과 척골동맥의 개방성 확인 위해 ABGA 실시 전에 시행한다.		
	방법	주먹 쥐기	대상자의 손바닥을 위로 한 채 무릎 위에 편안하게 놓고 주먹을 쥐었다 폈다 하는 동작을 몇 번 하게 한 후 주먹을 꽉 쥐게 한다.	
		꽉 누르기	손목 위 요골동맥(노동맥)과 척골동맥(자동맥)을 꽉 누른다.	
		주먹 펴기	압력으로 손바닥이 창백함을 볼 수 있다.	
		척골 및 요골동맥 열기	정상	• 요골동맥에 가한 압력을 제거하면 2~ 5초 이내에 손바닥이 붉게 변한다. • 대상자 자신도 전기감을 경험하게 된다. • 같은 방법으로 척골동맥도 시행하여 양측의 동맥부전을 평가한다.
			비정상	손바닥의 창백이 계속되는 것은 척골동맥(자동맥), 요골동맥(노동맥) 또는 그 이하 부위의 동맥폐쇄를 의미한다.
		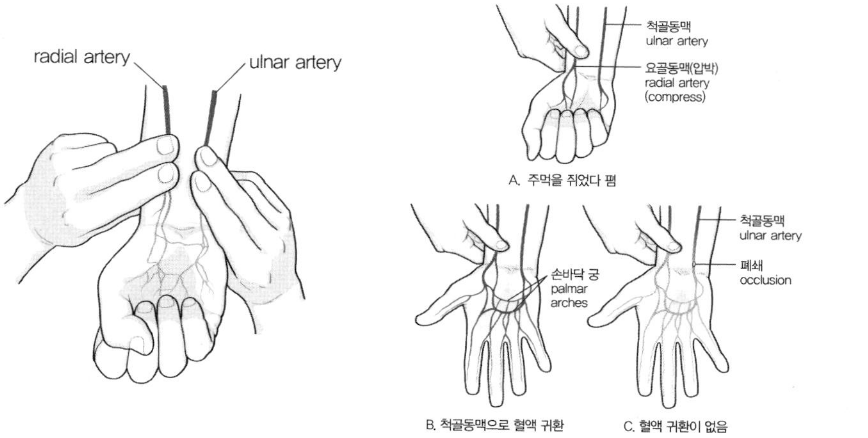 radial artery / ulnar artery 척골동맥 ulnar artery / 요골동맥(압박) radial artery (compress) A. 주먹을 쥐었다 폄 손바닥 궁 palmar arches / 척골동맥 ulnar artery / 폐쇄 occlusion B. 척골동맥으로 혈액 귀환 C. 혈액 귀환이 없음		
호만(Homan) 징후	방법	발을 발등으로 젖히게 하여 장딴지 근육에 통증을 사정한다.		
	검진결과	• 혈전성 정맥염 시 통증이 있다. • 심부정맥혈전증의 50% 정도만 통증이 있으므로 완전한 검사는 아니다.		

(3) 임상진단검사

<table>
<tr><td rowspan="3">도플러(Doppler)
초음파 혈류검사</td><td>검사목적</td><td colspan="2">전자 청진기로 간헐적 파행증 검사</td></tr>
<tr><td>검사방법</td><td colspan="2">• 뒤경골, 오금, 대퇴동맥, 발등동맥, 정맥 등에 도플러(Doppler)를 대고 청진
• 환자를 바로 눕게 하고 침대 상체를 20~30° 상승시킨 후 다리를 바깥쪽으로 펴게 하고 발목 복사뼈 안쪽 부위에 40~60° 각도로 도플러를 대고 측정</td></tr>
<tr><td>검사소견</td><td colspan="2">'휙휙' 소리가 나면 정상</td></tr>
<tr><td rowspan="4">발목-팔지수
(Ankle-Brachial
Index; ABI)</td><td>검사목적</td><td colspan="2">• 말초동맥 질환 시 동맥의 허혈 정도, 동맥폐쇄사정 확인
• 파행증과 비슷한 증상(비동맥성 질환으로써 심부정맥혈전증, 근골격계 질환, 말초신경병, 척추관 협착증 등의 질환을 감별)/ 파행증과 안정 시 통증 구분
• 사지의 순환 상태 측정</td></tr>
<tr><td>방법</td><td>• 대상자를 바로 눕히고 도플러를 이용하여 양쪽 상완에서 혈압 측정
• 상완동맥위에 혈압계 커프를 감고 요골맥박 위에 전도성 젤리를 바른 뒤 도플러로 요골맥박을 들을 수 없을 때까지 혈압계 압력 높이기
• 20mmHg 더 올린 후 천천히 맥박을 다시 들을 수 있을 때까지 압력 낮춤 → 그때 메타기의 수치가 수축기압
• 이 방법을 다리에도 실시, 발목에 커프 감고, 족배맥박을 도플러로 듣기
• 후경골 수축기압을 상완 수축기압으로 나누면 정상 ABI는 1.0 이상
🚨 ABI = 후경골 수축기압 ÷ 상완수축기압</td><td>• 오른쪽 상완: 160mmHg
• 왼쪽 상완: 120mmHg
• 오른쪽 후경골: 80mmHg
• 오른쪽 족배: 60mmHg
• 왼쪽 후경골: 100mmHg
• 왼쪽 족배: 120mmHg
• 각 발목의 압력 중 가장 높은 압력(오른쪽 80mmHg, 왼쪽 120mmHg)을 가장 높은 상완동맥압(160mmHg)으로 나눔
- 오른쪽: 80/160mmHg = 0.50
- 왼쪽: 120/160mmHg = 0.75</td></tr>
<tr><td rowspan="2">검사소견</td><td colspan="2">• 동맥협착정도 상승 → 손상된 부위의 원위부 수축기압 감소
• ABI index가 0.9 이하인 경우 말초동맥 질환 진단의 민감도와 특이도가 높음</td></tr>
<tr><td>정상</td><td>➲ ABI: 발목 수축기압 / 상완동맥 수축기압
• 정상: 1.0~1.2 팔목 압력 < 발목 압력
• 발목의 수축기 압력이 팔의 수축기 압력보다 높음</td></tr>
</table>

		비정상	➲ 비정상 • 0.9 미만 → 하지동맥의 협착, 폐쇄 • 1.3 초과 → 하지동맥 석회화 경화도가 증가, 팔동맥 협착	
			간헐적 파행증	0.5~0.7
			안정 시 통증	0.4~0
간헐성 파행증	정의	간헐적 파행증(intermittent claudication)이란 운동에 의해 악화되고 운동 및 보행을 중단하고 쉬면 호전되는 근육의 통증을 의미함		

Chapter

02 다발성 심장질환의 치료와 보건지도

01 심부전증(= 울혈성 심부전증) [1996 · 2009 기출]

1 정의 및 원인

<table>
<tr><td>정의</td><td colspan="2">신체 조직에서의 대사 요구에 대해 심장이 충분한 양의 혈액을 공급하지 못함으로써 순환계에 불균형을 초래하는 심근의 기능장애
• 심장과 혈관은 일종의 폐쇄회로이므로 심부전은 곧이어 순환계 전반에 불균형을 초래함
• 심장질환의 원인이 어떤 것이든지 심장질환의 최종 단계에서는 심부전을 일으킴
• 심부전은 임상적 증상이 대부분 정맥계 울혈로 인한 것이므로 울혈성 심부전이라고 함
➲ 울혈성 심부전의 정의
• 심박출량의 감소로 체내 조직의 대사 요구를 충족할 수 없음
• 조직 혈류량은 감소되고 폐혈관 및 전신 정맥계에는 울혈이 초래됨
• 심장은 보상기전(compensatory mechanism)을 즉시 발현하여 순환에 대처함</td></tr>
<tr><td rowspan="4">원인</td><td>병리적 원인</td><td>• 심장으로의 정맥 환류량 감소
• 심장으로의 정맥 환류량 증가
• 심근 병변으로 인한 펌프기능장애</td></tr>
<tr><td>흔한 질환</td><td>• 심장질환: 심근경색증, 고혈압, 판막성 심질환, 류머티즘성 심장질환, 심장전도장애, 심근증, 수축성 심낭염, 선천성 심질환
• 폐기종을 비롯한 만성 폐쇄성 폐질환
• 전신질환: 발열, 갑상샘 기능 항진증, 갑작스러운 수액 과잉 공급, 출혈 혹은 탈수와 같은 체액 불균형
• 기타: 신체적 혹은 정신적 스트레스, 심부정맥, 과혈량, 빈혈, 영양결핍(각기병), 갑상샘질환, 임신</td></tr>
<tr><td>좌심부전 원인</td><td>고혈압성 심장병, 관상동맥질환, 대동맥 폐쇄 부전증 및 협착증, 승모판 폐쇄 부전증 및 협착증</td></tr>
<tr><td>우심부전 원인</td><td>류머티즘성 열, 급성 심근염, 폐동맥판 협착증, 만성 폐질환으로 발생하는 폐성심</td></tr>
<tr><td rowspan="3">이차적 심부전 유발요인</td><td>원인</td><td>기전</td></tr>
<tr><td>빈혈</td><td>혈액의 산소운반능력이 저하되어 조직의 산소요구를 충족시키기 위해 심박출량 증가</td></tr>
<tr><td>감염</td><td>조직의 산소요구도가 증가해 심박출량 증가</td></tr>
</table>

	갑상샘 중독증	조직대사율이 증가해 심박동수와 심장부담 증가
	갑상샘 기능저하증	• 간접적으로 죽상경화증 악화 • 중증 갑상샘 기능저하증은 심근수축력 저하
	부정맥	심박출량을 저하시켜 심장부담과 심근의 산소요구도 증가
	세균성 심내막염	• 감염: 대사요구도와 산소요구도 증가 • 판막기능부전: 협착증과 폐쇄부전증의 원인
	폐질환	폐의 압력 증가로 우심실의 압력을 증가시켜 우심실비대와 우심부전 초래
	파제트병	골격근의 혈관분포 증가로 인해 심장부담 증가
	영양결핍	심장근육량과 심근수축력의 증가로 인해 심장기능 저하
	체액과다증	우심실의 혈류량을 증가시켜 전부하 증가

2 병태생리

심부전 발생에 관여하는 4가지 인자	① 심장의 전부하 = 용적부하(preload) ② 심장의 후부하(afterload) ③ 심박수 ④ 심근의 수축력: 4가지 인자의 상호작용으로 심박출량을 정상으로 유지	
전부하 증가 (preload): 용적 과부하	• 수축 전 이완기 말에 심실 내 혈액량으로 심실 수축 전 심실의 팽창 정도 • 전부하 증가로 심실의 수축력 감소	
	심부전 시	이완기 말 용적(EDV)과 심박출량의 관계는 Frank-Starling의 법칙으로 설명되며, 심실의 이완기말 용적이 커지면 그만큼 1회 박동량이 증가됨. 정상 심장에서는 최고운동량과 심장의 수축기능을 높여서 심박출량을 증가시킬 수 있는 보유능력이 있으나, 심부전이 발생되면 이완기말 용적이 늘어나도 심박출량은 증가되지 않으며 용적 과부하로 인해 가벼운 운동만으로도 호흡곤란을 호소하게 됨
	초래요인	• 판막 역류: 승모판 폐쇄부전증, 대동맥판 폐쇄부전증 • 과혈량: Ⅳ용액 과잉 주입, Na^{+} 및 수분정체, 임신 • 선천성 심기형: 심실 중격 결손, 심방 중격 결손, 동맥관 개존증
후부하 증가 (afterload)	• 심장이 순환혈관 속으로 혈액을 박출해내기 위해 심실이 수축하면서 받는 저항, 즉 수축기 구출저항을 후부하(after load) 또는 압력부하라고 함 • 수축기 동안 심실에서 대동맥과 폐동맥을 통해 전신과 폐로 혈액을 내보내는 데 필요한 심실의 압력동맥 저항 증가로 후부하가 증가하여 CO(Cardiac Output)이 감소	
	초래요인	• 고혈압 • 말초혈관저항 • 판막협착증: 대동맥판 협착증, 폐동맥판 협착증

<table>
<tr><td rowspan="2">심근의 수축력↓
(=저박출성 심부전)</td><td colspan="2">심장질환이나 심장압박요소로 심근의 수축력 감소</td></tr>
<tr><td>초래요인</td><td>• 심장질환: 심근경색증, 심근증
• 심장 압박: 협착성(수축성) 심낭염, 심장압</td></tr>
<tr><td>심실충만장애
(= 저박출성 심부전)</td><td colspan="2">출혈이나 쇼크, 화상, 탈수 등으로 심장에 정맥 환류량이 감소되면 이완기 동안에 심실에 적당량의 혈액이 모이지 않아 심실충만장애로 심박출량을 정상으로 유지할 수 없음. 부적절한 심실충만은 심박출을 위한 혈량을 감소시킴. 따라서 혈량과 혈관 용적 간의 불균형으로 조직에 국소빈혈이 초래되며 근본 원인을 제거하지 않으면 심박출량의 감소로 심부전이 발생됨(저박출성 심부전)</td></tr>
</table>

3 심장의 보상기전

<table>
<tr><td>정의</td><td colspan="3">심부전이 발생되면 심장은 신체의 조직활동에 필요한 혈액을 충분히 공급할 수 없게 됨. 또 심실 내 잔류혈액의 증가로 압력 상승 → 전신 정맥압↑ → 기타 장기들의 울혈 상태가 연쇄적으로 진행됨. 그러므로 심장은 보유능력을 총동원하여 자체의 힘을 보강함으로써 조직의 대사요구를 충족시키게 되며 이를 심장보상기전이라 함</td></tr>
<tr><td rowspan="7">보상기전</td><td colspan="2">보상기전</td><td>병리</td></tr>
<tr><td rowspan="4">교감신경
활성화</td><td>빈맥</td><td>교감신경계 활성화 → 심박동수와 수축력 증가 → 심박출량 증가
• 장기간의 빠른 심박동수는 심장의 불응기가 짧아져 심장에 과부담으로 작용</td></tr>
<tr><td>심실확대
(ventricular dilatation)</td><td>심근섬유 길이↑ → 전부하↑ → 심근 수축력↑</td></tr>
<tr><td>심근비대
(ventricular hypertrophy)</td><td>• 심근 직경 굵어지고 심장 무게 증대 → 수축력↑
• 비대된 심장은 관상동맥의 혈액 공급능력을 훨씬 넘기 때문에 결과적으로 저산소혈증 상태를 초래하게 되며 점차 심장의 수축력은 감소됨</td></tr>
<tr><td>동맥과 정맥의 수축</td><td>• 동맥의 수축
– 피부의 혈관을 수축시켜 보다 중요한(뇌, 심장, 신장) 장기의 혈관으로 혈액을 재분배함
→ 주요기관의 관류 증진
• 정맥의 수축
– 심장으로 돌아오는 정맥귀환 증가로 전부하 증가
→ 심장의 펌프능력 증가(starling법칙)</td></tr>
<tr><td>콩팥 보상</td><td>신장</td><td>Renin – Angiotensin – Aldosterone System 활성화
→ Na^+, 수분 정체
→ 혈량 증가</td></tr>
</table>

	조혈기관 보상	피부와 복부혈관	큰 정맥들 수축 → 혈압↑ → 뇌, 신장, 간 혈류량↑
		간, 비장	저장되어있던 적혈구 대량 방출
		골수	적혈구, 헤모글로빈, 혈소판 등의 혈구 대량 생산
	시상하부	심박출량이 줄어들면 시상하부와 뇌하수체 후엽에서 항이뇨호르몬(ADH)을 분비하며 ADH는 신세뇨관과 집합관에서 수분 재흡수를 높여 혈액량을 증가시킴	
	VS	탈수 시 보상작용	• 시상하부(갈증중추), 뇌하수체 후엽(ADH) • 신장(RAA시스템), 교감신경계(빈맥, 심박출량 증가, 말초혈관 수축)
대상 부전	• 심장의 과부담 지속 → 심근의 산소소모량 증가 → 심장의 기능 부전 → 사망 • 심실확대: 늘어난 길이로 산소 요구량 증가 → 심근에 저산소증 초래 • 교감신경계 자극 → 심박증가, 말초혈관 저항 초래 → 심장 부담 증가 → 신혈류 감소 → 수분, 소듐 정체 → 순환혈량 증가 → 심부담 증가		

4 심부전의 임상적 분류

급성 심부전	• 심근의 갑작스러운 펌프기능 상실 • 쇼크, 심정지, 실신, 돌연사 등 생명을 위협하는 심각한 상황을 야기 • 급성 심부전은 대개 심기능 장애 없이 순환성 울혈과 조직의 국소 빈혈증상이 몇 시간 내에 급격히 진행되는 임상적 상황이므로 급성 심부전이라는 명칭보다는 쇼크나 폐색전증 등의 원인 질환으로 설명하게 됨
만성 울혈성 심부전	만성 심부전은 조직의 부적절한 관류로 인하여 울혈상태가 장기간에 걸쳐 서서히 진행되며 임상증상도 급성 심부전에 비하여 경미함. 만성 심부전은 심장의 수축력 저하로 전신 정맥계의 지속적인 울혈로 인한 임상증상과 징후가 대부분이므로 만성 울혈성 심부전이라고 하며 일반적으로 심부전은 이를 의미함
좌심부전	• 좌심부전은 좌심실이 펌프기능장애로 인하여 전신혈관 속으로 동맥혈을 충분히 박출하지 못하는 상태를 말함. 좌심실의 혈액 박출량이 감소하면 이에 대한 후방장애로 좌심방압 상승, 폐정맥압 상승으로 폐울혈을 초래함 • 좌심부전은 우심부전보다 발생률이 훨씬 높음
우심부전	• 우심부전은 우심실의 펌프기능장애로, 폐순환계 속으로 정맥혈을 충분히 박출하지 못하는 상태로서 전신 정맥계에 울혈을 초래하는 것이 특징 • 대부분 좌심부전에 이어서 나타나며 좌심부전으로 인한 폐울혈에 대한 저항으로 우심실 압력이 상승되어 발생됨. 그러나 우심부전은 좌심부전과 무관하게 발생되기도 함 • 폐질환으로 인하여 우심부전을 일으키는 병적 상태를 폐성심질환(pulmonary heart disease) 또는 폐심장증(cor pulmonale)이라 하며 우심실 비대 이전에 폐동맥압 상승이 선행되는 것이 특징 • 우심부전으로 인한 전신 정맥계의 울혈은 하지, 소화기관, 간, 콩팥 등에 울혈을 일으키고 이로 인해 하지 및 전신부종, 간비대, 경정맥 울혈 등을 볼 수 있음. 우심부전 상태는 결국 좌심부전으로 진행됨

5 좌심부전의 주요 증상

<table>
<tr><td rowspan="11">정맥울혈
증상</td><th colspan="2">정맥울혈증상</th><th>병리적 근거</th></tr>
<tr><td colspan="2">호흡곤란, 피로, 빈맥,
S3, 불안, 불안정,
늑막 삼출액 생성</td><td>폐순환 내 압력 증가하면 폐포 속으로 액체가 스며들게 됨</td></tr>
<tr><td colspan="2">호흡곤란, 기좌호흡
(orthopnea)</td><td>• 폐포 내 체액 정체 → 가스 교환 방해
• 폐정맥압 상승, 폐울혈(후방장애)로 인한 호흡곤란</td></tr>
<tr><td colspan="2">발작성 야간성
호흡곤란</td><td>• 밤에 누워서 잠을 자는 동안에 심장과 다리 부분에 압력차가 없어져 낮에 신체하부에 있던 부종액이 순환혈류 중에 흡수되어 총 혈액량이 증가됨으로써 발생
• 누우면 하지에 모여 있던 체액이 흡수되어 혈량 증가 → 좌심실은 증가된 혈액을 모두 펌프해내지 못함, 폐순환 압력 증가 → 폐포 내 체액 이동, 가스 교환의 효율성 저하
• 다리를 침상 아래로 내려놓고 앉거나 방 주위를 걸어 다니면 보통 20분 이내에 완화되고, 그 후에는 숙면을 취할 수 있음</td></tr>
<tr><td colspan="2">폐 청진 시 나음(rales),
수포음(crackles)</td><td>공기 이동시 체액이 공기 속에 섞여나는 소리</td></tr>
<tr><td colspan="2">S3, S4</td><td>심장 펌프 기능 약화로 매 박동 후마다 심실에 잔류하는 혈량이 증가함을 의미</td></tr>
<tr><td colspan="2">cheyne stokes 호흡</td><td>심한 심부전 시 폐순환과 뇌의 혈액순환 시간이 지연된 결과</td></tr>
<tr><td colspan="2">기침, 혈액과 거품이
섞인 분홍색 객담
(pinkish frothy sputum)
다량 배출</td><td>• 폐울혈로 인해 세기관지 내에 고인 수분이 기관지 점막을 자극
• 울혈된 폐 모세혈관이 파열되면 객담에 줄무늬 모양의 혈액이 섞이는 혈담(bloody streaked sputum)발견
• 중증 심부전 시 급성 폐수종(확장된 폐와 기관지의 모세혈관에서 수분이 간질 조직과 폐포 내로 누출되어)</td></tr>
<tr><td colspan="2">피로와 전신권태</td><td>심박출량↓, 노폐물 제거↓
→ 사지근육과 피부로 가는 혈류 줄고 정맥울혈로 순환시간 지연, 호흡곤란과 기침으로 에너지 소모↑</td></tr>
<tr><td colspan="2">불안정, 집중력 약화,
불면증</td><td>심박출량의 감소 → 뇌 산소 공급↓</td></tr>
<tr><td colspan="3"></td></tr>
<tr><td rowspan="2">심박출량
감소</td><td rowspan="2">콩팥기능 저하,
부종, 체중 증가</td><td colspan="2">• 심박출량이 감소되어 전신 동맥계에 충분한 혈액공급을 할 수 없게 되면, 특히 뇌나 콩팥에 영향을 줌
• 나트륨 수분 조직 내 축적 → 소변량 감소 → 체중 증가, 심장성 부종 등
• 소변량은 심부전의 정도를 나타내는 중요한 지표</td></tr>
<tr><td>부종
(체중 증가)</td><td>• 좌심부전으로 인한 심박출량 감소 → 신동맥압 하강 → 사구체 여과 기능 저하 → 소변량 감소 → aldosterone 분비 증가 → Na, 수분 재흡수 증가
• 순환 혈액량 감소 → aldosterone 분비 증가 → Na, 수분 재흡수 증가</td></tr>
</table>

		• aldosterone 재흡수 → 세포외액의 농도 증가, 삼투압 상승 → ADH 분비 촉진 → 세뇨관에서 수분 재흡수 증가 → 소변량 감소, 전신 정맥압 상승, 부종, 체중 증가
	체중 증가	순환혈량 감소 → aldosterone, ADH 분비 증가 → Na, 수분 재흡수 증가 → 전신 정맥압 상승 및 부종 → 체중 증가
	요량 감소 (야뇨)	• 심박출량 감소 → 신동맥압 저하 → 사구체 여과능력 저하 → 요량 감소 • 밤에 신체적 휴식 → 심박출량 증진 → 신장혈류 증가 → 이뇨
맥박 이상	맥박은 증가(동성빈맥)되고 맥압은 저하	
	교대맥박 (pulsus alternans)	• 크고 작은 진폭이 교대로 나타남 • 심박동은 규칙적이지만 맥박의 폭이 다양함 • 좌심실의 수축력이 변화할 때 발생하고 심근 기능이 심하게 저하되었음을 의미
	모순맥박 (paradoxical pulse)	• 흡기 시 맥박 폭 감소 • 흡기 때 수축기 혈압이 낮아지고 호기 상태에서 수축기 혈압과의 차이가 15mmHg 이상일 때 촉지, 흡기 시에 맥박 폭 감소 • 좌심실의 일회 박출량이 감소되고 대동맥이 흉강 내 음압의 영향을 받아 발생 • 심장압전(심장눌림증, cardiac tamponade), 협착심장막염, 만성폐쇄성 폐질환 환자에게서도 관찰
뇌의 저산소증	• 좌심부전으로 인한 심박출량의 감소 • 불안정, 집중력 약화, 불면증, 심하면 혼미 등이 유발됨	
피로와 전신쇠약	• 심박출량의 감소로 사지근육과 피부로 가는 혈류가 줄어들어 전신쇠약 • 정맥울혈로 인한 순환시간의 지연으로 조직에서의 대사산물을 빨리 제거하지 못함으로써 쉽게 피로	

심박출량 감소	폐정맥압 상승, 폐울혈
• 허약감, 피로감(사지혈류 감소) • 소변량 감소(신장혈류 저하) • 심근허혈 • 빈맥, 맥박이상(교대맥 : 크고 작은 진폭이 교대로 나타남) • 분마성 리듬(gallop rhythm) • 약한 제1심음 • 뇌저산소증 – 혼미, 불안, 불면증	• 호흡곤란 : 활동 시 호흡곤란, 발작성 야간성 호흡곤란 • 기좌호흡 • 기침, 혈담(중증)

6 우심부전의 주요 증상

우심부전 증상	병리적 근거
	전신부종, 정맥울혈
정맥울혈 기전	• 정맥압 상승: 경정맥 울혈, CVP 상승, 하지의 요흔성 부종, 체중 증가 • 문맥압 상승: 간비대, 간정맥 울혈, 복수, 우측 상복부 압통, 횡격막 압박 • 소화기 증상: 식욕부진, 오심, 허약감, 복부 팽만감
간종창	• 우측상복부의 압통 호소, 심한 경우 간소엽 조직의 손상으로 섬유화, 경화 진행 • 심장성 간경화(cardiac cirrhosis)로 복수와 황달이 나타나며 AST와 ALT 같은 혈청 효소치가 상승
소화기계 증상	식욕감퇴, 오심, 소화장애, 복부팽만, 심하면 복수
심장성 부종	• 요흔성 부종 그 외 간, 폐, 복강(복수), 흉막강, 대퇴, 둔부 등 부종액 축적 • 심부전에 의한 부종은 신체소견상 경정맥 팽창을 보이는 것이 특징
사지냉감 및 손톱에 청색증, 야간다뇨	• 정맥울혈은 말초혈류 감소 • 사지냉감, 야간다뇨는 심장이 저심박출(전방장애) 상태에 있다는 것을 의미
심리적 불안	조직의 영양실조로 체중 감소와 악액질(cachexia)상태와 우울증
심장성 쇼크	• 심부전의 최종 단계에서는 심장성 쇼크 발생 • 의식상실, 창백, 빠르고 약한 맥박, 식은땀, 불안정, 심한 저혈압 등이 발생하며 심장수축부전으로 인해 생명에 위협이 됨
기타	심부전 지속 시 조직의 영양실조로 체중 감소와 악액질 상태

| 심부전의 증상과 징후 |

좌심부전	우심부전
• 심박출량 감소 – 허약감, 피로감(사지혈류 감소), 소변량 감소(신장혈류 저하), 심근허혈, 빈맥, 교대맥, 분마성 리듬(gallop rhythm), 약한 제1심음 – 혼미, 불안, 불면증(뇌혈류 저하) • 폐정맥압 상승, 폐울혈(확장부전) – 호흡곤란: 활동 시 호흡곤란, 발작성 야간성 호흡곤란(PND), 기좌호흡 기침, 혈담(중증), PCWP 증가, 폐잡음 증가, 확대된 PMI	• 전신정맥계 울혈 – 경정맥 울혈, CVP 상승 – 간·비장 종창 – 소화계 증상: 식욕부진, 오심, 소화불량 – 복부팽만 및 복통 황달 • 하지 요흔성 부종(pitting edema) – 발목·경골 주위 부종과 색소 침착 – 복수 – 흉수 – 음낭수종

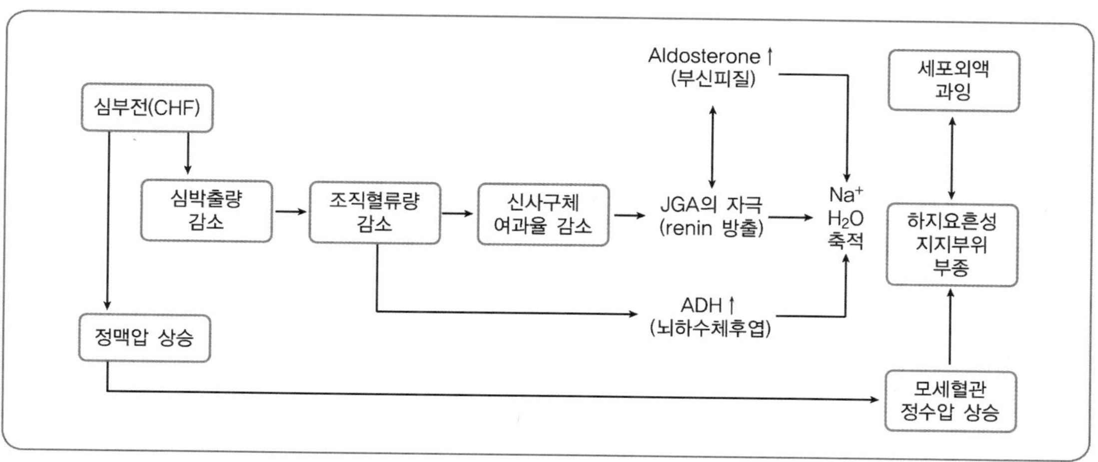

| 심부전의 부종 발생기전 |

야간발작성 호흡곤란

잠자는 도중 갑자기 질식할 것 같은 느낌과 함께 심한 호흡곤란으로 잠이 깨는 상태이다. 잠든 지 2~5시간 후, 보통 하룻밤에 한 번씩 발생하며, 울혈성 심부전 대상자에게 흔히 나타난다.

① 야간발작성 호흡곤란 병태생리적 근거: 누운 자세를 취하면 하지 혈액이 정맥계를 통해 심장으로 돌아가는 혈액량이 늘어나는데, 수축기능이 저하된 심장은 늘어난 혈액량을 순환계로 뿜어내지 못하고 폐울혈과 폐수종을 유발한다.

② 야간발작성 호흡곤란 증상완화 전략: 다리를 침상 아래로 내려놓고 앉거나 방 주위를 걸어 다니면 보통 20분 이내에 완화되고, 그 후에는 숙면을 취할 수 있다.

7 진단

신체진단		좌심실의 수축력이 저하되면 약한 심음과 심첨부에서 S3, S4, 심음의 분마성 리듬, 폐 기저부에서 수포음을 청진할 수 있으며 때로는 호기성 천명음이 수반되기도 한다.
특징적 징후		심장성 부종(하지의 요흔성 부종), 수흉, 복수, 간 비대, 황달, 심한 악액질 상태를 볼 수 있다. 그 외에도 교대맥, 기이맥, 경정맥 울혈, 심박출량 감소, 소변량 감소, 단백뇨, 혈액요소질소 증가 등을 볼 수 있다.
요흔성 부종	병태생리적 근거	심장의 수축력이 약해지고 혈류량이 증가하면서 과도한 혈관 내 용량이 모세혈관의 정수압을 상승시켜 수분을 간질(interstitium)쪽으로 이동시켜 부종을 유발한다(체중 증가와 요흔성 부종).
	신체검진	피부탄력성 검사에서 즉시 원래대로 돌아가지 않는 것을 '텐팅'이라 하며 체액결핍으로 인해 간질강 내에 수분이 적음을 의미, 경골이나 안쪽 복사뼈 위를 5초 정도 검지로 누른 후 손자국이 남으면 '부종'이라 하고 간질강 내에 체액축적이 많음을 의미한다.

	1+ 2+ 3+ 4+ / 2mm 4mm 6mm 8mm +1 / 2mm / 약간 함몰, 빨리 사라짐 +2 / 4mm / 10~15초 이내 사라짐 +3 / 6mm / 함몰이 깊고 1분 이상 지속 가능 +4 / 8mm / 함몰이 매우 깊고 2~5분간 지속
흉부 X-선 소견	심실과 심방, 폐정맥이 현저히 확대되고, 폐혈관음영의 증가로 가장자리가 선명하지 못하여 폐의 음영이 뿌옇게 보이는 것이 특징이다.
중심정맥압 상승	중심정맥압은 우심방 내 압력으로, 전신순환에서 우심방으로 귀환하는 혈액의 압력으로 높은 것은 심장의 과부담, 낮은 경우는 순환혈류량의 감소를 의미한다. 정상은 4~12cmH_2O(1~7mmHg)이나 울혈성 심부전에서는 15~30cmH_2O까지 상승되며 경정맥 울혈로 나타난다.
폐동맥쐐기압 상승	폐수종에서는 30mmHg 이상 올라간다.
혈액검사	brain type natriuretic peptide(BNP)는 심부전의 진단 및 예후 판정에 유용한 검사로서 혈장 BNP의 정상수치는 100pg/ml 미만으로 울혈성 심부전 시 증가한다. 그 외 혈액요소질소 및 간기능 검사 수치 등이 증가한다.

8 심부전 치료

심근수축력↑	심근작업량↓	식이요법
• digitalis • dopamin, dobutamin	• 이뇨제(lasix, chlorothiazide, aldactone) • 혈관확장제(NTG, Hydralazine) • ACE 억제제 • 식이요법	• 염분 제한 • 수분 제한 • 단백질 섭취 • 열량 충분히 공급 • 알코올과 카페인 금함

9 비약물 치료

(1) 위험인자 조절

원인 질환과 위험인자의 조절	• 원인 심장질환 치료 • 원인 질환을 악화시키는 요인 및 위험인자의 교정 • CHF의 위험 인자 관리, 안정, 염분 제한, 금주·금연, 필요시 수분 섭취, 매일 체중 측정, 유산소 운동, 상기도 감염 예방, 산소 공급, 신체 변화 관찰

안정	• 조직의 산소 요구도 감소 • 이뇨작용, 호흡증진, 정맥환류 감소, 혈압 저하, 심박동수 감소, 심근의 수축력 강화 • 주의: 혈전성 정맥염, 폐색전증, 침하성 폐렴, 신결석, 우울증 등의 합병증에 주의 • 안정 시 자세: 상체 높이기, 반좌위 = fowler's position(폐의 신장성 증가, 폐울혈 경감) • 정신적 긴장감을 풀고 충분한 수면: 불안 시 카테콜아민 방출로 심박수, 혈압, 말초 저항, 혈액 점성도, 혈액응고시간, 혈청 콜레스테롤치 등의 심맥관계 변화 초래 • 실내 환경 정돈, 조용하고 신선한 분위기 속에 쉬게 함 • 불면증과 불안 제거를 위해 소량의 진정제나 수면제 처방
염분 제한	• 염분은 조직 내 수분을 저류시켜 순환 혈액량 증가 → 심부전 악화 • 염분 함량 식이: 훈제 고기와 생선, 통조림 스프와 야채, 콜라, 고기 추출물, 감자칩, 빵 등 • 저칼로리 식이와 소화되기 쉽고 나트륨 함량이 적은 음식물을 소량씩 자주 먹도록 함 • 비타민을 보강한 저칼로리 식이: 심부전 환자의 체중 감소, 심박출량과 맥박 수, 혈압, 기초대사율을 저하시켜 산소 요구량 감소 • 가스 형성 음식 피하기: 풋과일과 야채, 양배추류, 밀가루 식품, 소다수 같은 음식물
수분 제한	• 염분 제한과 이뇨제 사용이 적절한 이뇨 효과를 나타내면 수분섭취를 제한할 필요는 없음 • 심한 심부전 시 1일 1,000ml 이하로 수분을 제한함 • 소변량을 측정하여 수분 공급은 24시간 소변 배설량 이하로 공급함이 원칙임
산소공급	필요시 산소를 공급하여 폐수축력을 증가시켜 줌

(2) 심박출량증진 및 조직관류증진

심박출량 증진	안정	심부담 감소 → 심장이완기 길어짐 → 심근 수축 효과적
	체위	좌위나 반좌위(신체하부 울혈 유도) → 전부하 감소 → 폐울혈 완화/복압이 횡격막에 가하는 압박 감소
조직관류의 증진	• 매일 적당한 운동: 말초조직 혈류 증진 • 자주 체위 변경: 욕창 방지(조직 손상 방지) • 이뇨제 사용: 체액정체 완화, 혈액희석 감소 → 산소운반능력 증진 • 적절한 휴식: 조직확산 증진(심박출량 증진)	
체액균형의 유지: 부종의 경감	• 이뇨제 투여 • 수분염분섭취 제한(체중, 섭취량과 배설량의 비율, 전해질 수치에 따른) • 매일 수분 섭취량과 배설량 관찰·기록 • 같은 시간에 체중 측정 • 피부탄력정도 관찰, 탈수나 부종상태 사정 • 단백질 섭취: 알부민↓ → 혈장교질삼투압↓ → 부종↑	

10 심부전 약물치료

울혈성 심부전 약물		
안지오텐신 전환효소 억제제 : (ACEI) captopril		• 좌심실의 수축력 증가 • 안지오텐신 합성 방해 – 알도스테론 감소 – 전신혈관저항 감소 – 심박출량 증가 – 국소혈류 재분포
β교감신경 차단제 : tenormin		카테콜아민의 작용을 직접 억제하여 심부담 경감(부작용–어지러움과 부종)
이뇨제		• 전부하 감소 • 수분염분저류에 의한 심부전 증상 완화되나 장기 투여 시 전해질의 불균형과 신기능장애를 초래하므로 치료받는 환자는 전해질과 pH, 혈액요소질소의 변화를 주의 깊게 관찰 • 이른 아침에 투여하는 것이 좋음
	Thiazide 이뇨제	• 원위 세뇨관에서 Na^+과 수분의 재흡수를 막고 칼륨의 배설 증가 • 저칼륨혈증을 유발 • 칼륨 보충(바나나, 복숭아, 오렌지, 토마토, 시금치)
	Loop 이뇨제	• Henlen 고리의 상행 loop에서 Na^+ 재흡수를 막고 K^+ 배설 증가 • 심한 심부전 시 사용, furosemide(lasix) 등 강력한 이뇨제 사용 시 혈전형성 촉진에 주의
	칼륨보충이뇨제 : spironolactone (Aldacton)	• 원위세뇨관 작용 Na^+과 K^+교환하고 Na^+이온의 재흡수를 억제, K이온 보유 • 고칼륨혈증을 유발하므로 신부전에 금기
심근수축촉진성 약물 : digitalis제		• 빠른 심박동을 동반한 심방조동이나 세동 시 매우 효과적이며 심장수축력을 강화하면서 심박동수는 감소시키는 효과도 있음 • 주요 중독 – 오심・구토, 복통, 두통, 서맥, 이중맥, 시력 감퇴, 여성형 유방, 두드러기, 호산구 증가증
혈관확장제 : NTG, Hydralazine, Phentolamine		• 말초혈관의 평활근을 이완시키고 전신혈관저항을 낮춤 • 심장의 과도한 전부하, 후부하 감소 → 폐울혈↓, 심박출량↑
β교감신경 효능제 : dopamin		• dopamin, dobutamin, epinephrine • 중환자실에서 단기 악화된 울혈성 심부전 치료 • 심한 울혈성 심부전이나 심장 쇼크 시에 사용

11 심근수축력치료 : 디기탈리스(digitalis) 치료

(1) 디기탈리스(디곡신) 투여

디기탈리스 제제	• 매일 일정한 시간에 복용 • 제산제나 이뇨제와 함께 복용하지 않음 • 복용을 잊은 경우, 몇 시간 후 복용 • 다음날까지 잊은 경우 평소대로 1일 용량만 복용
약리작용	• 심근의 수축력 강화로 심박출량 증가 • 심장의 불응기를 연장하여 심박수를 느리게 • 심장의 자동성을 항진시켜 심장활동 강화 • 이뇨작용 촉진으로 부종 감소 　– 심박출량의 증가는 이차적으로 이뇨작용 촉진 → 염분·수분 배설 증가 → 부종 감소 　– 안지오텐신 전환효소억제제와 이뇨제 병용 시 상승 효과
독작용 (20%)	• (초기) 식욕부진, 오심, 구토, 두통, 권태감, 의식 변화 • (주요) 서맥, 조기심실수축, 발작성 심방성 빈맥, 심실성 부정맥 • (기타) 복시, 수명 / 여성형 유방 / 두드러기 • 위장계 : 식욕부진, 오심, 구토, 설사, 복통 • 중추신경계 : 두통, 피로, 나른함, 우울증, 불안, 흥분, 경련, 망상, 환각, 실어증, 기억상실, 혼수 • 심맥관계 : 부정맥(조기심실수축), 서맥, 심실성 빈맥, 이중맥, 완전 방실전도 장애, 심부전 • 눈 : 시력감퇴, 복시, 노란색이 때로는 푸른색으로 보임, 수명 • 내분비계 : 남성에서 여성형 유방이 나타남, 투약 중지하면 사라짐 • 알러지성 : 두드러기, 호산구 증가증
부작용(독작용)을 유발하는 요인	심근경색증, 저칼륨혈증, 신장 또는 간질환, 이뇨제 복용, 설사, 식욕 상실, 노령, 폐질환에서 저산소증과 고탄산증, 산증, 염기증 등에 유의
저칼륨증	• 저칼륨혈증이 있는 노인은 digoxin 독성에 특히 취약하여 약물독성이 치명적이므로 서맥과 신장 기능을 주의 깊게 관찰 • 혈중 포타슘치를 관찰. 특히 이뇨제와 병용할 경우 포타슘치가 감소하므로 주의할 것. 포타슘의 불균형은 위험한 심부정맥을 유발할 수 있음. 혈중 포타슘치를 모니터하여 식품이나 포타슘 보충제로 포타슘을 보충함 • 디곡신 투여 시 혈청 칼륨의 수치가 떨어지면 디곡신의 효과를 증진시켜서 약물의 독성 위험도 증가되고 혈청칼륨의 상승은 디곡신의 효과를 감소시킴. 그러므로 혈청 칼륨수준을 정상으로 유지하도록 주의 깊게 관찰해야 함

(2) 디기탈리스 약물 복용 관련 간호

정확한 시간	정확한 시간에 약물을 투여하여 심기능을 향상시켜야 하므로 아침, 저녁마다 같은 시간에 투여한다.
잊었을 때	1회 복용을 잊은 경우 4시간까지 즉시 복용한다. 4시간이 지나면 약물을 복용하지 않고 다음날까지 지연된 경우 평소대로 1회 용량만 복용한다.
구토 시	2회 이상 구토할 경우 병원 방문, 의사에게 연락한다(digoxin이 축적되었을 수도 있으므로).
맥박 측정	투약 전 1분간 심첨맥박 수를 측정한다. 1분간 60회 이하 서맥, 100회 이상이면 독성 의미로 투약을 중지하고 의사와 상의한다.
monitoring	• 신장을 통해 배설되므로 소변량, 혈청 크레아티닌검사를 실시한다. • 주기적으로 혈중 디곡신 농도 검사 투약 전 투약기간 중 혈중 level을 측정한다(치료혈중농도 유지 위해). • digitalis를 적정량 투여하면 심부전 증상이 완화되고 심박동수가 감소하며, 중독 작용이 나타나지 않는다.
저칼륨혈증	• K^+ 감소가 심장독성 가능성을 증대시킨다. • digitalis제제는 심근 세포 내로 칼륨 통과를 방해한다. → 저칼륨혈증에서 digitalis 독성 위험, 심실성 부정맥 위험성(서맥이나 조기심실수축 등)을 증대시킨다.

(3) 중독증상을 관리: 디기탈리스 약물 투여 시 반드시 확인 및 관찰 사항

조기심실수축 관찰	가장 흔한 독작용
저칼륨증 모니터링	• 저칼륨증 시 digitalis 독성 증가 • 저칼륨혈증 시 서맥이나 조기심실수축 같은 독작용이 나타날 수 있음 • 이뇨제와 병용할 경우 포타슘치가 감소하므로 주의 • 혈중 포타슘치를 모니터하여 식품이나 포타슘 보충제로 포타슘 보충
투약 전 심첨맥박 1분간 확인	• 투약 전 반드시 심첨 맥박을 1분간 측정 • 1분간 60회 이하, 100회 이상이면 독성 의미로 투약 중지
혈중농도 확인	• 투약 전, 투약기간 중 혈중 level 측정(혈중치료농도 유지 위해) • 혈중치료농도(0.8~2mcq/L) 유지 • digitalis를 적정량 투여하면 심부전 증상이 완화되고 심박동수가 감소하며, 중독작용이 나타나지 않음
혈청 크레아티닌검사	신장을 통해 배설되므로 소변량, 혈청 크레아티닌검사를 실시

약물투여 후 평가	• 호흡곤란과 기좌호흡 완화, 악설음 감소, 말초부종 감소 등 심부전 증상이 경감하는지 관찰 • digitalis의 부작용을 쉽게 유발하는 요인, 즉 심근경색증, 저칼륨혈증, 신장 또는 간질환, 이뇨제 복용, 설사, 식욕 상실, 노령, 폐질환에서 저산소증과 고탄산증, 산증, 염기증 등에 유의 • 맥박 수나 리듬 변화(1분간 60회 이하나 100회 이상), 피로감 증가, 근육 약화, 혼돈, 식욕부진 등의 중독 증상이 생기면 투약을 일시적으로 중지하고 의사에게 보고

12 심근작업량 감소를 위한 치료

안지오텐신 전환효소 억제제 (Angiotensin Converting Enzyme Inhibitors; ACEI)	• 모든 단계의 심부전에서 치료 효과가 있다. • 좌심실의 수축이 증가된다. – 수축기 심부전과 이완기 심부전 모두 효과적이다. • 울혈성 심부전 치료의 1단계 약물에 해당한다. • 대표적인 약물에는 captopril(Capril), Lisinopril(Zestril), enalapril(Enaprin) 등이 있다. • 안지오텐신 Ⅰ이 강력한 혈관수축물질인 안지오텐신 Ⅱ로 전환되려면 전환효소의 도움이 필요하다. 안지오텐신 전환효소 억제제는 이 효소의 작용을 차단하여 안지오텐신 Ⅱ 합성을 방해하며 그 결과 혈장 알도스테론 함량을 감소시킨다. • 폐동맥압의 감소, 우심방압의 감소, 좌심실 충만압 감소 등의 효과가 있다. • 안지오텐신 전환효소 억제제의 부작용은 저혈압, 마른 기침, 콩팥기능 저하 등이다.
안지오텐신 수용체 차단제 (Angiotensin Receptor Blockers; ARB)	• 혈관벽에 존재하는 안지오텐신 Ⅱ 수용체를 차단하여 혈관 확장, 이뇨 증가, 혈관저항을 낮춰 심부전을 예방한다. • ARB 약제로는 candesartan(atacand), losartan(cozaar), valsartan(diovan)이 있다.
β교감신경 차단제	β차단제는 카테콜아민의 작용을 직접 억제하여 심장부담을 경감시킨다. 많이 사용되는 β차단제는 bisoprolol, metoprolol, carvedilol 등이 있다. 안지오텐신 전환효소 억제제, 강심제, 이뇨제와 병용하는 경우에는 치료는 서서히 시작하며 환자의 상태에 따라 2주에 한 번씩 약물의 용량을 서서히 증가시킨다. 대표적인 부작용은 어지러움과 부종 등으로 환자 교육과 관찰이 필요하다.

이뇨제(전부하 감소)	• 폐울혈을 동반한 심부전에서는 전부하를 감소시키기 위해 이뇨제를 투여함으로써 정맥환류량을 줄인다. 이뇨제를 단기간 투여하면 수분과 염분저류에 의한 심부전의 증상과 전신부종을 완화시켜 운동능력을 향상시키나 장기 투여 시에는 콩팥에 잠정적인 위험을 초래할 수 있다. 염분 제한과 ACEI, digitalis와 심근수축 촉진성 약물과 병용 투여하여 심부전 교정이 어려운 경우 추가적으로 할 수 없을 때에 사용한다. – 장기간의 이뇨제 사용은 전해질의 불균형과 신기능 장애를 초래하므로 이뇨제로 치료받는 환자에서는 전해질과 pH, 혈액요소질소의 변화를 주의 깊게 관찰한다. 이뇨제는 수면시간을 방해하지 않도록 이른 아침에 투여하는 것이 좋다. • Thiazide 이뇨제: 원위 세뇨관에서 Na^+과 수분의 재흡수를 막고 칼륨의 배설을 증가시키며 경한 심부전 시에 투여한다. 저칼륨혈증을 유발하므로 주기적으로 혈청 전해질 검사를 시행하고 칼륨을 보충한다. 바나나. 복숭아, 오렌지, 토마토, 시금치 등 칼륨이 많이 함유된 음식을 먹는 것이 좋다. • Loop 이뇨제: Henlen 고리의 상행에서 loop에서 Na^+ 재흡수를 막고 K^+ 배설을 증가시킨다. 심한 심부전 시 사용, furosemide(lasix) 등 강력한 이뇨제를 정맥주사하여 급속히 체액량을 감소시켜 혈전형성을 촉진하므로 주의한다. • 칼륨보충 이뇨제: 원위 세뇨관에 작용하여 Na^+이온과 K이온을 교환하고 Na^+이온의 재흡수를 억제함으로써 K이온을 보유한다. spironolactone(aldacton) 고칼륨혈증을 유발시킬 수 있으므로 신질환이 있는 사람에게는 피하는 것이 좋다.
혈관확장제	• 말초혈관의 평활근을 이완시키고 전신혈관저항을 낮춰 심장의 과도한 전부하, 후부하를 감소시킨다. 그 결과 폐울혈 증상이 완화되고 심박출량이 증가된다. • NTG, hydralazine, phentolamine

13 치료 및 보건지도

• 가스 교환 증진과 조직의 산소화
 – 산소공급 – 불안 제거 – 기관지경련 완화
• 전방 과부하 감소
 – 이뇨제 – 체위 – 윤번지혈대
• 후방 과부하 감소
 – 혈관확장제 – digitalis – β교감신경 효능제

(1) 가스 교환 증진과 조직의 산소화

산소공급	• 폐포가 부종액으로 차게 되면 가스 교환장애로 저산소증과 호흡곤란이 온다. 그러므로 조직의 산소화를 돕기 위해 40~60%의 산소를 6~9L/분의 속도로 적어도 PO_2가 60mmHg 이상이 될 때까지 공급한다. • 심한 저산소증이 계속되면 인공호흡기를 통해 산소를 공급하게 된다.
불안 제거	• 모르핀 2~5mg을 정맥주사하여 필요하면 10~15분마다 투여한다. 모르핀은 조직의 산소 요구량을 줄인다. • 환자의 심리적 불안을 경감시켜 동맥과 정맥에 대한 교감신경계의 혈관수축 작용을 줄이고 대혈관의 용적을 증가시켜 폐로의 정맥환류를 감소시킨다. • 단, 호흡억제 작용이 있으므로 호흡 상태를 주의 깊게 관찰하여 분당 호흡 수가 12회 이하일 때는 투약을 중지한다.
기관지경련 완화	심한 기관지경련을 감소시키고 심박출량과 콩팥 순환 및 나트륨과 수분 배설량을 증가시키기 위해 theophyline을 수액에 희석시켜 천천히 정맥 주사한다.

(2) 전부하(용적부하) 감소

이뇨제	• 급성 폐수종 환자에게 이뇨제를 투여하여 정체된 수분을 제거함으로써 순환 혈량을 줄이고 폐울혈을 경감시키기 위해 강력하고 작용시간이 빠른 loop 이뇨제를 투여한다. • furosemide(lasix) 40~120mg을 정맥주사하여 신속하게 소변배설량을 높여 전방 과부하를 감소시킴으로써 폐수종을 완화시킨다.
체위	• 심장 확장기 때 좌심실로 돌아오는 정맥 환류량(전방부하)를 줄이고 호흡곤란을 경감시키기 위해 환자의 체위를 반좌위나 좌위를 취해 준다. • 이 체위는 횡격막을 하강시키고 흉부 확장으로 폐신장성을 높여주므로 숨쉬기가 훨씬 편해진다. • 특히 침상 아래로 다리를 내리고 앉아 있는 자세는 심장과 폐로 가는 정맥귀환을 줄이는데 도움이 된다.
윤번지혈대	• 부드러운 고무 지혈대나 혈압계의 커프로 3사지를 가능한 윗부분에서 묶은 후 매 15분마다 묶지 않은 사지를 교대하여 같은 방향으로 돌아가면서 감는다. • 순서대로 사지에 전부 3회씩 교대로 감으면 1회전을 하게 되며 결과적으로 한 사지는 15분의 휴식과 45분의 억제를 받게 된다. • 심장으로의 정맥환류량을 줄임으로써 폐울혈 상태를 경감시킬 수 있게 된다. 너무 높은 압력으로 인하여 동맥혈이 완전히 차단되거나, 부주의로 지혈대의 회전에 실수를 범하게 되면 혈액순환장애로 괴사의 위험이 따른다. • 지혈대를 제거할 때는 감을 때의 방향으로 하나씩 풀어주며, 한꺼번에 제거하게 되면 사지에 울체되었던 혈액이 한꺼번에 심장으로 귀환함으로써 치명적인 위험을 초래할 수 있다.

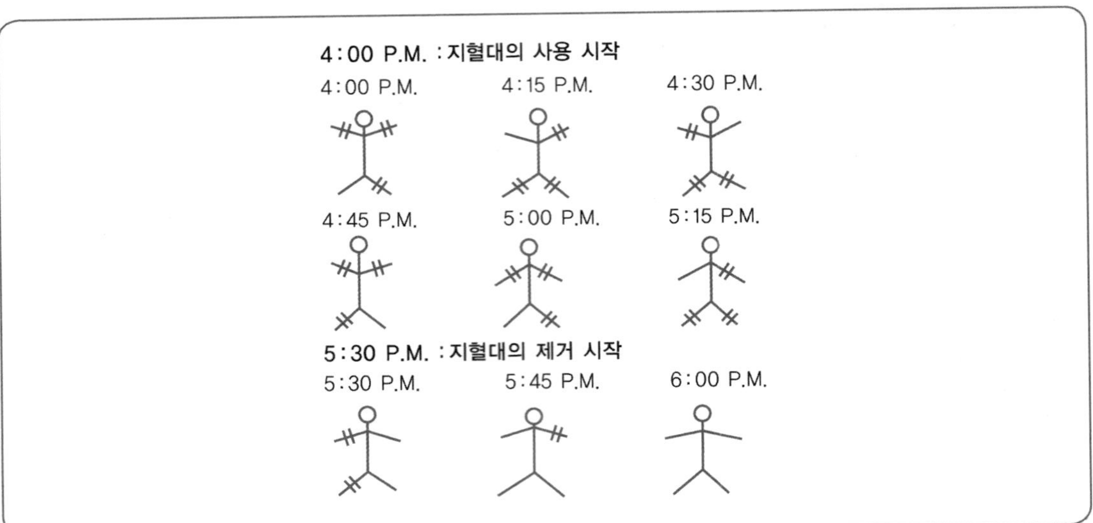

| 윤번지혈대 회전방향과 시간, 지혈대 제거의 순서 |

지혈대 사용 시 주의사항

① 지혈대는 일정한 방향(시계 바늘 방향)으로 감는다.
② 1회 회전에 45분 이상 초과하지 않는다.
③ 지혈대 사용절차에 대한 그림을 도식화한다.
④ 지혈대 사용으로 인한 피부자극을 줄이고 피부상태를 관찰한다.
⑤ 지혈대 제거는 회전방향과 시간에 따라 하나씩 제거한다.

(3) 후부하(압력부하) 감소

혈관확장제	후부하는 대동맥압과 말초혈관저항에 의해 결정되므로 좌심실의 심박출량을 증가시키면 후부하가 감소되고 전신혈관저항도 낮아져 폐울혈이 경감된다.
digitalis	심근의 수축력 강화로 심박출량을 증가시키면 혈액순환이 증진되고 따라서 폐울혈이 경감되므로 이를 위해 사용한다.
교감신경 효능제	심근수축력을 높이기 위해 디기탈리스가 유용하나 중증 심부전에서는 도파민이나 도부타민을 천천히 정맥으로 투여한다.

14 심부전 재발 예방을 위한 대상자 교육

재발 예방	• 정신적 · 신체적 안정 • 염분 제한 식이: 허용 식품과 제한 식품 알기, 약물 염분 포함량 확인(제산제, 기침약 등) • 약물요법: digitalis제, 이뇨제, 혈관확장제 투여를 잊지 않도록 함 • 피로와 호흡곤란이 없는 범위 내 적절한 운동, 진행적 운동 • 적절한 체중 유지 • 감염 예방 • 커피와 담배 등의 자극적 식품 제한 • 재발 증상 관찰: 호흡곤란, 부종, 기침, 야간 빈뇨, 체중 증가, 식욕 상실 • 정기적인 병원 방문

15 합병증 관리: 급성 폐수종

급성 폐수종 진행 과정	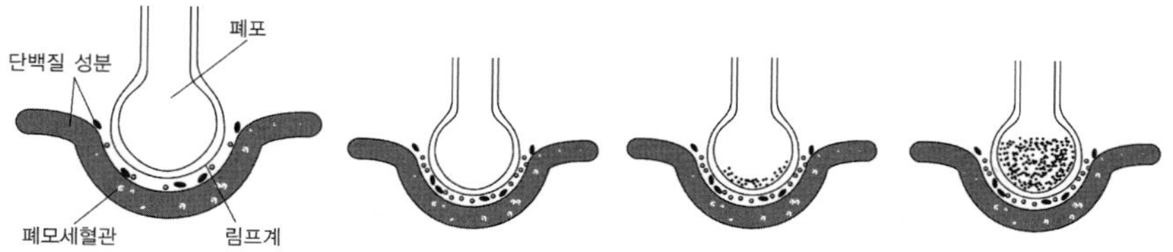 폐포, 단백질 성분, 폐모세혈관, 림프계 A. 정상폐포와 모세혈관 B. 증가된 폐모세혈관 정수압으로 인해 체액이 혈관에서 폐간질강으로 이동 C. 혈관과 림프계로 체액을 재이동시키기 위해 림프액의 흐름이 증가 D. 림프액의 이동이 원활치 않아 좌심실 부전이 악화되어 체액이 간질강과 폐포로 이동
급성 폐수종 진행을 판단할 수 있는 주요 증상	호흡 시 수포음, 습성나음, 호기 시 천명음, 객담을 동반한 기침, 거품이 섞인 분홍색 객담, 피로, 빈맥, 불안, 청색증, 경정맥 울혈, 기좌호흡
위험요인	고혈압성 심질환, 죽상경화증, 판막질환, 심근경색증, 심근증
간호	규칙적인 운동, 과도한 수액주입 제한, 좌위, 정서적 지지
치료	정맥절개술, 약물, 간헐적 양압호흡

| 울혈성 심부전 정리: 전부하/후부하 증가, 심근수축력 감소 |

우	좌
폐질환/삼첨판막/좌심부전	고혈압, 승모판막질환/대동맥판막질환
• 부종, 경정맥 확장, 중심정맥압 상승 • 식욕부진, 소화불량, 오심, 간비대, 체중 증가 • 요량 저하, 야뇨증	• cheyne-stokes 호흡 • 피로, 호흡곤란, 기좌호흡, 누우면 숨쉬기 힘듦 • 사지냉감, 야간발작성 호흡곤란
치료	**간호**
➲ 심근수축력 증가 • digitalis • dopamine, dobutamine	• 좌위, 안정 • 염분제한 • morphine: 불안 감소
➲ 심근작업량 감소 • 이뇨제(lasix, chlorothiazide, aldactone) • 혈관확장제(hydralazine) • ACE 억제제	• 식초, 레몬, 파, 생강, 마늘, 향신료 허용 • 정맥절개술 • morphine, digitalis, furosemide(lasix)
합병증(🚨 급성 폐부종 예방) • 급성 폐부종: 분홍빛 거품이 많은 가래	-

02 염증성 심장질환

1 류머티즘열(rheumatic fever) [1995 · 1996 · 2014 기출]

(1) 특징

정의	• A군 β용혈성 연쇄상구균 감염(group A, β hemolytic streptococcus)에 의한 상기도 감염 후 일어나는 과민성 반응으로, 연쇄상구균에 의한 항체반응이 자가조직인 결합 조직을 선택적으로 공격하는 자가 면역 반응에 의한 광범위한 염증성 질환 • 발열, 다발성 관절염, 심염 등을 특징으로 하는 심장에 영구적 판막 손상을 초래하는 급·만성 염증과정 • 심장, 관절, 신경계, 호흡기계의 결체조직을 침범하는 교원질성 질환
원인	• 그룹 A 베타-용혈성 연쇄상구균(group A, β-hemolytic streptococcus)에 의한 감염 이후 개체의 감수성에 따른 연쇄상구균의 감염 후에 나타나는 과민반응(연쇄상구균의 양성 환자 중에서 2~3%) • 류머티즘열은 그룹 A 베타-용혈성 연쇄상구균의 침범을 받은 1~5주(보통 2~3주) 후에 발병됨
개체의 감수성	• 5~15세가 90%를 차지 • 유전적으로 감수성이 있는 숙주에서 질병이 유발됨 • 사회 저소득층의 빈곤, 불충분한 식사, 인구 밀집 지역 거주자, 춥고 습기가 많은 지역

<table>
<tr><td rowspan="3">병태생리
[2014 기출]</td><td>항체반응</td><td>• 그룹 A 베타-용혈성 연쇄상구균(group A, β-hemolytic streptococcus)에 의한 감염 이후(2~6주) 감마글로불린이 자가 항원에 대한 항체 형성
→ 면역복합체 형성
• 심장, 관절, 신경계, 호흡기계의 결체조직을 침범</td></tr>
<tr><td>아소프스 소체
(Aschoff rheumatic's bodies)</td><td>• 결체 조직인 뇌, 심장, 관절, 피부, 피하조직에 염증을 일으킴
• 심근과 판막 주위에 아소프스 소체가 형성되며 심근에 반흔 조직을 형성
• 염증성, 출혈성, 원형의 병변이 생겨서 붓고 분열되며 결체조직에도 침범하여 변형시킴
→ 심장, 혈관, 장액성 표피, 관절, 흉막에서 관찰
• 심근과 판막 주위에 아소프스 소체(Aschoff rheumatic's bodies)가 형성되며 심근에 반흔 조직을 형성</td></tr>
<tr><td>판막 손상</td><td>• 심장판막은 승모판(70~80%), 대동맥판(30%), 삼첨판(10~15%)의 순서로 많이 침범됨
• 손상된 판막이 비후되거나 짧아져서 판막이 꼭 닫히지 않는 판막 폐쇄부전이 발생되고 이로 인해 혈액의 역류현상이 나타남
• 류머티즘성 심장질환은 재발률이 높아 류머티스열이 반복되면 손상된 심장의 판막(승모판, 대동맥판)을 반복 침범함. 이로 인해 심판막의 염증이 재발하고 반흔이 깊어져 심장 판막에 영구적 손상이 형성됨
→ 판막 협착증, 역류증을 초래하고 심장 부담으로 심부전 유발</td></tr>
</table>

(2) 존스(Dr. T. D. Jones)의 진단 [2014 기출]

<table>
<tr><td rowspan="3">류머티즘열의 진단을 위한 기준</td><td colspan="2">대증상 중 2개 이상, 혹은 1개와 소증상 중 2개의 증상이 나타날 때 rheumatic fever로 진단 (Jones 기준)</td></tr>
<tr><td>대증상 발현</td><td>소증상 발현</td></tr>
<tr><td>• 심염
• 다발성 관절염
• 윤상홍반
• 피하결절
• 무도증</td><td>• 과거력
- 류머티즘열, 류머티즘 심질환의 병력
- 관절통
• 현재 열(present fever)
• 임상검사
- 혈청 ASO titer 상승
- 백혈구증가증
- 적혈구 침상속도 상승
- 인후배양 양성, 심전도
- C-반응단백 양성
- PR간격 지연</td></tr>
</table>

류머티즘열 침범 기관 및 증상		• 관절: 이동성 다발성 관절염 • 심장의 비화농염: 심내막염 → 판막증/심근염/심막염 • 피부: 윤상홍반, 피하결절 • 신경계: 잦은 무도병
대증상 발현	다발성 관절염 (70%)	**➲ 류머티즘열의 가장 흔한 징후** • 이동성 관절염 & 이동성 통증: 염증이 한 관절에서 시작하여 3~4일 후에는 다른 관절로 옮겨가는 이동성 관절염의 특징을 보임 • 관절조직에 부종, 염증, 액체의 축적이 발생함 • 통증의 정도는 다양하며 거의 모르고 지날 정도로 경미하거나 심한 경우도 있음 • 다발성 관절염은 큰 관절에 잘 생기며 한 환자가 평균 5~6개의 관절이 침범되고 관절염 증상은 약 2~3주 정도 지속됨 • 주로 침범되는 관절은 무릎관절이며 그 외 발목, 어깨, 팔, 손목의 관절에 교대로 나타남 • 관절은 발적되어 부어오르며 관절강 내에 삼출액이 고이고 통증을 호소함(1~2주 지속). 그러나 관절의 영구적인 변형이나 강직을 남기지는 않음
	심장염	• 류머티즘열 환자의 50~60%에서 급성 류머티즘 심장염을 일으키며 류머티즘열에서 두 번째로 흔한 징후임 • 심장염은 열과 오한, 심잡음이 특징적 증상이며 환자에 따라 근육통, 전신 허약, 식욕부진 등 다양한 증상을 보임. 심부정맥으로 사망할 수도 있음 → 류머티즘열의 모든 증상은 치료하면 다 사라지나 심장염만은 남게 되어 이후 심장판막에 영구적인 손상을 가져옴 • 승모판에서 가장 흔하게 발생함
	피하결절	• 특수한 임상소견으로 건삭이나 골막에 느슨히 붙는 소결절로 발병하고 수주 후에 나타나며 심장염이 있는 환자에게 주로 발생 • 결정의 크기와 분포 상태는 질환의 정도에 따라 다양한데 작은 것은 바늘 끝만 하고, 큰 것은 완두콩만 하며 1~2cm보다 큰 것은 드묾 • 결절은 팔목이나 무릎, 손가락, 손목, 발가락, 발목, 어깨에 흔히 대칭성으로 발생함 • 작고 단단하며 압통은 없고 부종이 있음 • 소결절은 투명한 잿빛이며 촉진하면 단단하게 만져지고 움직이며 발적이나 통증 등은 없음 → 류머티즘열의 증상에 따라 사라졌다가 새로운 부위에 하나씩 혹은 여러 개가 한꺼번에 나타났다 사라지기도 함. 보통 질병의 초기 혹은 첫 주 동안에 발생되어 수주일 동안 계속되기도 함 • 흔하진 않지만 발, 발꿈치, 머리, 견갑골, 척추 등의 뼈가 튀어나오는 것을 볼 수 있음

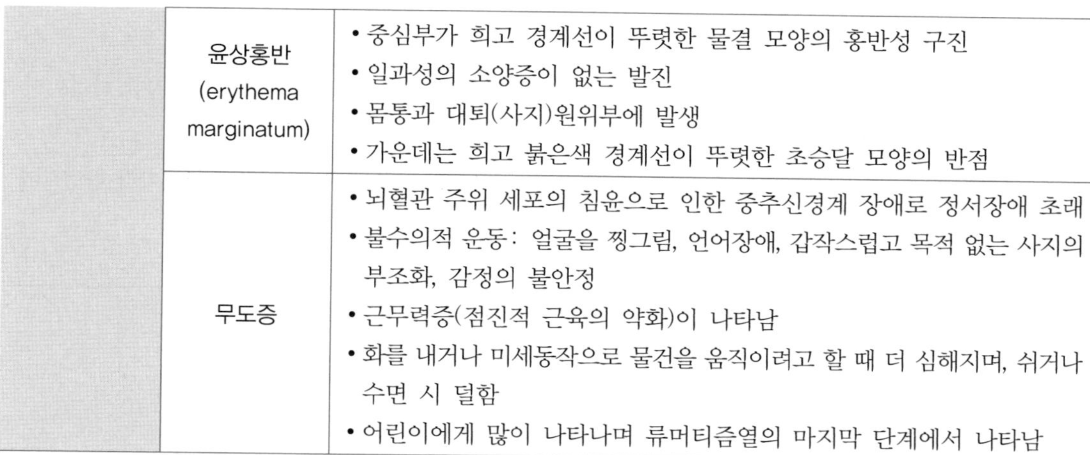

	윤상홍반 (erythema marginatum)	• 중심부가 희고 경계선이 뚜렷한 물결 모양의 홍반성 구진 • 일과성의 소양증이 없는 발진 • 몸통과 대퇴(사지)원위부에 발생 • 가운데는 희고 붉은색 경계선이 뚜렷한 초승달 모양의 반점
	무도증	• 뇌혈관 주위 세포의 침윤으로 인한 중추신경계 장애로 정서장애 초래 • 불수의적 운동: 얼굴을 찡그림, 언어장애, 갑작스럽고 목적 없는 사지의 부조화, 감정의 불안정 • 근무력증(점진적 근육의 약화)이 나타남 • 화를 내거나 미세동작으로 물건을 움직이려고 할 때 더 심해지며, 쉬거나 수면 시 덜함 • 어린이에게 많이 나타나며 류머티즘열의 마지막 단계에서 나타남

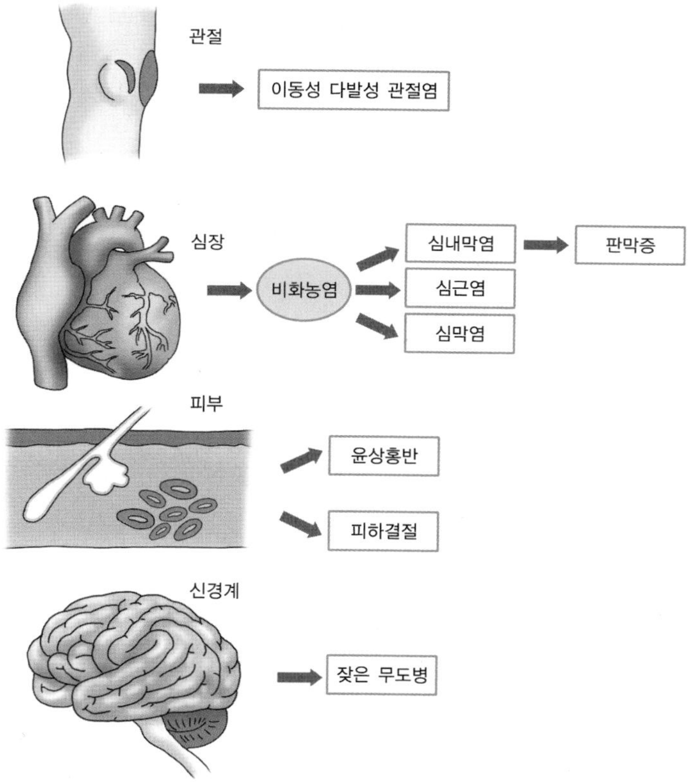

관절
이동성 다발성 관절염
심장
비화농염
심내막염
판막증
심근염
심막염
피부
윤상홍반
피하결절
신경계
잦은 무도병

| 류머티즘열 침범기관 및 증상 |

(3) 소증상 발현

과거력	과거 류머티즘열이나 류머티즘 심염을 앓았는지, 다발성 관절통이 있었는지를 사정한다.
관절통	-
발열	대부분 이장열: 갑작스런 열, 체온 상승과 하강의 변화가 크다. 열형이 환자마다 다양하게 미열(37~38℃)에서 고열(40~41℃) 등으로 나타난다.
복통	간의 종창으로 인해 나타날 수 있다.
기타	비출혈, 허약감, 피로, 창백, 식욕감퇴, 체중 감소 등
임상적 검사 소견	• ESR: 대부분 상승된다. • WBC: 15,000~30,000/mm² • C-반응단백(CRP): 양성 • 심전도 소견: P-R간격 지연, 불규칙한 리듬, 심방세동
연쇄상구균 감염에 대한 증거	• 인후분비물 배양: 활동성 류머티즘열 환자의 50%에서 group A, β-hemolytic streptococcus가 발견된다. • 혈청 ASO(antistreptolysin O) titer 상승: 85~90% 환자에서 상승된다. 양성은 연쇄상구균의 항원에 대한 항체를 형성함을 의미한다. ASO는 200U/ml를 기준으로 하며 감염 수일 후부터 증가하기 시작하여 3주 후에 가장 높은 수치를 보이며 수개월에 걸쳐 서서히 하강된다.

(4) 치료 및 보건지도

침상 안정	• 급성열성 질병이 경과하는 동안 신체의 대사 요구를 최소화 • 체온 정상, 맥박 100회/분 이하, 심전도에서 심근 손상 징후가 사라지고, 백혈구 수와 적혈구 침강 속도가 정상으로 돌아올 때까지 침상 안정
식이요법	• 고단백, 고탄수화물, 고비타민 식이 • 발열로 인한 탈수를 방지하기 위해 충분히 수분을 섭취 • 심한 심염이나 심부전 증상이 있으면 저염 식이와 수분 섭취를 제한
약물요법	• 항생제: penicillin 등의 항생제를 연쇄상구균 제거 위해 10일 이상 투여 • salicylates: 아스피린 투여 → 열을 내리고 관절통을 치료하며 염증도 치료됨(오심·구토, 과호흡, 혈소판작용으로 출혈 등의 부작용을 관찰하고 소화계독작용을 없애기 위해 제산제와 함께 복용) • steroids: 심염과 판막에 문제가 있는 경우 prednisone의 항염증 작용으로 증상 호전 • 진정제, 항경련제: 무도병의 증상을 완화

<table>
<tr><td rowspan="4">대증요법</td><td>심염</td><td>안정, 이뇨제, 염분제한 식이, 저칼로리 식이, prednisone(판막 침범)</td></tr>
<tr><td>관절염</td><td>진통제 투여(salocylate : 확진 전까지 사용 ×), 크레들 사용, 마사지 ×</td></tr>
<tr><td>무도증</td><td>안전/안정, 결국 없어짐을 교육, 불수의적 움직임이 있음을 교육</td></tr>
<tr><td>재감염 방지</td><td>• 항생제 장기간 투여, 상기도 감염 방지
• 열이 나는 임파절 종창 및 동통, 편도선염 등을 항생제로 조기 치료</td></tr>
<tr><td rowspan="2">재발 방지</td><td>1차 예방</td><td>• 연쇄상구균에 의한 상기도 감염을 적절히 치료하는 것
• 류머티즘열 발생 시 연쇄상구균에 잘 듣는 항생제(페니실린)로 충분히 치료하면 1차적으로 예방할 수 있음
• 열이 나며 목이 아파하는 연쇄상구균성 편도선염 또는 인후염 환아는 10일간 항생제를 투여함</td></tr>
<tr><td>2차 예방</td><td>한번 걸린 사람은 재발이 쉬움 : 5년 안에 재발 多
→ 재발 방지 : 예방적 항생제 요법
• 매달 한 번씩 penicillin을 근육주사
• 경구용 penicillin을 하루에 두 번, sulfadiazine을 하루에 한 번 투여</td></tr>
<tr><td>합병증 및 예후</td><td colspan="2">• 류머티즘열에 한번 걸린 사람은 다시 재발하기가 쉬우며 특히 류머티즘열에 걸린 후 5년 내 일어나기가 쉬움
• 치료 시 일반적으로 양호하나 반복되는 감염(재발)은 판막협착이나 역류를 일으켜 울혈성 심부전을 초래하여 사망의 원인이 되므로, 재발되지 않도록 예방적 항생제 요법을 하는 것이 중요함</td></tr>
<tr><td>학령기에 호발하는 류머티즘열의 중요성</td><td colspan="2">• 한번 류머티즘열에 걸린 사람은 재발이 잘 됨
• 심염의 증상이 반복되는 경우 판막에 승모판 협착이나 역류를 일으켜 울혈성 심부전을 초래하고 사망의 원인이 되기 때문에 중요함</td></tr>
</table>

2 심내막염(endocarditis) [1996 기출]

(1) 특징

<table>
<tr><td>정의</td><td colspan="4">심내막의 삼출성과 증식성의 염증성 변화</td></tr>
<tr><td rowspan="4">세균성 심내막염의 형태</td><td></td><td>급성 세균성 심내막염</td><td colspan="2">아급성 세균성 심내막염</td></tr>
<tr><td>원인균</td><td>황색 포도상구균
(staphylococcus aureus)</td><td colspan="2">용혈성 연쇄상구균
(α-hemolytic streptococcus)</td></tr>
<tr><td rowspan="2">감염 경로</td><td rowspan="2">정상 판막에서 발생하며 화농성 병소(피부)에서 심장으로 전파되거나 오염된 바늘 사용 등의 부주의적 행동으로 약물 중독자에게 발병</td><td>구강수술</td><td>• 편도선, 신장, 잇몸, 치아의 염증, 폐의 급성 감염 후
• 강한 칫솔질, 사탕을 씹을 때 받는 자극, 오염된 바늘, 투약 시 부주의로 인한 약물중독자에게 올 수 있음
• 구강 수술, 상기도 수술, 비뇨계 및 위장계 수술, 심장 수술 또는 카테터를 이용한 혈액 투석이나 혈관 내 검사 및 정맥주입</td></tr>
<tr><td>판막질환, 수술</td><td>• 선천성 심질환이나 판막질환, 인공 혈관, 인공 판막수술을 받은 사람에서 흔히 발생
• 심장수술 후(특히 인공판막이 사용될 때) 속발되며 59%의 치사율을 보임</td></tr>
</table>

(2) 병태생리

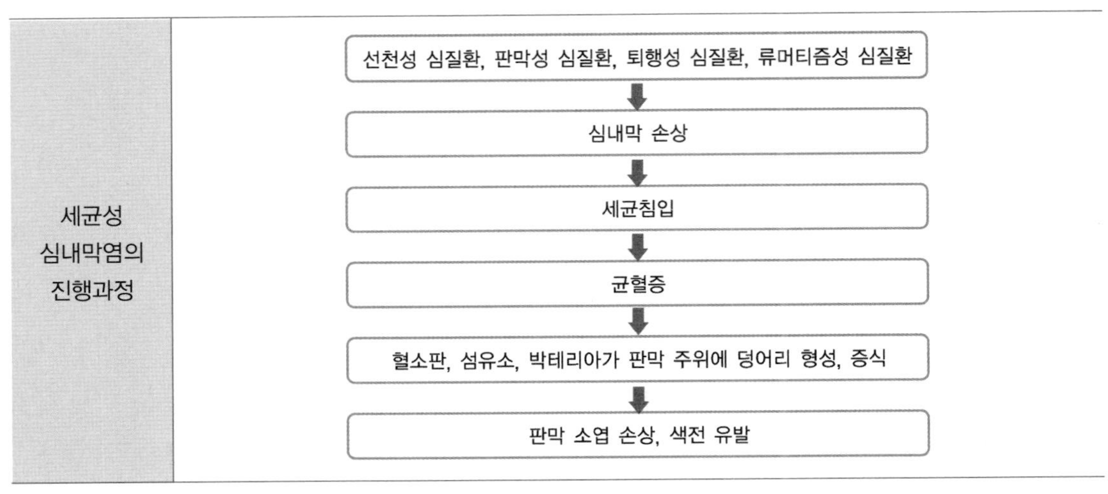

병태생리		
병태생리	심내막염	선천적 심장 결손, 류머티스성 심질환, 판막 기형에 심실 내 불규칙한 혈액 흐름이 생겨서 심내막이 손상을 받기 쉬움. 균이 혈액 내에 있으면 손상된 심내막에 쉽게 세균이 침입하여 세균, 백혈구, 혈소판, 섬유소가 섬유종 증식인 병적 결절(vegetation)로 승모판을 비롯한 판막을 침범하여 손상됨. 이러한 침범이 가장 흔한 경우임
	색전	섬유종 증식인 병적 결절이 떨어져 나가 색전을 만들며 색전은 혈류를 통해 다른 장기의 동맥에 색전으로 장기를 광범위하게 손상을 초래함

(3) 증상

세균 감염으로 인한 증상 (염증반응)	고열, 오한, 발열, 식욕부진, 피로, 두통, 근육통	
심장 침범으로 인한 증상 (판막손상 증상)	심잡음, 빈맥, 진행되면 손발가락의 고상지두, 창백, 관절의 부종, 통증, 관절염, 점상출혈, 심첨부와 수축기성의 심잡음	
색전으로 인한 증상	비장 경색	갑작스러운 복통, 왼쪽 어깨로 방사통, 반동성 압통
	신장 경색	옆구리의 통증, 서혜부 방사통, 혈뇨, 농뇨
	뇌경색	일과성 뇌허혈, 뇌졸중, 혼미, 언어장애
	폐색전	기침, 빈맥, 빈호흡, 늑막 통증
세균성 심내막염에서 나타나는 피부병변	Osler 결절	손가락, 발가락의 완두콩 크기의 압통결절
	Janyway 결절	발바닥 손바닥의 작은 출혈부위, 무통의 적색병변, 편평한 반점
	점상출혈	피부, 점막(구개, 결막)의 점상출혈, 손톱 및 출혈
	Roth's spot	망막에 작은 붉은색 점
말초합병증	점상출혈(petechiae, 작고 붉은 편평한 반점), 손톱의 선상출혈 등	
심부전증	병적 세균증식은 심장의 판막침범으로 급성 판막역류	

(4) 치료 및 보건지도

구분	내용
원인제거	항생제: 혈액배양으로 원인균 규명, 항생제 민감도 검사 통해 적절한 항생제 선택 → 페니실린, 에리트로마이신 적어도 4주 이상 적용
대증요법	• 침상안정, 휴식, 충분한 수분 섭취 • 심부전(판막침범에 의한) 강심제, 이뇨제, 저염 식이 • 다른 기관의 전색 시 항응고제를 조심스럽게 사용하고 출혈 위험에 주의해서 사용

지지요법	• 구강위생: 용혈성 연쇄상구균 감염은 구강 내 세균 및 상기도감염 등으로 발생 • 예방적 항생제: 치과치료, 호흡기 검사 및 수술, 위장 또는 비뇨생식기 처치 및 수술, 심장수술을 받는 경우 시술 전후로 예방 차원에서 치료 받도록 함 • 호흡기 증상 관찰 및 접촉 제한(호흡기 감염 있는 사람과 접촉 피함)
수술	• 동맥 내 색전이 발생되었거나 구조적 병변이 있는 경우 이를 교정하기 위해 시행 • 세균성 감염으로 인한 판막 제거, 심장의 선천적 단락 제거

(5) 예방

예방적 항생제	• 일시적 균혈증의 원인으로 수술을 받은 민감한 환자(류머티즘성이나 울혈성 심부전증)에게는 예방책으로 항생제 제공 → 페니실린이나 erythromycin • 치아의 처치, 구강 수술, 기관지경 검사, 생식비뇨계의 기계 사용, 하부 장관계의 수술, 출산 등
구강간호	구강간호와 청결교육, 잇몸 보호와 충치 예방의 중요성 교육 • 용혈성 연쇄상구균 감염은 구강 내 세균 및 상기도 감염 등으로 발생
무균술	-
재발증상교육	오한, 발열, 식욕부진, 피로, 체중 감소
심부전 시	판막기능 저하로 심박출량 감소에 의한 심부전 시 강심제와 이뇨제 투여, 저염식 제공
정보 제공	질병에 대한 스트레스와 공포, 불안을 경험하지 않도록 필요한 정보 제공

03 기계적 심장질환 - 선천성 심장질환

1 개요

정의	선천성 심장질환(congenital heart disease)이란 출생 시에 심장이나 대혈관의 구조적 기형 상태를 의미한다.
선천성 심장질환의 형태 [1992 · 1993 · 1994 · 1996 · 2003 · 2023 기출]	① 동맥관 개존증 ② 심방 중격 결손증 ③ 심실 중격 결손증 ④ 대동맥 협착증 ⑤ 대혈관 완전 전위증 ⑥ Fallot씨 4증후 🚨 이 중 ①, ④, ⑤는 영아기나 사춘기 전에 치료나 수술이 필요한 질환이다.

구분		내용
선천성 심질환 유형	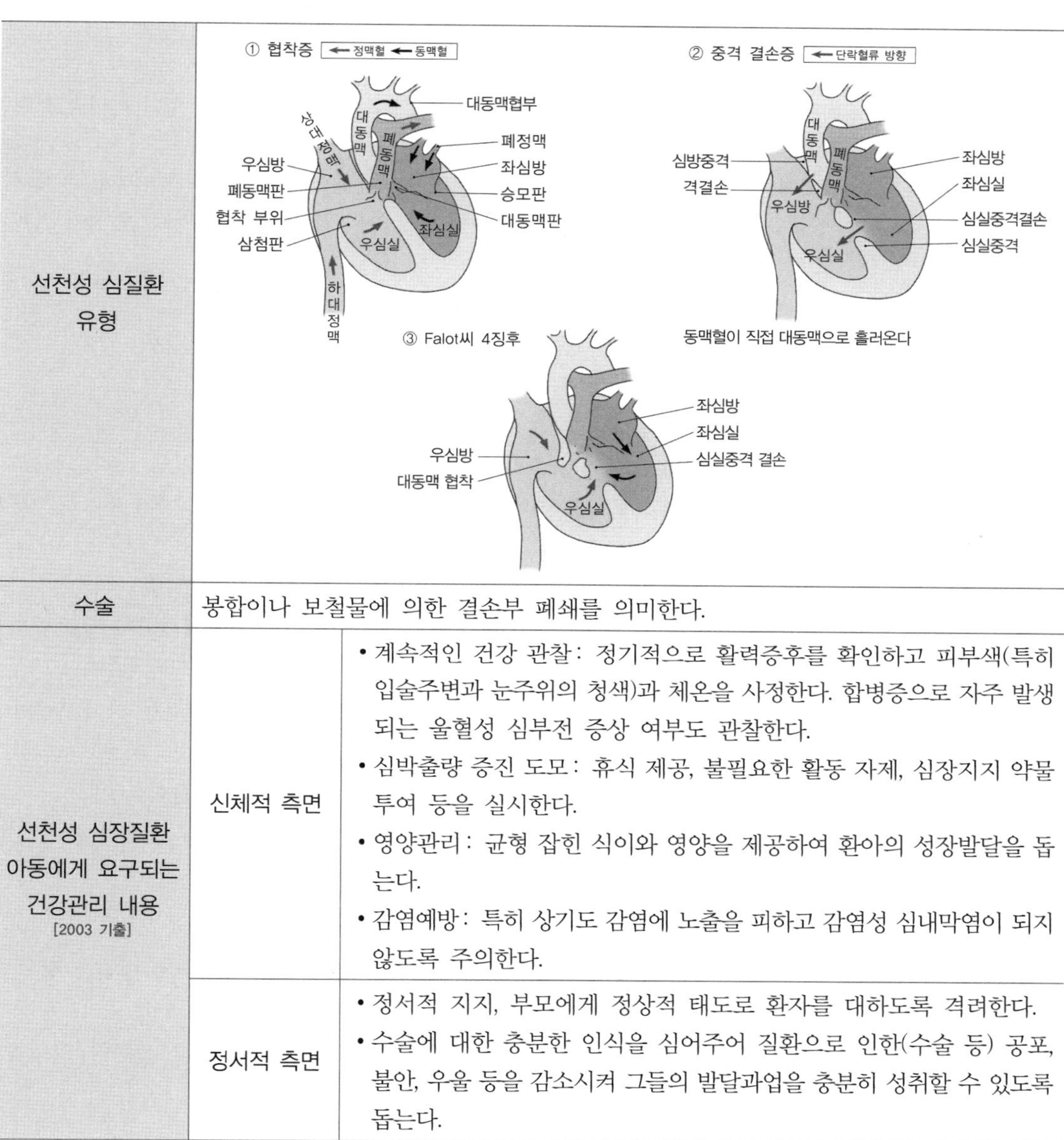	
수술	봉합이나 보철물에 의한 결손부 폐쇄를 의미한다.	
선천성 심장질환 아동에게 요구되는 건강관리 내용 [2003 기출]	신체적 측면	• 계속적인 건강 관찰: 정기적으로 활력증후를 확인하고 피부색(특히 입술주변과 눈주위의 청색)과 체온을 사정한다. 합병증으로 자주 발생되는 울혈성 심부전 증상 여부도 관찰한다. • 심박출량 증진 도모: 휴식 제공, 불필요한 활동 자제, 심장지지 약물 투여 등을 실시한다. • 영양관리: 균형 잡힌 식이와 영양을 제공하여 환아의 성장발달을 돕는다. • 감염예방: 특히 상기도 감염에 노출을 피하고 감염성 심내막염이 되지 않도록 주의한다.
	정서적 측면	• 정서적 지지, 부모에게 정상적 태도로 환자를 대하도록 격려한다. • 수술에 대한 충분한 인식을 심어주어 질환으로 인한(수술 등) 공포, 불안, 우울 등을 감소시켜 그들의 발달과업을 충분히 성취할 수 있도록 돕는다.

2 비청색증형 심질환의 개요

<table>
<tr><td>정의</td><td colspan="2">• 폐와 전신순환 사이에 비정상적인 연결이 없고, 또 그러한 연결이 있다 하더라도 혈액이 동맥으로부터 정맥으로 가도록 압력을 받음(좌-우 단락)
• 정맥혈의 동맥혈 유입보다는 동맥혈이 다시 폐순환에 유입되거나 혈액유출의 폐쇄
→ 혈액유출 폐쇄가 심해져 난원공이나 동맥관 등이 열려 산소가 부족한 혈액이 전신순환으로 유입되면 청색증 발생</td></tr>
<tr><td>병태생리
(좌-우 단락)</td><td colspan="2">• 좌-우 단락 → 폐혈류 증가
→ 우심과 좌심 사이나 대동맥과 폐동맥 사이에 개구부가 있는 경우
• 좌심 쪽의 압력이 더 크므로 좌심의 혈액이 우심 쪽으로 이동
• 심방 중격결손, 심실 중격결손, 동맥관 개존증</td></tr>
<tr><td rowspan="6">종류</td><td>심실 중격 결손</td><td>선천성 심장기형 중 가장 흔함. 좌심실에서 우심실로 혈액이 유입되므로 우심실로부터의 폐혈류 증가</td></tr>
<tr><td>심방 중격 결손</td><td>좌심방과 우심방 사이에 통로가 생긴 경우 → 폐혈류 증가</td></tr>
<tr><td>동맥관 개존</td><td>폐동맥과 대동맥 사이의 동맥관이 생후 1~2개월에 폐쇄되지 않고 열려 있는 상태로 일부 혈액이 전신순환으로 가지 않고 폐로 역류됨</td></tr>
<tr><td>대동맥 협착</td><td>대부분 증세가 없고 신체 발육도 좋음. 심한 경우에는 운동 시 호흡곤란, 피로</td></tr>
<tr><td>폐동맥 협착</td><td>우심실, 우심방 정체를 초래하여 결국 전신 정맥의 울혈을 야기</td></tr>
<tr><td>대동맥 축착</td><td>혈관 내강이 좁아진 대동맥의 변형이 원인이 된 국소적 기형</td></tr>
<tr><td rowspan="2">심기형의 혈역학적 변화
(병리적 문제점)</td><td>좌-우 단락
[2017 기출]</td><td>• 폐혈류량의 증가 → 빈호흡, 호흡곤란, 폐부종
• 우심혈량의 증가로 우심의 부하 증가 → 심장비대</td></tr>
<tr><td>구조적 폐쇄</td><td>• 심장 내 밸브나 대혈관이 좁거나 막혀서 혈액 통과가 어려운 경우
• 폐쇄 이전 혈압은 상승, 이후 혈압은 저하됨 → 심부전</td></tr>
<tr><td>폐혈류량을 증가시키는 좌-우 단락의 대표적 심기형</td><td colspan="2">
<table>
<tr><th colspan="2">심질환</th><th>설명</th></tr>
<tr><td rowspan="2">심방 중격 결손</td><td>기형</td><td>심방 중격에 비정상적 틈이 있는 결손 발생</td></tr>
<tr><td>병태생리</td><td>좌-우 단락이 발생하여 우심에 혈류 증가(폐혈류 증가)</td></tr>
<tr><td rowspan="2">심실 중격 결손</td><td>기형</td><td>두 개의 심실 사이 중격에 틈이 있는 결손 발생</td></tr>
<tr><td>병태생리</td><td>좌심의 압 증가로 수축기 동안 좌-우 단락이 이루어져 폐혈류 증가</td></tr>
<tr><td rowspan="2">동맥관 개존증</td><td>기형</td><td>폐동맥과 대동맥을 연결하는 동맥관이 폐쇄되지 않음</td></tr>
<tr><td>병태생리</td><td>대동맥에서 폐동맥으로 좌-우 단락의 형성으로 폐혈류량 증가</td></tr>
</table>
</td></tr>
</table>

심실에서 혈액 유출의 폐쇄 (구조적 폐쇄)	• 혈액이 흐르는 곳이 해부학적으로 좁아져 흐름이 막힘 → 대동맥궁이 막히면 울혈성 질환, 폐동맥군이 막히면 청색증이 나타날 수 있음 (난원공으로 혈액 이동) • 대동맥궁 축착, 대동맥 협착, 폐동맥 협착	
	대동맥 축착	• 체순환혈량 감소와 관련된 문제 • 대동맥의 구경이 국소적으로 좁아져 결손(축착)의 근위부(머리, 상지)는 압력이 높고, 원위부(몸체와 하지)는 압력이 낮아짐 • 하지 혈압이 상지보다 낮고(상지혈압이 하지혈압보다 높음), 맥박도 약하게 만져짐 • 하지의 피부는 차고, 때로는 근경련이 나타나며 두통, 현기증, 졸도 비출혈의 증상을 보임
	대동맥 협착	• 대동맥 판막이 좁아지거나 협착되어 좌심실 혈류 저항, 심박출량 감소, 좌심실 비대, 폐동맥 울혈 발생 • 가장 두드러진 해부학적 특징은 좌심실의 비후로, 확장기말 압력 증가로 폐정맥과 폐동맥의 고혈압을 발생시킴 • 좌심실벽의 비대는 관상동맥관류를 방해하여 심근경색증의 원인이 됨 • 심근허혈과 심박출량의 저하로 갑작스런 사망을 초래할 수 있고 수술로도 정상판막과 같아지지 않음
	폐동맥 협착	• 폐동맥으로 나가는 입구가 좁아져 우심실이 비대되고 폐혈류는 감소 • 폐동맥으로 가는 혈류를 의미. 우심실, 우심방 정체를 초래하여 결국 전신 정맥의 울혈을 야기함
흔한 증상	• 수축기 박출성 잡음 • 호흡곤란 • 피로 • 빈번한 호흡기 감염 • 빈맥, 뛰는 듯한 맥박, 넓은 맥압 • 허약, 발육부전	

(1) 심실 중격 결손증(ventricular septal defect) [2017 기출]

정의	• 심실 사이의 비정상적인 개구부(좌－우 단락) • 손부의 크기는 아주 작은형(Roger 결손증)에서 매우 큰 결손형까지 다양함 • 압력이 높은 좌심실에서 압력이 낮은 우심실로 혈류가 흐르는 좌－우 단락이 생김 • 폐혈류 증가: 폐로 유입↑ → 심하면 Eisenmenger 증후군(학동기 이후 청색증, 호흡곤란, 흉통, 실신) • 크기가 다양, 작은 경우 스스로 닫히기도 함 • 흔히 폐동맥 협착, 대혈관 전위 동반
병태생리	• 좌심실의 압력이 높고 저항이 높기 때문에 혈류는 결손을 통해서 폐순환으로 들어감 • 증가된 혈액량은 수축 시 폐로 흘러 들어가고 결국 폐순환 저항을 증가시킴 • 좌－우 단락으로 생긴 우심실의 압력 증가와 폐순환 저항으로 인해 우심실의 근육이 비대해짐 • 우심실에서 증가되는 부하를 조절하지 않으면 우심방도 저항을 극복하기 위해 증대됨
혈역학적 현상	폐순환을 거쳐서 좌심방 → 좌심실로 돌아온 동맥혈의 일부가 심실 중격 결손(VSD, 화살표)을 통해서 우심실로 들어오고(좌－우 단락) 다시 폐동맥을 거쳐서 폐순환으로 들어감. 이렇게 해서 증가된 폐혈류가 다시 좌심방 → 좌심실 → 우심실 → 폐동맥으로 계속 순환하므로 결과적으로는 좌심방, 좌심실, 우심실, 폐동맥의 부담이 커져서 늘어나게 되며 우심실과 폐동맥의 압력이 높아지게 됨(폐동맥 고혈압)
증상	• 호흡곤란(생후 1~2개월에는 숨 쉬느라 수유를 잘 못함, 수유 시 식은땀, 빈맥, 다호흡, 손발이 차가움) • 특징적 심잡음 － S2 커짐 － 심첨부: 이완기 잡음 － 좌흉골연하부 범수축기 잡음 • 세균성 심내막염 • 폐혈관 폐쇄
진단	• 심잡음: 좌측 흉골하부에서 크고 거친 수축성 잡음 • 흉부 X-ray － 양쪽 심실과 좌측 심방비대 － 폐혈관이 두드러져 있는 심방비대 • 심전도: 좌·우 심실비대가 동반되기도 함
간호 및 치료	• 작은 결손 － 내과/외과 치료(－): 심내막염 예방 － CHF 시에는 디곡신 • 수술: 2~3세 • 합병증: CHF, 성장장애, 폐렴 반복 등

(2) 심방 중격 결손증(atrial septal defect)

정의	좌심방과 우심방 사이의 중격에 비정상적 개존을 의미함 • 2차 구형(ostium secundum type) – 결손부의 위치: 심방 중격의 상부 – 1개의 커다란 개구부 또는 몇 개의 작은 개구부 • 1차 구형(ostium primum type) – 결손부의 위치: 심방 중격의 기저부(큼) – 흔히 승모판이나 삼첨판의 변형을 동반 – 심실 중격의 상부에 작은 기형
증상	• 2차 구형: 결손부위가 커도 대부분 증상이 없음 • 1차 구형: 다음 사항이 해당되지 않을 때는 대개 증상이 없음 – 발육 부진 – 피로감 – 운동 시 호흡곤란 – 잦은 호흡기 감염
진단	• 심잡음: 크지는 않으나 수축기성 중등도의 방출형 잡음 • 흉부 X-선: 주 폐동맥, 우심방 및 우심실의 비대 • 심전도: 우심방 비대
치료	수술: 봉합이나 결손 후 폐쇄

(3) 동맥관 개존증

정의	• 여아 • 태생기에 유래한 대동맥과 폐동맥 사이의 연결이 남아 있는 경우 – 출생 후 1주일 이내 닫히지 않아 좌–우 단락 발생 – 대개 출생 후 10~15시간 안에 기능적 폐쇄 • 풍진증후군 시 가장 오기 쉬운 선천성 심질환
증상	➲ 체순환의 압력 > 폐순환 압력 → 좌–우 단락 • 대동맥에서 폐동맥으로 흐름 • 좌심에서 내보낸 혈액 폐순환으로 유입 → 좌심의 부담↑ → 폐순환 저항, 울혈 증가, 우심실 압력 증가/비대
진단	➲ 흉부 X-ray • 좌방/좌심 비대 • 폐혈관 음영 증가 • 폐고혈압증 있다면 우심실 비대
간호 및 치료	• 신생아나 미숙아에게 indomethacin 투여하면 동맥관이 닫힐 수 있음 • 수술

3 대동맥 협착(AS)

정의	• 남아 – 대동맥 판막이 좁아지거나 협착 → 좌심실 유출혈액에 저항이 생겨서 C/O 감소 • 좌심실 비대, 폐동맥 울혈 → 체순환 감소 – 좌심방압 증가, 폐정맥 상승, 폐부종 → 관상동맥 순환방해, MI
증상	• C/O 감소: 약한 맥박, 저혈압, 빈맥, 저혈압, 빈맥, 식욕부진, 현기증, 피로, 실신 • 흉통, 협심증 • 특징적 잡음: S2 분열 • 감염성 심내막염, 관상동맥부전, 좌심부전, 폐울혈
진단	• 흉부 X-ray – 좌심방/좌심실 비대 • 폐울혈
간호 및 치료	• 풍선판막성형술 • Ross 수술

4 폐동맥 협착(PS)

정의	• 폐동맥 입구가 좁아진 것 → 혈류에 저항 → 우심실 비대 → 폐혈류 감소 → 체순환 저하 • 폐쇄: 완전히 막혀 폐혈류 흐름 없고 우심실 크기 작아짐 • 우심방 압력 증가 → 난원공 다시 열림: 우–좌 단락 발생 → 청색증
증상	• CHF: 전신 정맥 팽대 • 청색증 • 특징적 잡음: S2 약화, 넓게 분열 • 감염성 심내막염 위험
진단	흉부 X-ray • 우심실 비대
간호 및 치료	• 풍선확장술 • 폐동맥 판막 절개술

5 청색증성 심질환의 개요

병태생리	• 청색증형 선천성 심장결손의 혈역학적 변화 • 산화되지 않은 정맥 혈액이 폐순환을 거치지 않고 전신 순환으로 흘러 들어감. 즉, 혈액이 전신성 순환으로 유입되는 폐와 전신성 순환 사이에 소통하는 것 • 청색증은 출생 시에 나타날 수도 있고 보통 생후 1년 후까지 나타나지 않을 수도 있음 → 아동이 성장함에 따라 심해지는 경향이 있음

종류	팔로 4증후군	폐동맥 협착, 심실 중격 결손, 우심실 비대, 대동맥 우위
	대혈관 완전 전위증	대동맥이 우심실로부터, 폐동맥이 좌심실로부터 나와 정상 위치가 뒤바뀌어 독립적으로 순환하는 청색증형 심질환. 다른 결손 즉 단락이 없으면 생명을 유지하기 힘듦
청색증을 초래하는 3가지 유형의 결손	① 폐동맥이 심하게 협착: 우−좌 단락 형성 ② 심장 내에서 동맥혈과 정맥혈이 섞이는 것: 심실이 하나만 존재 ③ 대혈관 전위: 체순환과 폐순환이 연결되지 않고 각각으로 존재	
폐혈류 감소와 관련된 문제	폐동맥판 협착증	우심 출구 협착, 우심압 상승, 심박출량 감소
	팔로 4증후군	청색증형, 조직의 저산소증으로 2차적 적혈구 증가증, 곤봉형 손발톱, 신체 성장 지연
	삼첨판 폐쇄	삼첨판 발달이 이루어지지 않아 우심방 우심실 통로가 막혀 생존이 불가능한 결손
증상	영아기	청색증, 호흡곤란, 피로, 성장부진, 잦은 호흡기계 감염, 수유곤란, 저긴장증, 과도한 발한, 실신성 발작, 빈맥
	아동기	성장지연, 허약하고 연약한 신체, 피로, 호흡곤란, 기좌호흡, 자주 쪼그리는 자세(squatting posture), 고상지두(clubbing of the fingers), 두통, 비출혈, 심비대
심장결손으로 인한 혈역학변화	저산소(혈)증	과대환기, 빈맥, 안절부절, 두통, 경미한 착란, 진행성 신경과민, 복시 등
	심부전	호흡곤란, 발작성 야간성 호흡곤란, 심잡음, 기침, 피로, 정맥계 울혈 증상, 간비대, 식욕부진, 요량 감소, 야뇨증, 감각 및 의식수준 변화 등
저산소증	조기 증상	• 과대환기, 빈맥, 고혈압, 안절부절과 두통, 경미한 착란 • 그 외 증상: 진행성 신경과민, 진행성 근육쇠약, 복시, 조정불능, 판단장애, 혼몽, 의식상실
	후기 증상	• 서맥, 서호흡, 과소환기, 혼수(무의식), 무호흡 • 심한 호흡곤란과 청색증은 심각한 저산소증으로 발전되었음을 의미
저산소증 응급처치	• 저산소증의 조기 증상을 알아내는 것이 우선순위 • 폐환기를 효과적으로 늘림: 기도의 개방성 유지, 필요시 인공호흡 실시 • 산소 요구량을 줄이기 위해 침상안정을 취함 • 체위 유지: Semi Fowler's나 Fowler's 체위를 취해줌 • 조이는 옷은 모두 풀어 안위를 도모함 • 보건실의 공기를 신선하게 유지함 • 증상의 호전이 없으면 병원으로 후송함	
청색증	청색증은 산소 부족으로 인하여 이차적으로 혈액 내에 환원 헤모글로빈이 증가해 피부나 점막이 푸른색을 띠는 것으로 세정맥 또는 모세혈관의 확장으로 피부 안에 정맥혈이 양적으로 증가하거나 또는 산소포화도가 감소할 때 나타남	

6 Fallot 4증후군(Tetralogy of Fallot; TOF) [1993 · 1994 · 2010 · 2023 기출]

(1) 개요

<table>
<tr><td>정의</td><td colspan="2">➲ 팔로(Fallot) 4증후군의 4가지 결손
① 폐동맥 협착(pulmonary stenosis)
② 심실 중격 결손(interventricular septal defect)
③ 대동맥 우측 변위(dextroposition of the aorta) = 대동맥의 기승(overriding aorta) 또는 우위(右位)
④ 우심실 비대(hypertrophy of the right ventricle)</td></tr>
<tr><td rowspan="4">심장기형
(해부학적
특징)
[2023 기출]</td><td>심실 중격
결손</td><td>• 막양부 결손이 가장 많음, 크기가 커서 좌우심실 사이에 압력 차이 無
• 단락 방향
– 폐순환저항 > 체순환저항 = 우–좌 단락
– 폐순환저항 < 체순환저항 = 좌–우 단락</td></tr>
<tr><td>폐동맥 협착</td><td>대동맥 판막, 판막상부 및 폐동맥 분지에 여러 정도의 협착 및 발육저하를 보임
→ 좌흉골연 상부에서 수축기 박출성 심잡음
→ 폐로의 혈액 저하로 좌측심장으로의 산화된 혈액 유입 감소</td></tr>
<tr><td>대동맥우위
(기승)</td><td>대동맥 우측 편위: 심실 중격 결손 위에서 양쪽 심실에 걸쳐 기시</td></tr>
<tr><td>우심실 비대</td><td>우심실의 압력 과부하에 의한 2차적 현상
→ 혈류 감소, 우심실 비대</td></tr>
<tr><td>병태생리</td><td colspan="2">• 폐동맥의 협착, 심실 중격 결손의 크기, 폐순환과 체순환 저항에 따라서 혈역학적 변화는 다양함
• 폐순환 저항이 체순환 저항보다 크면 우–좌 단락, 체순환 저항이 폐순환 저항보다 크면 좌–우 단락이 생김
• 폐동맥 협착은 폐에 흐르는 혈류량을 감소시켜, 좌측 심장으로 돌아오는 산소화된 혈액량을 감소시킴
• 대동맥의 위치에 따라 좌우 심실로부터 혈액을 받아 체순환으로 분산됨</td></tr>
<tr><td>증상</td><td colspan="2">• 청색증
– 무산소성 발작: 웅크린 자세 → 울거나 수유 시, 산소요구량 증가 시
– 성장 지연
– 운동 시 호흡곤란, 발작적 호흡곤란
– 합병증: 곤봉형 손가락, 다혈구혈증 → 뇌혈전증, 혈전성 정맥염, 뇌농양, 경련
• 특징적 잡음: 박출성 수축기 잡음
– 단일 S2
• 대사성 산혈증</td></tr>
</table>

진단	흉부 X-ray • 장화모양 심장 • 우심실 비대로 심첨 들려있음 • 심장 크기 정상
간호	• 구강위생 청결: 감염성 심내막염 예방 • 철분 투여: 적혈구과다증 → 상대적 철결핍성 빈혈 교정 • 탈수 예방: 다혈구혈증의 합병증 예방
치료	• 프로스탄틴(PGEI) 투여 – 혈관평활근 이완(혈량 증가), 혈소판 응집 억제 • 폐동맥 판막 확장술 • 완전 교정술

(2) 증상

폐동맥협착	• 우심실 분출력의 폐쇄 정도에 따라 진행정도가 다양함 • 폐동맥 협착부위 좌흉골연 상부 수축기 박출성 심잡음		
무산소발작	정의	• 무산소성 발작(hypercyanotic spell/anoxic spells/blue spell, tet spell) • 울음, 수유, 배변 등을 계기로 돌발하는 과다호흡과 전신성 청색증의 악화발작	
	기전	폐순환 감소	우심실유출로에서 심근경련 → 폐혈류↓
		과호흡	우심실유출로 협착↑ → 우–좌 단락 → PaO_2↓$PaCO_2$↑→ 과호흡
		청색증	우–좌 단락↑ → 청색증, 과호흡, 깊고 빠른 호흡 • 급속도로 청색증이 심해져 호흡을 빨리 하게 되고 무산소 발작을 일으킴
	치료	슬흉위	체혈관 저항으로 우–좌 단락 감소시켜 폐로 혈액 증가
		모르핀	아동안정, 뇌의 호흡중추 억제 → 과호흡을 막아 발작 막음
		대사성산증교정	$NaHCO_3$치료
		말초혈관수축제	말초혈관수축제 → 체혈관저항↑ → 우–좌 단락↓ → 폐혈류량↑
		β–교감신경 차단제	• Propranolol(inderal) • 심박동↓ → 폐혈류량↑
		수분, 산소공급	–
슬흉위 (squatting position) [2023 기출]	자세	쪼그려 앉는 자세(squatting position): 무릎을 가슴에 붙이고 머리와 가슴은 올려주는 편안한 체위(휴식, 저산소증 완화)	
	기전	우–좌 단락 감소	대퇴 혈관의 압박 → 체순환귀환량 감소 → 우–좌 단락 감소 → 산소가 부족한 혈액이 심장으로 되돌아오는 것을 막음
		폐순환량 증가	말초 혈관 저항 증가로 체혈관 저항↑ → 우–좌 단락 ↓ → 폐로 많은 혈액 증가 → 청색증 완화 → 만성저산소증 완화

			• 좌골의 대퇴정맥 폐쇄 • 정맥환류의 감소 • 우측 심장 부담의 감소 • 주요 장기의 산소포화도 증진 • 대동맥의 혈관저항을 높여 우-좌 단락을 감소시킴
청색증 [2023 기출]	• 초기: 심실중격 결손의 분포가 주로 좌측에서 우측으로 위치 → 출생 시 청색증이 없음 • 성장하면서 협착증이 심해지고 청색증도 심함 • 처음에는 운동 시나 울었을 때만 나타나나 점차 휴식 시에도 나타남		
	기전	폐동맥의 협착이 심할수록 심실중격 결손의 크기가 커지고, 폐순환 저항이 체순환 저항보다 크면 우-좌 단락이 생기면서 산화되지 않은 정맥혈액이 폐순환을 거치지 않고 전신순환으로 흘러들어감(→ 폐로의 혈액 저하로 좌측심장으로의 산화된 혈액유입 감소)	
	증상	무산소성발작, 웅크림, 곤봉지, 운동 후 호흡곤란, 적혈구 과다증, 성장지연	
고상지두 : 곤봉형 손가락 (clubbing finger)	정의	말단무산소증에 의한 부종과 섬유조직의 증식으로 인한 비대성 골관절 병증	
	기전	6개월 이상 저산소증 시 발생되며 조직의 저산소증을 보상하기 위해 혈류공급이 증가되고 그에 따른 모세혈관 형성과다 및 무산소증으로 인한 연조직의 섬유화와 비대로 발생함	
다혈구혈증	혈액의 점도 증가 → 혈전색전증 및 뇌졸중/세균성 심내막염 위험 증가		
뇌혈전	심한 적혈구 과다증, 탈수로 뇌혈전 발생		
신체 발육 지연, 호흡곤란	장기 저산소혈증으로 인한 다혈구혈증, 고상지두/쪼그리고 앉는(squatting) 자세/무산소발작(청색발작 = tet발작)/다혈구혈증으로 혈액의 점도 증가 → 혈전색전증 및 뇌졸중/세균성 심내막염 위험 증가		
합병증	• 뇌혈관장애(혈전증, 심한 저산소증에 기인함) • 뇌농양		

(3) 장기간의 저산소증에 대한 신체적 증상

다혈구혈증	계속되는 저산소혈증은 조혈을 촉진하여 적혈구 수 증가 → 혈전색전증 및 뇌졸중
고상지두	손발톱의 끝이 두꺼워지고 편평함
쪼그린 자세	-
무산소 발작	hypercyanotic spells, blue spell, tet spell, anoxic spell

(4) 진단 및 치료

심잡음	• 수축 시 다양한 강도(좌측 흉골 모서리를 따라) • 폐동맥 폐색음의 감약 • 들리지 않는 경우도 있음 • 좌측 하방의 흉골 모서리를 따라 '진전음' 촉진

흉부 X-선	• 심장의 크기는 정상 • 심장의 첨부가 올라가 있음 • 폐동맥부가 작고 우묵하게 들어가 있음('장화 모양의 심장') • 폐혈관 분포 감소
심전도	우측 편위, 우심실 비대
치료	• 치료하지 않으면 평균 수명이 20세에 그침 • 목적: 동맥혈의 산소포화도 증가 – 고식적 요법: 문합술 – 전체 교정술: 3세 이후

04 기계적 심장질환 - 후천성 심장질환

1 개요

정의	• 협착: 판강이 좁아져 혈액 유출이 차단된 상태 • 부전: 역류
병태생리	승모판이 가장 잘 침범되고(85%) 대동맥판, 삼첨판, 폐동맥 판막의 순으로 침범됨

2 대동맥판 협착증(aortic stenosis)

정의	• 승모판막 질환과 종종 병합됨 • 류머티즘열, 동맥경화증, 선천성 기형 등으로 나타남	
병태생리	대동맥판막 협착 → 심실수축기 동안 심박출량 감소 → 좌심실벽 비후(이전과 같은 혈액박출을 위해 보상기전으로 좌심 비대되어 후부하 증가) → 좌심실 압력이 증가하므로 좌심실과 대동맥 사이에 압력차 발생 → 좌심실의 섬유가 비대, 좌심부전·우심부전 초래 → 심박출량의 감소로 실신, 관상동맥의 국소빈혈로 인한 협심통 발생	
	심박출량 감소	• 대동맥판막의 협착증이 진행되면서 심실수축기 동안 심박출량 감소 • 비대된 좌심실은 심근의 산소요구를 증가시켜 심박출량 감소로 관상동맥 혈류가 저하되고 심근의 산소공급이 감소되어 심근 허혈과 협심증을 초래
	좌심부전	대동맥판막이 협착되면 심실수축기 동안 좌심실에서 대동맥으로 혈액 분출이 어려워 좌심실벽이 비후되고 좌심부전을 일으킴
	폐혈관 울혈	좌심방은 적절히 비워질 수 없어 폐혈관 울혈
증상	• 운동성 호흡곤란과 피로: 심박출량 감소, 폐모세혈관압의 상승으로 인해 발생 • 서맥 • 혈압의 변동(수축기압 감소 → 맥압 감소): 심한 경우 낮아짐 • 대동맥상에서 강하고 거친 수축기 잡음 – 우측 제2늑골간에서 크고 거친 수축기 잡음이 들리고, 제2심음이 분열됨	

	• 실신: 운동하는 근육의 혈관이 이완되면서 고정된 심박출량에 대한 반응으로 발생 • 협심증: 관상동맥류의 저하, 심근의 산소요구량 증가로 인해 발생 • 울혈성 심부전증의 증상: 부종, 간비대, 피로, 극심한 허약, 기좌호흡, 야간 발작성 호흡, 폐수종, 기좌호흡, 심장비대, 피로감, 폐울혈
치료	• 수술요법 – 판막절개술(어린이에게 주로 시행) – 합성물질의 인공판막이나 다른 인간의 대동맥판으로 판막 대치 수술을 시행 (valvular-replacement) • 내과적 치료: 울혈성 심부전, 협심증

3 대동맥판 폐쇄부전증(역류, aortic insufficiency)

정의	• 발생빈도: 대동맥판 협착증의 1/2, 환자의 75%가 남자, 승모판과 합병 시 여자가 많음 • 류머티즘열, 세균성 심내막염, 매독성, 선천성 기형에 의함
병태생리	• 대동맥판구의 면적이 점차 좁아짐에 따라 대동맥으로 혈액을 내보내기 위하여 좌심실의 압력이 증가하므로 좌심실과 대동맥과의 압력의 차이가 생김. 이를 보상하기 위하여 점점 좌심실의 섬유가 비대해짐 • 대동맥 판막 부전 → 좌심실로 혈액 역류, 좌심실 확대 및 비대 → 좌심방압 상승, 폐모세관압 상승 → 폐동맥압 상승 → 우심실압 상승 → 심부전
증상	• 좌심부전 진행 → 심계항진, 피로, 야간 발작성 호흡곤란, 기좌호흡, 흉통 • 심저부와 심첨에 수축기 잡음 • 맥압의 증대 • water-hammer pulse: 좌심실 박출량의 증대와 관계가 있는 크고 강한 맥박 (= 코리간맥, 허탈맥; Corigan pulse, Collapsing pulse) 수축기 혈압이 급히 상승했다가 이완기 혈압은 빠르게 하강 • 낮은 이완기압 → 관상동맥 순환의 감소로 오는 협심통 • 심박출량 감소 → 뇌혈류가 불충분하게 되면 두통, 현기증과 실신 • 경동맥의 과도한 맥박 → 머리를 앞뒤로 끄덕이는 Musset's sign • 운동성 호흡곤란, 심계항진 • Quincke's sign: 손톱 밑 모세혈관에서 맥박 관찰
치료	• 내과적 치료 – 심부전: digitalis 요법, 염분 제한, 이뇨제 사용 – 협심통: nitroglycerin 처방 • 수술요법(근본치료): 인공 환형판막(ball valve)으로 손상된 판막의 대치 – 최근에는 수술 치사율이 현저히 감소하고 인공 판막의 신뢰도가 높음

4 승모판 협착(mitral stenosis)

정의	• 호발연령은 30~40대, 환자의 2/3가 여성 • 환자의 1/2은 서서히 진행되다 심방세동 합병증으로 급격한 증상을 보임 • 흔히 류머티즘열에 의해 초래되며, 드물게 심방에 점액종, 칼슘 축적 등이 원인이 되어 나타남
병태생리	류머티즘성 심내막염 시 승모판막이 섬유화되어 두꺼워지거나 석회화 → 판막구가 좁아지고 잘 움직이지 않아 혈류장애 초래, 판막이 좁아져 좌심실로의 혈액 유입에 지장 → 좌심방이 확대되어 좌심방 압력 증가 → 이를 보상하기 위해 좌심방 벽 비대 → 폐정맥과 폐혈관울혈 → 좌심부전 증상 발생 → 좌심실 혈류량이 감소하여 심박출량 저하 → 폐동맥압 상승 → 우심부전 초래
승모판 협착	좌심방 심장내압 / 우심방 / 우심실 / 좌심실 / 심장확장기 폐정맥 고혈압 → 폐울혈, 폐동맥 고혈압, 우심실비대 혈전 → 전신 색전 대부분 류머티즘열
증상	• 객혈, 기침(운동성 호흡곤란, 피로, 협심증, 야간발작성 호흡곤란, 기좌호흡, 흉통) • 전신적 색전증: 신장, 비장, 사지, 뇌 • 부정맥 • 특징적인 심잡음: 이완기성 잡음 • 맥박이 약하고 혈압이 낮음(심박출량 감소로) • 천명음(wheeze) • 말초, 안면의 청색증 • 심방세동: 환자의 50~60%
치료	• 내과적 치료 – 울혈성 심부전: digitalis, 염분 제한, 이뇨제 – 항생제 요법: 류머티즘열 재발 방지 – 심방세동 억제 • 수술적 치료 – 비개심법(closed technique): 승모판 교련 절개술(판절개술: 승모판의 융합된 교련부를 파열) → 판막구가 1.5cm^2 이하로 좁아질 때 시행 → 형광 투시하에 판막의 석회화가 없거나 승모판 역류와 병합되지 않은 순수한 협착 시 시행 – 개심법(open technique): 인공판막의 대치 → 석회화가 심하거나 혈전위험이 크고 승모판 역류와의 병합이나 재협착 시 시행

5 승모판 폐쇄부전증(mitral insufficiency)

<table>
<tr><td>정의</td><td colspan="2">• 판막 석회화 현상이 광범위하게 나타남
• 류머티즘열, 세균성 심내막염, 대동맥 판막질환, 선천적 결손
• 승모판 협착보다 발생 빈도가 아주 낮고 환자의 대부분이 남자</td></tr>
<tr><td rowspan="6">병태생리</td><td colspan="2">승모판막이 심실 수축기에 완전폐쇄가 안 되어 혈액이 좌심실에서 좌심방으로 역류, 보상기전으로 빈맥 발생, 혈액의 역류량이 커서 좌심방과 좌심실이 하나의 연결된 방처럼 됨(수축기대 혈액 역류 → 좌심방 비대 → 폐울혈 → 우심실 부전 → 좌심실 비대)</td></tr>
<tr><td>좌심방 확장</td><td>판막이 섬유화, 석회화되면 승모판막의 기능부전으로 좌심실이 수축할 때 승모판막이 완전히 닫히지 않아 일부 혈액이 좌심실에서 좌심방 쪽으로 역류되어 좌심방 확장</td></tr>
<tr><td>좌심실 비대</td><td>역류되었던 혈액이 이완기 동안 좌심방에서 좌심실로 유입되어 다음 수축기에 좌심실 혈액량은 더 증가해 혈액량과 압력이 증가하면서 좌심방, 좌심실이 확장되고 비대</td></tr>
<tr><td rowspan="2">좌심부전</td><td>좌심방과 좌심실 비대는 좌심부전을 초래하여 심박출량 감소</td></tr>
<tr><td>좌심방 내압 상승은 폐 쪽으로 혈액을 정체시켜 폐정맥압, 폐울혈, 폐동맥압 상승</td></tr>
<tr><td>우심부전</td><td>우심실 부담음 증가시켜 우심부전을 일으킴</td></tr>
<tr><td>승모판
폐쇄부전</td><td colspan="2"> 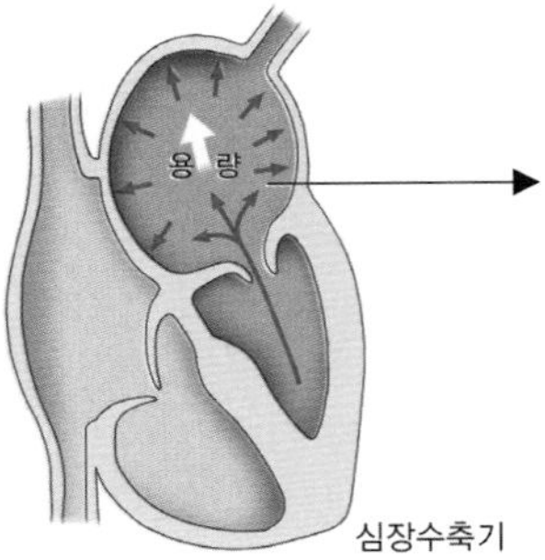용 량
심장수축기
좌심방이 크게 확대되나 좌심방, 폐정맥압 상승은 심하지 않음
승모판 탈출
류머티즘열
건삭단열
세균성 심내막염
유두근 기능부전
유두근 단열
승모판석회화
심근증(HCM)</td></tr>
<tr><td>증상</td><td colspan="2">◐ 호흡곤란과 피로감, 기침
• 발작성 야간 호흡 곤란, 피로, 허약감이 있고 심방세동
• 청진 시 심첨부에서 수축기 잡음과 제1심음이 감소함
• 심방세동 시 맥박이 불규칙하고 혈압은 낮거나 정상
• 색전과 각혈이 있으나 승모판 협착보다는 발생 빈도가 낮음</td></tr>
<tr><td>치료</td><td colspan="2">• 형광투시 하에 판막성형술(valvuloplasty), 판막대치 이식수술(valvular replacement or graft) 시행(ball valve, 원판형 : disc type)
• 울혈성 심부전 시 내과적 치료 : digitalis, 활동 제한</td></tr>
</table>

6 삼첨판 판막질환(tricuspid valvular disease)

정의	• 교련융합, 류머티즘열, 선천성 기형으로 오는 섬유화 현상으로 판막강의 협착이 생긴 것 • 승모판 질환과 병합되기도 함 • 발생빈도는 낮고 남자보다 여자가 많으며 대동맥판 협착, 대동맥판 역류와 연관되는 경우가 많음
증상	• 전신성 정맥성 고혈압 • 우측 심장 부전증상 • 이완기 잡음
진단	흉부 X-선: 우심방, 우심실 비대 현저
치료	• 내과적 치료 – 심부전: digitalis 요법, 염분 제한, 이뇨제 사용 – 협심통: nitroglycerin 처방 • 판막성형술, 판막대치술 • 승모판과 대동맥판 질환자는 꼭 교정시켜야만 함

05 순환기계 질환

1 지질의 이해

(1) 지질의 정상수준과 위험수준

지질 수준 혈액 검사	정상수치	경계선	위험수치(증가)
총 콜레스테롤	< 200mg/dL	200~239mg/dL	≥ 240mg/dL
중성지방 (트리글리세라이드, TG; triglyceride)	< 150mg/dL	150~199mg/dL	≥ 200mg/dL
혈청 고밀도지단백 (HDL-콜레스테롤)	< 40mg/dL	40~59mg/dL	≥ 60mg/dL
혈청 저밀도지단백 (LDL-콜레스테롤)	< 100~129mg/dL	130~159mg/dL	≥ 60 ≥ 190mg/dL : 매우 증가

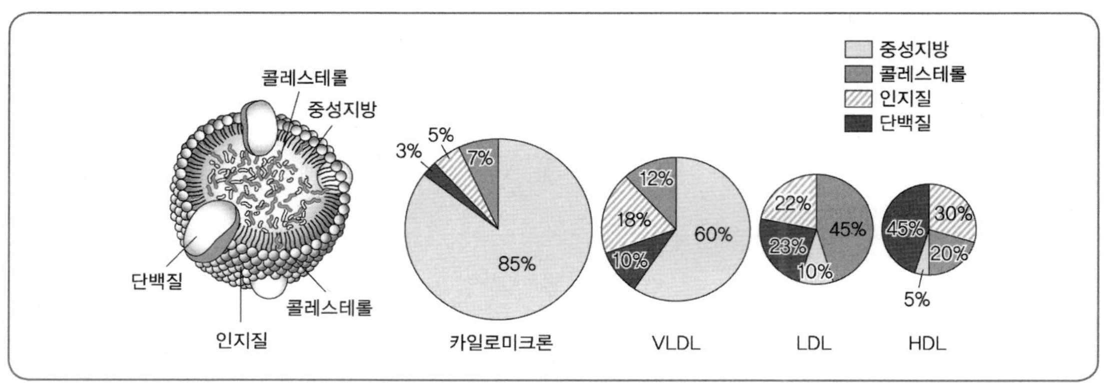

| 혈액 내 지질성분 |

(2) 혈액 내 지질성분 분석

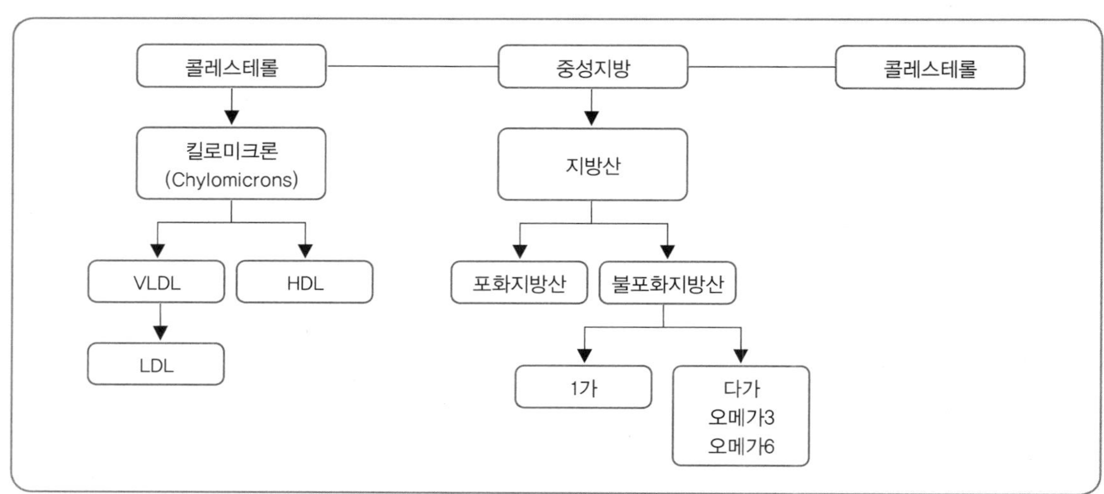

| 혈액 내 지질 |

지질의 성분 분석	
혈액 중의 지질은 물과 결합이 이루어지지 않으므로 어떤 종류의 단백질과 결합된 지단백의 형태로 이동하면서 신체조직에 지질을 공급하고 여분의 것은 간이나 지방조직에 운반한다. 분자 복합체인 지단백 구성성분의 비는 허혈성 심장질환 발생과 관계가 깊고 초원심 분리법과 전기영동법에 의한 분석 내용은 다음과 같다.	
chylomicron	0.5~1.0마이크로의 작은 지방입자로서 음식 내의 glyceride를 말하며 지방식사 후 2~6시간에 혈중에 존재한다. 간에서 빠르게 대사되기 때문에 공복 시에 혈중에 존재하면 비정상이다.
VLDL (Very Low Density Lipoprotein 또는 pre β-lipoprotein)	초저밀도 지질단백질로 간에서 합성되고 90% 이상이 중성지방이다.

LDL (β-lipoprotein)	저밀도지질단백질로 VLDL과 킬로마이크론의 대사산물이다. 특히 콜레스테롤 함량이 많으며 말초조직 혈관세포에 콜레스테롤을 운반한다. LDL은 거의 대부분이 콜레스테롤 에스테르로 구성되어 있으며 허혈성 심장질환의 가장 큰 위험요인이다.
HDL (High Density Lipoprotein 또는 α-lipoprotein)	고밀도지질단백질로 간에서 합성되고 일부는 장에서 흡수되며 단백성분이 높다. 40~60%가 지질이나 대부분 인지질이고 가장 입자가 작다. HDL은 말초조직으로부터 LDL콜레스테롤을 간으로 운반, 제거하는 청정기능으로 IHD의 발생감소 및 예방인자이다. HDL이 60에서 30mg/dL으로 감소될 경우, 허혈성 심장질환의 발생이 2배로 증가한다.

2 죽상경화증

(1) 정의 및 특징

정의	• 동맥 내벽의 국소적인 변화를 가져오는 것이 특징으로 전신적으로 나타나는 과정임. 이러한 과정은 지방이나 칼슘, 혈액 성분, 당질 및 섬유성 조직의 축적으로 인해 진행됨 • 죽상경화증은 전신 동맥 질환이기 때문에 신체의 어디에서나 나타나게 됨 • 동맥 내 죽상경화증이 있을 때 나타날 수 있는 직접적인 결과는 혈관강이 좁아지고, 혈전증으로 폐색이 오며 동맥류가 진전되고 파열될 수 있음. 간접적인 결과는 경화된 동맥이 혈액을 공급하는 장기에 영양결핍을 초래하고 그 결과로 기관의 섬유화를 초래함 • 모든 세포는 적극적으로 기능을 하며 또한 충분한 혈류가 공급되지 못할 때 민감하게 반응함. 혈류공급이 매우 불충분해지거나 이런 현상이 영구적으로 오면 세포들은 국소적인 괴사가 되며 아주 적은 양의 영양소로 살 수 있는 섬유성 조직으로 대체됨 • 죽상경화증이 일어나는 주요 혈관이 관상동맥과 뇌동맥이므로 임상적으로 심근경색증과 뇌졸중의 형태로 주로 나타나고 있음
원인 (몇 가지 학설)	• 혈관 내벽의 손상 • 손상된 내벽에 혈액 지질물인 콜레스테롤과 트라이글리세라이드가 축적됨 • 프로스타글란딘 중 트롬복산이 너무 많고, 프로스타사이클린이 부족하면 응고상태를 초래하여 혈전증을 형성하기 쉬운 상태가 됨 • 나이가 들면서 동맥 내막은 두꺼워지고 탄력성 있는 섬유는 딱딱해지게 된다는 설도 있음
위험요인 (관련 요인)	• 고령화, 유전소인 • 흡연(10개비 이상 흡연자는 비흡연자에 비해 3~4배) • 고혈압 • 고지혈증(cholesterol이 250mg 이상): 가장 위험 • 당뇨병 • 스트레스, 비만, 고요산혈증 • 기타: 운동을 하지 않는 생활, 성격 특성
지질의 정상수준	363쪽 참고

(2) 죽상경화증과 동맥경화증

죽상경화증	• 죽상경화증은 동맥 내벽의 국소적 변화로 전신적으로 나타나는 과정이다. 지방, 칼슘, 혈액 성분, 당질, 섬유성 조직(죽종)의 축적으로 진행된다. • 동맥경화증과 죽상경화증의 병리적 과정이 다르다 할지라도 두 가지는 거의 동시에 나타나고 한 가지만 나타나는 경우는 드물어 동맥경화증이나 죽상경화증 두 가지는 같은 의미로 사용할 수 있다.
동맥경화증	동맥경화증은 동맥이 딱딱해진 상태이다. 소동맥과 세동맥 내벽이 두꺼워지거나, 혈관 근육의 섬유화가 온다. 근육세포와 교질 섬유가 혈관 내벽으로 이동하여 내벽이 두꺼워지고 딱딱해져 동맥혈관을 좁히게 된다. 혈관 내벽의 지방, 콜레스테롤의 변화가 동맥경화증을 촉진시킨다.

(3) 동맥경화증

원인	동맥이 딱딱해진 상태로 혈관근육의 섬유화가 오는 광범위한 과정, 즉 근육세포와 교질 섬유가 혈관 내벽으로 이동하여 내벽이 두꺼워지고 딱딱해져 점차 동맥관이 좁아진다.	동맥경화증의 주요 원인 1. 고혈압 2. 당뇨 3. 비만 4. 고지혈증 5. 흡연 6. 스트레스
동맥경화증이 혈관 및 장기에 미치는 영향(병태생리)	직접적인 영향	혈관강이 좁아지고, 혈전증으로 인한 폐색, 동맥류, 혈관파열 등이 동반된다.
	간접적인 영향	장기의 영양이 부족하여 조직의 섬유화, 허혈성 괴사를 초래한다.

(4) 죽상경화증의 발생기전(병태생리)

- 혈관내피세포는 혈소판, 백혈구, 응고인자 등 혈액을 구성하는 요소에 대해서는 반응하지 않으나, 고지혈증, 고도의 스트레스, 고혈압 같은 화학적 손상을 주는 요인에는 반응함
- 혈관내피세포의 변화는 혈소판을 활성화시키고 평활근 증식을 자극하는 요인을 분비함. 평활근 세포가 증식하면 지질이 침전되고 시간이 지나면서 지질은 석회화되고 내피세포에 혈소판이 유착되어 내피세포를 자극함. 이로인해 트롬빈이 만들어져 섬유소를 형성함으로써 혈전이 형성됨

평활근 증식단계 : 지방선조(지방줄)	혈관내피의 손상	대동맥분지, 관상동맥의 근위부, 뇌동맥 등 힘이 많이 가해지는 부위가 손상됨 → cholesterol, 다른 지질성분들이 동맥내막으로 운반됨
	지방줄 형성	• 손상을 입은 내피 표면에 백혈구가 접착되어 노란색 지방이 덮임 • 편평하고 노란 지방물질로 채워진 평활근 세포가 튀어나온 것
	지방선조	손상 받은 내피세포에 단핵구가 흡착 → 내피하층에 침투 → 대식세포로 변함 → 고지혈증으로 LDL 증가 시 다량의 콜레스테롤이 내피하층으로 유입 → 탐식 → 포말(foam)세포 형성 → 지방선조

<table>
<tr><td rowspan="2">섬유 죽상반</td><td>섬유반
(죽상반)
형성</td><td>• 반짝거리는 색의 튀어나온 섬유조직으로 혈관 내벽에 고정되고 중층인 근육층에 침범될 수 있음
• 지방선조 속의 대식세포와 손상받은 내피세포는 성장인자 분비 → 평활근 세포와 섬유아세포 모임 → 섬유반 형성
• 동맥내벽이 손상을 받게 되면 혈소판이 내벽에 축적되고 섬유성 반점이 형성됨</td></tr>
<tr><td>혈전 형성</td><td>죽상반(섬유반) 파열(섬유성 융기): 혈류의 물리적 힘에 의해 섬유반의 섬유피막 파열 → 그 아래 교원조직가 대식세포의 노출 → 수많은 혈소판들이 흡착 → 혈전 형성</td></tr>
<tr><td>복합 죽상반:
병소의 합병
(복합된 병변)</td><td colspan="2">• 섬유성 반점에서부터 출혈이나 칼슘화, 세포괴사 및 혈전증(혈관 내벽의 혈액응고물로 인한 폐쇄) 등이 오랜 기간 변화되면 올 수 있음
• 지방, 혈전, 칼슘 축적, 손상된 조직 등의 복합체가 되고, 동맥벽은 단단하고 강직되며 부분적 폐쇄도 발생함</td></tr>
</table>

3단계	6단계	설명
① 평활근 증식	① 혈관내막 비후	–
	② 지방선조 (지질침착)	1mm 미만의 다발성 황색 줄무늬 또는 점 같은 지방선조
	③ 죽상반 전 단계	단핵구, 림프구가 대식세포로 변하여 지방층 형성
② 섬유 죽상반	④ 죽상반 형성	혈관 내경이 좁아지고 평활근 세포증식 증상 발현
	⑤ 섬유 죽상반	죽상반이 커지고 섬유층으로 둘러싸임
③ 복합 죽상반	⑥ 복합 죽상반	석회화 → ① 출혈, ② 죽상반 섬유층의 파열 → 혈전 형성(내강 좁아짐, 폐색: 급성 관상동맥 증후군)

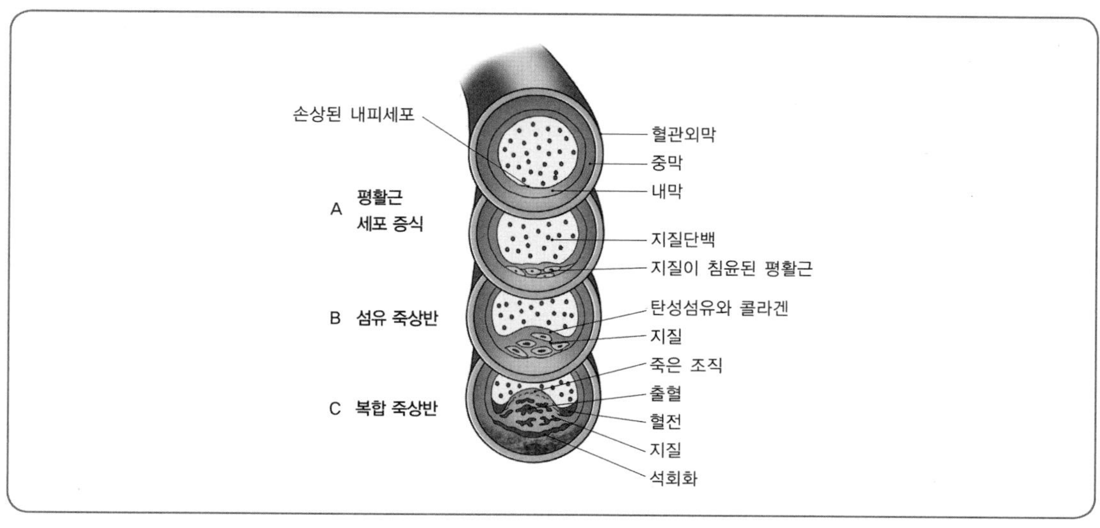

| 죽상경화증의 진행단계 |

(5) 죽상경화증 발생의 이론적 근거

고혈압	혈관 내피세포를 손상시키고 콜레스테롤 침착을 용이하게 함
고지혈증	지방성분 중에서도 콜레스테롤은 죽종의 주요 성분
흡연	• 니코틴이 혈소판 응집 기능 항진시킴 → 동맥의 중막을 증식시킴 • 니코틴이 직접적으로 혈관 내벽을 손상시킴 → 지방침착 용이하게 함 • 탄산가스 증가시킴 → 혈액의 점도 증가시킴 • LDL 증가시키고 HDL 저하시킴
당뇨	당질이 효과적으로 에너지원으로서 이용되지 못하기 때문에 대신 지방질이 분해되어 에너지원으로 이용. 이 과정에서 혈중 지방질의 농도가 높아지며 동맥경화가 용이해짐
비만	혈액 중에 지방 성분이 과다하게 많아져 고지혈증을 일으킴
스트레스	스트레스, A형 성격(마음이 조급하고 경쟁심이 강하면서 야심적이고 노하기 쉬움) → 이런 사람들은 흥분하기 쉬운 경향이 있어서 교감신경 흥분으로 분비되는 아드레날린 호르몬이 동맥벽에 손상을 입혀 불리하게 작용

(6) 증상과 치료

증상	관상동맥경화 시	협심증, 심근경색증, 심부전, 급사
	뇌혈관경화 시	뇌허혈발작증, 뇌혈전, 뇌경색
	신장동맥경화 시	신성 고혈압, 신경화증, 신부전(요독증)
증상에 따른 치료	관상동맥경화 시	협심증이나 심근경색증이 발병하면 심근 혈류의 개선이나 심근 산소 수요의 억제 등을 목적으로 하는 치료가 주종임
	뇌혈관경화 시	뇌허혈의 증상이나 뇌졸중이 생기면 뇌동맥경화의 실제로 제거가 거의 불가능함. 따라서 뇌허혈을 개선시킬 수 있는 방법으로 혈류 개선제나 뇌대사 촉진제 등의 간접적인 대증요법만 시행하게 됨
	수술	혈관의 대체나 우회로를 만드는 방법이 있으나 모든 예에서 다 시행할 수 있는 방법은 되지 못함

(7) 위험인자 제거

금연	흡연으로 증가될 수 있는 동맥 내벽 손상, 말초혈관 수축, 혈전형성 유발, 부정맥 유발 등을 막기 때문이다.
고혈압 치료	대부분 증상이 없고 또한 장기간 갖고 있더라도 합병증이 없는 것으로 여겨 소홀하기 쉬우나 적극적인 치료를 해야 한다.

저콜레스테롤 식이	• 콜레스테롤이 혈중에 많게 되면 혈관 손상 부위로 콜레스테롤의 침착이 많아지게 되어 동맥경화가 촉진된다. • 유전적으로 콜레스테롤 혈증이 있을 때는 조기에 적극적인 치료 및 예방이 필요하다. • 음식을 통한 지방섭취 등이 혈중 콜레스테롤을 증가시킨다. → 저콜레스테롤 식이요법과 체중조절을 장기간 꾸준히 행해야 한다.
당뇨병 치료	당뇨병 시 당질 대사에 이상뿐만 아니라 혈중지질이 높아지며 혈관 손상으로 동맥경화증을 유발하므로 적극적인 혈당조절이 필요하다.
비만증 치료	• 비만 자체만으로도 동맥경화증을 유발시킬 수 있다. • 관상동맥경화에서는 심근의 산소 수요 증가를 유발시킬 수 있으므로 협심증의 발병을 증대시킬 수도 있으니 체중조절을 하는 것이 중요하다.
활동과 운동	체중조절의 효과가 있는 활동이나 동적인 운동이 효과적이다. 일반적으로 큰 근육을 반복해서 움직이는 동적 운동(수영, 등산, 조깅)은 많은 에너지가 소요되므로 불필요한 지방질을 제거하고 신체의 적응력을 높이므로 체중조절의 효과, 고지혈증의 개선, 고혈압의 치료, 심폐 지구력 등을 개선시킬 수 있는 점에서 유익하다.
정신적 긴장 해소	적대감, 긴박감, 과도한 경쟁심 등의 생리적인 성향과 정신적인 긴장, 감정적 부담, 불안감 등이 동맥경화의 유발과 관계가 있으므로 축적되지 않게 신속히 해소하는 방법으로 건강을 유지해야 하며 생활의 활력과 활동을 유지하도록 노력하여야 한다.

(8) 고콜레스테롤 혈증에 사용되는 statins : HMG-CoA reductase inhibitors

약명	atorvastatin(lipitor), lovastatin(mevacor), simvastatin(zocor), pravastatin(pravachol), fluvastatin(lescol), rosuvastatin(crestor)
작용	• 간세포에서 콜레스테롤 합성에 필수 효소인 HMG-CoA 환원효소의 억제로 콜레스테롤 전구물질인 HMG로부터 새로운 콜레스테롤 합성을 억제 • 저밀도 지단백 콜레스테롤(LDL 콜레스테롤)을 낮추고 HDL 콜레스테롤을 증가시켜 강력하게 고지혈증을 치료 • statins는 파열되기 쉬운 죽상경화성 죽종을 안전하게 결합시켜줄 뿐만 아니라 혈관운동 긴장도를 향상시키며, 전염증 단백질(proinflammatory proteins)의 수치를 감소시키고, 혈전 발생 요인을 감소시키며, 심근의 관류를 개선
부작용	• 위장관 – 오심, 구토, 복통, 변비 • 간독성 • 근골격계 – 근육질환, 근육통 • 신장 – 근육 손상으로 근육 내 성분들이 혈중 유리로 신기능 장애 • 중추신경계 – 두통, 어지러움, 흐려 보임, 불면증

간호	검사 관찰	• 간기능검사 결과를 관찰 • 지방 수치(lipid panel)를 관찰
	근육통, 통증, 허약감	• 간 효소치 상승 → statin 약물조절 및 치료 중단 • 근육통 발생 시 보고 – 근육통을 호소하는 경우 크레아틴키나제(CK: 근골격 손상에도 상승) 측정
	가스, 변비	• 지속적인 치료와 함께 완화 • 변비 완화제 복용, 또는 치료 중단
	오후 약물 투여	간은 낮보다 밤에 콜레스테롤을 더 많이 생산하기 때문에 오후에 약물을 투여
	자몽 주스	자몽 주스 섭취를 피함 → 자몽 주스는 약물의 대사 작용과 효과에 영향을 줌 예 칼슘통로차단제에서 자몽 주스는 약물수치를 증가시켜 저혈압 효과 증가

(9) 고콜레스테롤 혈증에 사용되는 fibrates

약물	gemfibrozil(lopid), fenofibrate(TriCor)
작용	• fibrates는 간에서 지방 분해를 증가시킴 • 간에서 지방산의 흡수를 증가시키고 지방산을 감소시켜 간에서 VLDL 생산을 억제 • LDL과 중성지방(triglycerides, TG)을 감소시키고 HDL을 증가시킴
부작용	• 위장관 – 오심, 구토, 복통, 변비 • 간독성 • 근골격계 – 근육질환, 근육통 • 신장 – 근육 손상으로 근육 내 성분들이 혈중 유리로 신기능 장애 • 중추신경계 – 두통, 어지러움, 흐려 보임, 불면증 • 담즙으로 콜레스테롤 배설을 증가시켜 담석을 형성함
간호	• 혈청 저밀도지단백, 초저밀도지단백(Very Low Density Lipoprotein, VLDL), 총 콜레스테롤 및 triglycerides 수치 관찰 • 위장장애나 출혈 관찰 • 혈변, 비출혈, 흐리거나 혈액이 섞인 소변, 잇몸출혈 및 반상출혈 사정 • 담석이 발견될 경우 약물 투여 중지

(10) 고콜레스테롤 혈증에 사용되는 니코틴산[nicotinicacid(niacin)]

작용	• niacin은 지방조직에서 지방 분해를 억제하여 간에서의 LDL과 LDL합성을 감소시킴 • 니코틴산(Vit B_3)은 유리 지방산의 일차 생산자인 지방 조직에서 지질 분해를 강력하게 억제하여 간에서 LDL, 중성지방을 감소시키고, HDL을 증가시킴
부작용	• 위장관계 – 오심, 구토, 복통, 설사 • 간독성 • 피부 홍조(혈관 확장 초래), 가려움(소양증) • 고혈당증 유발 예 thiazide, Loop, nicotinic acid : 고혈당 • 고요산혈증, 통풍 • 요산의 세뇨관 분비를 억제함으로 고요산혈증과 통풍에 걸리기 쉬움 예 PZA, thiazide, Loop, nicotinic acid : 고요산혈증
간호	• 식사와 함께 복용 • 아스피린 투여로 홍조 감소 – niacin 복용 전에 아스피린 투여 – 피부의 홍조는 프로스타글란딘에 의해서 유발됨

3 대사증후군 [2013 기출]

(1) 정의 및 특징

정의	생활습관병 중 비만, 고지혈증, 당뇨병, 고혈압은 심뇌혈관질환의 중요한 위험인자로 확인되었음 이러한 심뇌혈관 위험인자를 동시다발적으로 갖고 있는 경우를 대사증후군이라고 함
진단	5가지 지표 가운데 3가지 이상이 기준치를 넘을 경우

구성요소	비만 기준	정상치
복부비만	허리둘레 남성 90cm, 여성 85cm 이상 절단점은 대한비만학회기준	
상승된 중성지방	150mg/dl 이상	
상승된 혈당(공복혈당)	100mg/dl 이상 또는 혈당조절약 투약 중	70~99 mg/ℓ • 진단기준 : 공복 시 • 혈당 상승 : 126mg/dL 이상
저하된 고밀도지질단백질 콜레스테롤(HDL)	남자 40mg/dL 미만, 여자 50mg/dL 미만	60mg/dL 이상 • 남 : 40mg/dL 이상 • 여 : 50mg/dL 이상
상승된 혈압	135/80mmHg 이상 또는 고혈압약 복용 중	120/80mmHg 미만

병태생리	인슐린 저항성	• 인슐린 저항성이 심하며, 당뇨병과 심혈관질환의 위험성이 매우 높은 상태 • 심혈관질환의 발생위험이 두 배 이상 높으며, 당뇨병이 발생할 확률은 10배 이상 증가
	복부비만	• 복부비만 → 복강내 지나치게 쌓인 지방조직에서 지방산 증가 → 간으로 들어가는 혈액 중에 많아지면 간, 근육에서의 인슐린 이용률 감소 • 아디포사이토카인: 복부지방과 지방세포는 아디포사이토카인을 분비하여 고혈압, 내당능, 지질대사, 염증반응에 영향을 미침
	혈중 지방산	혈중 지방산 증가는 세포에서 포도당 대신 지방산을 받아들이고 이에 따라 포도당 유입이 어려워져 인슐린 저항성 증가
	혈중 포도당	혈중 포도당이 높은 상태로 있으면 이를 이용하기 위해 인슐린을 분비하는 췌장의 베타세포가 자극받고 인슐린을 더욱 분비하게 됨. 이로 인해 고인슐린혈증이 발생하고, 이 부담을 베타세포가 더 이상 견디지 못하면 당뇨병이 발생함. 또한 높아진 혈중 인슐린은 콩팥의 염분 배설을 억제하므로 체내 염분과 수분이 증가하고 이로 인해 교감신경이 자극되어 심박동이 빨라지고 혈관수축이 발생하여 고혈압이 나타남
	고인슐린혈증	고인슐린혈증은 혈중의 중성지방을 증가시키고, HDL-콜레스테롤을 감소시켜 이상지질혈증을 유발함. 이렇게 되면 심혈관 내에 콜레스테롤이 많아져 죽상동맥경화증[주로 혈관의 가장 안쪽을 덮고 있는 내막(endothelium)에 콜레스테롤이 침착하고 내피세포의 증식이 일어난 결과 '죽종(atheroma)'이 형성되는 혈관질환을 말함]을 유발함 죽상동맥경화증은 협심증과 심근경색증, 그리고 뇌경색을 유발함
	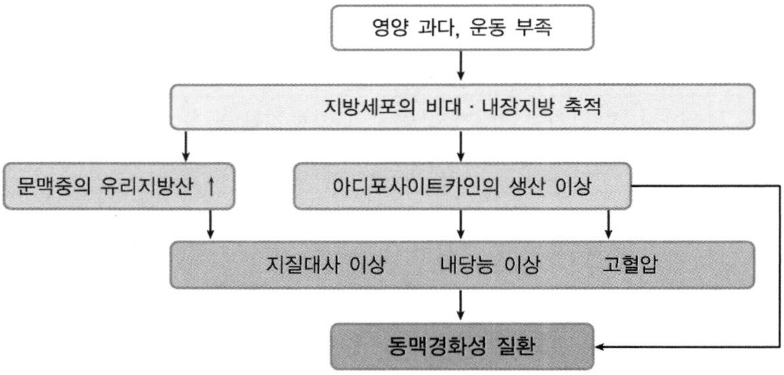	영양 과다, 운동 부족 ↓ 지방세포의 비대 · 내장지방 축적 ↓ 문맥중의 유리지방산 ↑ / ↓ 아디포사이토카인의 생산 이상 ↓ 지질대사 이상 / 내당능 이상 / 고혈압 ↓ 동맥경화성 질환
원인	인슐린 저항성	

(2) 인슐린 저항성

정의		인슐린의 양이 정상적으로 분비됨에도 불구하고 인슐린의 작용이 감소된 상태를 말한다.
특징		• 인슐린에 의한 작용이 감소함으로써 근육과 간 등에서 혈당을 이용하지 못해 고혈당이 유발되고 이로 인해 당뇨병 전 단계 또는 당뇨병이 유발된다. • 높은 인슐린에 의해 염분과 수분이 증가하여 고혈압이 생기기도 한다. • 지방이 쌓이는 것을 유도하여 비만을 촉발하고, 중성지방의 혈중농도를 높여 이상지질혈증이 나타난다. • 즉, 인슐린 저항성은 비만, 제2형 당뇨병, 고혈압, 이상지질혈증, 심혈관질환과 연관된다. 따라서 대사증후군의 모든 요소가 인슐린 저항성과 관련이 있다.
인슐린 저항성의 증가	고혈당증	혈중 포도당↑ → 췌장의 베타세포 자극 → 인슐린↑, 고인슐린혈증 → 베타세포의 부담 → 당뇨병
	고인슐린혈증	• 고인슐린혈증 → 콩팥의 염분 배설 억제 → 체내 염분과 수분 증가 → 교감신경 자극 → 심박동이 빨라지고 혈관 수축 → 고혈압 • 고인슐린혈증 → 혈중의 중성지방↑, HDL-콜레스테롤↓ → 이상지질혈증 유발 → 심혈관 내에 콜레스테롤↑ → 죽상동맥경화증 → 협심증과 심근경색증, 뇌경색 유발
원인		인슐린 저항성은 대사증후군의 중요 원인이나 인슐린 저항성의 원인이 한 가지로 완전하게 확인되지 않고 여러 원인들이 그 이유로 생각되고 있다.
	유전요인	비만인 사람이 모두 인슐린 저항성이 있는 것은 아니다. 또한 비만하지 않은 사람도 인슐린 저항성을 보이는 경우가 있다. 따라서 유전적 요인(가족력)이 인슐린 저항성의 한 원인이라고 생각된다.
	비만	중심성 비만은 내장지방세포에서 지방산이 과다하게 유리되어 혈중 유리지방산이 많아져 인슐린 저항성을 촉진한다.
	교감신경 활성 증가	교감신경의 활성화는 지방분해를 촉진하고 이로 인한 유리지방산의 증가가 인슐린 저항성을 유발한다.
	스트레스	정신적 · 육체적 스트레스는 스트레스 호르몬(코르티솔)의 분비를 촉진한다. 또한 성장호르몬의 감소와 여성에서 남성호르몬의 증가, 남성에서는 남성호르몬의 감소를 유발하여 인슐린 저항성을 유발한다. 이에 따라 내장지방의 축적이 나타난다.
	미토콘드리아 기능이상	미토콘드리아의 유전자는 손상을 받기 쉽게 노출되어 있어 에너지 생성을 위한 과정 중 발생하는 산소 라디칼(활성산소)에 의해 손상을 받는다. 이로 인해 미토콘드리아의 기능이 점차 감소하고 인슐린 저항성이 발생한다.
	신체활동 감소	신체활동은 인슐린 저항성을 낮춰준다. 서구화된 사회에서는 앉아서 일하는 시간이 많고 이에 따라 인슐린 저항성이 증가한다.
	저체중 출산	이미 여러 나라에서 저체중 출산아가 고혈압, 당뇨병 등의 인슐린 저항성과 연관된 질환의 위험성이 높다고 보고되어 있다.

(3) 임상적 양상

대사증후군과 이상지질혈증	• 이상지질혈증은 고콜레스테롤혈증과 다른 개념이다. • 콜레스테롤을 낮추어도 관상동맥질환은 30~40% 정도 밖에는 예방되지 않는다. 즉 높은 콜레스테롤 이외의 다른 관상동맥질환의 유발원인은 고중성지방증과 낮은 HDL 콜레스테롤혈증이다. 이를 이상지질혈증이라 부른다. • 중성지방이 높을 경우 혈관내피세포 아래로 침투하여 죽상경화증을 유발하며, 또한 나쁜 콜레스테롤로 알려진 LDL-콜레스테롤의 증가를 유발한다. • 이상지질혈증은 인슐린 저항성, 복부비만, 제2형 당뇨병, 대사증후군과 연관된다. • 중성지방이 높은 경우는 식생활 개선이 매우 중요하다. 체중 감소와 운동량 증가, 아침 식사를 거르지 않는 것 등이 중성지방을 감소하는 중요한 방법이다. 따라서 식생활 개선이 약물처방에 앞서 반드시 시행해야 하는 중요한 생활습관이다.
대사증후군과 비만	• 국제당뇨재단에서 발표한 비만의 기준은 각 민족별로 적합한 허리둘레를 사용할 것을 권장한다. • 한국인의 복부비만 기준은 허리둘레 남자 90cm, 여자 85cm 이상이다. • 비만의 정도가 심각할수록 대사증후군의 빈도는 증가하였는데, 정상체중을 가진 집단에서는 10%, 과체중인 집단에서는 27%, 비만한 집단에서는 50%의 유병률을 보인다.
대사증후군과 고혈압	• 고혈압은 심뇌혈관질환의 발병을 증가시킨다. • 혈압이 115/75mmHg 이상인 경우 20/10mmHg 증가할 때마다 뇌졸중과 관상동맥질환이 2배씩 증가한다. 또한 혈압이 감소할수록 심혈관질환이 감소한다. • 대사증후군 환자의 고혈압은 인슐린 저항성과 밀접한 관계를 가진다. 고혈압의 가족력이 있는 군에서는 고혈압이 발생하기 전에 이미 인슐린이 증가되어 있으며, 따라서 고혈압은 인슐린 저항성에 의해 발현한다고 할 수 있다. • 인슐린 저항성을 개선하면 고혈압이 줄어든다. 운동량을 늘리거나 체중이 줄면 고혈압이 호전된다. • 인슐린 저항성은 미세혈관의 기능장애를 유발한다. 이에 따라 말초혈관의 저항이 증가하여 대동맥 경직도가 증가한다. • 체내 염분의 양을 증가시키고, 교감신경계를 활성화시켜 고혈압을 유발한다. • 대사증후군은 심뇌혈관질환의 발생과 연관이 있으며, 특히 대사증후군에서 고혈압의 조절은 특히 심뇌혈관질환의 예방에 중요하다.
대사증후군과 당뇨병 전단계	• 당뇨병 전단계라는 의미는 크게 둘로 구분된다. 공복혈당장애와 내당능장애로 이들은 제2형 당뇨병의 고위험군이면서 심혈관질환의 위험성이 높아진다. • 당뇨병과 당뇨병 전단계 모두 인슐린 저항성이 주요 원인이다. • 공복혈당장애는 공복혈당이 100~125mg/dL이며, 내당능장애는 75g 경구당부하검사에서 2시간 후 혈당이 140~199mg/dL로 정의한다. • 당뇨병 전단계의 70~75% 정도가 대사증후군을 동반한 것으로 알려져 있으며, 향후 심혈관질환의 발생을 예측할 수 있는 지표가 된다.

	• 대사증후군에서 고혈당이 발생하는 기전은 인슐린 저항성에 있다. 인슐린 저항성 상태는 인슐린이 잘 이용되지 못하는 상황이므로 췌장에서 더 많은 양의 인슐린을 분비한다. 따라서 인슐린은 높고 혈당은 정상인 고인슐린혈증이 나타난다. 이후 인슐린 저항 상태가 지속되면 췌장의 기능이 한계에 도달하고 더 이상 정상혈당을 유지할 수 없는 상태에서 당뇨병 전단계가 시작된다. 이 정도가 더욱 심해지면 당뇨병으로 진행하며, 결국엔 심혈관질환이 발생한다.

(4) 대사증후군의 치료

총괄적 치료	• 대사증후군 치료의 궁극적 목표는 당뇨병과 심혈관질환을 예방하는 것이다. • 대사증후군을 인슐린 저항성에 의한 문제라고 정의한다면 이 원인에 대한 치료와 대사증후군 구성요소에 대한 치료로 구분할 수 있다.
원인에 대한 치료	대사증후군의 병인 중 가장 비중 있는 설명은 바로 비만과 인슐린 저항성이다. 따라서 생활습관 개선을 통한 체중관리, 특히 복부비만의 관리가 중요하다.
생활습관의 개선	• 대부분의 대사증후군 환자는 비만이거나 과체중 상태이다. 따라서 하루 500~1,000kcal의 열량섭취를 줄여 매주 0.5~1kg 정도의 체중을 줄이는 것이 적절하다. 체중 감량의 목표는 6~12개월에 체중의 7~10%를 감소하는 것이다. • 열량을 줄이고, 지방섭취와 콜레스테롤의 섭취를 줄여야 하며, 단순당(흰쌀, 흰밀가루 음식, 설탕, 꿀, 과일)의 섭취를 줄이고 채소와 도정하지 않은 곡류의 섭취를 늘리는 것이 좋다. • 운동은 체중 감소뿐만 아니라 복부비만의 감소에도 도움이 된다. • 이외에도 금연과 절주가 매우 중요하다.

| 대사증후군 관리를 위한 생활습관 개선 목표 |

항목	세부내용
담배	금연
체중	• 이상체중 유지 및 중심비만 예방 • 체질량지수 20~25kg/m^2 • 허리둘레 남자 < 90cm, 여자 < 85cm
지방 섭취량	전체 열량의 30% 이하
포화지방산 섭취	전체 지방섭취량의 10% 이하
콜레스테롤 섭취	300mg/day
단가불포화 지방산	섭취 권장
신선과일, 채소 섭취	하루 5회 이상 섭취
생선, 오메가-3	일주일에 2회 이상 섭취
알코올 섭취	• 남자 < 21단위/주, 여자 < 14단위/주 • 단위 : 주류의 양×알코올 함량비율(%) 예 4% 맥주 50cc 섭취 4×0.5 = 2단위
염분 섭취	소금 하루 6g 이하, 나트륨 < 2.4g/day
유산소 운동	매일 30분 이상(수영, 빠르게 걷기)

출처 ▶ 보건복지부, 대한의학회

약물요법	• 식욕억제제나 또는 지방의 흡수를 방해하는 약물 • 인슐린 저항성을 개선하는 약물
구성치료	대사증후군의 구성요소에는 고혈압과 이상지질혈증 및 인슐린 저항성이나 고혈당이 포함된다.
고혈압 치료	심혈관질환이나 당뇨병이 없는 대사증후군환자의 고혈압 목표치는 130/80mmHg 이하가 적절하다. 이때 약물 중 이뇨제나 베타차단제의 경우 고용량을 사용하면 인슐린 저항성이나 이상지질혈증을 악화시킬 가능성이 있으므로 대사증후군 환자에게 사용하는 것은 적합하지 않다.
이상지질혈증 치료	• 대사증후군의 치료에서 이상지질혈증이 중요한 이유는 중성지방의 증가나 HDL-콜레스테롤의 감소가 심혈관질환을 유발하는 독립적인 위험요인이기 때문이다. 따라서 중성지방이 증가하지 않도록 음주를 줄이고, 지방섭취를 줄이는 노력과 탄수화물 식사량을 감소하는 노력이 중요하다. • HDL-콜레스테롤의 증가를 위해서는 지속적인 운동 등의 노력이 필요하다. 지속적인 운동이나 식생활습관으로도 어려운 경우에는 전문의와의 상담을 통해 약물 처방을 받을 수 있다.

(5) 식사와 영양

칼로리 영양소 섭취 억제	• 대사증후군에서 인슐린 저항성의 개선을 위해 가장 중요한 것이 바로 체중 감소이다. 체중 감소를 위해서는 칼로리 영양소의 섭취 억제가 매우 중요하다. • 체중 감소는 인슐린 저항성뿐만 아니라 이상지질혈증, 고요산혈증[혈액 중에 요산이라는 성분이 과도하게 많은(7.0mg/dl 이상) 상태를 말하며 체내 총 요산량이 증가되어 있음을 말함. 이것이 임상적으로 증상을 보이는 경우가 통풍], 혈전인자, 비정상적 혈관상태의 개선에 매우 중요하다. • 식이섬유소가 많이 포함되어 있으며, 단순당이 적고 복합당이 많이 포함된 현미나 잡곡의 섭취가 권장된다. 또한 포화지방산을 포함한 지방의 섭취를 줄여야 한다.
당지수와 당분 섭취 억제	• 당분은 섭취하면 바로 혈당을 증가시켜 인슐린 저항성을 높게 할 수 있다. • 이런 당분이 흡수되는 속도를 당지수라 하는데, 당지수가 높은 음식은 혈당을 빨리 증가시켜 인슐린 저항성이 높게 나타나 대사증후군을 유발할 수 있다. • 식이섬유소가 풍부한 식품은 당지수가 낮다. 쌀이나 익힌 감자, 흰 빵 등이 당지수가 높으며, 조리를 여러 번 하는 경우 당지수가 더욱 높아진다.
지방질 섭취 감소	• 지방질의 섭취가 증가하면 비만과 대사증후군의 발생이 많아진다. 지방질은 칼로리가 높은 반면 포만감이 적어 더욱 많은 칼로리 섭취를 조장한다. 따라서 총 칼로리 섭취의 30% 이내에서 하는 것이 중요하다. 저지방 식사를 하면 인슐린 저항성이 개선된다는 연구 결과가 많이 나와 식사에서 지방의 양을 줄이는 것은 대사증후군의 식이섭취에 매우 중요한 부분이다.

	• 지방 성분에는 포화지방산과 불포화지방산이 존재한다. – 포화지방산은 신체 내에서 다른 필요한 성분으로의 변화가 불가능하여 인슐린 저항성을 증가시킨다. – 오메가-3와 같은 불포화지방산은 인슐린 저항성에 영향을 주지 않는다. 따라서 지방의 섭취에는 불포화지방산이 도움이 된다.
비타민, 미네랄	• 음식을 섭취하고 이를 이용해 영양소가 신체로 흡수되어 이용되는 과정에는 반드시 비타민과 미네랄의 도움이 필요하다. • 이들 중 인슐린 저항성과 연관되어 있다고 알려진 비타민으로는 비타민D가 있다. • 최근의 연구결과 비타민D는 골다공증과 연관이 있을 뿐만 아니라 고혈압, 당뇨병, 심혈관질환 및 대사증후군과도 연관이 있는 것으로 확인되었다. – 비타민D와 칼슘이 보충된 유제품이 췌장에서의 인슐린 분비를 촉진하고, 체내에서 인슐린 이용이 호전되어 당뇨병 발생 위험이 18%나 감소된다. – 칼륨과 마그네슘은 고혈압을 예방하고 혈압을 낮추는 효과가 있으며 칼슘 역시 체중과 혈압의 감소에 도움이 되고, 인슐린 저항성의 개선에 유익한 것으로 확인되었다. – 이 외에도 비타민B, E와 엽산 등이 심혈관질환의 감소와 연관이 있다.

(6) 운동요법

운동요법의 개요	• 운동은 인슐린 저항성 개선에 매우 중요하다. – 앉아서 일하는 사람이 규칙적으로 운동하는 사람에 비해 제2형 당뇨병(인슐린 비의존형으로 인슐린이 반드시 필요하지는 않으며 당뇨약으로 혈당관리가 가능한 형태의 당뇨병으로 주로 성인이 되어 나타나는 병이며 유전성이 강한 형태의 당뇨병으로 약 90% 이상이 이런 유형의 당뇨병인 관계로 사람들이 당뇨는 유전이라는 인식을 만들게 만드는 당뇨의 유형이다)과 심장병의 발생률이 30~55% 더 증가한다. – 운동은 한 번만 하더라도 인슐린 저항성을 개선시킨다. 따라서 지속적으로 운동을 하는 경우 인슐린 이용률이 높아지고 저항성이 개선된다. • 운동은 개인의 선호도와 가능성 등을 파악하고, 운동방식 · 기간 · 강도 · 시기 및 안전성까지도 확인해서 시행해야 한다. • 운동으로 얻을 수 있는 이점은 신체적 건강 증진, 혈당 조절의 향상, 심혈관질환의 위험 감소, 비만 감소, 정신적 건강 등이다. 하지만 운동에 의해 해가 발생할 수도 있는데, 근골격계 손상(근육, 힘줄, 인대 파열 등)과 급사(겉보기에는 건강해 보이던 사람이나 동물이 이미 가지고 있던 병 따위로 갑자기 죽는 것)의 위험성을 말한다. 따라서 운동을 시작하기 전 확인이 필요하다.

<table>
<tr><td rowspan="3">운동요법의 내용</td><td>운동의 종류</td><td>• 운동의 큰 효과는 열량의 소모를 통해서 나타난다.
• 큰 근육을 사용하고, 장기간 유지하는 것이 효과적이며 유산소적 요소가 많은 운동이 적합하다.
• 걷기, 조깅, 자전거 타기, 수영, 댄스, 스케이트, 줄넘기, 계단 오르기 등이 적합한 운동이다.
• 유산소 운동이 더 효과적이나 근력 운동도 중요하다.</td></tr>
<tr><td>운동의 강도와 빈도</td><td>• 적어도 건강에 이득이 되도록 운동을 한다면 일주일에 700Kcal는 소모해야 하고, 만일 최대한의 운동 효과를 얻고자 한다면 주당 2000Kcal를 사용하는 운동이 도움이 된다. 이보다 더 많은 양의 열량을 소모하는 운동은 건강에 더 도움을 주기는 하지만 그만큼 부상 위험도 내포하고 있기 때문에 주의해야 한다.
• 운동의 효과를 확실하게 얻기 위해서는 준비운동, 본 운동, 정리운동의 순서를 지키는 것이 중요하다. 운동에 의한 해로서 급사나 심장합병증이 나타날 수 있기 때문에 준비 · 정리운동은 매우 중요하다.
• 운동의 효과를 나타내기 위해서는 적어도 일주일에 최소한 3번, 비연속적으로 운동을 해야 한다. 물론 이상적인 운동은 주당 5회 유산소 운동을 권장한다.
• 하루 중 1시간 이상의 긴 시간을 할애하기 힘든 경우 짧은 시간으로 여러 번 나누어 시행해도 같은 결과를 얻을 수 있다. 뿐만 아니라 일상생활 중 움직임도 운동과 같은 효과를 얻을 수 있어 신체를 움직이면서 일을 하는 것도 도움이 된다.
• 운동 효과를 얻기 위한 최소한의 시간은 10분 정도이다.</td></tr>
<tr><td>순응도 향상방법</td><td>• 운동을 시작한 사람 중 50%가 1년 이내에 운동을 중단한다고 알려져 있다.
• 운동을 지속하도록 유도하는 것이 대사증후군의 발생을 감소시키기 위해 중요하다. 따라서 시간과 장소의 제약에서 벗어날 수 있는 운동을 찾고, 적절한 목표와 성취감을 갖도록 유도하는 것도 중요하다.</td></tr>
</table>

(7) 대사증후군의 예방

<table>
<tr><td>비만 예방</td><td>• 대사증후군은 전 세계적으로 유병률이 급증하고 있으며 점점 건강의 큰 위협이 되고 있다. 우리나라의 경우에는 국민건강영양조사의 결과 남성의 대사증후군이 급격히 증가하고 있다.
• 비만도에 따른 대사증후군은 체질량지수가 25kg/m² 이상의 비만인에서 50%의 대사증후군 유병률을 보이기 때문에 체중의 증가와 밀접한 관계가 있다.
• 비만도가 대사증후군의 발생 위험성을 가장 확실하게 반영하는 지표이다. 따라서 대사증후군의 예방을 위해서는 비만을 예방하는 것이 매우 중요하다.
• 비만은 혈압과 혈당을 상승시키고, 혈중의 중성지방을 증가시키며, HDL-콜레스테롤을 감소시켜 대사증후군의 위험성을 높이고 결국 심뇌혈관질환을 유발한다.</td></tr>
</table>

	• 비만의 진단에는 성별에 따른 허리둘레를 보편적으로 많이 사용한다. – 내장지방이 많을수록 인슐린 저항성이 더욱 높아져 대사증후군의 위험성이 높다. 허리둘레를 이용하는 이유는 일반적 비만도나 체지방, 체질량지수가 복부의 비만정도를 확실하게 확인할 수 없기 때문이다. – 더욱 정확한 내장지방을 알기 위해서 복부 CT 검사를 이용한다. – 허리둘레만 가지고는 내장지방이 많은지 또는 피하지방이 많은지 구별할 수 없다. – 내장지방은 피하지방보다 인슐린 저항성이 더 크다. 따라서 내장지방이 많은 사람은 대사증후군의 위험성이 더욱 높다. • 비만인이 체중을 감량한 경우 대사증후군의 모든 항목이 감소한다. 10%의 체중 감소는 내장지방의 30% 감소를 초래하며 콜레스테롤을 포함한 혈중지질의 개선과 인슐린 저항성을 줄여줘 고혈당위험과 혈전 생성의 감소 및 만성 염증변화도 감소하고 혈관내피세포의 기능도 개선시켜 죽상동맥경화의 위험성을 낮춘다. • 결론적으로 대사증후군의 예방을 위해서는 비만을 예방하는 것이 매우 중요하다. 특히 내장지방이 많은 내장형 비만이 더욱 문제를 유발할 수 있다. 따라서 복부비만의 예방이 대사증후군의 발생을 예방하기 위한 최선의 방법이라 할 수 있다.

4 관상동맥질환(허혈성 심질환)

(1) 특징

정의	관상동맥의 죽상경화 등에 의하여 심근에 대한 혈류가 감소하여 초래되는 심장질환으로 임상적으로는 협심증(angina pectoris), 심근경색증(myocardial infarction), 급사(sudden death) 및 심부전 등으로 나타남		
위험요인 [2005 기출]	조절 불가능요인	• 연령 – 75세 이하에서 발생하는 모든 심혈관질환의 절반 이상을 차지함 – 남성은 여성보다 젊은 나이에 관상동맥질환을 경험함 – 여성의 관상동맥질환 발생은 폐경 이후에 급격히 증가함 • 가족력과 유전: 유전이 관상동맥질환 발생에 직접적인 영향을 미치는 것은 지질대사, 호모시스테인 대사, 안지오텐신 전환효소 수준, 응고에서의 유전적 차이 때문이며 젊은 연령층에서 관상동맥질환의 발생과 관련이 있음 • 인종: 백인보다 흑인에서 발병률이 높음	
	조절 가능요인 [2005 기출]	주요인	고콜레스테롤 혈증, 고혈압, 흡연, 당뇨병, 습관적인 고열량, 고지방, 고당질, 고염 식이
		부요인	비만, 운동부족, 성격, 정신적, 사회적 긴장, 통풍
		악화요인	과음, 과식, 과로, 추위, 힘든 일과 노력(산소 요구량 증가 시)

병태생리	심근산소 공급 감소	• 관상동맥장애: 혈류 저항 증대 – 죽상경화증, 관상동맥경련, 관상동맥염 • 순환장애: 저혈압(심장귀환혈액 감소), 대동맥 판막협착 및 폐쇄부전 (관상동맥혈류 감소) • 혈액장애: 심근 산소 공급능력 감소, 빈혈, 저산소증
	심박출량 증가로 심장과부담	
	심근산소 수요 증가	• 심박출량 증가로 심장의 과부담 증가: 운동, 흥분, 과식, 빈혈, 갑상샘 기능 항진 등 • 심근 자체의 산소 요구 과다 – 손상심근의 산소이용에 대한 효율성 저하 – 심근비후로 인한 산소 요구량 증가 – 과도한 전부하, 후부하(대동맥관의 역류증이나 협착증) – 신진대사 증가(갑상샘 기능항진증) – 흥분, 과도한 신체운동

(2) 허혈성 심질환 유발에 관여하는 요인별 병태생리적 근거 [2019 · 2020 기출]

고지혈증	• 혈청 내 콜레스테롤이나 중성지방 증가 또는 두 가지 지질성분이 동시에 증가 • 심장질환의 강력한 예측요인: LDL 콜레스테롤 증가와 중성지방 증가(130mg/dl 이하 정상, 160mg/dl 고위험) • 총 콜레스테롤: 200mg/dl 이하 정상 • HDL: 600mg/dl 이상 정상, 35mg/dl 미만 시 고위험
고혈압	• 동맥벽의 내피세포 손상 → 지질침전물 축적 → 죽상경화증 촉진, 혈관저항을 높여 심부담 • 혈관저항 높임 → 심부담 증가(후부하 증가로 심근의 산소요구증가가 올 수 있음) • 혈관수축과 이완능력에 영향: 140/90 이상 위험인자
당뇨	• 고인슐린 혈증: 동맥내막 손상 → 죽상경화증 촉진 • 고혈당과 고인슐린 혈증은 혈소판 기능 변화, 혈중 섬유소 증가, 염증을 일으키는 중요한 요인 • 인슐린 조절 실패 – 중성지방/VLDL/혈관저항 증가, HDL 감소 – 응고장애, 혈관저항 증가, 비만, 고혈압 등 죽상경화증 과정을 동반 • 당뇨환자: 체중 감소, 지방섭취 감소, 운동이 중요하고 지속적인 혈당관리 필요
흡연 [2019 기출]	• 니코틴 – 교감신경계를 흥분시켜 심박수와 혈압 상승, 부정맥, 심부담 증가(심근 산소요구량 증가) – 동맥수축 → 조직관류 방해/고밀도지질단백질(HDL) 증가, 혈소판 응집 증가 → 혈전 형성의 위험을 증가 • 일산화탄소: Hb와 산소결합 방해로 저산소증

	• 이산화탄소: 혈관내피 손상, HDL 감소, 피브리노겐 증가(혈액점도 증가) → 혈전 형성 증가 → 혈액점도 증가 → 혈관내벽의 혈전 형성으로 관상동맥의 죽상경화증 발생 촉진 → 혈관의 긴장/수축 초래 • 간접흡연도 허혈성 심장질환의 위험인자
비만	• 지질대사 변화: VLDL/LDL 상승, HDL 저하 • 포도당 불내성 유발, 혈압 증가 • 혈압상승, 고지혈증, HDL 감소, 요산 증가 및 신체 활동의 감소 등으로 허혈성 심질환 유발
운동저하	• 운동은 혈중 콜레스테롤, 당뇨, 비만을 조절 • HDL 형성, 인슐린 민감성의 변화(지질대사 변화) • 운동부족은 HDL을 저하시키고 LDL과 중성지방 증가
스트레스	• 자율신경계에 의한 호르몬 불균형: 혈압 상승, 불안 • 카테콜아민: 혈소판 응집, 혈관경련
호모시스테인 (homocysteine)	• 메티오닌이 시스테인으로 변환되는 단백질 이화작용과정에서 합성되는 아미노산 • 응고변화, 염증반응 활성화, 내피세포의 장애유발로 혈관질환 발생 • 폐경기 이전의 여성은 남성보다 혈중 호모시스테인이 더 낮은데 이는 폐경기 이전의 여성이 남성보다 관상동맥질환 발생이 더 낮음을 부분적으로 설명 • 15umol/L 이상 시 심질환 사망률과 유병률 증가 • 수치가 비정상적인 경우에는 – ① 동맥내벽 세포에 직접적인 독작용, ② 응고인자에 대한 방해, ③ 저밀도 지단백(LDL)의 산화로 죽상경화증을 유발함 – 또한 호모시스테인의 수치 증가는 심부정맥혈전증과 폐색전증의 위험성을 증가시킴 • 호모시스테인은 비타민B_6, 엽산, 비타민B_{12}에 의해 대사 작용. 그러므로 엽산이나 엽산이 함유된 식품을 섭취하여 호모시스테인을 낮춤
염증	• 염증과정이 죽상경화판(atherosclerotic plague)을 형성하고 염증과정은 파열된 플라그와 관련이 있음 • 염증은 파열된 플라그 자리에 혈괴 형성을 증가시킴 • 아스피린과 항혈소판제 치료는 심근경색의 위험을 감소
대사증후군	• 복부비만, 비정상 혈중 지방(HDL은 낮고, triglycerides는 높음), 고혈압, 공복 혈당의 증가, 혈액응고 경향, 염증성 요인 등 • 대사증후군 인슐린 저항과 인슐린에 대한 조직반응의 장애와 밀접한 관련성이 있음
여성	• 조기폐경, 경구용 피임약의 사용, 호르몬 대체요법 등은 여성에게 관상동맥질환을 발생시키는 요인 • 폐경기에는 HDL이 감소하고 LDL이 증가 • 5세 이전에 양쪽 난소를 절제한 후 호르몬 대체요법을 받지 않은 여성의 경우 자연 폐경을 경험한 여성보다 8배 이상 관상동맥질환 발생이 높음

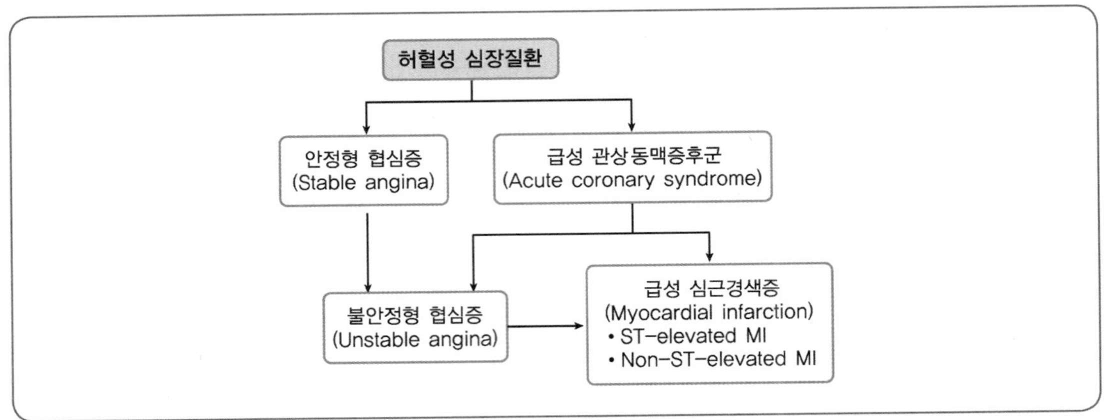

| 허혈성 심장질환의 임상분류 |

5 협심증

(1) 특징

구분	내용
정의	심근의 국소적 혹은 일시적 허혈상태로 심근의 산소 요구량이 산소 공급량을 초과할 때 발생됨

형태

	병인	흉통시간	운동, 안정, NTG	그 외 특징
안정형	• 심근허혈 • 죽상경화증	5~10분간 지속	• 운동 시 악화 • 휴식이나 NTG에 의해 완화	
불안정	두꺼워진 죽상반의 파열	15~20분 이상 길어지는 흉통	• 휴식 시나 최소한의 운동 시에도 발현 • 안정이나 NTG에 반응하지 않는 통증	• 빈도, 지속시간, 중증도가 증가하는 협심증 • 심근허혈로 인하여 ST와 T파의 변화가 나타나나 Q파의 출현 등의 심근경색 소견 없음
이형성	관상혈관 경련		• 휴식 시에 일차적으로 발현 • 칼슘통로차단제와 NTG에 의해 완화	• 관상동맥질환 유무와 관계없이 발현 • 동양인에 많음 • 스트레스와 흡연에 의해 악화 • 편두통이나 레이노현상 관련 • 주로 매일 일정 시간에 짧은 통증 • 일시적으로 현저한 ST 분절의 상승

안정형	–
불안정형	• 관상동맥의 병소가 더 진행되면 악화된 복합 죽상반(complicated plaque)의 섬유층이 갑자기 파열되면서 혈관 내 혈전형성이 시작되므로 급격히 혈관 내강이 좁아짐으로써 급성 관상동맥 증후군이 발현되며 임상적으로 불안정형 협심증이라고 함 • 경색전 증후군(preinfarction syndrome): 급성 심근경색이 일어나기 1~4주 전에 나타남 • 발작적인 흉통: 안정 중에 일어나고 운동 중에 발생한 흉통은 안정을 취해도 경감되지 않음 • 발작 횟수 증가, 흉통의 지속시간이 15~20분 이상 길어짐 • 흉통의 강도가 심해지나 분명한 심근괴사의 증거는 나타나지 않음 – 백혈구 증가나 체온 상승, 심근효소치 상승이 없으며 심전도에서는 심근허혈로 인하여 ST와 T파의 변화가 나타나나 Q파의 출현 등의 심근경색 소견은 볼 수 없음
이형성 변이형	• 비특이성 협심증의 형태 • 관상동맥의 경련(coronary spasm)에 대한 반응으로 흉통이 유발됨 • 동양인에서 많으며 스트레스와 흡연이 관상동맥경련을 촉진시키는 인자로 보며 그 외에 다양한 물질(히스타민, 안지오텐신, 에피네프린, 노르에피네프린, 프로스타글란딘)의 증가와 관련됨 • 관상동맥의 경련은 관상동맥질환이 없이도 나타날 수 있음 • 심근세포 내 칼슘의 증가로 평활근이 강력하게 수축할 때 일어남 • 편두통이나 레이노현상(Raynaud's phenomenon)의 병력을 가진 환자에서 볼 수 있음 • 이형성 협심증은 신체의 산소 요구량의 증가로 발생되는 것이 아니므로 흉통은 신체 활동과 관계없이 주로 휴식 중이나 특정한 시간에 나타나며 운동으로 완화되거나 자연적으로 사라지게 됨 • 통증의 주기는 매일 일정한 시간에 짧은 통증이 유발됨 • 일반적으로 초기에 칼슘통로 차단제(calcium channel blockers)와 나이트레이트(nitrates)로 치료됨 • 경련이 일어났을 때 환자는 통증과 함께 심전도에서 일시적으로 현저한 ST 분절의 상승을 보임

(2) 안정형 협심증의 흉통 특징

양상	막연한 답답함부터 질식감, 목을 죄는 듯한, 고춧가루를 뿌린 듯 화끈거리는, 으깨지는 것처럼 심한 분쇄통 등 다양하고 불쾌한 느낌들을 호소
시작	천천히 또는 빠르게 진행, 소화불량이라 생각하기도 함
부위	가슴 한가운데인 흉골 중앙하부에서 시작되고 좌측 어깨와 좌측 팔의 내측하방을 따라서 방사되는 경우가 전형적
방사	왼쪽 어깨, 팔, 팔꿈치, 손목, 4~5번 손가락으로 퍼짐, 경부 턱으로 방사

지속시간	• 대부분 2~3분(1~5분) 내의 짧은 시간 지속 • 과식, 과음, 극도의 흥분상태에서는 10~15분가량 계속되기도
강도	일반적으로 약하거나 보통이며 아주 심한 경우는 드묾
완화 및 악화요인	• 휴식 및 nitroglycerine에 의해 완화됨 • 신체활동이나 운동, 과식, 추운 날씨나 습한 기후에 노출될 때, 정서적인 흥분, 심한 스트레스 등에 의해서 유발됨
동반증상	호흡곤란, 창백, 현기증, 발한, 어지러움, 심계항진 및 소화불량 증상 동반

(3) 진단

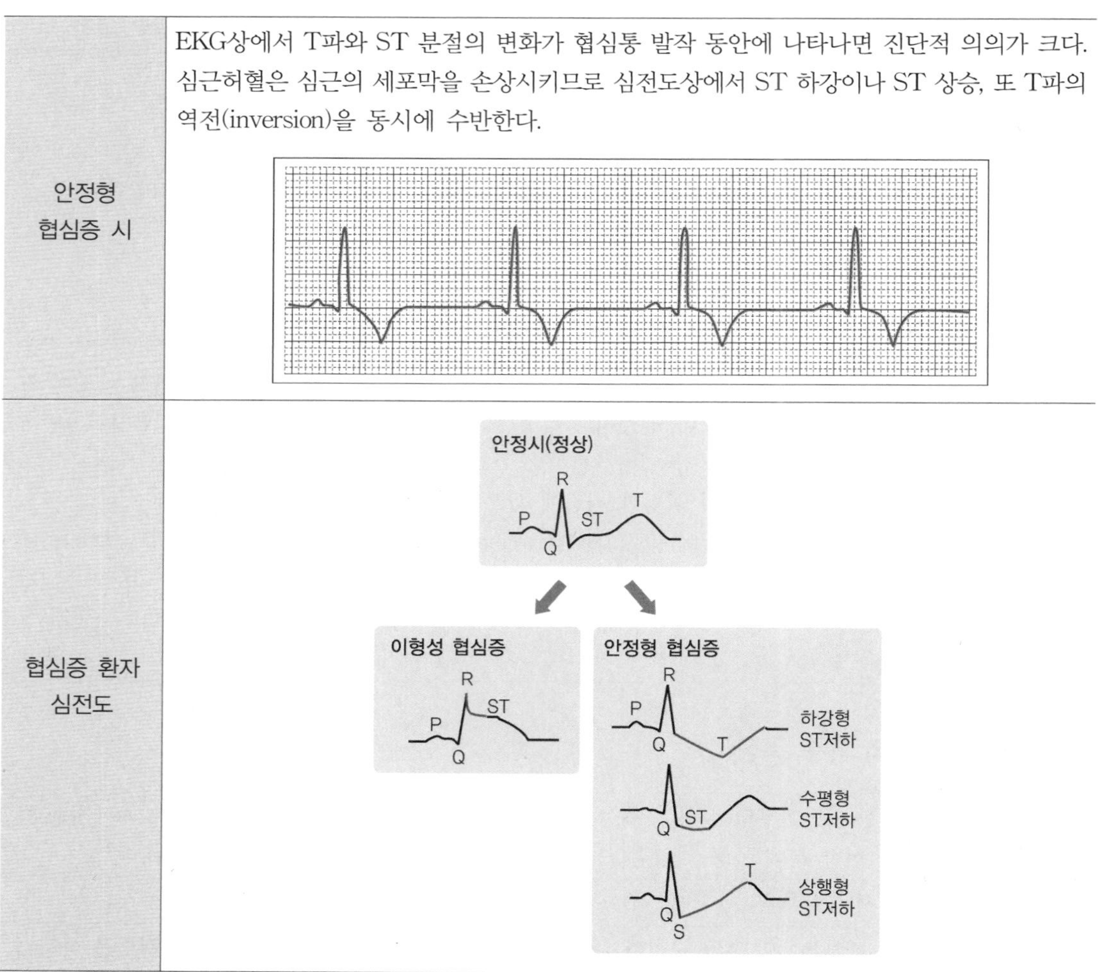

안정형 협심증 시	EKG상에서 T파와 ST 분절의 변화가 협심통 발작 동안에 나타나면 진단적 의의가 크다. 심근허혈은 심근의 세포막을 손상시키므로 심전도상에서 ST 하강이나 ST 상승, 또 T파의 역전(inversion)을 동시에 수반한다.
협심증 환자 심전도	

운동부하 심전도 검사 (Treadmill exercise EKG)	적응증	• 졸도, 흉통 호소, 관상동맥 질환, 부정맥 환자 • 안정 상태에서 증상이 없어 진단이 어려운 협심증의 관상동맥질환에 운동으로 심장에 부담을 가하면서 증상의 발현, 심장의 변화를 측정한다.
	방법	러닝머신 같은 운동기구에서 단계적으로 운동을 시키면서 심박동수, 혈압, 심전도를 측정하여 운동 중의 심장기능을 평가한다.
기타	• 심초음파 검사(관상동맥의 막힌 부위는 알 수 없으나 괴사로 인해 나빠진 부위, 심실류가 발생한 부위 등을 알 수 있음) • 관상동맥 조영술(관상동맥 협착위치와 정도를 알 수 있음) • 임상병리검사(괴사된 심근에서 방출된 효소검사 등)	

(4) 치료

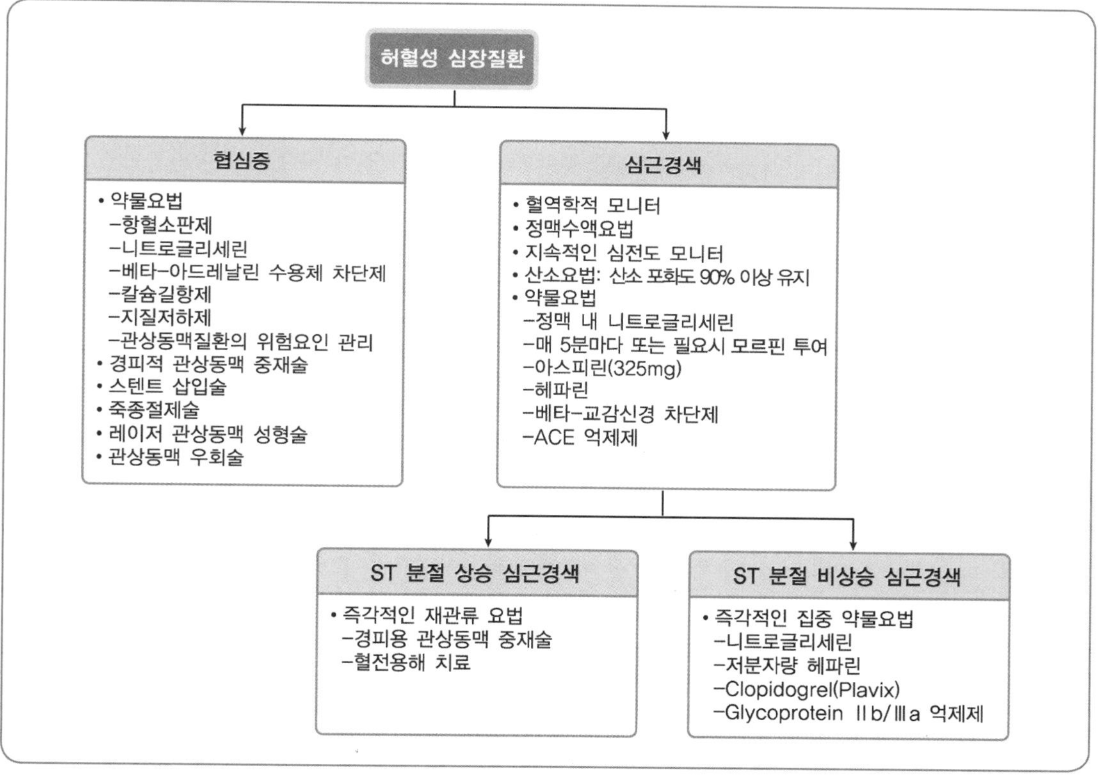

| 협심증과 급성 관상동맥 증후군의 관리요법 |

| 안정형 협심증의 10대 중요 치료 요소 |

A	• aspirin(아스피린) • Antianginal therapy(항협심증요법)
B	• β-adrenergic blocker(베타교감신경 차단제) • Blood pressure(혈압)
C	• Cigarette smoking(흡연) • Cholesterol(콜레스테롤)
D	• Diet(식이) • Diabetes(당뇨병)
E	• Education(교육) • Exercise(운동)

(5) 약물요법

Nitrate	• 설하정, 설하분무제, 연고제, 경피첨포(patch) 등 • 혀 밑에 넣어 녹여서 삼키거나 뿌리면 점막흡수가 빨라 투약 1~2분이 지나면 흉통이 완전히 사라진다. • nitroglycerine이 널리 쓰이고 있으며 약효가 지속될 수 있는 제제로 isosorbide dinitrate가 있고 근래는 피부를 통하여 흡수되게 하여 약효를 24시간까지 지속되게 할 수 있는 연고, patch형 제제의 이용이 점점 많아지고 있다. • 약품명 : 아이소딜, 니코란딜 등
Beta 교감신경 차단제	• Beta 차단제는 혈압 및 심박수를 떨어뜨려 치료에 큰 도움을 주나, 천식, 심부전, 전도장애가 있는 환자에서는 주의를 요한다. • 약품명 : 인데랄, 테놀민, 비스켄, 미케란 등
Calcium 경로차단제	• Ca의 유입을 차단하여 심근의 수축력 억제와 평활근 이완을 일으켜 심근 산소수요량을 감소시킨다. → 혈관확장, 심근수축억제, 심박수감소 작용 • 관동맥혈관 저항을 감소시키므로 관동맥의 경련에 의한 이형 협심증에서 특히 그 효과가 크나 다른 형태의 협심증 치료에도 도움이 된다. • 약품명 : verapamil(이솝틴), nifedipine(아달라트), diltiazem(헤르벤)

| 협심증에 사용되는 약물 |

<table>
<tr><th>약명</th><th colspan="2">약리작용</th><th colspan="2">특징/부작용/주의사항</th></tr>
<tr><td>혈관확장제
(질산염제제) :
nitroglycerin
(Tridil)</td><td colspan="2">• 큰 정맥들을 확장시켜 심장으로 되돌아오는 혈류량을 줄임으로써 cardiac preload를 감소시켜 심근 부담을 줄임
• 관상혈관을 확장시켜 심근에 산소공급을 원활히 해줌
• 결과적으로 심근의 산소 요구량을 줄이게 됨</td><td colspan="2">• 고혈압, 심부전, 허혈성 심질환 모두 사용
• 설하/경구용/정맥용/분무제/연고/패치형
➲ NTG 보관 시
• 갈색 유리병에 담아 휴대
• 몸에 직접 닿는 것은 피함
• 개봉 후 3(또는 6)개월마다 교체
➲ NTG 복용 시
• 신선한 약은 혀 밑에 넣었을 때 작열감
• 투여 1분만에 작용함
• 5~10분마다 2~3회까지 반복투여 가능
• 앉은 상태에서 복용(부작용 주의)
• 부착형 patch는 낮 12시간 동안 부착하고 밤 12시간은 떼어버려야 함
➲ 부작용
• 두통, 현기증, 안면홍조, 저혈압 등</td></tr>
<tr><td>항혈소판제</td><td>• 아스피린
• 티클로피딘
• GP(glycoprotein) Ⅱb/Ⅲb</td><td>혈소판 수용체와 결합하여 혈소판 응집작용을 억제함</td><td>➲ 적응증
혈전색전 질환의 예방과 치료 및 혈소판 응집 억제 : 안정형 협심증, 불안정형 협심증, 급성 심근경색증, 뇌졸중, 말초동맥성 질환 등</td><td>➲ 부작용
티클로피딘(Ticlid)은 아스피린보다 더 효과적이나 부작용이 심하고 무과립구증을 일으킬 수 있으므로 아스피린을 복용하기 어려운 환자에게 사용</td></tr>
<tr><td>섬유소 용해제</td><td>• Urokinase
• Streptokinase
• t-PA</td><td>plasminogen을 plasmin으로 활성화시켜 fibrin을 용해함</td><td>➲ 적응증
불안정형 협심증 및 심근경색, 뇌혈전증, 폐색전, 뇌경색, 말초동・정맥폐쇄</td><td>➲ 부작용
출혈, 드물게 쇼크, 발진, 두드러기</td></tr>
<tr><td>Trombin
억제제 :
헤파린</td><td colspan="2">• 혈액응고의 3단계에 모두 작용함
• thromboplastin 생성을 억제하고 이미 만들어진 thromboplastin을 파괴
• prothrombin에서 thrombin으로의 전환을 억제
• thrombin이 fibrinogen에 작용하여 fibrin을 형성하는 것을 억제하고 혈소판 응집을 방해</td><td>➲ 적응증
혈전색전 질환의 예방과 치료, 심장수술 시 응고방지, 수혈, 체외순환 투석 시, 급만성 혈액응고 이상증의 진단 및 치료</td><td>➲ 부작용
출혈
➲ 주의사항
• 헤파린 복용 시 PTT 1.5~2배 유지
• 아스피린 등 혈소판 응집억제제와 병용 시 출혈을 유발할 수 있음</td></tr>
</table>

베타차단제	• Atenolol(Tenormin) • Metoprolol	• 심근 산소 요구량 감소 – 수축력 감소 – 전도를 느리게 함 – 혈압 저하 – 심박동수 저하로 이완기 충만시간과 관상동맥관류 증가 • 급성 심근경색 후 유병률과 사망률을 감소	• Metoprolol 5mg을 정맥투여 1~2분에 걸쳐 증가, 환자 안정되면 정맥투여는 구강투여로 변경 • EKG와 혈압관찰 • 방실차단, 서맥, 저혈압, 좌심실부전, 기관지경련 관찰 • 베타차단제를 중단하기 위한 목표심박수는 50~60회/분
칼슘통로 차단제	• Diltiazem(Cardizem) • Verapamil(Calan)	• 후부하 전부하를 감소시켜 심부담 및 좌심실 변형 감소 • 좌심실 변형은 산소 요구량 증가와 심부전 유발	• 혈관경련이 있거나 고혈압일 때 처방 • 서맥, P-R간격 지연, 심장차단, 저혈압, 심부전 관찰
진통제	Morphine sulfate	• 통증과 교감신경 자극완화 • 혈관이완(전부하 감소)	• 활력증후, 의식수준, 지남력 유지 • 저혈압, 호흡억제, 의식수준 변화 관찰 • 용량은 보통 2~5mg씩 증가
지질저하제	• HMG-CoA 억제제 – Fluvastatin – Pravastatin – Lovastatin – Simvastatin 등 • 음이온 교환수지 • 니코틴산 유도체 등	HMG-CoA 환원 효소 억제제: 콜레스테롤 합성 속도를 결정하는 효소인 HMG-CoA 환원효소를 억제. 콜레스테롤, LDL 등을 감소시킴	식사/운동요법으로 6개월간 노력을 해도 변화가 없을 시 지질저하제 투여 **부작용** 간효소 증가, 소화기장애, 두통, 피부발진, 근육통 등

(6) 관상동맥 중재술

<table>
<tr><td rowspan="5">경피적
관상동맥
중재술
(PTCA)</td><td colspan="2">➲ 관상동맥 성형술(Percutaneous Transluminal Coronary Angioplasty; PTCA)
• 약물에 반응하지 않는 관상동맥질환에 적용하는 비수술적 방법</td></tr>
<tr><td>적응증</td><td>1~2개 이하 관상동맥이 좁아진 경우, 죽종 형성부위가 작고 칼슘이 침착되지 않은 경우 효과적</td></tr>
<tr><td>시술</td><td>대퇴동맥, 요골동맥 통해 관상동맥 내로 풍선 달린 카테터 삽입
→ 협착 부위에 위치한 후 풍선을 부풀려 협착된 관상동맥을 확장시킴</td></tr>
<tr><td>간호</td><td>• 혈전 예방 위해 헤파린 투여, 관상동맥경련 예방 위해 니트로글리세린 투여
• 시술 후 심장 모니터 통해 합병증 관찰
• 시술 후 6시간 동안 안정, 삽입부위 굴곡시키지 않도록 주의
• 출혈 예방 위해 카테터 삽입 부위를 모래주머니로 압박
• 조영제 배설 위해 수분 섭취 권장</td></tr>
<tr><td>합병증</td><td>혈관분리, 혈관폐쇄, 관상동맥경련, 관상동맥 재협착 등</td></tr>
<tr><td rowspan="5">관상동맥
우회술
(CABG)</td><td colspan="2">➲ 관상동맥 우회술(Coronary Artery Bypass Graft; CABG)
개흉을 하여 수술하는 CABG수술은 협착이나 막힌 관상동맥으로 인하여 혈액공급이 감소된 심근에 환자의 동맥이나 정맥 혈관을 이용하여 우회로를 만들어 주는 심근 재혈관화수술(cardiac revascularization) 방법이며 수술 전에 정확한 병소와 협착부위를 확인하기 위하여 관상동맥 조영술이 시행됨</td></tr>
<tr><td>적응증</td><td>• 약물요법으로 치료되지 않는 협심증, 불안정형 협심증, 급성 심근경색증, 판막 질환, 심인성 쇼크 등
• 좌측 주관상동맥(LMCA)이 60% 이상의 협착을 보이거나 좌우 관상동맥의 주요 혈관 3개에 70% 이상 협착이 있는 경우, 협착부위가 긴 경우, 심장기능이 감소되어 있는 환자에게 실시</td></tr>
<tr><td>시술전
간호</td><td>• 수술 전 디기탈리스, 이뇨제, 아스피린, 항응고제 투여 중지
• 칼륨 투여
• 처방약물(베타차단제, 칼슘통로 차단제, 항부정맥제, 항고혈압제) 투여
• 수술 전 예방적 항생제 투여</td></tr>
<tr><td>수술방법</td><td>• 전신 마취 후 체외순환을 사용하는 심장수술
• 관상동맥에 요골동맥, 복재정맥, 내유선동맥 중 선택하여 이식</td></tr>
<tr><td>합병증</td><td>심부정맥, 수분전해질 불균형, 저체온증, 고혈압, 저혈압, 출혈, 심장압전 등</td></tr>
</table>

(7) 협심증 발작을 예방하기 위한 교육의 내용(간호법)

모든 활동 조절 (effort, exercise)	• 흉부의 불편감, 호흡곤란과 피로를 일으키지 않는 범위 내에서 활동한다. • 작업 전후나 식전에 가벼운 운동을 한다. • 모든 등척성 운동과 갑작스런 운동을 피한다. • 휴식과 운동을 적절히 한다. 점차적으로 활동량을 증가시킨다.
스트레스(emotion) 조절	정서적 스트레스(emotion)를 받을 수 있는 상황을 피한다.
과식 (eating)	• 식이 및 약물에 주의: 과식(eating)을 피한다. – 음식은 소량씩 먹어 심장에 부담이 되지 않게 한다. • 카페인은 심박수를 증가시켜 협심통을 유발하므로 과다하게 섭취하지 않는다. • 식후 2시간 정도는 육체적 운동을 삼간다. • 심박수를 증가시키는 약물(충혈제거제, 체중조절약)을 금한다. • 가스를 형성하는 음식을 피한다(고섬유식이는 소화기질환과 변비를 감소).
외출 삼가 (expose)	가능하면 추운 날씨나 바람이 많은 날에는 외출을 삼간다(expose).
금연	담배는 심박수를 증가시키고 혈압을 상승시키며 혈중 이산화탄소를 증가시키므로 금한다.
니트로글리세린	니트로글리세린을 항상 가지고 다니도록 하고 협심통이 예상되는 활동 시(계단 오르기, 성생활)에는 미리 니트로글리세린을 복용한다.
비만	비만한 사람은 저열량, 저콜레스테롤 식이를 취하고 체중을 조절하는 일이 중요하다.
교육	협심통 발작 시 처치에 대한 교육을 실시한다. • 흉통발작이 있을 때 흉통완화를 위한 처치를 할 수 있도록 한다.

허혈성 심장질환의 위험요인 관리

① 식생활 개선
② 저지방, 저콜레스테롤 식이
③ 포화지방산 섭취를 줄이고 불포화지방산으로 대치하는 식사
④ 저염 식이
⑤ 고섬유 식이, 녹황색 채소와 과일섭취 권장
⑥ 체중 감소를 위해 저칼로리 식사
⑦ 금연
⑧ 고혈압과 당뇨병의 조기 발견과 치료
⑨ 스트레스 해소
⑩ 유산소 운동: 최대심박수의 70~75%/1회 운동시간 40~60분/주 3회 이상 규칙적
→ 콜레스테롤과 중성지방 감소, 심근수축력 강화, 혈압하강, 당뇨병 호전

(8) 협심증 발작 시 처치

<table>
<tr><td>안정</td><td>통증이 발생하면 즉시 하던 일을 멈추고 안정, 휴식을 취한다.
→ 휴식으로 심장의 부담을 줄인다.</td></tr>
<tr><td>앉은자세 유지</td><td>• 약물의 효과가 남아 있을 때까지 앉아 있는다.
• 서서 복용 시 약물로 인한 현기증, 실신이 발생한다.</td></tr>
<tr><td>니트로글리세린(NTG)투여</td><td>• 흉부에 불편감이 있으면 혀 밑에 nitrogiycerin을 넣어 설하에 녹여서 복용한다.
• 삼키지 않으며 약이 녹을 때까지 타액도 삼키지 않는다(구강 점막이 위 점막보다 흡수력이 강하다).</td></tr>
</table>

(9) 니트로글리세린(nitroglycerin) 투여

<table>
<tr><td>약리작용</td><td colspan="3">• 혈관확장제 : nitrate 제제를 설하용(nitrostat)
• 정맥을 확장시켜 정맥귀환을 감소시킴으로 전부하를 줄이고 말초 세동맥을 이완시켜 후부하를 줄인다.
• 전부하와 후부하 감소로 심근의 산소 소모 감소로 통증을 경감시킨다.
• 관상동맥을 확장시켜 심근의 산소 공급을 증가시킨다.</td></tr>
<tr><td rowspan="6">복용 방법</td><td>앉은자세 유지</td><td colspan="2">• 설하로 복용할 때, 침상머리는 편안하게 올린 앉은 자세에서 복용한다.
• 누우면 사지로부터 정맥환류를 증가시켜 심장의 부담이 증가된다.
• 서서 복용 시 약물로 인한 현기증, 실신이 발생할 수 있다.</td></tr>
<tr><td>설하 복용</td><td colspan="2">• 설하에 녹여서 복용한다.
• 삼키지 않으며 약이 녹을 때까지 타액도 삼키지 않는다(구강 점막이 위 점막보다 흡수력이 강하다).</td></tr>
<tr><td>작열감</td><td colspan="2">• 신선한 약은 혀 밑에 넣었을 때 작열감이 있다.
• 혀 밑에 넣었을 때 작열감을 느껴야 효과가 있다.</td></tr>
<tr><td>투여 횟수</td><td colspan="2">• 통증 시 즉시 1정을 투여한다.
→ 투여 1분만에 효과가 나타난다(3~4분이 지나도 통증이 있으면 급성 관상동맥 증후군을 의심해 본다).
• 5~10분마다 2~3회까지 반복 투여가 가능하다.
• 3회 투여 후에도 통증이 지속되면 의사에게 알리고 병원에 방문한다.</td></tr>
<tr><td rowspan="2">부작용 관찰</td><td>저혈압(현기증)</td><td>• 혈압 감소는 혈관 확장과 함께 일어나므로 니트로글리세린을 투여한 후에 투약 후 먼저 해야할 간호는 반드시 혈압을 측정하여 저혈압을 확인하는 것이다.
• 니트로글리세린은 수축기 혈압이 90mmHg 이상인 환자에게만 혀 밑에 투여한다.</td></tr>
<tr><td>체위성 저혈압</td><td>서 있는 자세에서 중력에 의해 심장으로 귀환이 감소되어 체위성 저혈압이 발생한다.</td></tr>
</table>

		두통	혈관이 이완되어 발생되는 두통을 관찰한다.
		기타	오심 구토, 안면홍조, 말초부종 등이 초래될 수 있다.
	예방적 복용	협심증이 예측되는 활동인 정서적 스트레스, 식사, 운동, 계단 오르기, 성생활 5~10분 전에 NTG 1정을 설하에 넣고 녹여서 투여한다.	
보관관리	• 니트로글리세린을 항상 가지고 다닌다(휴대). • 약물은 갈색 유리병에 담으며 어둡고 서늘한 곳에 둔다. • 마개를 꼭 닫고 불필요하게 약병을 열지 않는다. • nitroglycerin은 빛, 열, 공기(산소)에 쉽게 영향을 받는다. • 솜이 약물을 흡수하니 약물보관함에 솜을 두지 않는다. • 3~5개월(6개월)마다 교체하며 5개월이 넘는 약은 버린다. • nitroglycerin이 몸에 직접 닿는 것을 피한다.		
평가	• NTG의 약리작용을 설명한다. • NTG의 관리방법을 실천한다. • 협심증이 예측되는 활동 전에 NTG를 투여한다. • NTG의 부작용을 설명하고 주의시킨다.		

6 급성 심근경색증 [2011 · 2019 · 2020 기출]

(1) 특징

원인	• 주원인은 관상동맥의 죽상경화증이 진행되는 과정 중에 갑자기 발병되는 것이다. • 관상동맥의 갑작스러운 폐색은 죽상반이 파열되거나 균열이 생기면서 형성되는 혈전에 의해 관상동맥의 폐색이 발생한다. • 동맥의 혈류가 완전히 차단됨으로써 발생되는 것이 대부분이다.	
정의	관상동맥의 폐색으로 심근혈류가 차단되어 심근에 괴사를 일으키는 질환이다.	
병태생리적 반응	혈전 30분	관상동맥이 혈전에 의해 30분 이상 지속적으로 완전히 막히면 허혈 상태의 심근세포에 괴사가 시작된다.
	첫 12시간	괴사된 심근조직이 육안으로는 정상적으로 보인다.
	18~24시간	육안으로 괴사부위를 식별할 수 있으며 적갈색의 심근이 빈혈을 일으켜 회갈색으로 변한다.
	2~4일	괴사부위가 명확해지고 4~7일이면 중앙부는 유연해져서 이때 출혈과 심근의 파열이 올 수 있다.
	4~7일	측부순환이 형성되기 시작하여 7~10일이 되면서 괴사부위는 점차 회색 섬유아세포의 증식이 일어난다.
	10일~6주	섬유성 반흔조직으로 점차 대치되면서 치유되지만 심장기능은 현저히 약해진다.
	6~8주	6~8주가 지나야 질환으로부터 회복된다.

심근경색부위	심근세포좌심실 전벽에 가장 흔하다. 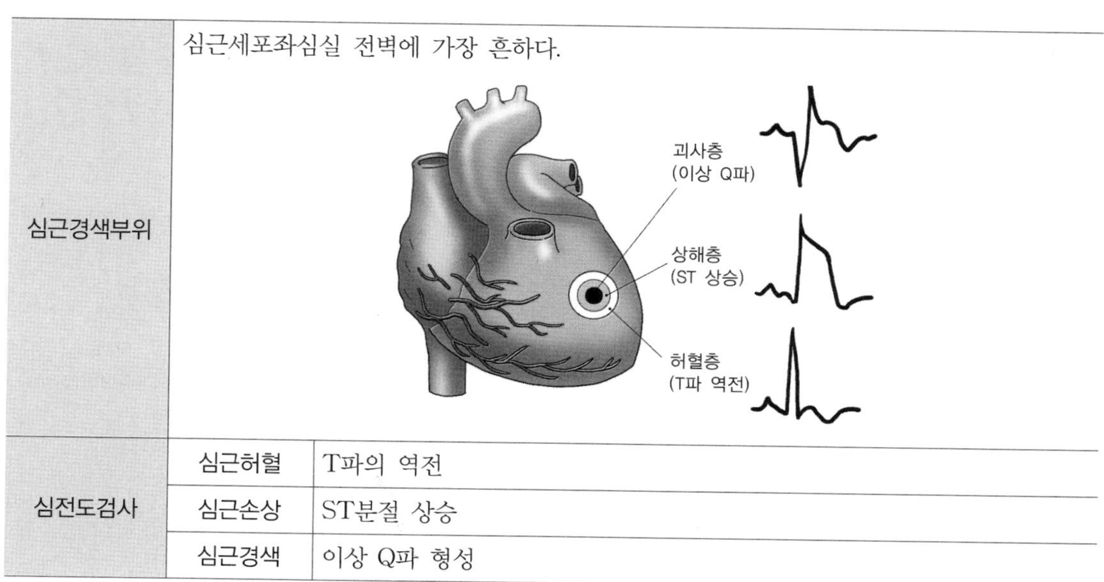 	
심전도검사	심근허혈	T파의 역전
	심근손상	ST분절 상승
	심근경색	이상 Q파 형성

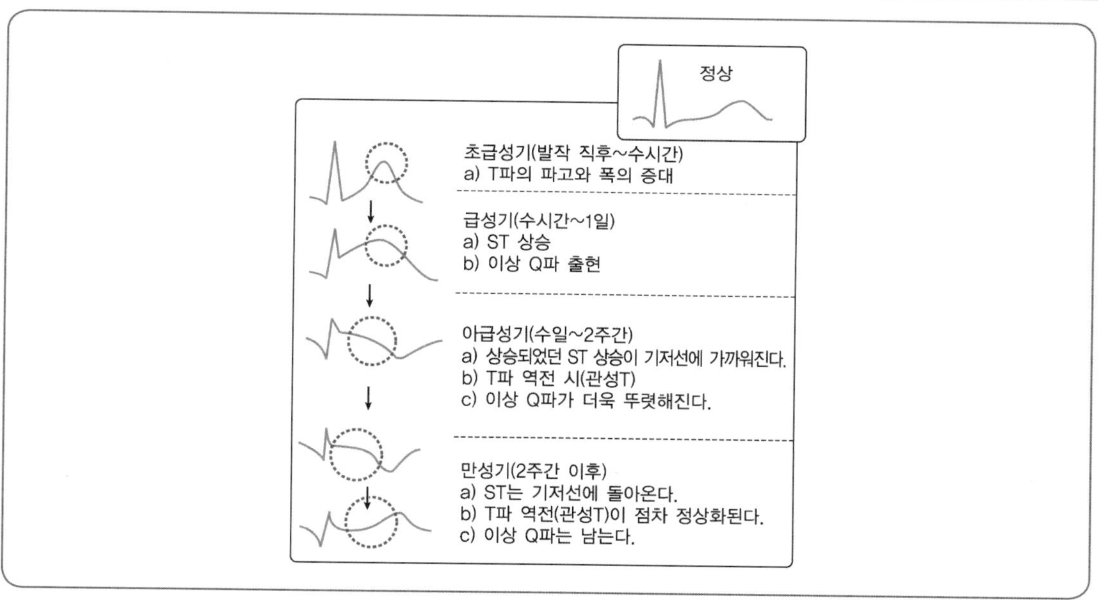

| 급성 심근경색의 심전도 변화 |

(2) 증상과 징후

흉통	기전	혈전성 폐색 → 심근의 완전한 혈액공급 차단 → 심근의 국소빈혈부위에 산화되지 않은 대사산물 축적 → 신경의 말단부 자극 → 통증 발생
	통증 시간	• 통증 지속 30분 이상 • 흉통은 활동 중이나 휴식 시, 수면 중에도 일어날 수 있으며 흔히 이른 아침시간에 발생됨
	통증 양상 (분쇄통)	• 혈관폐색이 일어나는 순간 갑작스러운 흉통과 함께 몸을 움직일 수 없을 정도로 기운이 빠지고 숨이 차며 흔히 오심·구토를 호소 • 가슴이 무겁게 짓눌리고, 격렬하고 쥐어짜는 듯한 심한 분쇄통(crushing pain) • 휴식이나 니트로글리세린으로도 완화되지 않음 • 가슴, 턱, 목, 등, 팔, 상복부 등으로 방사되는 통증
	동반 증상	• 호흡곤란: 폐울혈로 진행되면서 호흡곤란 호소 • 오심·구토, 불안, 공포, 부정맥, 피로, 상복부 불편감: 이런 증상은 경색된 심근 부위에서 시작된 혈관미주반사일 수도 있음 • 발열과 백혈구 증가 – 발병 24시간 내에 38℃ 정도의 미열이 나타나서 1주 정도 지속됨. 체온 상승은 경색된 심근세포의 사멸에 대한 생리적 염증과정으로 오는 전신반응임 – 48시간 후 호중구가 괴사된 심근조직을 제거하게 됨. 백혈구 증가는 일주일 정도 지속됨. 염증반응으로 C-반응 단백질도 양성으로 나타남

(3) 심근효소 검사

중요한 심장효소는 CK-MB와 Troponin으로 전형적인 심근경색의 진단을 위해 측정됨

효소	상승시간	정상회복	기전
미오글로빈 (Myoglobin)	1~2시간	24시간	• MI 후 수 시간 이내 검출, 가장 먼저 상승 • 심근경색 후 증가되는 첫 혈청심장효소 지표 • 소변으로 빨리 배설되어 24시간 내 정상치 회복 • 중요 혈청 심장 표시자이나 심장에 특수성 결여
트로포닌 (Troponin) I or T	2~6시간	10~14일	• 경색 후 2~6시간에 신속하게 상승하여 10~14(2주)일 동안 지속됨 [국시 2012] • Troponin I, Troponin T: 심근경색 진단 시 민감한 지표
CK-MB	3~6시간	2~3일	• CK-MB는 심장근육에서만 발견되어 심근경색증의 중요한 진단 단서 • 흉통 발생 3~6시간 후에 증가 시작하여 12~20시간에 최고 2~3일에 정상 • CK: 비특이성으로 근골격 손상 때에도 상승
LDH1	4시간	7~10일	• 심근 손상 후 4시간부터 상승하기 시작하여 48시간에 최고 • 7~10일 후에 정상 심장에 특이도가 생김 cf) LDH: 간질환에서 상승

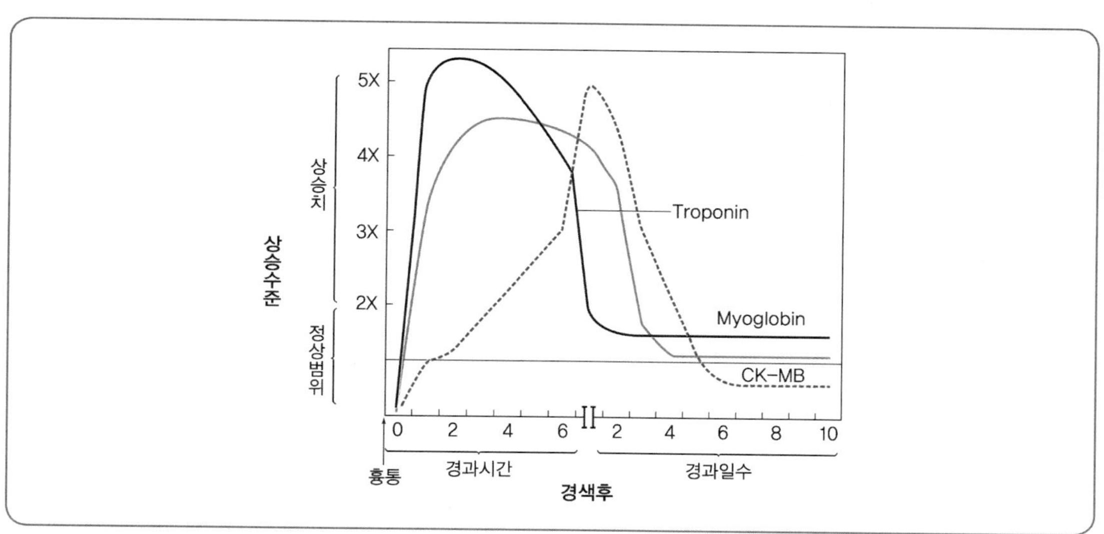

| 심근효소 |

| 심근손상에 대한 혈청검사 |

구분		정상범위	비정상수치의 의미
혈청 심장효소	Creatine kinase (CK)	• 여성 10~80 units/L • 남성 15~105 units/L • 운동 후 수치 상승	뇌, 심근, 골격근의 괴사나 손상 시 상승
	CK 동종효소 (isoenzyme)	CK-MB(CK-2): 0~9 units/L	• 급성 심근경색 • MI 발작 후 4~6시간 내 증가
혈청 지질	총 콜레스테롤	• < 200mg/dL: 정상 • 200~239mg/dL: 경계선 • ≥ 240mg/dL: 증가	수치상승은 관상동맥질환 위험성 증가
	중성지방	< 150mg/dL(< 1.7mmol/L: 성별과 연령에 따라 정상범위가 다양)	관상동맥질환과 당뇨병 시 증가
	혈청 고밀도지단백 (HDL)	• < 40mg/dL: 저하 • ≥ 60mg/dL: 증가	수치 상승은 관상동맥질환 예방
	혈청 저밀도지단백 (LDL)	• < 100~129mg/dL: 정상근접 • 130~159mg/dL: 경계선 • 160~189mg/dL: 증가 • ≥ 192mg/dL: 매우 증가	수치 상승은 관상동맥질환 위험성 증가
	C-reactive protein (CRP)	• < 1mg/dL: 낮은 위험도 • 1~3mg/dL: 중정도 위험도 • ≥ 3mg/dL: 높은 위험도	• 급성 심근경색 판단 • CRP 최고치는 CK-MB보다 오래 지속

혈청 표식자	트로포닌 (troponins)	• Troponin I(cTn I) – 음성 : < 0.4ng/mL(0.5mcg/L) – 심근손상 의심 : 0.5~2.3ng/mL (0.5~2.3mcg/L) – 심근손상 확정 : > 23ng/mL (2.3mcg/L) • Troponin T(cTnT) : < 0.1ng/mL (0.1mcg/L)	심근손상이나 경색 시 상승
	미오글로빈 (myoglobin)	• 남자 < 92ng/mL • 여자 < 76ng/mL	심근경색 시 상승

(4) 치료

환자후송과 응급의료	–
섬유소 용해요법	• 섬유소 용해요법 혹은 혈전 용해요법은 심근괴사가 완전히 이루어지기 전에 재관류를 목적으로 관상동맥에 형성된 혈전을 용해하기 위하여 초급성기 환자에게 혈전용해제를 투여하는 치료요법이다. • 섬유소 용해요법의 기준은 ① 급성 심근경색의 전형적인 흉통이 6시간 이하인 경우, ② 허혈이 간헐적이며 6시간 이상된 흉통, ③ 급성 심근경색과 일치하는 12유도 심전도 결과, ④ 출혈의 가능성이 없을 때이다. • 출혈이 예상되는 환자에게는 금기한다.
심근경색에 사용되는 약물	• 정맥주사용 니트로글리세린 • 항부정맥제 • 모르핀 : 모르핀은 급성 흉통경감과 불안, 공포를 완화시키기 위해 투여한다. 모르핀은 또 심근의 산소소모량을 낮추고, 심근수축력과 혈압, 맥박을 하강시켜 심장의 부담을 감소시킨다. 그러나 호흡을 억압하여 산소부족을 초래하기도 한다. • β교감신경 차단제 : β교감신경 차단제는 심음과 심근수축력, 전부하를 감소시키기 위하여 사용한다. • 항혈소판제 • 안지오텐신 전환효소 억제제 • 변연화제 • 기타 약물 : 헤파린과 질산염제, 칼슘 길항제, 마그네슘 등이 투여된다.
1차 관상동맥 중재술	–
순환 보조장치	–

(5) 심혈관계 환자 집중간호(심혈관계 중환자실 급성기 간호)

협심통 관리	• 24시간 동안 절대안정: 안정은 손상된 심근에 산소화를 돕고 스트레스를 감소시킴 • 진통, 진정제 투여: 심한 흉통 시 morphine IV(호흡수 감소, 근수축력 감소, 변비 시 중단)
가스 교환 증진	반좌위 자세 취해줌: 횡격막이 하강되어 폐의 확장과 환기 증진, 정맥 귀환량 감소시켜 폐울혈 예방
심장모니터 혈역학 감시	–
불안 경감	–
변비 완화	변비로 인한 긴장 해소, 대변 완화제 사용
순환유지	적절한 심박출량 유지, 적절한 체액량 유지
활력증후유지	활력증후 1~2시간마다 점검(심전도 관찰): 합병증 예방을 위해 활력증후를 1~2시간마다 점검
식이	소량의 부드러운 음식(첫 48시간 동안 유동식, 그 후 연식: 6회/1일), 지나치게 뜨겁거나 찬 음식은 피함, 저염 식이
기타	피부간호

(6) 합병증 예방 간호

심부정맥	심실세동으로 인한 돌연사가 흔히 발생된다. 이 외에도 2도 방실차단, 완전 심장차단, 심방세동과 조동 등 상심실성 빈맥 등이 올 수 있으며 가장 흔한 부정맥은 심실성 조기수축이다.
심장성 쇼크	좌심실의 심근괴사가 35~70%나 되는 것으로 나타났다. 심장 발작 48시간 안에 5~10% 환자에서 심장성 쇼크가 발생되며 경색부위가 확대되거나 재발되는 환자에서 쇼크에 빠질 가능성이 높아진다. 환자는 수축기 혈압이 80mmHg 미만으로 30분 이상 지속되고 발한, 빈맥으로 매우 불안정하고 피부는 차고 축축하며 피부색이 회색으로 변한다. 쇼크를 치료하기 위하여 dopamine이나 dobutamine 또는 혈관수축제가 사용된다.
심부전과 폐수종	환자는 호흡곤란, 기좌호흡, 체중증가, 부종, 간비대, 경정맥 울혈이 나타나고, 청진상으로는 수포음을 청취할 수 있다.
폐색전증	혈액점도의 상승, 혈액의 과응고력으로 쉽게 하지의 심부정맥에 혈전이 형성되어 폐색전을 유발할 수 있다. 색전의 예방을 위해 아스피린이나 헤파린이 처방된다.
심실 중격 파열	–
급성 승모판 폐쇄부전증	–
심장파열	–
심근경색 후 증후군	–

(7) 퇴원교육

퇴원 후 주의사항	금연, 식이조절, 신체활동, 보완대체요법, 성생활 주의, 혈압관리, 혈당관리, 심장약물 복용 이행
가정에서의 흉통관리	• 혈관확장제를 신선하게 유지하여 즉시 사용할 수 있게 한다. • 흉통이 있으면 바로 활동을 멈추고 앉거나 눕는다. • 혈관확장제는 알약을 혀 밑에 두고 녹이거나 스프레이를 한다. • 완화되도록 5분을 기다린다. 완화되지 않으면 두 번 더 반복 복용한다. • 세 번 복용 후에도 완화되지 않으면 바로 병원에 간다. • 병력이나 심장문제 확인을 위해 신원확인 의료카드나 팔찌, 목걸이를 착용한다.
의학적 치료가 필요한 경우	다음 사항을 경험할 경우 의사에게 알린다. • 기상 후 분당 50회 이하의 서맥 • 천명음이나 호흡곤란 • 1주에 1.3kg이나 밤사이 450~900g의 체중 증가 • NTG의 사용이 계속 증가할 때 • 활동 시 현기증, 실신, 호흡곤란

| 협심증과 심근경색증의 증상 비교 |

구분	협심증	심근경색증
통증 양상	발작적인 흉통(조여드는 듯한 질식감)	극심한 통증(날카롭고 조이는 듯한 분쇄성 통증)
통증 부위	흉골 중앙 하부 → 좌측 어깨와 좌측팔의 안쪽을 따라 팔꿈치, 손목 그리고 5번째 손가락으로 퍼짐 또는 경부나 턱으로 방사됨	왼쪽 전흉부 흉골하 → 턱, 목 등 팔로 방사되는 통증
통증 지속 시간	30초~30분	30분~2시간(일정 강도로 지속적)
유발(악화)요인	과음, 과식, 흡연, 과다한 운동, 정서적 긴장, 추위 노출	
통증의 특징	휴식을 취하면 사라짐(과로 → 동통 → 휴식 → 완화로 진행되며 nitro제제로 흉통이 사라짐)	휴식이나 N-G로 완화되지 않음
기타 증상	• 호흡곤란 • 안면창백 • 발한 • 심계항진 • 현기증 • 소화장애 • 심전도는 진단소견에 포함 안 됨	• 쇼크(심인성 쇼크) – V/S의 변화: 수축기압 저하, 빠르고 약한 맥박 – 피부계: 차고 축축한 피부(회색빛), 청색증, 발한 – 신장계: 핍뇨 – 전신증상: 무기력

		• 미열 • 정서적 불안 • 위장계 변화 : 소화불량, 오심 · 구토 • 호흡계 변화 : 급성 폐부종으로 흉부압박, 호흡곤란, 기좌호흡, 수포음 • 24시간 내에 85%가 사망함(부정맥, 심실세동으로 인함)

7 심근증(cardiomyopathy)

정의	심근의 구조적, 기능적 능력에 일차적으로 영향을 주는 질병을 총칭하는 용어로 심장근육의 기능장애이다. 특별한 원인 없이 심실확대와 기능저하가 특징이며 1995년 WHO에 의해 임상적으로 확장성 심근증, 비후성 심근증, 제한성 심근증의 3가지 형태로 분류되었다. 심근증의 병태생리는 어떤 형태이든 병이 진행되면 심장 비대와 울혈성 심부전을 유발하게 된다.	
확장성 심근증	정의	가장 흔한 유형으로, 원인을 알 수 없는 심근장애로 인하여 심실 확장과 수축 기능장애, 심방 비대, 좌심실의 혈액 정체를 동반하는 심장 비대가 특징적이어서 울혈성 심근증(congestive cardiomyopathy)이라고도 한다.
	원인	• 가장 유력한 원인으로는 바이러스 감염 후 자가면역반응에 의해 심근세포가 계속적으로 파괴됨으로써 심근 탄력섬유의 광범위한 퇴행성 변화가 온다는 것이다. • 바이러스성 심근염 이후에 면역학적 기전으로 많이 발생되는 것으로 알려져 있으나 알코올, 임신 말기나 분만 후 adriamycin, cyclophosphamide와 같은 약물로 유발되지만 대부분 원인불명이다.
	병태생리	• 좌우 심실과 심방이 모두 확장되며 심근수축력 저하로 좌우 심실부전이 유발된다. • 확장기말 용적과 수축기말 용적이 모두 증가되고 좌심실의 구축률이 지속적으로 감소되어 심박출량이 감소한다. 좌심실의 확장이 두드러지나 좌심실 비대는 적다. • 병리적으로 심근섬유는 미세구조의 소실과 부분적 괴사를 보이며 섬유화와 중등도의 염증세포 침윤도 동반된다. • 심내막에는 부분적 비후로 인해 심근조직과 탄력조직으로 구성된 백색의 둥글게 돋은 반점이 생기는데 이것을 심내막 섬유탄성증이라 한다.
	증상징후	• 임상적으로 울혈성 심부전 증상이 서서히 나타나며 특히 좌심실 침범이 많기 때문에 좌심부전에 의한 증상과 징후가 먼저 나타난다. • 초기에는 피로, 허약감이 가장 흔한 증상이며 병이 진행되면서 폐울혈로 인한 호흡곤란, 기좌호흡, 기침, 빈맥, 심계항진, 비정상심음(S3, S4) 등이 나타나며 흉통은 심근허혈과 관련된다. • 심하면 합병증으로 급성 폐수종이 생길 수 있다.

비후성 심근증	정의	심실의 확장 없이 비대칭적인 심근의 비후가 나타나는 것이 특징이다. 비후성 심근증의 약 50% 정도는 유전적인 원인에 의하며 여성보다 남성에게 호발된다.
	원인	• 좌심의 신장성이 감소되고 심실근육의 비대가 오면 심실에 혈류 충만의 장애가 있어 이완기말 용적이 감소하고 심박출량이 저하된다. • 젊고 건강한 사람의 돌연사 원인의 가장 일반적인 형태로 심실성 부정맥이나 혈액학적 요인이 원인이다. • 두 심실 사이 위쪽 중격이 비대해져서 좌심실로부터 대동맥으로 혈류가 흐르는 데 장애가 있다. 이러한 이유로 특발성 비후성 대동맥판 아래 협착증 또는 비후성 폐쇄성 심근증으로 알려져 있다.
	병태생리	• 비후된 심실 중격과 심실벽의 경직은 좌심실 용적을 감소시키고 심장 수축기 동안에 좌심실의 혈액 출구를 막아 대동맥으로의 혈액유출을 방해한다. • 수축기 초에는 좌심실로부터 대동맥 내로 혈액 유출이 빠르게 일어나지만 수축기말에는 대동맥판구의 폐쇄로 혈액 유출이 어렵게 된다. 또한 확장기 동안에는 심장이완 기능장애로 심실 확장기압이 상승되어 좌심방에서 좌심실로의 혈액 유입에 방해를 받게 되어 확장기가 연장된다. 그 결과 좌심부전으로 좌심방압, 폐정맥압, 폐모세관압이 상승된다. • 비후성 심근증의 4가지 주요 특성은 광범위한 심실 비대, 좌심실의 빠르고 강력한 수축 이완 불능, 대동맥 분출의 폐색 등이다. 특히 심실 충만의 감소와 분출의 폐색은 운동 시 심박출량 감소를 초래한다.
	증상징후	• 초기에는 증상이 없으며 증가된 산소요구가 심실의 수축력을 증가시키게 될 때 증상이 나타난다. • 증상과 징후는 대동맥판 협착증과 유사하며 가장 흔한 증상은 호흡곤란, 협심증, 실신이다. 점차 비후된 심근의 수축력 약화로 심근허혈이 유발되고 이로 인해 허약감, 피로, 우울, 운동 시 호흡곤란, 심계항진, 협심통, 현기증, 실신 등의 임상증상을 보이기도 한다. • 심하면 폐울혈로 호흡곤란과 기좌호흡, 심근 섬유화에 의한 부정맥과 심실세동이 올 수 있다. 맥박은 빠르고 강하다. • 합병증에는 유두근 기능부전에 의한 승모판 폐쇄부전이 있다.
제한성 심근증	병태생리	• 드물게 오는 질환으로 심실벽의 과잉경직이 특징이다. 경직된 심실벽은 확장기에 심실로의 혈액 충만을 억제한다. 그러나 수축기 때의 심근 수축력은 정상이다. • 제한성 심근증의 원인은 아밀로이드증과 같은 심근의 섬유화와 침윤과정이다. 심내막과 심내막하 및 심근층의 근섬유가 침범되며 섬유화가 일어나서 확장기 때 심장의 신장성이 약화되고 그 결과 심실 크기가 감소하고 심실충만이 감소하여 심박출량이 감소된다.
	증상과 징후	• 심부전의 증상과 감소된 조직 관류로 나타난다. 운동 시 호흡곤란과 운동에 대한 불내성이 흔한 증상이다. 경정맥압이 상승되고 S3, S4가 흔히 들린다. • 질병의 예후는 나쁘며 대부분의 환자들은 3년 이내에 사망한다.

치료 간호	• 원인 제거 – 원인에 따른 치료 – 수술적 교정: 심근절제술, 부분적 심실 중격근 절제술 등 – 심장이식 • 대증요법: 약물치료[ARBI, 이뇨제, 강심제, 항응고제, 베타교감신경 차단제(propranolol) 등] • 지지요법 – 안정: 심부담을 줄이고, 심근세포의 산소화를 돕기 위함 – 저염 식이, 정서적 지지, 알코올 금지

8 고혈압(hypertension) [1992 · 1993 · 1999 · 2003 · 2012 기출]

(1) 정의

정의		
	혈압	심장에서 뿜어져 나온 피가 혈관을 통해 온몸으로 전달되는데 이때 혈관에 부딪히는 압력을 말한다.
	고혈압	수축기와 확장기 압력이 상승된 소동맥의 비정상적인 상태이며 '침묵의 살인자'라고도 불린다.

| 성인 혈압의 분류와 관리(Joint National Committee; JNC) |

혈압분류	수축기 혈압 (mmHg)	확장기 혈압 (mmHg)	생활습관 교정	최초 약물치료	
				필수 적응이 없을 때	필수 적응이 있을 때
정상	<120	<80	시행 독려		
고혈압 전단계	120~139	80~89	시행	사용 안 함	필수적응 해당 약제
1기 고혈압	140~159	90~99	시행	• 주로 thiazide계 • 이뇨제 병용요법, 기타 약제 사용 가능	• 필수적응 해당 약제 • 기타약제
2기 고혈압	≥ 160	≥ 100	시행	주로 2가지 약제 병용요법(주로 thiazide계 이뇨제와 기타약제)	

기타약제: 이뇨제, ACE 억제제, 안지오텐신수용체차단제, β-차단제, 칼슘차단제

고혈압 전단계가 시사하는 의미	• 정상혈압에 비해 고혈압으로 진행하는 비율이 높고 심혈관질환의 위험인자가 더 많아 향후 심혈관질환의 발생이 높다. • "고혈압으로의 진행을 막아라", "미래에 고혈압으로 진행할 가능성이 높다"라는 의미이다. • 고혈압을 예방하기 위해 '생활양식의 변화'가 필요한 시기이다.

(2) 원인

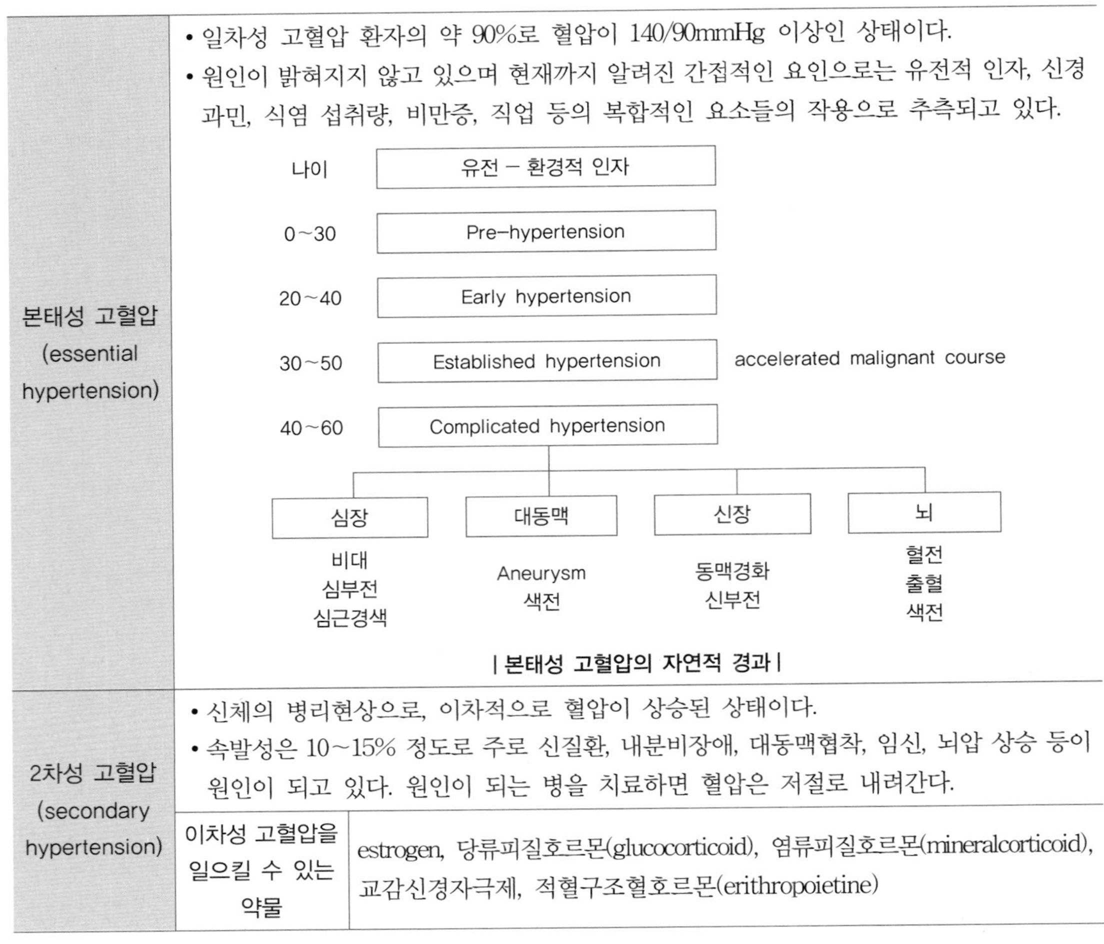

본태성 고혈압 (essential hypertension)	• 일차성 고혈압 환자의 약 90%로 혈압이 140/90mmHg 이상인 상태이다. • 원인이 밝혀지지 않고 있으며 현재까지 알려진 간접적인 요인으로는 유전적 인자, 신경과민, 식염 섭취량, 비만증, 직업 등의 복합적인 요소들의 작용으로 추측되고 있다. 나이 / 유전 – 환경적 인자 0~30 / Pre–hypertension 20~40 / Early hypertension 30~50 / Established hypertension / accelerated malignant course 40~60 / Complicated hypertension 심장: 비대, 심부전, 심근경색 대동맥: Aneurysm, 색전 신장: 동맥경화, 신부전 뇌: 혈전, 출혈, 색전 | 본태성 고혈압의 자연적 경과 |
2차성 고혈압 (secondary hypertension)	• 신체의 병리현상으로, 이차적으로 혈압이 상승된 상태이다. • 속발성은 10~15% 정도로 주로 신질환, 내분비장애, 대동맥협착, 임신, 뇌압 상승 등이 원인이 되고 있다. 원인이 되는 병을 치료하면 혈압은 저절로 내려간다. 이차성 고혈압을 일으킬 수 있는 약물: estrogen, 당류피질호르몬(glucocorticoid), 염류피질호르몬(mineralcorticoid), 교감신경자극제, 적혈구조혈호르몬(erithropoietine)

| 고혈압의 원인 |

본태성 고혈압	원발성 또는 원인불명	
2차성 고혈압	• 경구용 피임약 사용 • 내분비장애 • 신경계 : 뇌종양, 뇌염, 정신적 장애 • 혈관 내 용량 증가	• 신혈관이나 신실질의 질환 • 대동맥 협착증 • 임신 • 화상
기타	• 비만 • 과다한 염분섭취 • 과다한 음주	• 포화지방의 과다섭취 • 흡연 • 스트레스

(3) 본태성 고혈압의 위험요인

조절 불가능 요인	혈압의 유전성 (가족력)	고혈압의 유전적 영향은 50%(양부모 모두 고혈압일 때에는 46%, 한쪽만일 때에는 34% 발생), 환경의 영향도 50% 받는 것으로 나타났다. 고혈압 가계끼리의 결혼은 금하는 것이 좋다.
	노령과 고혈압	• 40~50대 약 15%, 60대 40%, 70대는 무려 60%에 이른다. • 동맥에 결합 조직이 많아지고 지질의 침착과 섬유화, 석회화로 동맥벽의 경직이 심해 말초 혈관의 저항력이 증가하여 혈압이 증가한다.
	성별	• 남성이 여성보다 발병시기가 빠르고 발병률, 심혈관 질환 이환율, 사망률이 높다. • 50세 이후부터는 여성의 고혈압 발병률이 높다. • 에스트로겐은 혈관벽에 혈관 확장 작용을 하지만 폐경 시 에스트로겐 감소로 고혈압이 생긴다.
	인종	흑인이 다른 인종보다 고혈압 발병률이 높다.
조절 가능 요인	비만	• 과체중인 사람은 고혈압이 발생한다. • 인슐린 저항성으로 고혈당에 의한 고인슐린은 교감신경계 활동 증가로 고혈압이 된다.
	흡연	니코틴이 교감신경계 활동 증가로 고혈압이 된다.
	스트레스	교감신경계 활동 증가로 고혈압이 된다.
	염분	소금 섭취량이 많을수록 고혈압 발생률이 높다. • 염분 섭취 증가는 수분 용량을 증가시키고 혈액량이 증가한다.
	음주	• 술에 있는 과량의 포도당은 혈당을 내리기 위해 과량의 인슐린을 분비한다. • 고인슐린혈증으로 교감신경계가 흥분되어 심장 박동수, 심장 수축력이 증가하여 심박출량이 늘리고 말초 저항이 증가하면 혈압이 상승한다.
	운동 부족	운동은 너무 많지도, 적지도 않게 하며 건강한 정신생활과 식생활도 함께 하도록 한다.

| 고혈압의 위험요인 |

조절 가능한 요인	흡연, 비만(BMI > 30kg/m²), 신체활동 부족, 이상지질혈증, 당뇨, 미세알부민뇨증 또는 GFR < 60mL/min, 소듐 섭취, 과도한 음주, 동맥경화증
조절 불가능한 요인	연령(55세 이상 남성, 65세 이상 여성), 심장질환의 가족력(55세 이하 남성, 65세 이하 여성), 성(gender)

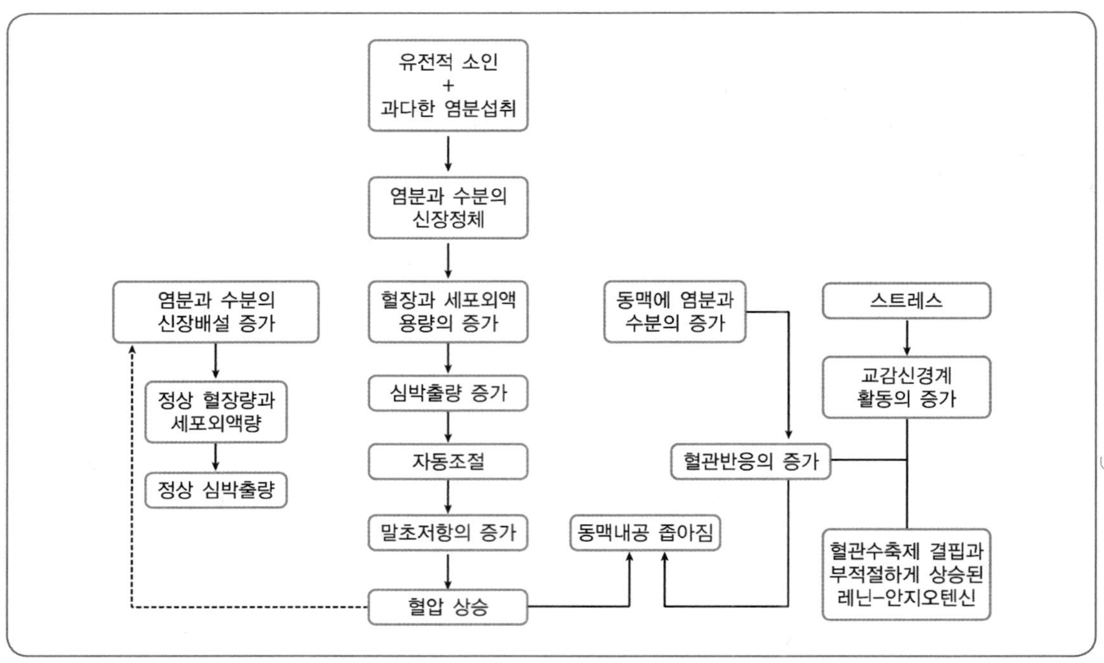

| 본태성 고혈압의 병인 |

(4) 이차성고혈압의 원인

신혈관질환	신동맥의 협착, 폐쇄, 죽상경화성 변화로 신장 혈류 감소로 renin – angiotensin – aldosterone 체계가 활성화되어 혈압 상승
사구체신염, 신부전	사구체신염, 신부전으로 신장 기능 감소로 사구체 여과율이 감소되어 수분, 나트륨의 배설이 감소해 혈액량 증가
쿠싱증후군	• 염류 코르티코이드는 원위 세뇨관과 집합관에서 나트륨을 정체시켜 수분 축적으로 고혈압을 일으킴 • 부신피질에서 당류피질 호르몬을 과잉 분비하며 당류피질 호르몬은 혈관내피의 catecholamine, angiotensin 13에 대한 감수성을 높여 혈압 상승
원발성 알도스테론증	혈중 알도스테론을 증가시켜 나트륨, 수분을 정체시켜 혈액량 증가시켜 혈압 상승
말단비대증	골단 융합 이후 성장호르몬의 과잉 분비로 전해질 대사에 대한 작용으로 Na^+, 수분 정체로 혈압 상승
갈색세포종	• 부신수질의 종양인 갈색세포종(pheochromocytoma)은 catecholamine(epinephine, norepinephrine)을 과잉 분비하여 심장 수축력과 심박출량 증가와 말초혈관저항을 증가시켜 혈압 상승 • 증상: 심계항진, 빈맥, 고혈압, 발한, 진전, 오심·구토, 불안

대동맥 축착	• 동맥협착부위의 위쪽인 상체로 혈류 증가, 하지로 감소. 팔에서는 혈압이 상승, 다리에서 혈압이 낮음 • 대퇴 맥박은 지연 또는 없음
임신성 고혈압	태반에서 생산되는 엔도텔린(endothelin)은 강력한 혈관 수축 작용과 혈관 경련을 일으킴
약물	• 스테로이드 교감신경자극제 • 적혈구조혈호르몬: 혈액 점성도 증가 • estrogen, 피임약: 에스트로겐은 RAA 활성화로 고혈압 초래

(5) 분류

수축기고혈압 (systolic hypertension)	• 이완기혈압은 90mmHg 이하이면서 수축기혈압은 140mmHg 이상일 때를 말하며, 65세 이상의 노인에게 흔히 나타난다. • 대동맥벽의 탄력성 감소나 죽상경화증으로 발생하는 경우가 많다. 때로는 갑상샘중독증, 심한 빈혈, 고열, 대동맥판막부전증이 있을 때도 나타난다.
이완기고혈압 (diastolic hypertension)	• 이완기혈압이 90mmHg 이상인 경우를 말한다(이완기혈압이 80mmHg 이상이면 고혈압 전단계로 분류한다). • 심한 이완기고혈압은 동맥경화증 같은 변화나 혈관이 폐쇄된 결과로 발생하며, 혈액 점성의 증가도 혈관저항을 상승시키므로 고혈압의 원인이 된다.
양성고혈압 (benign hypertension)	• 커다란 신체적 변화 없이 증상이 서서히 진전된다. 양성이라도 정상인에 비해 심혈관질환에 대한 위험도는 2배 이상 높다. • 불안정한 고혈압은 혈압이 간헐적으로 상승하며 혈압의 변화가 심한 상태를 의미한다.
악성고혈압 (malignant hypertension)	• 수축기혈압이 200mmHg 이상, 이완기혈압이 130mmHg 이상인 응급상황을 말하며 신장 출혈, 유두부종, 급성신부전, 급속한 혈관 악화 등이 나타난다. • 40~50대에 발병률이 가장 높고, 치료하지 않을 경우 신부전, 울혈성 심부전, 뇌졸중, 심근 경색증, 대동맥 분리 등으로 1년 이내 사망확률이 90%다. • 이완기혈압이 130mmHg 이상일 때는 입원이 필요하며 경련, 비정상적인 신경계 증상, 심한 후두부 통증, 폐수종 등이 나타날 때는 즉각적인 중재가 필요하다.

(6) 진단검사

일반적인 검사	• 병력과 신체검진 • 소변검사 • 혈청 전해질과 요산 • 혈액요소질소와 혈청 크레아티닌 • 공복 시 혈당치(FBS) • CBC • 혈청 지질양상, 콜레스테롤, 중성지방 • ECG • 심초음파

안저검사	안저검사를 통해 망막혈관의 변화를 관찰한다. 고혈압으로 안저의 출혈과 유두부종이 나타난다.
신기능검사	요로조영술, 혈중 renin, aldosterone, 요중 카테콜아민 등을 측정한다.
부신수질기능 검사	• 갈색세포종을 규명하기 위해 혈액과 소변에서 epinephrine과 norepinephrine을 측정한다. 소변 내 카테콜아민 대사산물이나 vanillymandelic acid 검사도 유용하다. 부신의 종양을 확인하기 위해 요로조영술과 단층촬영술과 병행하여 선택적 동맥조영술을 한다. • histamine이나 phentolamine 유발검사를 할 수도 있다.
부신피질기능 검사	원발성 알도스테론증이 있으면 aldosterone 수치가 증가한다. 쿠싱증후군을 의심할 경우는 혈청 corticosteroids와 소변의 17-ketosteroids 상승 여부를 검사한다.
대동맥조영술	대동맥협착으로 이차성고혈압이 의심될 경우 대동맥조영술을 한다.

(7) 병태생리

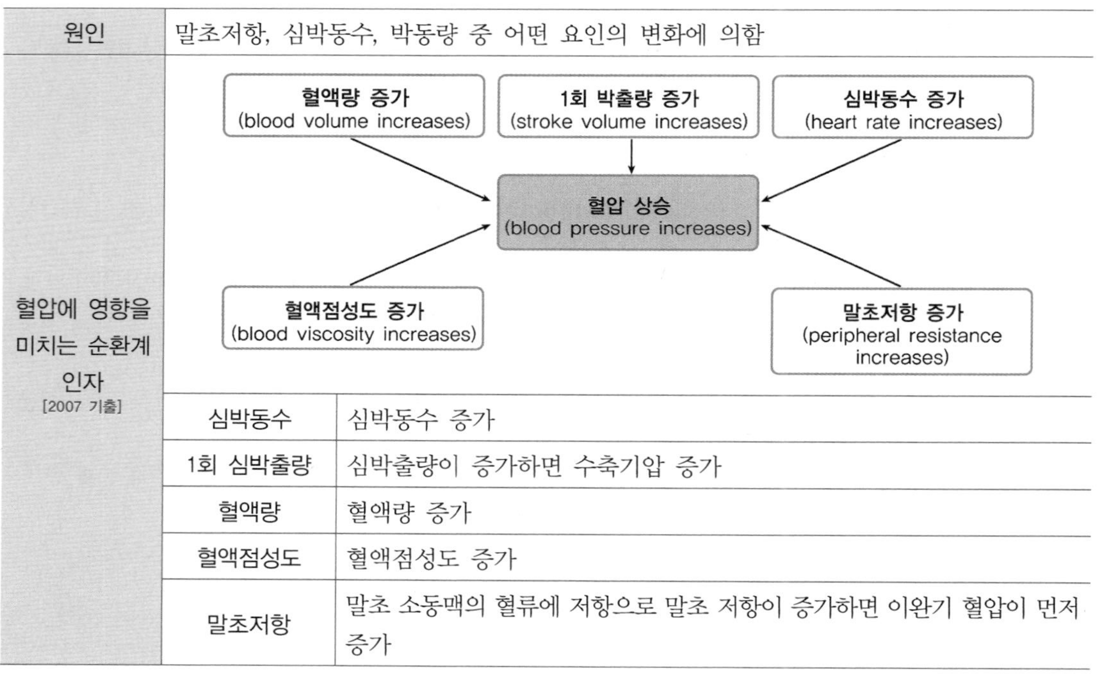

원인	말초저항, 심박동수, 박동량 중 어떤 요인의 변화에 의함	
혈압에 영향을 미치는 순환계 인자 [2007 기출]	심박동수	심박동수 증가
	1회 심박출량	심박출량이 증가하면 수축기압 증가
	혈액량	혈액량 증가
	혈액점성도	혈액점성도 증가
	말초저항	말초 소동맥의 혈류에 저항으로 말초 저항이 증가하면 이완기 혈압이 먼저 증가

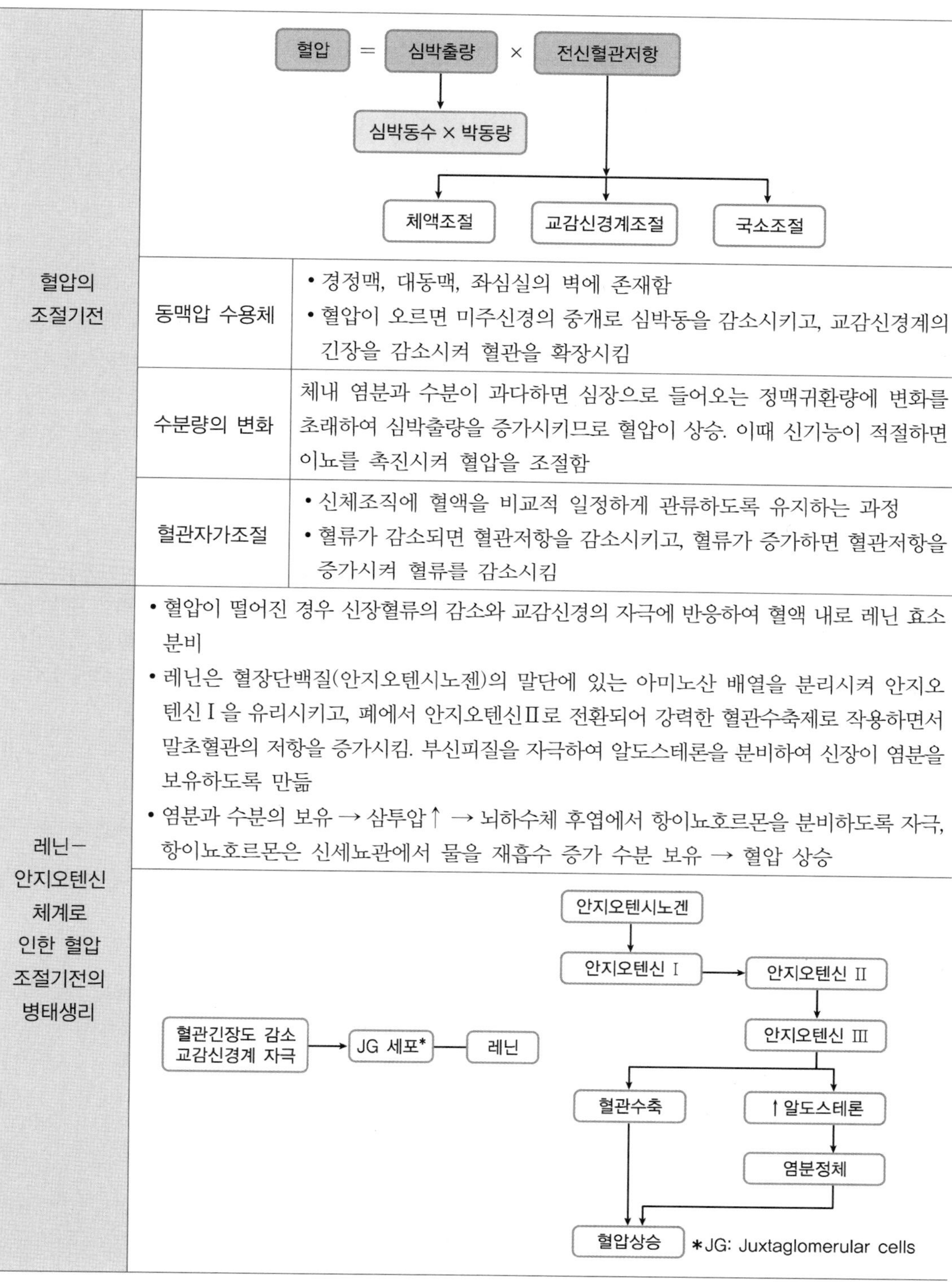

혈압의 조절기전		
	동맥압 수용체	• 경정맥, 대동맥, 좌심실의 벽에 존재함 • 혈압이 오르면 미주신경의 중개로 심박동을 감소시키고, 교감신경계의 긴장을 감소시켜 혈관을 확장시킴
	수분량의 변화	체내 염분과 수분이 과다하면 심장으로 들어오는 정맥귀환량에 변화를 초래하여 심박출량을 증가시키므로 혈압이 상승. 이때 신기능이 적절하면 이뇨를 촉진시켜 혈압을 조절함
	혈관자가조절	• 신체조직에 혈액을 비교적 일정하게 관류하도록 유지하는 과정 • 혈류가 감소되면 혈관저항을 감소시키고, 혈류가 증가하면 혈관저항을 증가시켜 혈류를 감소시킴
레닌-안지오텐신 체계로 인한 혈압 조절기전의 병태생리		• 혈압이 떨어진 경우 신장혈류의 감소와 교감신경의 자극에 반응하여 혈액 내로 레닌 효소 분비 • 레닌은 혈장단백질(안지오텐시노겐)의 말단에 있는 아미노산 배열을 분리시켜 안지오텐신 I 을 유리시키고, 폐에서 안지오텐신 II 로 전환되어 강력한 혈관수축제로 작용하면서 말초혈관의 저항을 증가시킴. 부신피질을 자극하여 알도스테론을 분비하여 신장이 염분을 보유하도록 만듦 • 염분과 수분의 보유 → 삼투압↑ → 뇌하수체 후엽에서 항이뇨호르몬을 분비하도록 자극, 항이뇨호르몬은 신세뇨관에서 물을 재흡수 증가 수분 보유 → 혈압 상승
		 *JG: Juxtaglomerular cells

(8) 증상

자각증상	머리가 무겁고 골치가 아프다, 어지럽고 귀에서 소리가 난다, 팔다리가 저린다, 숨이 가쁘고 가슴이 두근거린다, 잠이 오지 않는다 등 기타 여러 증상들을 호소하는 경우가 많다.
합병증에 의한 증상	비출혈, 혈뇨, 시력의 혼탁, 뇌허혈증, 고혈압성 심질환, 관동맥질환, 신기능 저하 등이 있다.

(9) 간호사정

건강력	고혈압 대상자에게 위험요인에 대해 질문하여 대상자의 나이, 고혈압에 대한 가족력, 염분 섭취, 흡연, 음주량, 운동습관, 사회심리적 스트레스 정도, 스트레스 대처방법, A형 성격, 신장과 심혈관질환에 대한 과거력, 현재력, 현재 복용하는 약물에 대해 사정한다.
혈압측정	• 측정 시 환자의 상박은 충분히 노출되고 심장의 높이에 편안히 놓인 상태여야 한다. • 측정 전 30분 내에는 흡연이나 카페인의 섭취가 없어야 한다. • 측정 전 5분 정도 휴식을 취한 후 실시한다. • 측정 시 커프의 크기는 상박의 2/3 이상을 감싸야 한다. • 측정 시 코로토코프음(Korotkoff sound)이 완전히 소실되는 phase 5를 이완기로 한다. • 매 방문마다 두 번 이상 측정하여 평균을 계산한다. 체위에 따른 혈압 변화를 발견하기 위해서는 누운 자세, 앉은 자세, 선 자세에서 각 자세 변경 약 2분 후에 혈압을 측정한다. 맥박은 경동맥, 요골동맥, 척골동맥, 대퇴동맥, 슬와동맥, 후경골동맥, 족배동맥에서 박동감을 양측으로 사정한다.

(10) 치료

고혈압 치료 및 간호	약물요법	• 이뇨요법 • 교감신경차단제와 이뇨제 • 칼슘길항제(혈관확장제)와 이뇨제 • 중추신경억제제
	생활습관 교정	• 혈압의 주기적 측정: 혈압이 안정되면 매 3~6개월마다 위험수준 확인 • 영양요법 – 염분 제한 – 체중 감소(비만의 경우) – 콜레스테롤과 포화지방 음식 제한 – 칼슘과 마그네슘의 적절한 섭취 • 적절한 체중 유지 • 운동: 점차적으로 증가시킬 수 있고 지속적인 유산소 운동 • 알코올 섭취 제한 • 금연 • 스트레스 감소

① 생활습관 교정(비약물요법)

식이 조절	• 염분 제한 식이 – 절인 음식, 간장, 젓갈, 통조림제품, 냉동음식, 기타 가공음식 섭취 제한 – 고춧가루, 허브, 마늘, 양파 등 소금이 포함되지 않은 양념 및 향신료로 조리 • 지방과 콜레스테롤 제한 식이 – 포화지방(동물성 및 코코넛과 팜유)은 적게, 불포화지방(식물성)은 많이 섭취하는 것이 혈압을 낮추는 데 도움이 됨 – 오메가-3지방산은 혈압을 낮추는 것과 관련이 있으므로 적절한 섭취가 중요함
적절한 체중 유지	• 체중을 줄이면 혈압이 떨어지고 심장의 부담이 줄어듦 • 체중은 일주일에 0.5kg 이상 감량하지 않도록 하고 이상적인 체중의 15% 이내로 체중을 유지해야 함
운동	• 규칙적인 운동은 혈압을 낮춤. 운동은 환자의 안녕감을 높이고, 정서적 이완을 주며 혈액 내 고밀도지단백을 증가시킴. 고밀도지단백의 증가는 심혈관질환의 이환율과 치사율을 감소시킴 • 점차적으로 증가시킬 수 있고 지속적인 유산소운동(걷기, 조깅, 수영, 자전거)을 1주일에 3~5회, 1회에 30~45분 동안 운동, 최고심박수의 70~80% 유지하는 운동을 권장함 • 무거운 역기를 들어 올리는 등척성 운동은 급격한 혈압상승을 초래하므로 피함. 가슴 답답함, 호흡곤란, 흉통, 빠른 맥박, 어지러움, 오심 등을 느낄 때는 운동을 중단함
알코올 섭취 제한	• 과다한 알코올 섭취는 혈압을 상승시키고 칼로리를 증가시킴. 특히 혈관확장제를 알코올과 함께 복용하면 상승작용을 일으켜 부작용을 심화시킬 수 있음 • 차단제를 알코올과 복용할 경우 기립성 저혈압을 초래할 수 있으므로 음주량을 조절해야 함 • 성인 남자는 하루 2잔, 여성 및 체중이 가벼운 남자들은 하루 1잔 이상 마시지 않도록 함 • 카페인도 교감신경계를 자극해 일시적으로 혈압을 상승시키므로 제한
금연	• 흡연 시 고혈압환자가 심장마비를 일으킬 확률은 3~5배, 뇌졸중을 일으킬 확률은 2배 이상 • 흡연은 아드레날린 분비와 항이뇨호르몬 분비를 촉진해 혈압을 상승시킴
스트레스 조절	스트레스는 교감신경계를 자극하여 혈압을 상승시킴. 명상, 요가, 생체회환(바이오피드백) 요법, 심리치료법 등을 이용하여 스트레스를 줄임

② 필요시 항고혈압제의 규칙적인 복용

<table>
<tr><td>약물요법사용 원칙</td><td colspan="2">• 일반요법과 병행
• 작용기전 및 부작용을 이해할 것
• 규칙적 복용</td></tr>
<tr><td rowspan="4">고혈압의 치료과정 3단계</td><td>1단계 : 생활양식 변화</td><td>체중 감소, 알코올 섭취의 제한, 규칙적인 운동, 소듐섭취 제한, 금연, 이완요법, 불포화지방의 섭취 증가, 칼륨-칼슘-마그네슘 보충제</td></tr>
<tr><td>2단계 : 치료</td><td>생활습관의 변화, 약물요법(이뇨제와 베타차단제 사용), 1차 약물치료의 선택, 이환율과 치사율 감소가 검증된 이뇨제나 베타차단제 사용</td></tr>
<tr><td>3단계 : 치료</td><td>약 용량 증가 또는 다른 약물로 대체 또는 다른 종류의 2차 약물 추가(칼슘길항제, ACE억제제)</td></tr>
<tr><td>4단계 : 치료</td><td>다른 종류의 3차 약물 첨가 또는 2차 약물 대치(부적절한 반응: 다른 종류의 3차 약물 첨가 또는 2차 약물의 대체)</td></tr>
<tr><td rowspan="4">강압요법의 단계와 각 작용기전과 부작용 [1999 기출]</td><td>제1단계 : 이뇨제 (thiazide diuretic)</td><td>신세뇨관에서 소듐의 배설을 증가시켜 세포외액량을 감소시킴으로써 혈압을 하강시킴
• 부작용은 저칼륨혈증(쇠약감, 근육마비 · 설사 · 현훈), 고요소혈증, 고지혈증, 탄수화물 불균형</td></tr>
<tr><td>제2단계 : 이뇨제 + 교감신경차단제 (Antiadrenergic agent, β-block)</td><td>• 이완기혈압이 90mmHg 이상인 환자에게 적용
• 교감신경차단제는 뇌의 혈관운동중추에 작용하여 catecholamine의 분비를 억제하여 활동을 감소시킴으로써 혈압을 저하시킴
- 교감신경차단제의 부작용: 서맥, 심부전, 기관지 천식, 발기부전, 혈청 당지질 요산 증가</td></tr>
<tr><td>제3단계 : 이뇨제 + 교감신경차단제 (약 용량을 증가시키거나 다른 약물로 대치)</td><td>ACE(Angiotensin Converting Engyme)억제제, 칼슘길항제, α-수용기 차단제, α-β 차단제
• 작용기전: 혈관벽을 직접 확장시킴
• 부작용: 기립성 저혈압, 다모증</td></tr>
<tr><td>제4단계 : 다른 종류의 약물로 대치 (다른 종류의 3차 약물 첨가 or 2차 약물의 대체)</td><td>작용기전: noradrenalin을 지배하는 중추신경을 직접 억압</td></tr>
<tr><td>약물치료 시 교육내용</td><td colspan="2">• 직립성 저혈압을 일으킬 수 있는 활동이나 움직임을 피하도록 함
• 약물치료가 시작되면 다음의 사항을 지키도록 함
- 약물요법사용 원칙, 고혈압의 치료과정 3단계, 고혈압이 표적기관(심장, 신장, 뇌, 망막, 말초혈관)에 미치는 영향, 고혈압의 합병증과 그 병태생리</td></tr>
</table>

(11) 고혈압 약물: 이뇨제

<table>
<tr><td>약리작용</td><td colspan="2">신장에서 Na 재흡수를 감소시킴으로써 혈관저항을 감소시켜 혈압을 낮추고, 이차적으로 수분배설을 증가시켜 혈량을 감소하여 혈압 저하</td></tr>
<tr><td rowspan="4">부작용과 병태생리</td><td>저칼륨혈증</td><td>신세뇨관에서 나트륨, 수분, 칼륨의 배설을 증가시켜 혈압을 낮춤</td></tr>
<tr><td>탈수증상</td><td>구강건조, 갈증, 다뇨, 저혈압(체위성 저혈압), 현기증
• 과다한 세포외액량 감소로 인함</td></tr>
<tr><td>고혈당, 고지혈증 (LDL, TG증가), 고요산혈증 & 고칼슘혈증</td><td>저칼륨혈증은 글루코스의 세포 내 취입을 억제하여 고혈당 유발
→ 인슐린 작용 부족으로 지방대사와 단백대사 이상으로 고지혈증과 고요산혈증 초래</td></tr>
<tr><td>저나트륨혈증</td><td>허약감, 피로, 전신권태, 근육경련, 떨림, 빠르고 약한 맥박
• 장기간의 이뇨제 투여로 발생</td></tr>
<tr><td>부작용 해결방안</td><td colspan="2">• 칼륨이 많이 함유된 식품섭취를 권장하고 저칼륨혈증 시에는 칼륨보충제를 투여
- 칼륨이 풍부한 식이: 바나나, 오렌지, 건포도, 살구, 복숭아, 시금치 등
• 이뇨제의 장기투여로 저나트륨혈증이 초래되어 불안정, 허약감, 피로, 근경련, 빠르고 약한 맥박 증상이 나타날 수 있으므로 혈청 전해질 검사를 주기적으로 시행하여 전해질 감소 증상 여부를 사정
• 이뇨제의 투여로 고요산혈증, 순환혈량 감소, 고혈당증 및 당뇨병이 악화될 수 있으므로 환자를 주의깊게 관찰
• 장기간의 이뇨제 사용으로 인한 신기능장애 증상을 세심하게 관찰하고 중재
• 남자 노인인 경우 전립선 비대로 인한 요도협착 가능성이 높으므로 방광부위를 자주 촉진하여 방광 팽만 증상을 해결</td></tr>
</table>

이뇨제 부작용

증상이 나타나면 용량 감소, 식후에 약을 복용하도록 함

1. 칼륨의 기능
   ① 신경자극의 전도를 도움
   ② 골격근, 심근 및 평활근의 적절한 기능을 도움
2. 저칼륨혈증
   ① 신경근육계: 전신허약감, 근허약과 하지경련(보행실조), 졸음, 기면이나 두통, 혼돈
   ② 위장관계: 설사와 위장장애(구토), 장운동 감소, 마비성 장폐색
   ③ 호흡기계: 호흡이 짧고 약해짐
   ④ 심맥관계: 약한 맥박, 저혈압, 약한 심음
   ⑤ 피부: 피부발진, 두드러기
   ⑥ 남성의 여성형 유방

   금기: 신질환, 질소혈증, 심한 간질환

(12) 고혈압 약물요법

구분		약명	약리작용	특징 및 간호	부작용 및 주의사항
이뇨제	Thiazide 이뇨제 (경한 심부전 시)	• Bendroflumethiazide (Naturetin) • Benzthiazide (Exna, Aquatage) • Chlorothiazide (Diuril)	원위세뇨관에서 Nacl 재흡수 억제	• Thiazide 하나만으로 고혈압의 40% 조절 가능 • Thiazide는 한두 번 복용을 잊어도 반동현상이 없고 장기투여 시 내성이 잘 생기지 않음 • 체위성 저혈압 가능 • 칼륨 풍부 식이: 바나나, 복숭아, 오렌지, 토마토, 시금치 • 통풍 증상 관찰, 당뇨병은 주의 깊게 관찰	• sulfonamide 과민성이 있는 경우, 신부전, 간질환, 수유부 금기 • 부작용: 저칼륨혈증, 저나트륨혈증, 고혈당, 고요소혈증, 고지혈증, 고칼슘혈증 • 무력감, 입마름, 안절부절, 근육강직, 저혈압, 다뇨, 위장장애, 통풍 등
	Loop 이뇨제 (중증 심부전 시)	• Furosemide (Lasix) • Ethacrynic acid (Edecrine) • Bumetanide (Bumex)	Henle관에서 작용하여 나트륨과 수분의 재흡수를 최소화함	• Thiazide보다 강력하고 빠름 • 경구용 혈당강하제의 용량을 증가시킬 수 있음(고혈당/당뇨악화) • 취침 전 복용을 피하고 체위성 저혈압, 전해질 불균형을 관찰	• 임신부에게 금기 • 부작용은 Thiazide와 동일 • 노인의 경우 저나트륨혈증, 탈수, 혈전증, 색전증 가능 • 구강, 위장의 화끈거림이나 단맛을 느낌 • 빠른 속도 주입 시 청각장애 초래(일시적/영구적)
	칼륨보유 이뇨제	• Spironolactone (Aldactone) • Triamterene (Dyrenium)	원위세뇨관에서 알도스테론의 작용을 차단하고 나트륨과 수분 배출 증진, 칼륨의 정체 증진	• 이뇨작용은 약하나 다른 항고혈압 약물을 강화시킴 • 오심을 줄이기 위해 식후 투여 • 칼륨량 모니터	• 신부전, 고칼륨혈증 시 금기 • 칼슘통로 차단제와 함께 사용하는 것은 금기

					• 부작용: 고칼륨혈증, 저나트륨혈증, BUN 상승, 여성형 유방, 월경불순, 털의 증가, 성불능, 두통, 두드러기, 보행실조증
아드레날린성 차단제	β-아드레날린 수용체 차단제	• Propranolol (Inderal) • Metoprolol (Lopressor) • Atenolol (Tenormin) • Carvedilol (Coreg)	심장과 말초혈관에 있는 β수용체를 차단시켜 말초혈관저항을 감소시킴	Propranolol은 β_1과 β_2수용체에 작용, 이외의 약은 β_1수용체에만 작용하며 심장에 선택적임 ➲ 작용 ① 심박수를 느리게 하고, ② 심근 수축력을 감소시키며(심부전 주의 요함), ③ 혈압을 낮추고, ④ 심근의 산소요구도를 감소시킴, ⑤ 심근 내 혈류 재분포, ⑥ 항혈소판 작용	• 금기: 천식, 알레르기 비염, 만성폐쇄성 폐질환, 서맥, 심장 블럭, 폐동맥고혈압에 금기 • 부작용: 서맥/저혈압, 울혈성심부전, 기관지 경련, 피로감, 불면증, 부종 등 • 울혈성심부전에 조심해서 사용 • 당뇨대상자에게 혈당조절의 문제를 일으킴 • 약물을 급히 끊지 않음
	α-아드레날린 차단제	Prazosin hydrochloride (Minipress)	말초혈관저항의 감소로 혈관이 확장됨	• 첫 번째 투여 시 직립성 저혈압이나 실신 주의 깊게 관찰 • 노인 특히 주의	• 임산부에 금기 • 실신, 체위성 저혈압, 현기증, 두통, 머리가 흔들림, 졸리움, 심계항진 등
	혈관확장제	• Hydralazine (Apresoline) • Minoxidil (Loniten) • nitroglycerin (Tridil)	소동맥 확장을 위해 소동맥 벽에 직접 작용, 말초혈관저항은 감소, 혈관 확장	• 초기에는 심박출량의 증가가 있을 수 있음 • 반사성 빈맥 확인 • 고혈압성 위기 시 사용하며 부작용이 있으므로 단독 사용하지 않음	• 관상동맥질환, 류머티즘성 심질환 시 금기 • 부작용이 최소임 • 두통, 심계항진, 화끈거림, 호흡곤란, 협심증, 장기사용 시 lupus 등

칼슘차단제	• Nifedipine (Procardia) • Verapamil hydrochloride (Calan, Isoptin) • Amlodipine (Norvasc) • Diltiazem (Cardizem)	칼슘이 평활근세포 내로 이동하는 것을 차단. 말초혈관저항을 떨어뜨려 심근수축력 감소	• Nifedipine은 가장 강력한 혈관 확장 효과가 있음 • 갑작스런 저혈압을 관찰 • Verapamil로 서맥이 올 수 있음 • 천식, 말초혈관질환, 당뇨병은 악화될 수 있음	• 심한 울혈성 심부전에 금기, (고혈압, 허혈성질환에는 사용: 이형성협심증에 특히 효과) • β-blocking 제제와 함께 사용 금기 • 부작용: 두통, 현기증, 심계항진, 허약감, 오심, 홍조, 저혈압, 부정맥, 변비, 설사, 반점, 수분정체 및 부종
Angiotensin 전환효소 억제제	• Captopril (Capoten) • Enalapril (Vasotec) • Lisinopril (Zestril, Prinivil)	Angiotensin I 을 Angiotensin II로 전환하는 것을 억제함	• 심한 고혈압, 고레닌인 경우 효과적 • 신장 손상을 발견하기 위해 요단백 분석 • 첫 번째 용량으로 저혈압 가능 • 식욕상실이 흔히 동반 • 심부전 치료의 1단계 약물	• 신부전, 신동맥 협착의 경우 주의하여 사용 • 부작용: 발열, 발진, 구내염, 식욕 상실, 혀의 궤양, 고칼륨혈증, 단백뇨로 인한 신장손상 등(ACE 억제제는 알도스테론의 작용을 차단하므로 칼륨보유와 같은 작용을 함)
Angiotensin II 수용체 차단제	• Losartan (Cozaar) • Valsartan (Diovan) • Irbesartan (Avapro)	Angiotensin II 수용체를 차단하므로 혈관 확장, 이뇨 유발, 혈압 조절	• ACE 억제제와 병행 투여 시 혈관이완을 극대화할 수 있음 • 식사와 관계없이 복용 • 장기사용 시 체내 축적되므로 간, 신장 질환 시 용량 조절	• 신부전 등의 경우 고칼륨혈증의 위험이 있으므로 주의 • 부작용: 두통, 상기도감염, 통증, 어지러움, 설사, 혈관부종, 신기능 감소, 고칼륨혈증 등 • 다른 고혈압약제에 비해 부작용이 적음

(13) 고혈압의 합병증

목표기관	유발질환	병태생리
심장	• 관상동맥질환(CAD) • 협심증과 심근경색증 • 좌심부전 • 부정맥과 급사	• 고혈압은 관상동맥질환의 병리적 과정을 촉진 • 관상동맥의 혈류 감소, 후부하 증가, 심근의 산소요구 증가로 인함 → 위의 모든 요인이 복합되어 올 수 있음
뇌	• 뇌졸중 • 뇌경색 • 뇌출혈 • 고혈압성 뇌질환	• 복합된 미세동맥류로 인한 뇌내 출혈과 진행된 죽상경화증의 결과 • 허혈성: 뇌혈관에 고혈압과 죽상경화증으로 뇌혈관 협착과 폐쇄로 산소 공급 저하되어 뇌조직 손상 • 출혈성: 뇌혈관에 고혈압으로 탄력이 떨어진 혈관이 혈압이 오르는 상황에서 뇌동맥 혈관의 파열로 뇌내 출혈이 유발되고 뇌조직 손상 초래 • 악성고혈압으로 인함 – 뇌세동맥의 극심한 혈관수축이 혈압을 상승시켜 뇌빈혈 초래 – 자가조절기전이 깨져 뇌순환에 과다 관류 초래: 뇌내압 상승, 뇌부종 초래
신장	• 신부전 • 신경화증	• 신동맥의 동맥경화로 신장으로 가는 혈류가 감소되어 올 수 있음 • 혈압 증가의 지속적 고혈압으로 신동맥에 혈관내피세포 손상으로 콜레스테롤 침착이 용이하고 죽상경화증으로 신장으로 가는 혈류가 감소되고 산소 공급 저하로 신부전 발생 • 신부전은 신경화증과 신동맥의 국소적 괴사 초래
눈	• 망막출혈, 유두부종 • 시력장애와 실명	• 망막동맥의 경화증으로 인한 허혈과 출혈로 인함 • 심한 고혈압성 위기 시 유두부종(시신경이 안구로 들어가는 지점의 부종)으로 시력 손상
말초혈관	• 간헐성 파행증 • 박리성 대동맥류 • 발 감염	• 하지동맥에 죽상경화증이 있을 때 하지혈류 감소와 국소빈혈 초래 • 지속된 고혈압은 대동맥 벽의 내막에 손상을 주게 됨

(14) 고혈압성 위기

정의	고혈압성 위기는 응급으로 혈압을 낮추어야 하는 임상상태이다. 악성고혈압의 경우 아주 짧은 기간에 목표기관의 손상이 일어난다. 확장기압이 보통 120~130mmHg 이상으로 급격히 상승하고 grade 3~4 정도의 망막질환이 나타난다.
고혈압성 위기를 초래할 수 있는 상황	• 악성고혈압 • 고혈압성 뇌질환 • 허혈성 심근과 함께 오는 고혈압 • 임신중독증 • 분리성 대동맥류 • 갈색세포종위기, 뇌내출혈
임상증상	• 안전부절 못함, 혼돈 및 섬망상태가 나타나며 경련, 흐려진 시야, 두통 및 오심・구토를 보인다(이는 고혈압성 뇌질환의 징후이다). • 심장성 후부하가 극적으로 증가하기 때문에 좌심부전과 허혈성 심근질환으로 진전될 수 있다. • 악성고혈압이 계속되면 신장손상이 불가피해진다. 이때는 소변에 단백질 침전물, 적혈구 세포 등이 나타난다. 고혈압성 위기는 조기에 질소혈증으로 진전되며 핍뇨가 나타난다. • 용혈성 빈혈과 산재성 혈관내 응고증(DIC)이 합병증으로 나타날 수 있다. • 치료를 하지 않은 경우 보통 질병이 시작된 5일 이내 뇌졸중이나 신부전으로 사망하게 된다.
치료	• 비경구적으로 모든 약물을 투여하며 보통 2~3가지의 약물을 동시에 투여해야 한다. • 중환자실에서 모니터링 실시: 소변 배설량, 혈압, 중심정맥압, 폐모세관압 • 응급에서 벗어나면 구강으로 처방된 약물을 투여한다. • 체위: 침대 상부를 올린 편안한 체위를 취한다. • 절대안정을 취하도록 한다. • 원인규명을 위한 검사와 치료를 한다.

| 고혈압성 위기 대상자의 응급간호 |

간호사정	• 심한 두통 • 혈압 상승 • 어지럼증 • 시야 흐림 • 지남력 장애
간호중재	• 반좌위(semi-Fowler's position) • 산소공급 • nitroprusside(nitropress), nicardipine(cardene) IV, 그 외 처방약물 투여 • 이완기혈압이 90mmHg가 될 때까지 5~15분마다 혈압을 측정하고 그 다음부터는 이완기혈압이 75mmHg 이하가 되지 않도록 혈압을 30분마다 측정하며 감시 • 신경계, 심혈관계 합병증 관찰(경련, 무감각, 허약감, 사지저림, 부정맥, 흉통)

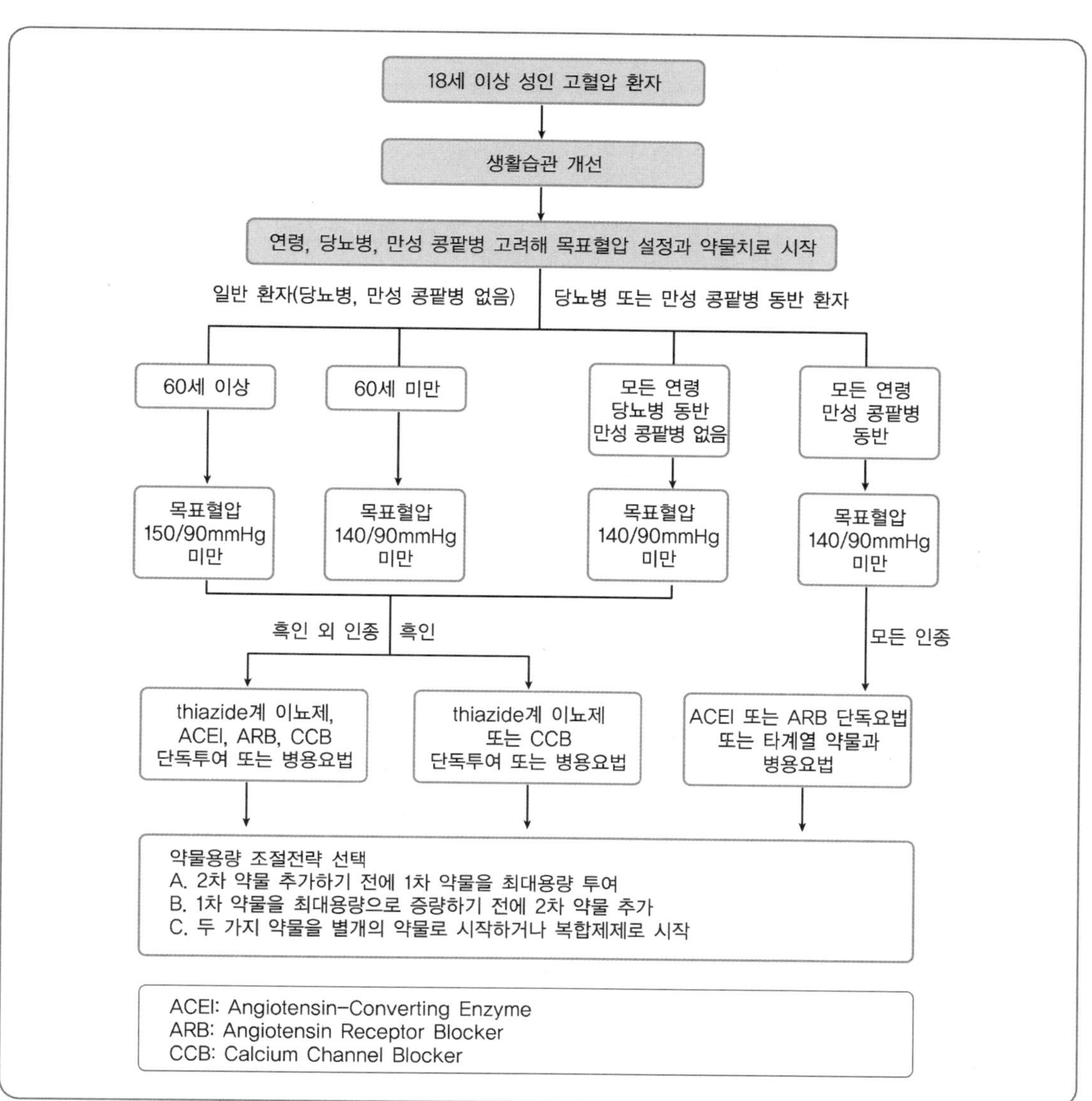

| 고혈압 치료 알고리즘 |

출처 ▶ Joint National Committee 8차 보고서

(15) 간호과정

간호진단	• 지식부족과 관련된 치료요법의 비효율적 이행은 없었는지 확인한다. • 바람직하지 못한 식습관과 관련된 영양과다 등을 관찰한다. • 규칙적인 운동 부족과 관련된 건강유지 능력 변화를 관찰한다. • 고혈압의 심각성, 치료비, 약물의 부작용, 관리의 복잡성, 생활양식의 변화에 대한 이해 부족과 관련된 불이행 등을 확인한다.
간호중재	• 고혈압 환자는 고혈압의 만성경향과 합병증 때문에 분명하고 실제적인 지침서를 필요로 한다. 지침서는 질병에 대한 정보와 관리방법을 포함해야 한다. 고혈압으로 새로 진단받은 환자를 교육할 때는 구체적인 사례가 포함된 유인물을 사용한다. 가정에서 최소한 1주에 한 번씩 혈압을 측정하고 기록하도록 교육한다. • 고혈압 식이요법에서 중요한 두 가지 요소는 체중조절과 염분 제한이다. 고혈압 환자에게 염분, 칼로리, 콜레스테롤 및 포화지방산이 적은 음식을 섭취하도록 교육하고 가족들과도 식이요법에 대해 상담한다. • 운동요법은 환자의 안녕 상태를 증진시키며 정서적 긴장을 감소시키고 총 콜레스테롤 중 고밀도지단백(HDL)의 수치를 증가시킨다. 고밀도지단백 수치의 증가는 심막관계 질환의 이환율과 사망률을 감소시킨다. • 고혈압 관리의 가장 큰 문제점은 치료지시에 대한 불이행을 들 수 있다. 고혈압 환자의 약 40~60%가 처방된 치료를 수행하는 데 실패한다. 고혈압 환자들이 치료에 실패하는 데는 몇 가지 이유가 있다. 고혈압은 증상이 없기 때문에 심각성이 부족해지고 수행을 해야 한다는 중요성도 줄어들게 된다. 또한 저염 식이, 체중 감소, 금연과 같은 생활습관의 교정을 요구한다.

심장의 건강을 증진시키는 방법

① 1주일에 3회 이상(4~5회) 적어도 20~30분간 달리기, 걷기, 자전거, 줄넘기, 수영, 에어로빅 등 중등도의 유산소 운동을 규칙적으로 한다.
② 금연한다.
③ 이상적 체중을 유지한다.
④ 지방, 포화지방, 콜레스테롤이 낮은 식사를 한다.
⑤ 술은 적당히 한다.
⑥ 스트레스를 줄이고 화를 조절한다.
⑦ 당뇨와 고혈압을 효과적으로 조절하며, 혈당과 혈압을 정상 범위 내에서 유지한다.
⑧ 여성인 경우 폐경기 이후 호르몬 대체요법을 고려한다.
⑨ 심혈관질환 위험을 더 감소시키기 위해 저용량 아스피린 요법(low-dose aspirin therapy)의 적합성에 대해 의료진과 상의한다.

9 부정맥(arrhythmia) [2012 · 2016 기출]

(1) 개요

<table>
<tr><td>정의</td><td colspan="2">부정맥이란 활동전압을 시발하는 pace-maker의 흥분 발생 이상 또는 흥분 전도의 장애로 초래되는 리듬과 흥분 전도 순서의 장애로 심박동의 수 및 규칙성이 비정상적인 상태이다.</td></tr>
<tr><td>원인</td><td colspan="2">• 심근의 병리적 변화
• 혈관상의 병변
• 심한 출혈로 인한 혈량 감소
• 내분비장애
• 심장의 구조적 장애
• 약물중독
• 심한 저산소증
• 전해질장애</td></tr>
<tr><td rowspan="6">진단</td><td>자극형성장애로 인한 부정맥
(동방결절에서 발생되는 부정맥)</td><td>• 동성빈맥(sinus tachycardia)
• 동성서맥(sinus bradycardia)
• 동성부정맥(sinus dysrhythmia)
• 동성정지(sinus arrest)</td></tr>
<tr><td>심방에서 발생되는 부정맥</td><td>• 심방 조기수축(APC)
• 심방 발작성 빈맥(Atrial Paroxysmal Tachycardia; APT)
• 심방조동(atrial flutter)
• 심방세동(atrail fibrillation)</td></tr>
<tr><td>심실에서 발생되는 부정맥
[2012 기출]</td><td>• 심실 조기수축(Ventricular Premature Contraction; VPC)
• 심실빈맥(ventricular tachycardia)
• 심실조동(ventricular flutter)
• 심실세동(Ventricular Fibrillation; VF)</td></tr>
<tr><td>동방블럭
[Sino-atrial(SA) block]</td><td>-</td></tr>
<tr><td>방실블럭
[atrio-ventricular(AV) block]</td><td>• 제1도 방실블럭(First degree AV block)
• 제2도 방실블럭(Second degree AV block)
• 제3도 방실블럭(Third degree AV block complete heart block)</td></tr>
<tr><td>Adams-Stokes 증후군</td><td>-</td></tr>
</table>

(2) 자극형성장애로 인한 부정맥(동방결절에서 발생되는 부정맥)

동성빈맥 (sinus tachycardia)	개요	• 심박수가 규칙적으로 1분 동안에 100회를 넘는 상태이다. 심전도의 기본파형은 완전히 정상이며 리듬도 규칙적이다. • 정상인도 흥분하거나 운동, 커피, 담배, 알코올 섭취, 식사 후에 올 수 있으며 또 저혈압, 갑상샘 기능항진증, 임신, 저산소증, 빈혈, 출혈, 발열 등이 있을 때에도 나타난다.
	심전도 특징	• 정상 동성리듬과 동일한 특징을 가지면서 속도만 빠르다. • 심박동수 : 100~180회/분 • P파 : 정상이며 항상 QRS파 앞에 온다. – T파에 묻혀서 보이지 않을 수도 있다. P-R간격은 정상이다. • QRS파 : 정상 • 전도 : 정상 • 리듬 : 규칙적
동성서맥 (sinus bradycardia)	개요	• 부교감신경계의 억제 작용에 의해 동방결절에서의 흥분발생 빈도가 감소하여 맥박이 1분 동안에 60~40회 이하로 떨어지는 느린 맥박이다. • 뇌혈류의 감소로 두통, 현기증, 실신 등이 올 수 있다. • 보통 수면 시에 나타나며 노인, 운동선수와 같은 정상적인 신체를 소유하고 있는 사람에게서도 볼 수 있으나 갑상샘 기능저하증, 뇌압상승, 점액수종, 황달, 영양실조, 저체온 등 병적 상태에서도 나타난다.
	심전도 특징	• 정상 동성리듬과 동일한 특징을 가지면서 속도만 느리며 QT간격이 다소 길어지는 경향이 있다. • 심박동수 : 40~60회/분 • P파 : 정상이며 항상 QRS파 앞에 온다. P-R간격은 정상이다. • QRS파 : 정상 • 전도 : 정상 • 리듬 : 규칙적
동성부정맥 (sinus dysrhythmia)	• 동방결절에서의 흥분발생이 고르지 못하여 발생한다. • 맥박수가 증가되기도 하고 감소될 경우도 있으며, 심한 경우 인공적인 pace-maker를 사용해야 한다.	
동성정지 (sinus arrest)	–	

(3) 심방에서 발생되는 부정맥

<table>
<tr><td rowspan="3">심방 조기수축
(APC)</td><td>개요</td><td>• 부정맥 중에서 발생빈도가 가장 높다.
• 심방벽에서 형성되는 이소성 자극에 의해 정상 시간보다 앞당겨 심방이 흥분되는 상태이다. 기외수축이라고도 하며 정상적으로 다음 심박동이 일어나리라 예상되는 시기보다 빠른 시기에 심장이 수축하는 것으로 별 의미 없이 자연히 사라지는 경우도 있다.
• 심전도상에서 조기에 나타나는 변형된 P파를 볼 수 있다.</td></tr>
<tr><td>심전도
특징</td><td>• 심박동수: 60~100회/분
• P파: 조기수축을 일으킨 심장주기의 P파는 모양이 거꾸로 되거나 변형될 수 있고, P-R간격은 짧아질 수 있다.
• QRS파: 방실결절 이후의 전도는 정상이므로 QRS파는 보통 정상이다.
• 전도: 정상
• 리듬: 조기수축 때문에 불규칙적이다.</td></tr>
<tr><td colspan="2">| 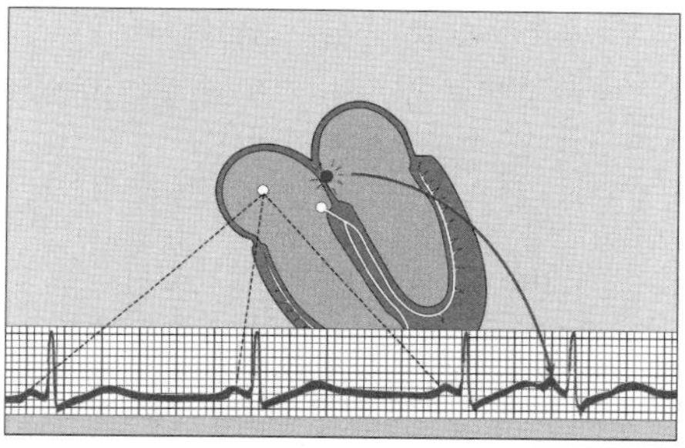 심방 조기수축(APC) |</td></tr>
<tr><td rowspan="2">심방 발작성
빈맥
(Atrial
Paroxysmal
Tachycardia;
APT)</td><td>개요</td><td>• 심박동이 120~200회/분 정도로 발작적이며 규칙적으로 일어나는 빈맥이다.
• 심전도상에서 PR간격은 규칙적이며 QRS는 폭과 형태가 정상 동성리듬의 경우와 거의 같은 파형을 보인다.
• P파는 정상 P파의 모양과 약간 다르며 흔히 T파와 겹쳐져서 P파를 구별하기가 어렵다. 심박수가 150~250회/분 정도로 규칙적으로 일어난다.
• 환자는 심계항진과 가벼운 호흡곤란을 경험하게 되며 자연히 정상적으로 복귀하기도 하나, 반복될 경우 미주신경을 자극하거나 digitalis, β-block 약물 등을 복용한다. 그래도 치료가 안 되면 전기충격요법을 실시한다.</td></tr>
<tr><td>심전도
특징</td><td>• 심박동수: 150~250회/분
• P파: 모양이 변형되고 T파 속에 묻혀 보이지 않을 수 있다. P-R간격은 짧아진다.
• QRS파: 대부분 정상이다.
• 전도: 대부분 정상이다.
• 리듬: 규칙적이다.</td></tr>
</table>

<table>
<tr><td></td><td colspan="2">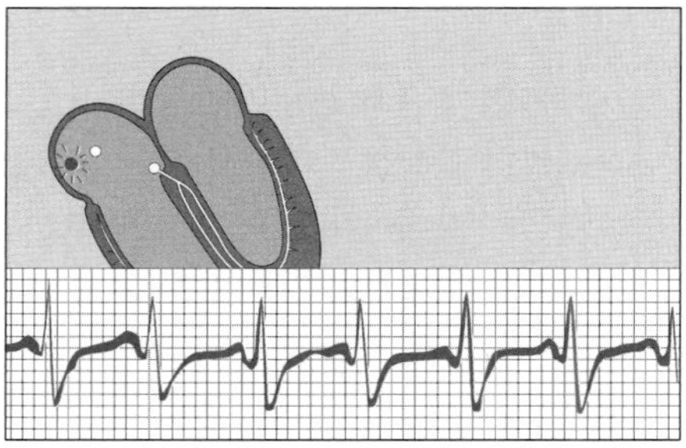
| 심방 발작성 빈맥(APT) |</td></tr>
<tr><td rowspan="3">심방조동
(atrial flutter)</td><td>개요</td><td>• 심방이 빠른 빈도로 규칙적으로 흥분하는 상태이다. 조동파는 250~350회/분 정도이지만 심실로 2 : 1 정도로 차단되어 맥박수는 125~160회/분 정도로 유지된다.
• 허혈성 심질환에서 흔히 나타나며 심방세동의 위험이 있으므로 quinidine 등으로 치료한다.</td></tr>
<tr><td>심전도 특징</td><td>• 심방수축 수: 250~350회/분
• 심실수축 수: 60~150회/분(심방의 자극이 방실결정에서 차단되는 정도에 따라 다르다)
• P파: 규칙적이고 톱니나 파도 모양을 나타내며, P파라 부르지 않고 조동파(flutter wave, F파)라고 한다.
• QRS파: 파형은 정상이며, 규칙적이거나 불규칙적이다.
• 전도: 방실결절에서 심방자극을 차단하는 정도에 따라 2 : 1, 3 : 1, 4 : 1 전도가 일어난다. 방실결절 이후의 전도는 정상이다.
• 리듬: 차단된 심방자극이 방실결절에서 규칙적으로 전달되면 심장리듬은 규칙적이지만, 방실결절이 전도가 불규칙적으로 전달되면 리듬도 불규칙적으로 나타난다.</td></tr>
<tr><td colspan="2">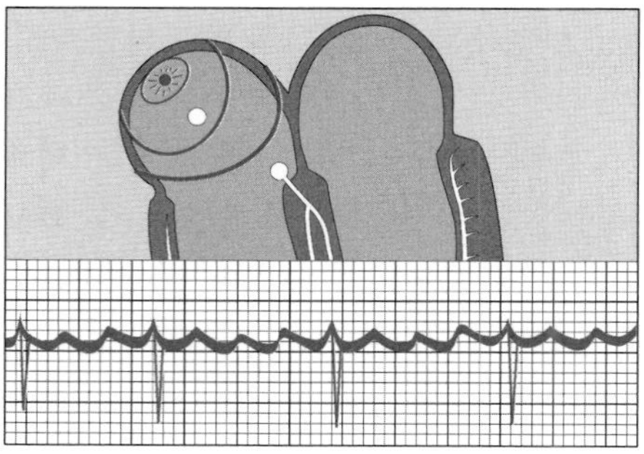
| 심방조동 |</td></tr>
</table>

심방세동 (atrail fibrillation)	개요	• 심방벽에서 발생되는 이소성 자극에 의해 심방의 여러 부위가 아주 빠르고 불규칙적으로 흥분[이소성 흥분(ectopic beats)]하여 효과적인 심방수축을 못하는 상태를 말한다. • 심방의 근섬유가 대단히 높은 빈도로 제각기 수축하게 되며 심방표면이 떨리게 되는 상태이다. 세동파는 400~600회/분 정도이고 방실결절의 차단비율에 따라 대체로 150~200회/분의 빠르고 불규칙한 맥박의 상태가 된다. • 심방세동의 빈도는 구조적인 심장병이 있을 때 더욱 높아지는데 류머티즘 심질환, 허혈성 심질환, 승모판질환, 갑상샘 기능항진 등, digitalis 중독, K^+ 결핍, 그리고 고혈압 특히 그중에서도 심부전과 동반되는 경우에는 40%의 환자에서 심방세동이 발병될 수 있다. • 심전도상의 특징적인 소견은 뚜렷한 P파 없이 잔물결 모양의 기저선이 나타나고 P-R간격은 측정할 수 없고 정상 QRS군이 불규칙적으로 나타난다.
	심전도 특징	• 심방수축 수: 350~600회/분 • 심실수축 수: 100~150회/분 • P파: P파는 보이지 않고 완만한 선으로 보이거나 미세한 진동(F파)으로 나타난다. • QRS파: 파형은 정상이나 매우 불규칙적이다. • 전도: 지나치게 빠른 심방수축마다 방실결절에서 모두 반응할 수 없으므로 심방수축은 불규칙적으로 심실에 전달된다. 그 결과 심실은 불규칙하게 수축한다. • 리듬: 매우 불규칙적이다.
		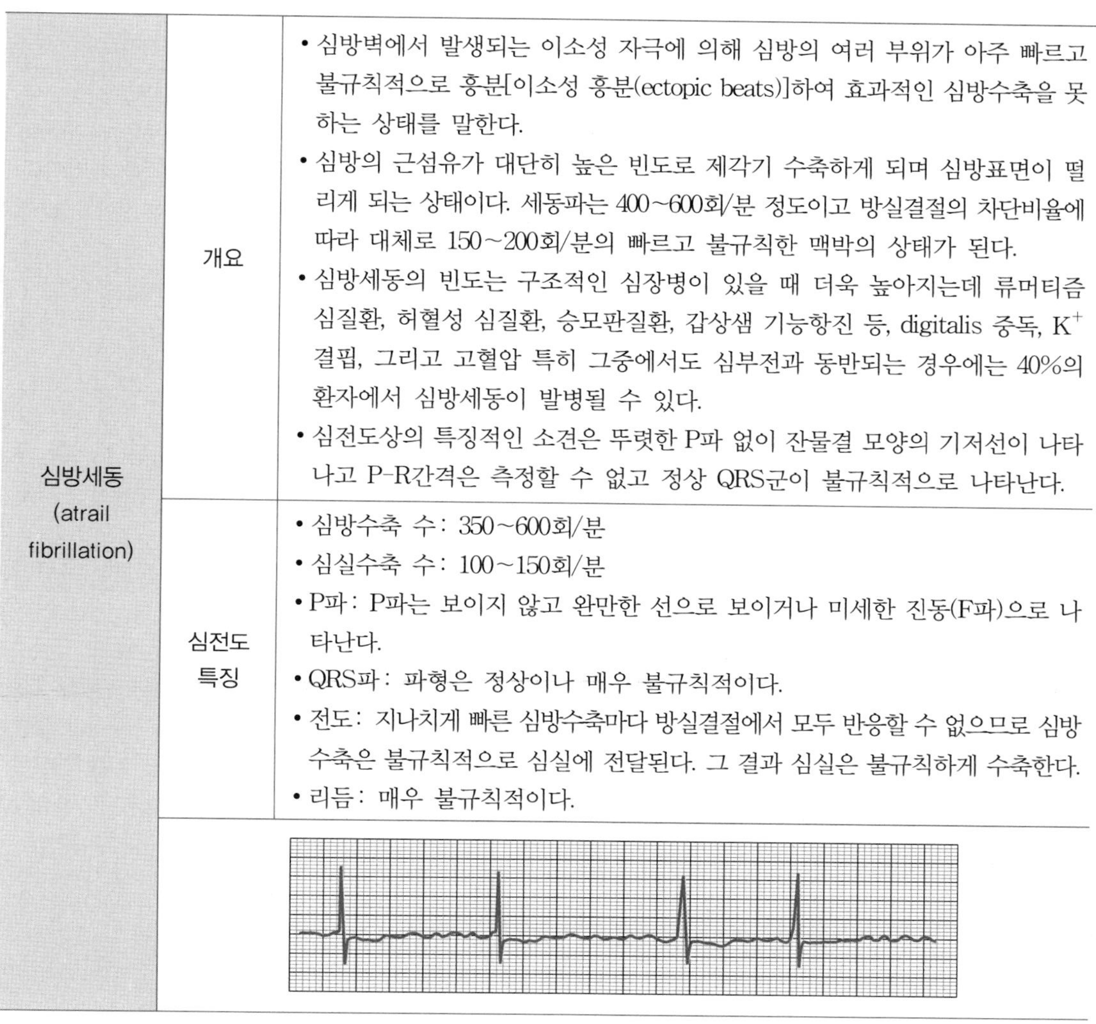

(4) 심실에서 발생되는 부정맥 [2012 기출]

<table>
<tr><td rowspan="3">심실 조기수축
(Ventricular Premature Contraction; VPC)</td><td>개요</td><td>• 이소성 수축 또는 기외성 심실수축(extrasystole)이라고도 한다.
• 심실이 정상수축이 일어나기 전에 방실속(his bundle) 분기점의 하부에서 수축이 앞당겨 일어나는 비정상적인 박동으로 가장 흔한 부정맥 중의 한 가지이다.
• 심장의 기질적인 변화 없이 담배, 커피, 홍차, 알코올 과량 섭취 시에도 발생되는 일반적인 부정맥이다.
• 증상으로는 심계항진, 목과 가슴의 불편감, 협심증, 저혈압 등이 있을 수 있다.
• 심전도상에서의 특징은 QRS군 앞에 P파가 나타나지 않고, QRS군은 폭이 넓고 모양이 변형되어 나타나며 곧이어 짧은 휴지기를 갖는다.</td></tr>
<tr><td>심전도 특징</td><td>• 심박동수 : 60~100회/분
• P파 : 대부분의 심실수축 자극은 심방까지 전달되지 않아 P파는 보이지 않는다. 그러나 드물게 심실에서 시작된 자극이 역행하여 심방을 수축시킬 경우 P파는 거꾸로 나타난다.
• QRS파 : 넓어지고(0.12초 이상) 변형된다. 조기심실 수축이 시작되는 부위가 한 곳일 경우 조기수축한 QRS파는 변화된 모양이 모두 같으나, 만일 여러 곳의 심실세포가 수축자극을 일으키면 서로 다른 파형을 보인다.
• 전도 : 심실 조기수축은 심실에서 수축이 시작되고 그다음 역행하여 방실결절 및 심방으로 전도된다. 그러나 일반적으로 심실에서 시작된 수축자극이 심방까지 도달하지 못하므로 동방결절은 그 자체의 리듬을 유지한다. 그 결과 심실 조기수축 후에는 보상휴지기를 갖는다. 즉 조기 심실수축과 그 다음 정상박동에 소요되는 시간은 두 번의 정상박동에 소요되는 시간과 동일하다.
• 리듬 : 조기수축의 박동을 제외하면 규칙적이다.</td></tr>
<tr><td colspan="2">| 심실 조기수축(VPC) |</td></tr>
<tr><td rowspan="2">심실빈맥
(ventricular tachycardia)</td><td>개요</td><td>• 심전도상에서 PR간격은 규칙적이거나 불규칙할 수 있다.
• 심실 조기수축(VPC)과 같이 폭이 넓은(0.12초 이상) QRS가 연속적으로 출현된다. 대개 150~250회/분의 박동으로 규칙적인 편이다.
• 치명적인 심실세동이 나타나기 전단계라 할 정도로 극히 위험하다.</td></tr>
<tr><td>심전도 특징</td><td>• 심박동수 : 140~250회/분
• P파 : QRS파에 묻혀서 보이지 않는다.
• QRS파 : 넓어진다.
• 전도 : 심실의 한 세포가 흥분해 빠르게 반복하여 심실이 수축한다.
• 리듬 : 규칙적이다.</td></tr>
</table>

<table>
<tr><td></td><td colspan="2">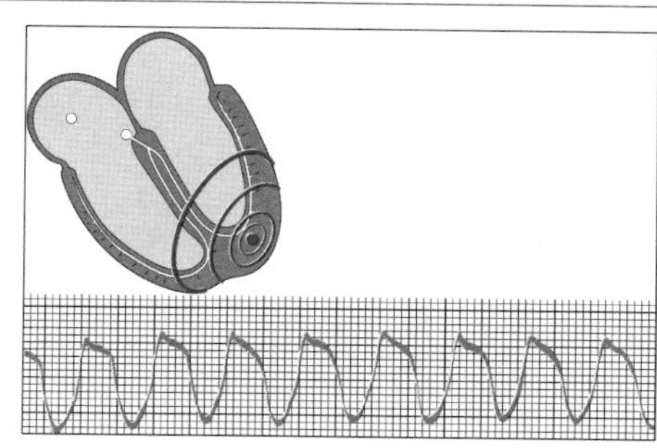
| 심실빈맥(VT) |</td></tr>
<tr><td rowspan="2">심실조동
(ventricular
flutter)</td><td>개요
심전도
특징</td><td>• 심실이 극히 빠른 속도로 흥분하는 임상적 의의가 심실세동과 거의 같은 위험한 부정맥이다.
• 심실로부터 혈액방출이 거의 정지되므로 수분 이상 지속되면 사망하게 된다.
• 맥박수는 170~300회/분이다.</td></tr>
<tr><td colspan="2">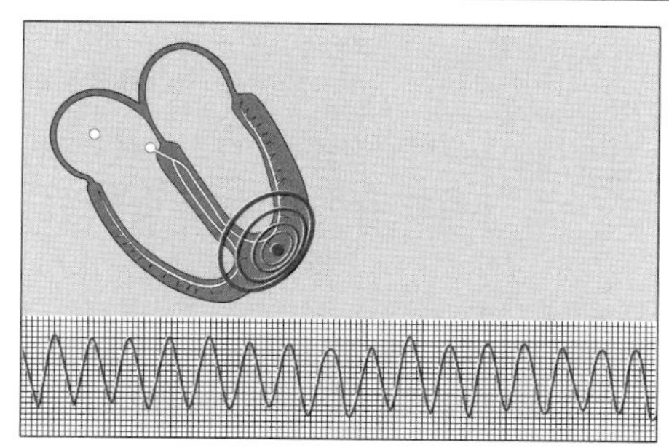
| 심실조동 |</td></tr>
<tr><td rowspan="2">심실세동
(Ventricular
Fibrillation;
VF)</td><td>개요</td><td>• 심실의 기외중추가 대단히 빠른 주기로 자극을 반복함으로써 오는 심장의 전기적, 기계적 혼돈상태로 무질서한 심실의 진동이다.
• 혈압은 0에 가깝고 환자는 실제로 사망단계에 있다고 할 수 있다.
• EKG상 심박수는 300~600회/분이며 투약 및 즉각적인 CPR을 실시해야 한다.</td></tr>
<tr><td colspan="2">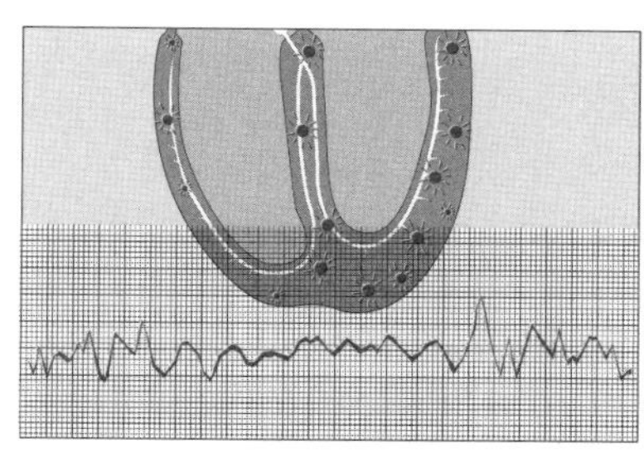 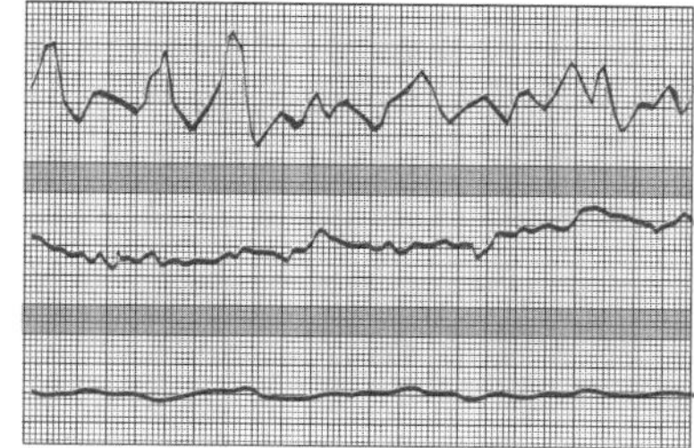
| 심실세동 |</td></tr>
</table>

(5) PR간격 확인 : 방실블럭 — P파와 QRS파 간의 관계 확인

SA node에서 발생한 자극이 AV node에 도달한 후 His bundle로의 전도가 지연 또는 차단되는 것이다.

<table>
<tr><td rowspan="2">동방블럭
[Sino-Atrial(SA) block]
[2016 기출]</td><td>정의</td><td>• 동성자극은 규칙적으로 발생하나 이 자극이 심방 및 심실에 전달되지 않아 심방, 심실의 수축이 일어나지 않는다.
• 보통 심박수는 40회 이하/분이 된다.</td></tr>
<tr><td colspan="2"> 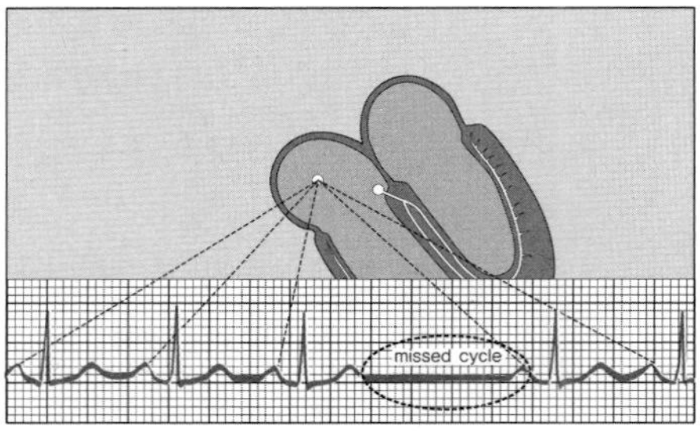missed cycle
| 동방블럭 |</td></tr>
<tr><td rowspan="4">방실블럭
[Atrio-Ventricular (AV) block]</td><td>정의</td><td>동방결절에서 발생된 충격파가 방실결절과 His bundle을 통과할 때 지연되거나 완전히 차단되는 경우를 말한다.</td></tr>
<tr><td colspan="2"> 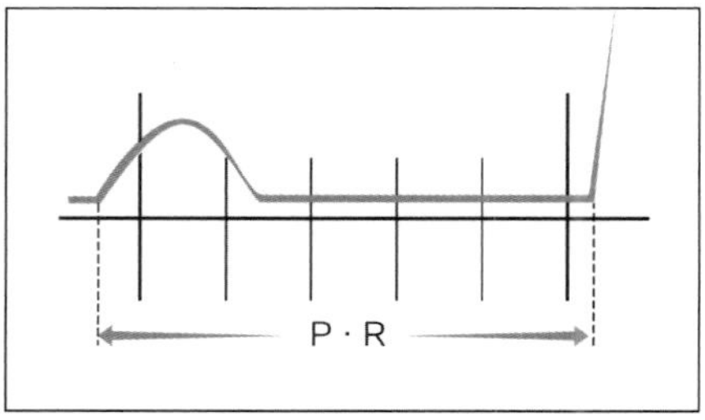P · R
| 제1도 방실블럭(First degree AV block) |</td></tr>
<tr><td>1도 방실블럭의 심전도 특징</td><td>• 심박동수 : 60~100회/분
• P파 : 정상
• QRS파 : 정상
• 전도 : PR간격이 정상(0.20초)보다 지연
• 리듬 : 규칙적</td></tr>
<tr><td>2도 방실블럭의 심전도 특징
(Mobitz Ⅰ)</td><td>• 심박동수 : 심방수축은 정상(60~100회/분)이나 심실수축은 이보다 적다.
• P파 : 정상이다.
• QRS파 : 파형은 정상이지만 P-R간격이 점차 지연되다가 P파 다음에 QRS파가 한번씩 누락되는 주기가 반복된다.
• 전도 : P-R 간격이 점차 지연되다가 주기적으로 수축자극이 심실로 전달되지 않고 방실결절에서 차단된다.
• 리듬 : 불규칙적이다.</td></tr>
</table>

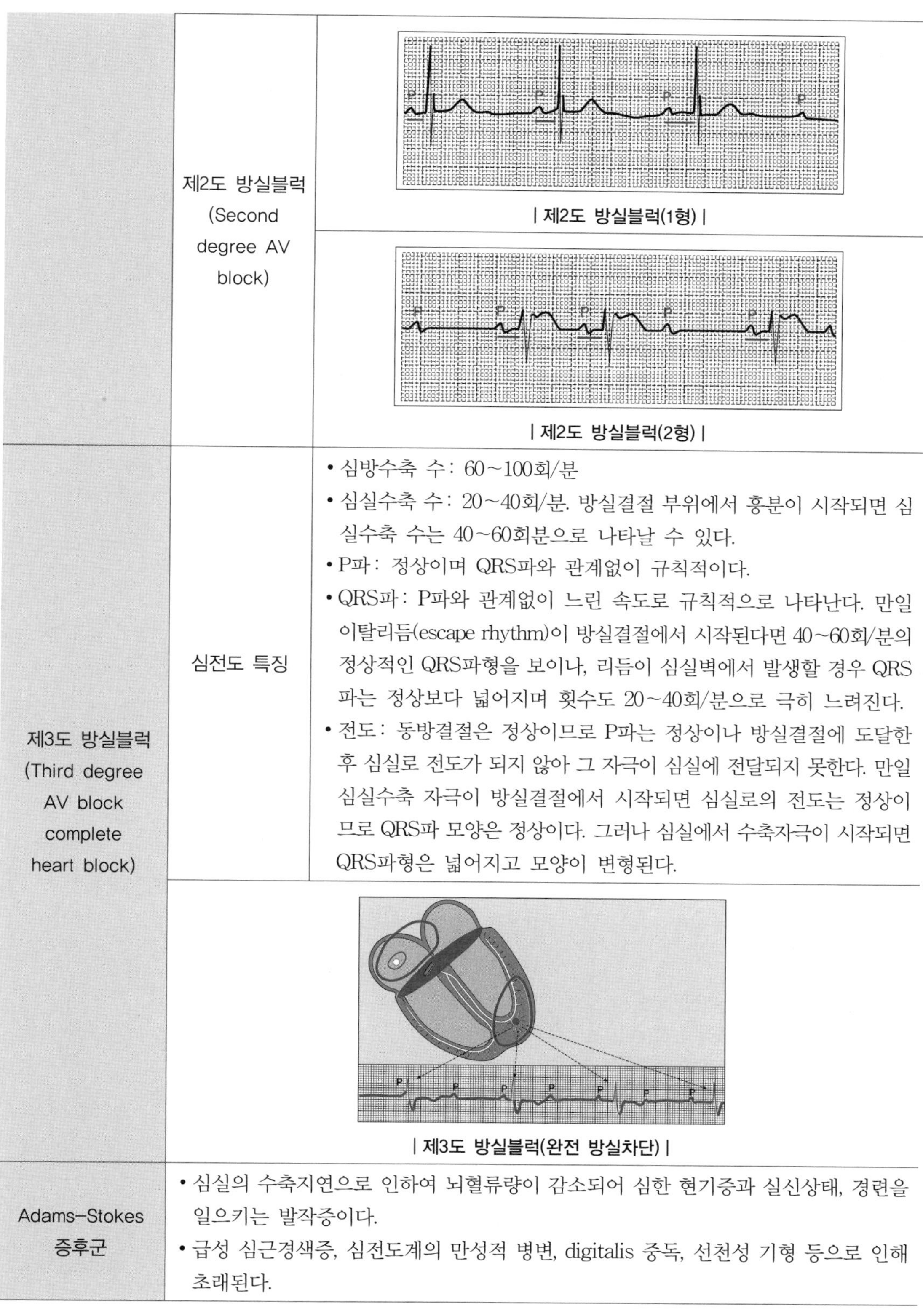

	제2도 방실블럭 (Second degree AV block)	❘ 제2도 방실블럭(1형) ❘ ❘ 제2도 방실블럭(2형) ❘
제3도 방실블럭 (Third degree AV block complete heart block)	심전도 특징	• 심방수축 수 : 60~100회/분 • 심실수축 수 : 20~40회/분. 방실결절 부위에서 흥분이 시작되면 심실수축 수는 40~60회분으로 나타날 수 있다. • P파 : 정상이며 QRS파와 관계없이 규칙적이다. • QRS파 : P파와 관계없이 느린 속도로 규칙적으로 나타난다. 만일 이탈리듬(escape rhythm)이 방실결절에서 시작된다면 40~60회/분의 정상적인 QRS파형을 보이나, 리듬이 심실벽에서 발생할 경우 QRS파는 정상보다 넓어지며 횟수도 20~40회/분으로 극히 느려진다. • 전도 : 동방결절은 정상이므로 P파는 정상이나 방실결절에 도달한 후 심실로 전도가 되지 않아 그 자극이 심실에 전달되지 못한다. 만일 심실수축 자극이 방실결절에서 시작되면 심실로의 전도는 정상이므로 QRS파 모양은 정상이다. 그러나 심실에서 수축자극이 시작되면 QRS파형은 넓어지고 모양이 변형된다.
	❘ 제3도 방실블럭(완전 방실차단) ❘	
Adams-Stokes 증후군	• 심실의 수축지연으로 인하여 뇌혈류량이 감소되어 심한 현기증과 실신상태, 경련을 일으키는 발작증이다. • 급성 심근경색증, 심전도계의 만성적 병변, digitalis 중독, 선천성 기형 등으로 인해 초래된다.	

(6) 증상

일반반응	심실박동수와 심장의 상태, 환자의 정서적 반응에 따라 다르다. • 심계항진 • 현기증, 실신 • 머리와 목의 진동(throbbing) • 가쁜 호흡(숨이 차는 것) • 전흉부의 불편감이나 동통 • 불안
서맥(부정서맥)의 증상과 증후	• 가쁜 호흡 • 운동성 피로 • 현기증과 실신: 의식상실, 경련성 발작도 올 수 있다.

(7) 치료

간호관리의 4가지 주요 목표	① 정상적인 동성리듬(normal sinus rhythm)으로 전환 ② 빠른 심박수를 느리게 ③ 발작성 부정맥의 발생 예방 ④ 방실블럭(A: V block)의 정도 감소	
심장의 자동성 증가	• 교감신경 자극성: isoprototerenol, 에피네프린 • 부교감 신경차단 약품: 아트로핀, methantheline	
심장의 자동성 감소	미주신경자극	실성 빈맥(심방성 혹은 결합성)에 흔히 효과가 있음 • 약물 예 뇌디기탈리스, neostigmine • 기계적 수단(경동맥동이나 안구의 압박) 　– 최토제 사용(ipecac, apomorphine) 　– 풍선 불기 　– 목에 손가락 자극 　– 오른쪽 심방의 자극
	부정빈맥을 느리게 하거나 기외성 수축을 없애는 경향이 있는 약물	• Quinidine • Procaine amide • Lidocaine • Bretylium • Beta blocking agents(propranolol and alprenolol) • Diphenylhydantoin(dilantin) • Digitalis(때때로)
혈관수축 약물	• Norepinephrine • Metaraminol • Methoxamine	

전해질	• PH의 변화를 정상으로 복귀시킴 • 칼륨, 마그네슘, 칼슘
기계적 방법	• 전흉부를 주먹으로 세게 때리기 • 심폐소생법(폐흉식 : 드물게는 개흉식으로)
시술 · 수술	• 전기적 장치 : 인공 심박동기(artificial cardiac pacemaker) • 수술

신희원

보건교사 길라잡이

❸ 성인(1)

● **초판 인쇄** 2023. 4. 5. ● **초판 발행** 2023. 4. 10.

● **편저자** 신희원 ● **표지디자인** 박문각 디자인팀

● **발행인** 박 용 ● **발행처** (주)박문각출판 ● **등록** 2015. 4. 29. 제2015-000104호

● **주소** 06654 서울시 서초구 효령로 283 서경 B/D ● **팩스** (02)584-2927

● **전화** 교재주문 (02)6466-7202, 동영상 문의 (02)6466-7201

저자와의 협의하에 인지생략

이 책의 무단 전재 또는 복제 행위는 저작권법 제136조에 의거, 5년 이하의 징역 또는 5,000만 원 이하의 벌금에 처하거나 이를 병과할 수 있습니다.

정가 29,000원

ISBN 979-11-6987-020-7 | **세트** 979-11-6987-016-0